IBRASA
LIVROS QUE
CONSTROEM

Dados de Catalogação na Publicação (CIP) Internacional
(Câmara Brasileira do Livro, SP, Brasil)

Koestler, Arthur, 1905-1983.
K83h O homem e o Universo : como a concepção do Univer-
2.ed. so se modificou através dos tempos / Arthur Koestler ; introdução de Herbert Butterfield ; tradução de Alberto Denis. -- 2. ed. -- São Paulo : IBRASA, 1989.
(Biblioteca história, explorações e descobertas ; 6)

Primeira ed. publicada como: Os sonâmbulos.

1. Religião e ciência - História da controvérsia
I. Título. II. Série.

88-2225 CDD-215

Índices para catálogo sistemático:

1. Ciência e religião 215
2. Religião e ciência 215

O HOMEM E

O UNIVERSO

Biblioteca "HISTÓRIA, EXPLORAÇÕES E DESCOBERTAS" – 6

Volumes publicados:

1.	*História dos Povos da Língua Inglesa*	Winston Churchill
2.	*A Revolução Russa*	Alan Moorehead
3.	*Memórias de Montgomery*	Mal. Montgomery
4.	*Jornal do Mundo*	Vários
5.	*História das Orgias*	Burgo Partridge
6.	*O Homem e o Universo*	Arthur Koestler
7.	*A Revolução Francesa*	Georges Lefevre
8.	*As Grandes Guerras da História*	H. Lidell Hart
9.	*Nova Mitologia Clássica*	Mário Meunier
10.	*História dos Gregos*	Indro Montanelli
11.	*História de Roma*	Indro Montanelli
12.	*Hernan Cortez*	S. De Madariaga
13.	*História da Ciência*	W. C. Dampier
14.	*De Adão à ONU*	René Sédillot
15.	*Rendição Secreta*	Allen Dulles
16.	*A Angústia dos Judeus*	E. H. Flannery
17.	*Idade Média: Treva ou Luz?*	Indro Montanelli e R. Gervaso
18.	*Itália: Os Séculos Decisivos*	Indro Montanelli e R. Gervaso
19.	*Itália: os Séculos de Ouro*	Indro Montanelli e R. Gervaso
20.	*Hitler e a Rússia*	Trumbull Higgins
21.	*Síntese Histórica do Livro*	J. Barboza Mello
22.	*Ruínas Célebres*	Herman e Georg Schreiber
23.	*Impérios Soterrados*	Herman e Georg Schereiber
24.	*Romance da Arqueologia*	P. E. Cleator
25.	*Autobiografia de Benjamin Franklin*	Benjamin Franklin
26.	*A Declaração da Independência*	Carl L. Becker
27.	*Hitler: Autodestruição de Uma Personalidade*	H. D. Röhrs
28.	*Israel: Do Sonho à Realidade*	Chaim Weizmann
29.	*A Conspiração Mundial dos Judeus: Mito ou Realidade?*	Norman Cohn
30.	*A Longa Marcha*	Simone de Beauvoir
31.	*De Leste a Oeste*	Arnold Toynbee
32.	*A Manipulação da História no Ensino e Meios de Comunicação*	Marc Ferro
33.	*Japão – Passado e Presente*	José Yamashiro
34.	*História da Cultura Japonesa*	José Yamashiro
35.	*Os Astrônomos Pré-Históricos do Ingá*	F. C. Pessoa Faria

ARTHUR KOESTLER

O HOMEM E O UNIVERSO

Como a Concepção do Universo se Modificou, Através dos Tempos

Introdução de
HERBERT BUTTERFIELD

Tradução de
ALBERTO DENIS

3ª EDIÇÃO

IBRASA
INSTITUIÇÃO BRASILEIRA DE DIFUSÃO CULTURAL LTDA.
SÃO PAULO

Título do original inglês:
THE SLEEPWALKERS
A History of Man's Changing Vision of the Universe

A primeira edição desta
obra foi publicada com
o título: *"Os Sonâmbulos"*

Capa de
IONALDO CAVALCANTI

Impresso em 2010

IBRASA
INSTITUIÇÃO BRASILEIRA DE DIFUSÃO CULTURAL LTDA.

Rua 13 de Maio, 446
Tel./Fax: (011) 3284-8382
01327-000 Bela Vista São Paulo SP

Impresso no Brasil – Printed in Brazil

DO MESMO AUTOR:

Novelas

The Gladiators
Darkness at Noon
Arrival and Departure
Thieves in the Night
The Age of Longing

Autobiografia

Dialogue with Death
Scum of the Earth
Arrow in the Blue
The Invisible Writing
The God that Failed

Ensaios

The Yogi and the Commissar
Insight and Outlook
Promise and Fulfilment
The Trail of the Dinosaur
Reflections on Hanging

Teatro

Twilight Bar

DO MESMO AUTOR:

Novelas

The Gladiators
Darkness at Noon
Arrival and Departure
Thieves in the Night
The Age of Longing

Autobiografia

Dialogue with Death
Scum of the Earth
Arrow in the Blue
The Invisible Writing
The God that Failed

Ensaios

The Yogi and the Commissar
Insight and Outlook
Promise and Fulfilment
The Trail of the Dinosaur
Reflections on Hanging

Teatro

Twilight Bar

ÍNDICE

TERCEIRA PARTE

O TÍMIDO CÔNEGO

QUARTA PARTE

O DIVISOR DE ÁGUAS

QUINTA PARTE

A SEPARAÇÂO DOS CAMINHOS

PRIMEIRA PARTE

A Idade Heróica

INTRODUÇÃO

Não há campo de pensamento que possa ser adequadamente medido por homens cujo único instrumento seja a régua. A imaginação oriunda de fora da própria profissão histórica, tudo varrendo como um farol, pode transformar partes da história ou, se não transformá-las, pelo menos vivificá-las bastante. Então, velhos pressentimentos se vêem confirmados por novas aplicações da demonstração ou por inesperadas correlações entre as fontes. Surge nova matéria por se unirem coisas que a ninguém havia ocorrido ver justapostas. Aparecem outras minúcias, e passam a ser relevantes alguns pormenores difíceis, por assumir outro aspecto o argumento.

Verificamos, constantemente, que temos estado a ler demasiada modernidade num homem como Copérnico, ou que temos estado a escolher de Kepler (e tirando do contexto delas) certas coisas que possuem um timbre moderno, ou, semelhantemente, que temos sido anacrônicos em nossa maneira de tratar o espírito e a vida de Galileu. O presente autor leva mais além êsse processo particular, recolhe inúmeras pontas sôltas e dá à matéria tôda bom número de inesperadas ramificações. Não observando apenas os feitos científicos senão também os métodos de trabalho por trás deles existentes, e grande quantidade de correspondência particular, iluminou grandes pensadores, devolvendo-os à sua época, sem despi-los de significado, não nos deixando com anomalias e restos de pensamento antiquado, mas investigando a unidade, recuperando a textura e apresentando-nos a plausibilidade e a autocoerência do espírito subjacente.

Para os leitores inglêses é de especial interêsse haver-se o sr. Koestler concentrado em alguns dos aspectos da história que têm sido descuidados, e ter dedicado grande atenção a Kepler, o qual era o que mais exigia uma exposição e demandava imaginação histórica. Não devemos julgar a história por negativos, e os que, dentre nós, divergirem do sr. Koestler sôbre uma ou outra estrutura exterior das suas idéias, ou não o seguirem em certos pormenores, não poderão deixar de perceber a luz que não somente modifica e aviva o quadro, como também expõe novos fatos ou faz que diante dos nossos olhos dancem outros, mortos.

Será de surpreender se até os que estão familiarizados com este assunto não sentirem freqüentemente a existência de uma chuva, cada uma de cujas gôtas reflete um fulgor.

HERBERT BUTTERFIELD.

PREFÁCIO

Não se encontram os nomes de Copérnico, Galileu, Descartes e Newton no índice da versão resumida, de cêrca de seiscenta páginas, de **A Study of History**, por Arnold Toynbee. [1] Esse exemplo, dentre muitos, bastaria para mostrar o vão que ainda separa as Humanidades da Filosofia da Natureza. Emprego essa expressão desusada, porque o vocábulo «Ciência», que em tempos mais recentes acabou por substituí-la, não possui as mesmas associações, ricas e universais, da «Filosofia Natural», no século dezessete, nos dias em que Kepler escrevia a sua **Harmonia do Mundo** e Galileu a sua **Mensagem das Estrêlas.** Os homens que criaram o movimento a que hoje damos o nome de «Revolução Científica» davam-lhe outro, muito diferente: a «Nova Filosofia». A revolução tecnológica ocasionada pelos seus descobrimentos não passou de um produto lateral inesperado; o alvo deles não era a conquista da Natureza, mas a sua compreensão. No entanto, as suas investigações cósmicas destruíram a visão medieval de uma ordem social imutável em universo emparedado, com a sua hierarquia fixa de valores morais, e transformou a paisagem, a sociedade, a cultura, os hábitos e o aspecto geral europeus, tão completamente como se neste planeta houvesse surgido uma nova espécie.

Essa mudança do espírito europeu no século dezessete é apenas o exemplo mais recente do impacto das «Ciências» sobre as «Humanidades», ou seja, do impacto da investigação da natureza da Natureza sobre a investigação da natureza do homem. Patenteia, ademais, o estouvamento da erecção de barreiras acadêmicas e sociais entre as duas, fato que, afinal, está começando a ser reconhecido, quase meio milênio após haver a Renascença descoberto o **uomo universale.**

Outro resultado de tal fragmentação é a existência de Histórias da Ciência que nos dizem em que data o relógio mecânico ou a lei de inércia apareceram pela primeira vez, e de Histórias da Astronomia que nos dizem haver sido a precessão dos equinócios descoberta por Hiparco de Alexandria. Surpreendentemente, porém, não existe, que eu saiba, nenhuma História moderna da Cosmologia, nenhuma pesquisa extensa da mutável visão humana do universo.

Isso explica o objetivo deste livro, além de explicar também o que ele trata de evitar. Não é uma história da astronomia, muito embora surja a astronomia quando mister para melhor focalizar a visão; e, embora destinado ao leitor comum, não é livro de «ciência popular», e sim apresentação pessoal e especulativa de assunto discutível. Inicia-se com os babilônios e termina com Newton, visto que continuamos a viver em universo essencialmente newtoniano. A cosmologia de Einstein acha-se ainda em estado fluido, sendo demasiadamente prematuro determinar-lhe a influência na cultura. Para manter a extensa matéria dentro de limites controláveis, só me era dado tentar um esbôço. O livro está esboçado em algumas partes, pormenorizado noutras, pois a escolha e a importância do material foram guiadas pelo meu interêsse em determinadas questões específicas, **leitmotifs** do livro, e que preciso expor aqui brevemente.

Em primeiro lugar, os fios gêmeos da Ciência e da Religião, que começam com a unidade indistinguível do místico e do sábio na Irmandade Pitagórica, que se separam e reúnem de novo, uma vezes entrelaçados em nós, outras correndo paralelamente, e que terminam na polida e mortal «casa dividida da fé e da razão», dos nossos dias, onde, em ambos os lados, os símbolos se enrijeceram em dogmas, e onde se perde de vista a comum fonte de inspiração. O estudo da evolução do conhecimento cósmico do passado talvez nos ajude a descobrir se é concebível, e em que sentido, uma nova separação.

Em segundo lugar, por longo tempo estive interessado no processo psicológico de descobrimento,[2] como manifestação mais concisa da faculdade criadora do homem, e no processo oposto que o cega para verdades as quais, uma vez percebidas pelo observador, se tornam tão desesperadamente óbvias. Ora, êsse denso véu não age apenas no espírito das «massas ignorantes e supersticiosas», como lhes chamava Galileu; pelo contrário, é ainda mais surpreendentemente claro no próprio espírito de Galileu, e noutro gênios como Aristóteles, Ptolomeu ou Kepler. É como se, enquanto uma parte do espírito dêles anelava por mais luz, outra exigia mais treva. A História da Ciência é relativamente uma recém-chegada à cena, e os biógrafos dos seus Cromwells e Napoleões pouco se interessam pela psicologia; a maioria das vezes, os seus heróis são representados como máquinas de raciocinar sôbre austeros pedestais de mármore, e de maneira há muito superada nos ramos mais amadurecidos da historiografia, provavelmente com base na suposição de que, no caso de um filósofo da natureza, diversamente do de homem de Estado ou conquistador, pouca importância têm o caráter e a personalidade. Entretanto, todos os sistemas cosmológicos, dos pitagóricos a Copérnico, Descartes e Eddington, refletem os preconceitos inconscientes, a tendência filosófica ou até a tendência política dos seus autores; e da física à fisiologia, nenhum ramo da Ciência, quer antigo, quer moderno, pode gabar-se de estar livre de uma tendência metafísica de uma espécie ou outra. Em geral, considera-se o progresso da Ciência uma espécie de avanço claro e racional ao longo de uma linha ascendente reta; na realidade, o que seguiu foi uma linha ziguezagueada, às vezes mais desconcertante do que a evolução do pensamento político. A história das teorias cósmicas, em particular, pode, sem nenhum exagero, ser chamada de história de obsessões coletivas e esquizofrenias controladas, e o modo pelo qual se obtiveram alguns dos descobrimentos individuais mais importantes faz nos lembremos mais das atitudes do sonâmbulo do que das atitudes do cérebro eletrônico.

Assim, retirando Copérnico ou Galileu do pedestal em que os havia colocado a mitografia científica, não tive em mente desiludir, e sim investigar as obscuras operações do espírito criador. Não me entristecerei, todavia, se, como produto lateral acidental, a investigação contribuir para combater a lenda de que a Ciência é uma busca puramente racional, que o Cientista é um tipo mais «sensato» e «desapaixonado» que outros (merecendo, portanto, o papel de chefe nas questões mundiais), ou que é capaz de prover para si, e para os contemporâneos, um substituto racional aos vislumbres éticos derivados de outras fontes.

Pretendi tornar accessível ao leitor comum um assunto difícil, mas espero que os estudiosos familiarizados com êste encontrem novas informações nestas páginas, sobretudo no que diz respeito a Johannes Kepler, cujos trabalhos, diários e correspondência não estiveram até agora ao alcance do leitor inglês; não existe tampouco nenhuma biografia inglêsa séria. E, entretanto, é Kepler um dos poucos gênios que nos permite seguir, passo a passo, a tortuosa vereda que o conduziu aos seus descobrimentos, e ter um vislumbre realmente íntimo, como em película de movimento lento, do ato criador. Por conseguinte, ocupa uma posição-chave na narrativa.

O **magnum opus** de Copérnico, **Sôbre as Revoluções das Esferas Celestes,** teve também de esperar até 1952 a sua primeira tradução inglesa, que explica talvez alguns curiosos qüiprocós em tôrno de seu trabalho, partilhados por quase tôdas as autoridades que escreveram acêrca do assunto, e que eu tentei retificar.

Fica o leitor comum advertido de que não deve preocupar-se com as Notas impressas no fim do volume; por outro lado, perdoe-nos o leitor dotado de instrução científica explicações aparentemente insultuosas à sua inteligência. Enquanto no nosso sistema educacional se mantiver um estado de guerra fria entre as Ciências e as Humanidades, tal situação não poderá ser evitada.

Um dos passos significativos no sentido de pôr côbro à guerra fria que citei foi o **Origins of Modern Science,** do Professor Herbert Butterfield, publicado pela primeira vez em 1949. À parte a profundidade e a excelência **per se** do trabalho, fiquei impressionado pelo fato de o Professor de História Moderna da Universidade de Cambridge aventurar-se na Ciência medieval e empreender tarefa de tão longo alcance. Quem sabe se esta época de especialistas não está precisando de transgressores de espírito criador? Foi tal convicção que me levou a rogar ao Professor Butterfield o favor de uma breve Introdução a outra aventura transgressora.

Devo os meus sinceros agradecimentos ao Professor Max Caspar, de Munique, e ao **Bibliotheksrat** Dr. Franz Hammer, de Stuttgart, pelo auxílio e conselhos recebidos sôbre Johannes Kepler; à Dra. Marjorie Grene pelo seu auxílio sôbre fontes latinas medievais e vários outros problemas; ao Professor Zdenek Kopal, da Universidade de Manchester, pela leitura crítica do texto; ao Professor Alexandre Koyré, École des Hautes Études, Sorbonne, e ao Professor Ernst Zinner, de Bamberg, pela informação apresentada nas Notas; ao Professor Michael Polanyi pelo seu bondoso interêsse e encorajamento; e finalmente à Senhorita Cynthia Jefferies pelos seus pacientes e intermináveis esforços no dactiloscrito e nas provas tipográficas.

I. AURORA

1. DESPERTAR

É-NOS dado aumentar o nosso conhecimento, mas não diminuí-lo. Quando tento ver o Universo, como o via um babilônio por volta do ano 3000 antes de Cristo, sou obrigado a regressar à minha própria infância. Com a idade de mais ou menos quatro anos, tinha eu o que achava uma compreensão satisfatória de Deus e do mundo. Lembro-me de que, um dia, meu pai apontou para o fôrro branco, decorado com um friso de vultos de dançarinas, e me explicou que Deus estava lá em cima, olhando para mim. Imediatamente me convenci de que as dançarinas eram Deus e, daí por diante, a elas é que dirigia as preces, pedindo-lhes proteção contra os terrores do dia e da noite. De maneira muito semelhante, assim gosto de imaginar, foi que os vultos luminosos do sombrio teto do mundo apareceram como divindades vivas aos babilônios e egípcios. Os Gêmeos, o Urso, a Serpente eram tão familiares para eles como as dançarinas para mim. Ninguém acreditava que estivessem muito distantes; e tinham poder de vida e de morte, de colheita e de chuva.

O mundo dos babilônios, egípcios e hebreus era uma ostra, com água por baixo, e água por cima, suportada pelo firmamento sólido. Possuía modestas dimensões, e achava-se tão seguramente encerrado por todos os lados como qualquer berço num berçário, ou como qualquer criança no útero. A ostra dos babilônios era redonda, a terra não passava de montanha óca, posta no centro, flutuando nas águas do fundo; em cima, o que havia era uma cúpula sólida, coberta pelas águas superiores. As águas superiores filtravam-se através da cúpula em forma de chuva, e as águas inferiores erguiam-se em fontes e nascentes. O sol, a lua e as estrelas avançavam em lenta dança através da cúpula, entrando em cena pelas portas do Oriente e desaparecendo pelas portas do Ocidente.

O universo dos egípcios era uma ostra mais retangular, ou caixa, que tinha por piso a terra, sendo o céu uma vaca cujos pés repousavam nos quatro cantos da terra, ou uma mulher que se apoiava nos cotovelos e joelhos. Mais tarde, passou a ser uma tampa abobadada de metal. Em volta das paredes internas da caixa, numa espécie de galeria elevada, corria um rio em que o sol e a lua conduziam os seus barcos, entrando e desaparecendo através de várias portas. As estrelas fixas eram lâmpadas suspensas da abóbada, ou conduzidas por outros deuses. Os planêtas dirigiam os seus barcos ao longo de canais que se originavam da Via Láctea, gêmeo celestial do Nilo. Por volta do décimo-quinto dia de cada mês, a lua, atacada por uma porca feroz, acabava sendo devorada numa quinzena de agonia; depois, renascia. Às vezes, a porca a engolia todinha, causando um eclipse lunar; outras, uma serpente engolia o sol, dando nascimento a um eclipse solar. Mas aquelas tragédias, como as dos sonhos, eram ao mesmo tempo reais e não reais; dentro do seu berço ou caixa, o sonhador sentia-se regularmente seguro.

Derivava tal sentimento de segurança do descobrimento de, não obstante a tumultuosa vida particular dos deuses do sol e da lua, os seus aspectos e movimentos permanecerem extremamente dependentes e previsíveis. Traziam, em ciclos regulares, o dia e a noite, as estações e a chuva, a colheita e o tempo da semeadura. A mãe que se curva sôbre o berço é uma deusa imprevisível, mas o seu seio alimentador aparece, indubitàvelmente, quando necessário. O espírito sonhador pode passar por estranhas aventuras, pode viajar através do Olimpo e do Tártaro, mas o pulso do sonhador continua com uma batida regular capaz de ser contada. Os primeiros que aprenderam a contar a pulsação das estrêlas foram os babilônios.

Há cerca de seis mil anos, quando o espírito humano ainda continuava semi-adormecido, os sacerdotes caldaicos, postados em torres de vigia, perscrutavam as estrelas, fazendo mapas e horários dos seus movimentos. Algumas tabuinhas de argila que datam do reino de Sargão de Akkad, por volta de 3.800 anos antes de Cristo, apresentam uma tradição astronômica já há muito estabelecida.[1] Os horários fazem-se calendários que regulam a atividade organizada, desde o crescimento das colheitas até as cerimônias religiosas. As observações dêles tornaram-se espantosamente exatas: computaram a extensão do ano com um desvio de menos de 0,001 por cento do valor correto,[2] e os seus algarismos relativos aos movimentos do sol e da lua só têm três vezes a margem de erro dos astrônomos do século dezenove armados de gigantescos telescópico.[3] A esse respeito, a deles era uma Ciência Exata; as suas observações, verificáveis, permitiam-lhes predições corretas dos acontecimentos astronômicos. Apesar de fundamentada em suposições mitológicas, a teoria «funcionava». Assim, logo no início desta longa jornada, a Ciência emerge no aspecto de Jano, o deus de dois rostos, guardas de portas e portões, sendo o rosto da frente vivo e observador, enquanto o outro, sonhador e de olhos vidrados, contempla o sentido oposto.

Os mais fascinantes objetos do céu — sob os dois pontos de vista — eram os planetas, ou astros errantes. Sòmente sete deles existiam entre os milhares de luzes suspensas do firmamento. Eram o Sol, a Lua, Nebo-Mercúrio, Ishtar-Vênus, Nergal-Marte, Marduk-Júpiter, e Ninib-Saturno. As demais estrelas permaneciam estacionárias, fixas na extensão do firmamento, girando uma vez por dia em torno da montanha-terra, mas nunca mudando de posição no firmamento. Os sete astros errantes giravam com elas, mas ao mesmo tempo possuíam um movimento próprio, quais moscas a perambular na superfície de um globo giratório. Contudo, não erravam através de todo o céu, limitando-se-lhes os movimentos a uma estreita faixa, ou cinto, envolvido em torno do firmamento, a um ângulo de mais ou menos vinte e três graus relativamente ao equador. Êsse cinto — o Zodíaco — dividia-se em doze secções, tendo cada uma das secções o nome de uma constelação de estrêlas fixas da vizinhança. Era o Zodíaco o caminho dos amantes no céu; ao longo dele é que deslizavam os planêtas. À passagem de um planêta por uma das secções possuía um duplo significado: proporcionava dados ao horário do observador, e mensagens simbólicas do drama mitológico que se desenrolava atrás do palco. A astrologia e a astronomia continuam hoje sendo campos complementares de visão de **Janus sapiens.**

2. FEBRE JÔNICA

Quando Babilônia e o Egito desistiram, chegou a vez da Grécia. No começo, desenvolveu-se a cosmologia grega quase no mesmo sentido: o mundo de Homero é outra ostra, mais colorida, um disco flutuante rodeado pelo Oceano. Porém, pela época em que os textos da Odisséia e da Ilíada se consolidaram na versão definitiva, verificou-se na Jônia, nas costas do mar Egeu, um novo desenvolvimento. O sexto século antes de Cristo — o milagroso século de Buda, Confúcio e Lao-Tsé, dos filósofos jônicos e de Pitágoras — constituiu o ponto crítico da espécie humana. Foi como se uma aragem de março soprasse através dêste planeta, da China a Samos, despertando a consciência do homem, como o sopro nas narinas de Adão. Na escola jônica de filosofia, o pensamento racional ia emergindo do mundo de sonho mitológico. Era o início da grande aventura: a indagação Prometiana das explicações naturais e causas racionais, que, nos dois mil anos seguintes, transformaria a espécie mais radicalmente do que haviam feito os duzentos mil anos anteriores.

Tales de Mileto, que introduziu a geometria abstrata na Grécia, e predisse um eclipse do sol, acreditava, como Homero, ser a terra um disco circular flutuando sôbre a água, mas não se deteve nisso; pondo de lado as explicações da Mitologia, formulou a revolucionária pergunta: de que matéria-prima fundamental, e por que processo estava formado o universo? A sua resposta era dever ser o elemento básico a água, visto nascerem tôdas as coisas da umidade, inclusive o ar, que é água evaporada. Ensinaram outros que a matéria-prima não era a água, e sim o ar ou o fogo; contudo, as suas respostas tinham menos importância do que o fato de estarem aprendendo a formular novo tipo de pergunta, não dirigida a nenhum oráculo, mas à muda natureza. Foi um brinquedo divertido e, para apreciá-lo, devemos refazer o percurso ao longo da nossa trilha de tempo particular, até as fantasias da primeira adolescência, quando o cérebro, embriagado pelos podêres recém-descobertos, deixa rédeas soltas à especulação. «Exemplo típico, narra Platão, é o de Tales que, estando a contemplar as estrelas, caiu num poço, sendo escarnecido (assim dizem) por uma hábil e linda criada da Trácia, por ter a curiosidade de saber o que se passava no céu, e não ver o que lhe estava na frente, ou melhor, aos pés.» [4]

O segundo filósofo jônico, Anaximandro, exibe todos os sintomas da febre intelectual que se espalhava pela Grécia. O seu universo já não é uma caixa fechada; pelo contrário, possui infinita extensão e duração. A matéria-prima não é nenhuma das formas habituais de matéria, mas uma substância sem propriedades definidas, porém indestrutível e eterna. Dessa matéria é que nascem todas as coisas, e para ela é que regressam; antes deste nosso mundo, infinitas multidões de outros universos existiram, e novamente se dissolveram na massa amorfa. A terra é uma coluna cilíndrica, rodeada de ar; flutua de pé no centro do universo, sem qualquer suporte, sem coisa nenhuma na qual fique de pé, e não cai porque, estando no centro, não possui nenhuma direção preferida para a qual penda; se o fizesse, ficaria perturbada a simetria e o equilíbrio do todo. Os céus esféricos encerram a atmosfera «como a casca de uma árvore», e há várias camadas dêsse envoltório destinadas a acomodar os vários objetos estelares. Êstes, porém, não são o que parecem, e, mais, não são absolutamente «objetos». O sol não passa de orifício na borda de gigantesca roda. Esta borda está cheia de fogo, e, à medida que gira em volta da terra, gira também o orifício existente nela, um ponto em gigantesco pneu repleto de chamas. Quanto à luz, é semelhante a explicação; as suas fases se devem a recorrentes obturações parciais do furo, e o mesmo se dá com os eclipses. As estrêlas, por sua vez, são orifícios de um fundo sombrio através dos quais vislumbramos o fogo cósmico que enche o espaço entre duas camadas de «casca».

Não é fácil perceber como funciona tudo isso, mas trata-se da primeira aproximação de um modêlo mecânico do universo. O barco do deus do sol é substituído pelas rodas de um relógio. Contudo, a máquina dá a impressão de ter sido sonhada por um surrealista; as rodas de fogo furadas aproximam-se mais de Picasso do que de Newton. Quando percorrermos outras cosmologias, sentiremos sempre tal impressão.

O sistema de Anaxímenes, que se ligava a Anaximandro, é menos inspirado. Mas parece que foi êle o originador da importante idéia de serem as estrêlas prêsas «como pregos» e uma esfera transparente de material cristalino, a qual gira em tôrno da terra «como o chapéu em tôrno da cabeça». A explicação era tão plausível e convincente que as esferas de cristal iriam dominar a Cosmologia até o início dos tempos modernos.

A sede dos filósofos jônicos encontrava-se em Mileto, na Ásia Menor. Mas havia escolas rivais nas cidades gregas do Sul da Itália, e teorias rivais em cada escola. O fundador da escola eleática, Xenófanes de Colofon, é um cético que escreveu poemas até a idade de noventa e dois anos, e dá a impressão de ter servido de modêlo ao autor do Eclesiastes:

> «Da terra nascem tôdas as coisas, e para a terra voltam. Da terra e da água viemos todos nós... Nenhum homem soube, nem certamente saberá, o que diz acêrca dos deuses e acêrca de tôdas as coisas, pois, por mais perfeito que seja o que afirma, êle não o sabe; tôdas as coisas são questões de opinião... Imaginam os homens que os deuses nascem, que tem vestes, voz e aspecto iguais aos deles... Os deuses dos etíopes são negros e de nariz chato, os deuses dos trácios têm cabelos ruivos e olhos azuis... Se os bois, os cavalos e os leões tivessem mãos e pudessem fazer imagens, como os homens, os cavalos fariam dos seus deuses cavalos, e os bois fá-los-iam bois... Homero e Hesíodo atribuíram aos deuses tudo quanto constitui vergonha e desgraça entre os homens: roubo, adultério, embuste e outros atos ilegais...»

Comparemo-lo a isto:

> «Há um único Deus... nem no aspecto nem no pensamento igual aos mortais... Vive sempre no mesmo lugar, imóvel... e sem esfôrço move tôdas as coisas pela sua fôrça de mente...» (5).

Os jônicos eram materialistas otimistas, pagãos. Xenófanes não passava de panteísta de triste marca, para quem era uma ilusão a mudança, e uma vaidade o esforço. A sua cosmologia reflete-lhe o temperamento filosófico; difere radicalmente dos jônicos. A terra, para ele, não é um disco flutuante, não é uma coluna; pelo contrário tem «as suas raízes no infinito». Nem o sol nem as estrelas possuem substância ou permanência; são meras exalações nebulosas da terra, que se incendiaram. As estrelas queimam-se totalmente ao despontar do dia, e ao entardecer outras estrélas se formam com novas exalações. Semelhantemente, um novo sol nasce tôdas as manhãs do amontoamento de centelhas. A luz é uma nuvem comprimida, luminosa, que se dissolve ao cabo de um mês; uma nova nuvem, então, começa a formar-se. Sôbre diferentes regiões da terra, há diferentes sóis e luas, todos ilusões feitas de nuvens.

Desse modo, traem as primeiras teorias racionais do Universo o pendor e o temperamento dos seus autores. Acredita-se, geralmente, que com o progresso do método científico as teorias passaram a ser mais objetivas e dignas de fé. Veremos se se justifica tal crença. Mas **à propos** de Xenófanes, podemos observar que dois mil anos depois Galileu também insistia em considerar os cometas ilusões atmosféricas, por motivos puramente pessoais, e contrariando a evidência do telescópio.

Nem a cosmologia de Anaxágoras, nem a de Xenófanes, conquistaram grande número de partidários. Cada filósofo daquele período teve, aparentemente, a sua teoria própria com relação à natureza do universo que o rodeava. Citando o professor Burnet, «mal um filósofo jônico aprendia meia dúzia de proposições geométricas e ficava sabendo que os fenômenos do céu se repetem em ciclos, punha-se imediatamente a procurar leis em tôda parte da natureza e, com uma audácia que raiava a **hybris,** a construir um sistema do universo.»[6] Contudo, possuíam as suas diversas especulações um característico comum: as serpentes devoradoras do sol e os puxadores de cordéis do Olimpo eram postos de lado; cada teoria, por mais estranha e original que fôsse, se prendia às causas naturais.

A cena do sexto século evoca a imagem de uma orquestra a afinar ansiosamente os intrumentos, estando cada um dos executantes absorto exclusivamente no seu instrumento, surdo aos miados dos outros. De súbito, faz-se impressionante silêncio, o maestro entra, dá três batidas com a vareta, e do caos nasce a harmonia. O maestro é Pitágoras de Samos, cuja influência nas idéias, e, com isso, no destino da raça humana, foi provavelmente maior que a de qualquer outro indivíduo anterior a ele ou posterior.

II. A HARMONIA DAS ESFERAS

1. PITAGORAS DE SAMOS

Nasceu Pitágoras nas primeiras décadas do grandioso século do despertar, o sexto, e talvez tenha assistido ao fim dele, pois viveu pelo menos oitenta anos e, possìvelmente, noventa. Em tão dilatada vida amontoou, nas palavras de Empédocles, «todas as coisas contidas em dez, e até em vinte gerações de homens.»

Não se pode decidir se um particular pormenor do universo pitagórico foi obra do mestre ou de algum discípulo, observação que, aliás, se aplica igualmente a Leonardo ou Miguel Ângelo. Mas não há dúvida de que os característicos básicos foram concebidos por um único espírito, que Pitágoras de Samos foi tanto fundador de uma nova filosofia religiosa, como fundador da Ciência, tal qual se compreende hoje a palavra.

Parece razoavelmente certo ter sido filho de um ourives e gravador de pedras, chamado Mnesarcos, discípulo de Anaximandro, o ateu, mas mas também de Ferécides, o místico, que ensinava a transmigração das almas. Deve ter viajado bastante pela Ásia Menor e pelo Egito, como fizeram inúmeros cidadãos cultos das ilhas gregas; e diz-se que foi incumbido de missões diplomáticas por Polícrates, o empreendedor autócrata de Samos. Era Polícrates um tirano esclarecido que favorecia o comércio, a pirataria, as obras de engenharia e as belas artes; o maior poeta da época, Anacreonte, e o maior engenheiro, Eupalinos de Megara, viveram em sua còrte. De acordo com Herôdoto, tornou-se tão poderoso que, para aplacar a inveja dos deuses, lançou o seu mais valioso anel-sinete às águas profundas. Alguns dias depois, o cozinheiro, abrindo um enorme peixe, recém-apanhado, encontrou no estômago o anel. O malfadado Polícrates não tardou em caîr na armadilha de um governante persa e foi crucificado. Mas, por volta daquele tempo, Pitágoras, com a família, emigrara de Samos; em tôrno de 530 antes de Cristo, fixou-se em Cróton que, depois da rival Síbaris, era a maior cidade grega do sul da Itália. A reputação que o precedeu deve ter sido enorme, pois a Irmandade Pitagórica que fundou, ao chegar, imediatamente tomou conta da cidade e por algum tempo manteve a supremacia sobre considerável parte da Magna Grécia. Teve, porém, vida breve o seu poder secular. Pitágoras, pelo fim da vida, foi banido de Cróton para o Metaponto, sendo os seus discípulos exilados ou mortos, e queimadas as casas em que costumavam reunir-se.

É esse o magro tronco dos fatos mais ou menos estabelecidos, em tôrno do qual a hera da lenda começou a crescer mesmo durante a vida do mestre. Não tardou Pitágoras em ser semi-endeusado; segundo Aristóteles, julgavam-no os crotonenses filho de Apolo Hiperbóreo, e uma máxima afirmava «haver entre as criaturas racionais deuses e homens, e seres como Pitágoras». Realizou milagres, mantinha conversações com os espíritos do céu, desceu ao Hades, e foi senhor de tal poder sobre os homens que, após o primeiro sermão aos crotonenses, seiscentos deles adotaram a vida em comum da Irmandade sem sequer despedir-se das respectivas famílias. Era absoluta a sua autoridade entre os discípulos. «Assim disse o mestre» era a lei.

2. A VISÃO UNIFICADORA

Os mitos crescem como cristais, de acordo com o seu próprio feitio recorrente, mas é preciso que haja um núcleo adequado para que se lhes inicie o crescimento. As mediocridades e as manias não possuem força geradora de mitos; podem criar uma determinada moda, mas esta não tarda em sumir-se. Contudo, a cosmovisão pitagórica foi tão duradoura, que ainda nos penetra o pensamento, e até nos penetra o vocabulário. O próprio vocábulo **filosofia** tem origem pitagórica; o mesmo se dá com a palavra **harmonia** no sentido mais lato; e quando aos números chamamos figuras, estamos falando a gíria da Irmandade.[1]

A essência e a força de tal visão jaz no seu caráter unificador que a tudo abarca; une religião e ciência, matemática e música, medicina e cosmologia, corpo, espírito e mente numa síntese inspirada e luminosa. Na filosofia pitagórica todas as partes componentes se entrelaçam; apresenta uma superfície homogênea, como esfera, de modo que é difícil decidir por que lado se deve cortar para a penetrar. A aproximação mais simples, todavia, é pela música. O descobrimento pitagórico de que a altura do som depende do comprimento da corda que o produz, e que os intervalos concordantes na escala são produzidos por motivos numéricos simples (2:1 oitava, 3:2 quinta, 4.3 quarta, etc.) marcou época, sendo a primeira feliz redução da qualidade à quantidade, o primeiro passo para a matematização da experiência humana, e, portanto, para o início da Ciência.

Aqui, porém, cabe-nos fazer uma distinção. O europeu do século vinte considera com justificadas apreensões a **redução** do mundo que o cerca, das suas experiências e emoções, a um grupo de fórmulas abstratas, despidas de côr, calor, significado e valor. Para os pitagóricos, ao contrário, a matematização da experiência não queria dizer empobrecimento, e sim enriquecimento. Para eles os números eram sagrados como as mais puras idéias, livres de corpos e etéreas; por conseguinte, o casamento da música com os números só podia enobrecê-la. A **ekstasis** religiosa e emocional derivada da música era, pelo adepto, canalizada para a **ekstasis** intelectual, contemplação da divina dança dos números. As rudes cordas da lira possuem apenas uma importância subordinada; podem ser feitas de materiais diversos de várias espessuras e comprimentos, contanto que se preservem as proporções. O que produz a música são as razões, os números, o padrão da escala. Os números são eternos, ao passo que o resto todo perece; não têm a natureza da matéria, mas do espírito; permitem operações mentais da mais surpreendente e deliciosa espécie, sem referência ao grosseiro mundo exterior dos sentidos, o que vem a ser a maneira pela qual o espírito divino deve operar. A contemplação extática das formas geométricas e das leis matemáticas é, por conseguinte, o meio mais eficaz de purificar da paixão terrena a alma, e o principal elo entre o homem e a divindade.

Os filósofos jônicos tinham sido materialistas no sentido de que as suas buscas insistiam mais na matéria de que seria feito o mundo. A principal insistência dos pitagóricos era a forma, a proporção e o padrão;

concentravam-se no **eidos** e no **schema**, na relação, e não nas coisas relacionadas. Pitágoras está para Tales como a filosofia da Gestalt para o materialismo do século dezenove. O pêndulo havia começado a oscilar, e o seu tique-taque será ouvido através de todo o curso da História, à medida que a bolha alterna entre as posições extremas de **tudo é corpo, tudo é matéria,** à medida que a insistência desliza da **substância** para a **forma,** da **estrutura** para a **função,** dos **átomos** para os **padrões,** dos **corpúsculos** para as **ondas,** e recomeça.

A linha de união da música com os números tornou-se o eixo do sistema pitagórico, que se prolongou em ambos os sentidos: de um lado para as estrelas, de outro para o corpo e a alma do homem. Os mancais sobre que giravam o eixo e o sistema inteiro eram os conceitos básicos de **armonia:** harmonia, e **katharsis:** purificação.

Entre outras coisas, eram curadores os pitagóricos. Sabemos que **empregavam os remédios para purificar o corpo, e a música para purificar a alma.**[2] Com efeito, uma das mais velhas formas de psicoterapia consiste em induzir o paciente, por meio de furiosa música de flauta ou de tambores, a dançar até o frenesi seguido de esgotamento e de um sono semelhante ao transe, e curador, o que constitui a versão ancestral do tratamento por choque e da terapia de ab-reação. Mas essas medidas violentas só eram necessárias quando as cordas anímicas do paciente estavam em desarmonia, demasiadamente excitadas ou, então, amolecidas. Isso tem de ser tomado literalmente, pois os pitagóricos consideravam o corpo uma espécie de instrumento musical em que cada uma das cordas devia ter a tensão certa e o equilíbrio correto entre opostos, como por exemplo **alto** e **baixo, quente** e **frio, úmido** e **sêco.** As metáforas tiradas da música, que ainda empregamos na medicina **tom, tônico, bem temperado, temperança,** também constituem parte da nossa herança pitagórica.

Não obstante, o conceito **armonia** não tinha precisamente o mesmo significado que damos a «harmonia». Não é o efeito agradável de cordas concordantes simultaneamente tocadas — «harmonia», nesse sentido, não existia na música clássica grega — mas algo mais austero: **armonia** é simplesmente o afinamento das cordas aos intervalos da escala, e ao próprio padrão da escala. Significa que são o equilíbrio e a ordem, e não o doce prazer, que constituem a lei do mundo.

A doçura não cabe no universo pitagórico. Mas ele contém um dos mais poderosos tônicos jamais ministrados ao cérebro humano. Faz parte da doutrina pitagórica que **a filosofia é a mais elevada das músicas,** e que a forma mais elevada de filosofia diz respeito aos números, uma vez que, em última análise, **todas as coisas são números.** O significado dessa máxima, tão freqüentemente citada, talvez possa ser parafraseado da seguinte maneira: «tódas as coisas têm forma, tódas as coisas são formas, e todas as formas se definem por números». Assim, a forma do quadrado corresponde a um «número quadrado», ou seja, 16 = 4 × 4, ao passo que 12 é um número oblongo, e 6 um número triangular.

Eram os número considerados pelos pitagóricos configurações de pontos formando figuras características, como nas faces de um dado; e, embora empreguemos algarismos arábicos, que em nada se assemelham a essas configurações de pontos, ainda chamamos aos números «figuras», ou seja, formas.

Entre essas formas numéricas verificou-se a existência de inesperadas e maravilhosas relações. Por exemplo, a série de «números quadrados»» era formada simplesmente pela adição de sucessivos números ímpares: $\boxed{1} + 3 = \boxed{4} + 5 = \boxed{9} + 7 = \boxed{16} + 9 = \boxed{25}$

e assim por diante:

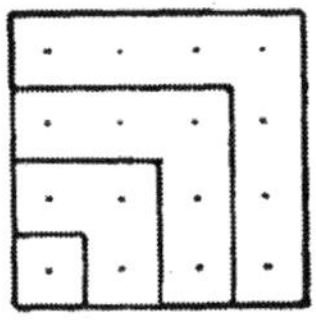

A adição de números pares formava os «números oblongos», em que a razão dos lados representava exatamente os intervalos concordantes da oitava musical: 2 (2:1, oitava) + 4 = 6 (3:2, quinta) + 6 = 12 (4:3, quarta).

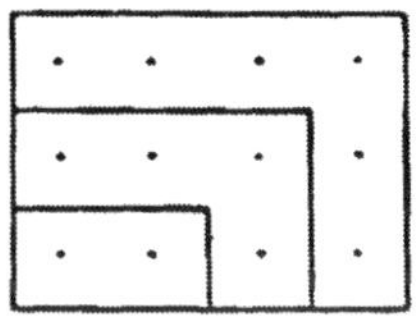

De maneira semelhante se obtinham os números «cúbicos» e os «piramidais». Mnesarcos fôra gravador de pedras, de modo que Pitágoras, na mocidade, deve ter-se familiarizado com os cristais cuja forma imitava as das formas numéricas puras; o quartzo imitava a pirâmide e a dupla pirâmide, o berilo o hexágono, a granada o dodecaedro. Tudo contribuía para mostrar que a Realidade podia ser reduzida a séries numéricas e razões numéricas, contanto que se conhecessem as regras do jogo. Descobri-las foi a principal tarefa do **Philosophos**, amigo da Sabedoria.

Exemplo da magia dos números é o famoso teorema pelo qual hoje é Pitágoras relembrado, pico visível da montanha de gelo submersa. (*) Não há relação evidente entre o comprimento dos lados do triângulo retângulo; mas se construírmos um quadrado em cada um dos lados, as áreas dos dois menores igualarão exatamente a área do maior. Se essas leis maravilhosamente ordenadas, até então ocultas aos olhos humanos, podiam ser descobertas pela contemplação das formas numéricas, não se tinha o direito de esperar que, em breve, através delas, todos os segredos do universo seriam revelados? Os números não tinham sido lançados à toa ao mundo; dispunham-se em moldes equilibrados, como as formas cristalinas e os intervalos concordantes da escola, segundo as leis universais da harmonia.

3. SUAVE QUIETUDE E A NOITE

Ampliada às estrelas, assumiu a doutrina o aspecto de «Harmonia das Esferas». Os filósofos jônicos tinham começado a forçar a ostra

(*) Ironicamente, parece que Pitágoras jamais possuiu prova completa do teorema pitagórico.

cósmica e a libertar a terra; no universo de Anaximandro o disco terrestre já não flutua sobre água, mas permanece no centro, suportado por nada e rodeado de ar. No universo pitagórico, o disco faz-se bola esférica.[3] Em torno dela, o sol, a lua e os planetas giram em círculos concêntricos, cada um preso a uma esfera ou roda. A rápida revolução de cada um de tais corpos ocasiona no ar um silvo, ou sussurro musical. Evidentemente cada planeta sussurrará em tom diverso, dependendo da razão da sua respectiva órbita, assim como o tom de uma corda depende do seu comprimento. As órbitas em que se movem os planetas formam uma espécie de imensa lira cujas cordas se curvam em círculo. Parecia também evidente deverem ser os intervalos entre as cordas orbitais governados pelas leis da harmonia. Segundo Plínio,[4] Pitágoras achava que o intervalo musical formado pela Terra e pela Lua era de um tom; da Lua a Mercúrio, havia um semiton; de Mercúrio a Vênus, um semiton; de Vênus ao Sol, uma terça menor; de Sol a Marte, um tom; de Marte a Júpiter, um semitom; de Júpiter a Saturno, um semitom; de Saturno à esfera das estrelas fixas, uma terça menor. A «Escala Pitagórica», resultante é **dó, ré, mib, sol, lá, sib, si, ré,** apesar de variarem um pouco as descrições da escala proporcionadas por diferentes escritores.

De acôrdo com a tradição, somente o Mestre possuía o dom de ouvir realmente a música das esferas. Os mortais comuns carecem de tal dádiva, ou por estarem inconscientemente, e desde o nascimento, sempre imersos no sussurro celestial, ou por serem — como explica Lourenço a Jessica, por demais grosseiramente constituídos:

> ...a suave quietude e a noite
> convêm aos toques da suave harmonia...
> Olha como o piso do céu
> está inscrustado de pátenas de ouro fulgente;
> O menor dos mundos, que tu contemplas,
> como os anjos canta no seu movimento...
> Essa harmonia está na alma imortal;
> mas, enquanto esta barrenta camada decadente
> grosseiramente a cobre, não podemos ouvi-la (5).

O sonho pitagórico da harmonia musical a governar o movimento dos astros jamais perdeu o misterioso efeito, o poder de arrancar respostas da profundidade do espírito inconsciente. Reverbera através dos séculos, de Crotona à Inglaterra isabelina. Quero citar outras duas interpretações, com um propósito que se tornará evidente mais tarde. A primeira é de Dryden, e muito conhecida:

> Da harmonia, da harmonia celestial
> teve início esta estrutura universal:
> Quando a natureza jazia debaixo
> de um amontoado de átomos dissonantes
> e não podia erguer a cabeça,
> ouvimos do alto a voz melodiosa:
> Vós, mais do que mortos, levantai-vos.

A segunda é de Arcades, de Milton:

> Mas então no âmago da noite, quando o torpor
> cobre os sentidos mortais, eu escuto
> a harmonia da sereia celestial...

Existe uma coerção tão doce na música
que embala as filhas da Necessidade
e mantém a natureza instável sob a lei
e imprime ao mundo inferior um movimento cadenciado
em ritmo com a harmonia celestial, que não pode ouvir
ninguém de molde humano e ouvidos não purificados.

Porém, seria o caso de perguntar, era a «Harmonia das Esferas» um conceito poético ou científico? Uma hipótese operante ou sonho sonhado através dos ouvidos de um místico? À luz dos dados reunidos pelos astrônomos nos séculos que se seguiram, parecia evidentemente um sonho, e até Aristóteles, a rir-se, expulsou «a harmonia, a harmonia celestial» dos canais da ciência séria e exata. Veremos, contudo, como, após imensa volta, pelo fim do século dezesseis, um homem chamado Johanes Kepler se apaixonou pelo sonho pitagórico, e sôbre tal fundamento da imaginação, por métodos de raciocínio igualmente inseguros, construiu o sólido edifício da astronomia moderna. Trata-se de um dos mais assombrosos episódios da história do pensamento, e antídoto para a piedosa crença de ser o Progresso da Ciência governado pela lógica.

4. ENCONTRAM-SE CIÊNCIA E RELIGIÃO

Se o universo de Anaximandro nos lembra uma pintura de Picasso, o mundo pitagórico se assemelha a uma cósmica caixa de música a repetir o mesmo prelúdio de Bach da eternidade à eternidade. Não é de admirar, pois, que as crenças religiosas da Irmandade Pitagórica estejam intimamente relacionadas ao vulto de Orfeu, o divino músico, cuja arte não mantinha sob o seu encanto apenas o Príncipe das Trevas, senão também os animais, as árvores e os rios.

Orfeu é uma aparição tardia no cenário grego apinhado de deuses e semideuses. O pouco que sabemos do seu culto está coberto por conjeturas e controvérsias; sabemos, todavia, pelo menos em linhas gerais, qual o seu fundo. Em data desconhecida, mas provàvelmente muito antes do século seis, vindo da bárbara Trácia entrou na Grécia o culto de Dionísio-Baco, o «devastador» deus-bode da fertilidade e do vinho. Deve-se, com certeza, o êxito inicial do baquismo ao senso geral de frustração tão eloqüentemente expresso por Xenófanes. O Panteão Olímpico acabara por se assemelhar a um conjunto de figuras de cera cuja adoração formalizada já não podia satisfazer as verdadeiras necessidades religiosas, tal qual o panteísmo, êsse «polido ateísmo», como tem sido chamado, dos sábios jônicos. O vazio espiritual tende a criar explosões emocionais; os bacantes de Eurípedes, frenéticos adoradores do deus chifrudo, parecem precursores dos tarantulistas medievais, dos brilhantes jovens dos agitados anos de 1920 a 1930, dos orgíacos da juventude hitlerista. A explosão tem sido, aparentemente, esporádica e de vida breve: os gregos, gregos que eram, não tardaram em perceber que tais excessos não conduziam à união mística com Deus, nem tampouco à natureza, e sim apenas a uma histeria coletiva:

As mulheres tebanas abandonando
a roca e o fuso
feridas pelo transe doidejante
de Dionísio!...
Brutos de bôca sangrenta, escancarada
desafiando a deus, grosseiros, medonhos
vergonha da forma humana (6).

As autoridades parece terem procedido com grande sensatez, promovendo Baco-Dionísio ao Panteão oficial, ao nível do posto de Apolo. Com isso, suavizaram-lhe o frenesi, aguaram-lhe o vinho, regularam-lhe a adoração e empregaram-no como inofensiva válvula de segurança.

Contudo, o místico anelo deve ter persistido, pelo menos numa minoria sensitiva, e o pêndulo começou a oscilar no sentido oposto, ou seja, do êxtase carnal ao sobrenatural. Na mais expressiva variante da lenda Orfeu é vítima da fúria de Baco; quando, após finalmente perder a esposa, decide dar as costas ao sexo, as mulheres da Trácia o despedaçam, e a cabeça lhe flutua pelo Hebro abaixo, ainda cantando. Dá a impressão de um conto de advertência, mas o despedaçamento e desaparição do deus vivo, devorado que é, seguido do seu renascimento, constitui um **leitmotif** a recorrer no orfismo em diferente nível de significação. Na mitologia órfica, Dionísio (ou a sua versão trácia, Zagreus) é o belo filho de Zeus e Perséfone; os maus titãs o despedaçam e comem inteiramente, salvo o coração, que é dado a Zeus, e Dionísio nasce pela segunda vez. Os titãs são mortos pelo raio de Zeus, mas das suas cinzas nasce o homem. Devorando a carne do deus, os titãs adquiriram uma centelha de divindade transmitida ao homem; o mesmo se dá com o desesperado mal existente nos titãs. Todavia, tem o homem o poder de redimir o pecado original, purificar-se da parte má da herança, levando uma vida diversa da terrena e executando certos ritos ascéticos. Desse modo, logra libertar-se da «roda do renascimento» — seu aprisionamento em sucessivos corpos animais e até vegetais, espécies de túmulos carnais da sua alma imortal — e readquirir a perdida condição divina.

Foi, assim, o culto órfico, a quase todos os respeitos, a contrário do dionisíaco. Mantinha o nome do deus e alguns característicos da sua lenda, mas tudo com mudança de importância e significado diferente (processo que se repetirá em outros pontos críticos da história religiosa). A técnica báquica da obtenção de um alívio emocional, mediante o furioso apego ao Agora e Aqui, vê-se substituída pela renúncia, com os olhos voltados para outra vida. A intoxicação física cede à intoxicação mental; o «suco que jorra dos cachos de uva para dar-nos júbilo e olvido» passa a servir apenas de símbolo sacramental; será eventualmente adotado, com o simbólico sorver do deus morto e outros elementos básicos do orfismo, pela cristandade. «Estou morrendo de sede, dai-me de beber das águas da memória», diz um verso gravado numa tabuinha órfica de ouro, aludindo à divina origem da alma: o alvo já não é o olvido mas a recordação de um conhecimento que ela possuiu noutros tempos. As próprias palavras mudam de sentido: «orgia» deixa de significar devaneio báquico e passa a significar êxtase religioso que conduz à libertação da roda do renascimento.[7] Semelhante desenvolvimento é a transformação da união carnal entre o Rei e a Sulamita na união mística entre Cristo e a Igreja; e, em épocas mais recentes, a mudança de significado em palavras como «arrebatamento» e «arroubo».

Foi o orfismo a primeira religião universal no sentido de não ser considerada monopólio tribal ou nacional, e sim aberta para todos os que lhe aceitassem os regulamentos; e influi profundamente no desenvolvimento religioso posterior. Seria, contudo, um erro atribuir-lhe demasiado requinte intelectual e espiritual; os ritos órficos de purificação, que constituem o cubo de todo o sistema, ainda contêm uma série de tabus primitivos: não comer carne nem feijão, não tocar galos brancos, não olhar para o espelho ao lado da luz.

Mas é esse precisamente o ponto em que Pitágoras deu ao orfismo um novo significado. É o ponto em que a intuição religiosa e a ciência racional se viram unidas numa síntese de espantosa originalidade. O elo é o conceito de **katharsis**. Era conceito central no baquismo, no orfismo, no culto de Apolo de Delos, na medicina e na ciência pitagóricas; mas possuía diferentes sginificados, e acarretava diferentes procedimentos em todos eles (como ainda faz nas várias escolas da moderna psicoterapia). Havia algo em comum entre o doido bacante e o frio matemático, a flauta de Orfeu e uma pílula laxativa? Sim: havia o mesmo anelo de libertação de várias formas de escravatura, de paixões e tensões do corpo e do espírito, da morte e do vazio, do legado dos titãs aos homens, havia o anelo de reacender a divina centelha. Mas os métodos de realizar tais coisas deviam diferir de pessoa a pessoa. Deviam ser graduados segundo as luzes do discípulo e o grau de iniciação. Pitágoras substituiu as panacéias purificadoras da alma de seitas rivais por uma elaborada hierarquia de procedimentos catárticos. Purificou o próprio conceito de purificação, por assim dizer.

No fundo da escala há simples tabus, tirados do orfismo, como por exemplo a proibição de comer carne e feijão. Para os de natureza rude a pena do sacrifício é a única purificação eficaz. No nível mais elevado, a catarse da alma se realiza pela contemplação da essência de toda a realidade, da harmonia das formas, da dança dos números. «A Ciência Pura» — estranha expressão que ainda usamos — vem a ser, portanto, além de um deleite intelectual, o caminho para o alívio espiritual, o caminho para a união mística entre os pensamentos da criatura e o espírito do criador. «O papel da geometria, diz Plutarco, referindo-se aos pitagóricos, consiste em nos arrancar do mundo dos sentidos e da corrupção, para nos levar ao mundo da inteligência e da eternidade. A contemplação da eternidade é o alvo da filosofia, assim como a contemplação dos mistérios é o alvo da religião».[8] Mas para sermos verdadeiros pitagóricos, os dois alvos se tornam indistinguíveis.

Dificilmente pode ser exagerada a importância histórica da idéia de que a ciência desinteressada conduz à purificação da alma e à sua libertação final. Os egípcios embalsamavam os cadáveres, para que a alma pudesse voltar a êles, dispensando a reincarnação; os budistas praticavam o desapego, para se livrarem da roda. As duas atitudes eram negativas e socialmente estéreis. O conceito pitagórico de emprego da ciência na contemplação do eterno penetrou, por intermédio de Platão e de Aristóteles, no espírito da cristandade, tornando-se um fator decisivo na feitura do mundo ocidental.

No início dêste capítulo tentei mostrar de que modo, relacionando a música à astronomia, e ambas à Matemática, se enriqueceu a experiência emocional e se aprofundou, mediante a introspecção intelectual. A admiração cósmica e o deleite estético já não estão separados do exercício da razão; todos eles estão inter-relacionados. Agora, deu-se o último passo: as intuições místicas da religião também foram integradas no todo. Mais uma vez, o processo é acompanhado de sutis mudanças no significado de certas palavras-chave, como por exemplo **theoria**, teoria. A palavra deriva-se de **theorio** «olhar, contemplar» (**thea**: espetáculo, **theoris**: espectador, assistência). Mas no uso órfico, **theoria** veio a significar «um estado de fervente contemplação religiosa, no qual o espectador se identifica ao deus sofredor, morre na morte dêle e ressurge na sua ressurreição».[9] À medida que os pitagóricos canalizavam o fervor religioso em fervor intelectual, o êxtase ritual em êxtase do descobrimento, **theoria** foi alterando gradativamente o seu sentido em «theoria» na acepção moderna. Mas, embora o rouco brado dos adoradores rituais fôsse substituído pelo Eureca dos novos teoristas, permaneceram conscientes da fonte comum de onde ambos se originavam. Sabiam que os símbolos da Mitologia e os símbolos da ciência matemática constituíam aspectos diversos da mesma. Realidade indivisível (*). Não viviam numa «casa dividida, de fé e de razão»; as duas se entrelaçavam, como a planta de rés do chão e o corte de um desenho de arquiteto. Trata-se de um estado de espírito dificílimo de imaginar para o homem do século vinte, ou até de supor que pudesse jamais ter existido. Será um auxílio lembrar-nos também de que alguns dos maiores sábios pré-socráticos formularam a sua filosofia em versos. Considerava-se ainda um fato a origem unitária de inspiração do profeta, do poeta e do filósofo.

Não durou muito. Ao cabo de alguns séculos, a consciência unitária sumiu-se, o filosofar religioso e o racional separaram-se, reuniram-se parcialmente, e divorciaram-se outra vez, com resultados que se tornarão aparentes à medida que prosseguir a História.

Houvera sido incompleta a síntese pitagórica se não tivesse incluído também preceitos para um modo de vida.

A irmandade era uma ordem religiosa, mas ao mesmo tempo academia de ciência, e fôrça na política italiana. As regras ascéticas de vida parece terem antecipado as dos essênios, as quais, por sua vez, serviram de modelo para as primitivas comunidades cristãs. Partilhavam de todos os bens, levavam uma vida comum, e concediam posição igual às mulheres. Observavam ritos e abstinências, davam muito tempo à contemplação e aos exames de consciência. Segundo o grau de purificação atingido por um dos Irmãos, iniciava-se êle, aos poucos, nos mistérios mais elevados da **theoria** musical, matemática e astronômica. O segredo que as cercava era, em parte, devido à tradição dos cultos mais velhos de mistério, cujos adeptos haviam sabido que os êxtases báquicos, e até os órficos, teriam acarretado a destruição, se proporcionados a todos, indiscriminadamente. Mas os pitagóricos sabiam também que semelhantes perigos eram inerentes às orgias do raciocínio. Tinham, evidentemente, intuição da **hybris** da Ciência, e a reconheciam como meio potencial tanto da libertação do homem como da sua destruição; daí, a insistência de apenas os purificados no corpo e no espírito participarem dos segredos. Numa palavra, acreditavam deverem ser os cientistas vegetarianos, como acreditam os católicos deverem os sacerdotes viver no celibato.

Talvez se julgue que tal interpretação da insistência pitagórica sôbre o segrêdo seja de longo alcance, ou implique uma previsão profética da parte dos pitagóricos. A resposta é que Pitágoras sabia, por experiência própria, das imensas potencialidades tecnológicas da geometria. Já disse que Polícrates, e os ilhéus por ele governados, se dedicavam à engenharia. Herôdoto, que bem conhecia a ilha, narra:[10]

> «Escrevi assim extensamente dos samianos, por serem autores das três maiores obras que podem ser vistas em qualquer terra grega. A primeira é o túnel de boca dupla que abriram por cento e cinqüenta braças através da base de uma elevada colina... e pelo qual a água, vindo de uma fonte abundante, é levada pelos canos à cidade de Samos.»

(*) Daí os atalhos, ou curto-circuitos, entre diferentes conjuntos de símbolos na mística tradição numérica dos pitagóricos, como por exemplo a correlação de números ímpares e pares com macho e fêmea, direita e esquerda, ou a mágica qualidade atribuída ao pentagrama.

Herôdoto gosta de contar grandes fatos, e a sua narrativa não foi levada muito a sério; mas, no começo do nosso século, o túnel foi realmente descoberto e escavado. Não tem menos que novecentas jardas de comprimento, possui o curso de água e o caminho de inspeção, e o seu formato indica haver sido começado por **ambas** as extremidades. Indica, mais, que os dois grupos de cavadores, um trabalhando a partir do Norte, outro a partir do Sul, se encontraram no centro com apenas uns dois pés de diferença. Observando a realização de tão portentoso feito (por Eupalinos, que também construiu a segunda maravilha mencionada por Herôdoto, um gigantesco molhe para proteger a frota de guerra de Samos), até uma inteligência inferior à de Pitágoras poderia ter compreendido a possibilidade de vir a ser a ciência um hino ao criador ou uma caixa de Pandora, e dever ser confiada apenas a santos. Diz-se, a propósito, que Pitágoras, como São Francisco, fazia sermões aos animais, o que pareceria estranha atitude em matemático moderno. Contudo, no parecer dos pitagóricos nada poderia ser mais natural.

5. TRAGÉDIA E GRANDEZA DOS PITAGÓRICOS

Pelo fim da vida do Mestre, ou pouco depois da sua morte, sucederam aos pitagóricos duas desgraças, que haveriam significado o fim de qualquer seita ou escola dotada de panorama menos universal. A ambas, sobreviveram triunfalmente.

Um dos golpes foi o descobrimento de um tipo de números, como por exemplo $\sqrt{2}$ (raiz quadrada de 2) que não cabia em nenhum dos diagramas de pontos. E tais números eram comuns: são, por exemplo, representados pela diagonal de qualquer quadrado. Chamemos ao lado do quadrado **a**, e **d** à diagonal. Prova-se que se atribuírmos a **a** qualquer valor numérico preciso, é impossível atribuir a d um valor numérico preciso. O lado e o quadrado são «incomensuráveis»; a razão **a/d** não pode ser representada por nenhum dos númerais reais nem suas frações; trata-se de número «irracional»: **é, ao mesmo tempo, ímpar e par** (*). É-nos dado traçar fàcilmente a diagonal do quadrado, mas não podemos exprimir-lhe o comprimento em números: não podemos contar o número de pontos que contém. A correspondência, ponto a ponto, entre a aritmética e a geometria está desfeita, e, com isso, o universo das formas numéricas.

Afirma-se que os pitagóricos mantiveram secreto o descobrimento dos números irracionais — chamavam-nos de **arrhetos**, indizível — e que Hipasos, o discípulo que revelou o escândalo, foi morto. Existe também outra versão, em Proclos:[11]

> «Diz-se que os que primeiro revelaram os irracionais pereceram em naufrágio, até o último homem, pois era necessário esconder o indizível e o sem forma. E os que descobriam e tocavam aquela imagem de vida eram imediatamente destruídos, ficando para sempre expostos ao sabor das ondas eternas.»

(*) A maneira mais simples de o provar é a seguinte: seja **d** representado por uma fração **m/n**, em que **m** e **n** são desconhecidos. Seja $a = 1$; nesse caso, $d^2 = 1^2 + 1^2$ e $d = \sqrt{2}$. $m^2/n^2 = 2$. Se **m** e **n** tiverem um fator comum, tiremo-lo e então ou **m** ou **n** deve ser ímpar. Ora $m^2 = 2n^2$, logo m^2 é par, logo **m** é par, logo **n** é ímpar. Suponhamos que $m = 2p$. Então $4p^2 = 2n^2$, logo $n^2 = 2p^2$ e portanto **n** é par, contra a hipótese. Logo, nenhuma fração **m/n** medirá a diagonal.

Contudo, sobreviveu o pitagorismo. Possuía a elástica adaptabilidade de todos os sistemas ideológicos verdadeiramente grandes, que, quando uma das partes fica abalada, exibem as forças auto-regeneradoras de um cristal crescente ou do organismo vivo. A matematização do mundo por meio de pontos parecidos a átomos revelou-se atalho prematuro, mas numa das curvas mais elevadas da espiral as equações matemáticas se revelaram, novamente, os símbolos mais serviçais para a representação do aspecto físico da realidade. Encontraremos outros exemplos de intuição profética apoiada por motivos errados, e veremos que constituem mais regra do que exceção.

Ninguém, antes dos pitagóricos, imaginou que as relações matemáticas continham o segredo do universo. Vinte e cinco séculos depois, a Europa continua abençoada e amaldiçoada pela sua herança. Às civilizações não-européias a idéia de serem os números a chave tanto da sabedoria como do poder parece que jamais lhes ocorreu.

O segundo golpe foi a dissolução da Irmandade. Pouco sabemos das suas causas; provavelmente teve algo que ver com os princípios igualitários e a prática comunista da ordem, a emancipação das mulheres e a doutrina quase monoteísta: a eterna heresia messiânica. A perseguição, contudo, ficou limitada aos pitagóricos como corpo organizado, e provavelmente impediu degenerassem em ortodoxia sectária. Os principais discípulos do Mestre — entre eles Filolao e Lisis — que haviam sido exilados, não tardaram em regressar ao sul da Itália e reiniciar o ensino. Um século mais tarde, aquele ensino se constituiu numa das fontes do platonismo, entrando assim na corrente principal do pensamento europeu.

Nas palavras de um moderno estudioso: «Pitágoras é o fundador da cultura européia na esfera do Mediterrâneo Ocidental.» [12] Platão e Aristóteles, Euclides e Arquimedes são marcos no caminho, mas Pitágoras situa-se no ponto de partida, onde se decide que direção há de seguir a estrada. Antes de tal decisão, a futura orientação da civilização greco-européia ainda estava vacilante; poderia ter enveredado pela direção das culturas chinesa, indiana ou pré-colombiana, todas elas igualmente informes e sem decisão na época da aurora do grande século seis. Não quero dizer que, se Confúcio e Pitágoras houvessem permutado o lugar de nascimento, a China nos teria batido na Revolução Científica, tornando-se a Europa uma terra de mandarins sorvedores de chá. As interações do clima, da raça e do espírito, a influência direcional de notáveis indivíduos no curso da História, são tão obscuras que não podemos fazer predições nem no avesso; todas as afirmações «se», ou seja condicionais, no passado, são tão duvidosas como as profecias, no que tange ao futuro. Parece bastante plausível que se Alexandre ou Gengiscão jamais tivessem nascido, outros indivíduos lhes teriam ocupado o lugar executando os planos da expansão helênica ou mongólica. Mas os Alexandres da filosofia e da religião, da ciência e da arte, parecem menos sacrificáveis; o impacto dêles parece menos determinado por desafios econômicos e pressões sociais; e possuem uma zona muito mais ampla de possibilidades para influir na direção, forma e estrutura das civilizações. Se considerarmos condutores aos conquistadores da História, os conquistadores do pensamento serão, talvez, os inspetores que, menos importantes aos olhos do viajante, determinam a direção da jornada.

III. A TERRA AO LÉU

Esforcei-me por dar uma breve descrição geral da filosofia pitagórica, inclusive aspectos seus só indiretamente relacionados ao assunto dêste livro. Nas secções seguintes, algumas importantes escolas da filosofia e da ciência gregas — eleatas e estóicos, atomistas e hipocráticos — mal serão mencionadas até que cheguemos ao outro ponto crítico na cosmologia, Platão e Aristóteles. O desenvolvimento das opiniões do homem acerca do cosmos não pode ser discutido isoladamente do fundo filosófico que deu cor a tais opiniões; por outro lado, se não quisermos que a narrativa seja absorvida pelo fundo, êste só pode ser esboçado em certos pontos críticos do conto, onde o clima filosófico geral exerceu influência direta na cosmologia e lhe alterou o curso. Assim, por exemplo, as opiniões políticas de Platão, ou as convicções religiosas do cardeal Bellarmino, influenciaram profundamente o desenvolvimento astronômico durante séculos, e devem ser, portanto, discutidas, ao passo que homens como Empédocles e Demócrito, Sócrates e Zeno, que tinham bastante que dizer sôbre os astros, mas nada que importe realmente ao nosso assunto, devem ser passados em silêncio.

1. FILOLAO E O FOGO CENTRAL

Desde o fim do sexto século antes de Cristo, a idéia de ser a terra uma esfera, flutuando livremente no ar, se estabeleceu firmemente. Herôdoto [1] menciona a notícia da existência de um povo, muito ao norte, que dormia seis meses do ano — o que indica já haverem sido apreendidas algumas das implicações da redondeza da terra (como a noite polar). O seguinte passo revolucionário deu-o um discípulo de Pitágoras, Filolao, o primeiro filósofo em atribuir **movimento** ao nosso globo. A terra passou a ser transportada pelo ar.

Os motivos que conduziram a tão grande inovação só podemos imaginá-los. Talvez tenha sido a verificação de haver algo de ilógico nos movimentos aparentes dos planêtas. Afigurava-se uma loucura girarem o Sol e os planetas ao redor da Terra uma vez por dia, e, ao mesmo tempo, deslizarem lentamente ao longo do Zodíaco, nas suas revoluções anuais. Tudo seria muito mais simples se se assumisse ser a revolução **diária** do céu uma simples ilusão causada pelo próprio movimento da terra. Se a terra estava livre, solta, no espaço, não poderia também **mover-se**? No entanto, não ocorreu a Filolao a idéia evidente de deixar que a terra girasse sobre o próprio eixo. Pelo contrário, fê-la girar, em vinte e quatro horas, em volta de um ponto estranho no espaço. Descrevendo um círculo completo por dia, o observador, sôbre a terra, teria a ilusão, tal qual o viajante num carrossel, de toda a feira cósmica girar em sentido oposto.

No centro do carrossel, colocou Filolao a «torre de vigia de **Zeus»**, também chamada «lareira do universo», ou «fogo central». Mas o «fogo central» não se deve confundir com o Sol. Não podia ser visto, pois a parte habitada da terra — Grécia e os seus vizinhos — se mantinha sempre afastada dele, como a face escura da lua sempre se mantém afastada da terra. Mais ainda, entre a Terra e o fogo central inseriu Filolao um planeta invisível: o **antichton**, ou antiterra, cuja função, aparentemente, consistia em proteger os antípodas de serem queimados pelo fogo central. A antiga crença de estarem as regiões ocidentais da terra, além do estreito de Gibraltar, envoltas num eterno crepúsculo,[2] explicava-se pela sombra projetada em tais partes pela antiterra. É também possível — como observa desdenhosamente Aristóteles — que a antiterra fôsse inventada simplesmente para elevar o número dos corpos móveis do universo a dez, número sagrado dos pitagóricos.[3]

Em volta do fogo central, pois, giravam em órbitas concêntricas os nove corpos: em primeiro lugar o **antichton** seguido da Terra, da Lua, do Sol e dos cinco planêtas; vinha depois a esfera das estrêlas fixas. Para além dessa camada exterior havia uma parede de éter ígneo, a envolver o mundo por todos os lados. O «fogo externo» constituía a segunda e principal fonte da qual tirava o universo luz e ar. O Sol era apenas uma espécie de janela ou lente transparente, através da qual se filtrava e distribuía a luz exterior. O quadro lembra um dos orifícios de Anaximandro no pneu cheio de fogo. Eram, porém, tais fantasias menos fantásticas do que a noção de uma bola de fogo a cruzar o céu por tôda a eternidade, sem nunca terminar de arder, idéia absurda que repugna ao espírito. Se olharmos para o céu com olhos livres de qualquer teoria, não é mais convincente considerar o Sol e as estrêlas orifício da cortina que envolve o mundo?

O único objeto celeste tido como semelhante à Terra era a Lua. Supunham-na habitada por plantas e animais quinze vêzes mais poderosos que os nossos, pelo fato de a Lua desfrutar da luz por quinze dias consecutivos. Acreditavam outros pitagóricos serem as luzes e as sombras da Lua reflexos dos nossos oceanos. Quanto aos eclipses, eram alguns causados pela terra, outros pela antiterra, responsável também pela tênue luz acinzentada do disco lunar na lua nova. Outros parecem ter acreditado na existência de várias antiterras. Deve ter sido vivo o debate.

2. HERACLIDES E O UNIVERSO HELIOCÊNTRICO.

Não obstante as suas esquisitices poéticas, abriu o sistema de Filolao uma nova perspectiva cósmica, separando-se da tradição geocêntrica, obstinada convicção de ocupar a terra o centro do universo, do qual, maciça e imóvel, jamais se distancia uma polegada sequer.

Mas foi também um marco em outra direção. Separou nitidamente dois fenômenos anteriormente misturados: a sucessão do dia e da noite, isto é, a rotação **diurna** do céu como todo; e os movimentos **anuais** dos sete planêtas errantes.

O outro melhoramento do modêlo dizia respeito aos movimentos diários. O fogo central sumiu-se; a terra, em vez de girar em tôrno dêle, girava sôbre o próprio eixo, como pião. O motivo residia presumìvelmente[4] no fato de os contactos cada vez mais freqüentes dos marinheiros gregos com regiões longínquas — desde o Ganges até o Tejo, desde a ilha de Tule até a Taprobana, não haverem revelado nenhum sinal, nem sequer boato, do fogo central ou da **antichton**, ambos os quais

A) Sistema geocêntrico clássico

B) Sistema «egípcio» de Heraclides

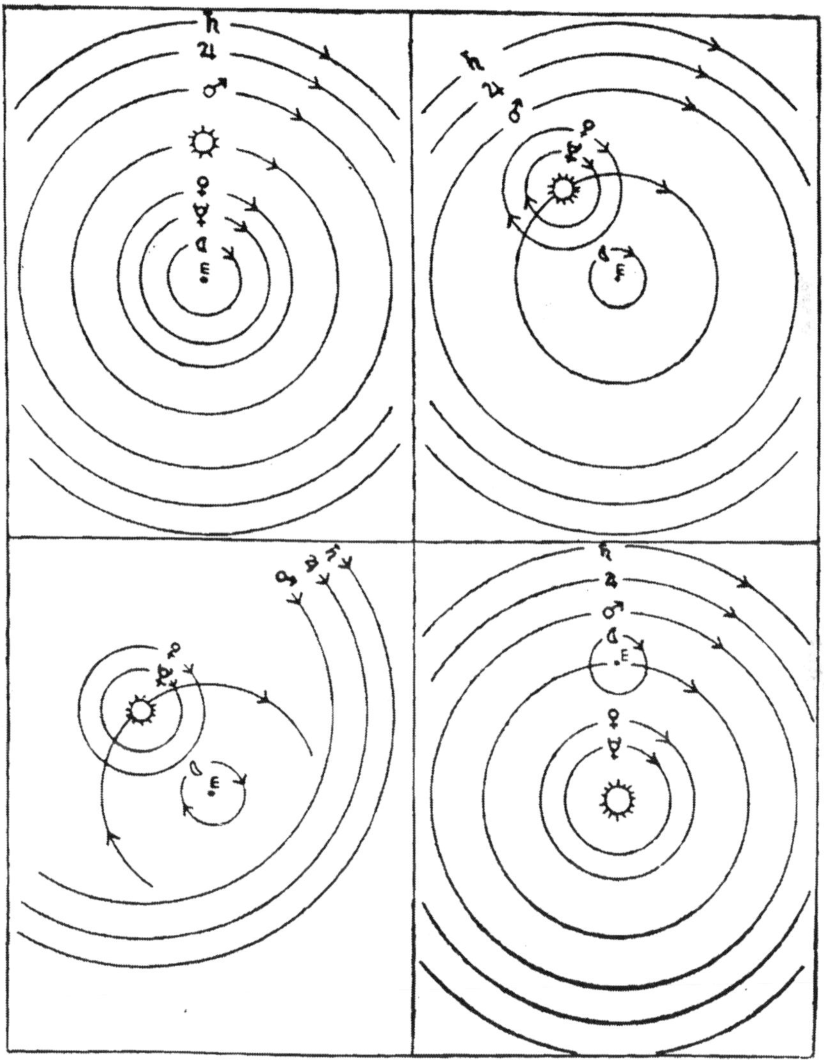

(C) Sistema de Tycho Brahe (e de Heraclides?)

(D) Sistema heliocêntrico de Aristarco.

☼ = Sol ☾ = Lua E = Terra ☿ = Mercúrio ♀ = Vênus
♂ = Marte ♃ = Júpiter ♄ = Saturno

deveriam ser visíveis no outro lado da terra. Disse, antes, que a idéia pitagórica do mundo era elástica e adaptável. Os pitagóricos não desistiram da idéia do fogo central como fonte de calor e energia; transferiram-no do espaço exterior para o núcleo da terra; quanto à antiterra, identificaram-na simplesmente com a Lua.[5]

O outro grande pioneiro na tradição pitagórica é Heraclides do Ponto. Viveu no quarto século antes de Cristo, estudou com Platão e muito provàvelmente também com Aristóteles; logo, pela ordem cronológica deveria ser discutido depois deles. Mas seguirei, em primeiro lugar, o desenvolvimento da cosmologia pitagórica, e mais ousada e esperançosa da Antiguidade, até o fim, que sobreveio na geração posterior a Heraclides.

Heraclides considerou coisa estabelecida a rotação da terra em torno do seu eixo. Com isso, explicava-se o giro diário do céu; restava, porém, o problema do movimento anual dos planetas. Já se haviam tornado aqueles movimentos anuais o problema central da astronomia e cosmologia. A multidão de estrêlas fixas não apresentava problema. Jamais mudavam de posição relativamente uma à outra, ou relativamente à terra.[6] Constituíam uma garantia permanente da lei, da ordem e da regularidade existentes no universo, e podiam ser imaginadas, sem grande dificuldade, como cabeças de alfinete, ou orifícios de alfinête na almofada celeste que girava, como unidade, ao redor da terra, ou parecia assim fazer em virtude da rotação terrestre. Mas os planetas, as estrêlas errantes, moviam-se com impressionante irregularidade. O único característico tranqüilizador era moverem-se todos ao longo da mesma estreita faixa a rodear o céu (o zodíaco), o que significava que as suas órbitas jaziam tôdas aproximadamente no mesmo plano.

Para fazermos uma idéia de como os gregos percebiam o universo, imaginemos todo o tráfego transatlântico — submarinos, navios, aviões — confinado à mesma via comercial. As «órbitas» de tôdas essas máquinas estarão ao longo de círculos concêntricos em volta do centro da terra, tôdas no mesmo plano. Suponhamos que um observador deitado de costas no centro da terra transparente observe o tráfego. Será para êle como se os pontos se movessem a velocidades diferentes ao longo de uma única linha; a faixa zodiacal. Se a esfera transparente começar a girar em volta do observador (que continuará parado) a zona de tráfego girará com a esfera, mas o tráfego continuará ainda confinado a essa zona. O tráfego consiste em dois submarinos que sulcam as águas em profundidades diferentes: os planetas «inferiores», Mercúrio e Vênus; vem depois um só navio de luzes ofuscantes: o Sol; em seguida, três aviões em alturas diferentes: os planetas «superiores», Marte, Júpiter e Saturno, nessa ordem. Saturno estaria muito alto na estratosfera, havendo acima dele apenas a esfera das estrêlas fixas. Quanto à Lua, está tão perto do observador do centro que deve ser considerada uma bola a rolar na parede côncava da cavidade, mas ainda no mesmo plano com as demais máquinas. É esse, pois, em linhas gerais, o antigo modêlo do mundo.

Mas o modelo A nunca pôde funcionar corretamente. Para nós a razão é patente: achavam-se os planêtas dispostos na ordem errada; o Sol devia estar no centro e a Terra devia ocupar o lugar do Sol entre os planetas «inferiores» e «superiores». levando em sua companhia a Lua (Fig. D). Êsse êrro básico do modêlo causava incompreensíveis irregularidades nos movimentos aparentes dos planêtas.

Na época de Heraclides tais irregularidades se haviam transformado no principal aborrecimento dos filósofos interessados no universo. O Sol e a Lua pareciam mover-se de maneira mais ou menos regular ao longo da zona de tráfego; mas os cinco planêtas viajavam do modo mais errático possível. Um deles caminhava por algum tempo ao longo da faixa, na direção geral do tráfego, do Oeste a Leste; mas de vez em quando diminuía a marcha, parava, como se tivesse atingido um pôsto no céu, e refazia os passos; de súbito, mudava de opinião outra vez, dava uma volta e reiniciava o caminho no sentido original. Vênus procedia até mais caprichosamente. As fortes mudanças periódicas do seu brilho e tamanho pareciam indicar que se aproximava e se afastava alternadamente de nós, o que sugeria não mover-se realmente em círculo ao redor da terra, mas ao longo de um linha ondulada, impensável. Ademais, tanto Vênus como Mercúrio, o segundo planêta interior, umas vezes iam na frente do Sol que se movia constantemente, outras ficavam atrás, mas sempre perto dêle, como delfins brincando perto de um navio. Assim, umas vezes Vênus era **Phosphoros**, a «estrêla d'alva», a levantar-se tendo o Sol na esteira, outras **Hesperos**, a «estrêla do crepúsculo», com o Sol na frente. Pitágoras foi, provàvelmente, o primeiro em reconhecer que eram ambas o mesmo planêta.

Mais uma vez, no espelho de retrovisão, afigura-se-nos bastante simples a solução de Heraclides. Se Vênus se movia de maneira irregular relativamente à Terra, suposto centro da sua órbita, mas não deixava de estar ao lado do Sol, era claro que estava ligado ao Sol e não à Terra; era um satélite do Sol. E visto que Mercúrio procedia do mesmo modo, os dois planêtas interiores deviam girar em tôrno do Sol, e com o Sol em torno da Terra, como roda girando sôbre roda.

A figura B da página 20 mostra, a um simples relance do olhar, porque Vênus se aproxima e afasta alternadamente da Terra, porque está, às vezes, na frente do Sol, e outras atrás dele, e também porque se move intermitentemente em sentido inverso ao longo da faixa zodiacal.[7]

Tudo se afigura perfeitamente claro no espelho retrovisor. Mas há situações em que se faz mister grande poder de imaginação, combinado com desrespeito às tradicionais correntes de pensamento, para descobrir o claro. A escassa informação que possuímos sôbre a personalidade de Heraclides indica que era senhor tanto de originalidade como de desdém à tradição acadêmica. Apelidavam-no de **paradoxólogo**, fabricante de paradoxos. Narra Cícero que ele gostava de contar «historietas pueris» e «maravilhosas histórias»; e Proclo nos diz que não hesitava em contradizer Platão, que ensinava a imobilidade da terra.[8]

A idéia de que os dois planêtas inferiores — e somente os dois — eram satélites do Sol, enquanto o próprio Sol e os demais planêtas continuavam a girar em torno da Terra, tornou-se mais tarde conhecida pelo nome errado de «Sistema Egípcio», e conquistou grande popularidade (Fig. B, pág 20). Tratava-se evidentemente de uma solução intermediária entre a geocêntrica (Terra no centro) e a heliocêntrica (Sol no centro). Não sabemos se Heraclides se deteve nisso, ou se deu o passo necessário para fazer com que os outros três planetas também girassem em torno do Sol, e este, com os seus cinco satélites, em tôrno da terra (Fig. C, pág 20). Houvera sido um passo lógico, e alguns estudiosos modernos acreditariam que Heraclides atingiu os três quartos da solução. Acreditam alguns, até, que deu até o último passo, o de fazer **todos** os planêtas, inclusive a Terra, girar em tôrno do Sol.

Se percorreu, ou não, todo o caminho para a moderna concepção do sistema solar é meramente questão de curiosidade histórica, pois o seu sucessor, Aristarco, indubitavelmente o fez.

Aristarco, último da linhagem de astrônomos pitagóricos, era, como o Mestre, originário de Samos. Supõe-se que nasceu, simbolicamente, no mesmo ano, 310 antes de Cristo, no qual morreu Heraclides.(*) Só nos resta um dos seus breves tratados: **Dos tamanhos e distâncias do sol e da lua.** Revela-nos que possuía os dons básicos exigidos pelo moderno cientista: originalidade de pensamento e meticulosidade de observação. O elegante método que excogitou para calcular a distância do sol foi adotado pelos astrônomos através da Idade-Média; se os resultados foram errados, deve-se tal ao fato de ter ele nascido dois mil anos antes da invenção do telescópio. Mas, embora igual período de tempo o separasse da invenção do relógio de pêndulo, melhorou os cálculos do comprimento do ano solar acrescentando 1/1623 à estimativa anterior de 365 dias e 1/4.

Perdeu-se o tratado em que Aristarco proclamou que era o Sol, e não a Terra, o centro do mundo, e que em torno dêle giravam todos os planetas — coroamento da cosmologia pitagórica, que Copérnico iria redescobrir dezessete séculos mais tarde. Mas felizmente possuímos, entre outros, o testemunho de autoridades da categoria de Arquimedes e Plutarco; e o fato de Aristarco ensinar o sistema heliocêntrico é unânimemente aceito quer pelas fontes antigas quer pelos estudiosos modernos.

Arquimedes, o maior matemático, físico e inventor da antiguidade, foi contemporâneo mais moço de Aristarco. Um dos seus trabalhos mais interessantes é um pequeno tratado intitulado **O contador de Areia,** dedicado ao rei Gelão de Siracusa. Contém esta frase crucial:

> «Porque ele (Aristarco de Samos) supunha serem imóveis as estrelas fixas e o Sol, e a Terra girar em círculo em torno do Sol...» (10).

Igualmente importante é a referência de Plutarco a Aristarco. No seu tratado **Da face do disco lunar,** uma das personagens se refere a Aristarco de Samos que acreditava «estar o céu em repouso, e a Terra girar numa órbita oblíqua, girando, ao mesmo tempo, em torno do próprio eixo.» (11).

Portanto, havia Aristarco levado a idéia iniciada com Pitágoras, e continuada por Filolao e Heraclides, à conclusão lógica: o universo tendo por centro o Sol. Mas aqui chega a um fim abrupto o desenvolvimento. Aristarco não tinha discípulos e não conseguiu partidários.[12] Por quase dois milênios o sistema heliocêntrico ficou esquecido — ou, diremos, afastado da consciência? — até que um obscuro sacerdote de Varmia, remoto pôsto avançado do Cristianismo, colhesse o fio no ponto em que o samiano desistira.

Êsse paradoxo seria mais fácil de compreender se Aristarco tivesse sido um embusteiro ou amador, cujas idéias não fossem tomadas a sério. Mas o seu tratado **Do Tamanho e da Distância do Sol e da Lua** tornou-se clássico da antiguidade, e o faz um dos principais astrônomos da época; era tão grande a sua fama que, quase três séculos depois, Vitrúvio, o ar-

---

(*) Essas datas são conjeturas. Mas os astrônomos possuem jeito para ajustarem as suas órbitas de vida. Galileu morreu no ano em que nasceu Newton, e Newton nasceu precisamente cem anos depois da morte de Copérnico.

quiteto romano, inicia a lista de gênios universais do passado com estas palavras:

> «São raros os homens dêsse tipo, os homens como foram outrora Aristarco de Samos...» (13).

Apesar de tudo, a sua hipótese correta foi repelida em favor de um monstruoso sistema de astronomia, que hoje nos fere como afronta à inteligência humana, e que reinou, supremo, por mil e quinhentos anos. Os motivos de tal obumbramento aparecerão somente aos poucos, pois enfrentamos os mais estarrecedores exemplos dos caminhos desviados, ou melhor, tortos, do «Progresso da Ciência», o que constitui um dos principais assuntos dêste livro.

IV. O DECLÍNIO DA ENERGIA

1. PLATÃO E ARISTÓTELES

Pelo fim do terceiro século antes de Cristo estava terminado o período heróico da ciência grega. De Platão e Aristóteles para a frente, a ciência natural descamba para o desprestígio e a decadência, e os feitos dos gregos só irão ser redescobertos um milênio e meio mais tarde. A aventura prometiana iniciada por volta de 600 antes de Cristo perdera, em três séculos, o impulso; seguem-se-lhe um período de hibernação cinco vezes mais extensa.

Há logicamente, de Aristarco a Copérnico, só um passo; de Hipócrates um passo apenas a Paracelso; de Arquimedes um passo a Galileu. E, contudo, a continuidade ficou interrompida por um período de tempo tão longo quanto o começo da era cristã aos nossos dias. Volvendo o olhar para a estrada ao longo da qual viajou a ciência humana, temos a imagem de uma ponte destruída, com vigas a sobressair de ambos os lados, e, no meio, nada.

Sabemos como aconteceu isso. Se soubéssemos exatamente porque aconteceu, disporíamos provàvelmente do remédio para os males do nosso tempo. O colapso da civilização durante a Idade das Trevas é, sob alguns aspectos, o contrário do colapso que se iniciou, embora menos dramaticamente, na Idade do Iluminismo. Podemos descrever o primeiro como afastamento do mundo material, desprezo do conhecimento, da ciência e da tecnologia, rejeição do corpo e dos seus prazeres em favor da vida do espírito. Surge como escrita de espelho aos dogmas da idade do materialismo científico que se inicia com Galileu e termina com o estado totalitário e a bomba de hidrogênio. Só possuem um fator comum: o divórcio entre razão e fé.

No divisor de água que separa a idade heróica da ciência da idade do seu declínio, estão os picos gêmeos, Platão e Aristóteles. Duas citações ilustram o contraste no clima filosófico nos dois lados do divisor de água. A primeira é um trecho de escritor pertencente à escola hipocrática e data presumìvelmente do quarto século antes de Cristo.

> «Parece-me, — diz êle, tratando do misterioso mal chamado epilepsia, — que a enfermidade não é mais «divina» que qualquer outra. Possui uma causa natural, como a possuem as outras enfermidades. Os homens a julgam divina simplesmente por a não compreenderem. Mas se chamarem divino a tudo quanto não compreendem, não haverá fim para as coisas divinas!» 1

A segunda citação é tirada da **República** de Platão e resume-lhe o modo de ver quanto à astronomia. Os astros, explica, por mais belos que sejam, não passam de uma parte do mundo **visível** que é apenas uma vaga sombra destorcida, ou cópia do mundo **real** das idéias; a tentativa de determinar exatamente os movimentos desses corpos imperfeitos é, pois, absurda. Pelo contrário «**concentremo-nos em problemas (abstratos), disse eu, na astronomia e na geometria, e repilamos os corpos celestes, se pretendemos verdadeiramente saber astronomia.**» [2]

Platão é igualmente hostil ao primeiro e favorito ramo de ciência dos pitagóricos. «Os mestres da harmonia, — põe a queixa na boca de Sócrates — comparam os sons e as consonâncias audíveis, e o seu trabalho, como o dos astrônomos, é inútil». [3]

Nada disso devia, muito provavelmente, ser tomado ao pé da letra, mas o foi — pela escolha extremista do neoplatonismo que dominou a filosofia ocidental durante vários séculos e sufocou todo progresso da ciência — até que, com efeito, Aristóteles fosse redescoberto, revivendo, dessarte, o interesse pela natureza. Chamei, aos dois, picos gêmos separando duas épocas do pensamento; mas no que tange à influência dêles no futuro, Platão e Aristóteles deveriam ser, antes, chamados de astros gêmeos com um único centro de gravidade, a girarem um em torno do outro e alternando-se na projeção da luz sôbre as gerações que lhes sucederam. Até o fim do século doze, como veremos, Platão reinou supremo; aí, Aristoteles ressurgiu e por duzentos anos ficou sendo o filósofo, como era geralmente chamado; Platão, todavia, reapareceu em vestes inteiramente diversas. A famosa observação do professor Whitehead: «a mais segura caracterização geral da tradição filosófica européia é que ela consiste numa série de notas a Platão», poderia ser emendada com esta: «A ciência, até a Renascença, consistiu numa série de notas a Aristóteles».

O segredo da extraordinária influência de ambos, intermitentemente estimulando e sufocando o pensamento europeu, durante o período tão aproximadamente astronômico, tem sido assunto de interminável e apaixonada controvérsia. Não se deve, é claro, apenas a uma única razão, mas à confluência de uma multidão de causas num especial ponto crítico da história. Para mencionarmos apenas algumas, começando com a mais evidente: são os primeiros filósofos da antiguidade cujos escritos não sobreviveram em fragmentos, em citações de segunda e de terceira mão, mas em volume maciço (somente os diálogos autenticados de Platão formam um volume do tamanho da Bíblia), abrangendo todos os domínios do conhecimento e a essência dos ensinamentos dos que os antecederam, como se, após uma guerra nuclear, entre os fragmentos rasgados e queimados, ficasse preservada uma **Enciclopédia Britânica** inteira. Além de reunirem todos os artigos importantes do conhecimento disponível numa síntese individual, foram naturalmente, de direito, pensadores originais de grande poder criador, em campos variados como a metafísica, a biologia, a lógica, a epistemologia e a física. Ambos fundaram «escolas» de uma nova espécie: a primeira Academia e o primeiro Liceu, que sobreviveram por séculos como instituições organizadas e transformaram as idéias, outrora fluidas, dos fundadores, em rígidas ideologias, as hipóteses de Aristóteles em dogmas, as visões de Platão em teologia. Foram verdadeiramente astros gêmeos, nascidos para se complementarem; Platão o místico, Aristóteles o lógico; Platão o desdenhador da ciência natural; Aristóteles o observador de delfins e baleias; Platão o tecedor de fios alegóricos; Aristóteles o dialético e casuísta; Platão vago e ambíguo, Aristoteles preciso e formalista. Finalmente — pois a lista poderia ser continuada para sempre — formaram sistemas de filosofia que, embora diferentes e até opostos nas minúcias, tomados juntamente pareciam oferecer uma resposta completa às condições do seu tempo.

As condições eram a bancarrota política, econômica e moral da Grécia clássica antes da conquista macedônica. Um século de constante guerra e luta civil tinha feito desaparecer do país homens e dinheiro; a venalidade e a corrupção envenenavam a vida pública; hordas de exilados políticos, reduzidos à existência de aventureiros sem lar, devastavam a região; o aborto e o infanticídio legalizados mais ainda reduziam as fileiras de cidadãos. A história do quarto século, escreveu abalizado autor moderno,

> «é, em alguns dos seus aspectos, a do maior malogro da história... Platão e Aristóteles... cada um na sua maneira diversa tenta (sugerindo formas de constituição outras que não aquelas sob as quais a raça tombara na decadência política) salvar o mundo grego, que muito significava para ele, do desastre político e social para o qual se precipitava. Mas não era possível salvar o mundo grego.» [4]

As reformas políticas por eles sugeridas só nos interessam enquanto indicam a tendência inconsciente que lhes penetra a cosmologia; mas nêste contexto, são importantes. A **Utopia** de Platão é mais terrificante que o 1984 de Orwell, porque Platão deseja que suceda o que Orwell receia que suceda. «Ter sido a República de Platão admirada, pelo seu lado político, por gente decente, é talvez o mais assombroso exemplo de esnobismo literário em toda a história», observou Bertrand Russell. [5] Na República de Platão, a aristocracia governa por meio da «nobre mentira», isto é, pretendendo haver Deus criado três espécies de homens: os governantes, feitos de ouro; os soldados, feitos de prata; os homens comuns, feitos de metais sem valor. Outra piedosa mentira ajudará a melhorar a raça: quando o casamento fôr abolido, as pessoas serão obrigadas a tirar a sorte nupcial, mas a sorte será secretamente manipulada pelo governantes, segundo os princípios da eugenia. Haverá rígida censura; nenhuma pessoa jovem poderá ler Homero, pelo fato de êste disseminar o desrespeito aos deuses, o júbilo inconveniente, e o mêdo à morte, desanimando dessarte os homens de morrerem no combate.

A política de Aristóteles move-se ao longo de uma linha menos extrema, mas essencialmente semelhante. Critica algumas das formulações mais provocadoras de Platão, mas não sòmente considera a escravidão base natural da ordem social — «o escravo é inteiramente destituído de qualquer capacidade de raciocinar», [6] como também deplora a existência de uma classe «média» de artesãos livres e profissionais, pelo fato de sua semelhança superficial com os governantes acarretar o desprestígio dêstes. Portanto, todos os profissionais devem ser privados dos direitos de cidadania no Estado Modelo. É importante compreender a origem dêsse desdém de Aristóteles pelos artesãos, operários, arquitetos, engenheiros, e outros — em contraste, por exemplo, com a elevada estima em que Eupalinos, o construtor de túneis, fôra tido em Samos. A questão é que Aristóteles não os julgava mais necessários, por **terem cumprido a sua tarefa a ciência aplicada e a tecnologia.** Nada mais precisava, ou podia, ser inventado para tornar a vida mais cômoda e aprazível, porque «quase tôdas as necessidades de comodidade e requinte social estavam asseguradas» e «já se cuidou de tôdas as coisas de tal espécie.» [7] A ciência pura e a filosofia «que não tratam das necessidades nem do gozo da vida» só nasceram, segundo Aristóteles, após haverem as ciências práticas feito tudo quanto lhes é dado fazer, e ter chegando ao termo o progresso material.

Até essas observações superficiais podem indicar o modo geral oculto sob tais filosofias: o inconsciente anelo de estabilidade e permanência num mundo em desabamento, no qual a «mudança» só pode ser mudança para o pior, e o «progresso» só pode significar progresso em direção ao desastre. A «mudança» para Platão é virtualmente sinônimo de degeneração: a sua história da criação é uma história da sucessiva emergência de formas de vida cada vez mais inferiores e menos dignas — a partir de Deus que é a pura Bondade contida em si própria, até o Mundo da Realidade que consiste apenas em Formas ou Idéias perfeitas, até o Mundo das Aparências, que é uma sombra e cópia do primeiro, e assim até o homem: «Os homens primeiramente criados que levaram uma vida de covardia e injustiça nasceram de novo, como mulheres, na segunda geração, e foi por isso que, nesse momento especial, os deuses inventaram o desejo da cópula». Depois das mulheres chegamos aos animais: «Os que andam sôbre quatro patas provieram de homens que se não condiziam absolutamente com a filosofia e jamais tinham contemplado o céu.» [8] É a permanente história de Queda: teoria da **descensão** e **degeneração**, oposta à da evolução pela ascensão.

Como se verifica freqüentemente com Platão, é impossível dizer se tudo isso deve ser tomado ao pé da letra, ou alegoricamente, ou como arma esotérica para enganar. Não pode, todavia, haver dúvida no que concerne à tendência básica do sistema.

Teremos de voltar muitas vezes a Platão, para percebermos a trilha de um particular desenvolvimento posterior. Por enquanto, fiquemos com esta chave essencial à sua cosmologia: o seu mêdo de mudança, o desdém e aversão aos conceitos de evolução e mutabilidade. Há de reverberar através da Idade-Média, em conjunto com o seu concomitante anelo de um mundo imutável e eternamente perfeito:

> Mais uma vez, então, eu penso no que a Natureza disse
> do mesmo tempo em que não haverá mais mudança,
> e sim firme repouso de todas as coisas, firmemente apoiado
> nas colunas da eternidade,
> que é o contrário da mutabilidade (9).

A «fobia de mudança» parece ser o principal responsável pelos aspectos repulsivos do platonismo. A síntese pitagórica de religião e ciência, de acesso místico e empírico, está destruída. O misticismo dos pitagóricos é levado aos extremos estéreis, enquanto a ciência empírica é ridicularizada e desalentada. A física separa-se da matemática e transforma-se em secção da teologia. A Irmandade Pitagórica passa ser o Guia de uma Utopia totalitária; a transmigração das almas, no seu caminho para Deus, é degradada por histórias de velhas, ou por mentiras edificantes em torno de covardes punidos pela reencarnação feminina; o ascetismo órfico degenera no ódio ao corpo e desprêzo dos sentidos. O verdadeiro conhecimento não pode ser obtido pelo estudo da natureza, pois «se quiséssemos ter verdadeiro conhecimento de qualquer coisa, deveríamos estar livres do corpo... Enquanto estiver unida ao corpo, a alma não poderá ter verdadeiro conhecimento». [10]

Não é expressão de humildade, nem da humildade do buscador místico de Deus, nem da humildade da razão que reconhece os seus limites; é a filosofia semi-amedrontada, semi-arrogante do gênio de uma aristocracia condenada e de uma civilização falida. Quando a realidade se torna insuportável, o espírito tem de afastar-se dela e criar um mundo de perfeição artificial. O mundo das puras Idéias e Formas de Platão, o único que pode ser considerado real, enquanto o mundo da natureza que percebemos é apenas uma pálida cópia, descamba para a desilusão. A verdade intuitiva expressa na alegoria da Caverna chega à absurdidade pela superconcretização, como se o autor da frase «este mundo é um vale de lágrimas» devesse inspecionar realmente a distribuição das lágrimas no vale.

Mais uma vez é preciso nos lembrarmos de que na cosmogonia surrealística do **Timeu** é impossível traçar a linha divisória entre filosofia e poesia, entre afirmação metafórica e afirmação real, e que longos trechos do **Parmênides** destroem virtualmente a doutrina de ser o mundo cópia de modelos postos no céu. Se, porém, alguns dos meus parágrafos anteriores parecem uma opinião dura e unilateral do que Platão quis dizer, isso foi essencialmente **o que ele acabou por dizer** a uma longa série de futuras gerações, foi essa a sombra unilateral que êle projetou. Veremos também que o **segundo** renascimento platônico, no século quinze, iluminou deslumbrantemente outra face de Platão, e projetou-lhe a sombra na direção oposta. Mas ainda está muito distante.

2. NASCIMENTO DO DOGMA CIRCULAR

Devo, agora, voltar-me para a contribuição de Platão à astronomia, que, no que tange a progressos concretos, é nula, pois ele sabia pouco de astronomia e ela, evidentemente, o aborrecia. Os poucos trechos em que se sentiu impelido a meditar no assunto são tão obscuros, ambíguos ou contraditórios, que quaisquer esforços dos estudiosos malograram na sua explicação.[11]

Todavia, por um processo de raciocínio metafísico e **a priori**, Platão chegou a certas conclusões gerais concernentes à forma e aos movimentos do universo. Tais conclusões, de enorme importância para tudo quanto se segue, eram que a **forma do mundo devia ser a de uma perfeita esfera, e que todo movimento devia realizar-se em círculos perfeitos e com velocidade uniforme.**

> «E êle deu ao universo a figura correta e natural... Fê-lo, como que num tôrno, redondo e esférico, com as extremidades eqüidistantes, em todas as direções, do centro, dentre tôdas as figuras a mais perfeita e mais igual a si própria, pois julgou o igual mais belo do que o desigual. Ao todo deu, no exterior redondo, uma superfície perfeitamente acabada e lisa, por muitos motivos. Não precisava de olhos, pois fora dele não havia nada visível; não precisava de ouvidos, pois fora dele não havia nada audível; e fora dele não havia ar que precisasse ser aspirado... Imprimiu-lhe o movimento adequado a sua forma corporal, dos sete movimentos aquele mais ligado à compreensão e inteligência. Girando-o sôbre si próprio num e mesmo lugar, fê-lo mover-se com rotação circular; os outros seis movimentos (isto é, reto, para cima e para baixo, para frente e para trás, direita e esquerda) tirou-os dele, e livrou-o dos seus desvios. E visto que, para tal revolução não precisava de pés, fê-lo sem

pernas e sem pés... Liso e nivelado e em tôda parte eqüidistante do centro, um corpo inteiro e perfeito, feito de corpos perfeitos...»[12]

Portanto, a tarefa dos matemáticos era excogitar um sistema que reduzisse as irregularidades aparentes nos movimentos dos planetas a movimentos regulares em círculos perfeitamente regulares. A tarefa ocupou-os durante os dois mil anos seguintes. Com a sua exigência poética e ingênua, pôs o filósofo uma maldição sôbre a astronomia, e os seus efeitos iriam durar até o começo do século dezessete, quando Kepler provou que os planetas se movem em órbitas elíticas e não circulares. Não existe, talvez, outro exemplo na história do pensamento de persistência tão obstinada, tão obcecada no erro, como a ilusão do círculo que emperrou a astronomia durante dois milênios.

Mas aí também havia Platão meramente lançado, em linguagem semi-alegórica, uma sugestão inteiramente em harmonia com a tradição pitagórica; foi Aristóteles que promoveu a idéia do movimento circular a dogma da astronomia.

3. O MEDO DA MUDANÇA

No mundo de Platão os limites entre o metafórico e o real são fluidos. Tal ambigüidade desaparece quando Aristóteles se incumbe de prosseguir. Com pedante perfeição, disseca-se a visão, cujo tecido poético é preservado **in vitro,** sendo o espírito volátil condensado e gelado. O resultado vem a ser o modelo aristotélico do universo.

Haviam os jônicos imaginado a ostra universal aberta; os pitagóricos tinham feito a bola terrestre flutuar a esmo, os atomistas lhe haviam dissolvido os limites no infinito. Aristóteles fechou de novo a tampa com estrondo, atirou a terra para o centro do mundo e privou-a de movimento.

Descreverei primeiramente o modelo nas suas linhas gerais para, mais tarde, introduzir os pormenores.

A terra imóvel está rodeada, como nas primitivas cosmologias, por nove esferas concêntricas e transparentes, uma contendo a outra, como as camadas de uma cebola (ver Fig. A, pág. 20). A camada interior é a esfera da Lua; as duas exteriores são a esfera das estrelas fixas, e, além desta, a esfera do Primeiro Motor, Deus, que imprime movimento à máquina toda.

O Deus de Aristóteles já não governa o mundo do lado de dentro, e sim do lado de fora. É o fim do fogo central pitagórico, da lareira de Zeus, como fonte divina da energia cósmica; é o fim da concepção mística platônica da **anima mundi,** do mundo como animal vivo dotado de alma divina. O Deus de Aristóteles, o Motor não movido, que imprime movimento ao mundo pelo lado de fora, é o Deus da teologia abstrata. As palavras de Goethe «**Was wär' ein Gott der nur von aussen stiesse**» (*) parece dirigirem-se diretamente a ele. A remoção do lar de Deus do centro para a periferia transformou automaticamente a região central, ocupada pela terra e pela lua, na mais afastada dele, a mais humilde e ínfima de todo o universo. O espaço encerrado pela esfera da lua e contendo a terra, a «região sublunar», passa a ser con-

(*) Que seria um Deus que só de fora impelisse. (N. do T.)

siderado definitivamente inferior. A essa região, e sòmente a essa região, é que se limitam os horrores da Mudança, da mutabilidade. Além da esfera da lua, os céus eternos e inalteráveis.

Essa visão do universo em duas regiões, uma inferior, outra superior, uma sujeita à mudança, outra não, iria tornar-se outra doutrina básica da filosofia e cosmologia medievais. Oferecia uma segurança serena, cósmica, a um mundo amedrontado, afirmando a sua essencial estabilidade e permanência, mas sem ir ao ponto de pretender que tôdas as mudanças fossem meras ilusões, sem negar a realidade do crescimento e do declínio, da geração e da destruição. Não se tratava de reconciliação entre o temporal e o eterno, e sim apenas de um confronto entre os dois; mas poder abarcar ambos com um olhar, por assim dizer, era uma espécie de comodidade.

A divisão tornou-se intelectualmente mais satisfatória e de fácil compreensão, atribuindo às duas partes do universo diferentes matérias-primas e diferentes movimentos. Na região sublunar, tôda a matéria era feita de várias combinações dos quatro elementos, terra, água, ar e fogo, os quais, por sua vez, eram combinações de dois pares de opostos, quente e frio, seco e molhado. A natureza de tais elementos exige que se movam em linhas retas; a terra para baixo, o fogo para cima, o ar e a água horizontalmente. A atmosfera enche tôda a esfera sublunar, apesar de as suas camadas superiores não consistirem de ar, mas de uma substância que, posta em movimento, arde produzindo cometas e meteoros. Os quatro elementos se transformam constantemente um no outro, e aí jaz a essência de toda mudança.

Mas se sairmos da esfera da lua, nada muda, e não está presente nenhum dos quatro elementos terrestres. Os corpos celestes são feitos de um «quinto elemento» diferente, puro e imutável, o qual tanto mais puro se torna quanto mais distante da terra. O movimento natural do quinto elemento, por oposição aos quatro elementos terrestres, é circular, pois a esfera é a única forma perfeita, e o movimento circular o único movimento perfeito. O movimento circular não tem início e não tem fim; volta sobre si próprio e continua para sempre; é movimento sem mudança.

O sistema possuía ainda outra vantagem, sendo um compromisso entre duas tendências opostas da filosofia. De um lado, havia a tendência «materialista», que começara com os jônicos, e era continuada por homens como Anaxágoras, que acreditava dever o **Homo sapiens** a superioridade à destreza das mãos; por Heráclito, que considerava o universo um produto de forças dinâmicas em fluxo eterno; e culminava em Leucipo e Demócrito, os primeiros atomistas. A tendência oposta, iniciada pelos eleatas, encontrou a sua extrema expressão em Parmênides, o qual ensinava que tôdas as mudanças, evoluções e declínios aparentes eram ilusões dos sentidos, uma vez que o que existe não pode surgir daquilo que não existe, ou difere dêle, e que a Realidade é um processo contínuo de Mudança e Vir a Ser, um mundo de esforços dinâmicos, de tensões criadoras entre os opostos, enquanto para Parmênides a Realidade é uma esfera sólida, não criada, eterna, imóvel, imutável e uniforme. [13]

É claro que o parágrafo precedente é modesta supersimplificação de desenvolvimentos num dos mais vivos períodos do debate filosófico; mas o meu alvo é mostrar apenas quão nìtidamente o modêlo aristotélico do universo resolveu o dilema básico, cedendo a região sublunar aos materialistas, e deixando-a sob o govêrno da máxima de Heráclito «tudo é mudança», ao passo que o resto do universo, eterno e imutável, fica entregue ao parmenídico «nada muda».

Mais uma vez, não foi uma reconciliação, e sim uma simples justaposição de dois modos de ver o mundo, ou de «sentir o mundo», exercendo ambos poderosa atração sobre o espírito humano. A atração cresceu em intensidade, quando, posteriormente, a simples **justaposição** cedeu à **gradação** entre opostos, quando o original universo aristotélico de dois andares — todo ele rés-do-chão e andar superior — foi substituído por uma estrutura elaboradamente graduada, de inúmeros andares, uma hierarquia cósmica em que cada objeto e criatura tinham o seu **lugar** exato, destinado a eles, porque a sua posição no espaço de muitas camadas entre a terra, embaixo, e o céu, em cima, lhes definia a posição na Escala de Valores, na Corrente do Ser. Veremos que esse conceito de cosmos encerrado, graduado como o Serviço Civil (não havendo, porém, promoções, apenas rebaixamentos) sobreviveu quase um milênio e meio. Foi realmente um universo de mandarins. Durante os longos séculos, o pensamento europeu teve mais em comum com a filosofia chinesa ou indiana do que com o seu próprio passado e futuro.

Contudo, mesmo que a filosofia européia fôsse somente uma série de notas de pé de página a Platão, e mesmo que Aristóteles tenha tido influência milenar na física e astronomia, a influência de ambos, dito tudo quanto se deve dizer, não dependeu tanto da originalidade do seu ensinamento, como do processo de seleção natural na evolução de idéias. De certo número de mudanças ideológicas, uma determinada sociedade escolherá a filosofia que, sente-o inconscientemente, mais se lhe adequa às necessidades. Nos séculos subseqüentes, todas as vezes em que o clima cultural se transformava na Europa, os astros gêmeos também mudavam de aspecto e de cor: Agostinho e Tomás de Aquino, Erasmo e Kepler, Descartes e Newton, cada um lia neles uma mensagem diversa. Não somente as ambigüidades e as contradições em Platão, os torneios dialéticos em Aristóteles admitiam uma ampla faixa de interpretações e mudanças de ênfase, como também, tomando os dois ao mesmo tempo, ou alternadamente, combinando escolhidas facetas de cada um, o efeito total podia ser virtualmente invertido; veremos que o «Novo Platonismo» do século dezesseis foi, sob muitos aspectos, o oposto do Neoplatonismo da primeira Idade-Média.

Devo voltar brevemente à aversão de Platão pela mudança, pela «geração e decadência», que fez da esfera sublunar tão desprestigiada favela do universo. Quanto a Aristóteles, não partilhava de tal aversão. Como agudo biólogo, considerava tódas as mudanças, todos os movimentos da natureza dotados de objetivo e dirigidos para um alvo, inclusive os movimentos dos corpos inanimados: a pedra cairá na terra, como o cavalo voltará ao estábulo, por serem esses os seus «lugares naturais» na hierarquia universal. Teremos a oportunidade, mais tarde, de assombrar-nos diante dos desastrosos efeitos dessa idéia aristotélica no curso da ciência européia; no momento, desejo apenas indicar que a atitude de Aristóteles perante a Mudança, embora ele rejeite a evolução e o progresso, não é tão derrotista como a de Platão.[14] Contudo, o neoplatonismo, na sua dominante tendência, ignora a dissenção de Aristóteles sobre tal ponto essencial, e consegue fazer o pior dos dois mundos. Adota o esquema aristotélico do universo, mas faz da esfera sublunar um vale platônico de sombras; segue-se que a doutrina platônica do mundo natural como pálida cópia das Formas ideais — que Aristóteles repele — segue a Aristóteles na colocação do Primeiro Motor fora dos confins do mundo. Segue a ambos no ansioso esfôrço dêles para construir um universo fechado, protegido das bárbaras incursões da Mudança, um ninho de esferas dentro de esferas, girando eternamente em si próprias, e permanecendo sempre no mesmo lugar, ocultando dessarte o vergonhoso segredo, aquele centro de infecção, seguramente isolado na quarentena sublunar.

Na imortal parábola da Caverna, onde os homens, acorrentados, de costas para a luz, só percebem a dança das sombras na parede, e não sabem que são simples sombras, e desconhecem a luminosa realidade fora da Caverna, na alegoria da condição humana, Platão feriu uma corda arquétipo tão repleta de ecos quanto a Harmonia das Esferas de Pitágoras. Mas ao nos lembrarmos do neoplatonismo e da escolástica como filosofias concretas e preceitos da vida, talvez nos sintamos tentados a inverter o jôgo, e pintar um quadro dos fundadores da Academia e do Liceu como dois homens amedrontados, de pé na mesmíssima Caverna, de frente para a parede, acorrentados aos seus lugares numa idade catastrófica, dando as costas à chama da era heróica da Grécia, e projetando grotescas sombras que irão perseguir a humanidade durante mais de mil anos.

V. O DIVÓRCIO DA REALIDADE

1. ESFERAS DENTRO DE ESFERAS (ÊUDOXO)

Num universo fechado, onde as estrêlas fixas ainda não ofereciam nenhum problema específico, o desafio ao entendimento provinha dos planêtas. A principal tarefa da cosmologia era excogitar um sistema que explicasse de que maneira se moviam o Sol, a Lua e as cinco estrelas. A tarefa mais ainda se reduziu quando a afirmação de Platão de se moverem todos os corpos celestes em círculos perfeitos se tornou o primeiro dogma acadêmico na primeira instituição que empregou nome tão solene. A tarefa da astronomia acadêmica era provar que os movimentos irregulares dos planetas tinham por causa uma combinação qualquer de movimentos simples, circulares, uniformes.

A primeira tentativa séria fê-la o discípulo de Platão, Êudoxo, e foi melhorada pelo discípulo dêste, Calipo. Trata-se de engenhosa tentativa; era Êudoxo um brilhante matemático, a quem se deve a maior parte do quinto livro de Euclides. Nos primeiros modelos geocêntricos do universo, cada planeta, relembremos, estava prêso a uma esfera própria, transparente, e tôdas as esferas giravam em torno da terra. Mas, visto que isso não explicava as irregularidades dos seus movimentos, como, por exemplo, aproximações e afastamentos momentâneos, enfim as suas «estações» e «retrogressões», atribuiu Êudoxo a cada planeta não uma, e sim várias esferas. O planêta ficava prêso a um ponto no equador da esfera, que gira em torno do seu eixo, A. As duas extremidades de tal eixo penetram a superfície interior de uma esfera concêntrica mais S_2, que gira em tôrno de outro eixo A_2 e consigo leva A. O eixo de S_2 está prêso à seguinte esfera maior S_3, que gira em torno de outro eixo A_3, e assim por diante. Dessa forma, o planeta participará de todas as diferentes rotações das várias esferas que constituem o seu «ninho», e, deixando que cada esfera gire com balanço e velocidade adequados, tornava-se possível reproduzir grosseiramente — embora apenas muito grosseiramente — o movimento real de cada planêta.[1] O Sol e a Lua precisavam de um ninho de três esferas cada, precisando os outros planêtas de quatro esferas cada, o que (contando a modesta esfera única destinada à multidão de estrêlas fixas) atingia o número de vinte e sete esferas. Calipso melhorou o sistema à custa do acréscimo de outras sete esferas, atingindo o total de trinta e quatro. Nesse ponto é que chega Aristóteles.

No capítulo anterior tratei do esbôço geral e das implicações metafísicas do universo de Aristóteles, sem entrar em pormenores astronômicos. Falei, assim, das nove esferas clássicas, desde a esfera da Lua até a do Primeiro Motor (as únicas realmente lembradas durante a Idade-Média), sem mencionar que cada uma das nove esferas era na realidade um ninho de esferas dentro de esferas. Verdadeiramente, Aristóteles empregou um total de cinqüenta e quatro esferas para explicar os movimentos dos sete planetas. O motivo do acréscimo de vinte esferas é interessante. Êudoxo e Calipo não se interessavam em construir um modêlo que fôsse fisicamente possível, não estando interessados na verdadeira máquina dos céus. Limitaram-se a construir um dispositivo puramente geométrico, que, bem o sabiam, só podia existir no papel. Aristóteles quis fazer mais, quis transformá-lo num verdadeiro modelo físico. A dificuldade era que tôdas as esferas adjacentes deviam ser mecânicamente ligadas; contudo, o movimento individual de cada planeta não devia ser transmitido aos outros. Tentou Aristóteles resolver o problema inserindo certo número de esferas «neutralizantes», girando no sentido oposto ao das «esferas atuantes», entre dois ninhos sucessivos; desse modo, o efeito dos movimentos, digamos de Júpiter sobre o seu vizinho, vinha a ser eliminado, e o ninho de Marte podia começar do nada. Mas no que tange à reprodução dos movimentos planetários reais, nenhum melhoramento introduziu o modelo de Aristóteles.

Além disso, restava outra dificuldade. Enquanto cada esfera participava do movimento da esfera maior que a continha, precisava de uma força impulsora especial que lhe permitisse girar sôbre o próprio eixo, o que significava a necessidade da existência de nada menos de cinqüenta e cinco «motores não movidos», ou espíritos, para que o sistema funcionasse.

Tratava-se de sistema extremamente engenhoso, e completamente doido, até pelos padrões contemporâneos, o que fica provado, aliás, pelo fato de, não obstante o enorme prestígio de Aristóteles, ser imediatamente esquecido e enterrado. Contudo, foi apenas o primeiro de vários sistemas igualmente engenhosos e igualmente insanos, criados por cérebros torturados, em obediência à sugestão pós-hipnótica de Platão de ser todo o movimento celeste um movimento circular em volta da terra.

Havia também certa desonestidade naquilo. As esferas de Êudoxo podiam explicar — embora imprecisamente — a existência de «estações» e «retrogressões» no caminho de um planeta, mas jamais conseguiam explicar as variações de tamanho e de brilho, causadas por variações da distância do planeta à Terra. Eram estas particularmente evidentes no caso de Vênus e Marte, e, sobretudo, da Lua; assim, os eclipses centrais do Sol são «anulares» ou «totais», de acordo com a distância momentânea da Lua à Terra. Tudo isso era sabido antes de Êudoxo, e, por conseguinte, sabido por Êudoxo e por Aristóteles;[2] nada obstante, o sistema deles ignora simplesmente o fato; por mais complicado que seja o movimento do planêta, fica limitado a uma esfera com centro na Terra, e, portanto, nunca pode variar a sua distância da terra.

Foi esse estado insatisfatório de coisas que originou o ramo não ortodoxo da Cosmologia desenvolvido por Heraclides e Aristarco (V. Cap. III). O sistema de Heraclides eliminava (embora apenas para os planetas internos), os dois mais notáveis escândalos: as «estações e retrogressões» e as distâncias variáveis da terra. Ademais, explicava (como indica um olhar à Fig. B da pág. 20) a relação lógica dos dois escândalos: por que era Vênus sempre mais brilhante quando se movia à guisa dos caranguejos, e vice-versa. Quando Heraclides e Aristarco, juntos, ou separadamente, fizeram os outros planetas, inclusive a terra, mover-se ao redor do sol, a ciência grega enveredou pelo caminho certo em direção ao moderno universo; depois, abandonou-o de novo. O modêlo de Aristarco, com o Sol no centro, foi posto de lado como tolice, e a ciência acadêmica seguiu triunfantemente a partir de Platão, passando por Êudoxo, e pelas cinqüenta e cinco esferas de Aristóteles, para um artefato até mais engenhoso e improvável: a mixórdia de epiciclos imaginada por Cláudio Ptolomeu.

2. RODAS DENTRO DE RODAS: PTOLOMEU

Se chamamos ao mundo de Aristóteles um mundo de cebola, bem podemos chamar «universo de Roda Gigante» ao de Ptolomeu. Foi iniciado por Apolônio de Perga no terceiro século antes de Cristo, desenvolvido por Hiparco de Rodes no século seguinte, e completado por Ptolomeu de Alexandria no segundo século depois de Cristo. O sistema Ptolemaico, com modificações de somenos importância, ficou sendo a última palavra em astronomia até o aparecimento de Copérnico.

Podemos supor que qualquer movimento rítmico, inclusive a própria dança de um pássaro, seja causado por um mecanismo de relógio no qual grande número de rodas invisíveis coopera para produzir os movimentos. Desde o instante em que o «movimento circular uniforme» se havia tornado a lei que governava o céu, a tarefa da Astronomia ficou reduzida a desenhar, no papel, os mecanismos imaginários capazes de explicar a dança dos planetas como resultado das rotações de componentes etéreos, perfeitamente circulares. Êudoxo valera-se de esferas como componentes. Ptolomeu empregou as rodas.

Deve ser mais fácil visualizar o universo ptolemaico, não como máquina comum de relógio, mas como sistema de «Grandes Rodas» ou «Rodas Gigantes», como se vêem em parques de diversões, uma roda gigantesca, de pé, girando lentamente, com assentos ou pequenas cabinas suspensas da borda. Suponhamos o passageiro seguramente atado ao assento da cabinazinha, e imaginemos, mais, que o maquinismo desandou: a cabina, em vez de pender tranqüilamente da borda da Grande Roda, gira doidamente em torno do eixo do qual pende, enquanto o próprio eixo gira lentamente com a Roda. O infeliz passageiro — ou planeta — descreve, no espaço, uma curva que não é círculo, e, não obstante, é produzida por uma combinação de movimentos circulares. Variando-se o tamanho da Roda, o comprimento do eixo de que pende a cabina, e as velocidades das duas rotações, pode produzir-se maravilhosa variedade de curvas, como a indicada no diagrama, e também curvas em formato de rim, grinaldas, ovais, e até linhas retas!

Visto da terra, que é o centro da Grande Roda, o passageiro-planeta da cabina mover-se-á no sentido dos ponteiros de um relógio até que alcance o «ponto estacionário» S_1; depois, voltará no sentido oposto ao dos ponteiros de um relógio a S_2, e se moverá novamente no sentido dos ponteiros de um relógio a S_3, e assim por diante (*). Chama-se **deferente** a borda da Grande Roda, enquanto o círculo descrito pela cabina recebe o nome de **epiciclo.** Escolhendo-se uma relação adequada entre os diâ-

---

(*) Nesta altura pode o leitor supor que me estou repetindo, pois o diagrama da página 37 parece dar a mesma idéia que a **Fig. B**, da **pág. 21** que é **a idéia de Heraclides.** Mas há uma diferença: no esquema, de Heraclides o epiciclo do planeta tem o centro no sol. No de Ptolomeu, não tem o centro em nada. **E' uma pura** construção **geométrica.**

metros do epiciclo e da deferente, e velocidades convenientes para cada um, era possível realizar uma aproximação bastante regular dos movimentos observados do planeta, pelo menos no que dizia respeito às «estações e retrogressões», e às suas distâncias variáveis da terra.

Não eram apenas essas, todavia, as irregularidades dos movimentos planetários. Havia outro escândalo, causado (como sabemos hoje) pelo fato de as órbitas deles não serem circulares, mas elípticas, ou seja, ovaladas; os planetas «inchavam.» Para eliminar tal anomalia, surgiu outro dispositivo, chamado «excêntrico móvel»; o cubo da Grande Roda já não coincidia com a terra, mas se movia num pequeno círculo nas proximidades da terra, produzindo-se, dessarte, um excêntrico conveniente, isto é, uma órbita «inchada». (**)

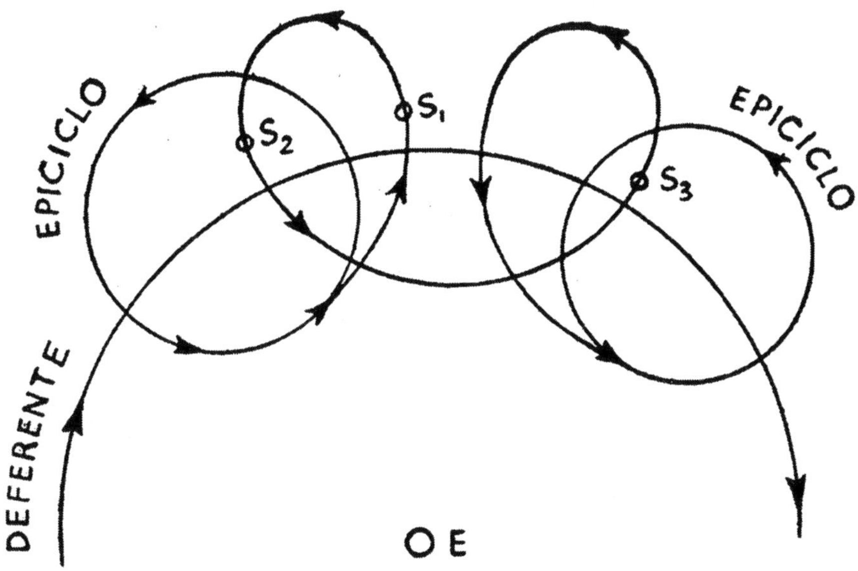

Nessa figura, o cubo da Grande Roda move-se no sentido dos ponteiros de um relógio no pequeno círculo, de A a B; o ponto da borda, do qual pende a cabina, move-se no sentido oposto numa curva ovalada, de a a b; e a cabina gira em torno do epiciclo final. Mas não era bastante; no caso de alguns planetas recalcitrantes, verificou-se a necessidade de suspender outra cabina da cabina pendente da Grande Roda, com um raio diferente e diferente velocidade; e depois, mais outro, c quarto, o quinto, até que o passageiro da última cabina descrevia realmente uma trajetória mais ou menos conforme à que se pretendia que êle descrevesse.

Quando o sistema ptolemaico foi aperfeiçoado, os sete passageiros, Sol, Lua, e cinco planetas, precisavam de um maquinismo de trinta e nove rodas para mover-se através do céu; a roda mais externa, que levava as estrelas fixas, completou o número par, quarenta. Tal sistema

(**) O «excêntrico móvel» é, na realidade, apenas uma espécie de epiciclo às avessas; e visto que os dois são geometricamente intermutáveis, empregarei o vocábulo «epiciclo» para ambos.

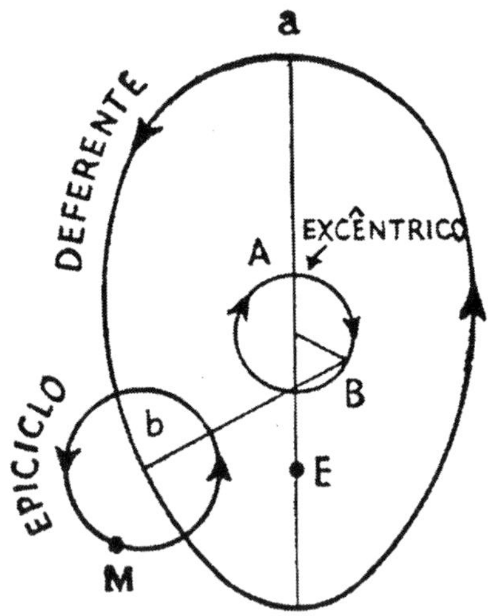

Órbita ovalada de Mercúrio, segundo Ptolomeu; **E, Terra. M**, Mercúrio.

era ainda o único aceito pela ciência acadêmica na época de Milton, e foi por êste ridicularizado num famoso passo do **Paraíso Perdido:**

O grande Arquiteto fez bem em esconder
dos homens ou dos anjos, e não divulgar,
o seu segrêdo para ser perscrutado
pelos que deviam antes admirar; ou,
se quisessem tentar as conjeturas, deixou-lhes
a estrutura do Universo, para as disputas,
talvez para se rir das estranhas opiniões dêles
mais tarde, quando modelassem o céu
e calculassem as estrêlas, como manejariam
a poderosa estrutura, como construiriam,
demoliriam, tratariam de salvar aparências,
como rodeariam a esfera de cêntricos e
excêntricos superpostos,
ciclos, epicilos, mundo em mundo.

Afonso X de Castela, chamado o Sábio, homem piedoso e grande mecenas da Astronomia, punha a questão mais sucintamente. Quando o iniciaram no sistema ptolemaico, suspirou: **«Se o Todo-Poderoso me tivesse consultado antes de iniciar a Criação, eu lhe houvera recomendado coisa mais simples.»**

3. O PARADOXO

Há algo de profundamente desagradável no universo de Ptolomeu. Trata-se do trabalho de um pedante com muita paciência e pouquíssima originalidade, amontoando tenazmente «mundo sobre mundo». Tôdas as idéias básicas do universo epicíclico, e os instrumentos necessários, tinham sido aperfeiçoados pelo seu predecessor, Hiparco. Mas Hiparco somente os aplicara à construção de órbitas para o Sol e a Lua. Ptolomeu completou o trabalho inacabado, sem contribuir com nenhuma idéia de valor teórico. [3]

Floresceu Hiparco por volta de 125 antes de Cristo, mais de um século depois de Aristarco; e Ptolomeu floresceu por volta de 150 da era cristã, aproximadamente três séculos depois de Hiparco. Nesse intervalo de tempo, quase igual à duração da Era Heróica, praticamente não houve progresso. Os marcos iam escasseando, e não tardariam em desaparecer inteiramente no deserto; Ptolomeu foi o último grande astrônomo da escola alexandrina. Colheu os fios deixados por Hiparco e completou o molde de curva entrelaçada em curva. Era uma tapeçaria monumental e desalentadora, produto de uma filosofia cansada e de uma ciência decadente, mas nada surgiu que a substituísse durante um milênio e meio. O **Almagesto** [4] de Ptolomeu continuou a ser a Bíblia da astronomia, até o começo do século dezessete.

Para termos uma boa perspectiva de tão extraordinário fenômeno, não devemos apenas precaver-nos contra a sabedoria da posterior compreensão, senão também contra a atitude oposta, a espécie de condescendência benevolente que considera as passadas loucuras da Ciência como resultados inevitáveis da ignorância ou da superstição: **«os nossos antepassados, infelizmente, não tinham idéia melhor»**. O que vou tentar mostrar é que tinham idéia melhor, e que, para explicarmos o extraordinário **cul de sac** em que se meteu a cosmologia, mister nos é procurar causas mais específicas.

Em primeiro lugar, os astrônomos alexandrinos mal podem ser acusados de ignorância. Possuíam instrumentos mais precisos que os de Copérnico para a observação dos astros. O próprio Copérnico, como veremos, pouco se incomodava com a contemplação dos astros, confiando nas observações de Hiparco e Ptolomeu. Não sabia, mais do que êles, os verdadeiros movimentos no céu. O Catálogo de estrelas fixas de Hiparco, e as Tábuas de Ptolomeu para o cálculo dos movimentos planetários eram tão merecedores de confiança, e precisos, que serviram de guia de navegação a Colombo e Vasco da Gama, embora com algumas correções insignificantes. Eratóstenes, outro alexandrino, calculou em 7.850 milhas o diâmetro da terra, com êrro de apenas 1/2 por cento[5]; Hiparco calculou a distância da lua em 30 1/4 diâmetros terrestres, com um êrro de apenas 0,3 por cento [6].

Assim, no que tange ao conhecimento de fato, Copérnico não estêve melhor; pelo contrário, sob alguns aspectos, foi pior a sua situação do que as dos astrônomos gregos de Alexandria que viveram no tempo de Jesus Cristo. Possuíam êles os mesmos dados de observação, os mesmos instrumentos, a mesma capacidade na geometria, que Copérnico. Eram gigantes da «ciência exata». No entanto, não viram o que Copérnico viu depois, e Heraclides-Aristarco tinham visto antes, ou seja, que os movimentos dos planêtas eram evidentemente governados pelo sol.

Disse antes que devemos ter cuidado com a palavra «evidente», mas nesse caso particular é legítimo o seu uso, porque Heraclides e os pitagóricos não tinham sido conduzidos à hipótese heliocêntrica mediante um acaso feliz, e sim pelo fato observado de se comportarem os planetas interiores como satélites do sol, e serem as retrogressões e mudanças de distância à terra dos planêtas exteriores igualmente governadas pelo Sol. Portanto, pelo fim do segundo século antes de Cristo, possuíam os gregos todos os principais elementos do enigma, e não lograram reuni-los, ou melhor, após reuni-los, separaram-nos novamente. Sabiam que as órbitas, os períodos e as velocidades dos cinco planetas estavam ligados ao Sol e dependiam dele, mas, no sistema de universo que legaram ao mundo, conseguiram ignorar completamente êsse fato importantíssimo.

Tal cegueira mental é tanto mais notável pelo fato de **como filósofos saberem do preponderante papel desempenhado pelo sol, o qual como astrônomos negavam.**

Ilustrarão o paradoxo algumas citações. Cícero, por exemplo, cujo conhecimento de Astronomia se funda inteiramente, é claro, nas fontes gregas, escreve na **República:**

> «O Sol... dirigente, príncipe e **guia dos demais astros**, único princípio ordenador do universo (é) **tão grande que a sua luz** a tudo ilumina e plena... **As órbitas do Mercúrio e de Vênus seguem-no como companheiras.**» 8

Escreve Plínio, um século depois:

> «**O Sol** é levado no meio dos planetas, **não somente dirigindo o calendário e a terra senão também as próprias estrêlas e o céu.**» 9

Plutarco fala semelhantemente no livro **Da Face do Disco Lunar:**

> «Mas em geral como podemos dizer que a Terra está no centro? No centro do quê? O universo é infinito, e o infinito, que não tem começo nem fim, também não tem centro... O universo não atribui nenhum centro fixo à terra, que vagueia sem paradeiro e sem segurança através do vácuo infinito, sem objetivo próprio...» 10

No quarto século da era cristã, quando a treva já ia cobrindo o mundo da Antiguidade, Juliano o Apóstata escreveu sôbre o Sol:

> «Conduz a dança dos astros; a sua previsão guia a geração na natureza. Em volta dêle, o Rei, os planêtas percorrem os seus círculos; giram em tôrno dêle na perfeita harmonia das suas distâncias exatamente circunscritas, como afirmam os sábios, os quais contemplam o que se passa no firmamento...» 11

Finalmente, Macróbio, que viveu em tôrno de 400 da era cristã, comenta o trecho de Cícero que acabei de citar:

> «Chama ao Sol dirigente dos demais astros porque o Sol lhes regula a progressão e retrogressão, dentro de limites espaciais, pois há limites espaciais que se limitam com os planêtas nos seus avanços e regressos relativamente ao Sol. Assim, a fôrça e o poder do Sol regulam o curso dos outros astros dentro de limites fixos.» 12

Aí está a prova de que, até o fim do mundo antigo, era bem lembrado o ensinamento de Heraclides e Aristarco, que uma verdade, descoberta uma vez, pode ser ocultada, sepultada, mas não destruída. E contudo o universo de Ptolomeu, com a Terra no centro, ignorando o papel específico do Sol, deteve o monopólio no pensamento científico, durante quinze séculos. Haverá explicação para tão notável paradoxo?

Tem-se freqüentemente sugerido estar a explicação no temor da perseguição religiosa. Mas todas as provas citadas em apoio a tal parecer consistem numa única observação jocosa feita por uma das personagens no diálogo de Plutarco, **Da Face do Disco Lunar,** que já mencionei. A personagem, Lúcio, vê-se por gracejo acusada de «inverter o universo», pretendendo que a Lua seja feita de matéria sólida como a terra; é convidado, então, a dar maiores explicações:

> «Lúcio, sorrindo, respondeu: Muito bem, mas não me acuseis de impiedade como costumava Cleantes dizer convir aos gregos acusar Aristarco de Samos por mover a Lareira do Universo, porque tentava salvar os fenômenos pela suposição de estar o céu em repouso, e de a terra girar numa órbita oblíqua, ao mesmo tempo girando sobre o seu eixo.» [13]

A acusação jamais foi feita; nem Aristarco, que gozava do maior prestígio, nem Heraclides nem qualquer outro partidário do movimento da terra, foi perseguido ou acusado. Se Cleantes houvesse realmente pretendido acusar alguém do crime de «mover a Lareira do Universo», a primeira pessoa acusada de impiedade teria sido o venerado Aristóteles, porquanto Aristarco se limitou a mover a Lareira com a Terra através do espaço, ao passo que Aristóteles removeu a Lareira para a periferia do mundo, privou inteiramente a Terra da presença divina, e transformou-a no lugar mais baixo do mundo. Na realidade, a «Lareira do Universo» não passava de alusão poética ao fogo central pitagórico, e seria absurdo considerá-la dogma religioso. O próprio Cleantes, varão de tendência mística, e filósofo estóico algo azedo, escreveu um hino a Zeus e desprezou a ciência. A sua atitude para com Aristarco, cientista, e samiano ainda por cima, por conseguinte de Samos, a ilha da qual nunca nada de bom veio, era evidentemente **o indivíduo que merece ser enforcado.** Além desse pedacinho de tagarelice acadêmica em Plutarco, não há menção, em nenhuma das fontes, de intolerância religiosa pela ciência, na era helênica. [14]

4. SABER E DESSABER

Logo, nem a ignorância, nem as ameaças de uma suposta inquisição alexandrina, podem servir para explicar porque os astrônomos gregos, após descobrirem o sistema heliocêntrico, lhe deram as costas (15). Todavia, não o fizeram inteiramente; como indicam os trechos já citados, de Cícero e Plutarco a Macróbio, sabiam que o Sol governava os movimentos dos planetas, mas ao mesmo tempo fechavam os olhos ao fato. Talvez seja essa própria irracionalidade que vai fornecer a chave da solução, arrancando-nos do hábito de tratar a história da ciência em termos puramente racionais. Por que haveríamos de permitir que artistas, conquistadores e homens de Estado fossem guiados por motivos irracionais, e não os heróis da ciência? Os astrônomos pós-aristotélicos negavam o governo do Sol sobre os planetas e ao mesmo tempo o afirmavam. Enquanto o raciocínio consciente repele tal paradoxo, é da natureza do inconsciente poder sumultâneamente afirmar e negar, dizer sim e não à mesma pergunta, saber e dessaber. A ciência grega na era do declínio enfrentou um conflito insolúvel, que produziu uma divisão do espírito, e essa «esquizofrenia controlada» perseverou através da Idade da Treva e da Idade-Média, até que chegou a ser aceita como condição normal do homem. Não foi mantida por ameaças de fora, mas por uma espécie de censor colocado dentro do espírito, o qual a conservava separada em compartimentos estritamente não-comunicáveis.

O que mais lhes interessava era «salvar as aparências». O significado original de tão ominosa frase era dever uma teoria fazer justiça aos fenômenos observados, ou «aparências»; em palavra simples, dever concordar com os fatos. Mas gradativamente a frase veio a significar algo diferente. O astrônomo «salvava» os fenômenos quando conseguia imaginar uma hipótese que resolvesse os movimentos irregulares dos planetas ao longo de órbitas irregularmente formadas em movimentos regulares ao longo de órbitas circulares, **pouco importando que a hipótese fosse verdadeira ou não,** isto é, que fosse fisicamente possível ou não. A astronomia, depois de Aristóteles, torna-se uma geometria-celeste abstrata, divorciada da realidade física. O seu principal alvo é explicar o escândalo de movimentos não circulares no firmamento. Na prática, serve como método para o cálculo de tabelas dos movimentos do sol, lua e planetas; quanto à natureza verdadeira do universo, nada diz.

O próprio Ptolomeu é perfeitamente explícito sôbre o ponto:

> «Cremos que o objetivo que o astrônomo deve tentar atingir é êste: demonstrar que todos os fenômenos do firmamento são produzidos por movimentos uniformes e circulares...» [16]

E alhures:

> «Tendo-nos proposto a tarefa de provar que as irregularidades aparentes dos cinco planetas, do Sol e da Lua podem ser representadas por meio de movimentos circulares uniformes, por somente tais movimentos serem adequados à divina natureza dêles... podemos considerar a realização dessa tarefa como fim último da ciência matemática baseada na filosofia.» [17]

Ptolomeu esclarece, outrossim, por que deve a astronomia renunciar a todas as tentativas de explicar a realidade **física**: porque os corpos celestes, sendo de natureza divina, obedecem a leis diferentes das encontráveis na terra. Nenhum elo comum existe entre as duas; logo, nada podemos saber da física do firmamento.

Era Ptolomeu um platônico devotado. Sentimos agora plenamente o efeito dos astro-gêmeos no curso da ciência. O divórcio por eles efetuado entre os quatro elementos da região sublunar e o quinto elemento dos céus conduz diretamente ao divórcio entre a geometria celeste e a física, entre a astronomia e a realidade. O mundo dividido reflete-se no espírito dividido. Sabe que **na realidade** o sol exerce influência física nos planetas, mas a realidade já lhe não interessa. [18]

A situação encontra-se resumida num notável trecho de Teon de Esmirna, contemporâneo de Ptolomeu. Após emitir a opinião de que Mercúrio e Vênus podem, afinal, girar em tôrno do Sol, continua, para dizer que o Sol deveria ser chamado coração do universo, que é ao mesmo tempo **mundo e animal.**

> «Mas, reflete, nos corpos animados o centro do animal é diverso do centro da sua massa. Por exemplo, para nós que somos igualmente homens e animais, o centro da criatura animada está no coração, sempre em movimento e sempre quente, e portanto a fonte de tôdas as faculdades da alma, de desejo, imaginação e inteligência; mas o centro do nosso volume está alhures, perto do umbigo... Semelhantemente... o centro matemático do universo está onde está a Terra, fria e imóvel, mas o centro do mundo como animal está no Sol que é, por assim dizermos, o coração do universo.» [19]

O trecho é interessante e espantoso. Fere uma tecla que há de reverberar através da Idade-Média. Atrai o anelo arquetípico de compreender o mundo como animal vivo, pulsante; e espanta pela malsã mistura de afirmações alegóricas e físicas, pelas pedantes variações em torno da inspiração platônica. O contraste entre umbigo e coração é sagaz, mas não convence; não explica porque deveriam dois planetas girar em torno do coração e os outros três em tôrno do umbigo. Teriam Teon e os seus leitores acreditado nessa espécie de coisa? Evidentemente, um dos compartimentos do seu espírito acreditou, o outro não; o processo de divórcio estava quase no fim. A astronomia da observação continuava a progredir, mas que regresso na filosofia comparada à pitagórica, e até à jônica, de sete séculos antes!

5. A NOVA MITOLOGIA

É como se a roda, depois de uma volta completa, tivesse voltado para os primeiros babilônios. Êles também haviam sido competentes observadores e fazedores de calendários, e uniam a ciência exata a um mitológico mundo de sonhos. No universo de Ptolomeu, canais entrelaçados de círculos perfeitos substituíram os cursos de água celestes, ao longo dos quais os deuses-astros dirigem os seus barcos em viagens precisamente calculadas. A mitologia platônica do céu era mais abstrata e menos colorida, mas tão irracional e sonhada como a velha.

Eis os três conceitos fundamentais da nova mitologia: o dualismo dos mundos celeste e sublunar; a imobilidade da Terra no centro; e a circularidade de todos os movimentos celestes. Tentei mostrar que o denominador comum dos três, e o segrêdo da sua inconsciente atração, era o mêdo da mudança, o anelo de estabilidade e permanência numa cultura que se ia desintegrando. O preço da divisão de espírito e do duplo pensar talvez não fôsse demasiadamente elevado para atenuar o mêdo do desconhecido.

Mas, fôsse o preço alto ou baixo, devia ser pago. O universo foi pôsto a gelar, a ciência ficou paralisada, e a manufatura de luas artificiais e armas nucleares ficou adiada por um milênio ou mais. Jamais saberemos se, **sub specie aeternitatis,** foi **Coisa Boa** ou **Coisa Má,** mas no que tange ao nosso limitado assunto foi claramente coisa má. A imagem circular, dualista, tendo a terra no centro, excluiu qualquer progresso e qualquer compromisso de mêdo de pôr em perigo o seu princípio básico, a estabilidade. Assim, nem se podia admitir que os dois planêtas interiores giravam em volta do Sol, pois, uma vez que se cedesse nesse ponto aparentemente inofensivo, o passo lógico seguinte seria estender a idéia aos planêtas exteriores e à própria terra, como havia provado claramente o desenvolvimento da teoria de Heraclides. O espírito amedrontado, sempre na defensiva, conhece particularmente os perigos de cessão, de uma polegada que seja, ao demônio.

O complexo de ansiedade dos posteriores cosmólogos gregos torna-se quase palpável num curioso trecho[20] do próprio Ptolomeu, no qual êle defende a imobilidade da terra. Começa com o habitual argumento de senso comum de que se a terra se movesse, **«todos os animais e todos os pesos separados ficariam flutuando no ar»**, o que se afigura bastante plausível, embora os pitagóricos e os atomistas tivessem, muito antes que Ptolomeu, compreendido a falácia de tal raciocínio. Ptolomeu continua, dizendo que se a terra se movesse realmente, **«com a sua grande velocidade, houvera caído completamente fora do próprio universo»**. Ora, tal não é plausível, nem sequer em nível ingênuo, pois o único movimento atribuído à terra era um movimento circular em tôrno do Sol, o que não acarretava o risco de cair fora do universo, assim como não corria tal risco o Sol, girando em volta da Terra. Naturalmente, Ptolomeu bem sabia disso, ou, mais precisamente, um dos compartimentos do seu espírito o sabia, enquanto o outro estava hipnotizado pelo terror de que a estabilidade da Terra ficasse abalada e ela se despedaçasse.

O mito do círculo perfeito tinha também um poder igualmente enraizado e fascinante. É, afinal, um dos mais velhos símbolos. O ritual do traçado de um círculo mágico em volta de uma pessoa a protege dos espíritos hostis e dos perigos da alma; assinala como santuário inviolável um lugar; era usado comumente no **sulcus primigenius**, no primeiro sulco, quando da fundação de uma nova cidade. Além de ser símbolo de estabilidade e proteção, tinha o círculo, ou roda, uma plausibilidade tecnológica, como elemento conveniente a qualquer máquina. Mas por outro lado, as órbitas planetárias **não** eram, evidentemente, círculos; eram excêntricas, inchadas, ovais. Podiam parecer produto de uma combinação de círculos, por intermédio de artifícios geométricos, mas sòmente à custa da renúncia de qualquer aspecto de realidade física. Há fragmentos, datando do primeiro século da era cristã, de um pequeno planetário grego, modêlo mecânico construído para reproduzir os movimentos do sol, da lua, e talvez dos planêtas. Mas as suas rodas, ou pelo menos algumas, não são circulares, e sim ovais.[21] Um olhar à órbita de Mercúrio no sistema ptolemaico da pág. 38 apresenta semelhante curva ovalada. Todas essas indicações foram ignoradas, relegadas ao limbo, em sacrifício à adoração do círculo.

E, entretanto, não havia nada de espantoso **a priori** nas curvas ovaladas ou elípticas. Também eram curvas «fechadas», voltando a si próprias, e apresentavam tranqüilizadora simetria e harmonia matemática. Por coincidência irônica, devemos o primeiro estudo completo das propriedades geométricas da elipse ao mesmo homem, Apolônio de Perga, que, jamais percebendo ter nas mãos a solução, iniciou o desenvolvimento do monstruoso universo epicíclico. Veremos que, dois mil anos depois, Johannes Kepler, que curou a astronomia da obsessão circular, ainda hesitava em adotar órbitas elípticas, porque, dizia, se a resposta fôsse tão simples assim, **«o problema houvera sido resolvido por Arquimedes e Apolônio»**.[22]

Antes de nos despedirmos do mundo grego, um paralelo imaginário contribuirá para focalizar as questões.

Em 1907, simultaneamente com a exposição de Cézanne em Paris, publicou-se uma coletânea das cartas do mestre. Um trecho de uma delas diz:

> «Tudo na natureza se modela pela esfera, pelo cone e pelo cilindro. Devemos ensinar a nós próprios fundamentar a pintura nessas figuras simples. Poderemos, então, realizar tudo quanto quisermos.»

E mais adiante:

> «Temos de tratar a natureza reduzindo-lhe as formas ao cilindro, à esfera e ao cone, todos em perspectiva, querendo dizer que cada lado de um objeto, cada plano, se dirige para um plano central. [23]

No **Femme au Miroir,** de Picasso, a redução dos olhos e do lábio superior do modêlo a uma interação de esferas, pirâmides e paralelepípedos, exibe a mesma engenhosidade e inspirada loucura das esferas de Eudoxo girando dentro de esferas.

É algo deprimente imaginar o que teria acontecido à pintura se a escola cubista de Cézanne se tivesse transformado em dogma, como se transformou a escola esférica de Platão. Picasso teria sido obrigado a continuar a pintar, até o fim, vasos cilíndricos mais elaborados, e outros talentos, menores, não teriam tardado em verificar ser mais fácil salvar os fenômenos com compasso e régua em papel milimetrado sob uma lâmpada de neon do que enfrentando os escândalos da natureza. Felizmente, o cubismo nada mais foi do que uma simples fase, porque os pintores têm liberdade de escolha de estilo, o que não sucedeu aos astrônomos do passado. O estilo em que foi apresentado o cosmos teve, como vimos, relação direta com as questões fundamentais da filosofia e mais tarde, durante a Idade-Média, com a teologia. A maldição do «esferismo» sôbre a visão humana do universo durou dois mil anos.

Essas palavras tornaram-se o evangelho de uma escola de pintura conhecida pelo nome de «cubismo», mal adequado aliás. A primeira pintura «cubista» de Picasso era na realidade feita toda de cilindros, cones e círculos. Outros membros do movimento artístico viam a natureza em termos de corpos angulares, pirâmides, paralelipípedos e octaedros. (*)

(*) O nome do movimento se deriva de uma leve observação de Matisse, o qual disse de uma paisagem de Braque que estava **«tôda feita de pequeninos cubos»**. (24).

Quer pintassem em termos de cubos, cilindros ou cones, o alvo declarado dos cubistas era decompor qualquer objeto numa configuração de sólidos geométricos regulares. Ora, o rosto humano não é feito de sólidos regulares, como não são feitas de círculos regulares as órbitas dos planetas; mas em ambos os casos é possível «salvar os fenômenos».

Durante os últimos séculos, desde cerca de 1600 da era cristã, o progresso da ciência tem sido constante, sem interrupção, de modo que nos sentimos tentados a prolongar a curva para o passado e cair na errada crença de haver sido o avanço do conhecimento um processo constante, cumulativo, ao longo de uma estrada que sobe firmemente dos primórdios da civilização à nossa atual altura entontecedora. Não é tal o caso, naturalmente. No sexto século antes de Cristo sabiam alguns homens cultos que a terra era uma esfera; no sexto século da era cristã voltaram a crer que era um disco, ou que se assemelhava, na forma, ao Santo Tabernáculo.

Olhando a parte de estrada percorrida até agora, bem podemos admirar-nos da brevidade dos trechos em que o progresso da ciência foi guiado pelo pensamento racional. Há túneis, cuja extensão no tempo se mede em milhas, e que se alternam com trechos mergulhados em plena luz do sol, mas que só medem algumas jardas de comprimento. Até o sexto século antes de Cristo, o túnel está repleto de figuras mitológicas; em seguida, por três séculos, há uma luz penetrante; depois, mergulhamos noutro túnel, repleto de sonhos diferentes.

QUADRO CRONOLÓGICO DA PRIMEIRA PARTE (*) ..

600 antes de C.		Culto dos mistérios órficos
	Filósofos jônicos	
500 antes de C.		
	→ Irmandade Pitagórica (c. 530-c. 450 ←	
	Filolao (5.º século)	
400 antes de C.	↓	Platão (c. 428-348) Eudoxo e Calipo (4.º século) Aristóteles (384-322)
	Heraclides (c. 375-310)	↓
300 antes de C.	↓	
	Aristarco (c. 310-230)	Apolônio (floresceu 250-220)
200 antes de C.	(FIM DA COSMOLOGIA HELIOCÊNTRICA GREGA)	↓
		Hiparco (floresceu c. 125)
100 antes de C.		↓
0		
100 era cristã		Ptolomeu (floresceu c. 150) (APERFEIÇOAMENTO DA COSMOLOGIA GEOCÊNTRICA).
200 era cristã		

Compiladores

Plínio o velho (c. 23-79) v

Plutarco (c. 46-120)
Teon de Esmirna (2.º século)

Macróbio (floresceu c. 400)
Calcídio } 5.º século
Marciano Capella }

Simplício (floresceu c. 535)

(FONTES PARA A PRIMEIRA IDADE-MÉDIA)

(*) Só estão representadas as principais linhas do desenvolvimento dos sistemas cosmológicos.

SEGUNDA PARTE

Interlúdio Sombrio

I. O UNIVERSO RETANGULAR

1. A CIDADE DE DEUS

Dissera Platão que o homem mortal não podia ouvir a Harmonia das Esferas em virtude da rudez dos sentidos corpóreos. E os platônicos cristãos afirmaram que fora com a queda que perdera a faculdade.

Quando as imagens de Platão ferem uma corda arquetípica, continuam a reverberar em inesperados níveis de significação, que por vêzes invertem as mensagens primitivas. Assim, poderíamos ousar dizer que foi Platão que provocou a Queda da filosofia, a qual tornou os seus partidários surdos à harmonia da natureza. O pecado que levou à Queda foi o aniquilamento da união pitagórica entre filosofia natural e filosofia religiosa, a negação da ciência como modo de adoração, a divisão do próprio tecido do universo numa vil planície e em etéreos planaltos, feitos de matérias diferentes, governados por diferentes leis.

Esse «dualismo do desespero», como poderíamos chamar-lhe, foi levado à filosofia medieval pelos neoplatônicos. Era o legado de uma civilização malograda, a Grécia na época da conquista macedônica, a outra civilização malograda, o mundo latino na época da sua conquista pelas tribos germânicas. Do terceiro século da era cristã ao fim do Império, tinha o neoplatonismo reinado sem rival nos três centros principais da filosofia, Alexandria, Roma, e a Academia Ateniense. Pelo processo de seleção natural no reino das idéias que já vimos operar, a Idade-Média apoderou-se dos elementos do neoplatonismo que mais seduziam as suas aspirações místicas ao Reino do Céu, e que lhe ecoavam o desespêro deste mundo como **«o elemento mais baixo e vil no esquema das coisas»**,[1] enquanto eram ignorados os aspectos mais otimistas do neoplatonismo. Do próprio Platão somente o **Timeu**, a obra-prima de ambigüidade, podia ser compulsado em tradução latina (o conhecimento do grego ia desaparecendo); e embora Plotino, o mais importante dos neoplatônicos, afirmasse partilhar o mundo material, até certo ponto, da excelência e beleza do seu Criador, era mais lembrado pelas palavras de que **«corava de ter um corpo»**. Foi nessa forma destorcida e extrema que o neoplatonismo entrou no Cristianismo após o colapso do império romano, tornando-se o principal elo entre a antiguidade e a Europa medieval.

O dramático símbolo dessa fusão é o capítulo das **Confissões** de Santo Agostinho no qual descreve como Deus «trouxe ao meu caminho por meio de certo homem — homem incrìvelmente convencido — alguns livros dos platônicos traduzidos do grego em latim.»[2] Foi tão forte a impressão causada por êles em Santo Agostinho que «sendo avisado por tudo isso a voltar a mim, penetrei a minha própria profundidade»[3] iniciado, dessarte, o caminho da conversão. Apesar de, após a conversão, queixar-se do malogro dos neoplatônicos em compreender que o Verbo se fizera carne em Cristo, não resultou disso nenhum obstáculo. A união mística entre platonismo e cristianismo completou-se nas **Confissões** e na **Cidade de Deus.**

Um moderno tradutor das **Confissões** escreveu sobre Agostinho:

> «Nele produziu a Igreja Ocidental a sua primeira inteligência e de fato a sua duração por outros seiscentos anos... Só se pode indicar o que iria significar para o futuro. Todos os homens que tiveram de conduzir a Europa através dos seis ou sete séculos seguintes se nutriram dêle. Vemos o papa Gregório Magno, no fim do século sexto, ler e reler as **Confissões**. Vemos o imperador Carlos Magno, no fim do século oitavo, valer-se da **Cidade de Deus** como espécie de Bíblia.»[4]

A Bíblia da Idade-Média, a **Cidade de Deus,** foi iniciada em 413, sob o impacto do saque de Roma; e Agostinho morreu em 430, enquanto os vândalos assediavam a sua cidade episcopal de Hipona, o que serve bastante para explicar as suas catastróficas opiniões sôbre a humanidade como **massa perditiones,** monte de depravação, num estado de morte moral em que até a criança recém-nascida traz o estigma hereditário do pecado original, em que as crianças que morrem sem batismo partilham do destino da condenação eterna com a grande maioria da humanidade, pagã e cristã. A salvação só é possível por um ato de Graça que Deus estende aos indivíduos predestinados a recebê-la por uma seleção aparentemente arbitrária, por que «o homem caído não pode fazer nada que agrade a Deus.»[5] A terrível doutrina da predestinação foi revivida sob várias formas em várias épocas por cátaros, albigenses, calvinistas e jansenistas, e iria desempenhar curioso papel nas lutas teológicas de Kepler e Galileu.

Há incontáveis aspectos redentores, ambigüidades e contradições nos escritos de Agostinho, como por exemplo a sua apaixonada súplica contra a pena de morte e tortura judicial, a repetida afirmação de que **Omnis natura, inquantum natura est, bonum est** (*). Pode até dizer-se que «Agostinho não era agostiniano».[6] Mas èsses elementos mais brilhantes foram ignorados pelas gerações posteriores, e a sombra que èle projetou foi densa e opressiva, matando o pouco interesse pela natureza, ou inclinação pela ciência, que ainda sobrevivia.

Visto que na Idade-Média os clérigos se tornaram sucessores dos filósofos da antiguidade, e, por assim dizer, a Igreja Católica tomou o lugar da Academia e do Liceu, a sua atitude passou a determinar todc o clima cultural e o curso de ensino. Daí a importância de Agostinho, que não foi apenas o clérigo mais influente da primeira Idade-Média, o principal promotor do papado como autoridade sobrenacional, e o iniciador das regras de vida monástica, mas, sobretudo, o vivo símbolo de continuidade entre a antiguidade desaparecida e a nova civilização

(*) Toda a natureza, na medida em que é natureza, é boa.

nascente. Disse, justificadamente, um moderno filósofo católico, que Agostinho foi «**em grau maior que qualquer imperador ou bárbaro senhor de guerra, fazedor de histórias e construtor da ponte que iria ligar o velho mundo ao novo.**» [7]

2. A PONTE PARA A CIDADE

A tragédia está na natureza seletiva do tráfego que passava pela ponte construída por Agostinho. No pedágio da Cidade de Deus, todos os veículos que traziam os tesouros do saber, beleza e esperança antigos, foram repelidos, pois que tôda a virtude pagã «está prostituída pela influência de demônios obscenos e asquerosos... [8] Volte Tales com a água, Anaxímenes com o ar, os estóicos com o fogo, Epicuro com os átomos.» [9]

E eles voltaram. Sòmente Platão e os seus discípulos tiveram permissão para atravessar a ponte e foram bem acolhidos, por saberem que o conhecimento não se adquire com os olhos do corpo, e ministrarem um suplemento alegórico ao Gênese: Adão, expulso do Paraíso, foi diretamente à Gruta de Platão, onde passou a viver a vida de um troglodita acorrentado.

O mais benvindo foi o desprezo neoplatônico por todos os ramos da ciência. Dêles Agostinho «tirou a convicção, que transmitiu às gerações seguintes de muitos séculos, de o único tipo de conhecimento desejável ser o conhecimento de Deus e da alma, e de não haver proveito nenhum na investigação do reino da natureza». [10]

Alguns trechos das **Confissões** ilustrarão mais vivamente a atitude mental para com o conhecimento, no início da Era Cristã. No Décimo Livro, que conclui a narrativa pessoal, descreve Agostinho o seu estado de espírito doze anos após a conversação, e implora o auxílio de Deus para vencer diversas formas de tentação que ainda o torturam: a libido, à qual resiste, acordado, mas não adormecido, a tentação de saborear os alimentos em vez de tomá-los como remédio necessário «até o dia em que Tu destruirás tanto o estômago como a carne», o fascínio dos bons perfumes, aos quais é regularmente imune, os prazeres do ouvido derivados da música de igreja com o risco de ser «mais impressionado pelo canto do que pela coisa cantada», o encanto visual de «diversas formas de beleza, de côres brilhantes e agradáveis», e penúltima, a tentação de «saber por amor ao saber»:

> «Neste ponto menciono outra forma de tentação mais variada e perigosa. Acima da libido que está no deleite de todos os nossos sentidos e prazeres — cujos escravos são destruídos, à medida que se afastam de Vós — pode haver também no próprio espírito, através dêsses mesmos sentidos corpóreos, um vão desejo e curiosidade, não de deleitar o corpo, mas de fazer experiências com o auxílio do corpo, e que está coberto pelo nome de estudo e conhecimento... O prazer busca objetos que são belos de ver, ouvir, cheirar, saborear, tocar; mas a curiosidade por amor à experiência pode procurar coisas inteiràmente contrárias, não para lhes experimentar a desagradabilidade, mas por mero capricho de experimentar e descobrir... Porque dessa doença da curiosidade tendes as várias fantasias apresentadas nos teatros. Assim, procedem os homens à inves-

> tigação dos fenômenos da natureza — a parte fora de nós — embora o conhecimento careça de valor para eles, pois querem saber apenas por saber...
>
> Nessa imensa floresta de armadilhas e perigos, cortei e repeli do coração numerosos pecados, como me permitistes fazer, ó Deus da minha salvação; contudo, quando ousaria dizer — com tantas coisas dessa espécie a nos envolver por todos os lados, na vida diária — quando ouso dizer que nenhuma delas consegue fazer que eu a contemple, ou, impelido, por vã curiosidade, a deseje? Indubitàvelmente os teatros já me não atraem, nem tampouo me importo com saber o curso das estrelas...» 11

Mas não logrou ainda arrancar do coração humano o pecaminoso desejo de saber.

E aproximou-se-lhe perigosamente.

3. A TERRA COMO TABERNACULO

Comparado aos demais Padres, foi Agostinho, em muito, o mais iluminado. São Lactâncio, que viveu um século antes dele, pôs-se a demolir, com notável êxito, a noção da esfericidade da terra. O terceiro volume das suas **Divinas Instituições** chama-se «Da falsa sabedoria dos filósofos», e contém todos os inocentes argumentos contra a existência dos antípodas — a gente não pode caminhar de cabeça para baixo, a chuva e a neve não podem cair para cima — que, sete séculos mais cedo, nenhuma pessoa de cultura poderia ter empregado sem tombar no ridículo. São Jerônimo, o tradutor da Vulgata, combateu uma luta sem fim contra a tentação de ler os clássicos pagãos, até que, finalmente, derrotou «a tola sabedoria dos filósofos»; «Senhor, se eu jamais tornar a possuir livros mundanos, ou se jamais tornar a ler um deles, terei negado a Ti.» 12 Só pelo fim do século nono foi revivida a forma esférica da terra, e a possível existência dos antípodas, o que significa mil e quinhentos anos depois de Pitágoras.

A cosmologia desse período volta diretamente aos babilônios e hebreus. Dominam-na duas idéias principais: que a terra tem o formato do Santo Tabernáculo, e que o firmamento está envolvido por água. Esta última idéia se fundamentava no Gênese I, 6,7:

> «E Deus disse: haja um firmamento no meio das águas, e divida as águas das águas. E Deus fez o firmamento, e dividiu as águas que estavam sob o firmamento das águas que estavam acima do firmamento.»

Daí se derivou a noção de repousarem as águas acima do céu, no topo do firmamento, e de ser a sua missão — como explicou Basílio o Grande (*) — proteger o mundo contra o fogo celeste. O seu contemporâneo, Severiano, explicou mais que o céu inferior era feito de água cristalina ou «congelada», o que evitava fosse incendiado pelo sol

(*) Quarto século, da era cristã.

e pelas estrelas, e que era mantido frio pela água que o encimava, a qual, no Derradeiro Dia, seria usada por Deus para apagar tôdas as luzes.[14] Agostinho também acreditava ser Saturno o planeta mais frio, por estar mais perto das águas superiores. Em resposta aos que objetavam à presença de água, pesada, no tôpo do céu, dizia haver um flèuma líquido também na cabeça dos homens.[15] A outra objeção de a superfície esférica do firmamento e o seu movimento causarem o deslizamento ou salpicamento das águas foi eliminada por vários Padres que explicaram a possibilidade de ser a abóbada celeste redonda no lado de dentro e chata no de cima, ou possuir sulcos e recipientes para conter a água.[16]

Espalhava-se, ao mesmo tempo, a noção de que o firmamento não era redondo, e sim uma tenda ou tabernáculo. Refere-se Severiano a Isaías, XI. 22: «Deus estende os céus como cortina e os espalha como tenda para nela habitar»[17], indo-lhe os demais na esteira. Mas os Padres e os doutores não estavam suficientemente interessados nessas questões mundanas, a ponto de chegarem às minúcias. O primeiro sistema cosmológico compreensivo da primeira Idade-Média destinado a substituir os ensinamentos dos astrônomos pagãos, de Pitágoras e Ptolomeu, foi o famoso **Topographica Christiana** do monge Cosmas. Viveu êle no sexto século, nasceu em Alexandria e, como mercador e marujo, viajou bastante pelo mundo conhecido, inclusive a Abissínia, Ceilão e a Índia Ocidental, o que lhe granjeou o apelido de **Indicopleustus**, o viajante índico. Tornou-se, posteriormente, monge, e escreveu o seu grande trabalho num mosteiro do Sinai.

O primeiro dos doze livros intitula-se «Contra os que, embora desejem professar o cristianismo, pensam e imaginam como os pagãos ser esférico o céu».

> O Santo Tabernáculo, descrito no Êxodo, era retangular e duas vezes mais longo do que largo; logo, a terra possui a mesma forma, e está situada no sentido do comprimento de Leste a Oeste, no fundo do universo. Circunda-a o oceano, como a mesa do pão, no ritual judaico, está rodeada pela franja ondulada; e o oceano está rodeado por outra terra, o lugar do Paraíso, e habitação do homem até o dia em que Noé atravessou o oceano, estando agora desabitada. Das extremidades dessa terra exterior e deserta se erguem quatro planos verticais, que são as paredes do universo. O teto é um semicilindro repousando sôbre as paredes do norte e do sul, o que dá ao universo o aspecto de barraca ou de baú de viagem com tampa curva.
>
> Contudo, o piso, isto é, a terra, não é chato; pelo contrário, inclina-se de noroeste a sudeste, pois está escrito no Eclesiastes i, 5, que «o sol desce e volta ao lugar onde nasceu». Conseqüentemente, os rios, como o Eufrates e o Tigre, que correm para o sul, possuem corrente mais rápida que o Nilo que corre «para cima»; e os barcos navegam mais depressa para o sul e leste do que os que devem «subir» para o norte e o oeste, sendo êstes últimos chamados «indolentes». As estrêlas são levadas por anjos, pelo espaço debaixo do teto do universo, e ficam ocultas quando passam atrás da parte norte da terra, encimada por gigantesca montanha cônica, a qual oculta o sol da noite, sendo o sol muito menor que a terra.

O próprio Cosmas não era grande autoridade eclesiástica; todas as idéias lhe provinham dos Padres dos dois séculos precedentes. Havia homens mais iluminados entre eles, por exemplo, Isidoro de Sevilha (séculos seis-sete) e Beda o Venerável (séculos sete-oito). Contudo, a **Topographica Christiana** de Cosmas é típica da visão geral do universo prevalecente na primeira Idade-Média. Muito depois de ter sido revivida a forma esférica da terra, e, na verdade, até o século catorze, faziam-se mapas representando a terra como retangular, segundo o formato do Tabernáculo, ou como disco circular com Jerusalém no centro, por haver Isaías falado do «circuito da terra», e Ezequiel afirmado que «Deus colocara Jerusalém no meio das nações e dos países». Outro tipo de mapa fazia da terra um ovalóide, compromisso entre o tabernáculo e o círculo, sendo o Extremo Oriente habitualmente ocupado pelo Paraíso.

Mais uma vez somos obrigados a perguntar-nos: acreditavam realmente em tudo isso? E mais uma vez deve a resposta ser sim e não, dependendo do compartimento do espírito dividido que está em jogo. A Idade-Média foi **par excellence**, a era do espírito dividido. Voltarei ao assunto no fim deste capítulo.

4. MAIS UMA VEZ A TERRA É REDONDA.

O primeiro eclesiástico medieval que afirmou, sem nenhum eqüívoco, ser a terra uma esfera foi o monge inglês Beda, o qual redescobriu Plínio, a quem citava freqüentemente **verbatium**; no entanto, continuava a se apegar à noção das águas supercelestes e negava haver gente vivendo nas regiões antípodas, porque, sendo tais regiões inacessíveis em virtude do oceano, os supostos habitantes não poderiam descender de Adão nem poderiam ter sido remidos por Cristo.

Alguns anos após a morte de Beda, verificou-se curioso incidente. Um eclesiástico irlandês conhecido pelo nome de Fergil ou Virgílio, o qual vivia como abade em Salzburg, envolveu-se numa disputa com o seu superior, Bonifácio, que denunciou Virgílio ao papa Zacarias sob a acusação de ensinar a existência **«de outro mundo e outro povo debaixo da terra»**, querendo significar os antípodas. O papa aconselhou Bonifácio a reunir um conselho e expulsar Virgílio pelo escandaloso ensino. Mas nada sucedeu, e Virgílio, com o tempo, veio a ser bispo de Salzburg, cargo que ocupou até a morte. O episódio nos lembra a fútil denúncia de Aristarco por Cleantes; parece indicar que até nesse período de obumbramento, a ortodoxia em questões de filosofia natural (distinta das questões teológicas) era mantida menos por ameaças do que por compulsão íntima. Que eu saiba não há exemplo registrado de clérigo ou leigo acusado de heresia, nessa época oprimida por heresias, por causa das suas opiniões cosmológicas.

O perigo diminuiu mais quando, em 999 da era cristã, Gerberto, o mais perfeito estudioso clássico, geômetra, músico e astrônomo da época, subiu ao trono papal com o nome de Silvestre II. Morreu quatro anos depois, mas a impressão deixada no mundo pelo «Papa mágico» foi tão poderosa que êle não tardou em se transformar em lenda. Embora indivíduo excepcional, muito além de sua época, o seu papado, na data simbólica do ano 1000 da era cristã, marca o fim do período mais negro da Idade-Média, e uma gradativa mudança de atitude para com a ciência pagã da antiguidade. A partir de então, a forma esférica da terra, bem como a sua posição no centro do espaço, rodeada pelas esferas dos planetas, voltou a ser respeitável. O que é mais, vários manuscritos de, aproximadamente, o mesmo período indicam que o sistema «egípcio» de Heraclides (onde Mercúrio e Vênus são satélites do Sol) havia sido redescoberto, e que complicados desenhos das órbitas planetárias circulavam entre os iniciados. Mas não fizeram notável impressão na filosofia dominante da época.

Assim, pelo século décimo-primeiro da era cristã havia sido completada grosseiramente uma visão do universo que correspondia à do quinto século antes de Cristo. Os gregos haviam empregado duzentos e cinqüenta anos para progredir de Pitágoras ao sistema heliocêntrico de Aristarco; a Europa precisou de mais de duas vezes esse tempo para completar o correspondente progresso de Gerberto a Copérnico. Os gregos, uma vez reconhecido o fato de ser a terra uma bola flutuante no espaço, tinham-lhe quase imediatamente imprimido um movimento. A Idade-Média, apressadamente, a imobilizou no centro de uma rígida hierarquia cósmica. Não foi a lógica da ciência, não foi o pensamento racional que determinou a forma do desenvolvimento seguinte, mas um conceito mitológico que simbolizava as necessidades da época: o universo tabernacular foi substituído pelo universo da Corrente de Ouro.

II. O UNIVERSO FECHADO

1. A ESCALA DO SER

Era um universo fechado, como fechada cidade medieval. No centro a terra, escura, pesada e corrupta, rodeada pelas esferas concêntricas da Lua, do Sol, dos planetas e das estrelas numa ordem ascendente da perfeição, até a esfera do **primum mobile,** e, além desta, o empíreo de Deus.

Mas na hierarquia de valores, que se prende a esta hierarquia no espaço, a simples divisão original em regiões sublunar e supralunar cede o lugar a um infinito número de subdivisões. Mantém-se a diferença básica original entre a rude e terrena mutabilidade e a permanência etérea; mas ambas as regiões são subdivididas de tal modo que o resultado é uma escada contínua, ou escala gradativa, a se estender de Deus até a mais baixa forma de existência. Num trecho, freqüentemente citado na Idade-Média, Macróbrio resume a idéia:

> «Visto que do Deus Supremo surge o Espírito, e do Espírito a Alma, e visto que esta, por sua vez, cria todas as coisas subseqüentes e as enche de vida... e visto que todas as coisas se seguem em contínua sucessão, degenerando em seqüência até o próprio fundo da série, o observador atento descobrirá uma ligação de partes, do Deus Supremo até os últimos restos de coisas, mutuamente interligados e sem interrupção. E esta é a corrente de ouro de Homero, que Deus, diz ele, ordenou pendesse do céu à terra.» [1]

Macróbio ecoa a «teoria das emanações» neoplatônica, que remonta ao **Timeu de Platão**. O Único, o Ser Mais Perfeito «não pode ficar fechado em si»; deve «transbordar» e criar o Mundo de Idéias, que, por sua vez, cria uma cópia ou imagem de si próprio na Alma Universal, a qual gera «as criaturas sensitivas e vegetativas», e assim por diante numa série descendente, até os «últimos restos de coisas». É ainda um processo de degeneração por descida, o oposto exato da idéia evolucionária; mas visto que cada ser criado é, em última análise, emanação de Deus, e partilha da Sua essência em medida que diminui com a distância, a alma se voltará sempre para cima, para a sua fonte.

A teoria da emanação recebeu uma forma mais especìficamente cristã na **Hierarquia Celestial e na Hierarquia Eclesiástica** da segunda personagem mais influente entre os neoplatônicos, conhecida como Pseudo-Dionísio. Viveu provavelmente no século quinto, e perpetrou o lôgro piedoso de maior êxito na história religiosa, pretendendo ser autor dos seus trabalhos Dionísio Areopagita, o ateniense mencionado nos Atos XVII, 34, como um dos convertidos de São Paulo. Traduziu-o em latim, no século nove, João Scot; a partir de então, exerceu enorme influência no pensamento medieval. Foi êle que providenciou os degraus superiores da escada com a hierarquia fixa de anjos, os quais posteriormente foram presos às esferas das estrêlas para mantê-las em movimento; os serafins giravam o **Primum Mobile,**[2] os querubins, a esfera das estrêlas fixas, os Tronos, a esfera de Saturno, as Dominações, Virtudes e Potestades, as esferas de Júpiter, Marte e Sol; os Principados e Arcanjos, as esferas de Vênus e Mercúrio, enquanto os anjos inferiores cuidavam da Lua.[3]

Se a metade superior da escada era de origem platônica, os degraus inferiores eram dados pela biologia aristotélica, redescoberta por volta de 1200 da era cristã. Particularmente importante se tornou o seu «princípio de continuidade» entre reinos aparentemente divididos da natureza:

> «A natureza passa tão gradativamente do inanimado ao animado que a continuidade dêles torna indistinguíveis os limites; e há uma espécie média que pertence a ambas as ordens. As plantas vêm imediatamente depois das coisas inanimadas, e as plantas diferem uma da outra no grau em que parecem participar da vida. A classe, tomada no seu todo, parece, em comparação com outros corpos, claramente animada; mas em comparação com animais parece inanimada. E a transição das plantas aos animais é contínua, pois seria possível perguntar se algumas formas marinhas são animais ou plantas, uma vez que muitas delas estão prêsas às rochas e perecem, quando separadas delas.»[4]

O «princípio de continuidade» não somente tornou possível dispor todos os seres vivos numa hierarquia de acôrdo com critérios, como por exemplo «graus de perfeição, «fôrças da alma», ou «realização de potencialidades» (que, naturalmente, jamais foram definidas com exatidão.) Tornou também possível ligar as duas metades da corrente — a sublunar e a celestial — numa única, contínua, sem negar a diferença essencial entre elas. O elo de ligação foi encontrado, por São Tomás de Aquino, na natureza dual do homem. Na continuidade de tudo quanto existe «o membro inferior do gênero mais elevado sempre se limita com o membro mais alto do gênero inferior»; é verdade quanto aos zoófitos, que são metade planta, metade animal, e é verdade também quanto ao homem, que «possui em igual grau o caráter de ambas as classes, uma vez que êle atinge o membro inferior da classe superior aos corpos, isto é, a alma humana, que está no fundo da série de seres intelectuais, e, portanto, é considerado horizonte e linha limítrofe das coisas corpóreas e incorpóreas.»[5]

A corrente, assim unificada, ia então do trono de Deus ao mais ínfimo dos vermes. Foi mais estendida para baixo, através da hierarquia dos quatro elementos, até a natureza inanimada. «Quando não havia chaves evidentes para determinar o «grau de excelência» de um objeto, a astrologia e a alquimia davam a resposta estabelecendo «correspondências» e «influências», de modo que cada planeta se associava a um dia da semana, um metal, uma cor, uma pedra, uma planta, definindo a sua posição na hierarquia. Outra extensão para baixo conduziu à cavidade cônica da terra, em volta de cujas encostas, cada vez mais estreitas, se dispunham em círculo as nove hierarquias de demônios, duplicando as nove esferas celestes. Lúcifer, ocupando o ápice do cone no centro exato da terra, marcava o amargo fim da corrente.

O universo medieval, como observou um estudioso moderno, não é pois realmente geocêntrico, mas «diabolocêntrico».[6] O seu centro, outrora Lareira de Zeus, está ocupado pelo Inferno. A despeito da natureza contínua da corrente, a terra, comparada aos céus incorruptíveis, ainda ocupa o lugar inferior, descrito por Montaigne como «sujeira e lama do mundo, e parte pior, mais baixa, mais morta do universo, o piso subterrâneo da casa.»»[7] O seu contemporâneo, Spenser, lamenta a influência da Deusa Mutabilidade sobre a terra, que o faz

> «abominar este estado de vida tão incerto
> e lançar para longe o amor de coisas tão vãs,
> cuja flórida soberba, tão evanescente e volúvel,
> o tempo veloz há de cortar com a foice que aniquila.»[8]

A extraordinária força dessa visão medieval do universo está ilustrada pelo fato de ter tido o mesmo fascínio na imaginação dos poetas isabelinos, pelo fim do século dezesseis, como teve em Dante, pelo fim do século treze; e ainda ecoa, num famoso trecho de Pope, no século dezenove. A segunda metade da citação dá uma chave para se compreender a grande estabilidade do sistema:

> Grande corrente do ser! iniciada em Deus,
> naturezas etéreas, humanas, anjos, homem,
> animal, ave, peixe, inseto...
> ...do Infinito a ti,
> de ti ao nada. — Nós deveríamos compelir
> forças superiores, as inferiores compelir as nossas,
> ou deixar um vazio na inteira criação,
> onde, quebrado um degrau, está destruída a grande escada;
> Qualquer elo que se bata da corrente da Natureza,
> o décimo, o décimo-milésimo, parte a corrente.[9]

A conseqüência de tal quebra seria a desintegração da ordem cósmica. A mesma moral, a mesma advertência dos catastróficos resultados de qualquer mudança, por menores que sejam, na rígida hierarquia gradativa, de qualquer distúrbio na ordem fixa das coisas, volta, como **leitmotif**, na fala de Ulisses em «Troilo e Cressida», e em outros inumeráveis lugares. O segredo do universo medieval é que é estático, imune contra a mudança; que cada artigo no inventário cósmico tem o seu lugar permanente, a sua posição, a ele atribuída num dos degraus da escada. Lembra-nos a hierarquia de bicadas num galinheiro. Não há evolução de espécies biológicas, não há progresso social; nenhum tráfego percorre a escada para cima ou para baixo. O homem pode aspirar a uma vida superior ou condenar-se a outra, inferior, mas só irá para cima ou para baixo, na escada, após a morte; enquanto estiver neste mundo, a sua posição ordenada de antemão, o seu lugar, não pode ser alterado. Assim, a abençoada imutabilidade prevalece até no baixo mundo da mutabilidade e corrupção. A ordem social é parte da corrente, e parte que liga a hierarquia de anjos à hierarquia de animais, vegetais e minerais. Para citarmos outro isabelino, Raleigh, em prosa, a fim de mudarmos um pouco:

> ««Deveremos, pois, considerar nada honras e haveres e desprezá-los por desnecessários e vãos? Não, certamente, pois a infinita sabedoria de Deus, que distinguiu os seus anjos por graus, que deu maior ou menor luz e beleza aos corpos celestes, que estabeleceu diferenças entre animais e aves, criou a água e a môsca, o cedro e a moita, e entre as pedras deu o mais belo matiz ao rubi e o fulgor mais veloz ao diamante, também ordenou reis, duques ou condutores do povo, magistrados, juízes e outros graus entre os homens.» 10

Não são apenas os reis e os barões, os cavaleiros e os escudeiros que têm o seu lugar fixo na hierarquia cósmica; a Corrente de Sêres atravessa até a cozinha.

> «Quem substituirá o cozinheiro-chefe se ele estiver ausente? O mestre do espêto ou o mestre da sopa? Por que formam os portadores de pão e os de taças a primeira e a segunda fileiras, acima de trinchantes e cozinheiros? Porque estão encarregados do pão e do vinho, aos quais atribui caráter sagrado a santidade do sacramento.» 11

A Idade-Média, mais ainda que a época de Platão, tinha horror à mudança, e aspirava à permanência. Levava a extremos de obsessão a filosofia platônica. O cristianismo havia salvado a Europa de um regresso à época dos bárbaros, mas as catastróficas condições de idade, o seu clima de desespêro, proibiam-lhe desenvolver uma visão equilibrada, integral, evolucionária do universo e do papel do homem nele. As repetidas e medrosas esperas do fim do mundo, as explosões de manias de dançar e flagelar, eram sintomas de histeria coletiva.

> «produzida pelo terror e pelo desespêro, em populações oprimidas, famintas, e desgraçadas em grau quase inimaginável hoje. As misérias de constantes guerras, de desintegração política e social, se unia a espantosa ansiedade de doenças inevitáveis, misteriosas e mortais. A humanidade, abandonada, era como se estivesse encurralada num mundo de terror e perigo contra os quais não havia defesa.» 12

Foi contra esse fundo que se tirou dos platônicos a visão de um universo fechado, como proteção contra a Morte Negra da Mudança, uma visão rígida, estática, hierárquica, petrificada. O mundo-ostra babilônico, com três ou quatro mil anos de idade, era cheio de dinamismo e imaginação comparado a esse universo artificialmente graduado, envolto em esferas de celofane, e por Deus mantido no congelador para ocultar a sua eterna vergonha. E, contudo, era pior ainda a alternativa:

> ... quando os planetas
> vagueiam na mixórdia para a desordem
> que pragas, que portentos, que sublevação,
> que fúria do mar, sacudir de terra,
> comoção dos ventos, terrores, mudanças, horrores,
> desviam e partem, dilaceram e desenraízam
> a unidade e a calma conjugal de estados
> da sua posição...
> Tirai um degrau, desafinai aquela corda,
> e ouvi que discórdia provém. Cada coisa se encontra
> em pura oposição. As águas limitadas
> deveriam erguer o seio acima das praias
> e fazer um charco só do globo sólido.[13]

2. A IDADE DO PENSAMENTO DUPLO

Disse que o sistema de Heraclides, no qual os dois planetas interiores giram em torno do sol, e não em torno da terra, havia sido redescoberto pelo fim do primeiro milênio. Seria mais exato dizer que o heliocentrismo jamais fora esquecido, mesmo na época do sistema tabernacular. Já, (págs. 40-41), entre outros, citei Macróbio quanto a isso. Ora, Macróbio, Calcídio e Marciano Capella, três compiladores enciclopédicos do período da decadência romana (os três do quarto século da era cristã) foram, com Plínio, as principais fontes disponíveis da ciência natural até o renascimento grego; e todos eles propunham o sistema de Heraclides.[14] Foi novamente adotado por João Scot no século nove; Scot fez todos os planetas, salvo o longínquo Saturno, girar em torno do sol; e a partir de então, Heraclides se firma no cenário medieval.[15] Nas palavras da melhor autoridade do assunto: **«a maioria dos homens que, do século nove ao século doze, escreveram sobre astronomia, e cujos livros estão conservados, conheciam e adotavam a teoria planetária imaginada por Heraclides do Ponto.»**[16]

Ao mesmo tempo, porém, havia a cosmologia regredido a uma ingênua e primitiva forma de geocentrismo, com esferas de cristal concêntricas, que determinavam a ordem dos planetas, e a paralela hierarquia de anjos. Os sistemas engenhosíssimos das cinqüenta e cinco esferas de Aristóteles, dos quarenta epiciclos de Ptolomeu, haviam sido esquecidos, e o complexo maquinismo se vira reduzido a dez esferas, espécie de Aristóteles dos pobres sem nada em comum com qualquer dos movimentos observados no céu. Os astrônomos alexandrinos tinham, ao menos, tentado salvar os fenômenos. Os filósofos medievais os haviam desprezado.

Contudo, a completa desconsideração da realidade tornaria a vida impossível, e assim teve o espírito dividido de evolver dois diversos códigos de pensamento para os seus dois compartimentos diferentes, um de conformidade com a teoria, o outro para corresponder aos fatos. Até o fim do primeiro milênio e além, os mapas retangulares e ovais de inspiração tabernacular foram piedosamente copiados pelos monges, oferecendo uma espécie de idéia domingueira do formato da terra, segundo a interpretação patrística da Escritura. Mas em coexistência com eles havia outra espécie de mapas, inteiramente diversos, de maravilhosa exatidão, os chamados mapas de Portolano, destinados ao uso prático entre os marinheiros do Mediterrâneo. As formas dos países e dos mares dos dois tipos de mapas divergem tanto quanto a idéia medieval do cosmos e os fatos observados no céu. [17]

A mesma separação é encontrável nos campos mais heterogêneos do pensamento e procedimento medievais. Visto ser contra a natureza do homem corar por dispor de um corpo e de um cérebro, por anelar pela beleza e desejar a experiência, a metade frustrada vingou-se com extremos de rudez e obscenidade. O amor imaterial, etéreo, do trovador ou do cavaleiro prestante à sua dama coexiste com a bruta publicidade dada ao leito matrimonial, que faz com que os casamentos se assemelhem a execuções públicas. A gentil dama, comparada à deusa da Virtude, é obrigada, no entanto, a usar o cinto da castidade na sua esfera sublunar. As monjas têm de usar camisolas até na intimidade dos banhos, porque, embora ninguém as veja, Deus pode vê-las. Quando o espírito está dividido, degeneram as duas metades: o amor terrestre descamba para o nível animal, a união mística com Deus adquire uma ambigüidade erótica. Diante do Velho Testamento, os teólogos salvam os fenômenos, no Cântico dos Cânticos, declarando que Cristo é o Rei, Sulamita a Igreja, e que o lavor de várias partes de sua anatomia se refere a correspondentes excelências na construção erguida por São Pedro.

Os historiadores medievais também precisam viver por meio do duplo pensamento. A cosmologia da época eliminou a desordem nos céus ordenando movimentos em círculos perfeitos; os cronistas, perante uma desordem pior, recorreram à noção de perfeito cavalheirismo como força propulsora da História. Tornou-se-lhes

> «...uma espécie de chave mágica mediante cujo auxílio explicavam a si próprios os motivos da política e da história... O que viam em tôrno se afigurava principalmente simples violência e confusão... Contudo, exigiam uma forma para as suas concepções políticas e daí a origem da idéia de cavalheirismo... Mediante essa tradicional ficção, conseguiram explicar a si próprios, da melhor maneira possível, os motivos e o curso da história, que ficou assim reduzida a um espetáculo da honra dos príncipes e das virtudes dos cavaleiros, a um nobre jôgo com regulamentos edificantes e heróicos.» [18]

A mesma dicotomia entra no comportamento social. Uma etiqueta grotesca e rígida governa todas as atividades, e se destina a gelar a vida na imagem do maquinismo celeste de relógio, cujas esferas de cristal giram sôbre si próprias e, entretanto, permanecem no mesmo lugar. Demoram um quarto de hora as humildes recusas de precedência no cruzamento do limiar de uma porta, mas combatem-se sangrentas lutas pelo mesmo direito de precedência. As damas da côrte transcorrem o tempo envenenando uma à outra com palavras e filtros, e contudo a etiqueta

> «não somente prescreve que damas podem andar de mãos dadas, como também que dama tem o direito de animar outras a tal gesto de intimidade, acenando-lhes... A violenta e apaixonada

alma da época, sempre vacilante entre a piedade chorosa e a fria crueldade, entre o respeito e a insolência, entre o desânimo e o desregramento, não podia dispensar as mais severas regras nem o mais estrito formalismo. Tôdas as emoções exigiam um rígido sistema de formas convencionais, pois sem elas a paixão e a ferocidade teriam destruído a vida.» [19]

Há desordens mentais cujas vítimas se sentem obrigadas a caminhar no centro das lajes, evitando as bordas, ou a contar os fósforos de uma caixa, antes de se deitarem, como ritual protetor contra os seus terrores. As dramáticas explosões de histeria coletiva durante a Idade-Média tendem a distrair-nos a atenção dos conflitos mentais, menos espetaculares, mas crônicos e insolúveis, que jazem por baixo delas. A vida medieval nos seus aspectos típicos se assemelha a um ritual compulsório destinado a dar proteção contra a onipenetrante fôrça de destruição do pecado, da culpa e da angústia; no entanto, não logrou fazê-lo enquanto permaneceram separados Deus e a Natureza, o Criador e a Criação, a Fé e a Razão. O prólogo simbólico da Idade-Média é Orígenes cortando as suas partes privadas **ad gloriam dei,** e o epílogo são as vozes ressecadas dos escolásticos: o primeiro homem teve umbigo? Por que comeu Adão a maçã e não a pera? Qual é o sexo dos anjos, e quantos cabem na ponta de uma agulha? Se um antropófago e todos os seus antepassados viveram de carne humana de modo que todas as partes do seu corpo pertencem a outro e serão reclamadas pelos proprietários no dia da ressurreição, como poderá o antropófago ressurgir para enfrentar o juízo? Este último problema foi seriamente discutido por Tomás de Aquino.

Quando o espírito está dividido, as suas secções, que deveriam completar-se, desenvolvem-se autonomamente por procriação consangüínea, digamos assim, isoladas da realidade. É o que se dá com a teologia medieval, separada da influência equilibradora do estudo da natureza; é o que se dá com a cosmologia medieval, separada da física; é o que se dá com a física medieval, separada da matemática. O fim das digressões deste capítulo, que parece nos terem levado tão distante do assunto, é mostrar que a cosmologia de certa época não é resultado de desenvolvimento unilinear, «científico», mas sim o símbolo mais notável, mais imaginativo da sua mentalidade, a projeção no céu gracioso dos seus conflitos, preconceitos e modos específicos de duplo pensamento.

III. O UNIVERSO DOS ESCOLÁSTICOS

1. O DEGELO

Comparei Platão e Aristóteles a dois astros gêmeos a se alternarem na visibilidade. Falando amplamente, do século quinto ao século doze, foi o neoplatonismo, na forma em que o haviam importado para o cristianismo Santo Agostinho e o pseudo-Dionísio, que teve a preponderância. Do século doze ao século dezesseis, foi a vez de Aristóteles.

Salvo dois dos seus tratados lógicos,[1] as obras de Aristóteles não tinham sido conhecidas antes do século doze, sepultadas e esquecidas que estavam, com Arquimedes, Euclides, os atomistas e o resto da ciência grega. O pouco de conhecimento sobrevivido fôra divulgado em traduções sintéticas, destorcidas, pelos compiladores latinos e pelos neoplatônicos. No que tange à ciência, os seiscentos primeiros anos da cristandade estabelecida constituíram um período glacial com apenas a pálida lua do neoplatonismo refletida nas superfícies geladas.

O degelo não se verificou com o subitâneo aparecimento do sol, e sim por intermédio de uma apartada corrente do golfo a caminhar da península arábica através da Mesopotâmia, do Egito e da Espanha: os muçulmanos. Nos séculos sete e oito, a corrente colhera os restos da ciência e filosofia gregas na Ásia Menor e em Alexandria, levando-os de maneira circundante e casual para a Europa. A partir do século doze, os trabalhos, os fragmentos de trabalhos, de Arquimedes e Hero de Alexandria, de Euclides, Aristóteles e Ptolomeu, começaram a flutuar na cristandade como destroços fosforescentes de naufrágio. Será fácil imaginar quão tortuoso foi o processo pelo qual a Europa recuperou a sua herança do passado, se refletirmos que alguns dos tratados científicos de Aristóteles, inclusive a **Física**, haviam sido traduzidos do original grego para o sírio, do sírio para o árabe, do árabe para o hebraico, e finalmente do hebraico para o latim medieval. O **Almagesto** de Ptolomeu era conhecido em várias traduções árabes através do império de Harum-Al-Rachid, desde o Indo até o Ebro, antes que Gerardo de Cremona, em 1175, o retraduzisse do árabe para o latim. Os **Elementos** de Euclides foram redescobertos para a Europa por um monge inglês, Adelardo de Bath, o qual, por volta de 1120, achou uma tradução árabe em Córdoba. Recuperados Euclides, Aristóteles, Arquimedes, Ptolomeu e Galeno, a ciência podia recomeçar onde fôra interrompida um milênio antes.

Os árabes tinham sido meros intermediários, preservadores e transmissores da herança, sendo dotados de pouca originalidade científica e criação próprias. Durante os séculos em que foram os únicos guardas do tesouro, pouco fizeram para pô-lo em prática. Melhoraram a astronomia de calendário e fizeram excelentes tabelas planetárias; elaboraram tanto o modelo aristotélico como o ptolemaico do universo; importaram para a Europa o sistema indiano de algarismos baseado no símbolo zero, a função do seno e o uso dos métodos algébricos, mas não fizeram progredir a ciência teórica. A maioria dos estudiosos que escreveram em árabe não era árabe, e sim persa, judia e nestoriana, e por volta do século quinze a herança científica do Islão tinha sido, em grande parte, absorvida pelos judeus portuguèses. Mas os judeus, também, não passaram de simples intermediários, um ramo da tortuosa corrente do golfo que levou de volta à Europa a sua herança grega e alexandrina, enriquecida por acréscimos indianos e persas.

Constitui fato curioso ter permanecido estéril a posse desse enorme corpo de conhecimentos, que durou dois ou três séculos, enquanto, mal reincorporado à civilização latina, produziu frutos imediatos e abundantes. A herança da Grécia não acarretou benefício a quem não dispunha de uma receptividade específica. A questão de saber como nasceu na Europa a disposição para redescobrir o seu próprio passado pertence ao campo da história geral. O lento crescimento da segurança, do comércio e das comunicações, o desenvolvimento de cidades e a evolução de novas artes e técnicas, a invenção da bússola magnética e do relógio mecânico, os quais proporcionaram uma sensação mais concreta do espaço e do tempo, a utilização da fôrça hidráulica, e até o melhoramento do arreio dos cavalos, foram alguns dos fatores que apressaram e intensificaram o pulso da vida e conduziram a uma gradativa mudança do clima intelectual, um degêlo do universo, uma diminuição do terror apocalíptico. À medida que os homens cessavam de corar de ter um corpo, cessavam também de temer usar o cérebro. Havia ainda muito até o **cogito ergo sum** de Descartes, mas pelo menos renascera a coragem de dizer: **sum, ergo cogito.**

A aurora dessa «primeira» Renascença liga-se ìntimamente ao redescobrimento de Aristóteles, mais precisamente, dos seus elementos naturalísticos e empíricos do lado aristotélico que se separa do astro gêmeo. A aliança, nascida da catástrofe e do desespero, entre a cristandade e o platonismo, foi substituída por uma nova aliança entre a cristandade e o aristotelismo, concluída sob os auspícios do Doutor Angélico, Tomás de Aquino. Essencialmente, significava uma mudança de frente, da negação à afirmação da vida, uma nova atitude, positiva, diante da Natureza e do esfôrço do homem para compreender a Natureza. Talvez tenha sido o maior feito histórico de Alberto Magno e de Tomás de Aquino o seu reconhecimento da «luz da razão», como fonte independente de conhecimento, ao lado da «luz da fé». A razão, considerada até então **ancilla fidei,** serva da fé, passou a ser considerada noiva, e a noiva naturalmente, deve obedecer ao noivo em tôdas as questões importantes; contudo, não deixa de ser reconhecida como um ser com o seu próprio direito.

Aristóteles não fora apenas um filósofo, senão também um enciclopedista no qual era possível encontrar um pouco de tudo. Concentrando-se nos seus elementos obstinados, voltados para a terra, não platônicos, os grandes escolásticos devolveram à Europa um sopro da época heróica da Grécia. Ensinaram o respeito aos «fatos irredutíveis e obstinados», ensinaram «o inestimável hábito da procura de um ponto exato e do apêgo a êle. Galileu deve mais a Aristóteles do que, à primeira vista, parece... Deve-lhe a cabeça límpida e o espírito analítico».[2]

Valendo-se de Aristóteles como catalisador mental, Alberto e Tomás ensinaram a pensar novamente. Sustentava Platão que o verdadeiro conhecimento só podia ser alcançado intuitivamente, pelos olhos da alma, não do corpo. Aristóteles, pelo contrário, repisara a importância da experiência, **empiria,** diante da **aperia** intuitiva:

> «E' fácil distinguir os que argumentam a partir dos fatos dos que argumentam a partir de noções... Os princípios de qualquer ciência se derivam da experiência, e é da observação astronômica que deduzimos os princípios da ciência astronômica.»[3]

A triste verdade é que nem o próprio Aristóteles, nem os seus discípulos tomistas, corresponderam aos seus elevados preceitos, e como resultado a escolástica começou a declinar. Mas durante a lua-de-mel da nova aliança tudo quanto importava era que «o filósofo» (título de que Aristóteles adquiriu o monopólio exclusivo entre os escolásticos), defendera a racionalidade e inteligibilidade da Natureza, incutira nos homens o dever de se interessarem pelo mundo que os rodeava, mediante a observação e o raciocínio, havendo o novo ponto de vista, naturalista, libertado o espírito humano da mórbida paixão pela **Weltschmerz** neoplatônica.

O renascimento do aprendizado no século treze foi promissor, como os movimentos do paciente que emerge de um longo estado comatoso. Foi o século de Roberto de Lincoln e Rogério Bacon o primeiro que compreendeu, muito além da sua época, os princípios e métodos da ciência empírica, de Pedro Peregrino, que escreveu o primeiro tratado científico sôbre a bússola magnética, e de Alberto Magno, o primeiro naturalista sério desde os Plínios, o qual estudou insetos, baleias e ursos polares, dando uma descrição bastante completa dos mamíferos e pássaros alemães. As jovens universidades de Salerno e Bolonha, de Paris, Oxford e Cambridge, passaram a irradiar o novo ardor de estudo acarretado pelo degêlo.

2. POTÊNCIA E ATO

No entanto, após esses grandes e esperançosos movimentos, a filosofia da natureza começou novamente a se enregelar na rigidez escolástica, embora dessa vez não o fizesse inteiramente. O motivo de tão breve esplendor e tão longo declínio pode ser resumido numa frase: o redescobrimento de Aristóteles havia mudado o clima intelectual da Europa encorajando o estudo da natureza; os ensinamentos concretos da ciência aristotélica, elevados a dogmas, paralisaram o estudo da natureza. Se os escolásticos tivessem apenas dado ouvidos ao timbre alegre e animador da voz do estagirita, tudo teria ficado bem, mas cometeram o êrro de aceitar o que de fato dizia, e, no que tange às ciências físicas, o que ela dizia era tolice da pura. Apesar de tudo, durante os trezentos anos seguintes, aquela tolice foi considerada uma verdade evangélica.[4]

Cabe-me dizer, agora, algumas palavras sôbre a física aristotélica, por se tratar de parte essencial do universo medieval. Haviam os pitagóricos provado que a altura do som depende do comprimento da corda, indicando destarte o caminho para a discussão matemática da física. Aristóteles realizou o divórcio entre a ciência e a matemática. Para o espírito moderno, o fato mais notável da ciência medieval é que ela ignora números, peso, comprimento, velocidade, duração, quantidade. Em vez de proceder mediante a observação e a medida, como faziam os pitagóricos, construiu Aristóteles, pelo método do raciocínio apriorístico, tão eloqüentemente por ele próprio condenado, um estranho sistema de física «derivado de noções e não de fatos». Tirando as idéias da sua ciência favorita, a biologia, atribuiu a todos os objetos inanimados um encaminhamento propositado para um fim, definido pela natureza inerente ou essência da coisa. A pedra, por exemplo, é de natureza terrestre, e quando cai para o centro da terra aumenta a velocidade, impaciente por chegar a «casa»; a chama tende para cima porque a sua casa é o céu. Assim, todos os movimentos e tôdas as mudanças em geral são realizações do que existe potencialmente na natureza da coisa; é uma transição da «potência» ao «ato». Mas essa transição só pode ser afetuada mediante o auxílio de outro agente que está em «ato».[5] A madeira, quente em potência, só pode ser quente em ato com o auxílio do fogo, que é quente em ato. Semelhantemente, o objeto que se move de A a B, estando «em potência com respeito a «B» só atinge B com o auxílio de um **motor ativo**: «tudo quanto se move deve ser movido por outro». Essa terrificante acrobacia verbal pode ser resumida na afirmação de que as coisas só se movem quando impelidas, o que é tão simples como falso.

Realmente, o **omne quod movetur ab alio movetur** de Aristóteles, ou seja, tudo quanto se move deve ser movido por outro, constituiu-se no principal obstáculo ao progresso da ciência da Idade-Média. A idéia de que as coisas só se movem quando são impelidas afigura-se, como observa um estudioso moderno,[6] ter nascido do penoso movimento de carros de bois nas péssimas estradas gregas, onde era tão grande o atrito que aniquiláva o momento. Mas os gregos também lançavam setas, arremessavam discos e lanças, e, no entanto, preferiam ignorar o fato de que, uma vez dado o impulso inicial à seta, ela continuava o movimento, sem ser impelida, até que a gravidade a fizesse cessar.

De acôrdo com a física aristotélica, a seta, no momento em que cessava de ter contacto com o seu motor, o arco, devia cair ao chão. A isso respondiam os aristotélicos que quando a seta começava a mover-se, enquanto ainda impelida pelo arco, criava um distúrbio no ar, uma espécie de vórtice, que a arrastava no seu curso. Somente no século catorze, mil e setecentos anos depois, foi apresentada a objeção de que o distúrbio de ar causado pela partida da seta não podia ser suficientemente forte para fazê-la continuar o vôo contra o vento; e, mais, que se um barco, impelido da praia, continuava a mover-se simplesmente por ser puxado pelo distúrbio da água causado pelo próprio barco, o impulso inicial devia ser suficiente para fazê-lo atravessar o oceano.

Tal cegueira ao fato de que os corpos que se movem tendem a persistir no movimento, a não ser que sejam detidos ou desviados, não permitiu o nascimento de uma verdadeira ciência física senão com o aparecimento de Galileu.[7] A necessidade que todo corpo em movimento tem de ser constantemente acompanhado e empurrado por um motor criou «um universo no qual mãos invisíveis tinham de agir constantemente».[8] No céu, cinqüenta e cinco anjos eram obrigados a conservar o movimento circular das esferas planetárias; na terra, cada pedra a rolar por uma encosta, e cada gota de chuva a cair do céu, precisava de um objetivo quase sensível agindo como seu «motor», para ir da «potência» ao «ato».

Havia também distinção entre movimento «natural» e «violento». Os corpos celestes moviam-se em círculos perfeitos, em virtude da sua natureza perfeita; o movimento natural dos quatro elementos existentes na terra se fazia em linha reta, a terra e o fogo em linha vertical, a água e o ar em linha horizontal. Movimento violento era todo aquêle que se afastasse do movimento natural. Os dois tipos de movimento precisavam de motores, espirituais ou materiais, mas os corpos celestes eram incapazes de movimento violento; por conseguinte, os objetos celestes, como por exemplo os cometas, cujo movimento não era circular, tinham de ser colocados na esfera sublunar, dogma a que se submeteu o próprio Galileu.

Como explicar que uma idéia do mundo físico, tão fantástica ao espírito moderno, pudesse sobreviver à própria invenção da pólvora, até a época em que as balas de armas de fogo voavam em franco desafio às leis físicas prevalecentes? Parte da resposta está contida na pergunta: a criança, cujo mundo está mais perto ainda do primitivo do que do que do espírito moderno, é um aristotélico obstinado que reveste os objetos mortos de uma vontade, um propósito, um espírito animal próprio; e todos nós voltamos para Aristóteles nos momentos em que amaldiçoamos um traste qualquer cabeçudo ou um motor temperamental de automóvel. Aristóteles regressou do tratamento abstrato-matemático dos objetos físicos à opinião animista, que evoca reações muito mais profundas e primordiais do espírito. Mas estavam passados os dias de mágica primitiva; a de Aristóteles é uma versão intelectual do animismo, com conceitos quase-científicos como «potencialidades embriônicas» e «graus de perfeição» importados da biologia, com uma terminologia grandemente sofisticada e um impressionante aparelho pedantesco. A física aristotélica é realmente uma pseudociência, da qual, em dois mil anos, não nasceu nenhum descobrimento, nenhuma invenção, nenhum novo critério; nem podia nascer, e foi essa a sua segunda profunda atração. Tratava-se de um sistema estático, que descrevia um mundo estático, em que o estado natural das coisas devia estar em repouso, ou chegar ao repouso no lugar que por natureza lhes cabia, a não ser quando impelidas ou puxadas, e tal esquema constituía a mobília ideal do universo fechado, com a sua Escala de sêres imutàvelmente fixa.

É tão verdadeiro o que acabamos de dizer: que a famosa primeira prova da existência de Deus, de Tomás de Aquino, se fundamentava inteiramente na física aristotélica. Tudo quanto se move precisa de alguma coisa que o mova; mas não podemos ir até o infinito; deve haver um limite, deve haver alguma coisa que mova as outras, sem que, por sua vez, seja movida; o motor que não é movido é Deus. No século seguinte, Guilherme de Ockham *, o maior dos escolásticos franciscanos, destruiu os dogmas da física aristotélica sôbre a qual se apoiava a primeira prova de Tomás de Aquino. Por aquela época, todavia, a teologia escolástica caíra inteiramente sob o domínio do aristotelismo, e particularmente sob o domínio dos elementos mais estéreis, pedantescos, e ao mesmo tempo mais ambíguos do aparelho lógico de Aristóteles. Mais outro século e Erasmo diria:

> «Esmagar-me-ão sob seiscentos dogmas; chamar-me-ão herege e, no entanto, são criados da Loucura. Vivem rodeados de uma guarda de definições, conclusões, corolários, proposições expli-

(*) 1300-49.

citas e proposições implícitas. Os mais completamente iniciados explicam, ainda, se Deus pode vir a ser substância de uma mulher, de um burro, de uma abóbora, e se, em tal caso, a abóbora pode realizar milagres ou deve ser crucificada... Buscam na mais densa treva o que não existe em parte nenhuma.»[9]

A união entre a Igreja e o estagirita, que se iniciara com tão grandes promessas, revelou-se, afinal, uma aliança errada.

8. ERVAS DANINHAS

Antes de nos despedirmos do universo medieval, temos de dizer algumas palavras sôbre a astrologia, que tornará a aparecer repetidamente em partes posteriores dêste livro.

Nos dias de Babilônia, constituíam indivisível unidade a ciência e a mágica, a feitura de calendários e os presságios. Os jônicos separavam o trigo do joio, recebendo a astronomia babilônica e rejeitando a astrologia. Mas três séculos depois, na bancarrota espiritual que se seguiu à conquista macedônica, «a astrologia caiu sôbre o espírito helênico como cai uma nova enfermidade sôbre o povo de uma remota ilha». [10] O fenômeno repetiu-se após o colapso do Império Romano. A paisagem medieval está permeada das ervas daninhas da astrologia e alquimia, que invadem as ruínas das ciências abandonadas. Quando novamente se iniciou a construção, misturaram-se aos materiais, e foram precisos séculos para eliminá-las (*).

Mas a dedicação medieval à astrologia não é apenas um sinal de «colapso do vigor». Segundo Aristóteles, tudo quanto sucede no mundo sublunar é causado e governado pelos movimentos das esferas celestes. Êsse dogma serviu de base lógica aos defensores da astrologia, tanto na antiguidade como na Idade-Média. Mas a afinidade entre o raciocínio astrológico e a metafísica aristotélica é mais profunda. Na ausência de leis quantitativas e relações causais, os aristotélicos pensavam em têrmos de afinidades e correspondências entre as «formas» ou «naturezas» ou «essências» das coisas; classificavam-nas por categorias e subcategorias; procediam por dedução, de analogias, que muitas vêzes eram metafóricas, alegóricas, ou puramente verbais. A astrologia e a alquimia empregavam os mesmos métodos, porém mais livre e imaginativamente, desembaraçadas do pedantismo acadêmico. Se eram ervas daninhas, a própria ciência medieval se tornara tão daninha que era dificílimo fixar a linha divisória entre as duas. Veremos que Kepler, fundador da moderna astronomia, foi crònicamente incapaz de o fazer. Não é de admirar, pois, que as «influências», as «simpatias» e as «correspondências» entre planetas e minerais, humores e temperamentos, desempenhassem um papel integral no universo medieval, como complemento semi-oficial à Grande Corrente de Seres.

(*) Mesmo hoje, quando o médico caseiro diagnostica **influenza,** sem o saber atribui a causa à má **influência** dos astros, dos quais provêm todas as **pragas e pestilências.**

4. SUMARIO

«No ano de 1500, sabia a Europa menos do que Arquimedes, que havia morrido no ano 212 antes de Cristo», observa Whitehead nas primeiras páginas da sua obra clássica.[11]

Tentarei resumir brevemente os principais obstáculos que detiveram o progresso da ciência por tão dilatado tempo. O primeiro foi a divisão do mundo em duas esferas, e a divisão mental que daí resultou. O segundo foi o dogma geocêntrico, o cego olhar voltado para a promissora linha de pensamento iniciada com os pitagóricos e abruptamente cortada com Aristarco de Samos. O terceiro foi o dogma do movimento uniforme em círculos perfeitos. O quarto o divórcio entre a ciência e a matemática. O quinto a incapacidade de compreender que, enquanto o corpo em repouso tendia a permanecer em repouso, o corpo em movimento tendia a permanecer em movimento.

O principal feito da primeira parte da revolução científica foi a eliminação desses cinco obstáculos, o que realizaram principalmente três homens: Copérnico, Kepler e Galileu. Depois disso, ficou aberto o caminho à síntese newtoniana; de lá para a frente a jornada levou, com velocidade cada vez maior, à era atômica. Foi o ponto crítico mais importante da história da humanidade e provocou na sua maneira de viver uma mudança mais radical do que houvera provocado a aquisição de mais um olho, ou qualquer outra transformação biológica.

A esta altura, serão alterados o método e o estilo desta narrativa. Salientaremos, mais do que a evolução das idéias cósmicas, os indivíduos que foram os seus principais responsáveis. Ao mesmo tempo, mergulharemos em nova paisagem, sob outro clima: a Renascença do século quinze. A repentina transição deixará alguns claros, que serão preenchidos segundo as oportunidades.

O primeiro dos pioneiros da nova era não pertenceu a ela, mas à velha. Embora nascido na Renascença, era homem da Idade-Média, perseguido pelas suas ansiedades, carregado dos seus complexos, um clérigo tímido e conservador, que iniciou a contragosto a revolução.

QUADRO CRONOLÓGICO DA SEGUNDA PARTE

	Herança greco-romana	Primórdios do cristianismo	
200 da Era Cristã	neoplatonismo ↓	↓	
300 »		Lactâncio (c. 260-v. 340)	
400 »	Plotino (205-70) ↓	Agostinho (354-430) Cosmos (séc. 6) →	COSMOS RETANGULAR
500 »			
600 »	Proclo (410-80) Pseudo-Dionísio (séc. 5)	Influência dos compiladores latinos → Beda (c. 672-735)	
700 »		João Scot (c. 815-c. 875)	
800 »		→ «Pseudo-Beda» (c. 900) →	RESTABELECIMENTO DO
900 »	Influência dos Mouros		
1000 »	↓	Gerberto (Papa 999-1003) → ↓	COSMOS ESFÉRICO.
1100 »	Redescobrimento de Euclides (c. 1120)	Alberto Magno (c. 1206-80)	
1200 »	Redescobrimento de Ptolomeu (1175)	Tomás de Aquino (c. 1225-74) →	COSMOS ARISTOTÉLICO-HIERARQUIA DE SERES
1300 »	Reflorescimento de Aristóteles ↓	Rogério Bacon (1214-94) ↓	

1400	»	Declínio da escolástica	Occam, Buridan, Oresme (século XIV)
1500	»	Reflorescimento platônico	

TERCEIRA PARTE

O Tímido Cônego

I. VIDA DE COPÉRNICO

1. O MISTIFICADOR

Em 24 de maio de 1543 morria, vitimado por uma hemorragia cerebral, o cônego Nicolau Koppernigk [1] ou Copérnico, na forma latina. Atingira setenta anos de idade e havia publicado apenas um trabalho científico que, sabia-o, era heterodoxo: **Sobre as Revoluções das Esferas Celestes.**[2] Adiara a publicação da teoria por uns trinta anos. O primeiro exemplar completo chegou-lhe, vindo dos impressores, algumas horas antes da morte. Colocaram-no no leito, para que ele pudesse manuseá-lo. Mas já divagava o espírito do cônego, que não pôde comentar o prefácio anônimo do livro, o qual explicava ao leitor não dever ser o conteúdo tido por verdadeiro, nem tampouco provável. Assim, jamais soube a posteridade se Copérnico autorizou aquele prefácio, e se acreditou realmente, ou não, no seu sistema.

O quarto em que o astrônomo ia morrendo situava-se na tôrre norte-ocidental do muro fortificado que rodeava o morro da Catedral de Frauenburg na Prússia Oriental, no limiar da cristandade civilizada. Vivera durante trinta anos naquela tôrre que tinha três andares; uma portinha no segundo andar dava para uma plataforma no topo do muro. Era um lugar severo e proibitivo, mas proporcionava a Copérnico uma ampla visão do mar Báltico, tanto para o norte como para o oeste, da fértil planície ao sul, e dos astros durante a noite.

Entre a cidade e o mar, estendia-se uma lagoa de águas frescas, de três ou quatro milhas de largura e umas cinqüenta milhas de comprimento, famoso marco da costa do Báltico, conhecido pelo nome de **Frisches Haff.** Mas no **Livro das Revoluções** insistia o cônego em chamá-lo Vístula. Numa das suas observações, disse certa vez, com alguma inveja, que os astrônomos de Alexandria «dispunham de um céu sereno, porque o Nilo, segundo as descrições dêles, não exala os vapôres que o Vístula exala nestas proximidades.» [3] Ora, o Vístula deságua no mar Dantzig, quarenta e duas milhas a oeste de Frauenburg, e o cônego, que tinha vivido naqueles lados quase tôda a vida, sabia muito bem que a enorme extensão de água debaixo da torre não era o Vístula e sim o **Frisches Haff,** que, em alemão, significa «fresco lago». Tratava-se de curioso êrro de homem dedicado à precisão científica, o qual, a propósito, fora incumbido de preparar um mapa geográfico da região. O mesmo erro se repete noutro passo do **Livro das**

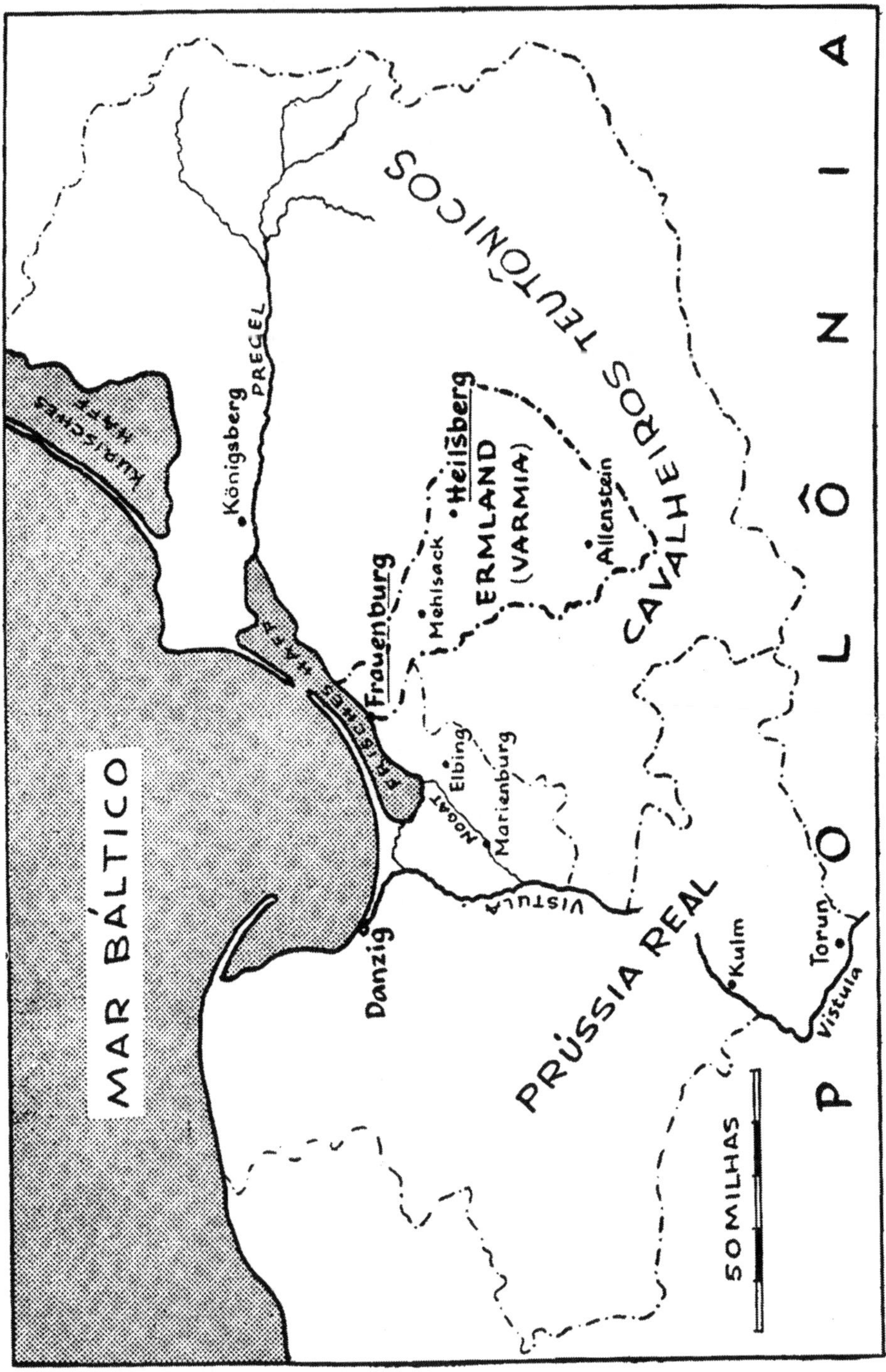
MAR BÁLTICO
KURISCHES HAFF
FRISCHES HAFF
Königsberg
PREGEL
Frauenburg
Mehlsack
Heilsberg
ERMLAND
(VARMIA)
Allenstein
CAVALHEIROS TEUTÔNICOS
Elbing
NOGAT
Marienburg
VISTULA
Danzig
PRÚSSIA REAL
Kulm
Torun
Vistula
50 MILHAS
POLÔNIA

Revoluções: no capitulo «Dos lugares longitudinais e anomalias da lua», diz-se que «todas as precedentes observações se referem ao meridiano de Cracóvia, visto que a maioria delas foram feitas partindo de Frauenburg, no estuário do Vístula, que está no mesmo meridiano».[4] Frauenburg, porém, não se encontra nem no estuário do Vístula, nem no meridiano de Cracóvia.

Depositava a posteridade tal confiança na precisão e na integridade das afirmações de Copérnico, que bom número de estudiosos transferiu calmamente Frauenburg para o Vístula, e até em 1862 fez a mesma coisa uma enciclopédia alemã.[5] O mais importante dos seus biógrafos, Ludwig Prowe, mencionou o enigma numa única nota de pé de página (5A). Achava Prowe que o cônego quisera ajudar os leitores do livro a localizar Frauenburg deslocando-a para a praia de um rio conhecidíssimo, e a explicação foi endossada por outros que se lhe seguiram. Mas ela erra o alvo, pois na observação casual que diz respeito aos vapores nocivos era evidente que o cônego não tinha a intenção de oferecer chaves de localização; e na segunda observação, que realmente pretende situar o seu observatório, para proveito de outros astrônomos, assunto que exige a mais extrema precisão, o deslocamento de quarenta milhas era absurdamente enganador.

Outro dos caprichos de Copérnico foi dar a Frauenburg o nome de **Ginópolis**. Ninguém, antes dele nem depois, helenizou de tal maneira o nome alemão da pequena cidade, e tal fato poderia talvez dar uma chave à mistificação, aparentemente sem sentido, de chamar Vístula ao **Haff**, e de localizar ambos no meridiano de Cracóvia. Frauenburg, e com ela toda a província de Ermland, achava-se entre as terras do rei da Polônia e da Ordem dos Cavaleiros teutônicos. Servira freqüentemente de campo de batalha antes do tempo de Copérnico, e até durante esse tempo. Os cavaleiros incendiários, saqueadores, trucidadores de camponeses, e os vapores do **Haff** haviam interferido gravemente no trabalho de Copérnico, que a ambos detestava. Metido na tôrre, anelava a vida civilizada da mocidade, transcorrida nas margens amigas do Vístula e em Cracóvia, a brilhante capital polonesa. Além disso, o Vístula enviava **realmente** um ramo pequeno, semi-seco que desaguava no **Haff** a apenas umas vinte milhas de Frauenburg, de modo que, esticando alguns pontos, era possível pensar que a gente vivesse, não em Frauenburg no **Frisches Haff,** mas em Ginópolis no Vístula e também, mais ou menos, no meridiano da capital polonesa.[6]

Essa explicação é um simples trabalho de adivinhação, mas, verdadeiro ou não, muito condiz com um curioso característico de Copérnico, a sua inclinação a mistificar os contemporâneos. Meio século de amargas experiências, alternando-se entre o trágico e o sórdido, havia-o transformado em velho cansado, moroso, dado ao segredo e à dissimulação; os seus sentimentos, encerrados, só de vez em quando é que transpareciam e de maneira tortuosa. Quando, dois anos antes da morte, o velho amigo Giese, bispo, e o jovem incendiário Rético o persuadiram a publicar o **Livro das Revoluções,** continuou com os mesmos modos secretos e mistificadores. Acreditaria verdadeiramente, quando da pequenina janela da tôrre olhava para a famosa lagoa, que os seus olhos viam as águas do Vístula, ou desejava apenas acreditá-lo? Acreditaria verdadeiramente que os quarenta e oito epiciclos do seu sistema estavam fisicamente presentes no céu, ou considerava-os apenas um dispositivo, mais conveniente que o de Ptolomeu, para salvar os fenômenos? Parece que hesitava entre as duas opiniões, e foi talvez essa dúvida sobre o verdadeiro valor da teoria que lhe alquebrou o espírito.

No quarto que dava para a plataforma sobre o muro estavam os instrumentos de Copérnico para a observação do céu. Eram simples, e na maioria feitos por ele próprio, segundo instruções dadas por Ptolomeu no **Almagesto,** mil e trezentos anos antes. Eram, de fato, mais rudes e menos dignos de confiança que os instrumentos dos antigos gregos e dos árabes. Um deles, o **triquetrum,** ou **besta,** com doze pés de altura, consistia em três barras de pinho. Uma das barras ficava de pé; a segunda, com dois orifícios, como nos canos de uma espingarda, estava presa no cimo da primeira, de modo que podia ser dirigida para a lua ou um astro qualquer; a terceira, uma travessa, assinalada com tinta, como medida de comprimento, permitia se lesse o ângulo do astro acima do horizonte. O outro principal instrumento era um relógio de sol, de pé, com a base indicando o norte e o sul; dava a altura do sol ao meio-dia. Havia também um **Baculus astronomicus,** ou seja uma simples vara com uma travessa menor e móvel. Lentes e espelhos não se viam em parte nenhuma; a astronomia ainda lhes não havia descoberto o uso.

Não obstante, poderia Copérnico ter contado com instrumentos melhores e mais precisos, quadrantes e astrolábios, além de enormes esferas armilares de reluzente cobre e bronze, como por exemplo os instalados pelo grande Regiomontanus no seu observatório de Nuremberg. Copérnico sempre desfrutara de boa renda, e bem poderia ter encomendado aquêles instrumentos nas oficinas de Nuremberg. O seu próprio **triquetrum** e o **baculus** eram grosseiros; em certa ocasião, observara ao jovem Rético que se pudesse reduzir os erros de observação a um arco de dez minutos, seria tão feliz quanto Pitágoras, ao descobrir o famoso teorema.[7] Mas o erro de arco de dez minutos sobe a um terço do diâmetro aparente da lua cheia. Os astrônomos alexandrinos tinham realizado coisa melhor. Se fizera dos astros o principal assunto da vida, por que jamais ordenou Copérnico, homem próspero, os instrumentos que o teriam tornado mais feliz do que Pitágoras?

Sem contar com a avareza, que fôra piorando com os amargos anos, havia uma razão mais profunda, mais ansiosa: Copérnico não gostava muito de observar os astros, preferindo contar com as observações dos caldeus, gregos e árabes, o que levava a resultados embaraçadores. O **Livro das Revoluções** contém, no todo, apenas vinte e sete observações feitas pelo próprio cônego, e disseminadas num período de trinta e dois anos! A primeira verificou-se quando era estudante em Bolonha e tinha vinte e quatro anos de idade; a última, mencionada no Livro, um eclipse de Vênus, foi feita catorze anos antes que ele enviasse o manuscrito aos impressores; e embora, naqueles catorze anos, continuasse com as suas observações esporádicas, não se preocupou em registrá-las no texto. Limitava-se a anotá-las na margem do livro que por acaso estivesse lendo, no meio de outras notas marginais, como por exemplo receitas para dor de dentes e cálculos renais, para tingir o cabelo e para uma «pílula imperial» que «pode ser tomada em qualquer tempo e possui efeito curativo em qualquer enfermidade.»[8]

No total, Copérnico registrou entre sessenta e setenta observações durante a vida. Considerava-se filósofo e matemático do céu, deixando o trabalho de observação dos astros a outros, e confiando nos registros dos antigos. Até a posição por ele assumida para a sua estrela básica, a Spica, que usava como marco, tinha um erro de arco de quarenta minutos, ou seja, mais que o diâmetro aparente da lua.

Como resultado, a obra de Copérnico parecia perdida para todo e qualquer objetivo útil. Do ponto de vista dos marinheiros e dos observadores do céu, as tabelas planetárias de Copérnico constituíam apenas um pequeno melhoramento com relação a tabelas afonsinas anteriores, e não tardaram em ser abandonadas. No que tange à teoria do universo, o sistema copernicano, repleto de incoerências, anomalias e construções arbitrárias, era igualmente insatisfatório, para êle próprio sobretudo.

Nos lúcidos intervalos entre os longos períodos de torpor, deve ter compreendido o cônego agonizante que havia malogrado. Antes de mergulhar na repousante treva, viu provavelmente, como soem fazer os moribundos, cenas do frio passado aquecidas pela piedosa luz da memória. Os vinhedos de Torun, a dourada pompa dos jardins do Vaticano no ano do jubileu de 1500; Ferrara extasiada pela sua amável e jovem duquesa, Lucrécia Bórgia; a preciosa carta do reverendíssimo Cardeal Schoenberg; a milagrosa chegada do jovem Rético. Mas se a memória pôde dar um ilusório calor e um pouco de colorido ao passado de Copérnico, não se estende à posteridade a sua graça tranqüilizadora. Copérnico é, talvez, o vulto mais descolorido entre os que, por mérito ou por circunstância, fizeram o destino da Humanidade. No luminoso céu da Renascença, parece uma daquelas estrelas escuras cuja existência só é revelada pelas poderosas irradiações.

2. O TIO LUCAS

Nasceu Nicolau Copérnico em 1473, a meio caminho entre a transformação do velho mundo, mediante a invenção da imprensa de tipos metálicos móveis de Coster, de Haarlem, e o descobrimento, por obra de Colombo, de um novo mundo além dos mares. A sua vida justapôs-se à Erasmo de Roterdão que «botou o ovo da Reforma», e à de Lutero, que o chocou; à de Henrique VIII que se separou de Roma e à de Carlos V que levou o Sacro Império Romano ao ponto culminante; à dos Bórgias e Savonarola, à de Miguel Ângelo e Leonardo, à de Holbein e Dürer, à de Maquiavel e Paracelso, Ariosto e Rabelais.

Nasceu em Torun, à margem do Vístula, antigamente posto avançado dos cavaleiros teutônicos contra os pagãos prussianos, mais tarde membro da liga hanseática e centro comercial entre Oriente e Ocidente. Na época em que nasceu, já estava a cidade em declínio, perdendo constantemente o comércio para Dantzig, que se situava mais perto do estuário do rio. Contudo, logrou ainda ver as frotas dos mercadores navegando pelas amplas e lamacentas águas em direção ao mar, carregadas de madeira e de carvão proveniente das minas húngaras, pez e alcatrão, e mel e cêra da Galícia, ou navegando contra a corrente e levando tecidos das Flandres e seda da França, além de arenques, sal e especiarias, sempre em comboios, para se protegerem de piratas e bandidos.

Não é provável, contudo, que o menino Nicolau tenha passado muito tempo a observar a vida no cais do rio, pois nascera dentro dos muros de abrigo onde, protegidas por fossos e pontes levadiças, as casas estreitas e de frontão se apinhavam entre igreja e mosteiro, palácio da cidade e escola. Somente gente baixa é que vivia fora dos muros ameados, entre o cais e os depósitos, no barulho e mau cheiro do artesanato suburbano, dos fabricantes de rodas e carroças, ferreiros, caldeireiros e fabricantes de canos de espingarda, refinadores de sal e fervedores de salitre, destiladores de genebra e cervejeiros.

Talvez que Andreas, irmão mais velho, espécie de moleque, gostasse de perambular pelos subúrbios, esperando vir a ser um dia pirata. Quanto a Nicolau, sempre temeu, durante a vida inteira, qualquer aventura, em qualquer sentido, fora dos muros. Deve ter compreendido muito cedo que era filho de um rico magistrado e patrício de Torun, de um dos prósperos mercadores cujos navios, sòmente uma geração ou duas antes, tinham sulcado os mares até Brugge e os portos da Escandinávia. Com a sorte da cidade a declinar, haviam-se tornado ainda mais vaidosos, inchados e ultrapatrícios. Nicolau Copérnico pai chegara a Torun, saído de Cracóvia, nos últimos anos entre 1450 e 1460, como negociante atacadista de cobre, ramo de comércio de onde a família tirou o nome. Pelo menos assim se supõe, porquanto tudo o que diz respeito aos antepassados de Copérnico está envolto no mesmo crepúsculo incerto através do qual ele se moveu durante a vida. Não viveu naquela época personalidade histórica de quem menos se saiba por documentos, cartas e fatos.

Do pai sabemos, ao menos, de onde provinha, e que possuía um vinhedo nos subúrbios, morrendo em 1484, quando Nicolau contava dez anos de idade. Da mãe, Barbara Watzelrode, nada se sabe exceto o nome, nem a data de nascimento, nem a de casamento, nem a da morte, o que é de supreender porque Frau Barbara provinha de família distinta; seu irmão, Lucas Watzelrode, veio a ser bispo e governador de Ermland. Há registros minuciosos da vida de Tio Lucas, e até da Tia Christina Watzelrode. Sòmente Barbara, a mãe, está eclipsada, por assim dizermos, pela persistente sombra projetada pelo filho.

Da sua infância, e da adolescência até os dezoito anos, só se conhece um fato, que se lhe tornou decisivo na vida. Com a morte de Copérnico pai, Nicolau, seu irmão e duas irmãs, passaram a ser pupilos do Tio Lucas, o futuro bispo. Não sabemos se naquele tempo ainda lhes vivia a mãe; seja como for, desaparece da cena (aliás, nunca estivera muito presente), e dali por diante Lucas Watzelrode desempenha o papel de pai e protetor, empregador e mecenas de Nicolau Copérnico. Foi uma relação intensa e íntima que durou até o fim da vida do bispo, e que Laurentius Corvinus, escriba citadino e poetastro de Torun, comparou ao apêgo entre Enéias e o fiel Acates.

O bispo, vinte e seis anos mais velho que Nicolau, era uma personalidade poderosa e irascível, orgulhosa e sombria, um autocrata e brigão que não admitia contradições, jamais dava ouvidos às opiniões alheias, jamais ria, e a quem ninguém estimava. Era também, entretanto, um homem sem mêdo e dedicado, impermeável às calúnias, e justo segundo os seus pontos de vista. O seu mérito histórico está na infatigável luta que sustentou contra os cavaleiros teutônicos, preparando o caminho para a eventual dissolução da horda rapace e pilhadora. Um dos últimos Grão-Mestres da Ordem chamou ao Bispo Lucas «demônio de forma humana», e narra o cronista que os cavaleiros oravam todos os dias pela sua morte. Tiveram de esperar, contudo, até que chegasse aos sessenta e cinco anos; mas quando a morte sobreveio, fê-lo mediante uma enfermidade tão repentina e suspeita, que ficou quase certo haver sido envenenado.

O único característico simpático daquela duro príncipe prussiano da Igreja foi o seu nepotismo, o carinhoso cuidado com que educou os numerosos sobrinhos, sobrinhas, demais parentes, e o filho bastardo. Obteve para Nicolau e seu irmão Andreas as gordas prebendas do canonicato de Frauenburg; mediante a sua influência, a mais velha das irmãs Copérnico tornou-se Madre Superiora do convento cistercense de

Kulm, enquanto a mais jovem desposava um nobre. Um cronista contemporâneo narra, mais, que «Filipe Teschner, de nascimento filho espúrio, dado por uma piedosa virgem a Lucas, o bispo, quando ainda magistrado em Torun, foi pelo bispo promovido ao posto de prefeito de Braunsberg.» [9]

Mas o seu favorito, o seu **fidus Achates**, foi o jovem Nicolau. Tratou-se evidentemente de um caso de atração dos opostos. O bispo era dominador, o sobrinho tímido. O bispo impetuoso e irritadiço, o sobrinho meigo e submisso. O tio sangüíneo e imprognosticável, o sobrinho apático e pedante. Os dois juntos na relação particular e aos olhos do pequeno mundo provinciano que os rodeava formavam um par de que o bispo Lucas era o astro brilhante, enquanto o cônego Nicolau não passava de pálido satélite.

3. O ESTUDANTE

No inverno de 1491-1492, na idade de dezoito anos, foi Nicolau Copérnico enviado à famosa Universidade de Cracóvia. O único registo dos seus quatro anos de estudo naquela universidade diz que «Nicolau, filho de Nicolau de Torun», foi matriculado e pagou todas as taxas. O irmão Andreas também foi aceito, mas o registo diz que pagou sòmente uma parte da taxa. Andreas matriculou-se mais tarde: outros quinze nomes foram registrados depois do de Nicolau e antes que surgisse o do irmão mais velho. Nenhum dos dois se formou.

Aos vinte e dois anos, regressou Nicolau a Torun, por solicitação do bispo Lucas. Um dos cônegos da catedral de Frauenburg estava agonizante, e o bispo desejava ansiosamente assegurar a prebenda ao sobrinho predileto. Boas razões tinha para apressar-se, pois os patrícios de Torun se achavam dominados por grave ansiedade no tocante ao futuro econômico. Por alguns meses tinham recebido cartas inquietantes dos correspondentes comerciais e dos agentes de Lisboa, que falavam da pretensa abertura de um caminho marítimo para a Índia descoberto por um capitão genovês, e das tentativas dos marinheiros portugueses de alcançar o mesmo alvo dobrando o Cabo da África. O boato transformou-se em certeza, quando o relatório que Colombo, ao regressar da primeira travessia, havia dirigido ao Chanceler Rafael Sanches, foi impresso em cartaz, primeiramente em Roma, depois em Milão, e finalmente em Ulm. Já não podia haver mais dúvida: aqueles novos caminhos comerciais para o Oriente constituíam grave ameaça à prosperidade de Torun e a toda a Liga Hanseática. O mais seguro a um jovem de boa família e vocação incerta era garantir uma linda e cômoda prebenda. É verdade que contava apenas vinte e dois anos; mas, afinal, João de Médicis, o futuro Leão X, fôra feito cardeal aos catorze anos de idade.

Infelizmente, a esperada morte do cônego Matias de Lanau, chantre da Catedral de Frauenburg, verificou-se dez dias antes, em 21 de setembro. Se tivesse morrido em outubro, o bispo Lucas houvera podido fazer de Nicolau cônego, sem nenhum outro trabalho; porém, em todos os meses ímpares do ano o privilégio de preencher vagas no Capítulo de Ermland pertencia, não ao bispo, mas ao próprio papa. Havia outros candidatos, e eram complicadíssimas as intrigas. Nicolau viu-se derrotado e queixou-se da má sorte em várias cartas ainda existentes no século dezessete, mas que depois desapareceram.

Dois anos mais tarde, contudo, verificou-se outra vaga no Capítulo, dessa vez convenientemente no mês de agôsto, e Nicolau Copérnico recebeu o canonicato de Frauenburg; imediatamente, partiu para a Itália, a fim de continuar os estudos. Recebeu a prebenda, mas não recebeu as Ordens Sagradas, nem foi a sua presença física em Frauenburg exigida por quinze anos. Durante tal período, o nome do novo cônego só aparece duas vêzes nos registros da catedral; a primeira vez em 1499, quando foi oficialmente confirmada a sua desginação; a segunda, em 1501, quando a original licença de três anos foi prolongada por mais três. No linguajar do nosso século, parece que era um ótimo encôsto um canonicato em Ermland.

Dos vinte e dois aos trinta e dois anos, o jovem cônego estudou nas Universidades de Bolonha e Pádua, o que, somado aos seus quatro anos em Cracóvia, perfaz um total de catorze anos em várias universidades. Segundo o ideal renascentista do **uomo universale**, estudou um pouco de tudo: filosofia e lei, matemática e medicina, astronomia e grego. Doutorou-se em lei canônica em Ferrara, no ano de 1503, aos trinta anos de idade. Além de matricular-se, de pagar as respectivas taxas, e receber o grau de doutor, não deixou vestígios, nem de distinção nem de escândalo, nos registros das várias universidades.

Enquanto a maioria dos jovens de Torun entravam para os estudos preliminares, na universidade alemã de Leipzig, Copérnico foi para Cracóvia, na Polônia; em Bolonha, integrou a **natio** alemã, e não a polonesa; a lista de novos membros admitidos em 1496 dá o nome de «Nicolau Copérnico de Thorn». A **natio Germanorum** era a mais poderosa em Bolonha, tanto nas arruaças, freqüentes, como no interior da **alma mater**. A lista continha o nome de inúmeros e ilustres estudantes alemães, entre os quais Nicolau de Cusa. O Tio Lucas, também, estudara primeiramente em Cracóvia, para depois integrar a **natio** alemã em Bolonha; e o jovem Nicolau não pode ser censurado por lhe seguir as pegadas. Além disso, o nacionalismo por rígidas divisões étnicas constituía ainda uma praga do futuro; por conseguinte, ao lado da **natio Germanorum**, havia **natios** independentes da Suábia, da Baviera etc. Nos últimos quatrocentos anos uma dura e estúpida disputa tem empenhado estudantes poloneses e alemães, reclamando ambos Copérnico como verdadeiro filho da sua respectiva nação.[10] Tudo quanto podemos dizer, à guisa de Salomão, é que os seus antepassados provinham da população proverbialmente misturada das províncias limítrofes entre as nações germânica e eslavônica; que ele vivia em território contestado; que a língua na qual mais freqüentemente escrevia era o latim, que a língua de infância era o alemão, enquanto as simpatias políticas lhe pendiam para o rei polonês contra a ordem teutônica, e para o lado do capítulo alemão contra o rei polonês; finalmente, que a sua base cultural não era alemã, nem polonesa, mas latina e grega.

Outro ponto assaz discutido foi o seguinte: por que, tendo completado os estudos em Lei canônica na Universidade de Pádua, de fama mundial, escolheu Copérnico para colar grau a pequena e insignificante Universidade de Ferrara, onde jamais havia estudado? O enigma foi resolvido somente no fim do último século, quando um estudioso italiano[11] revelou o fato de, por volta de 1500 da era cristã, não sòmente poderem os graus ser colados mais facilmente em Ferrara, como também ficar o preço muito mais razoável. Qualquer doutor recém-formado em Bolonha ou Pádua tinha de oferecer dispendiosa diversão para celebrar o acontecimento; fugindo dos professôres e amigos para a obscura Ferrara, o cônego Nicolau, seguindo o precedente estabelecido por outros componentes da **natio Germanorum**, evitou com êxito as despesas da hospitalidade.

Revela o diploma de Copérnico outro pormenor interessante: o candidato não era apenas cônego da catedral de Frauenburg, senão também beneficiário de outro cargo, distante, como **Scholasticus da Igreja Colegial da Santa Cruz em Breslau.** Os historiadores não são capazes de explicar que direitos e deveres, além do recebimento de uma firme renda, acarretava tão impressionante título. É de duvidar que o cônego Copérnico tenha visitado Breslau; só podemos supor que obteve êsse outro benefício por intermédio de algum amigo comercial silesiano do falecido pai, ou pelo carinhoso interêsse de Tio Lucas. Manteve a coisa caracterìsticamente secreta por toda a vida; nem nos rẻgistros do Capítulo de Frauenburg, nem em qualquer outro documento, se vê mencionada a segunda função eclesiástica de Copérnico, que só aparece no seu documento de promoção. Não é difícil imaginar que naquela particular oportunidade o candidato em lei canônica tinha achado conveniente revelar o seu título.

Entre os estudos em Bolonha e Pádua, passou também um ano em Roma, o ano do jubileu, 1500. Lá, de acordo com seu discípulo, Rético, **«contando vinte e sete anos de idade, mais ou menos, ensinou matemática perante grande auditório de estudantes e multidão de grandes homens e peritos em tal ramo de conhecimento.»** [12] A asserção, estribada nas escassas observações de Copérnico sôbre a sua vida a Boswell Rético, foi ansiosamente acolhida pelos biógrafos que se seguiram. Contudo, nem os registros da Universidade, nem os de qualquer faculdade, seminário ou escola, em Roma, citam as lições de Copérnico. Supõe-se, atualmente, haver mantido conversações casuais, como costumavam fazer estudiosos e humanistas ao visitarem um centro de ensino. As lições, e a sua presença de dez anos na Itália, não deixaram eco nem vestígio nas inumeráveis cartas, diários, crônicas ou memórias daquela época superviva, gárrula e grafomaníaca, em que a Itália era como que um palco profusamente iluminado pelo qual nenhum estudante estrangeiro de qualquer personalidade podia passar sem ser visto e registrado num modo ou noutro.

O único regalo ao biógrafo durante esses dez anos italianos é uma carta que mostra haverem os irmãos Copérnico (pois Andreas se unira a Nicolau como estudante em Bolonha) ficado sem dinheiro, tendo de pedir cem ducados, emprestados pelo representante do seu Capítulo em Roma, um tal Bernardo Sculteti, e a este, devolvidos pelo Tio Lucas. É o único episódio, com lampejo de interêsse humano, na monótona mocidade do cônego Copérnico, e é claro que os sedentos biógrafos fizeram tudo para dele espremer a última gota. Mas a carta de Sculteti ao bispo Lucas, fonte da história, se limita a descrever os meros fatos da transação financeira, e acrescenta ter Andreas ameaçado **oferecer os seus préstimos a Roma,** [13] se ele não pudesse liquidar imediatamente as dívidas contraídas pelos dois irmãos **scholarium more**, à moda dos estudantes. Citando a ameaça extorsiva de Andreas e não mencionando Nicolau, o diplomático Sculteti (que mais tarde seria capelão e camarista particular de Leão X) pretendia evidentemente lançar a culpa do fato sôbre o irmão mais velho. Assim, seja qual fôr o interêsse do episódio, diz sobretudo respeito a Andreas, o libertino.

Visto que, sem dúvida nenhuma, exerceu poderosa e duradoura influência em Nicolau, será interessante sabermos um pouco mais de Andreas. Todos os fatos que lhe dizem respeito confirmam o contraste de caráter dos dois irmãos. Andreas é o mais velho, mas matricula-se na Universidade de Cracóvia durante algum tempo, e em Bolonha dois anos inteiros, mais tarde que Nicolau, e paga apenas uma parte da taxa em Cracóvia, enquanto Nicolau paga toda. Nicolau é feito cônego pelo Tio Lucas em 1497; o irmão mais velho dois anos depois, em 1499. Em 1501, ambos solicitam uma prorrogação de três anos na licença obtida. Nicolau recebe imediatamente a autorização: tendo prometido que estudaria medicina, espera-se **«que, mais tarde, possa vir a ser útil ao reverendo chefe da diocese e aos cônegos do capítulo»**; na mesma sessão, o pedido de Andreas é concedido mas com a simples motivação — **é considerado capaz de continuar os estudos.**

Tudo parece indicar que Andreas era o tipo de jovem do qual, no respeitável mundo de comerciantes atacadistas de uma cidadezinha, se profetiza haver de chegar, um dia, a triste fim. Foi o que ele fez. Terminados os estudos na Itália, regressou para Frauenburg, contagiado por uma moléstia incurável, que os registros do Capítulo descrevem como **lepra.** O têrmo era naquela época usado em sentido amplo como era «pox» na Inglaterra, e pode realmente ter indicado a lepra, ou, mais provavelmente, a sífilis, que ia devastando a Itália, enquanto a lepra declinava.

Pouco importava que o cônego Andreas tivesse contraído a lepra ou a sífilis, uma vez que as duas disseminavam horror e má reputação. Uns dois anos após o regresso, as condições de Andreas se agravaram rapidamente, e ele pediu licença para voltar à Itália e lá procurar tratamento. A licença foi-lhe concedida em 1508. Contudo, passados quatro anos, Andreas voltava para Frauenburg, com um aspecto tão repulsivo que o Capítulo, terrificado, resolveu livrar-se dele de qualquer maneira. Em setembro de 1512, uma assembléia do Capítulo, na qual se via Nicolau, o irmão, decidiu romper tôdas as relações pessoais com Andreas, pedir-lhe contas da quantia de mil e duzentos florins de ouro húngaros que lhe haviam sido confiados para fins eclesiásticos, confiscar-lhe a prebenda e as demais rendas, e conceder-lhe uma pequena anuidade, contanto que se afastasse.

Recusou-se Andreas à submissão e enfrentou a ordem permanecendo simplesmente em Frauenburg e exibindo o aspecto leproso como **memento mori** entre os frívolos e gozadores irmãos em Cristo. Afinal, tiveram estes de ceder: o confisco foi suspenso, e Andreas recebeu maior anuidade, dependendo da decisão final da Sé Apostólica, sempre contanto que «o leproso mortalmente contagiado» abandonasse a cidade. Andreas aceitou a estipulação, mas demorou-se em Frauenburg outros dois ou três meses, tornando a se apresentar dramàticamente pelo menos mais duas vezes nas sessões do Capítulo para insultar os colegas, inclusive o amado irmão Nicolau. Rumou, então, para Roma, cidade que se lhe adequava, e que conhecera sob o govêrno dos Bórgias.

Apesar do estado «mortalmente contagiado», tomou parte ativa nas intrigas da côrte papal no tocante à sucessão do bispado de Ermland; e é um tributo ao seu notável caráter haver, a certa altura, Sigismundo da Polônia, quando se sentiu impelido a protestar contra as maquinações do Capítulo, dirigido a carta, não aos delegados oficiais em Roma, mas ao leproso exilado e abandonado, Andreas, que morreu, alguns anos depois, em circunstâncias desconhecidas, e em data também desconhecida.

Nicolau jamais mencionou a enfermidade de Andreas, nem a sua escandalosa vida e morte. Tudo quanto Rético tem para dizer sôbre o asunto é que o astrônomo tinha «um irmão chamado Andreas o qual travara conhecimento com o famoso matemático Georg Hartman em Roma.» [14] Os biógrafos posteriores foram igualmente discretos no assunto do irmão Andreas. Foi sòmente em 1800 da era cristã que um tal Johan Albrecht Kries mencionou a doença de Andreas num diário obscuro. [15] Mas arrependeu-se logo, e três anos depois, quando Kries editou uma das primeiras biografias de Copérnico por Lichtenberg, também calou a questão.

Se os Copérnicos tivessem nascido na Itália, e não na Prússia, Andreas houvera sido um temerário **condottiere**, e Tio Lucas o governador autocrático de um estado-cidade. Metido entre essas duas poderosas e obstinadas personalidades, oprimido pelo primeiro, desdenhado e desgraçado pelo segundo, Nicolau refugiou-se no segrêdo, na precaução, na obliqüidade. As primeiras gravuras, e os retratos posteriores de duvidosa autenticidade, mostram um rosto forte dotado de expressão fraca: maçãs do rosto salientes, olhos escuros distanciados, queixo quadrado, lábios sensuais; mas o olhar é incerto e desconfiado, os lábios curvam-se em amargo amuo, o rosto é fechado, na defensiva.

Foi pelo fim dos estudos na Itália que o sistema heliocêntrico começou a tomar forma no espírito de Nicolau. A idéia, evidentemente, não era nova, e era discutidíssima na Itália naquela época. Voltarei ao ponto mais tarde. Nicolau interessara-se bastante pela astronomia no início dos estudos, e ela se lhe tornou o principal alívio na vida frustrada. Quando conheceu a idéia aristarquiana do universo tendo no centro o sol, agarrou-a para nunca mais deixá-la. Por trinta e seis anos, segundo ele próprio afirma, abrigou a teoria no coração ansioso, e só com relutância foi que concordou em divulgar o segredo no limiar da morte.

5. O SECRETARIO

Em 1506, com a idade de trinta e três anos, Copérnico, doutor em lei canônica, terminou os estudos na Itália regressando à Prússia. Passou os seis anos seguintes com o Tio Lucas no Castelo de Heilsberg, residência dos bispos de Ermland.

Havia transcorrido treze anos desde que fôra eleito cônego da catedral de Frauenburg, e até então jamais desempenhara as funções, e só fizera duas fugitivas visitas ao Capítulo. A segunda licença de tempo indeterminado foi-lhe concedida para que pudesse ser médico particular do Tio Lucas. De fato, precisava êste dos cuidados constantes do seu **fidus Achates**, e manteve Nicolau ao seu lado até a morte.

Mas a nomeação de Nicolau como médico da casa não foi apenas um pretexto oficial. Embora nunca se diplomasse em medicina, estudara-a, como condizia naquela época com um cavalheiro do clérigo, na renomada Universidade de Pádua. Um dos seus mestres havia sido o famoso Marco Antônio de la Torre, para quem desenhara Leonardo os estudos anatômicos de cavalos e homens. Não ficou provado se Nicolau teve a oportunidade de ministrar os seus conhecimentos ao Tio Lucas; mais tarde, porém, tratou dos sucessores de Lucas, os bispos Ferber e Dantiscus, em várias enfermidades, pessoalmente ou por correspondência, e foi requisitado pelo duque Alberto da Prússia para cuidar de um dos seus conselheiros. Copérnico era mais conhecido em Ermland como médico do que como astrônomo.

Podemos avaliar a natureza do seu aprendizado da medicina pelas receitas que tirou de vários livros de texto. Foi um aprendizado tão conservador como o aprendizado da ciência em geral; tinha indiscutível fé nas doutrinas de Avicena, como a tinha na física de Aristóteles e nos epiciclos de Ptolomeu. Uma das receitas, copiada duas vèzes (uma vez no verso da capa dos **Elementos de Geometria** de Euclides, outra na margem de um volume de cirurgia) contém os seguintes ingredientes: esponja armênia, canela, cedro, erva-impigem, dictamno, sândalo vermelho, lascas de marfim, açafrão, espodumene, camomila em vinagre, casca de limão, pérolas, esmeralda, jacinto vermelho e safiras, o coração de um gamo, besouro, chifre de unicórnio, coral vermelho, ouro, prata e açúcar.[16] Era uma receita típica da época, com lagartos fervidos em azeite de oliveira e vermes lavados em vinho, bilis de vitela e urina de asno. Mas foi também essa época que viu surgir Paracelso, Serveto e Vesálio, e o fim de Avicena e da escola medieval árabe. Há um tipo de gênio, Bacon e Leonardo, Kepler e Newton, que, como se estivessem carregados de eletricidade, tiram uma nova centelha de qualquer assunto que tocam, por mais distante que esteja do seu campo especializado. Copérnico não pertenceu a tal tipo.

Entretanto, os seus principais deveres durante os seis anos passados em Heilsberg não foram propriamente de médico, mas de diplomata. A pequena Ermland, território limítrofe, era objeto de constantes atritos, intrigas e lutas, como seria, quatrocentos anos mais tarde, a vizinha Dantzig. As suas principais cidades eram Frauenburg, a cidade catedral Heilsberg, onde residia o bispo, e, mais para o interior, Allenstein, todas em volta de um castelo medieval no topo de uma colina, com muros e fossos. Era a maior das quatro dioceses prussianas, e a única que, graças à astúcia do bispo Lucas, manteve com êxito a independência tanto contra a Ordem Teutônica como contra o rei polonês. Embora, politicamente, estivesse ao lado desse último, o bispo Lucas jamais cedeu os direitos de autonomia, e governou o remoto território segundo o grandioso estilo de um príncipe da Renascença.

Um «Decreto do Castelo de Heilsberg»[17] do século quinze descreve pormenorizadamente o pessoal da corte do bispo, a sua ordem de precedência, e a etiqueta de mesa. Ao som do sino do jantar, todos os residentes e hóspedes devem esperar nas portas dos aposentos até que o bispo entre no pátio pavimentado, anunciado pelo ladrar dos cães soltos naquele momento. Quando o bispo, com mitra, cajado e luvas de púrpura, aparece no salão, forma-se um cortejo que o segue à sala dos cavaleiros. Os criados passam bacias com água e toalhas, e, após terem sido dadas as graças, o bispo sobe ao estrado principal, e senta-se à mesa reservada aos dignitários e hóspedes de posição mais elevada. Há um total de nove mesas: a segunda fica reservada aos membros superiores, a terceira aos inferiores, a quarta aos principais servos, a quinta aos pobres, a sexta, sétima e oitava aos servos de categoria inferior e aos servos dos servos, a nona aos prestidigitadores, bufões e charlatães que distraem a comitiva.

Não sabemos a que mesa estava destinado Nicolau; devia ser, presumìvelmente, à segunda. Ia-se aproximando dos quarenta anos de idade e os seus deveres incluíam acompanhar o Tio Lucas nas jornadas e missões diplomáticas a Cracóvia e Torun, às dietas prussiana e polonesa, à coroação e ao casamento do rei Sigismundo, e, mais, a redação de documentos políticos e cartas. Com toda a certeza ajudou o bispo em dois dos planos favoritos deste: livrar-se dos cavaleiros teutônicos, enviando-os a uma cruzada contra os turcos, e fundar uma universidade prussiana em Elbing; ambos porém não se realizaram.

Contudo, a pulsação do tempo em Ermland era lenta, e os deveres deixavam ao cônego Copérnico suficiente liberdade para os interesses pessoais. A observação do céu não era um deles; durante os seis anos passados em Heilsberg não registrou uma única observação. Preparava, pelo contrário, dois manuscritos: um era uma tradução latina, o outro um esboço do sistema copernicano do universo. O primeiro mandou-o imprimir, o segundo não.

O manuscrito astronômico não publicado é conhecido pelo nome de **Commentariolus** [18] ou **Breve Esboço**, e será discutido mais tarde. O outro manuscrito foi impresso em Cracóvia, em 1509 da era cristã, quando Copérnico contava trinta e seis anos e, além do **Revoluções**, é o único livro publicado por ele em vida. Representa também a sua única excursão no campo das **belas letras**, e como tal projeta luz sobre a sua personalidade e gostos.

O livrinho é a tradução de Copérnico, para o latim, das epístolas gregas de um tal Teofilato Simocata. Foi Teofilato um historiador bizantino do século sete, cuja obra mais conhecida é uma História do reinado do imperador Maurício. Dos seus méritos literários, diz Gibbon que era volúvel em insignificâncias, e breve no essencial; [19] e Bernhardy observa que «Teofilato tinha um estilo recheado de floreios sem significado... e que revelava, mais cedo e mais completamente do que se poderia imaginar, a vacuidade e a estéril natureza do seu tempo.» [20] Publicou, outrossim, um volume de oitenta e cinco **Epístolas** sob a forma de cartas fictícias trocadas entre várias personagens gregas; foi êsse o trabalho que Copérnico escolheu para traduzir em latim, como contribuição sua à literatura da Renascença.

As **Epístolas** de Simocata se classificam em três títulos: «morais», «pastorais» e «amorosas». Os seguintes exemplos (não reduzidos) de cada um dos três gêneros são retraduções da versão Latina de Copérnico. [21] São os últimos três da coleção:

Epístola 83 — Antino a Ampelinas (pastoral)

«Aproxima-se a colheita de uvas e as uvas estão cheias de delicioso suco. Guarda, pois, muito bem a estrada, e por companheiro vale-te de um bom cão de Creta, pois as mãos dos vagabundos não querem outra coisa senão pegar, roubando ao agricultor o fruto do suor.»

Epístola 84 — Crisipa a Sosipater (amorosa)

«Estás preso nos laços do amor, Sosipater, amas Antúsia. Bem merecedores de louvor são os olhos que se voltam, cheios de amor, para uma formosa donzela. Não te queixes de ter sido conquistado pelo amor, pois é maior o deleite que recompensará as tuas penas de amor. Embora as lágrimas pertençam à dor, as do amor são doces, porque se mesclam ao júbilo e ao prazer. Os deuses do amor trazem ao mesmo tempo deleite e tristeza, e Vênus está circundada de múltiplas paixões.»

Epístola 85 — Platão a Dionísio (moral)

«Se queres dominar a dor, perambula entre os túmulos. Acharás ali a cura do teu pesar. Ao mesmo tempo, verás que até a maior ventura do homem não sobrevive ao túmulo».

Que coisa do céu, ou da terra, levou o cônego Copérnico a perder o tempo nessa coletânea de pomposas futilidades? Não era menino de escola, mas homem maduro; não era um provinciano inexperiente, mas humanista e cortesão que havia passado dez anos na Itália. Eis o que diz para explicar a curiosa escolha, no prefácio dedicado ao Tio Lucas:

AO REVERENDÍSSIMO BISPO LUCAS
DE ERMLAND
DEDICADO POR NICOLAU COPÉRNICO

REVERENDÍSSIMO SENHOR E PAI DA PÁTRIA

«Com suma excelência, assim me parece, compilou Teofilato essas epístolas morais, pastorais e amorosas. Certamente o guiou no trabalho a consideração de que a variedade é agradável e deve, portanto, ser preferida. Variadíssimos são os pendores dos homens, diversíssimos os assuntos que os deleitam. Um aprecia ponderados pensamentos, outro gosta do frívolo: aquêle quer a seriedade, este se sente atraído pelo jogo da fantasia. Visto que o público aprecia essas coisas diferentes, Teofilato alterna assuntos leves com outros pesados, o frívolo com o sério, de modo que o leitor, como que num jardim, escolhe a flor que mais lhe apraz. Mas tudo quanto oferece dá tamanho proveito que os seus poemas em prosa, mais do que epístolas, se afiguram regras e preceitos para a útil ordenação da vida humana. A prova é a sua substancialidade e brevidade. Teofilato tirou o material de vários escritores e compilou-o de maneira resumida e edificante. O valor das epístolas morais e pastorais não poderá ser fàcilmente negado por quem quer que seja. Talvez convidem a outro juízo as epístolas sobre o amor, as quais, em virtude do assunto, se afiguram possivelmente despreocupadas e até frívolas. Mas assim como o médico adoça o remédio amargo com o acréscimo de ingredientes doces para torná-lo mais agradável ao paciente, assim também fazem essas epístolas despreocupadas; são, em resultado, mantidas tão puras que bem poderíamos chamá-las de epístolas morais. Em tais circunstâncias, achei não ser correto fossem as epístolas de Teofilato lidas apenas em grego. Para torná-las mais acessíveis, tentei, segundo as minhas luzes, traduzi-las em latim.

«A ti, reverendíssimo Senhor, dedico esta pequena oferta que, seguramente, não se proporciona aos benefícios de ti recebidos. Tudo quanto faço com a capacidade do meu espírito, considero propriedade tua de direito, pois indubitavelmente verdadeiro é o que outrora escreve Olívio a César Germânico:

«De acordo com a direção do teu olhar, tomba e se ergue o meu espírito!» [22]

Lembremo-nos de que aquela era época de fermentação espiritual e revolução intelectual. É deprimente comparar o gòsto e o estilo de Copérnico ao dos seus ilustres contemporâneos, Erasmo e Lutero, Melancton e Reuchlin, ou o bispo Dantisco na própria Ermland de Copérnico. Mas a tradução não foi um mero capricho; e se examinarmos de mais perto a questão, a escolha do obscuro Teofilato foi sagaz, pois aquele era um tempo em que a tradução dos textos gregos redescobertos era tida como das principais e mais nobres tarefas dos humanistas. Era o tempo em que a tradução de Erasmo do Novo Testamento Grego, revelando a corrupção da vulgata romana, «contribuiu mais para a libertação do espírito humano dos grilhões do clero que tòda a fúria e clamor dos inúmeros panfletos de Lutero, e em que, outrossim, se realizava outra espécie de libertação intelectual mediante o redescobrimento dos hipocráticos e dos pitagóricos.

Na Europa do norte, a minoria intolerante do clero continuava a combater, por trás, o reavivamento da cultura antiga. Na mocidade de Copérnico, não se ensinava grego em nenhuma universidade alemã nem polonesa; o primeiro professor de grego em Cracóvia, Jorge Libanius, queixava-se de que os fanáticos religiosos tentavam proibir-lhe as aulas e excomungar os que aprendiam hebraico e grego. Alguns dominicanos alemães, sobretudo, vociferavam as suas denúncias contra qualquer pesquisa herética nos textos gregos e hebraicos não expurgados. Um dêles, o monge Simão Grunau, resmungava: «Alguns nunca viram judeu nem grego, e, no entanto, lêem o hebraico e o grego nos livros... Estão possessos.»[24]

Esse obscuro Grunau e o já mencionado Libanius são freqüentemente citados na literatura que diz respeito a Copérnico, a fim de se provar a necessidade de grande coragem do cônego para publicar uma tradução do grego; com aquêle gesto simbólico, punha-se evidentemente do lado dos humanistas contra os obscurantistas. O gesto foi, certamente, calculado, mas, no que tange a uma tomada de posição, Copérnico se colocava ao lado dos vitoriosos; na época em que o livrinho foi publicado, Erasmo e os humanistas pareciam estar levando vantagem. Era o tempo do grande renascimento europeu antes de o mundo ocidental se dividir em dois campos hostis, antes dos horrores da Reforma e da Contra-reforma, antes que Roma enfrentasse o progresso da imprensa mediante o seu **index librorum prohibitorum**. Erasmo continuava a ser o indiscutível chefe intelectual que podia escrever, sem nenhuma gabolice, figurarem entre os seus discípulos

> «o imperador, os reis da Inglaterra, França e Dinamarca, o príncipe Fernando da Alemanha, o cardeal da Inglaterra, o arcebispo de Cantuária, e mais príncipes, bispos, eruditos e ilustres do que posso citar, não sòmente na Inglaterra, nas Flandres, na Alemanha, senão também na Polônia e Hungria».[25]

Tais considerações contribuirão para se explicar a peculiar escolha do texto. Era um texto **grego**, e, portanto meritória aos olhos dos humanistas a sua tradução; contudo não era um texto grego **antigo**, mas da autoria de um cristão bizantino do século sete, com tamanho embotamento e piedade que nem um monge fanático seria capaz de apresentar-lhe objeções. Em resumo, as Epístolas de Teofilato eram, ao mesmo tempo, peixe e ave, gregas e cristãs e, falando em têrmos gerais, seguras como casas. Não atraíram nenhuma atenção, nem entre os humanistas nem entre os obscurantistas, e não tardaram em ser esquecidas.

6. O CÔNEGO

Em 1512, morreu repentinamente o bispo Lucas, o qual viajara até Cracóvia para assistir ao casamento do rei polonês e presenciara as cerimônias desfrutando de todo o vigor. Na jornada de regresso, apresentou de súbito sinais de envenenamento causados pela nutrição e faleceu na cidade natal de Torun. O fiel secretário e médico, fugidio como sempre, não esteve ao seu lado na hora da morte. Desconhecem-se as razões da ausência.

Logo após a morte do tio, Copérnico, já homem de quarenta anos, abandonou o Castelo de Heilsberg e, após uma demora de quinze anos, tomou posse do cargo de cônego da catedral de Frauenburg, no qual se manteve fielmente até o fim da vida.

Os deveres não eram pesados. Os dezesseis cônegos levavam a vida tranqüila, mundana e opulenta dos nobres provincianos. Usavam armas (menos nas reuniões do Capítulo), e tinham a obrigação de manter o prestígio dele sustentando pelo menos dois servos e três cavalos por cabeça. A maioria provinha das famílias patrícias de Torun e Dantzig e tinha laços de parentesco por casamentos cruzados. Cada um recebia uma casa ou **curia** no interior dos muros fortificados — uma delas era a torre de Copérnico — e mais duas **allodia**, ou pequenas propriedades particulares no campo. Afora isso, cada cônego gozava dos benefícios de uma ou várias prebendas. e as rendas eram importantes.

Somente um dos dezesseis cônegos fizera os votos maiores e podia celebrar a missa; os outros só eram obrigados, quando não ausentes em missão oficial, a assistir aos serviços matutinos e vespertinos, e, uma vez ou outra, auxiliá-los. Quanto ao resto das obrigações eram de natureza mundana: a administração das grandes propriedades do Capítulo, sobre as quais exerciam quase que poder absoluto. Cobravam impostos, recebiam aluguéis e dízimos, designavam os prefeitos e dignitários das aldeias, compareciam à corte, faziam e administravam a lei. Essas atividades devem ter atraído a natureza econômica e metódica do cônego Copérnico, porque durante quatro anos foi Administrador dos domínios exteriores do Capítulo, em Allenstein e Mehlsack, e por outro período foi Administrador Geral de todas as possessões do Capítulo em Ermland. Mantinha um livro e um diário comercial, nos quais eram meticulosamente registradas todas as transações com arrendatários, servos e trabalhadores.

Entretanto — em 1519 — tornou a arder o feudo entre poloneses e cavaleiros teutônicos. Não houve grandes batalhas, mas a região de Ermland se viu devastada pela soldadesca de ambos os lados, que matava os camponeses, raptava as mulheres e incendiava as granjas, mas não atacava cidades fortificadas. Catorze dos dezeseis cônegos passaram aquele ano turbulento em Torun ou Dantzig; quanto a Copérnico houve por bem permanecer, na companhia de um confrade idoso, na sua torre, atrás dos fortes muros de Frauenburg, onde cuidou dos negócios do Capítulo. Subseqüentemente, administrou, por outro ano, Allenstein, e parece haver também participado de uma tentativa malograda de mediação entre as partes hostis. Quando finalmente a paz voltou, em 1521, tinha quase cinqüenta anos. Os seus restantes vinte anos, exteriormente monótonos, foram principalmente passados na tôrre.

Tinha tempo de sobra. Em 1530, ou por volta dêsse ano,[26] completou o manuscrito do **Livro das Revoluções**, e guardou-o a chave, só uma ou outra vez fazendo algumas correções. Nada mais realizou de muita importância. A pedido de um amigo, escreveu uma crítica das teorias de um colega astrônomo,[27] que, tal qual o **Commentariolus**, circulou em manuscrito; redigiu um memorando sôbre os danos causados pelos cavaleiros teutônicos durante a guerra, e compôs um tratado, para a dieta prussiana[28] sôbre a reforma monetária. Nunca houve grande filósofo ou cientista que escrevesse menos.

Em todos aquêles anos só adquirira um amigo íntimo, um colega cônego de Frauenburg, mais tarde bispo de Kulm e de Ermland, Tiedemann Giese. Era o cônego Giese um varão gentil e culto; embora sete anos mais moço do que Copérnico, muito o protegeu, dedicando-lhe grande afeto. Foi Giese que, após anos de esfôrço e auxiliado pelo jovem Rético, logrou afinal persuadir o relutante irmão a autorizar a publicação do **Livros das Revoluções** e que, quando Copérnico se viu envolvido num sórdido conflito com o novo bispo, aplainou, com a sua influência, as divergências. Nicolau sempre tivera necessidade de uma personalidade mais forte para nela apoiar-se, mas enquanto Tio Lucas e o irmão Andreas o haviam acossado e intimidado, Giese o guiou pelos restantes anos de vida, com paciência e gentil persuasão. Foi, antes da entrada de última hora de Rético em cena, o único que havia reconhecido o gênio daquele homem moroso e não estimado, que aceitou as fraquezas do caráter do amigo e lhe compreendeu os tortuosos caminhos, sem permitir que interferissem com a sua admiração intelectual, notável ato de caridade e imaginação, pois naquela época ainda se via como entidade indivisível a inteligência e o caráter de um homem. A pessoa era aceita ou repelida, no seu todo; e a maioria dos que entravam em contato com o cônego Copérnico escolhia a segunda alternativa. Tiedemann Giese, o firme e terno protetor, guia e aguilhão, é um dos silenciosos heróis da história, que lhe aplaina o caminho, mas não deixa nele nenhum vestígio pessoal.

Há um episódio típico na amizade dos dois cônegos, e que diz respeito à atitude dêles perante o resultado central daquela época, ou seja, a Reforma da Igreja a que serviam.

Contava Copérnico quarenta e quatro anos quando, em 1517, Martin Lutero pregou as suas noventa e cinco teses na porta da igreja do castelo, em Wittenberg. Nem bem havia transcorrido cinco anos e **«vede, o mundo inteiro é arrastado à luta, empenhando-se furiosamente no combate e na chacina, e tôdas as igrejas maculadas pelo abuso como se Cristo, ao voltar para o Céu, só nos tivesse legado a guerra e não a paz»**. São as desesperadas palavras escritas por Giese. Desde os primórdios, o movimento luterano espalhou-se ràpidamente pela Prússia e até pela Polônia. O antigo Grão-Mestre dos Cavaleiros teutônicos que, ao ser a ordem dissolvida em 1525, assumira o título de duque da Prússia, abraçou a nova fé; o rei da Polônia, por outro lado, permaneceu fiel a Roma e sufocou pela fôrça um levantamento luterano em Dantzig. Assim a pequena Ermland voltou a ser terra de ninguém entre dois campos inimigos. O bispo Fabiano von Lossainen, sucessor de Tio Lucas, podia ainda manter uma atitude de neutralidade benévola para com Lutero, a quem chamava «monge culto, com as suas próprias **opiniones** no tocante às Escrituras; deverá ser homem ousado o que se lhe antepuser na disputa». Mas o sucessor, bispo Maurício Ferber, mal se instalou, iniciou uma luta determinada contra o luteranismo; o primeiro édito, publicado em 1524, ameaçava os que davam ouvidos aos cismáticos «com ser amaldiçoados pela eternidade e feridos com o anátema». Na mesma semana em que o édito foi publicado em Ermland, o bispo da vizinha diocese de Samland também publicou um édito em que admoestava o clero a ler cuidadosamente os escritos de Lutero e, seguindo a prática luterana, pregar e batizar na língua do povo.

Dois anos depois, publicou Giese um livrinho,[30] cujo fim ostensivo era refutar um trecho do companheiro de viagem e vizinho luterano, o bispo de Samland; com efeito, era um pedido de tolerância e reconciliação, inteiramente escrito pelo modo de Erasmo. No prefácio, dizia Giese «Rejeito a luta», e terminava o livro com a súplica:

> «Oh, se o espírito cristão pudesse dar forma à atitude luterana para com os romanos, e à dos romanos para com os luteranos, às nossas Igrejas seriam poupadas essas tragédias cujo fim não se vê... Verdadeiramente, as feras tratam melhor umas às outras do que os cristãos aos cristãos.»

No começo do livro Giese, de maneira algo deliberada, cita o nome de Copérnico. O interessante trecho se contém numa carta-prefácio escrita por Giese a outro cônego, um tal Feliz Reich. Giese pede a Reich que não deixe o afeto pessoal interferir com o juízo crítico «como acredito ter sido o caso com Nicolau Copérnico (sic), que me aconselhou a publicar este escrito, embora, noutros pontos, lhe sobre gôsto discernidor.» Sem dúvida, havia obtido o consentimento do amigo para lhe mencionar o nome, à guisa de indicação de endossar Copérnico as suas opiniões. Sem dúvida, também, Giese e Copérnico — e o restante do Capítulo — tinham interminavelmente discutido o grande cisma e a atitude que deviam adotar; é provável, em vista da íntima amizade entre os dois homens, e o trecho do prefácio, que Copérnico tenha, direta ou indiretamente, colaborado no livro de Giese, cujo conteúdo era tão irrepreensível que Giese, em conseqüência disso, se tornou bispo. Contudo, havia alguns trechos no livro — como, por exemplo, a abertura «Rejeito a luta», e certas admissões concernentes à corrupção do clero, que, aos olhos de um espírito supercauteloso, poderiam incorrer no desfavor dos superiores. A dissimulada referência do prefácio constituía, provavelmente, uma fórmula de compromisso obtida após longas discussões entre Giese, gentilmente persuasivo, e o amigo torturado pela ansiedade.[31]

Entretanto, apesar de haver Giese conseguido tirar de Copérnico uma afirmação pública indireta das suas opiniões religiosas, não logrou em outros quinze anos persuadi-lo a publicar as suas opiniões sôbre a astronomia. E quando a primeira versão do sistema copernicano apareceu impressa não foi, como ponto culminante da obliqüidade copernicana, nem escrita nem assinada por êle, mas por um discípulo, Joaquim Rético.

7. O COMMENTARIOLUS

A primeira apresentação do sistema copernicano estava contida no breve tratado que Nicolau escreveu no Castelo de Heilsberg, ou no começo da estada em Frauenburg.[32] Circulava, como já expliquei antes, em manuscrito, e tinha o título:

> «Um breve esbôço das hipóteses de Nicolau Copérnico sôbre os movimentos celestes».[33]

O tratado inicia-se com uma introdução histórica, na qual explica Copérnico ser insatisfatório o sistema ptolemaico do universo, por não preencher a exigência básica dos antigos, ou seja, a de cada planeta dever mover-se com velocidade uniforme em círculo perfeito. Os planetas de Ptolomeu movem-se em círculos, mas não com velocidade uniforme.[34] **«Tendo notado tais defeitos, pus-me a refletir se não haveria, talvez, uma disposição mais sensata de círculos... na qual tudo se moveria uniformemente em tôrno do seu próprio centro, como requer a regra do movimento absoluto.»** Afirma, depois, haver construído um sistema que resolve **«êsse dificílimo e quase insolúvel problema»** de maneira muito mais simples que a de Ptolomeu, contanto que lhe sejam concedidas certas hipóteses fundamentais ou axiomas, sete no total. Sem mais demora, dá os sete axiomas revolucionários, que, traduzidos em linguagem moderna, dizem:

1. Que os corpos celestes não se movem todos em torno do mesmo centro;
2. Que a terra não é o centro do universo, e sim apenas da órbita lunar e da gravidade terrestre;
3. Que o sol é o centro do sistema planetário e, portanto, do universo;
4. Que, comparada à distância das estrelas fixas, a distância da terra ao sol é negligìvelmente pequena;
5. Que a revolução diária aparente do firmamento se deve à rotação da terra sobre o seu próprio eixo;
6. Que o movimento anual aparente do sol se deve ao fato de a terra, como os demais planêtas, girar em volta do sol, e
7. Que as «estações e retrogressões» aparentes dos planêtas se devem à mesma causa.

Em seguida, em sete breve capítulos, descrevem-se em grosseiro esbôço os novos círculos e epiciclos do sol, da lua e dos planetas, mas sem prova e sem demonstrações matemáticas **«reservando-as eu para a minha obra maior»**. O último parágrafo do tratado anuncia orgulhosamente:

> «Mercúrio corre em sete círculos, Vênus em cinco, a Terra em três, e, em volta dela, a Lua em quatro; finalmente, Marte, Júpiter e Saturno, cada um em cico. No total bastam, portanto, trinta e quatro círculos para explicar toda a estrutura do universo e todo o balê dos planêtas.»

Discutirei a importância científica do **Commentariolus** no próximo capítulo; agora, o que nos interessa são as suas repercussões. Desconhecemos os nomes dos acadêmicos a quem Copérnico enviou o manuscrito, e não sabemos tampouco quantos eram. Mas a recepção do manuscrito foi decepcionadora e o seu eco no início praticamente nulo. Não obstante, a primeira pedrinha caíra no tanque e aos poucos, no curso dos anos seguintes, as vagas espalharam-se, por boatos e ouvir dizer, na República das Letras, o que levou ao resultado paradoxal de haver Copérnico desfrutado de certa fama, ou notoriedade, entre os acadêmicos, durante uns trinta anos, sem imprimir coisa nenhuma, sem ensinar em nenhuma universidade e sem reunir discípulos. É um caso único na história da ciência. O sistema copernicano alastrou-se por evaporação ou por osmose, digamos assim.

Em 1514, foi Copérnico convidado, entre outros astrônomos e matemáticos, a participar de um concílio lateranense para a reforma do calendário. O convite enviou-o o cônego Sculteti, o benfeitor que conseguira o famoso empréstimo aos irmãos Copérnico, e que, posteriormente, passara a ser capelão doméstico de Leão X. Copérnico recusou-se a comparecer, fundamentando a recusa no fato de não poder ser o calendário satisfatoriamente reformado até que se conhecessem melhor os movimentos da lua e do sol; mas mencionou o fato do convite quase trinta anos mais tarde, na dedicatória do **Livro das Revoluções.**

Outro fato registrado é uma solicitação, em 1522, feita pelo sábio cônego Bernardo Wapowsky, em Cracóvia, para que Copérnico desse a sua opinião de autoridade acerca do tratado astronômico de Johann Werner, **Sôbre os Movimentos da Oitava Esfera.** Dessa vez, Copérnico atendeu.

Dez anos depois, o secretário pessoal do Papa Leão X fêz uma preleção favoravelmente recebida sôbre o sistema copernicano a um grupo de escol nos jardins do Vaticano.

Mais três anos, e o cardeal Schoenberg, que gozava da especial confiança do papa, solicitou de Copérnico, com urgência **«o obséquio de comunicardes os vossos descobrimentos ao mundo dos sábios»,** pela palavra impressa.

Contudo, apesar de tais incentivos, Copérnico hesitou outros seis anos, antes de mandar imprimir a obra. Por quê?

8. BOATO E NOTÍCIA

As notícias corriam muito e iam longe no século dezesseis. O pulso da humanidade ia-se apressando como se o nosso planeta, após atravessar, na viagem pelo espaço, uma zona sonolenta e entontecida do universo, estivesse emergindo numa região banhada de raios vivificantes ou repleta de benzedrina cósmica no pó interestelar. Parecia agir simultaneamente em todos os níveis do sistema nervoso da humanidade, tanto nos centros superiores como nos inferiores, à guisa de estimulante e afrodisíaco, manifestando-se como sede do espírito, prurido do cérebro, fome dos sentidos, abandono tóxico de paixões. As glândulas humanas pareciam produzir um novo hormônio causador do subitâneo aparecimento de uma nova avidez: a curiosidade, a curiosidade inocente, voluptuosa, criadora, destruidora, canibalesca, da criança.

As novas máquinas — fundição de tipos e imprensa — satisfaziam a devoradora curiosidade com um dilúvio de cartazes, notícias, almanaques, libelos, pesquisas, panfletos e livros, os quais espalhavam as notícias com velocidade até então desconhecida, aumentavam o alcance das comunicações humanas, acabavam com o isolamento. Os cartazes e as brochuras não eram necessariamente lidos por todas as pessoas sôbre as quais exerciam influência; pelo contrário, cada palavra informativa impressa agia como pedrinha caída num tanque, disseminando as ondas de boatos. A imprensa foi apenas, em última análise, a fonte de disseminação do conhecimento e cultura; o processo em si, complexo e indireto, foi um processo de diluição, difusão e distorção, influindo cada vez mais em maior quantidade de pessoas, incluídas as atrasadas e iletradas. Mesmo três e quatro séculos depois, os ensinamentos de Marx e Darwin, os descobrimentos de Einstein e Freud, não atingiram a grande maioria do povo no texto original, impresso, mas sim através de fontes de segunda e de terceira mãos, através do ouvir dizer. As revoluções de pensamento que estruturam o aspecto básico de uma época não se disseminam por intermédio de livros de texto; espalham-se como epidemias, através da contaminação por agentes invisíveis e inocentes portadores de germes, pelas mais variadas formas de contacto, ou simplesmente pela respiração do ar comum.

Há epidemias de progressão lenta, como a poliomielite, e outras que se abatem velozmente sobre a humanidade, como a peste. A revolução darwiniana foi um raio, a revolução marxista precisou de três quartos de século para surtir efeito. A revolução copernicana, que tão decisivamente influiu no destino do homem, espalhou-se da maneira mais lenta e desviada, não por ser nova a imprensa ou obscuro o assunto. As teses de Lutero criaram imediatamente um fervor que abrangeu tôda a Europa, embora fossem muito menos facilmente sintetizáveis numa simples frase como: **«O sol não gira em tôrno da terra; é a terra que gira em tôrno do sol.»** O motivo pelo qual Roma levou três quartos de século para proibir o livro de Copérnico, e o motivo pelo qual o próprio livro quase não exerceu influência nos seus contemporâneos, são de ordem diferente.

O que chamamos de revolução copernicana não foi efetuada pelo cônego Copérnico. O seu livro não se destinava a provocar uma revolução. Sabia ele que muito do que lá estava exposto não era são, que contrariava a evidência, e que a hipótese básica era improvável. Acreditava nele apenas pela metade, à maneira de espírito dividido da Idade-Média. Ademais, não era dotado das qualidades essenciais do profeta: certeza de missão, originalidade de visão, coragem de convicção.

A relação entre Copérnico como pessoa e o fato conhecido por revolução copernicana está resumida na dedicatória do livro ao Papa Paulo III. Diz o importante trecho:

> «Bem me é dado presumir, Santíssimo Padre, que algumas pessoas, ao saberem que neste meu livro **Sôbre as Revoluções das Esferas Celestes** atribuo certos movimentos à terra, bradarão que, defendendo tais opiniões, eu deveria ser imediatamente posto fora de cena... Assim, hesitei longo tempo, não sabendo se devia publicar essas reflexões escritas para provar o movimento da terra, ou se seria melhor seguir o exemplo dos pitagóricos e outros, os quais pendiam para o ensino dos seus mistérios filosóficos apenas a íntimos e amigos, e não por escrito, mas pela palavra falada, como testemunha a carta de Lisis a Hiparco... Considerando êsse ponto, o medo do desdém que a minha opinião nova e (aparentemente) absurda me acarretaria quase me persuadiu a abandonar o projeto.»

Continua, então, explicando que só as admoestações constantes e repreensivas dos amigos o tinham levado, finalmente, a publicar o livro que conservara consigo, afastando-o do público **«não por nove anos mas por quase quatro vêzes nove anos»**.

A paixão de Copérnico pelo culto pitagórico do segredo começou logo e nasce das próprias raízes da sua personalidade. A carta de Lisis, que ele cita na dedicatória, desempenha um papel curioso. Tratava-se de coisa apócrifa, que o jovem Nicolau Copérnico descobrira na mesma coletânea de epistolografia grega, publicada em 1499, e que continha a obra de Simocata.[35] Comprara o livro quando estudava em Pádua e mais tarde traduzira a carta de Lisis em latim. É, aparentemente, além de Simocata, a única tradução extensa do grego feita por Copérnico, embora já existisse uma tradução latina da carta, em poder de Copérnico e contida numa obra do cardeal Bessarion, também publicada por Aldo em Pádua[36] estando a carta de Lisis especialmente assinalada no exemplar de Copérnico (outro passo assinalado elogia o celibato). Vale a pena repetir alguns trechos do embuste que tão forte impressão causou em Copérnico.

> «Lisis saúda Hiparco.
>
> Após a morte de Pitágoras, não pude acreditar se desfizessem os laços entre os seus discípulos. Apesar de, contra toda expectativa, estarmos, como um naufrágio, destroçados e dispersos aqui e acolá, continua nosso dever sagrado lembrar o divino ensinamento do mestre e não divulgar os tesouros de filosofia aos que, antes, não foram espiritualmente purificados. Não convém, realmente, divulgar a qualquer pessoa tudo quanto adquirimos com tão grande esforço, assim como não é permitido deixar entrar os homens comuns nos sagrados mistérios das deusas elíseas... Lembremo-nos de quanto tempo nos custou purificar o espírito de toda e qualquer mancha até, depois de cinco anos, nos tornarmos capazes de lhe receber os ensinamentos... Alguns dos seus imitadores realizam inúmeras e grandes coisas, mas da maneira incorreta e não da maneira pela qual deveria ser ensinada a mocidade; esta se vê encorajada à temeridade e insolência, pois aqueles conspurcam os puros princípios da filosofia mediante um comportamento impuro e ousado. É como se devêssemos derramar água limpa e fresca num poço cheio de imundície; nada lucraríamos, a não ser agitar a mundície e estragar a água. Eis o que sucede aos que ensinam e são ensinados desse modo. Densas e sombrias florestas cobrem o espírito e o coração dos que não foram iniciados da maneira correta, e perturbam a suave contemplação das idéias... Muitos me afirmam que ensinas filosofia em público, o que era proibido por Pitágoras... Se te emendares, estimar-te-ei; se não, estarás morto aos meus olhos...»[37]

Após dez anos passados no banho vivificador da Itália da Renascença, por que adotou Copérnico essa atitude arrogantemente obscurantista e anti-humanista? Por que guardou tão perto do coração aquela carta apócrifa, como se fora um talismã, por que a traduziu novamente e a citou ao papa? Como pôde um filósofo da Renascença, um contemporâneo de Erasmo e Reuchlin, Hutter e Lutero, aprovar a absurda noção de se não dever derramar a límpida água da verdade nos poços lamacentos do espírito humano? Por que teve Copérnico tamanho mëdo da Revolução copernicana?

A resposta está no texto: **porque a água pura seria estragada, e só a imundície ficaria agitada.** Eis o núcleo da ansiedade que lhe paralisou o trabalho e lhe estropiou a vida. O artifício próprio dos mistérios pitagóricos acarretou uma racionalização do seu medo de sujar-se no caso de publicar a teoria. Já bastava ter sido órfão aos dez anos, com um leproso por irmão e como tutor um sombrio tirano. Seria necessário expor-se ao desdém e ao ridículo dos contemporâneos, ao risco de ser «posto fora do palco aos assobios?»

Não foi, como pretende a lenda, o temor da perseguição religiosa. As lendas pouca atenção prestam às datas, mas é essencial lembrar-se de que o **Livro das Revoluções** só se viu incluído no Índice setenta e três anos depois de publicado e que o famoso julgamento de Galileu se verificou apenas noventa anos depois da morte de Copérnico. Naquela época, em virtude da Contra-reforma e da guerra dos trinta anos, o clima intelectual da Europa mudara radicalmente, quase tão radicalmente como entre as épocas vitoriana e Hitler-staliniana. A mocidade e a meia idade de Copérnico transcorreram na idade de ouro da tolerância intelectual, ou seja, a idade de Leão X, patrono do ensino e das artes, tempo em que os mais altos dignitários da Igreja se aprazíam, com liberdade, em filosofias liberais, céticas, revolucionárias. Savonarola foi queimado e Lutero excomungado, mas só depois de haverem desafiado abertamente o papa, e depois de terem sido esgotados todos os meios de acalmá-los. Nem os estudiosos nem os filósofos tinham motivos para temer e perseguição das suas idéias, desde que evitassem desafiar, direta e explìcitamente, a autoridade da Igreja. Se soubessem ter o mínimo de discrição na escolha das palavras, era-lhes lícito dizer o que lhes aprouvesse, e eram até encorajados a tanto por protetores eclesiásticos. Foi o que se verificou realmente com o próprio Copérnico, e a prova é um documento, incluído por Copérnico na introdução do **Livro das Revoluções**, e antes da dedicatória ao papa. É uma carta que já mencionei, escrita a Copérnico pelo Cardeal Schoenberg, que ocupou cargo de especial confiança no pontificado de três papas, Leão X, Clemente VII e Paulo III.

> «Nicolau Schoenberg, cardeal de Cápua, envia saudações a Nicolau Copérnico.
>
> Quando, há vários anos, ouvi elogiar unanimemente a vossa aplicação, comecei a sentir estima cada vez maior por vós e a julgar felizes os nossos compatriotas em virtude da vossa fama. Fui informado de que não somente possuís um exaustivo conhecimento das matérias dos antigos matemáticos, como também criastes uma nova teoria do Universo segundo a qual a terra se move e o sol ocupa a posição básica e, portanto, central, que a oitava esfera (das estrêlas fixas) permanece em posição imóvel e eternamente fixa, e a lua, com os elementos incluídos na sua esfera, colocada entre as esferas de Marte e Vênus, gira anualmente em torno do sol; soube mais que escrevestes um tratado sôbre essa teoria inteiramente nova de astronomia, e calculastes os movimentos dos planetas e os pusestes em tabelas, para a maior admiração de todos. Por conseguinte, sábio varão, sem desejar ser inoportuno, peço-vos insistentemente comuniqueis o descobrimento ao mundo culto, e me envieis o mais breve possível as vossas teorias sôbre o Universo, com as tabelas e tudo o mais pertencente ao assunto. Dei instruções a Dietrich von Rheden [outro cônego de Frauenburg] para tirar uma cópia à minha custa e mandar-ma. Se me fi-

zerdes tal favor verificareis estar tratando com homem que traz no coração os vossos interêsses, e deseja fazer-vos plena justiça. Adeus.

Roma, 1 de novembro de 1536». [38]

É de notar que o «peço-vos insistentemente» (**atque etiam oro vehementer**) para que Copérnico publicasse a teoria é dito independentemente do pedido do cardeal de uma boa cópia, não havendo qualquer proibição nem censura preliminar.

Além disso, é pouco provável que o cardeal houvesse chegado ao ponto de instar com a publicação do livro por iniciativa própria; e há mais provas do benévolo interesse do Vaticano pela teoria copernicana, o que veio à luz por um dos estranhos acasos da história. Existe, na Biblioteca Real de Munique, um manuscrito grego, um tratado composto por um tal Alexandre Afrodisius **Sobre os sentidos e sensibilidades**, sem nenhum interesse para quem quer seja, a não ser pelo título que contém a seguinte inscrição:

> «Clemente VII, Sumo Pontífice, deu-me de presente este mansucrito, no ano de 1533 da era cristã, em Roma, depois de eu, na presença de Fra Urbino, cardeal João Salviato, João Petro, bispo de Iturbo, e Matias Curtio, médico, lhe haver explicado, nos jardins do Vaticano, a doutrina de Copérnico sobre o movimento da terra. João Alberto Widmanstadius, cognominado Lucrécio.
>
> Secretário particular e pessoal de nosso Sereníssimo Senhor.» [39]

Noutras palavras, Clemente VII, que seguira o exemplo de Leão X na sua liberal proteção às Artes, deu o manuscrito grego ao sábio Secretário como recompensa pela aula sôbre o sistema copernicano. É bastante plausível supor que Paulo III, que lhe sucedeu, tenha sabido de Copérnico por intermédio de Schoenberg ou de Widmanstad, e, com a curiosidade despertada, tenha animado o cardeal a escrever ao astronomo. Seja como for, o próprio Copérnico compreendeu a importância da carta, pois, a não ser assim, não houvera mandado imprimir o **Livro das Revoluções.**

Apesar desse encorajamento semi-oficial que deveria tê-lo inteiramente tranqüilizado, Copérnico, como vimos, hesitou mais seis anos antes de publicar a obra. As provas indicam que o que temia não era o martírio, mas o ridículo, por estar torturado pela dúvida no tocante ao seu sistema, e saber que não era capaz de prová-lo aos ignorantes, nem de defendê-lo da crítica dos peritos. Daí o recurso ao segredo pitagórico, e a cessão relutante, lenta, do sistema ao público.

Contudo, não obstante a extrema cautela, as ondas de lenta propagação agitaram um pouco da lama tão temida por Copérnico. Não muita, apenas uns salpicos, mais exatamente, três salpicos, cuidadosamente exibidos pelos seus biógrafos. Em primeiro lugar, o grosseiro e inofensivo gracejo de após-almoço de Lutero sobre **«o novo astrólogo que quer provar que a terra gira»,** [40] feito cerca de dez anos antes da publicação das **Revoluções**; em segundo lugar, uma única observação, de conteúdo semelhante, contida numa carta particular de Melanchton, [41] datada de 1541; em último lugar, em 1531 ou por volta desse ano, numa farsa carnavalesca, levada a efeito na cidade prussiana de Elbing, viu-se o cônego contemplador de astros incluído numa grotesca procissão que ridicularizava monges, prelados e dignitários, segundo o costume da época. Eis aí toda a perseguição que Copérnico foi obrigado a enfrentar durante a vida; um gracejo de após-almoço, um trecho de carta particular, e uma farsa carnavalesca. E entretanto, êsses inofensivos desafogos saídos do temível fundo do poço bastaram, apesar do encorajamento privado e oficial, para lhe selar os lábios, até o grande e dramático ponto crítico de sua vida, o aparecimento em cena de Jorge Joaquim Rético.

9. A CHEGADA DE RÉTICO

Rético, como Giordano Bruno ou Teofrasto Bombasto Paracelso, foi um dos cavaleiros errantes da Renascença cujo entusiasmo transformou em chamas algumas centelhas tomadas de empréstimo. Levando os archotes de um país a outro, fizeram o papel de incendiários bem acolhidos pela República das Letras. Contava vinte e cinco anos quando chegou a Frauenburg «no extremo limite da terra», com o propósito determinado de dar movimento à Revolução Copernicana que Copérnico tentava sufocar. **Enfant terrible** e doido inspirado, **condottiere** da ciência, discípulo adorador e, felizmente, homossexual ou bissexual, segundo a moda do tempo. Digo «felizmente», porque os atingidos desse mal sempre se revelaram os mais devotados mestres e discípulos, desde Sócrates até hoje, e a história muito lhes deve. Era também protestante, protegido de Melanchton, o **Preceptor Germaniae,** e desempenhava a mais aventurosa função de qualquer homem no século dezesseis: a de Professor de Matemática e Astronomia.

Nascido em 1514, com o nome de Jorge Joaquim von Lauchen, no Tirol austríaco, a antiga Rétia, latinizou-o, passando a chamar-se Rético. Criança, viajara com os riquíssimos pais pela Itália; jovem, estudara nas Universidades de Zurique, Wittenberg, Nuremberg e Goettingen. Aos vinte e dois anos de idade, por recomendação de Melanchton, recebeu uma das duas cátedras de Matemática e Astronomia na Universidade, igualmente jovem, de Wittenberg, centro e glória do ensino protestante. A outra cátedra coube a um homem três anos apenas mais velho, Erasmo Reinhold.

Os dois jovens professores, Reinhold e Rético, tinham ambos adotado a cosmologia heliocêntrica que só conheciam de oitiva, e a que se opunham os grandes manitus de Wittenberg, Lutero e Melanchton. Não obstante, na primavera de 1539, recebeu Rético permissão para o expresso objetivo de visitar, na católica Ermland, o cônego Copérnico, a quem Lutero chamara «toleirão que contrariava a Sagrada Escritura».

Rético chegou a Frauenburg no verão de 1539, carregado de presentes: as primeiras edições impressas de Euclides e Ptolomeu no original grego e outros livros de matemática. Havia planejado ficar em Ermland algumas semanas, e ficou sem interrupção dois anos que deixaram marca na história humana. O seu aparecimento em Ermland veio a calhar esplendidamente, quase coincidindo com um édito do novo bispo, Dantisco, no qual todos os luteranos receberam ordem de deixar Ermland, dentro de um mês, ameaçados de perder a vida e as possessões, no caso de regressarem. O édito foi publicado em março. Três meses depois, o professor luterano, chegando diretamente da Capital da Heresia, apresentava os seus respeitos ao capítulo de Frauenburg, inclusive ao bispo Dantisco, a quem descreveu como «famoso pela sabedoria e eloqüência». Tudo isso demonstra que os estudiosos Renascentistas eram uma espécie de vaca sagrada autorizada a ambular, ruminando e não molestada, pelo tumulto do bazar.

Um ano mais tarde, o bispo Dantisco publicou outro édito, mais violento, o «Édito contra o Luteranismo» no qual ordenava que **Todos os livros, panfletos... e tudo quanto proviesse dos lugares envenenados da heresia fossem queimados na presença de representantes oficiais.** Por volta do mesmo tempo, o Professor, oriundo do mais venenoso de todos os lugares de heresia, escreveu **Em Louvor à Prússia:**

> «Os deuses me amem... ainda me não sucedeu entrar na casa de qualquer varão ilustre deste país — pois os prussianos são um povo muito hospitaleiro — sem imediatamente ver diagramas geométricos até no limiar da porta ou verificar que a geometria lhes está presente no espírito. Por conseguinte, quase todos, sendo homens de boa vontade, concedem aos estudiosos de tais artes todos os possíveis benefícios e préstimos, uma vez que o verdadeiro conhecimento e saber jamais anda separado da afabilidade e bondade.» [42]

É uma pena não haver Rético registrado, no seu estilo exuberante, o primeiro encontro com Copérnico. Foi um dos grandes encontros da história, e está no nível dos de Aristóteles e Alexandre, Cortez e Montezuma, Kepler e Tycho, Marx e Engels. Da parte do ultra-sensível e ansioso Rético, tratou-se obviamente de amor à primeira vista pelo **Domine Praeceptor,** «Meu Mestre», como iria chamar sempre a Copérnico, comparando-o a Atlas que sustenta o mundo sôbre os ombros. Por sua vez, o velho solitário e não amado perdeu o equilíbrio diante do furioso assalto e preparou-se para tolerar o jovem louco. Contava sessenta e seis anos e sentia que o fim se aproximava. Conquistara certa fama no mundo do saber, mas era da espécie má, ou seja, notoriedade mais do que reputação, baseada em notícias, e não em fatos, pois o manuscrito das **Revoluções** continuava fechado na torre, não sabendo ninguém qual era exatamente o conteúdo. Somente o **Commentariolus** era conhecido do punhado de homens que o vira, e dos quais poucos sobreviviam, porque aquele simples esboço fora escrito e circulara vinte e cinco anos antes.

Compreendia o velho cônego que a sua real necessidade era um jovem discípulo na tradição pitagórica, capaz de transmitir o ensinamento aos poucos escolhidos, sem remexer a imundície do fundo do poço. O único amigo, o gentil Giese, já não vivia em Frauenburg, nomeado que fora bispo da vizinha diocese prussiana de Kulm. Ademais, também Giese já ia beirando sessenta anos e não passava de astrônomo amador sem qualidades para discípulo. Aí estava o de que não carecia o jovem e entusiasta professor chegado de Goettingen. Era como se a própria providência o tivesse enviado, embora se tratasse de uma providência luterana. Do lado católico não havia muito que temer, como provava a carta de Schoenberg; por outro lado, Rético era protegido de Melanchton, garantiria o flanco luterano e levaria a mensagem às sedes de Wittenberg e Goettingen.

Mas Copérnico hesitava. Não podia decidir nada sem Giese, e a presença do hóspede protestante em Frauenburg constituía um embaraço mesmo que se tratasse de uma vaca sagrada. Algumas semanas depois da chegada de Rético, Copérnico despachou-o e ambos foram residir com o bispo Giese no Castelo de Loebau.

Por certo tempo, mestre e discípulo foram hóspedes do bispo. Aquele triunvirato cosmológico, no castelo medieval, deve ter discutido interminàvelmente durante as noites opacas do verão báltico sôbre o lançamento do sistema copernicano, querendo insistentemente a publicação Rético e Giese, e mantendo o velho cônego a obstinada oposição, e, no entanto, obrigado, passo a passo, a ceder. Rético descreve algumas fases da luta com uma espécie de constrangimento embaraçado, muito em contraste com a sua habitual extravagância. Transcreve longos trechos de diálogo entre o **domine praeceptor** e o bispo Giese, calando modestamente a sua participação no debate:

> «Já que o meu Mestre era social por natureza e percebia que também o mundo científico precisava de melhoramento... não tardou em ceder aos rogos do amigo, o reverendo prelado. Prometeu que faria tabelas astronômicas com novas regras, e que se tal trabalho se revestisse de um valor qualquer não o ocultaria ao mundo... Mas havia muito que sabia que [a teoria sobre a qual se fundamentavam as tabelas] subverteria as idéias concernentes à ordem dos movimentos e das esferas... comumente aceitas e tidas por verdadeiras; ademais, as hipóteses exigidas iriam contradizer-nos os sentidos.
>
> Portanto, resolveu compor as tabelas com regras exatas mas sem demonstração. Assim, não provocaria disputas entre filósofos... e seria observado o princípio pitagórico de que a filosofia deve ser estudada de tal modo que os seus segredos fiquem reservados aos sábios, aos sabedores de matemática etc.
>
> Sua Reverência mostrou, então, que tal obra seria uma dádiva incompleta ao mundo, a não ser que o meu Mestre apresentasse os motivos das tabelas e incluísse também, seguindo o exemplo de Ptolomeu, o sistema ou teoria e os fundamentos e provas com os quais contava... Não havia lugar na ciência, afirmava, para o costume freqüentemente adotado, em reinos, conferências e negócios públicos, nos quais durante algum tempo se mantêm secretos os planos, até que os súditos reconheçam os frutíferos resultados... Quanto aos ignorantes, chamados pelos gregos de «os que não sabem teoria, música, filosofia nem geometria», os seus brados deveriam ser ignorados...» [43]

Noutras palavras, o astuto cônego, instado por Rético e Giese, propunha a publicação das suas tabelas planetárias mas o ocultamento da teoria em que se baseavam. Não se devia mencionar o movimento da terra.

Malograda a manobra de evasão, reiniciou-se a luta no triunvirato. O passo seguinte terminou num assombroso compromisso, num triunfo da obliqüidade copernicana. A julgarmos pelos resultados, devem ter sido estes os têrmos do acordo:

O **Livro das Revoluções** de Copérnico não seria impresso. Em compensação, escreveria Rético uma síntese do conteúdo do manuscrito não publicado, e a daria a lume, contanto que, em parte nenhuma, mencionasse Copérnico pelo nome. Rético chamaria simplesmente de **domine praeceptor** ao autor do manuscrito não publicado, e na página de título, onde não se podia evitar a menção de um nome, referir-se-ia a Copérnico como «o sábio Dr. Nicolau de Torun». [44]

Noutras palavras, Rético esticaria o pescoço e o cônego puxaria a cabeça para baixo da sua carapuça de tartaruga.

10. NARRATIO PRIMA

Foi assim que veio à luz a **Narratio prima** — a primeira narrativa da teoria copernicana, escrita por Rético e impressa. Tinha a forma de carta dirigida por Rético ao antigo mestre de astronomia e matemática, Johannes Schoener, em Nuremberg. Contém setenta e seis páginas in-quarto, e traz o seguinte título um pouco enfadonho:

> «Ao ilustríssimo Dr. Johannes Schoener, uma **Primeira Narrativa** do Livro das Revoluções da autoria do sapientíssimo e excelentíssimo matemático, o reverendo Padre, Dr. Nicolau de Torun, cônego de Ermland. De um jovem estudante de matemática.»

O nome de Rético só está mencionado no título que conduz ao texto da carta: **«Ao ilustre Johannes Schoener, como ao seu reverendo Pai, Jorge Joaquim Rético envia saudações.»**

Após uma desculpa pela demora em enviar o relatório, explica Rético que até então só dispusera de dez semanas para estudar o manuscrito do Mestre. O manuscrito abrange todo o reino da astronomia e se divide em seis livros, dos quais já dominou três, compreendendo a idéia geral do quarto, e só tendo uma noção esboçada dos dois últimos. Apresenta, então, numa hábil descrição do sistema copernicano, exibindo a sua compreensão da matéria e independência de espírito pela desconsideração da seqüência de capítulos no manuscrito de Copérnico e substituindo-lhe um resumo do conteúdo essencial. No meio, inseriu Rético uma digressão astronômica em que o nascimento e a queda dos impérios romano e muçulmano, e o segundo advento de Cristo dependem diretamente de alterações na excentricidade da órbita terrestre. Deu também a estimativa da duração do mundo, seis mil anos, de conformidade com a profecia de Elias.

Copérnico, ao que parece, não acreditou nunca na astrologia, não sucedendo o mesmo com Rético, Melanchton e Schoener, que acreditaram nela, como a maioria dos estudiosos da época. E visto que a digressão sobre Elias e o segundo advento se destinava a proporcionar-lhes prazer, Copérnico não apresentou, aparentemente, nenhuma objeção.

Entremeadas na narrativa de Rético estão as habituais citações de Aristóteles e Platão, elogios à divina sabedoria dos antigos e protestos de que o Mestre jamais tivera a intenção de contrariar-lhes a autoridade:

> «Se proferi coisa com entusiasmo juvenil (nós, jovens, temos sempre, como diz ele, vigor mais forte do que útil), ou se escrevi inadvertidamente qualquer observação que possa parecer dirigida contra a venerável e sagrada antiguidade, mais do que pedia, talvez, a importância e dignidade do assunto, não duvido que interpretareis bondosamente o ponto e vos lembrareis mais do meu sentimento para convosco do que meu erro.

> Quanto ao sábio Mestre, ser-me-ia um prazer saberdes e vos convencerdes plenamente de que para êle nada existe melhor nem mais importante do que seguir as pegadas de Ptolomeu e, como fêz Ptolomeu, ir empós dos antigos e dos que de muito o precederam. Contudo, quando os fenômenos, que dirigem o astrônomo, o compeliram a fazer certas hipóteses até a contragosto, bastava, assim pensou, apontar as setas para o mesmo alvo, pelo mesmo método empregado por Ptolomeu, embora empregasse um arco e flechas de um tipo de material bem diverso do de Ptolomeu.» [45]

Rético continua com um delicioso **non sequatur:** «A esta altura, cabe-nos relembrar as palavras: **Livre no espírito deve ser quem deseja compreender.**

O tratado está repleto de piedosos protestos de que o Mestre «muito longe está de pensar que lhe cabe ousadamente separar-se, no anelo da novidade, das sãs opiniões dos antigos», seguidos de «... salvo por boas razões e quando os próprios fatos o obrigam a assim proceder.» [46] Tais desculpas se destinavam, provavelmente, a tranqüilizar Copérnico mais do que Melanchton e Lutero, os quais, demasiadamente sagazes para ser enganados, persistiam na oposição à teoria copernicana, mantendo, porém, a proteção ao jovem profeta.

Sim, porque ao cabo de poucas semanas transformara-se o discípulo em profeta. Os passos mais comoventes na **narratio prima** brotam inesperadamente no texto científico e se revestem de aspecto de sermões a uma congregação ainda não existente:

> «Assim à astronomia do meu Mestre cabe, de direito, o nome de eterna, como testemunham as observações dos tempos passados, e como, indubitavelmente, confirmarão as observações da posteridade... [47] Deus concedeu ao meu sábio Mestre um reinado ilimitado na astronomia. Que o dirija, guarde e aumente, para a restauração da verdade astronômica. Amém.» [48]

Havia Rético chegado a Frauenburg no verão de 1539. Pelo fim de setembro estava completa e despachada a **narratio prima,** e alguns meses mais tarde impressa. Raramente foram dez semanas gastas de melhor maneira. Nesse período de tempo, percorrera o volumoso manuscrito das **Revoluções** repleto de tabelas astronômicas, fileiras de números, complicados diagramas, e um sem-número de erros de cálculo. Destilara-lhe a essência, dera-lhe forma escrita, e de noite, auxiliado por Giese, levara a efeito as intermináveis negociações com o obstinado ancião que pensava sempre em novas evasões. O efeito combinado da tensão e da frustração parece que foi demais até para o arrebatado jovem profeta, pois sabemos que a certa altura — quando lutava com a teoria particularmente intricada da órbita de Marte — a mente lhe ficou temporariamente confusa. Duas gerações depois, quando os acontecimentos no Castelo de Loebau já se iam transformando numa espécie de lenda homérica entre os estudiosos, Johannes Kepler escrevia na Dedicatória da sua **Nova Astronomia** ao imperador Rodolfo:

> «No que tange a Jorge Joaquim Rético, o famoso discípulo de Copérnico nos dias de nossos antepassados... conta-se o seguinte: em certa ocasião, quando a perplexidade o deteve na

teoria de Marte, e já não conseguia safar-se, apelou, em último recurso, como oráculo, ao seu anjo da guarda. O indelicado espírito agarrou Rético pelos cabelos e lhe bateu repetidas vezes a cabeça contra o teto; depois, largou o corpo que foi bater contra o soalho. A êsse tratamento, acrescentou o seguinte juízo oracular: **Eis os movimentos de Marte.** O boato tem língua má... e, no entanto, bem podemos acreditar que Rético, com o espírito desequilibrado por uma especulação sem saída, se ergueu, furioso, e bateu a cabeça contra a parede.» [49]

O episódio deve ter sido muito bem conhecido no tempo de Kepler e Galileu, como indica, mais, o seguinte passo numa carta de Kepler a um colega: [50]

«Zombais de mim com o exemplo de Rético. Rio-me convosco. Vi como vos torturou miseràvelmente a lua, e a mim, por vêzes. Se agora as coisas vão mal com o meu Marte, bem vos ficaria a vós, que sofrestes semelhantes vexames, ter pena de mim.»

O próprio Rético descreveu na **narratio prima** o seu tormento mental, o tormento de um cientista na junção da Idade-Média e da Renascença, o qual sente intuitivamente que deve haver uma bela e luminosa solução do mistério cósmico, mas não logra safar-se do rodopio dos epiciclos:

«O astrônomo que estuda o movimento dos astros assemelha-se ao cego que, armado somente de um bordão [a matemática] para guiá-lo, deve empreender uma grande, interminável e perigosa jornada que serpeja através de inúmeros lugares ermos. Qual será o resultado? Procedendo ansiosamente durante algum tempo e tateando o caminho com o bordão, apoiando-se de vez em quando a ele, clamará, desesperado, ao céu, à terra e aos deuses a fim de que o auxiliem na miséria.» [51]

Como anexo à **narratio,** escreveu Rético, segundo um dos usos do tempo, um elogio do país e do povo que o tinham acolhido tão hospitaleiramente: **Encomium Borussiae.** «Em louvor da Prússia» é uma efusão sentimental no pior estilo dos humanistas, repleta de deuses gregos e remotas alegorias. Inicia-se com um floreio:

«Celebra Píndaro numa ode — escrita, segundo se afirma, em letras de ouro numa tabuleta e exibida no Templo de Minerva —a proeza de Diágoras de Rodes que venceu a competição de pugilato nos Jogos Olímpicos. A ode chama à ilha de Rodes filha de Vênus, a amada esposa do Sol. Júpiter deixou que chovesse muito ouro sobre Rodes porque o povo adorava Minerva. Pelo mesmo motivo, a própria Minerva tornou os rodenses famosos pela sabedoria e educação de que eram devotos. Não conheço outro país, nesta nossa época, mais adequado do que a Prússia para herdar a velha fama rodense.»

e assim por diante. [52] O texto só apresenta interêsse pela descrição das lutas de Giese com Copérnico, e pelas omissões reveladoras. Inclui um elogio a Giese no qual o apóstolo Paulo é invocado, e outro elogio ao Prefeito de Dantzig, comparado a Aquiles; encerra também uma descrição dos instrumentos astronômicos de Giese, uma esfera armilar feita de bronze e «um gnomon **verdadeiramente principesco (relógio de sol) que trouxera da Inglaterra e que contemplei com o maior deleite.»**[53] Não há, todavia, menção dos instrumentos de Copérnico, nem do seu observatório, nem do lugar e da maneira pela qual vive, nem tampouco do seu aspecto.

Para compreendermos o paradoxo dêste silêncio, devemos lembrar-nos de que o livro representa a narrativa de Rético da sua peregrinação a Copérnico, numa carta dirigida ao antigo mestre de Nuremberg. Ouvimos fàcilmente as indignadas exclamações do destinatário: «Mas onde vive, afinal, esse vosso novo mestre;? Que idade tem? Que aspecto? Que instrumentos usa? Dizeis que o bispo possui um **gnomon** e uma esfera armilar, mas que recebeu ele?» A razão de tão ofuscantes omissões era provavelmente a mesma que obrigava Rético a omitir a menção do nome do «meu sábio Mestre», isto é, a mania de segrêdo de Copérnico. Não a podemos explicar por uma precaução sensata, porque se alguém tivesse pretendido perseguir o astrônomo anônimo de Ermland não teria tido dificuldade em identificar o cônego Nicolau de Torun.

11. PREPARATIVOS PARA A IMPRESSÃO

Escreveu Rético a **narratio prima** sob os olhos vigilantes de Copérnico. Do castelo de Loebau, mestre e discípulo tinham regressado a Frauenburg, de onde está datada a **narratio,** em 23 de setembro de 1539 da era cristã. Quando o manuscrito ficou pronto, Rético partiu para Dantzig, onde se encontrava a tipografia mais próxima, a fim de publicá-lo.

Os primeiros exemplares da primeira narrativa impressa do sistema Copernicano foram enviados de Dantzig em fevereiro de 1540. Melanchton recebeu um; outro foi por Giese enviado ao duque protestante Alberto da Prússia, o qual, subseqüentemente, muito fêz para a propagação do sistema copernicano. Rético também enviou um exemplar a um seu amigo estudante, Aquiles Perminio Gassaro, que, imediatamente inflamado, deu os passos necessários para ser uma edição independente do livro impressa em Basiléia, algumas semanas somente após a saída da edição de Dantzig. Assim, a **narratio prima** propagou-se simultaneamente do norte e do sul, causando certo rebolíço no mundo culto. O gentil Giese já não estava sòzinho na luta contra a obstinação do amigo. Copérnico, por todos os lados, se via acossado para publicar o livro.

Agüentou-se mais seis meses, cuidando, provavelmente, de outros subterfúgios e evasões. Mas, uma vez que havia permitido fôsse publicado um resumo por outro autor, a contínua recusa para a impressão do seu manuscrito o teria exposto a perigo muito maior de ridículo do que a publicação.

Mal ficou pronta a impressão da **narratio,** Rético apressou-se em voltar de Dantzig a Wittenberg, afim de reiniciar as lições na Universidade. Terminado o período do verão, precipitou-se de novo para Fraenburg, na extremidade oposta da Alemanha, com o propósito ostensivo de acrescentar uma «Segunda Narrativa» à «Primeira». Com efeito, ia preparando contra Copérnico o ataque final que lhe arrancaria das mãos trêmulas as **Revoluções**. Desta vez teve êxito. Algum tempo depois da segunda chegada de Rético a Frauenburg, caiu **finalmente** a resistência de Nicolau Copérnico.

Rético permaneceu com ele do verão de 1540 a setembro de 1541, passando o tempo a copiar, pessoalmente, todo o manuscrito das **Revoluções**, verificando e corrigindo números duvidosos e fazendo várias alterações de menor importância.[54] Prestou também outros serviços ao mestre. Mais de dez anos antes, o anterior bispo de Ermland pedira aos cônegos Copérnico e Sculteti que lhe preparassem um mapa da Prússia.[55] Copérnico jamais terminou a tarefa iniciada. Quem a terminou foi Rético, e, visto que era um incorrigível entusiasta, não fez somente um mapa, mas acrescentou ao trabalho um dicionário e um tratado sobre a arte de cartografia. Enviou tudo ao duque Alberto da Prússia, acompanhado por uma carta de dedicatória, na qual se esforçou por fazer uma referência à próxima publicação do **magnum opus** do Mestre.

Rético também construiu para o duque «um pequeno instrumento», **ein Instrumentlein,** «indicando o comprimento do dia durante o ano todo». O duque agradeceu-lhe calorosamente, mandou-lhe de presente um ducado português, mas não deixou de queixar-se, mais tarde, de não saber o que fazer do **Instrumentlein,** acrescentando que «a meu ver o mestre ourives que o construiu não revelou muita firmeza». Recomendou a Rético que transmitisse o seu afeto — o do duque — a Lutero, Melanchton e os demais protestantes alemães de Wittenberg. Em todas essas transações amigáveis, Rético perseguia obstinadamente um único alvo: assegurar o apoio do duque à publicação das **Revoluções.** Alguns dias após enviar o mapa e o **Instrumentlein,** revelou o segrêdo: pediu ao duque cartas de recomendação ao Eleitor Protestante da Saxônia e à Universidade de Wittenberg, a fim de lhe permitirem mandar imprimir o livro do cônego Copérnico. O motivo era querer Rético que as **Revoluções** fossem impressas na famosa oficina tipográfica de Petreius, homem especializado em trabalhos de astronomia, na Nuremberg luterana. Visto que Lutero e Melanchton se opunham à teoria Copernicana, e visto que o duque da Prússia tinha grande influência no mundo protestante, convinha arranjar-lhe o apoio por escrito. O duque submeteu-se, de boa vontade, mas, em virtude de certa confusão na chancelaria ducal, as duas cartas, idênticas, a Johan Friedrich da Saxônia e à Universidade de Wittenberg, recomendavam fôsse Rético autorizado e auxiliado na impressão do **seu** «admirável livro de astronomia». Talvez tenha achado o escrevente da Chancelaria que não compreendera bem as instruções, pois nenhum astrônomo podia ser tolo a ponto de querer publicar o livro de outro astrônomo. Contudo, explicado o erro, as cartas produziram efeito.

Em agosto de 1541, uns quinze meses após o regresso de Rético a Frauenburg, ficou pronta a cópia das 424 páginas repletas de letra pequenina. Com o valiosíssimo texto na bagagem, mais uma vez cruzou o fiel discípulo a Alemanha, de volta a Wittenberg, a fim de chegar em tempo para o início do período de inverno. Teria preferido ir diretamente a Nuremberg e iniciar a impressão, que não podia ser levada a efeito sem a sua supervisão pessoal. Mas havia tempo que estava afastado das obrigações e, mais, apenas regressara, fora eleito Deão da Faculdade, outra prova da largueza de espírito de uma época que, infelizmente, se aproximava do fim.

Para preencher o tempo de espera, mandou imprimir separadamente dois capítulos das **Revoluções** em Wittenberg.[56] Eram capítulos que tratavam de trigonometria em geral e não se ligavam diretamente à teoria copernicana. Rético, porém, havia de pensar provàvelmente que a publicação do pequeno tratado contribuiria para atrair a atenção de todos ao Mestre e preparar o caminho para a **magnum opus**. Na dedicatória, congratulava-se com o século dezesseis pelo privilégio de contar, entre os vivos, o cônego Copérnico.

Finalmente, viu-se livre na primavera. Em 2 de maio de 1542, partiu para Nuremberg, munido de várias cartas de recomendação escritas por Malanchton aos patrícios principais e aos clérigos protestantes daquela cidade.

Alguns dias mais tarde, Petreius, o impressor, iniciou a composição do livro Sobre as **Revoluções dos Mundos Celestes**.

12. O ESCANDALO DO PREFACIO

A impressão progrediu rapidamente. Em 29 de junho, menos de dois meses após a chegada de Rético a Nuremberg, um tal T. Forsther, cidadão de Nuremberg, escreveu ao amigo J. Schrad em Reutlingen:

> «Deu-nos a Prússia um novo e maravilhoso astrônomo, cujo sistema está sendo impresso. Trata-se de trabalho de aproximadamente cem folhas, no qual afirma e prova que a Terra se move e que as estrêlas estão imóveis. **Há um mês vi duas folhas quando acabavam de ser impressas.** Cuida da impressão um tal **Magister** de Wittenberg [**Rético**]».[57]

Grifei as palavras acima por oferecerem uma chave ao que se tornou o maior escândalo da história da ciência. Se as folhas impressas circulavam por pessoas interessadas, como Herr Forsther, mal saíam da tipografia, é-nos permitido supor que iam também ter às mãos do autor, e que Copérnico podia assim seguir o progresso da impressão. Se tal hipótese (apoiada, como veremos, pelo testemunho de Rético) fôsse admitida, seguir-se-ia que Copérnico conhecia o Prefácio escrito por outra mão, acrescentado ao livro, e que constitui a causa do escândalo. Êle jamais houvera aparecido, se Rético tivesse podido terminar a empreitada iniciada com tamanho entusiasmo e devoção. Mas, infelizmente, viu-se obrigado a deixar Nuremberg antes que a impressão estivesse completa. Na primavera, solicitara um novo cargo, a importante cátedra de Matemática na Universidade de Leipzig. Outra vez apoiou Melanchton o pedido, e uma sua carta particular a um amigo obscuramente sugere a razão pela qual deseja Rético mudar de universidade: corriam boatos (**fabulae**) sobre êle, em Wittemberg «que não podem ser mencionados por escrito.»[58] Os boatos diziam, evidentemente, respeito à sua homossexualidade.

Teve êxito o pedido, e em novembro Rético deixou Nuremberg para assumir o novo cargo em Leipzig. Deixou a supervisão dos trabalhos de impressão das **Revoluções** a um homem que tudo o levava a julgar digno de confiança, o principal teólogo e pregador de Nuremberg, André Osiander, um dos confundidores do credo luterano. Diversamente de Lutero e Melanchton, não somente pendia Osiander favoràvelmente para Copérnico, como também se interessou vivamente pelo trabalho, e com ele estivera a corresponder-se nos dois últimos anos.

Certo de que tudo ficara disposto da melhor maneira possível, deixou Rético Nuremberg, rumando para Leipzig. Osiander, incumbido da impressão, escreveu imediatamente um prefácio anônimo às **Revoluções.** O prefácio dirigia-se ao **AO LEITOR, SOBRE AS HIPÓTESES DESTE TRABALHO.** (O texto completo encontra-se na nota 59). Começava explicando que as idéias do livro não deviam ser tomadas seriamente: «Pois tais hipóteses não precisam ser verdadeiras nem mesmo prováveis»; basta que salvem as aparências. O prefácio demonstrava, depois, a improbabilidade «das hipóteses contidas no trabalho», assinalando que a órbita destinada a Vênus faria com que tal planeta parecesse dezesseis vezes maior, quando mais perto da terra do que no ponto de maior distância «o que está contradito pela experiência de todas as épocas». Ademais, continha o livro, «absurdidades não menos importantes, que não é preciso mostrar no momento.» Por outro lado, as novas hipóteses mereciam tornar-se conhecidas, «com as velhas hipóteses que não são mais prováveis», por serem «admiráveis e também simples, e trazerem com elas um enorme tesouro de hábeis observações.» Mas a sua própria natureza «no que diz respeito a hipóteses, não permite que ninguém espere nada de certo da astronomia, a qual não o pode oferecer, a não ser que aceite como verdade idéias concebidas com outro alvo (ou seja, com simples auxílio de cálculo), e se afaste de tal estudo mais tolo do que quando o iniciou. Adeus».

Não é de admirar que o impacto emocional causado pela leitura dêsse prefácio (supondo-se que o tenha lido **realmente**) apressou, segundo se supõe, o fim de Copérnico. Mas não pode haver a menor dúvida de que Osiander agira com a melhor das intenções. Dois anos antes, quando Copérnico ainda hesitava na publicação do livro, escrevera a Osiander para desafogar a ansiedade e pedir-lhe conselho.[60] Replicara Osiander:

> «Quanto a mim sempre pensei das hipóteses que não são artigos de fé, mas bases de cálculo, de modo que pouco importa sejam falsas, contanto que representem exatamente os fenômenos... Seria bom, portanto, se pudésseis dizer alguma coisa dêste assunto no vosso prefácio, pois aplacaríeis os aristotélicos e os teólogos cujas objeções temeis.»[61]

No mesmo dia, havia Osiander escrito no mesmo sentido a Rético, então em Frauenburg:

> «Os aristotélicos e os teólogos serão facilmente aplacados se souberem que várias hipóteses podem ser usadas para explicar os mesmos movimentos aparentes, e que estas hipóteses não são propostas por serem realmente verdadeiras, mas por serem as mais convenientes no cálculo dos aparentes movimentos compostos.»

Observações de tal espécie no prefácio induziram nos opositores uma atitude mais gentil e conciliadora, e o seu antagonismo desaparecerá **«e eventualmente admitirão a opinião do autor.»**[62]

Não se preservou nem a resposta de Copérnico nem a de Rético à sugestão de Osiander. Segundo Kepler, que viu parte da correspondência antes de destruída, Copérnico rejeitou a proposta de Osiander:

«Fortalecido por uma estóica firmeza de espírito, achava Copérnico que lhe cabia publicar francamente as suas convicções.» [63] Mas Kepler não citou o texto da resposta de Copérnico, e a sua observação, que se encontra num trecho polêmico, não merece uma consideração indevida.(*) Kepler combatia fanaticamente pela teoria heliocêntrica, adorava Copérnico e atribuía-lhe uma «firmeza estóica» que êle não possuía.

O teor do prefácio foi indubitavelmente mais feliz. Em primeiro lugar, não tornava suficientemente claro não haver sido escrito pelo próprio Copérnico. É certo que numa frase se referia ao autor do livro na terceira pessoa e de maneira elogiosa, mas os estudiosos da época não padeciam de indevida modéstia, e era preciso examinar cuidadosamente o texto para descobrir que fora escrito por mão alheia, tanto que, embora a autoria de Osiander tivesse sido descoberta e revelada por Kepler, em 1609, e mencionada na biografia de Gassendi, de 1647, as posteriores edições das **Revoluções** (Basiléia 1566, e Amsterdão, 1617) aceitaram o prefácio de Osiander sem nenhum comentário, deixando ao ledor a impressão de que era realmente de Copérnico. Foi somente a edição de 1854, de Varsóvia, que mencionou a autoria de Osiander.

O mistério do prefácio, que sobreviveu a três séculos, harmoniza-se naturalmente com os modos oblíquos de Copérnico, o culto do segredo pitagórico, e o mote esotérico do livro: **exclusivamente para matemáticos.** Quer a lenda que Copérnico tenha sido vítima de um pérfido ardil de Osiander, mas a evidência interna, e também uma afirmação de Rético, a que chegarei daqui a pouco, se opõe a isso. Visto que Osiander sabia da hesitação de Copérnico sôbre a publicação do manuscrito por «quatro vezes nove anos», [63a] da sua insistência de que na **narratio prima** a autoria ficasse anônima, da tentativa de publicar apenas as tabelas planetárias sem a teoria a apoiá-las, deve ter suposto que Copérnico concordaria com a cautelosa e conciliadora introdução, que reiterava meramente a clássica doutrina de serem matérias separadas física e geometria celeste. Não temos motivos para duvidar de que Osiander agiu de boa fé, pretendendo tanto tranqüilizar o ansioso cônego, como aplainar o caminho à obra.

A questão seguinte é saber se Copérnico leu realmente o prefácio, e quais foram as suas reações. Dispomos sobre tal ponto de duas afirmações contraditórias, uma de Rético, uma de Kepler. Leiamos Kepler:

> «É das mais absurdas, admito, a hipótese de poderem ser os fenômenos da natureza explicados por causas falsas. Mal tal suposição não se encontra em Copérnico, o qual achava serem verdadeiras as suas hipóteses tanto quanto os antigos astrônomos de quem falais. E não achava simplesmente; prova que são verdadeiras. Como evidência, ofereço êste trabalho.
>
> Desejais conhecer o autor dessa suposição, que tamanha cólera vos suscita? No meu exemplar está o nome de André Osiander com a letra de Jerônimo Schreiber, de Nuremberg. André, que supervisou a impressão do trabalho de Copérnico, considerava o Prefácio que, para vós, é dos mais absurdos, prudentíssimo (como se infere da sua carta a Copérnico) e colocou-o na página de título do livro quando Copérnico já estava morto ou certamente sem conhecimento [do que fazia Osiander.]» [64]

(*) Veja adiante.

A evidência de Rético está contida numa carta do Professor de Matemática, Johannes Pretório, a um correspondente. Era Pretório amigo íntimo de Rético e estudioso digno de confiança. Diz a carta:

«No que tange ao Prefácio do livro de Copérnico, houve incerteza quanto ao autor. Contudo, foi André Osiander... quem fez o Prefácio, pois cuidada por ele foi que surgiu a primeira edição do livro de Copérnico em Nuremberg. Algumas das páginas foram enviadas a Copérnico, mas pouco depois faleceu este, antes de poder ver o trabalho inteiro. Costumava Rético afirmar com seriedade que o prefácio de Osiander havia desagradado a Copérnico, o qual ficara um pouco mais do que irritado. Parece provável, pois a sua intenção era outra, e o que lhe houvera agradado ver o prefácio dizer está patente no conteúdo da sua Dedicatória [a Paulo III]... Também o título sofreu alteração do original, fora das intenções do autor. Devia ter sido **De revolutionibus orbium mundi,** ao passo que Osiander mandou imprimir **Orbium Coelestium.**»[65]

A carta de Pretório data de 1608. A **Astronomia Nova** de Kepler, na qual se encontra o trecho citado, foi publicada no mesmo ano, ou seja, sessenta e seis anos depois do fato. A qual das duas versões devemos dar crédito?

Para decifrar o enigma, cabe-nos comparar (a) o conteúdo, (b) a fonte, e (c) o motivo oculto por trás de cada uma das duas afirmações. O conteúdo da carta de Kepler é vago: Copérnico «já estava morto ou certamente sem conhecimento» do prefácio de Osiander. Baseia-se em boatos. A fonte de Kepler é o seu velho mestre Miguel Maestlin, cujo conhecimento dos fatos era de terceira mão.[66] A afirmação de Pretório é precisa, o pormenor casual sôbre a mudança de título é convincente, e a informação lhe foi diretamente dada por Rético, de quem fora hóspede em duas oportunidades, em 1569 e 1571.[67] Quanto ao motivo, a afirmação de Kepler sobre as crenças de Copérnico constitui um mote no começo da **Astronomia Nova de Kepler** (que se estriba na hipótese copernicana) e serve claramente de objetivo propagandístico,[67a] ao passo que a versão de Pretório se contém numa carta familiar, sem nenhum motivo aparente.

O resultado é, pois, claramente favorável a Pretório, e a conclusão parece ser que, contrariamente à opinião aceita, Copérnico conhecia o Prefácio de Osiander. O documento de Pretório, por quanto me é dado saber, escapou estranhamente à atenção de todos os biógrafos, salvo o mais recente e acadêmico de todos eles, o astrônomo alemão Ernest Zinner. Tendo dúvidas quanto às minhas conclusões, escrevi ao Professor Zinner e dele recebi a seguinte resposta:

«Partilho das suas dúvidas. Podemos ter por certo haver Copérnico conhecido o prefácio de Osiander para o qual estava preparado pelas anteriores cartas de Osiander, de 1540-1541. As afirmações de Pretório são fidedignas, uma vez que se baseiam em comunicações diretas de Rético, que sabia mais. Pretório... era um estudioso consciencioso e deixou-nos importantes dados e trabalhos. Contudo, o seu testemunho é mais importante do que o vago testemunho de Kepler, que colhe a informação de Maestlin, o qual, por sua vez, viveu demasiadamente afastado de tôda a questão... Não é patente que Rético, o qual arrancara o manuscrito de Copérnico quase à força, por assim dizer, enviou as provas ao autor? Creio que tôdas as provas foram, com o tempo, enviadas a Copérnico, de modo que, por ocasião da sua morte, o livro inteiro estava impresso, como diz Giese...»[68]

Tinha evidentemente Copérnico carradas de razão de se enfurecer com as infelizes observações de Osiander de que a órbita de Vênus se via «contradita pela experiência de tôdas as épocas», que o livro continha outras «absurdidades», e assim por diante. Aquilo era realmente levar longe demais a diplomacia do apaziguamento. Mas sôbre o ponto mais fundamental de Osiander, o de ser o sistema uma simples hipótese de cálculo, não tinha motivos de queixa. Acreditava, **na verdade**, Copérnico que a terra se movia realmente, mas era-lhe impossível acreditar que a terra ou os planêtas se moviam **da maneira** descrita no seu sistema de epiciclos e deferentes, meras ficções geométricas. E enquanto o porquê e o como dos movimentos celestes se estribassem em base puramente hipotética, com rodas sôbre rodas que o astrônomo manipulava com feliz descuido da realidade física, não lhe era dado objetar à exata afirmação de Osiander sôbre a natureza puramente formal das suas hipóteses.[69]

Não sabemos se Copérnico protestou realmente contra o teor do Prefácio, mas é difícil acreditar que Osiander se teria recusado a alterar o conteúdo contrariando os desejos do autor. Talvez tenha sido tarde demais. O Prefácio foi escrito por volta de novembro de 1542, e naquele último inverno da sua vida Copérnico estêve bastante doente. Talvez as considerações do tipo mencionado no parágrafo anterior o tenham feito compreender que não possuía realmente motivos para protestar; mais certamente, procrastinou, como fizera durante tôda a vida.[70]

Há um paralelo estranhamente coerente entre o caráter de Copérnico e a maneira humilde e tortuosa mediante a qual a revolução copernicana entrou, pela porta traseira, na história, precedida da observação de desculpa: **Por favor, não tomeis isto a sério. É apenas um gracejo, destinado exclusivamente a matemáticos, e na verdade muito improvável.»**

13. A TRAIÇÃO CONTRA RÉTICO

Outro escândalo, e mais pessoal, foi causado pela publicação do livro que dizia respeito a Rético.

O grande momento da vida do discípulo é a morte do mestre. É o momento em que atinge a plena estatura e adquire uma nova dignidade como guarda da tradição, preservador da lenda. Nesse caso particular, a morte do mestre coincidiu, mais, com a tão esperada publicação do livro. Ter-se-ia esperado que Rético, o primeiro motor dêsse fato, passasse a ser mais ativo do que nunca como profeta e propagandista. Que oportunidade de se demorar em reminiscências pessoais e pormenores íntimos, já não mais contidos pela mania de segrêdo do **domine praeceptor!** Durante a última permanência em Frauenburg, Rético havia escrito uma biografia do mestre, tanto mais necessária quanto nada se sabia no mundo culto da pessoa e da carreira de Copérnico. Rético era o herdeiro legítimo e executor da doutrina copernicana, destinada, aparentemente, a tornar-se para o falecido o que Platão fora para Sócrates, Boswell para o Dr. Johnson, Max Brod para Kafka.

Para surprêsa dos contemporâneos e vexame da posteridade, no instante em que Rético deixou Nuremberg e confiou os trabalhos editoriais a Osiander, perdeu, repentina e inteiramente, o interêsse em Copérnico e nos seus ensinamentos. A biografia de Copérnico jamais foi publicada e o manuscrito perdeu-se. O mesmo destino coube a um panfleto escrito para provar que a teoria copernicana não divergia da Sagrada Escritura. O professor Rético viveu mais uns trinta anos, mas o apóstolo Rético morrera antes até do Mestre. Morrera, precisamente, com a idade de vinte e oito anos, durante o verão de 1542, enquanto o **Livro das Revoluções** ia sendo impresso.

Qual a causa de tão subitânea extinção da chama? Mais uma vez só nos é dado imaginar, mas dispomos de uma solução plausível. A própria introdução de Copérnico ao livro, na forma de Dedicatória a Paulo III, fora escrita em junho de 1542,[71] e enviada a Rético em Nuremberg, enquanto êste ainda se incumbia da impressão. Foi provavelmente o texto de tal Dedicatória que matou em Rético o apóstolo. Explicava como fôra escrito o livro, como havia Copérnico hesitado em publicá-lo, de mêdo ao ridículo, e como pensara em abandonar o projeto. Continuava, depois:

> «Mas os meus temores e protestos foram vencidos pelos amigos, dentre os quais sobressaiu Nicolau Schoenberg, cardeal de Cápua, notável em todos os ramos do saber. A seguir, alguém que me estimava bastante, Tiedemann Giese, bispo de Kulm, devotado estudante da literatura sagrada e de toda boa literatura, que muitas vêzes insistiu comigo e até me importunou para publicar o trabalho... O mesmo pedido me foi feito por muitos outros varões eminentes e cultos... Cedendo, então, permiti que meus amigos publicassem o trabalho tão longamente solicitado...!

Daí, a dedicatória rumava por outras questões. O nome de Rético não estava mencionado; muito menos em qualquer parte do livro.

Deve ter sido uma impressão horrível. Era tão fantástica e absurda a omissão que o gentil Giese escreveu, após a morte de Copérnico, uma desculpa embaraçada a Rético, referindo-se ao **«desagradável descuido de vosso mestre que se esqueceu de vos mencionar no prefácio do livro. Na verdade, não se tratou de indiferença por vós mas de falta de jeito e de atenção. O seu espírito, já obscurecido, prestava pouca atenção, vós o sabeis, às coisas que não fossem filosofia. Sei muito bem como avaliava o vosso constante auxílio e abnegação... Assististes, como um Teseu, aos seus pesados labores... É tão claro como o dia quanto nós todos vos devemos pelo incansável fervor de que destes prova.»**[72]

Mas as desculpas bem intencionadas não impunham convicção, pois a Dedicatória de Copérnico ao Papa não trai nem «falta de jeito» nem «obscurecimento do espírito». É um documento extremamente sagaz e calculado. A omissão deliberada do nome de Rético só pode ser explicada pelo temor de a menção de um protestante criar impressão desagradável em Paulo III. Se é assim, porém, Copérnico poderia ter naturalmente mencionado Rético em outro trecho qualquer, na matéria do prefácio, ou no texto. Silenciar-lhe completamente o nome foi ato tão abjecto quanto fútil, uma vez que o nome de Copérnico já estava publicamente ligado ao de Rético pela **narratio prima** e pelo fato de estar sendo o livro impresso na Nuremberg protestante sob a supervisão de Rético.

A dedicatória de Copérnico deve ter chegado a Rético entre junho e julho. Em 15 de agôsto, um livreto escrito pelo próprio Rético, contendo duas das suas lições sôbre astronomia e física,[73] foi publicado por Petreio. No prefácio, Rético relembra o primeiro conhecimento com o mestre:

> «Quando soube da grande reputação do Dr. Nicolau Copérnico, no norte da Alemanha, acabava de ser nomeado professor dessas ciências na Universidade de Nuremberg, mas pensei que não devia aceitar o cargo até que tivesse adquirido mais conhecimento da sua teoria. Nenhum obstáculo me podia evitar a partida, nem dinheiro, nem itinerário, nem outros incômodos.(*)
>
> Dei grande valor ao exame do seu livro, pois via um homem idoso impelido por juvenil audácia comunicando idéias maduras sòbre tal ciência ao mundo inteiro. E os demais estudiosos julgarão como julguei eu, quando fôr publicado o livro que temos agora na tipografia, em Nuremberg.»

Que coisa deprimente coincidir esta última afirmação de lealdade do discípulo, no tempo, com a traição do mestre!

14. O BISPO DANTISCO

As secções anteriores trataram das prolongadas dores de parto e da cesariana das **Revoluções**, que se verificaram em Nuremberg. Cabe-nos, agora, regressar à catedral de Frauenburg no Báltico, para completarmos a história dos últimos anos de Copérnico, menos felizes ainda que os primeiros. Além das dúvidas e dos aborrecimentos concernentes à publicação do livro, envolvera-se o cônego num absurdo conflito com o novo bispo. Êsse bispo, Johannes Dantisco, pesou tanto no fim da vida de Nicolau quanto o bispo Lucas no comêço. Nos demais aspectos, o alegre Dantisco foi o mais completo contraste possível do sombrio Lucas.

Era um dos mais notáveis diplomatas da Renascença, poeta laureado, autor de versos eróticos na mocidade e hinos religiosos na velhice; (**) viajante, humanista, senhor de encantadora conversação, enfim espírito de grande atração e complexidade. O bispo Lucas era vinte e seis anos mais velho do que Nicolau, enquanto o bispo Dantisco era doze anos mais moço. Contudo, Copérnico, submetia-se tanto a êste como se submetera

(*) Provavelmente, alusão ao fato de haver incorrido no perigo de desagradar a Melanchton e Lutero, com a visita a Copérnico, e, por outro lado, de estar viajando para um país católico cujo bispo acabara de publicar um édito contra o luteranismo.

(**) A **Encyclopaedia Britannica** coloca o seu trabalho posterior «entre a melhor poesia latina da Europa moderna.»[74]

àquele. Essa submissão à autoridade — a Lucas e Dantisco, por um lado, a Ptolomeu e Aristóteles, por outro — constituiu possìvelmente a principal chave da personalidade de Copérnico, minou-lhe a independência de caráter e a independência de pensamento, conservou-o numa servidão imposta por si próprio, e singularizou-o como austera relíquia da Idade-Média entre os humanistas da Renascença.

A velhice parece, em alguns casos, repetir o modelo da mocidade, ou melhor, fazer reaparecer o modelo, obscurecido durante os anos da atividade. Se Dantisco foi uma espécie de fantasma a substituir o Tio Lucas, não foi Rético, o aventureiro e incendiário, sob alguns aspectos uma reencarnação do irmão Andreas? Andreas fôra a ovelha negra da família, Rético um herege; Andreas era leproso, Rético sodomita. A temeridade e intrepidez de ambos fascinava e amendrotava o tímido cônego, e tal atitude ambivalente pode explicar porque traiu a ambos.

Johannes Flachsbinder, destinado a tornar-se o veneno da velhice de Copérnico, era filho de um fabricante de cerveja de Dantzig, donde o nome de Dantisco. Com a idade de vinte anos, lutara contra os turcos e os tártaros, estudara na Universidade de Cracóvia, viajara pela Grécia, Itália, Arábia e Terra Santa. Ao regressar, tornara-se secretário confidencial do rei da Polônia, e aos vinte e três anos enviado especial do rei a várias dietas prussianas. Foi nesse período que travou, pela primeira vez, conhecimento com Copérnico, então secretário do bispo Lucas em missões semelhantes. Mas as suas órbitas não tardaram em separar-se: Copérnico ficou em Ermland para o resto da vida, enquanto Dantisco, durante os dezessete anos seguintes, viajou por tôda a Europa na qualidade de embaixador polonês aos imperadores Maximiliano e Carlos V. Era o favorito dos dois imperadores, bem como do rei. Maximiliano fê-lo poeta laureado e cavaleiro; Carlos concedeu-lhe um título espanhol; e ambos o solicitaram, uma vez que outra, para missões especiais, como enviado de Maximiliano a Veneza, e de Carlos V a Francisco I, em Paris. E, no entanto, o filho de cervejeiro saído dos confins do mundo civilizado, e que logrou êxito em missões particularmente difíceis em diplomacia, não era nenhum pedante nem especialmente ambicioso. Com a idade de quarenta e cinco anos, no ápice da carreira, retirou-se para a província de nascimento e lá passou o resto da vida, primeiramente como bispo de Kulm, depois de Ermland.

Durante os anos em que foi embaixador, os principais interesses de Dantisco foram a poesia, as mulheres e a companhia de homens cultos, aparentemente nessa ordem. A sua correspondência, de dimensões erasmianas, estendeu-se até ao novo continente da América; pois trocou cartas com Cortez no México. As relações amorosas foram igualmente cosmopolitas, indo da «Grinea» tirolesa, em Innsbruck, a Ysope de Galda em Toledo, que lhe deu uma bela filha. O famoso poema ad Grineam é uma encantadora elegia sobre os esplendores e o declínio da virilidade, mas Dantisco devotava-se igualmente ao amor toledano e à filha, Dantisca; após voltar para Ermland, enviou-lhes uma pensão regular, por intermédio das casas bancárias dos Fuggers e Welsers em Augsburgo, e de Dantisco recebeu um retrato através dos bons ofícios do embaixador espanhol do imperador. Permaneceu leal aos velhos amigos e às amantes, mesmo quando se tornou piedoso católico, e a boa amizade com Melanchton, o chefe luterano, ficou igualmente inalterada diante da conversão. Em janeiro de 1533, quando já era bispo de Kulm, escreveu-lhe Melanchton, por cima das trincheiras, por assim dizer, que pela vida inteira seria devedor de Dantisco, e acrescentou que, mais do que os brilhantes dotes, lhe admirava a profunda humanidade.[75] Outro contemporâneo resumiu a opinião geral preponderante entre os estudiosos luteranos, quanto ao bispo católico de Kulm: **Dantiscum ipsam humanitatem esse.** Dantisco é a própria humanidade.[76] O subseqüente conflito entre Dantisco e Copérnico deve ser julgado diante dêsse panorama.

Em 1532, pois, achava-se Dantisco estabelecido no bispado de Kulm, a cêrca de uma jornada a cavalo de Frauenburg. Mais ainda, fôra também nomeado cônego de Frauenburg, sendo assim confrade de Nicolau. Todos teriam acreditado que a chegada de tão ilustre humanista ao interior provinciano ocultado pelos «vapores do Vístula» seria alegre acontecimento na vida solitária de Copérnico. Mal havia pessoa em Ermland, e ainda menos em Frauenburg, com quem pudesse falar de ciência e astronomia, a não ser Giese, que em tais assuntos não brilhava muito. Dantisco, por outro lado, além das suas outras atrações, estava profundamente interessado na ciência, correspondia-se com vários estudiosos (inclusive o grande matemático Gemma Frisio), possuía vários globos e instrumentos astronômicos, um mapa da América, e até três relógios, um dos quais levava em volta do pescoço, prêso por uma corrente.

Logo após se estabelecer em Kulm, Dantisco fêz ofertas a Copérnico, as quais, por inimagináveis razões, foram afetadamente repelidas. Entre as dezesseis cartas particulares escritas por Copérnico, e que estão preservadas, dez foram dirigidas a Dantisco,[77] e constituem leitura deprimente. A primeira data de 11 de abril de 1533, isto é, alguns meses após haver-se Dantisco instalado no bispado. A carta é, com base em ocupações oficiais, uma recusa do convite de Dantisco para visitá-lo no Castelo de Loebau.[78]

> **«Reverendissime in Christo Pater et Domine!**
> Recebi a carta de Vossa Reverendíssima e bem compreendo o favor e a boa vontade de V. Senhoria, que teve a condescendência de estender não somente a mim, senão também a outros varões de grande excelência. Creio que não deve certamente ser atribuído aos meus méritos, mas à conhecida bondade de Vossa Reverendíssima. Praza a Deus ser-me possível, um dia, merecer essas coisas. Rejubilo-me, indiscutìvelmente, mais do que se pode dizer, de haver encontrado tal senhor e patrono. Contudo, no que tange ao convite de Vossa Reverendíssima Senhoria para que eu a visite em 20 dêste mês (o que faria da melhor boa-vontade, tendo motivos inúmeros para visitar tão grande amigo e protetor), a má sorte mo impede, pois em tal ocasião vários negócios e necessárias circunstâncias obrigam Mestre Félix e a mim a permanecermos neste lugar. Por conseguinte, solicito de Vossa Reverendíssima Senhoria não tome a mal a minha ausência naquela oportunidade. Noutros respeitos, prontifico-me, como me cabe, a satisfazer Vossa Reverendíssima Senhoria, uma vez que o dever me obriga a fazer outras inúmeras coisas, na maneira pela qual Vossa Reverendíssima Senhoria houver por bem indicar-me, noutra ocasião, o que deseja. Confesso que não estou obrigado a satisfazer-lhe as solicitações, senão a obedecer-lhe as ordens.»

Como Dantisco sabia exatamente a natureza e a importância dos «negócios oficiais» realizados no Capítulo de Frauenburg, do qual era membro, não convencia aquela desculpa. A segunda carta está datada de três anos depois, 8 de junho de 1536. Trata-se, novamente, de recusa a um convite a assistir à celebração das bodas de uma parenta do bispo. A desculpa, mais uma vez, é «negócio oficial»: [79]

> **«Reverendissime in Christo Pater et Domine Domine Clementissime!**
>
> Recebi a carta de Vossa Reverendíssima Senhoria, plena de humanidade e graça, na qual Vossa Revendíssima Senhoria me lembra a familiaridade e o favor que contraí na mocidade; [sabemos que Copérnico tem doze anos mais do que Dantisco] e sei que tem permanecido forte como sempre. E visto que devo ser incluído entre os íntimos, Vossa Reverendíssima Senhoria se dignou convidar-me para o casamento de sua parenta. Na verdade, Reverendíssima Senhoria, deveria obedecer-lhe e apresentar-me de vez em quando a tão grande senhor e protetor. Mas agora, estando verdadeiramente ocupado com negócios que o Reverendíssimo Senhor de Ermland me impôs, não me é possível ausentar-me. Por conseguinte, suplico seja a minha ausência tomada por bem, e que Vossa Reverendíssima Senhoria preserve a velha opinião a meu respeito, embora eu esteja ausente, pois a união de almas é superior à união de corpo. A Vossa Reverendíssima Senhoria, em toda a felicidade, recomendo os meus humildes deveres e desejo perpétua boa saúde.»

O tom dessas e das demais cartas, posteriores, comparado à correspondência entre humanistas contemporâneos, e particularmente à do próprio Dantisco, é assombroso e patético. O homem que havia removido a terra do centro do universo escreve ao poeta laureado e antigo Embaixador no estilo de funcionário obsequioso, submisso e, no entanto, acre, mordido por uma obscura inveja ou ressentimento, ou simples incapacidade de abrir-se e establecer uma relação humana.

A terceira carta, datada de um ano depois, 9 de agosto de 1537, está vazada em termos diferentes, mas não mais brilhantes. Foi escrita após a morte do bispo de Ermland, Maurício Ferber, quando era ponto pacífico que Dantisco seria eleito seu sucessor. Contém alguns indiferentes boatos políticos chegados a Copérnico por cartas de Breslau dois meses antes; entre outros assuntos, a notícia de um armistício entre o imperador e Francisco I, que resultou infundada. É difícil ver qual o motivo de Copérnico em enviar essa informação fora de data, de segunda mão, a Dantisco o qual dispunha de correspondentes nos quatro cantos do mundo, a não ser o motivo de estar Dantisco prestes a tornar-se seu superior imediato.

Em 20 de setembro de 1537, os cônegos de Frauenburg reuniram-se solenemente na Catedral para elegerem o novo bispo. O privilégio de nomear os candidatos cabia, segundo o intricado processo eclesiástico em Ermland, ao rei polonês, enquanto a eleição era privilégio do Capítulo. De fato, porém, o candidato da lista real já era prèviamente aceito pelo Capítulo e pela Chancelaria, sendo Dantisco intermediário. A lista compreendia o próprio Dantisco (em cuja eleição todas as partes haviam previamente concordado), e outros três candidatos. Eram os outros os cônegos Zimmerman e von der Trank, os quais não nos interessam, e o cônego Henrique Snellenburg.

Havia o cônego Snellenburg, uns vinte anos antes, incorrido numa dívida de cem marcos com o cônego Copérnico e só tinha devolvido noventa. Por conseguinte, escreveu Copérnico uma carta desinteressante (uma das dezesseis preciosas cartas que ainda nos restam) ao bispo daquele tempo, solicitando-lhe que instasse com Snellenburg para pagar os outros dez marcos. Não sabemos qual o resutado. Os anos tinham-se passado e o mau pagador Snellenburg fôra escolhido como candidato ao trono do bispo. Tratava-se de uma escolha puramente formal, pois Dantisco é que devia ser eleito; e, no entanto, originou um grotesco episòdiozinho. Tiedemann Giese, o devotado e angelical Giese, escreveu a Dantisco uma carta em que lhe rogava tirasse Snellenburg da lista de candidatos pois **exporia o Capítulo ao ridículo,** e o substituísse por Copérnico. Dantisco, que evidentemente não podia importar-se menos com a questão, satisfez-lhe a vontade. Copérnico teve o prazer de ser candidato ao bispado e Dantisco foi eleito por unanimidade, inclusive com o voto de Copérnico.

Instalou-se o bispo Dantisco no Castelo de Heilsberg, onde Copérnico passara seis anos na qualidade de secretário do Tio Lucas. No outono de 1538, visitou oficialmente as cidades do novo bispado, acompanhado pelos cônegos Reich e Copérnico. Foi, diz Prowe, «o último encontro amigável entre os amigos Dantisco e Copérnico», [80] embora não haja prova nenhuma de terem sido amigos.

No curso dessa visita oficial, ou talvez um pouco mais tarde, deve ter Dantisco tratado de uma questão embaraçosa, que dizia respeito a Anna Shillings, parenta afastada de Copérnico, e sua **focaria.** Segundo os biógrafos de Copérnico, **focaria** significava **dona-de-casa.** Segundo Baxter e a **Lista do Mundo Latino Medieval,** [81] significava «dona-de-casa ou concubina». Sabemos que outro cônego de Frauenburg, Alexandre Sculteti, [82] também possuía uma **focaria** que lhe dera vários filhos. Dantisco, que não era nenhum suscetível, continuava a mandar dinheiro à antiga amante, e contemplava, embevecido, os retratos da linda filha. Mas uma coisa eram os problemas amorosos da mocidade, em países distantes, e outra viver abertamente com uma **focaria** na própria diocese. Além disso, não tinham envelhecido apenas os dois homens, senão o próprio século; a Contra-reforma estava resolvida a restabelecer a pureza de vida no seio do clero, cuja corrupção nutrira os vários Luteranos e Savonarolas. Copérnico tinha sessenta e três anos; era tempo, tanto pelo relógio pessoal como pelo histórico, de dizer **vale à focaria.**

Mas não era fácil mudar de dona-de-casa e de hábitos aos sessenta e três anos de idade. Copérnico, muito compreensìvelmente, hesitava e postergava, esperando talvez que Dantisco se esquecesse da questão. Em novembro, Dantisco lembrou a Copérnico a promessa. A sua carta desapareceu, mas a resposta de Copérnico é esta:

> **«Reverendissime in Christo Pater et Domine Domine Clementissime mihique et omnibus observande!**
>
> A advertência de Vossa Reverendíssima Senhoria é bastante paternal, e mais do que paternal, admito-o. Recebi-a no âmago do coração. Quanto à primeira intimação de Vossa Reverendíssima Senhoria sobre o mesmo assunto, longe de mim a idéia de esquecê-la. Pretendia agir de acordo; embora não fosse fácil encontrar pessoa adequada da minha estirpe, pretendia terminar o assunto antes da Páscoa. Contudo, não desejando que Vossa Reverendíssima Senhoria me julgue capaz de arranjar pretextos por um adiamento, reduzi o período a um mês, ou seja, até o Natal; não pode ser mais breve, como

Vossa Reverendíssima Senhoria compreenderá. Envidarei todos os esforços para evitar ofensa aos bons costumes, e a Vossa Reverendíssima Senhoria, que tem merecido ser reverenciado, honrado e, acima de tudo, amado por mim. A isso me dedico com tôdas as fôrças. Ex Gynopoli, 2 de dezembro de 1538. De Vossa Reverendíssima Senhoria obedientíssimo Nicolau Copérnico.»

Até o dedicado Prowe observa que a carta é **repelente de ler** e que **«descontadas as maneiras devocionais do estilo curial... é bastante humilhante.»** [83]

Seis semanas depois, escreveu Copérnico a Dantisco uma espécie de **consummatum est**:

> **«Reverendissime in Christo Pater et Domine Domine Clementissime!**
>
> Fiz o que não quereria nem poderia deixar sem fazer, pelo que espero ter satisfeito a advertência de Vossa Reverendíssima Senhoria. Quanto à informação que de mim Vossa Reverendíssima Senhoria pediu sôbre o tempo de vida do seu antecessor, meu tio Lucas Waczelrodt, de santa memória, comunico-lhe que viveu 64 anos e 5 meses, que foi bispo durante 23 anos, que faleceu no penúltimo dia de março, **anno Christi** 1522. Com ele terminou uma família cujas insígnias podem ser vistas nos velhos monumentos e em inúmeras obras [públicas] de Torun. Recomendo a Vossa Reverendíssima Senhoria a minha obediência.
>
> Ex Frauenburg, 11 de janeiro do ano de 1539.
>
> De Vossa Reverendíssima Senhoria devotadíssimo Nicolau Copérnico.»

Mas não era tão facilmente que a gente se livrava das **focarias.** A dona-de-casa de Sculteti, e mãe de seus filhos, **ameaçou e acaloradamente prometeu prejudicar o obediente servo do Capítulo, e vergonhosamente empregou vergonhosas palavras de insulto.** [84] Quanto a Anna, de Copérnico, parece que simplesmente se recusou a deixar Frauenburg, resolvida a tornar tudo o mais difícil possível a todos os implicados. Mais de dois meses após a última carta de Copérnico a Dantisco, outro cônego, Plotowski, escreveu ao bispo:

> «No que concerne às companheiras de Frauenburg, a de Alexandre ocultou-se durante alguns dias na casa dele, prometendo que partiria com o filho. Alexandre (Sculteti) regressou de Loebau com fisionomia alegre. Não sei que notícias trouxe. Permanece no **curia** com Niederoff e a **focaria**, que se assemelha a uma vendedora de cerveja dotada de todos os males. A mulher do Dr. Nicolau enviou os pertences a Dantzig, mas quanto a ela continua em Frauenburg...» [85]

Seis meses depois a questão ainda não estava terminada. Dantisco, evidentemente, cansou-se de enviar paternais admoestações a Copérnico, e de receber, em troca, cartas untuosas. Assim, pediu, privadamente a Giese (já bispo de Kulm) que empregasse a sua influência com Copérnico a fim de pôr côbro aos encontros secretos do ancião com Anna e evitar outros escândalos.

Em 12 de setembro de 1539, respondeu Giese:

> «...falei sèriamente com o Dr. Nicolau sôbre o assunto, segundo o desejo de Vossa Reverendíssima Senhoria, e coloquei-lhe, sob os olhos, os fatos. Pareceu-me algo perturbado [por saber] que, embora tivesse sem hesitar obedecido à vontade de Vossa Reverendíssima Senhoria, algumas pessoas malignas continuavam a acusá-lo de encontros secretos, e assim por diante. Nega ter revisto a mulher, depois de havê-la despedido, a não ser quando, numa viagem ao Mercado em Koenigsberg, ela lhe falou de passagem. Comprovei seguramente que não está impressionado como supõem muitos. Além do mais, a idade avançada e os estudos incessantes me certificam disso, sem mencionar a dignidade e respeitabilidade do homem; contudo, insisti para que evitasse também a simples aparência de mal, e creio que seguirá o meu conselho. Mas, a meu ver, seria melhor não depositasse Vossa Reverendíssima Senhoria tanta confiança no informante, levando em consideração que a inveja se agarra facilmente aos homens de valor e não teme importunar até Vossa Reverendíssima Senhoria. Recomendo-me, etc.» 86

A última observação de Giese não passava de sugestão amigável, de bispo a bispo. Embora anteriormente tivessem sido rivais, quanto à sé de Ermland, estabelecera-se um compromisso, dando-se a Giese o bispado de Kulm, e os dois continuaram em excelentes relações, o que tornou possível a Dantisco pedir a Giese, em repetidas ocasiões, que intercedesse com Copérnico, a fim de poupar outras humilhações ao velho cônego.

Concomitantemente com a desagradável questão de Anna, houve distúrbios políticos no Capítulo, cujas causas são extremamente complexas (V. na nota 87, um breve esbôço); mas a personagem central foi, mais uma vez, o intrépido cônego Sculteti, o qual não sòmente vivia abertamente com a «cervejeira» e a ninhada de filhos, como também guiava a resistência contra os esforços de Dantisco para garantir a Prússia Oriental à coroa polonesa. Foi uma luta por interêsses de elevado valor político, que, um ano mais tarde, levou à proscrição de Sculteti, e ao seu banimento, e vários anos depois à temporária excomunhão da maioria do capítulo de Ermland. Sendo Copérnico amigo de Sculteti, e tendo navegado com ele no mesmo barco quanto ao escândalo das **focarias**, ansiava Dantisco por evitar que o ancião ficasse envolvido naquilo.

Em 4 de julho de 1539, escreveu a Giese:

> «Disseram-me que o Dr. Nicolau Copérnico que, como sabeis, estimo tal qual fôsse meu irmão, é hóspede vosso. Tem ele íntima amizade com Sculteti, o que é mau. Adverti-o de que tais ligações e amizades lhe são perigosas, mas não lhe digais que a advertência provém de mim. Estou certo de que sabeis que Sculteti tem mulher e é suspeito de ateísmo.» 88

Devemos lembrar-nos de que Dantisco era superior imediato do cônego Copéernico, e que Giese governava outra diocese. A carta prova que Dantisco se empenhou bastante para poupar embaraço a Copérnico, uma vez que uma advertência direta do superior eclesiástico houvera sido humilhante ao velho cônego. Mas a lenda quer que Dantisco **lhe ordenou, abruptamente, romper relações com o amigo Sculteti,** e que perseguiu Copérnico para evitar terminasse o seu livro.[89]

A verdade é que quando, em 1541, Dantisco soube da decisão de Copérnico de publicar, finalmente, as **Revoluções**, imediatamente lhe escreveu uma calorosa e amigável carta, incluindo um epigrama poético, para servir de adágio ao livro. Copérnico respondeu:[90]

> **«Reverendissime in Christo Pater et Domine Domine Clementissime.**
>
> Recebi a humaníssima e íntima carta de Vossa Reverendíssima Senhoria, na qual condescendeu em me enviar, destinado aos leitores do meu livro, um epigrama sobriamente elegante e ajustado, não aos meus merecimentos, mas à extraordinária benevolência com a qual Vossa Reverendíssima gosta de honrar os estudiosos. Colocá-lo-ia, pois, na página de título da obra, se esta merecesse realmente ser tão ornada por Vossa Reverendíssima Senhoria, embora cultíssimos varões, a quem ela agrada, declarem que tenho algum valor. Verdadeiramente desejo, na medida das minhas fôrças, gratificar a extraordinária benevolência e paternal afeto para comigo, pelos quais Vossa Reverendíssima Senhoria não cessa de me honrar, e servi-la, como me cabe, em tudo quanto me é possível. Frauenburg, 27 de junho de 1541. De Vossa Reverendíssima Senhoria obedientíssimo Nicolau Copérnico.»

É a última carta que nos resta, de Copérnico a Dantisco, e muito provavelmente a última realmente escrita a ele. A contribuição do poeta laureado não apareceu no livro, nem no manuscrito de Copérnico, e perdeu-se. Após agradecer a Dantisco pela «extraordinária benevolência», Copérnico deixou cair calmamente o epigrama no cesto de papéis, como já havia feito com os convites de Dantisco. Era, na realidade, um velho amargo.

15. A MORTE DE COPÉRNICO

Os últimos meses da sua vida devem ter sido efetivamente solitários. Havia abandonado Rético, e Rético, por sua vez, o abandonara. Giese vivia longe de Frauenburg; Sculteti fora banido. Um por um, os cônegos da sua geração tinham morrido. Não fora muito estimado pelos contemporâneos e não exercia o menor atrativo na geração que os ia substituindo. Nem sequer podiam os jovens encarar o ancião da torre com o respeitoso enfado que a decrepitude acarreta, pois o escândalo a respeito de Anna acrescentava à sua reputação de sovina a de libertino. Pouco o ajudava também a ligação passada com o doido luterano de Wittenberg. Estava virtualmente banido.

Podemos avaliar o grau da solidão que o cercava por uma carta que, no início da derradeira enfermidade de Copérnico, Giese escreveu de Loebau a um dos cônegos de Frauenburg, Jorge Donner:[91]

> «...Visto que ele [Copérnico] amava a solidão até nos dias de saúde, creio que dispõe de poucos amigos que o ajudem, agora que está doente, apesar de todos lhe devermos muito pela integridade pessoal e excelentes ensinamentos. Sei que sempre vos

teve entre os mais fiéis. Peço-vos, portanto, já que é essa a natureza dele, vos constituais seu guarda e protejais o homem a quem ambos sempre estimamos, a fim de se não ver privado de auxílio fraternal nesta emergência, e de não parecermos nós ingratos, merecedor como é. Adeus. Loebau, 8 de dezembro de 1542.»

Pelo fim de 1542, Copérnico foi vítima de uma hemorragia cerebral, seguida de uma paralisia parcial, e não mais se levantou do leito. No início de 1543, Dantisco escreveu ao astrônomo Gemma Frisio, em Lovaina, que Copérnico estava morrendo. Mas o fim só sobreveio ao cabo de alguns meses, em 24 de maio. Numa carta a Rético, escrita algumas semanas depois, registrou Giese o acontecimento numa frase única e trágica:

«Durante muitos dias ficou privado da memória e do vigor mental, só vendo o livro completo no derradeiro instante, no dia em que veio a falecer.» [92]

Sabemos que o espírito tem o poder de agarrar-se à vida e, dentro de limites, de adiar a morte do corpo. O espírito de Copérnico estivera a errar, mas talvez houvesse suficiente determinação para resistir até o momento em que a mão pode acariciar o livro.

O seu estado de espírito, no derradeiro momento, se exprime numa reflexão sôbre um texto de Tomás de Aquino, por ele feita em letra pequena e trêmula num marcador de páginas: [93]

Vita brevis, sensus ebes, negligentiae torpor et inutiles occupationes nos paucula scire permittent. Et aliquotients scita excutit ab animo per temporum lapsum frudatrix scientiae et ininimica memoriae praeceps oblivio.

«A brevidade da vida, a rudez dos sentidos, o torpor da indiferença e ocupações sem proveito nos permitem conhecer muito pouco. Repetidamente, o veloz olvido, ilusão do conhecimento e inimigo da memória, sacode do espírito, com o tempo, até o que sabemos.»

O primeiro monumento a Copérnico, na Igreja de São João, na cidade de Torun, traz uma interessante inscrição que se supõe haver sido copiada de uma nota encontrada em seu poder. [94] Trata-se de um poema de Enéias Sílvio:

Non parem Pauli gratiam requiro, Veniam Petri neque Posco, sed quam In Crucis ligno dederas latroni, Sedulus oro.

Não almejo a graça concedida a Paulo
nem a remissão dada a Pedro
Perdoa-me apenas, rogo ardentemente,
como perdoaste aos ladrões crucificados.

Um epitáfio mais terreno apareceu num medalhão de cobre cunhado no século dezessete por um tal Cristiano Wermuth, em Gotha. Traz na face um busto com esta inscrição: **«Nicolaus Copernicus matematicus natus 1473, D. 1543.»** No verso, encontra-se uma quadrinha em alemão: [95]

Der Himmel nicht die Erd umgeht
Wie die Gelehrten meynen
Ein jeder ist seines Werms gewiss
Copernicus des seinen.

O céu não gira em tôrno da terra
como pretendem os sábios.
Cada homem encontra, certamente, o seu verme.
Inclusive Copérnico.

No dialeto franconiano, **koeppernecksch** significa também proposição atrapalhada, artificial.

16. MORTE DE RÉTICO

Rético sobreviveu ao mestre mais de trinta anos, levando uma vida intranqüila, variável, febril. Mas dela, fora-se o objetivo, estava desfeita a fonte, e as atividades de Rético foram-se tornando cada vez mais mórbidas e fantásticas. Na universidade de Leipzig ficou menos de três anos; em 1545, partiu para a Itália, e, a despeito de duas solicitações da Universidade, recusou-se a voltar, dando como pretexto más condições de saúde. Parece que estudou medicina na Suíça, durante algum tempo, mas ninguém sabia o que havia sido feito dele. Assim, um estudioso de Wittenberg, chamado Gaurico, escreveu sob o horóscopo de Rético: «De volta da Itália, enloqueceu e morreu em abril de 1547» [95a] o que nos lembra uma das descrições de Kepler sobre a insânia de Rético no Castelo de Loebau.

Em 1548, contudo, regressou a Leipzig e esforçou-se por voltar mais uma página. Nos três anos seguintes foram publicados dois trabalhos seus, um anuário astronômico para 1550 e uma obra sobre trigonometria, com extensas tabelas. Neles, referia-se a Copérnico como mestre, dizia que lhe havia supervisado a publicação dos trabalhos e que «nestes nada devia ser alterado.» [96] Provavelmente era afirmação feita por defesa, pois havia sido instado por todos os lados a corrigir os erros de cálculo das **Revoluções** e a continuar a exposição da doutrina do mestre. Nada disso fez. Pelo contrário, o prefácio ao trabalho sobre trigonometria contém a assombrosa sugestão de deverem ser os comentários de Proclo ao sistema ptolemaico ensinados nas universidades alemãs! Quanto ao ensinamento do sistema copernicano, nem uma palavra. A ambiciosa lista de futuras publicações, por ele anunciada no mesmo Prefácio, não contém, tampouco, menção nenhuma da sua biografia de Copérnico, que já havia terminado em manuscrito. [97]

Dois anos após o regresso a Leipzig, Rético viu-se obrigado a partir de novo, dessa vez em circunstâncias mais dramáticas. A explicação é dada por uma inscrição no livro de um tal Jacó Kroeger: **«Êle (Rético) era um ilustre matemático, que por algum tempo viveu e ensinou em Leipzig, mas abandonou essa cidade por volta de 1550 em virtude de crimes sexuais (sodomia e perversão italiana). Conheci esse homem.»** [98] Era uma repetição dos incidentes que, oito anos antes, haviam provocado a fuga de Wittenberg a Leipzig, e que colocou Osiander na direção dos trabalhos tipográficos das **Revoluções.**

Durante os sete anos seguintes, são obscuros os movimentos de Rético. Parece que deixou a Alemanha de mêdo de ser prêso. Em 1557, surgiu em Cracóvia. A consciência o atormentava, pois anunciou que, em obediência aos desejos do falecido Mestre, que insistira em observações mais freqüentes e melhores dos astros, ele, Rético, erigira um obelisco de quarenta e cinco pés de altura: «porque nenhum aparelho se compara, em excelência, ao obelisco; as esferas armilares, as varas de Jacó, os astrolábios e os quadrantes são inventos humanos, mas o obelisco, erigido por conselho de Deus, a todos sobrepassa». Escolhera Cracóvia para as suas observações «por estar situada no mesmo meridiano de Frauenburg».[99]

Contudo, o empreendimento parece que falhou. Seis anos mais tarde, instavam com ele vários estudiosos para que continuasse, e expusesse a obra de Copérnico. Rético brincou com a idéia, pediu auxílio a um colega e, finalmente, deixou novamente morrer a questão.

Em 1567 escreveu a um amigo que gostava de astronomia e química, mas que vivia como médico[100] e pendia para os ensinamentos de Paracelso. Um ano depois, escreveu sobre os seus planos a Pedro Ramus, o grande matemático francês, explicando que a cambaleante teoria de Ptolomeu devia ser substituída por um verdadeiro sistema fundamentado na observação, e mais especialmente no uso que os egípcios tinham feito do obelisco. Assim, criaria «uma astronomia alemã para os meus alemães».[101] Mencionava também outros numerosos projetos: o acabamento do monumental trabalho sôbre trigonometria no qual empregara doze anos, uma obra de astronomia em nove livros, vários volumes de astrologia e sete livros de química, já esboçados.

De todos esses projetos, só as tabelas trigonométricas é que tinham valor científico, sendo publicadas póstumamente pelo seu discípulo, Otho, e garantindo a Rético um lugar honroso na história da matemática. Representavam enorme quantidade de espantosos esforços e constituíam evidentemente a terapia ocupacional que o manteve dentro dos limites da sanidade mental.

Já contava mais de cinqüenta anos, e não conseguia estabelecer-se. Fez-se médico de um príncipe polonês, depois emigrou para Cassóvia, na Hungria, onde alguns nobres magiares o protegeram. Morreu lá em 1576, aos sessenta e dois anos de idade.[102]

Foi nesse último ano de vida que o jovem matemático, Valentino Otho, foi de Wittenberg a Cassóvia, nos contrafortes das montanhas de Tatra, para tornar-se seu discípulo, e publicar, vinte anos depois, o resultado da obra de Rético, a **Opus Palatinum de Triangulis**. O prefácio de Otho ao livro contém este epitáfio sobre Jorge Joaquim Rético:

> «...Quando regressei à Universidade de Wittenberg, quis a sorte que eu lesse um diálogo de Rético, o qual estava ligado ao cônego. Fiquei tão excitado e inflamado que não pude esperar e tive de viajar, na primeira oportunidade, ao encontro do próprio autor e saber dele, pessoalmente, coisas sôbre o assunto. Rumei, pois, para a Hungria, onde Rético trabalhava então e fui recebido por ele da maneira mais delicada. Mal tínhamos trocado poucas palavras quando, ao ser informado do motivo da minha visita, retrucou:
>
> 'Vindes visitar-me com a mesma idade com a qual visitei Copérnico. Se o não tivesse visitado, nenhum dos seus trabalhos houvera sido dado a lume.'[103]

II. O SISTEMA DE COPÉRNICO

1. O LIVRO QUE NINGUÉM LEU

O **Livro das Revoluções das Esferas Celestes** foi, e continua a ser, o livro de venda mais difícil.

A primeira edição, em Nuremberg, 1543, totalizou um milhar de exemplares, que não conseguiram ser esgotados. Teve quatro reimpressões em quatrocentos anos: Basiléia, 1566, Amsterdão, 1617, Varsóvia, 1854, e Torun, 1873. [1]

Trata-se de registro notavelmente negativo e inteiramente único entre os livros que fizeram história. Para lhe apreciarmos o significado, devemos compará-lo à circulação de outras obras contemporâneas de astronomia, a mais popular das quais foi o livro de texto de um habitante do Yorkshire, John Holywood, conhecido por **Sacrobosco** (falecido em 1256), que não teve menos de cinqüenta e nove edições. [2] O padre jesuíta Cristóvão Clavius escreveu um **Tratado da Esfera**, publicado em 1570, que teve dezenove reimpressões durante os cinqüenta anos seguintes. O livro de Melanchton, **Doutrinas de Física**, publicado seis anos após o livro de Copérnico e que tentava refutar as teorias de Copérnico, foi reimpresso nove vezes antes de serem as **Revoluções** impressas uma única vez (1566), e teve outras oito edições posteriormente. O livro de Kaspar Peucer sobre astronomia, publicado em 1551, foi reimpresso seis vezes nos quarenta anos seguintes. Os trabalhos que acabamos de mencionar, mais o **Almagesto** de Ptolomeu e a **Teoria Planetária** de Peurbach, alcançaram cerca de cem reimpressões na Alemanha até o fim do século dezesseis. O **Livro das Revoluções** apenas uma. [3]

A principal razão de tal negligência é a suprema ilegibilidade do livro. É interessante notar que até os mais conscienciosos sábios modernos, quando escrevem sobre Copérnico, revelam inconscientemente não o terem lido. A denúncia é o número de epiciclos no sistema copernicano. No fim do seu **Commentariolus**, havia Copérnico anunciado (V. p. 97 e seg.): «no todo, pois, bastam trinta e quatro círculos para explicar a estrutura do universo e a dança dos planetas.» Mas o **Commentariolus** fora apenas um otimista anúncio preliminar; quando Copérnico chegou às minúcias nas **Revoluções**, viu-se obrigado a acrescentar rodas, em número cada vez maior, ao maquinismo, e elas chegaram a quase cinqüenta. Mas visto que não as acrescenta em lugar nenhum, e que não há resumo do livro, o fato escapou à atenção. Até o antigo Astrônomo Real, Sir Harold Spencer Jones, caiu na armadilha afirmando na **Chamber's Encyclopedia** que Copérnico reduziu o número de epiciclos «de oitenta para trinta e quatro». O mesmo erro se encontra na Alocução Comemorativa de Copérnico, do Professor Dingle, à Sociedade Astronômica Real em 1943,[4] e em bom número de excelentes obras de História da Ciência. (*) Obviamente, valeram-se do orgulhoso anúncio, freqüentemente citado na última frase do **Commentariolus**, como coisa indiscutível.

De fato, emprega Copérnico quarenta e oito epiciclos, se os contei direito (V. Quadro, nota 9).

Além disso, Copérnico havia exagerado o número de epiciclos do sistema Ptolemaico.[10] Pôsto em dia por Peurbach no século quinze, o número de círculos exigido pelo sistema ptolemaico não era de 80, como afirmava Copérnico, mas de 40.[11]

Noutras palavras, contrariamente à crença popular e até acadêmica, Copérnico **não reduziu o número de círculos: aumentou-o (de 40 para 48).**[12] Como pôde êsse erro sobreviver durante tão dilatado tempo, e ser repetido por tão eminentes autoridades? A resposta é que pouca gente, até entre os historiadores profissionais da ciência, leu o livro de Copérnico, porque o sistema copernicano (em oposição à idéia heliocêntrica) mal vale se perca tempo com ele. Nem o próprio Galileu parece tê-lo lido, como veremos.

O manuscrito das **Revoluções** consiste em 212 folhas de pequeno tamanho. Não contém o nome do autor nem nada da matéria prefacial.[13]

A primeira edição impressa inicia-se com o prefácio de Osiander, seguido da carta do cardeal Schoenberg e da dedicatória de Copérnico a Paulo III.

O trabalho está dividido em seis livros.

Contém o primeiro um amplo esboço da teoria, seguido de dois capítulos sobre trigonometria esférica; o segundo está inteiramente dedicado aos princípios matemáticos de astronomia. O terceiro diz respeito aos movimentos da terra; o quarto aos movimentos da lua; o quinto e o sexto aos movimentos dos planetas.

Os princípios **básicos** e o programa do trabalho estão estabelecidos nos onze primeiros capítulos do primeiro livro e podem ser resumidos da seguinte maneira: O universo ocupa um espaço finito limitado pela esfera das estrelas fixas. No centro, acha-se o sol. Tanto a esfera das estrelas como o sol são imóveis. Em volta do sol giram os planetas Mercúrio, Vênus, Terra, **Marte**, Júpiter e Saturno, nessa ordem. A lua gira em torno da terra. A aparente revolução diária de todo o firmamento se deve à rotação da terra sobre o próprio eixo. O aparente movimento anual do sol, na eclíptica, se deve à revolução anual da terra na sua órbita. As estações e os retrocessos dos planetas se devem à mesma causa. As pequenas irregularidades das estações, e outras irregularidades de menor importância, se devem às **librações** (oscilações), do eixo da terra.

(*) Entre elas, **The Metaphysical Foundations of Modern Science**[5] de Burtt, **The Origins of Modern Science,** de Butterfield,[6] em **Science Since 1500**[7] de H. T. Pledge, e **A Short History of Science,** de Ch. Singer.

Essa sinopse da teoria ocupa menos de vinte páginas no começo do livro, ou cerca de cinco por cento do todo. Os restantes noventa e cinco por cento consistem na aplicação da teoria. E quando isso está completado, pouco resta da doutrina original. Por assim dizer, destruiu-se no processo, o que constitui, provàvelmente, o motivo da não-existência de sumário, conclusões, nem deesnvolvimento de qualquer espécie no fim do livro, apesar das repetidas promessas feitas no texto.

No começo (Livro I, capítulo 10), Copérnico afirma: «no meio de tudo fica o sol... o qual, no trono real, governa a família de planetas que giram em torno dele... Encontramos, pois, em tal arranjo uma admirável harmonia do mundo». Mas no Livro III, quando se trata de reconciliar a doutrina com a observação efetiva, a terra já não gira em torno do sol, mas em torno de um ponto do espaço distante do sol cerca de três vezes o diâmetro do sol. Nem tampouco giram os planêtas em volta do sol, como qualquer escolar supõe que Copérnico haja ensinado. Os planetas movem-se em epiciclos de epiciclos, não centralizados no sol mas no centro da **órbita da terra.** Há, portanto, dois «tronos reais»: o sol e o ponto imaginário do espaço em volta do qual gira a terra. O ano, isto é, a duração de uma revolução completa da terra em torno do sol, exerce decisiva influência sobre os movimentos dos demais planetas. Em resumo, a terra, no governo do sistema solar, tem aparentemente a mesma importância que o próprio sol, e é de fato tão importante quanto no sistema aristotélico ou ptolemaico.

A principal vantagem do sistema copernicano sobre o ptolemaico é a maior simplicidade geométrica sob um ângulo essencial. Transferindo o centro do universo da terra para um ponto na vizinhança do sol, desapareceriam os movimentos retrógrados dos planetas, que tanto haviam aborrecido os antigos. Devemos lembrar-nos de que durante o seu avanço anual ao longo da faixa zodiacal os planetas chegam, de vez em quando, a um ponto de parada, dali invertendo a direção por algum tempo, para, em seguida, avançarem novamente. Enquanto a terra permaneceu sendo o centro do universo, tal fenômeno logrou ser «salvo» pelo acréscimo de outros epiciclos ao mecanismo de relógio, mas não havia motivo natural para que os planetas se comportassem como faziam. Se, porém, o centro estivesse perto do sol e a terra girasse em volta dele, com os demais planetas, era evidente que cada vez que a terra «alcança» um dos planetas exteriores (os quais giram com velocidade menor) este parece retroceder por algum tempo, e cada vez que a terra é alcançada pelos planetas interiores dotados de maior velocidade resulta uma aparente inversão de sentido.

Foi enorme lucro em simplicidade e elegância. Por outro lado, o deslocamento do centro do universo para um ponto na vizinhança do sol acarretou uma perda quase igual em plausibilidade. Anteriormente havia o universo possuído um centro sólido, a terra, um centro realmente sólido e tangível; agora, todo o mundo dependia de um ponto no espaço vazio. Além disso, o ponto imaginário era ainda definido pela órbita da terra e os movimentos do sistema inteiro dependiam ainda dos movimentos da terra. Nem mesmo os **planos** das órbitas planetárias se encontravam no sol; oscilavam no espaço, segundo a posição da terra. O sistema copernicano não era um sistema verdadeiramente heliocêntrico, e sim um sistema, por assim dizer, vácuocêntrico.

Não importava muito que fosse considerado apenas geometria celeste, sem referência à realidade física — como afirmava o prefácio de Osiander. No texto, porém, afirmava Copérnico, repetidas vezes, que a terra se movia **realmente,** e com isso expunha o sistema ao julgamento baseado em considerações reais, físicas. E dêsse ponto de vista era insustentável o sistema. As quarenta rodas de cristal sôbre rodas de Ptolomeu tinham sido bastante más, mas pelo menos todo o maquinismo era suportado pela terra. A máquina de Copérnico possuía ainda mais rodas e não era suportado pela terra nem pelo sol; não tinha centro físico. Ademais, o centro da órbita de Saturno jazia fora da esfera de Vênus e o centro da órbita de Júpiter perto da esfera de Mercúrio. Como podiam tais esferas funcionar sem colisão e sem interferência? Quanto a Mercúrio, o mais recalcitrante dos planetas, tinha de ser dotado de um movimento oscilatório ao longo de uma linha reta. Mas o movimento em linha reta era, por Aristóteles e Copérnico, considerado impossível no caso de um corpo celeste; logo, devia ser decomposto no movimento combinado de mais duas esferas, uma girando dentro da outra, e o mesmo artifício devia ser empregado para «salvar» o movimento libratório do eixo da terra e todos os movimentos em latitude. A terra possuía nove movimentos circulares independentes. Mas, perguntava o assombrado leitor de Copérnico, se o movimento da terra é **real**, as nove rodas sobre as quais ela gira também devem ser **reais**. Onde estão?

Em vez da simplicidade harmoniosa que o capítulo inicial das **Revoluções** prometia, o sistema não passava de um pesadelo confuso. Para citarmos um historiador moderno, que invadiu a ciência sem olhos de preconceito:

> «Quando mergulhas, por assim dizer, pela terceira vez, muito depois de te haveres esquecido de tudo nessa leitura, ainda flutuará diante dos teus olhos a visão enevoada, a fantasia de círculos e esferas que é a marca de Copérnico.» [14]

2. OS ARGUMENTOS EM PROL DO MOVIMENTO DA TERRA

Com efeito, Copérnico levou a ortodoxia no tocante a círculos e esferas até mais longe do que Aristóteles e Ptolomeu, o que se patenteia quando tenta provar o movimento da terra por argumentos físicos. Poder-se-á objetar, diz, que todas as coisas pesadas gravitam para o centro do universo, mas se a terra se move, não está mais no centro. A tal objeção responde assim: [15]

> «Parece-me que a gravidade não passa de uma inclinação natural, concedida às partes dos corpos pelo Criador a fim de combinar as partes no formato de uma esfera e contribuir, dessarte, para a sua unidade e integridade. E podemos crer que tal propriedade está presente também no sol, na lua e nos planetas, de modo que com isso retêm o seu formato esférico não obstante a variedade de caminhos».

Assim, as partes do todo se mantêm unidas em virtude do desejo de formarem uma coisa perfeita; a gravidade, para Copérnico, é o anelo das coisas por se tornarem esferas.

As demais objeções clássicas eram, principalmente, o fato de que um corpo que cai seria «deixado atrás» pela terra em movimento; que a atmosfera, também, ficaria atrás; e que a própria terra se despedaçaria em virtude da força disruptiva da rotação. Copérnico enfrenta essas objeções aristotélicas com uma interpretação ainda mais ortodoxa de Aristóteles. Distinguia Aristóteles entre movimento «natural» e movimento «violento». O movimento natural, diz Copérnico, não pode conduzir a resultados violentos. O movimento natural da terra é girar; tendo formato esférico não pode deixar de girar, sendo-lhe a rotação uma conseqüência natural da esfericidade, assim como a gravidade é o desejo natural de esfericidade.

> «Mas se sustentarmos que a terra se move, diremos também que tal movimento é natural, não violento. As coisas que sucedem segundo a natureza produzem efeitos opostos aos devidos à força. As coisas sujeitas à violência ou força desintegram-se e não podem subsistir por longo tempo. Mas tudo quanto sucede por natureza é feito convenientemente e preserva as coisas nas suas melhores condições. É inútil, portanto, o medo de Ptolomeu de que a terra e tudo sobre ela se desintegraria pela rotação, que é um ato da natureza, inteiramente diverso do ato artificial ou de qualquer coisa imaginada pela inteligência humana...» [16]

Numa palavra, a rotação da terra não gera forças centrífugas.

Depois desse truque escolástico, inverte Copérnico o argumento: se o universo girasse em torno da terra, com velocidade incomparavelmente maior, não correria também um risco muito maior de se despedaçar? Mas evidentemente com base no próprio argumento de Copérnico, de que a rotação natural não é disruptiva, o universo em tal caso estaria igualmente seguro e a questão permanece sem decisão.

Volta-se, depois, para a objeção de que os corpos que caem e o ar ficariam atrás, por causa do movimento da terra. Mais uma vez a sua resposta é estritamente aristotélica: já que a atmosfera mais próxima contém uma mistura de matéria terrestre e aquosa, segue a mesma lei natural que a terra: «os corpos que caem em virtude do peso devem, por causa do seu máximo de terrenalidade, participar indiscutìvelmente da natureza do todo ao qual pertencem». Noutras palavras, as nuvens e as pedras que caem mantêm o passo com a terra, não por participarem do momento físico dela — conceito totalmente alheio a Copérnico — mas por participarem do atributo metafísico de «terranalidade», sendo-lhes, pois «natural» o movimento circular. Seguem a terra por afinidade ou simpatia.

Finalmente,

> «concebemos a imobilidade mais nobre e divina do que a mutabilidade e instabilidade, sendo esta última mais adequada à terra do que ao universo. Acrescento que pareceria absurdo atribuir movimento ao que contém e localiza, mais do que ao que é contido e localizado, ou seja, à terra».

Afora a muito maior simplicidade geométrica do sistema como meio de salvar os fenômenos, é tudo quanto Copérnico tem para dizer, em matéria de argumentos físicos, em apoio ao movimento da terra.

3. O ÚLTIMO DOS ARISTOTÉLICOS

Vimos que as idéias de Copérnico sobre a física eram puramente aristotélicas e que os seus métodos de dedução seguiam estritamente as linhas escolásticas. Na época em que as **Revoluções** foram escritas, era ainda muito importante a autoridade de Aristóteles no mundo acadêmico conservador, mas rejeitavam-na outros estudiosos mais progressistas. Na Sorbona, em 1536, Pedro Ramus foi ovacionado quando escolheu por tese «Tudo quanto está em Aristóteles é falso». Erasmo dizia que a ciência aristotélica era um pedantismo estéril, «buscando, na mais densa treva, o que não existe de maneira nenhuma». Paracelso comparava a educação acadêmica ao «cão exercitado para saltar através de um anel», e Vives à «ortodoxia defendendo a cidadela da ignorância».[17]

Nas universidades italianas, em que havia estudado, Copérnico entrara em contacto com uma nova geração, pós-aristotélica de estudiosos, os neo-platônicos, já que o declínio de Aristóteles se entremeava com um renascimento platônico. Dei a esse par constante o nome de astros gêmeos; seja-me permitido mais uma vez trocar a metáfora e compará-los ao familiaríssimo casal dos barômetros de brinquedo da época da rainha Vitória: um cavalheiro de sobretudo e guarda-chuva aberto, e uma senhora de alegre vestido de verão, os quais, girando sobre um eixo comum, emergem alternadamente dos refúgios para anunciar a chuva ou o sol. A última fora a vez de Aristóteles; agora é Platão que surge de novo, mas um Platão inteiramente diverso do vulto pálido, sobrenatural, dos primeiros séculos do cristianismo. Após aquele primeiro período do reinado de Platão, quando a natureza e a ciência haviam sido profundamente desdenhadas, o reaparecimento de Aristóteles, cronista dos delfins e das baleias, acrobata da premissa e da síntese, incansável sabetudo, fora acolhido com alívio. Mas, afinal, não era possível haver progresso saudável de pensamento na corda de equilibrista da dialética. Foi justamente na mocidade de Copérnico que Platão tornou a surgir, ovacionado com maior júbilo ainda pelos humanistas.

Mas aquele platonismo, vindo da Itália na segunda metade do século quinze, era em quase todos os ângulos o oposto do neoplatonismo dos primeiros séculos, e em comum pouco mais tinha do que um nome consagrado. O primeiro revelara o lado parmenídico de Platão, o segundo o lado pitagórico. O primeiro separara espírito e matéria no seu «dualismo do desespero; o segundo unira o êxtase intelectual dos pitagóricos ao deleite do homem da Renascença na natureza, na arte, no artesanato. Os jovens de olhos brilhantes da geração de Leonardo eram **factotums** com múltiplos interêsses e uma curiosidade devoradora de dedos ágeis e ágeis espíritos; impetuosos, intranqüilos, céticos acerca da autoridade, o oposto radical dos escolásticos inchados, restritos, ortodoxos e pedantes do declínio aristotélico.

Copérnico tinha vinte anos menos que Leonardo. Durante os dez anos passados na Itália, vivera no meio dessa nova geração de homens, e não se tornara um deles. Regressara para a sua torre medieval e o seu medieval panorama da vida. Levara consigo apenas uma idéia acarretada pelo renascimento pitagórico: o movimento da terra. E passou o resto da vida tentando ajustá-la na estrutura medieval baseada na física aristotélica e nas rodas ptolemaicas. Era como tentar ajustar um motor a jacto numa velhíssima e periclitante diligência.

Foi Copérnico o último dos aristotélicos entre os grandes homens de ciência. Na atitude para com a natureza, varões como Rogério Bacon, Nicolau de Cusa, Guilherme de Ockham e João Buridã, que o antecederam um século ou dois, eram **modernos** comparados a Copérnico. A escola Ockhamista de Paris, que floresceu no século catorze e a que me referi brevemente antes, havia realizado consideráveis progressos no estudo do movimento, momento, aceleração e teoria dos corpos que caem, tudo problemas básicos do universo copernicano. Haviam demonstrado que a física aristotélica com os seus «motores imóveis», o movimento «natural» e «violento», etc., não passava de palavreado oco, e quase tinham chegado a formular a Lei de Inércia, de Newton. Em 1337 Nicolau de Oresme escrevera um Comentário sôbre o **De Caelo** de Aristóteles — tratava-se, de fato, de uma refutação — no qual atribuía a volta diária do céu à rotação da terra, e fundamentava a teoria em princípios físicos muito mais sólidos do que Copérnico, como aristotélico, podia fazer. Copérnico não conhecia os descobrimentos de dinâmica da escola parisiense (que parecem ter sido ignorados na Alemanha); mas o que pretendo frisar é que na Faculdade de Merton e na Sorbona, um século e meio antes, um grupo de homens menos famosos do que Copérnico havia abalado a autoridade da física aristotélica, à qual ele se escravizou a vida inteira.

Foi essa submissão quase hipnótica à autoridade que se tornou a destruição de Copérnico, quer como homem, quer como cientista. Como iria observar Kepler mais tarde, «Copérnico tentou, mais do que a natureza, interpretar Ptolomeu». A sua absoluta confiança não só nos dogmas físicos, senão também nas observações astronômicas dos antigos, foi a principal razão dos erros e absurdidades do sistema copernicano. Quando o matemático de Nuremberg, Johannes Werner, publicou um tratado **Sobre o Movimento da Oitava Esfera**, no qual se permitia discutir a confiança de certas observações de Ptolomeu e Timócares, Copérnico atacou-o venenosamente:

> «...Convém-nos, escreveu, seguir os métodos dos antigos estritamente e ater-nos às suas observações, que nos foram legadas como Testamento. E àquele que julga não deverem merecer inteira confiança, em tal respeito, fecham-se, indubitàvelmente, as portas da nossa Ciência. Ficará diante dessas portas e tecerá os sonhos do insano sobre o movimento da oitava esfera e receberá o que mereceu por acreditar que pode dar apoio às suas alucinações mediante a trucidação dos antigos». [18]

Não foi o desafogo de um jovem fanático. Copérnico escreveu-o em 1524, quando já contava mais de cinqüenta anos. Afastando-se da habitual cautela e domínio, a inesperada veemência de linguagem brota de uma desesperada necessidade de apegar-se à fé nos antigos, já abalada. Dez anos depois, iria confiar a Rético que os antigos o haviam enganado, que «não tinham apresentado desinteresse, mas que haviam arranjado muitas observações para se adequarem às suas teorias pessoais sobre os movimentos dos planetas». [19]

Afora as suas próprias vinte e sete observações, todo o sistema Copernicano se fundamentava nos dados observacionais de Ptolomeu, Hiparco e outros astrônomos gregos e árabes, cujas afirmações ele aceitara sem crítica, como verdade evangélica, jamais se detendo para considerar a possibilidade de erros cometidos por descuidados escribas e tradutores naqueles textos notoriamente corrompidos, nem de enganos e falsificações de algarismos pelos próprios observadores antigos. Quando, finalmente, verificou a incerteza dos dados sôbre os quais construíra, deve ter compreendido que se fora a base do seu sistema. Mas já era demasiadamente tarde para fazer alguma coisa.[20] Além do medo do ridículo, deve ter sido essa comprovação da insegurança de base que o fez relutar tanto na publicação do livro. Acreditava que a terra se movia realmente, mas já não podia acreditar que a terra, nem os planetas, se movessem realmente na maneira, e nas órbitas, que o seu livro lhes destinava.

A tragédia da cega fé na autoridade dos antigos, que faz de Copérnico um vulto tão patético, está ilustrada por curioso exemplo. A questão é muito técnica e eu preciso simplificá-la. Confiando num punhado de precaríssimos dados decorrentes de supostas observações de Hiparco, Menelau, Ptolomeu e Al Batani, dispersadas por dois mil anos, Copérnico foi levado a crer num fenômeno que não existe: a mudança periódica da razão de balanço do eixo terrestre.[21] Na realidade, o balanço se verifica na mesma razão constante; os dados dos antigos eram simplesmente errados. Em resultado, sentiu-se Copérnico obrigado a construir uma teoria incrivelmente laboriosa, que atribuía dois movimentos oscilatórios independentes ao eixo da terra. Mas as oscilações ao longo de uma linha reta são movimentos «violentos» proibidos pela física aristotélica; logo Copérnico dedica um capítulo inteiro[22] à demonstração de como pode esse movimento em linha reta ser produzido pela combinação de dois movimentos «naturais», isto é, circulares. O resultado foi que a terra recebeu outros quatro movimentos circulares, além dos cinco já existentes.

Pelo fim do penoso capítulo, em que a obsessão de Copérnico pelos círculos atinge o clímax, por assim dizer, o manuscrito contém estas linhas: «É de notar, a propósito, que se os dois círculos tiverem diferentes diâmetros, permanecendo inalteradas outras condições, o movimento resultante não será uma linha reta... mas **uma elipse**». (*) Não é realmente verdade, pois a curva resultante será uma ciclóide de mera semelhança com a elipse — mas o estranho é que Copérnico acertou na elipse, forma de todas as órbitas planetárias, chegou a ela pelos motivos errados e por uma dedução defeituosa e, tendo assim feito, abandonou-a imediatamente: o passo está riscado no manuscrito, e não se vê na edição impressa das **Revoluções.** A história do pensamento humano está repleta de achados felizes e de **eurekas** triunfantes; é raro ver registrado um dos anticlímax, a perdida oportunidade que, normalmente, não deixa vestígio.

4. GÊNESE DO SISTEMA COPERNICANO

O vulto de Copérnico, visto de longe, é o de um intrépido herói revolucionário do pensamento. Ao nos aproximarmos, transforma-se aos poucos no de um pedante inchado, sem o faro, sem a intuição sonâmbula do verdadeiro gênio, e que, tendo apanhado uma boa idéia, a desenvolveu num mau sistema, lidando pacientemente, amontoando mais epiciclos e deferentes no mais sombrio e ilegível dos livros que fizeram história.

Negar que Copérnico tenha sido pensador original pode afigurar-se paradoxal e blasfemo. Tentemos repercorrer o processo de raciocínio

(*) O grifo é do autor.

que o levou ao sistema copernicano. Trata-se de debatidíssimo problema, de algum interesse tanto para a psicologia do descobrimento como para a história do pensamento humano.

O nosso ponto de partida é o seu primeiro tratado astronômico, o **Commentariolus**, que se inicia caracteristicamente:

> «Os nossos antepassados supuseram um grande número de esferas celestes por um motivo especial: explicar o movimento aparente dos planetas pelo princípio da regularidade. Julgavam inteiramente absurdo que um corpo celeste não se movesse sempre com velocidade uniforme e em círculo perfeito.»

Depois de afirmar o seu **credo** volta-se Copérnico para Ptolomeu, cujo sistema, diz, se harmoniza com os fatos observados, **mas**... e segue-se um trecho revelador que explica o motivo que colocou Copérnico na busca. É a comprovação do fato de que no universo de Ptolomeu qualquer planeta se move em círculo perfeito, **mas não realmente com velocidade uniforme.** Mais precisamente, o planeta não percorre distâncias iguais em tempos iguais, visto do centro do seu círculo. Só **parece** assim fazer quando é observado de um ponto diverso especialmente escolhido para tal fim. Chama-se esse ponto o **punctum equans** ou «igualante». Ptolomeu a ele recorreu para salvar o princípio do movimento uniforme, permitindo-lhe o **punctum equans** dizer que existe, afinal, um ponto do espaço no qual o observador pode desfrutar da ilusão de ser constante o movimento do planeta. Copérnico, porém, observa indignadamente que «um sistema de tal espécie não parece suficientemente absoluto nem suficientemente agradável ao espírito».[23]

Era a mágoa do amante da perfeição, incapaz de tolerar tamanha ofensa contra o seu ideal de movimento uniforme circular. Mágoa imaginária, pois na realidade os planetas não se moviam em círculos, mas em epiciclos de epiciclos, produzindo curvas ovais; e, a não ser ao espírito obcecado, pouco importava que a uniformidade estivesse «salva» relativamente ao centro do epiciclo imaginário ou ao igualante também imaginário. Contudo, como o próprio Copérnico explica, foi essa mágoa que iniciou toda a reação em cadeia:

> «Tendo percebido esses defeitos, pensei repetidas vezes se não era possível descobrir uma disposição mais razoável de círculos... em que tudo se moveria uniformemente em torno do seu próprio centro, como exige a regra do movimento absoluto.»[24]

Assim, o primeiro impulso de Copérnico para reformar o sistema ptolemaico se originou do desejo de remover dele um erro de menor importância, uma coisa que se não conformava estritamente aos princípios conservadores de Aristóteles. Foi levado a derrubar o sistema ptolemaico pelo desejo de preservá-lo, tal qual o maníaco que, entristecido pela verruga da face da criatura amada, lhe corta a cabeça para devolver-lhe a perfeição. E não foi a primeira vez na história que um reformador puritano começou por atacar imperfeição de menor importância, e terminou por verificar que se tratava de sintoma de moléstia profundamente enraizada e irremediável. Os igualantes de Ptolomeu não mereciam que alguém ficasse excitado com êles, mas eram sintomáticos da dissonante artificialidade do sistema.

Uma vez que se pôs a desmanchar o maquinismo de relógio de Ptolomeu, começou a esperar uma sugestão útil qualquer para poder colocar as rodas em ordem diferente. Não teve de esperar muito:

> «Dei-me, portanto, ao trabalho de ler de novo os livros de todos os filósofos sôbre os quais consegui pôr as mãos, para descobrir se não havia um dêles que mantivesse a opinião de existirem outros movimentos dos corpos celestes diversos dos supostos pelos que ensinavam matemática nas escolas. Comprovei, assim, em Cícero que Hícetas havia acreditado que a terra se movia. Depois, vi em Plutarco * que outros tinham tido o mesmo parecer. Transcreverei as suas palavras para que todos as leiam:
>
> 'Outros, porém, sustentavam que a terra se move; por exemplo, Filolao, o pitagórico, dizia que ela gira em volta do Fogo num círculo oblíquo, como o sol e a lua. Heraclides do Ponto e Ecfanto, o pitagórico, também supõem que a terra se move, embora não em movimento progressivo, mas à guisa de roda que gira sôbre um eixo em torno do próprio eixo, de oeste a leste.'
>
> Dessarte, valendo-me de tal informação, também comecei a pensar no movimento da terra. E apesar de se afigurar opinião absurda, visto que sabia que outros, antes de mim, tinham tido a liberdade de imaginar as órbitas que quisessem, a fim de demonstrar os fenômenos dos astros, percebi que eu também poderia tentar o descobrimento de provas mais sólidas das revoluções dos corpos celestes, supondo um movimento qualquer da terra.» [25]

Há outras referências [26] aos «pitagóricos Heraclides e Ecfanto», e a «Hícetas de Siracusa, que fazia a terra girar no centro do mundo». Depois, no Livro I, capítulo 10, intitulado **Sobre a ordem das órbitas celestes**, dá-nos Copérnico a versão da gênese do seu sistema:

> «Afigurou-se-me, pois, um erro ignorar certos fatos bem conhecidos de Marciano Capella, que escreveu uma enciclopédia, e de outros latinos. Acreditava êle que Vênus e Mercúrio não giram em torno da terra como outros planetas, mas em torno do sol, e não podem, conseqüentemente, afastar-se do sol mais do que permite o tamanho da órbita. Que significa isso, senão que o sol é o centro das órbitas dêles e que êles giram em torno do sol? Assim a esfera de Mercúrio seria envolvida pela de Vênus, duas vêzes maior, e encontraria espaço suficiente no interior dela. Se nos valermos da oportunidade para dar a

---

* Refere-se de fato à obra do pseudo Plutarco **De Placiti Philosophorum III, 18**

Saturno, Júpiter e Marte o mesmo centro (isto é, o sol)... cairão os seus movimentos numa ordem regular e explicável... E visto que agora todos estão dispostos em torno do mesmo centro, mister se faz ser preenchido pela terra, e pela lua que a acompanha, e por toda a matéria encontrável na esfera sublunar o espaço deixado entre a superfície convexa da esfera de Vênus e a esfera côncava de Marte... Logo, não hesitamos em afirmar que a lua e a terra descrevem anualmente uma órbita circular colocada entre os planetas interiores e os exteriores em volta do sol que permanece imóvel no centro do mundo, e que tudo que parece movimento do sol é, na realidade, movimento da terra.»

Ora, tudo isso nos é familiar. Copérnico refere-se, primeiramente, ao chamado sistema «egípcio» de Heraclides, (*) a «morada a meio caminho», no qual os dois planetas interiores giram em tôrno do sol, enquanto o próprio sol e os planetas exteriores, continuam a girar em volta da terra. Dá, em seguida, o segundo passo (o de fazer também os planetas exteriores girar em torno do sol), dado na antiguidade por Heraclides ou por Aristarco; e finalmente, o terceiro passo para completar o sistema heliocêntrico, no qual todos os planetas, inclusive a terra, giram em torno do sol, como sugere Aristarco de Samos.

Não é possível duvidar de que Copérnico conhecia a idéia de Aristarco e lhe seguia as pegadas. A prova se encontra no próprio manuscrito de Copérnico, das **Revoluções**, onde se refere a Aristarco, sendo, porém, caracteristicamente, a referência riscada a tinta. Por conseguinte, no livro se reconhecem os precursores de Aristarco, mas não o próprio Aristarco, assim como estão omitidos os nomes de Rético, Brudzewski e Novara, os mestres a quem Copérnico mais devia. Tinha de mencionar o fato de ser a idéia heliocêntrica conhecida dos antigos, como que para provar a respeitabilidade dela; no entanto, confundiu a trilha, como de hábito, deixando de citar os mais importantes entre êles.[27]

É bastante improvável, contudo, que tenha tido a idéia pelo simples fato de percorrer os antigos filósofos. A idéia da terra móvel, da terra como planeta ou astro, ia-se alastrando nos dias da sua mocidade. Vimos (pág. 64 e seg.) que durante a Idade-Média final, o sistema de Heraclides havia sido favorecido pela maioria dos estudiosos interessados em astronomia. Do século treze em diante, a influência de Ptolomeu havia-se reafirmado simplesmente por não existir outra teoria planetária pormenorizada e compreensiva como o **Almagesto**; mas logo depois, surgiu forte corrente de crítica e oposição. Já antes, Averróis, o maior filósofo árabe da Europa (1126-1198) comentara: «As astronomia ptolemaica não é nada no que tange à existência, mas convém para o cálculo do não-existente.»[28] Não se lhe deparava melhor alternativa; o seu epigrama, contudo, podia servir de mote para o crescente descontentamento provocado pelo pensamento errado prevalecente em cosmologia.

Ésse **malaise** metafísico transformou-se em franca rebeldia na primeira metade do século em que Copérnico havia nascido. Nicolau de Cusa (1401-1464), eclesiástico alemão, filho de um barqueiro do Mosela, e que chegou a cardeal, foi o primeiro em arremeter contra a tampa do

(*) Primeira Parte, Capítulo III,2.

universo medieval. No seu **Sábia Ignorância**,[29] escrito em 1440, impresso em 1514, vinte anos antes das **Revoluções**, afirmava que o mundo não tinha limites e, portanto, nem periferia nem centro. Não era infinito, e sim «não-terminado», ou seja ilimitado, estando nele tudo em movimento:

> «Uma vez, pois, que a terra não pode ser o centro, não pode estar inteiramente despida de movimento... É claro para nós que a terra está realmente em movimento, embora não nos pareça, pois não percebemos o movimento a não ser por comparação com alguma coisa fixa».[30]

A terra, a lua e os planetas, todos se movem em volta de um centro, que não está definido. Mas Cusa nega expressamente que se movam em círculos perfeitos, ou com velocidade uniforme:

> «Além disso, nem o sol, nem a lua, nem nenhuma esfera — embora se nos afigure diversamente — pode em [seu] movimento descrever um verdadeiro círculo, porque não se movem em tôrno de uma base fixa. Não há em parte nenhuma círculo verdadeiro, de tal modo que não seja possível outro mais verdadeiro, nem tampouco [qualquer coisa] é sempre em determinado tempo [exatamente] como outra, nem se move de [maneira] precisamente igual, nem descreve um círculo igualmente perfeito, apesar de o não percebermos.»[31]

Negando ter o universo um centro ou uma periferia, Cusa negava também a estrutura hierárquica, negava a inferioridade da posição da terra na Cadeia dos Seres, negava ser a mutabilidade um mal limitado à esfera sublunar. «A terra é um nobre astro», proclamava triunfantemente, «o conhecimento humano não pode determinar se a região da terra está num grau de maior perfeição ou baixeza em relação aos demais astros...»[32]

Finalmente, estava certo de que os astros eram feitos da mesma matéria que a terra e habitados por sêres nem melhores nem piores do que o homem, mas simplesmente **diversos**:

> «...Não se pode dizer que êste lugar do universo [é menos perfeito por ser] morada dos homens, animais e vegetais que são menos perfeitos do que os habitantes da região do sol e dos outros astros... Não parece que, de acordo com a ordem da Natureza, possa haver natureza mais nobre ou mais perfeita do que a natureza intelectual que vive aqui nesta terra como na sua região, mesmo que haja nos outros astros habitantes pertencentes a outra espécie. Na realidade, o homem não deseja outra natureza, e sim apenas a perfeição da sua própria natureza.»[33]

Cusa, que não era astrônomo praticante, não construiu nenhum sistema. Mas os seus ensinamentos indicam que muito antes de Copérnico não sòmente os franciscanos de Oxford e os Ockhamistas de Paris se haviam separado de Aristóteles e do universo fechado, como também na Alemanha havia homens possuidores de uma visão muito mais moderna que o cônego de Frauenburg. Cusa morreu sete anos antes de Copérnico nascer; ambos foram membros da **natio** alemã em Bolonha, e Copérnico conhecia os ensinamentos de Cusa.

Estava outrossim familiarizado com o trabalho dos predecessores imediatos, o astrônomo alemão Peurbach e o seu discípulo Regiomontano, os quais tinham produzido o renascimento da astronomia como ciência exata na Europa, após um milênio de estagnação. Jorge Peurbach (1423-61) oriundo de uma cidadezinha da fronteira da Baviera, estudou na Áustria e na Itália, onde conheceu Nicolau de Cusa, e fez-se, posteriormente, professor da Universidade de Viena e Astrônomo real do rei da Boêmia. Escreveu um excelente tratado sobre o sistema ptolemaico, que teve mais tarde cinqüenta e seis edições, e foi traduzido para o italiano, o espanhol, o francês e o hebraico.[34] Durante o professorado em Viena, presidiu a uma discussão pública pró e contra o movimento da terra;[35] e embora, no seu tratado, assumisse uma atitude conservadora, sublinhou o fato de serem os movimentos de todos os planetas governados pelo sol. Mencionou também que o planeta Mercúrio percorre um epiciclo cujo centro não se move em órbita circular, mas oval. Um grupo de outros astrônomos, desde Cusa até o primeiro mestre de Copérnico, Brudzewski, também haviam apresentado a tentativa das órbitas ovais.[36]

O trabalho de Peurbach foi continuado por Johann Mueller, de Koenigsberg, chamado Regiomontano (1436-76), gênio da Renascença e menino-prodígio, o qual, aos doze anos, publicou o melhor anuário astronômico para 1448, e aos quinze, a pedido do imperador Frederico III, fez o horóscopo da noiva imperial. Foi para a Universidade de Leipzig, quando tinha doze anos de idade, e, aos dezesseis, tornou-se discípulo e associado de Peurbach em Viena. Mais tarde, viajou com o cardeal Bessarion para a Itália, a fim de estudar grego e consultou Ptolomeu no original. Depois da morte de Peurbach, publicou-lhe o livro sobre os movimentos planetários, e, em seguida, o tratado de trigonometria esférica, do qual, segundo se acredita, Copérnico tirou muita coisa, sem nada reconhecer.[36a].

Os anos seguintes de Regiomontano refletem um crescente descontentamento com a astronomia tradicional. Um carta, escrita em 1464, contém este típico desafogo:

> «...Não posso refazer-me do assombro que causa a inércia mental dos nossos astrônomos em geral os quais, como mulherzinhas crédulas, crêem ler nos livros, tábuas e comentários a verdade divina e inalterável; crêem nos autores e descuidam a verdade.»[37]

Noutro texto, diz:

> «É necessário manter obstinadamente os astros diante dos olhos, e livrar a posteridade de toda tradição antiga.»[38]

Parece uma polêmica contra o programa de Copérnico, que ainda não nascera, «seguir os métodos dos antigos estritamente e apegar-se às observações deles, a nós legadas como Testamento»!

Aos trinta e alguns anos, gozava Regiomontano de proveitosa posição na Hungria, na corte do rei Matias Corvino. Mas convenceu o real patrono de que Ptolomeu já não merecia confiança e que era necessário dar à astronomia novos fundamentos, mediante pacientes observações e valendo-se das recentes invenções, como por exemplo do relógio solar corrigido e do relógio mecânico. Matias concordou, e em 1471 Regiomontano foi a Nuremberg onde, com o auxílio de um abastado varão, Johann Walther, instalou o primeiro observatório europeu, para o qual inventou, em parte, os instrumentos.

Os manuscritos e as notas de Regiomontano, produto dos seus últimos anos, perderam-se, só restando poucas indicações da reforma que êle planejava da astronomia. Mas sabemos que dera especial atenção ao sistema heliocêntrico de Aristarco, como prova uma nota num dos seus manuscritos.[39] E muito antes, também, êle havia observado que o sol governava os movimentos dos planêtas. Pelo fim da vida, escreveu num pedaço de papel anexado a uma carta as palavras: «É necessário alterar o movimento dos astros um pouco, em virtude do movimento da terra.» O fraseado, como mostra Zinner, parece indicar que o «movimento da terra» se refere aí, não à rotação diária, mas à revolução anual em torno do sol;[40] noutras palavras, que Regiomontano tinha chegado às mesmas conclusões de Aristarco e Copérnico, sendo impedido de prosseguir pela morte prematura. Com efeito, morreu aos quarenta anos de idade, três anos após o nascimento de Copérnico.

Nas universidades em que Copérnico estudou, era vivíssima a tradição de Cusa e Regiomontano. Os seus principais mestres de astronomia, Brudzewski em Cracóvia, e Maria Novara em Bolonha, diziam-se, ambos, discípulos de Regiomontano. Finalmente, em Ferrara, conheceu Copérnico o jovem Célio Calcagnini, poeta e filósofo, que mais tarde publicou um pequeno livro de título significativo: **Quomodo coelum stet, terra moveatur, vel de perenni motu terrae Commentario,** (Tratado da maneira pela qual o céu está em repouso, a Terra se move, ou dos movimentos perenes da Terra).[41] Calcagnini, que compusera um belo poema para saudar a chegada de Lucrécia Bórgia a Ferrara, não era uma inteligência profunda; a sua tese de que o céu está em repouso, a terra em movimento eterno, foi inspirada por Cusa e ecoava simplesmente uma idéia que, como vimos, pairava muito no ar. Deveu, provàvelmente, a intuição ao amigo e contemporâneo de Ferrara, Jacó Ziegler, astrônomo de certo valor, o qual escreveu um comentário sôbre Plínio contendo esta lapidar afirmação: «Os movimentos de todos os planetas dependem do sol».

Mais exemplos de semelhante espécie poderiam ser citados, mas já disse bastante para mostrar que as idéias da terra móvel e do sol como verdadeiro dirigente do sistema planetário pertenciam, tanto uma como outra, à velha tradição da cosmologia e eram discutidíssimas no próprio tempo de Copérnico. E contudo foi indubitàvelmente Copérnico o primeiro em desenvolver a idéia num sistema compreensivo. É o seu mérito duradouro, independente das incoerências e erros do sistema. Não era um pensador original, e sim um cristalizador de pensamento; e os cristalizadores conquistam, muitas vêzes, na história, fama mais duradoura e maior influência do que os iniciadores de novas idéias.

Um conhecido processo de química ilustrará o que entendo por cristalizador. Se pusermos sal de cozinha num copo de água até que a água fique «saturada», e não dissolvermos mais sal, e depois suspendermos um fio com um nó na extremidade dentro da solução, após alguns momentos se formará em volta do nó um cristal. Pouco importam o formato e a matéria do nó; o que importa é que o líquido tenha atingido o ponto de saturação, e que se providencie um núcleo em volta do qual ele possa começar a cristalizar-se. A cosmologia no fim da Idade-Média estava saturada de vagas noções de uma terra que girava sôbre si própria e se movia, ecoando outras dos pitagóricos, de Aristarco e Heraclides, de Macróbio e Plínio, de permeio com excitantes sugestões ministradas por Cusa e Regiomontano. Copérnico foi o paciente nó, suspenso na solução, e que permitiu a cristalização.

Tentei reconstruir o processo desde o ponto de partida — o descontentamento de Copérnico com os igualantes de Ptolomeu, por ele considerados imperfeição — até a reconstrução, por ele feita, do sistema ptolemaico mediante o auxílio de uma antiga idéia que estava sendo revivida nos seus dias de estudante. Mas se, na realidade, era coisa tão simples assim, surge a pergunta igualmente simples: por que, antes dele, ninguém havia realizado um sistema heliocêntrico? Não teria sentido perguntar porque ninguém, antes de Shakespeare, escreveu Hamlet; mas se Copérnico era realmente despido de originalidade e imaginação como tentei pintá-lo, é justo perguntemos porque lhe coube a tarefa de «cristalizar», enquanto, por exemplo, Regiomontano, intelectualmente mais flexível e «moderno», a deixou ao cabo de algumas sugestões, jamais desenvolvendo uma teoria heliocêntrica sistemática.

A chave da resposta está talvez, nas palavras já citadas de Kepler, de Copérnico interpretar Ptolomeu (e Aristóteles) e não a natureza. Para um espírito «moderno» do século quinze, êsse empreendimento deve ter parecido em parte impossível, em parte uma perda de tempo. Somente uma pessoa de espírito conservador como Copérnico era capaz de dedicar-se à tarefa de reconciliar as irreconciliáveis doutrinas da física aristotélica e da geometria de círculos de Ptolomeu, de um lado, e do universo heliocêntrico, do outro. Para chegar a um sistema heliocêntrico coerente em si, e fìsicamente plausível, mister se fazia primeiramente libertar o espírito do domínio da física aristotélica, atirar para longe a obsessão pelos círculos e esferas e destruir todo o maquinismo de falsas rodas sobre rodas. Os grandes descobrimentos da ciência consistem muitas vezes, como vimos, no descobrimento de uma verdade sepultada sob o monte dos preconceitos tradicionais, em sair dos cul-de-sacs a que leva o raciocínio formal divorciado da realidade, em libertar o espírito preso entre os dentes de ferro do dogma. O sistema copernicano não é um descobrimento nesse sentido, mas uma derradeira tentativa de recondicionar um maquinismo superado invertendo a ordem das rodas. Como diz moderno historiador, o fato de a terra se mover é «quase uma questão fortuita no sistema de Copérnico, que, examinado geometricamente, constitui precisamente o velho modelo ptolemaico dos céus, com uma ou duas rodas permutadas e uma ou duas retiradas.» [42] Uma conhecida máxima diz que Marx «virou Hegel de cabeça para baixo». Copérnico fêz o mesmo com Ptolomeu; em ambos os casos, a autoridade abatida ficou sendo a ruína do discípulo.

De Rogério Bacon, no século treze, a Pedro Ramus, no século dezesseis, notáveis indivíduos e escolas tinham visto, mais ou menos conscientemente, mais ou menos articuladamente, que a física de Aristóteles e a astronomia ptolemaica deviam ser repelidas, antes de ser possível outra saída. Talvez esteja aí o motivo pelo qual Regiomontano construiu para si um observatório, em lugar de construir um sistema. Quando completou os comentários sobre Ptolomeu, que Peurbach havia iniciado, compreendeu a necessidade de colocar a astronomia em nova base «livrando da velha tradição a posteridade». Aos olhos de Copérnico, essa atitude eqüivalia a uma blasfêmia. Se Aristóteles tivesse dito que Deus havia criado somente as aves, Copérnico teria descrito o

homo sapiens como ave sem penas e asas, que choca os ovos antes de pô-los.

O sistema copernicano é precisamente essa espécie de construção. Além das incoerências que mencionei antes, não logrou sequer remediar os defeitos específicos de Ptolomeu que se incumbira de remediar. Sim, os «igualantes» tinham sido eliminados, mas o movimento retilíneo, que Copérnico chamava «pior do que qualquer enfermidade», tivera de substituí-los. Na sua Dedicatória, havia mencionado, afora os «igualantes», como principal motivo do seu empreendimento, a incerteza dos métodos existentes na determinação do comprimento do ano; mas as **Revoluções** não apresentam, a esse respeito, nenhum progresso. A órbita de Marte, calculada por Ptolomeu, discordava bastante dos dados de observação, mas no sistema copernicano era igualmente defeituosa, tanto que, mais tarde, Galileu falaria com admiração da coragem de Copérnico em defender o seu sistema, não obstante estivesse em evidente contradição com os movimentos observados de Marte!

Uma última objeção contra o sistema, e talvez a mais forte, surgiu sem nenhuma culpa do autor. Se a terra se move em torno do sol, num gigantesco círculo, com um diâmetro de quase dez milhões de milhas,[43] a configuração das estrelas fixas deve mudar constantemente, de acôrdo com as diferentes posições ocupadas pela terra na jornada. Assim, quando nos aproximamos de um determinado grupo de estrelas, deve «abrir-se», pois as distâncias entre os membros daquele grupo parecerão crescer com a nossa aproximação e encolher, quando nos afastarmos. Êsses aparentes deslocamentos de objetos por mudança de posição do observador chamam-se **paralexe**.

Mas as estrelas desmentiram tal expectativa. Não apresentavam paralaxe, ou seja, o seu conjunto permanecia fixo e imutável.[44] Seguia-se que ou a teoria do movimento da terra estava errada ou a distância das estrelas fixas era tão imensa que, comparado a ela, o círculo descrito pela terra se reduzia a nada, e não produzia nenhum efeito sensível. Foi essa, de fato, a resposta de Copérnico;[45] mas era difícil de engolir e aumentava a improbabilidade inerente do sistema. Como observa Burtt: «Os empiristas contemporâneos, se tivessem vivido no século dezesseis, teriam sido os primeiros a expulsar, às gargalhadas, a nova filosofia do universo.»[46]

5. AS PRIMEIRAS REPERCUSSÕES

Não é de admirar, portanto, que a publicação das **Revoluções** atraísse tão pouca atenção, despertando menos interesse do que **A Primeira Narrativa** de Rético. Rético prometera que o livro seria uma revelação e o livro resultou uma desilusão. Por mais de cinqüenta anos, até o começo do século dezessete, não suscitou nenhuma controvérsia especial nem em público nem entre astrônomos profissionais. Fosse qual fôsse a convicção filosófica deles sôbre a estrutura do universo, compreendiam que o livro de Copérnico não estava à altura da investigação científica.

Se o nome de Copérnico, contudo, gozou de certa reputação entre os estudiosos que imediatamente lhe sucederam, tal não se deve à sua teoria do universo, mas às tabelas astronômicas compiladas, publicadas em 1551 por Erasmo Reinhold, antigo associado de Rético em Wittenberg, e muito bem aceitas pelos astronômos como substituição longamente necessitada das Tabelas Afonsinas, que datavam do século treze. Reinhold, após revisar todos os números e eliminar os freqüentes deslizes, prestou, no prefácio, generosa homenagem aos esforços de Copérnico como astrônomo prático, sem mencionar absolutamente a teoria copernicana do universo. A seguinte geração de astrônomos referia-se às Tabelas como **Calculatio Copernicano**, e foi o que contribuiu para manter viva a reputação do cônego, mas pouco tinha que ver com o sistema copernicano. Deixando de lado, no momento, os que não foram astrônomos, como Thomas Digges, William Gilbert e Giordano Bruno, a teoria copernicana foi praticamente ignorada até o início do século dezessete, quando Kepler e Galileu entram em cena. Foi então, e somente então, que o sistema heliocêntrico explodiu no mundo, como conflagração causada por bomba de ação retardada.

A reação das Igrejas durante o meio século que se seguiu à morte de Copérnico foi igualmente indiferente. No lado protestante, Lutero resmungou um pouco, enquanto Melanchton provava elegantemente que a terra estava em repouso, mas sem deixar de proteger Rético. No lado católico, a reação inicial, como vimos, foi de encorajamento, e o livro das **Revoluções** foi posto no Índice apenas em 1616, setenta e três anos depois de haver sido publicado. Houve uma ou outra discussão sôbre se o movimento da terra se condizia com a Sagrada Escritura ou não, mas até o decreto de 1616 o problema ficou sem solução.

A atitude clerical, de irônica indiferença, para com o novo sistema, se reflete no **Ignatius His Conclave**, de John Donne. Ali surge Copérnico como um dos quatro pretendentes ao principal lugar perto do trono de Lúcifer, sendo os outros pretendentes Ignácio de Loiola, Maquiavel e Paracelso. Copérnico fundamenta a pretensão declarando que ergueu o Demônio e a prisão deste, ou seja a terra, aos céus, relegando o sol, inimigo do demônio, à parte mais baixa do universo: «Deverão tais portas ser fechadas a mim que transformei toda a estrutura do universo e sou, por isso, quase um Criador?»

O invejoso Inácio, que exige o lugar de honra no Inferno, desilude Copérnico:

> «Quanto a vós, que novas coisas inventastes, pelas quais o nosso **Lucifer** lucra alguma coisa? Que importa que a terra viaje ou fique parada? O vosso erguimento da terra ao céu levou, por acaso, os homens à confiança que os instigue a erguer novas torres ou ameaçar novamente a Deus? Dêsse movimento da terra, concluirão não haver inferno, ou negarão o castigo do pecado? Não crêem os homens? Não vivem tal qual viveram antes? Além disso, tal coisa diminui a dignidade do vosso ensinamento, e derroga do vosso direito de rumar para tal lugar a possibilidade de serem opiniões verdadeiras... Os vossos descobrimentos mal se podem dizer vossos, pois muito antes do que vós, Heraclides, Ecfanto e Aristarco os deram ao mundo, e, no entanto, se contentaram com espaços inferiores entre os demais filósofos, e não aspiram a êsse lugar, reservado apenas aos **Heróis anticristãos.** Que esse pequeno **matemático,** temível imperador, se retire para o grupo ao qual pertence.»

Ignatius foi publicado em 1611 e reflete, em termos gerais, a atitude das duas gerações entre Copérnico e Donne. Mas essas duas gerações que ignoraram Copérnico estavam erradas; o «pequeno matemático», aquêle vulto pálido, azedo, insignificante, ignorado pelos contemporâneos e pelos que lhes sucederam imediatamente, iria projetar gigantesca sombra na história da humanidade.

Como se explicará esse último paradoxo numa história paradoxal? Como foi possível à teoria copernicana, defeituosa, contraditória em si, contida num livro ilegível e não lido, repelida na época, dar origem, um século mais tarde, a uma nova filosofia que transformou o mundo? A resposta é que os pormenores não importavam e que não era mister ler o livro para apanhar-lhe a essência. As idéias que têm o poder de alterar os hábitos do pensamento humano não agem no consciente; infiltram-se até os estratos mais profundos que são indiferentes às contradições lógicas. Não influem num conceito específico, mas na visão total do espírito.

A idéia heliocêntrica do universo, cristalizado em sistema por Copérnico, e reapresentada em forma moderna por Kepler, alterou o clima de pensamento, não pelo que afirmava expressamente, mas pelo que implicava. As suas implicações, sem dúvida, não estavam no consciente de Copérnico, e também agiram nos sucessores por canais insidiosos, subterrâneos. Eram tôdas negativas, destruidoras para o sólido edifício da filosofia medieval, minando os alicerces sôbre os quais êle repousava.

6. O EFEITO RETARDADO

O universo cristão medieval possuía limites rígidos e firmes no espaço, no tempo e no conhecimento. A sua extensão no tempo se limitava ao vão relativamente breve entre a criação do mundo, posta uns cinco mil anos antes, e a segunda vinda de Cristo que ficava na frente, e que muita gente esperava se verificasse no futuro previsível. Assim, a história do universo se limitava a duzentas ou trezentas gerações, do comêço ao fim. Deus havia modelado o mundo no formato artístico da história breve.

No espaço o mundo era igualmente limitado pela nova esfera, além da qual jazia o empíreo celeste. Não era necessário, aos sofisticados, crerem estritamente em tudo quando se dizia acêrca do céu e do inferno; mas a existência de limites sólidos no tempo e no espaço constituía um hábito de pensamento tão evidente por si como as paredes e o teto, como o nascimento e a morte.

Em terceiro lugar, existiam também limites firmes ao progresso do conhecimento, à tecnologia, à ciência, à organização social, tendo sido todos êles completados havia longo tempo. Uma verdade final sobre todos os assuntos era finita e limitada como o próprio universo. A verdade sôbre a religião estava revelada nas Escrituras; a verdade sôbre a geometria em Euclides, a verdade sobre a física em Aristóteles. A ciência dos antigos era encarada como verdade evangélica, não por um particular respeito aos gregos pagãos, mas por ser evidente que, tendo chegado muito antes, tinham colhido tudo quanto havia por colher naquêles campos, só deixando algumas hastezinhas perdidas, reunidas na limpeza. Visto que só havia uma resposta para qualquer pergunta, e que os antigos tinham dado todas as respostas, o edifício do conhecimento estava completo. Se a resposta não se adequava aos fatos, o erro era atribuído aos escribas copiadores do antigo manuscrito. A autoridade dos antigos não se apoiava na idolatria, mas na crença da natureza finita do conhecimento.

A partir do século treze, humanistas, céticos e reformadores começaram a furar as paredes do universo estático e estável. Arrancaram pedaços aqui e acolá, deixando respiradouros e afrouxando a estrutura. Mas esta continuava a resistir. O «pequeno matemático», de Donne, não batia a cabeça contra as portas, não fazia ataques frontais, nem tinha consciência de que atacava. Era um conservador que se sentia perfeitamente à vontade no edifício medieval, e, no entanto, minava os alicerces mais eficientemente do que o trovejante Lutero. Deixou entrar as destruidoras nações de infinidade e mudança eterna, que destruíram o mundo familiar como ácido dissolvente.

Não afirmou que o universo é infinito no espaço. Preferiu, com a habitual cautela, «deixar a questão aos filósofos».[47] Mas, involuntàriamente, alterou um inconsciente hábito de pensamento, fazendo a terra girar em vez do céu. Enquanto a rotação era atribuída ao céu, o espírito supunha automaticamente que constituía uma esfera sólida e finita; de que outra maneira poderia girar, como todo, cada vinte e quatro horas? Mas uma vez que a rotação diária aparente do firmamento era explicada pela rotação da terra, os astros podiam recuar a qualquer distância, e colocá-los numa esfera sólida era um ato arbitrário, não convincente. O céu já não tinha limite, a infinidade escancarava a boca, e o **libertin** de Pascal, dominado por uma agorafobia cósmica, iria gritar um século mais tarde: **«Le silence éternel de ces éspaces infinis m'effraie!»**

O espaço infinito não constitui parte do sistema copernicano, mas está implicado nele; tendia irresistìvelmente a levar o pensamento para tal direção. Essa distinção entre o explícito e as conseqüências inconscientemente implicadas torna-se até mais clara no impacto de Copérnico sobre a metafísica do universo. A física aristotélica, como vimos, já estava desacreditada em parte, e Copérnico foi um dos seus últimos defensores ortodoxos. Mas num ponto fundamental ainda governava o espírito dos homens como proposição evidente por si própria ou ato de fé: a isso podemos chamar a grande topografia do universo. Foi êsse padrão fundamental que Copérnico, defensor de Aristóteles, sem querer, destruiu.

O universo aristotélico era centralizado. Tinha um centro de gravidade, um núcleo sólido, ao qual se referiam todos os movimentos. Tudo quanto fôsse pesado caía para o centro, tudo quanto fosse fluido, como o fogo e o ar, tentava afastar-se dele; os astros, nem pesados, nem fluidos, e de natureza inteiramente diversa, moviam-se em círculo, em torno dele. Os pormenores do esquema podiam ser corretos ou errados, mas o esquema era simples, plausível e tranqüilizadoramente ordenado.

O universo copernicano não somente se **expande** para o infinito, como também, ao mesmo tempo, é **descentralizado**, desconcertante, anárquico. Não possui centro natural de orientação a que se possa referir tudo. As direções «para cima e para baixo» não são mais absolutas, nem tampouco o são o peso e a fluidez. O «peso» de uma pedra significava, antes, a sua tendência a cair para o centro da terra: era o significado de «gravidade». Agora o sol e a lua tornam-se centros de gravidade por conta própria. Já não há mais qualquer direção absoluta no espaço. O universo perdeu o núcleo, não tem um coração, tem milhares.

Foi-se o tranqüilizador sentimento de estabilidade, de repouso e ordem; a própria terra gira e oscila, e possui oito ou nove movimentos diversos simultâneos. Além disso, se a terra é um planeta, desaparece a distinção entre região sublunar de mudança e céus etéreos. Se a terra é feita de quatro elementos, os planètas e as estrelas podem ser da mesma natureza terrestre, aquosa, ígnea e aérea. Podem, até, ser habitados por outras espécies de homens, como afirmavam Cusa e Bruno. Nesse caso, encarnar-se-ia Deus em cada um dos astros? E poderia Deus ter criado essa imensa multidão de mundo por amor aos habitantes de um único astro entre milhões?

Nenhuma dessas perguntas está no **Livro das Revoluções.** Tôdas estão implícitas. Tôdas, inevitavelmente, foram feitas, mais cedo ou mais tarde, pelos copernicanos.

De todos os diagramas pré-copernicanos do Universo, com variações de menor importância, sobressai sempre o mesmo quadro tranqüilizador e familiar: a terra no centro, circundada pelas conchas concêntricas da hierarquia de esferas do espaço e com a hierarquia de valores ligada a ela na grande Escala dos Seres. **Há tigres aqui,** e aqui há serafins. Cada coisa tem o seu lugar marcado no inventário cósmico. Mas num universo ilimitado sem centro e sem circunferência, nenhuma região, nenhuma esfera está «acima» ou «abaixo» de outra, nem no espaço nem na escala de valores. Essa escala não existia mais. A Corrente Dourada estava partida e os seus elos haviam sido disseminados pelo universo; o espaço homogênio implicava numa democracia cósmica.

A noção de não-limitação, ou de infinidade, intrínseca ao sistema copernicano, destinava-se a devorar o espaço reservado a Deus nos mapas astronômicos medievais. Todos havia aceitado serem contíguos os reinos da astronomia e da teologia, separados apenas pela espessura da nona esfera de cristal. Dali por diante, o contínuo espaço e espírito seria substituído pelo contínuo espaço e tempo, o que significava, entre outras coisas, o fim da intimidade entre homem e Deus. O **homo sapiens** vivera num universo envolvido pela divindade, como que por um ventre; agora estava sendo expulso. Daí o grito de horror de Pascal.

Êsse grito, porém, foi dado cem anos depois. Copérnico, na tôrre de Frauenburg, jamais teria compreendido porque o fazia o reverendo John Donne pretendente do assento ao lado dò trono de Lúcifer. Com a sua bendita falta de humor, não previu nenhuma de tais conseqüências quando publicou o livro com a advertência «Só para matemáticos». Nem tampouco previram nada os contemporâneos. Durante o resto do século dezesseis, atravessou o novo sistema do universo, como qualquer enfermidade infecciosa, um período de incubação. Foi apenas no começo do século dezessete que veio à tona causando a maior revolução do pensamento humano desde a época heróica da Grécia.

O ano de 1600 depois de Cristo é, provàvelmente, o ponto crítico mais importante do destino humano, depois do ano 600 antes de Cristo. Sôbre aquele marco, nascido quase exatamente cem anos após Copérnico, com um dos pés no século dezesseis e o outro no século dezessete, está o fundador da moderna astronomia, um gênio torturado no qual parece se haverem encarnado tôdas as contradições: Johannes Kepler.

QUADRO CRONOLÓGICO DA TERCEIRA PARTE.

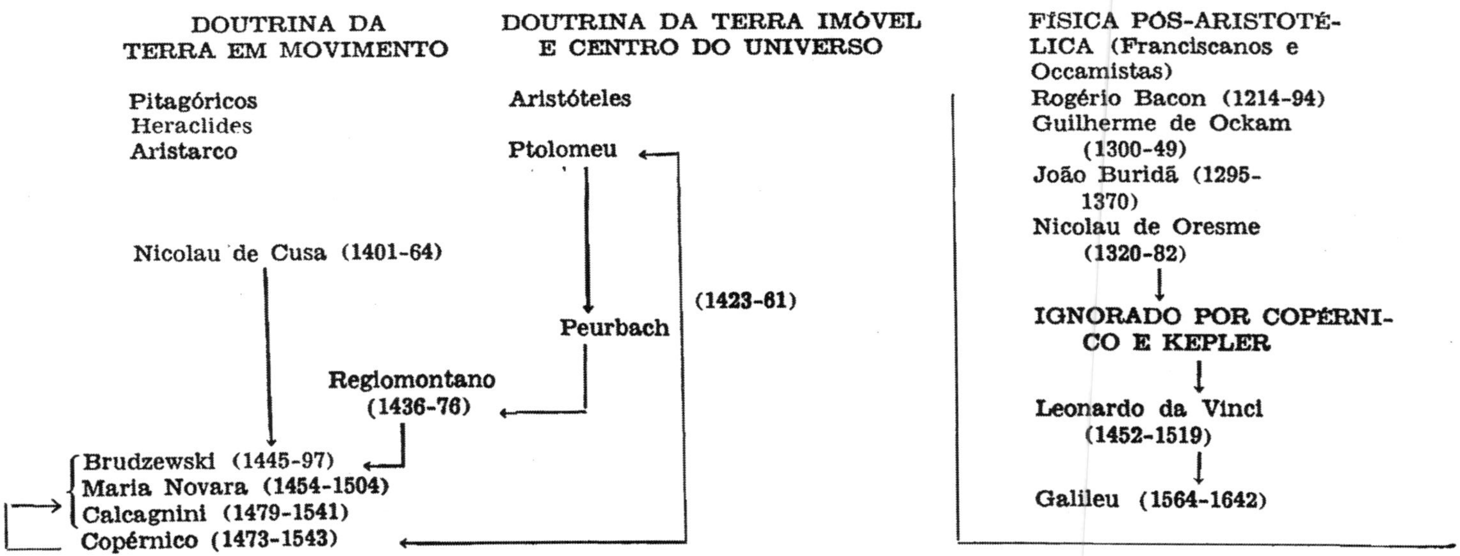

1473 19 de fevereiro. Nasce Nicolau Copérnico em Torun, **Prússia Real**.

1483 Morte do pai. **Família** adotada por Lucas Waczelrode

1491-94 Estudos na Universidade da Cracóvia.

1496 Cônego do Capítulo de Ermland.

1496-c. 1506 Estudos em Bolonha e Pádua

1503 Doutor em Lei canônica na Universidade de Ferrara.

1506-12 Secretário do bispo Lucas no Castelo de Heilsberg.

1509 Publica tradução de Teofilato Simocata.

c. 1510 (1514 no máximo) **Commentariolus** circula em manuscrito.

1512 Une-se ao Capítulo da Catedral de Frauenburg.

1517 Começo da reforma luterana.

1522 **Carta contra Werner**

1533 Preleção de Widmanstad nos Jardins do Vaticano.

1536 Carta do cardeal Schoenberg.

1537 Dantisco eleito bispo de Ermland.

1539 Verão. Rético chega a Frauenburg.

Setembro. Terminada a **Narratio Prima.**

1540 Fevereiro. **Narratio prima** publicada em Dantzig. Rético volta para Wittenberg.

1 de Julho. Copérnico escreve a Osiander.

1541 20 de abril. Cartas de Osiander a Copérnico e Rético.

1540 Verão de 1540 — Setembro de 1541. Segunda estada de Rético em Frauenberg; copiado o manuscrito das **Revoluções.**

1542 Maio. Rético chega a Nuremberg. Inicia-se a impressão.

Junho. Impressão das duas primeiras folhas.

Junho. Copérnico escreve **Dedicatória a Paulo III** e a envia a Rético.

Novembro. Rético deixa Nuremberg. Osiander substitui-o.

1543 24 de maio. Chegada do primeiro exemplar impresso das **Revoluções.** Morte de Copérnico.

1576 Morte de Rético.

QUARTA PARTE

O Divisor de Águas

I. O JOVEM KEPLER

1. DECLÍNIO DE UMA FAMÍLIA

Johannes Kepler, Keppler, Khepler, Kheppler ou Keplerus, à moda latina, foi concebido em 16 de maio de 1571 depois de Cristo, às 4,37 da manhã, e nasceu em 27 de dezembro, às 2,30 da tarde, após uma gravidez que durou 224 dias, 9 horas e 53 minutos. As cinco diversas grafias do nome são tôdas dele, como são também os números que dizem respeito à concepção, gravidez e nascimento, registrados num horóscopo feito para si próprio.[1] O contraste entre o descuido acerca do nome e a extrema precisão acerca das datas reflete, desde o início, um espírito para quem a realidade essencial, a essência da religião, da verdade e da beleza, se continha na linguagem dos números.

Nasceu na cidade de Weil, na Suábia dos bons vinhos, recanto abençoado do sudoeste da Alemanha, entre a Floresta Negra, o Neckar e o Reno. Weil-der-Standt — um nome estranho, que significa Weil-a-cidade, mas com o «der» masculino e não o feminino «die» — conseguiu muito bem preservar o caráter medieval até os dias de hoje (*). Estende-se na crista de um morro, longo e estreito como o casco de um navio de guerra, rodeado de paredes maciças, ameadas, cor do ocre, e delgadas torres de vigia encimadas por pináculo e catavento. As casas de coruchéu, com as janelas pequeninas e quadradas, estão cobertas de estuque verde esmeralda, azul topázio e amarelo limão, nas fachadas; nos pontos em que o estuque se descasca, a lama e a tela do estuque aparecem como a pele ressequida pelo buraco da camisa de camponês. Se, após batermos inutilmente, abrirmos a porta de uma casa, talvez sejamos saudados por uma cabra ou um bode, pois os rés-de-chão de algumas velhíssimas casas servem ainda de estábulo, com uma escada interna a levar aos aposentos superiores, onde reside a família. O quente cheiro de adubo paira por toda parte nas ruas pedradas, mas estas são escrupulosamente, teutônicamente limpas. O povo fala um dialeto suábio e, freqüentemente, se dirige até aos forasteiros, tuteando-os; é gente rústica e **gemuetlich** (**)

(*) Pelo menos, para ser mais preciso, até maio de 1955, quando visitei a cidade natal de Kepler.

(**) Cordial (N. do T.)

e também viva e brilhante. Fora dos muros há lugares ainda chamados «Campo de Deus» e «Morro da Forca»; além disso, os velhos nomes de família, desde o do burgomestre, Herr Oberdorfer, até o do relojoeiro, Herr Speidel, são os nomes que aparecem em documentos da época de Kepler, quando Weil contava apenas duzentos habitantes. Embora tenha produzido outros ilustres varões — entre os quais o frenologista Gall, que fazia remontar cada faculdade do espírito a um determinado bulbo do cérebro — Johannes Kepler é o herói da cidade, venerado como santo patrono.[2]

Um dos registros, datado de 1554, e que se encontra no livro do município, diz respeito ao arrendamento de um campo de repolhos ao avô de Johannes, Sebaldus Kepler:

> «Daniel Datter e Sebolt Kepler, peleiro, pagarão dezessete pennies a Martinmas oriundos do campo de repolhos na viela Klingelbrunner entre os campos de Joerg Rechten e os dos filhos de Hans Rieger. Se desistirem do campo de repolhos, colocarão nele, ou perto dêle, seis carroças cheias de adubo.»

Desse bucólico prelúdio poderíamos esperar uma infância feliz para o menino Johannes. E, no entanto, ela foi horrível.

Sebaldus, o avô, o peleiro dono do campo de repolhos, descendia, segundo se afirmava, de uma nobre família,[3] e chegou a ser burgomestre de Weil; mas depois dele os respeitáveis Keplers começaram a decair. Os descendentes foram, na maioria, degenerados e psicopatas, que escolheram cônjuges da mesma espécie. O pai de Johanes Kepler, aventureiro mercenário, escapou, por milagre, da forca. A mãe, Katarina, filha de um estalajadeiro, foi criada por uma tia a quem um dia queimaram por bruxa, e a própria Katarina, acusada na velhice de se ligar ao diabo, escapou da fogueira por um milagre quase igual ao verificado com o pai, que escapara da forca.

A casa do avô Sebaldus (reduzida a cinzas em 1648 e reconstruída mais tarde no mesmo estilo) erguia-se numa esquina da praça do mercado. Em frente da casa há uma bela fonte de estilo renascentista com quatro bicos em forma de flauta de cobre a saírem de quatro rostos humanos esculpidos na pedra. Três dos rostos são máscaras estilizadas; o quarto, voltado para a Municipalidade e a casa de Kepler, parece o retrato realista de um homem de feições grosseiras, inchadas. Diz uma tradição de Weil que é o retrato do velho Sebaldus, o burgomestre. Será verdade, ou não, mas corresponde à descrição de Kepler:

> «Meu avó Sebald, burgomestre da imperial cidade de Weil, nascido no ano de 1521, por volta do dia de São Tiago... tem agora 75 anos de idade... É notavelmente altivo e veste-se com orgulho... Irritável e obstinado, tem um rosto que lhe trai o passado licencioso, um rosto vermelho e carnudo; a barba dá-lhe grande autoridade. Foi eloqüente, pelo menos quanto o pode ser um ignorante... Desde o ano de 1578, a sua fama começou a declinar, com os haveres...»[4]

Êsse pequenino esbôço, e os outros que se seguem, fazem parte de uma espécie de horóscopo genealógico, que abarca todos os membros da família (inclusive o próprio Johannes) e que ele preparou quando contava vinte e seis anos de idade. Não é apenas documento notável, senão também valiosa contribuição para o estudo da base hereditária do gênio, pois raramente sucede dispor o historiador de tão amplo material (*).

Quando a avô Sebald tinha vinte e nove anos, desposou Katarina Mueller, da aldeia próxima de Marbach. Kepler descreve-a:

> «inquieta, hábil e mentirosa, mas dedicada à religião; delgada e de natureza violenta; vivaz, inveterada perturbadora; invejosa, extrema nos ódios, rancorosa, violenta... E todos seus filhos possuem alguma coisa disso...» [5]

Acusa também a avó de pretender haver-se casado aos dezoito anos, quando na realidade contava vinte e dois. Seja como fôr, deu a Sebaldus doze filhos em vinte e um anos. Os três primeiros, Sebaldus, Johan e Sebaldus, morreram na primeira infância. O quarto, pai de Kepler, chamou-se Heinrich; deixá-lo-emos de lado um momento. Dos números 5 a 9 entre tias e tios, diz Kepler: [6]

> «5. Kunigung, nascida em 1549, 23 de maio. A lua não poderia ter estado em pior posição. Morreu, mãe de muitos filhos, envenenada, segundo se acredita, no ano de 1581, 17 de julho». (Acréscimo posterior: «de resto foi piedosa e sensata»). (**)
>
> «6. Katherine, nascida em 1551, 30 de julho. Também está morta.
>
> «7. Sebaldus, nascido em 1552, 13 de novembro. (***) Astrólogo e jesuíta, submeteu-se à primeira e à segunda ordenação do sacerdócio; embora católico, imitou os luteranos, levando a mais impura das vidas. Morreu de hidropisia depois de inúmeras outras doenças. Casou-se com uma mulher rica e de estirpe nobre, mas uma dentre muitos filhos. Contraiu a sífilis. Era vicioso e foi detestado pelos concidadãos. Em 1576, 16 de agosto, deixou Weil para fixar-se em Speyr, aonde chegou no dia 18; em 22 de dezembro deixou Speyr contra a vontade do superior e perambulou, em extrema pobreza, pela França e pela Itália. (Era considerado bondoso e amigo).
>
> «8. Katherine, nascida em 1554, 5 de agosto. Inteligente e habilidosa, fêz um casamento infelicíssimo, viveu suntuosamente, dissipou os bens, e é agora mendiga (Morreu em 1619 ou 1620).
>
> «9. Maria, nascida em 1556, 25 de agosto. Também morta.»

(*) Visto que o documento é um horóscopo, os fatos e os traços característicos se derivam de constelações planetárias, que na sua maioria eu desprezei.

(**) Mais tarde, acrescentou Kepler algumas observações ao seu texto, que suavisam e, por vezes, contradizem cortantes caracterizações da sua mocidade. Tais acréscimos, coloquei-os entre parênteses.

(***) Terceira e última tentativa dos avós para gerarem um Sebaldus que sobrevivesse.

Dos números 10 e 11 nada diz; e n.º 12, o último dos tios e tias, também morreu na primeira infância (*).

Toda essa ascendência mal formada — salvo os que morreram no berço — viveu como o velho e irascível Sebaldus e a rabugenta esposa, apinhada na pequenina casa dos Kepler, mais exatamente uma choupana. O pai de Kepler, Heinrich, apesar de ser o quarto filho, era o mais velho dos sobreviventes, e herdou assim a casa, gerando, por sua vez, sete filhos. Assim o descreve Kepler:

> «4. Heinrich, meu pai, nascido em 1547, em 19 de janeiro... Homem vicioso, inflexível, briguento e destinado a um péssimo fim. Vênus e Marte aumentavam-lhe a maldade. O declínio da maior aproximação de Júpiter fê-lo pobre mas deu-lhe uma rica esposa. Saturno em VII fê-lo estudar a ciência da artilharia; numerosos inimigos, um casamento de brigas... um vão amor às honras, e uma vã esperança delas; errante... 1577: correu o perigo de enforcamento. Vendeu a casa e começou a trabalhar com uma taverna. 1578: a explosão de um jarro de pólvora lacera o rosto de meu pai... 1589: tratou muito mal minha mãe, foi exilado e morreu.»

Não há sequer, o habitual acréscimo mitigativo no fim. A história por trás dos registros é, em breves palavras, esta:

Casou-se Heinrich Kepler aos vinte e quatro anos de idade. Não parece ter estudado nenhum comércio nem artesanato, salvo «artilharia», que se refere às suas posteriores aventuras militares. Sete meses e duas semanas depois do casamento com Katherine Guldenman, nasce Johannes Kepler. Três anos mais tarde, após o nascimento do segundo filho, Heinrich alistou-se nas tropas do imperador e foi combater os sublevados protestantes na Holanda, ato dos mais ignominiosos, visto figurarem os Keplers entre as mais antigas famílias protestantes de Weil. No ano seguinte, Katherine foi reunir-se ao marido, deixando os filhos aos cuidados dos avós. Passou-se um ano, e os dois regressaram, mas não a Weil, onde haviam perdido a reputação; Heinrich comprou uma casa na vizinha Leonberg; pouco se demorou ali, todavia, e partiu para a Holanda. a fim de unir-se às bordas mercenárias do duque de Alba. Foi provavelmente em tal jornada que «correu o perigo de ser enforcado» por um crime que não ficou registrado. Regressou mais uma vez, vendeu a casa de Leonberg, dirigiu uma taverna em Ellmendingen, voltou de novo a Leonberg, e em 1588 desapareceu para sempre da vista da família. Afirma-se que se alistou na frota napolitana.

Katherine, sua esposa, filha do estalajadeiro, possuía igualmente um caráter instável. No horóscopo da família, descreve-a Kepler como «pequenina, delgada, morena, faladeira e briguenta, de mau caráter». Não havia muito que escolher entre as duas Katherines, mãe e avó; e, no entanto, das duas a mais terrível era a mãe, que vivia aureolada pela magia e pelo feitiço. Amontoava ervas e preparava poções em

(*) Cf. Kretschmer: «Sentimo-nos tentados a dizer que o gênio surge no processo hereditário particularmente no ponto em que uma família elevadamente dotada começa a degenerar... Tal degeneração se anuncia freqüentemente na geração a que pertence o gênio, ou até na precedente, e geralmente na forma de condições psicopáticas.» [6a]

cujas fôrças acreditava; já disse que a tia que a criou terminara os dias na fogueira, e que Katherine quase teve o mesmo destino, como veremos.

Para completar o exame dessa idílica família, devo mencionar os irmãos e as irmãs de Johannes. Eram seis, três dos quais morreram na infância, e dois se tornaram cidadãos normais honrados (Gretchen, que desposou um vigário, e Cristóvão, que se fêz fabricante de utensílios de estanho). Mas Heinrich, o imediatamente seguinte a Johannes, era epiléptico e vítima do traço psicopático da família. Criança exasperadoramente difícil, parece que a sua juventude foi uma longa sucessão de espancamentos, desgraças e enfermidades. Foi mordido por animais, quase morreu afogado e escapou de ser queimado vivo. Aprendiz de tapeceiro antes, depois aprendiz de padeiro, fugiu por fim de casa quando o carinhoso pai ameaçou vendê-lo. Nos anos subseqüentes, participou do exército húngaro na luta contra os turcos, fêz-se cantor de rua, padeiro, valete de nobre, mendigo, tambor de regimento e alabardeiro. Por tôda essa variegada carreira, foi vítima de uma desventura após outra, sempre doente, despedido de todos os empregos, roubado por ladrões, espancado por bandidos de estrada, até que finalmente desistiu, voltou, por caridade dos outros, para casa, ao pé de sua mãe, e morreu aos quarenta e dois anos. Na infância e na mocidade, Johannes partilhou em grande parte de alguns dos atributos do irmão mais moço, sobretudo a propensão aos acidentes e constante má saúde combinada com hipocondria.

2. JÓ

Foi Johannes uma criança enfermiça, de membros delicados e grande rosto pastoso ornado de cabelos escuros encaracolados. Nasceu com vista defeituosa, miopia e poliopia anocular (visão múltipla). O estômago e a vesícula biliar torturaram-no constantemente; padeceu de furúnculos, erupções e provàvelmente de hemorróidas, pois nos afirma que jamais logrou sentar-se por muito tempo, tendo de andar de um lado a outro.

A casa da praça do mercado, em Weil, com as vigas tortas e janelas de casa de boneca, deve ter sido um verdadeiro pandemônio. Os ralhos do velho Sebaltus afogueado; as brigas, aos gritos, de Katherine mãe e de Katherine avó; a brutalidade do pai débil de mente e ferrabrás; os ataques epilépticos do irmão Henrique; a dúzia, ou mais, de abatidos tios e tias, pais e avós, tudo se amontoava naquela infeliz residência.

Tinha Johannes quatro anos quando a mãe acompanhou o marido nas guerras; cinco, quando os pais voltaram e a família começou as incansáveis perambulações a Leonberg, Ellmendingen, e outra vez a Leonberg. Só irregularmente pôde freqüentar a escola, e dos nove aos onze anos não foi à escola sendo «pôsto a trabalhar duramente no campo». Em conseqüência, e apesar da inteligência precoce, levou duas vêzes o tempo empregado por uma criança normal para completar as três classes da escola elementar de latim. Aos treze, logrou finalmente matricular-se no seminário teológico menor de Adelberg.

Rezam como o diário de Jó as notas sôbre a sua infância e mocidade, no horóscopo de família:

> «Sôbre o nascimento de Johann Kepler. Investiguei a questão da minha concepção, que se verificou no ano de 1571, em 16 de maio, às 4,37 horas da manhã... A minha fraqueza, ao

nascer, elimina a suspeita de minha mãe já ter estado grávida na ocasião do casamento em 15 de maio... Assim, nasci prematuramente, ao cabo de trinta e duas semanas, ou seja, 224 dias e dez horas... 1575 (quatro anos de idade), quase morri de varíola, estive muito mal, e as mãos me ficaram sèriamente estropiadas... 1577 (seis anos de idade), no aniversário perdi um dente, arrancando-o com um barbante que puxei com as minhas próprias mãos... 1585-86 (catorze-qüinze anos de idade), durante êsses dois anos, sofri constantemente de doenças da pele, muitas vêzes chagas, e de crostas de feridas pútridas crônicas, nos pés, que não sararam bem e continuaram a arrebentar; no dedo médio da mão direita eu tinha um bicho, na esquerda uma enorme chaga... 1587 (dezesseis anos de idade), em 4 de abril fui atacado de febre... 1589 (dezenove anos de idade), comecei a sofrer terrìvelmente de dores de cabeça e de um distúrbio nos membros. A ronha apoderou-se de mim... Seguiu-se, então, um enfermidade sèca... 1591 (vinte anos de idade), o frio trouxe uma prolongada ronha... Estabelecera-se um distúrbio de corpo e espírito em virtude do carnaval no qual desempenhei o papel de Mariamne... 1592 (vinte e um anos de idade), fui a Weil e perdi um quarto de florim no jogo... Em Cupinga, ofereceram-me uma virgem; na véspera do Ano Novo cumpri isso com a maior dificuldade possível, experimentando as mais agudas dores de bexiga...»

Somente duas breves lembranças mitigavam a sombra e a esqualidez daquela infância. Com seis anos de idade:

> «Ouvi falar muito do cometa daquele ano, 1577, e minha mãe me levou a um lugar bastante alto para vê-lo.»

E, aos nove anos de idade:

> «Fui chamado para fora por meus pais, para ver o eclipse da lua, que parecia inteiramente vermelha.»

Isso para o lado ensolarado da vida.

Sem dúvida, algumas das suas penas e dores existiram apenas na imaginação, enquanto outras, tôdas aquelas chagas frias, os bichos no dedo, crostas e ronhas, se afiguram estigmas do desdém de si próprio, projeções físicas da imagem por êle formada de si próprio: o retrato de um criança como cão sarnento. E pretendia literalmente tal coisa, como veremos.

3. PURIFICAÇÃO ÓRFICA

Sempre há compensações. No caso de Kepler, as compensações oferecidas pelo destino foram as excepcionais facilidades de educação do seu país natal.

Os duques de Wuerttemberg, após abraçarem o credo luterano, tinham criado um moderno sistema educacional. Precisavam de clérigos eruditos capazes de sustentar-se na controvérsia religiosa que varria o país e careciam de um eficiente serviço administrativo. As universidades protestantes em Wittenberg e Tuebingen eram os arsenais intelectuais do novo credo; os conventos e mosteiros confiscados proporcionavam uma acomodação ideal para uma rede de escolas primárias e secundárias, que nutriam as universidades e chancelarias de brilhantes rapazes. Um sistema de bolsas escolares e concessões para «os filhos de gente pobre e fiel, dotados de aplicação, espírito cristão e temor de Deus» garantia uma escolha eficiente de candidatos. Nesse ponto, Wuerttemberg, antes da guerra dos trinta anos, constituía progressista estado moderno em miniatura. Os pais de Kepler não se teriam, evidentemente, preocupado com a educação dêle; a precoce inteligência daquela criança garantia-lhe automaticamente o progresso da escola ao seminário e do seminário à universidade, como que numa correia móvel.

O **curriculum** no seminário era em latim e os discípulos se obrigagavam rigorosamente a empregar apenas o latim até entre si. Já na escola primária, tinham de ler as comédias de Plauto e Terêncio, a fim de unirem a fluência conversacional à precisão acadêmica. O alemão, embora tivesse adquirido nova dignidade com a tradução da Bíblia por Lutero, não era todavia considerado um meio digno de expressão para os acadêmicos. Como feliz resultado disso, o estilo de Kepler, nos panfletos e nas cartas que escreveu em alemão, possui uma qualidade encantadoramente ingênua e terrena que, em oposição ao sêco latim medieval, ressoa como jubilosa bulha de uma feira campestre após a austeridade de uma sala de aula. O alemão do cônego Copérnico modelava-se pelo afetado e tortuoso «estilo de chancelaria» da burocracia; o de Kepler parece modelado pelo juízo de Lutero: «Não imitemos os asnalhões que perguntam ao latim como se deve falar alemão; perguntemo-lo às mães em casa, às crianças na ruas, ao homem comum do mercado, examinemos-lhe a boca e procedamos da mesma maneira.»

Quando terminou a escola de latim primário, o bom cérebro de Johannes, a má saúde e o interêsse pela religião apontavam a carreira do clero como escolha patente. O seminário teológico, que êle freqüentou dos treze aos dezessete anos, dividia-se em curso inferior (Adelberg) e curso superior (Maulbronn). O curriculum, já amplo, completava-se com o grego e, além da teologia, abrangia o estudo dos clássicos pagãos, a retórica e a dialética, a matemática e a música. Estrita a disciplina: as aulas iniciavam-se no verão às quatro, no inverno às cinco da manhã; os seminaristas tinham de usar um manto sem mangas e sem cintura, que lhes descia abaixo dos joelhos, e muito dificilmente tinham licença. O jovem Kepler registrou duas das suas mais ousadas e paradoxais afirmações, dos dias de seminarista: ser o estudo da filosofia um sintoma do declínio da Alemanha, e a língua francesa mais digna de estudar do que o grego. Não é de admirar que os companheiros o encarassem como intolerável cabeça de pau e o espancassem em qualquer oportunidade.

Foi realmente tão impopular entre os companheiros de escola como foi, mais tarde, amado pelos amigos. No horóscopo, os registros que se referem às aflições físicas alternam-se com outros que revelam a miséria moral e solidão:

> «Fevereiro, 1586. Sofri espantosamente; quase morri. A causa foi a minha desonra e o ódio dos meus companheiros de escola a quem, de mêdo, denunciei.... 1587. Em 4 de abril fui tomado por uma febre que, com o tempo, venci, mas continuei a sofrer com a cólera dos companheiros, com um dos quais eu me havia atracado aos murros, um mês antes. Koellin tornou-se meu amigo; numa briga provocada pelo álcool apanhei de Rebestock; várias brigas com Koellin... 1580. Fui promovido ao grau de

Bacharel. Tive um das testemunhas mais iníquas, Mueller, e numerosos inimigos entre os companheiros...»

A narrativa do horóscopo continuava no mesmo ano (vigésimo-sexto) noutro notável documento, auto-análise mais impiedosa que a de Rousseau.[8]

Escrita no ano em que foi publicado o seu primeiro livro, quando se submetera a uma espécie de purificação órfica e encontrara a vocação final, constitui talvez o escrito mais introspectivo da Renascença. Várias das páginas descrevem as relações de Kepler com colegas e mestres no seminário, e, mais tarde, na Universidade de Tuebingen. Referindo-se a si próprio na terceira pessoa, como quase sempre faz em tal documento, diz: «Desde o dia da sua chegada (ao seminário) alguns homens lhe foram inimigos». Conta cinco dêles, e continua: «Registro os inimigos mais duradouros». Conta outras dezesseis, «e muitíssimos outros do mesmo naipe». Explica a hostilidade de todos dizendo que «eram simples rivais na dignidade, nas honras e no êxito.» Segue-se um registro deprimente e monótono daquelas inimizades e brigas. Eis alguns exemplos:

> «Colino não me odiava; eu é que o odiava. Iniciou amizade comigo, mas opunha-se-me constantemente... O meu amor ao prazer e outros hábitos transformaram Braunbaum de amigo em inimigo igualmente grande... Incorri de boa vontade no ódio de Seiffer, porque os outros também o odiavam, e provoquei-o, embora nada me tivesse feito. Ortolfo odiava-me como eu odiava Colino, apesar de eu, pelo contrário, gostar de Ortolfo, mas a rivalidade entre nós era múltipla... Muitas vêzes fiz com que todos me combatessem, por minha própria culpa; em Adelberg foi a minha traição (denúncia dos companheiros); em Maulbronn, a minha defesa de Graeter; em Tuebingen, a minha violenta exigência de silêncio. Afastei Landlinus mediante uns tolos escritos, Spangenburg pela temeridade em o corrigir, embora fôsse meu mestre; Clebero odiava-me como rival... A fama da minha inteligência aborrecia Rebstock; a minha frivolidade também... Husalino opunha-se ao meu progresso... Com Dauber havia uma secreta rivalidade e inveja... Jeager traiu-me a confiança; mentiu-me e gastou grande parte do meu dinheiro. Entreguei-me ao ódio, e nutri-o em raivosas cartas, durante o curso de dois anos.»

E assim por diante. A lista de amigos transformados em inimigos termina com a patética observação:

> «Finalmente, a religião dividiu Crellio de mim, mas ele também faltou à confiança; por conseguinte, passei a detestá-lo. Deus ordenou que êle fôsse o último. Assim, em parte a causa fui eu, em parte o destino. Do meu lado, intolerância com os enfadonhos, excessivo amor à zombaria e à ofensa, enfim, ao refreamento de presunções...»

É até mais patética a única exceção da lista:

> «Lorhard nunca se comunicou comigo. Eu o admirava, mas ele jamais o soube, nem tampouco ninguém.»

Imediatamente depois de narrativa tão sombria, Kepler, com acre diversão, registrou êste seu retrato, no qual os verbos no passado se alternam reveladoramente com os do presente:[9]

> «Aquele homem (isto é, Kepler) possui, em todos os aspectos, natureza de cão. A sua aparência é a de um cãozinho de regaço. Tem o corpo ágil, nervoso e bem proporcionado. Até os seus gostos eram semelhantes: gostava de roer ossos e crostas sêcas de pão, e era tão faminto que agarrava tudo quanto os olhos viam; mas, como os cães, bebe pouco e contenta-se com a mais simples comida. Eram semelhantes os seus hábitos. Procurava constantemente a boa vontade dos outros, dependia em tudo dos outros, satisfazia-lhes os desejos, nunca se zangava quando o censuravam e ansiava por lhes reconquistar as boas graças. Vivia sempre alerta, investigando as ciências, a política e os negócios privados, inclusive os da mais baixa classe; sempre a seguir alguém, imitava-lhe os pensamentos e os atos. Detesta a conversação, mas saúda os visitantes tal qual um cãozinho; quando a última coisa lhe é arrancada, inflama-se e rosna. Persegue tenazmente os injustos, isto é, ladra contra eles. É maligno e a todos morde com sarcasmo. Odeia intensamente muitas pessoas que o evitam, mas os superiores o apreciam. Tem horror de cão aos banhos, às tinturas e às loções. A sua ousadia desconhece limites, o que se deve indubitàvelmente a Marte em quadratura com Mercúrio, e em trindade com a lua; no entanto, cuida muito bem da vida... (Tem) enorme apetite das maiores coisas. Os mestres o elogiavam pelas boas disposições, embora, moralmente, fosse o pior dos contemporâneos... Religioso até a superstição... Criança de dez anos, quando leu pela primeira vez a Sagrada Escritura... queixou-se de, em virtude da impureza da sua vida, ser-lhe negada a honra de profeta. Quando cometia um êrro, executava um rito expiatório, esperando salvar-se do castigo: consistia o rito em confessar em público os seus erros...
>
> Há nesse homem duas tendências opostas: chorar qualquer tempo perdido, e perdê-lo sempre, de muito boa vontade. Mercúrio faz que nos inclinemos para as diversões, os jogos e outros prazeres levianos... Visto que o cuidado com o dinheiro lhe impedia jogar, muitíssimas vêzes jogava sòzinho. (A palavra designativa de «jôgo», lusu, pode aqui referir-se tanto ao jôgo de cartas como ao sexo). É de notar que tal avareza não tinha por alvo a aquisição de riqueza, e sim de repelir o mêdo à indigência, muito embora a avareza resulte, talvez, de um excesso dêsse medo...»

Não se faz menção do amor, a não ser duas leves exceções: o doloroso episódio com a virgem na véspera do Ano Novo e um registro obscuro e isolado referente ao seu vigésimo ano:

> «1551. O frio trouxe prolongada sarna. Quando Vênus atravessou a sétima casa, reconciliei-me com Ortolfo; quando voltou, mostrei-a a êle; quando apareceu pela terceira vez, eu continuava a lutar, ferido pelo amor. Comêço do amor: 26 de abril.»

É só. Nada mais sabemos da misteriosa «ela».

Lembremo-nos de que Kepler escreveu isso quando tinha vinte e seis anos. Seria um rude auto-retrato até para qualquer jovem moderno, criado na idade da psiquiatria, ansiedade, masoquismo e o resto; provindo de um jovem alemão do fim do século dezesseis, produto de civilização grosseira, brutal e inexperiente, constitui documento assombroso. Mostra a intrépida honestidade intelectual de um homem cuja infância transcorreu no inferno e que dêle conseguiu sair.

Com todas as inconseqüências errantes, a mistura barroca de afetação e ingenuidade, desdobra a eterna história da criança neurótica oriunda de uma família-problema, coberta de bolhas e sarna, que sente que tudo quanto faz é uma dor aos outros e uma desgraça a si própria. Como é familiar tudo: a atitude valentona, desafiadora, agressiva para ocultar a terrível vulnerabilidade, a falta de auto-segurança, a dependência de outros, a desesperada necessidade de aprovação, que conduz a uma embaraçadora mistura de servilismo e arrogância; a patética ansiedade de diversão, de fuga da solidão que leva consigo como cela portátil; o círculo vicioso de acusações e auto-acusações; os exagerados padrões aplicados ao procedimento moral próprio que transforma a vida numa longa série de quedas ao nônuplo inferno da culpa.

Pertencia Kepler à raça dos sangradores, vítimas da hemofilia emocional, aos quais qualquer injúria significa perigo multiplicado, e que, não obstante, se expõem constantemente a facadas e talhos. Mas um dos característicos habituais falta patentemente nos seus escritos: a aliviante droga da piedade de si próprio, que toma o sofredor espiritualmente impotente, e evita que a dor gere frutos. Kepler foi um Jó que envergonhou o Senhor fazendo que dos furúnculos crescessem árvores. Noutras palavras, possuía o misterioso dom de descobrir originais saídas para a pressão interna, de transformar os tormentos em feitos criadores, como a turbina extrai uma corrente elétrica do rio de águas revoltas. A debilidade da vista parece a peça mais pérfida que o destino poderia pregar a um observador de astros; mas como se vai decidir se uma aflição inerente paralisa ou galvaniza? A criança míope, que às vêzes via o mundo dobrado ou quadruplicado, veio a ser fundador da ótica moderna (a palavra «dioptrias» da receita do oculista se deriva do título de um dos livros de Kepler); o homem que só enxergava bem a pequenas distâncias inventou o moderno telescópio astronômico. Teremos oportunidade de observar o trabalho do mágico dínamo que transforma a dor em feitos e as maldições em bênçãos.

4. NOMEAÇÃO

Diplomou-se pela Faculdade de Artes da Universidade de Tuebingen, aos vinte anos de idade. Continuando no caminho da vocação escolhida, matriculou-se na Faculdade Teológica, onde estudou quase quatro anos. Mas o destino interveio, antes de êle poder submeter-se aos exames finais. O candidato da divindade, inesperadamente, recebeu a oferta do cargo de professor de matemática e astronomia em Gratz, capital da Estíria, província austríaca.

Era a Estíria região governada por um príncipe Habsburgo católico, e de Estados predominantemente protestantes. Por conseguinte, possuía Gratz uma universidade católica e uma escola protestante. Quando, em 1593, morreu o **mathematicus** desta última, pediram os governantes, como costumavam fazer, à universidade protestante de Tuebingen que lhes recomendasse um candidato. O senado de Tuebingen recomendou-lhes Kepler. Talvez pretendessem livrar-se do jovem queixoso, que professara opiniões calvinistas e defendera Copérnico numa disputa pública. Daria um mau sacerdote mas um bom professor de matemática.

Kepler, apanhado de surprêsa, pendeu a princípio para a recusa — «não por ter mêdo da grande distância do lugar (mêdo que condeno noutros) mas pela inesperada e baixa natureza do cargo e pelo seu escasso conhecimento dêsse ramo da filosofia». [10] Nunca havia pensado em tornar-se astrônomo. O seu interesse em Copérnico fôra um dentre muitos e não provocado pelo interêsse na astronomia, mas nas implicações místicas do universo heliocêntrico.

Contudo, após algumas hesitações, aceitou a oferta, sobretudo porque, aparentemente, significava independência financeira, e pelo seu inato amor à aventura. Estabeleceu a condição de que ficaria autorizado a recontinuar mais tarde o estudo de teologia, coisa que nunca fêz.

O novo professor de astronomia e «Mathematicus da Província» — título que completava o «astronomia» — chegou a Gratz em abril de 1594, aos vinte e três anos de idade. Um ano depois teve a idéia que lhe dominaria o resto da vida e da qual nasceram os seus revolucionários descobrimentos.

Até aqui me concentrei na vida emocional da infância e adolescência de Kepler. Devo agora, brevemente, falar do seu desenvolvimento intelectual. Mais uma vez, guia-nos o seu auto-retrato:

> «Êste homem nasceu destinado a passar muito tempo em tarefas difíceis evitadas por outros. Criança, tentou precocemente a ciência da versificação. Quis escrever comédias e escolheu os mais longos poemas para decorá-los... A princípio, os seus esforços foram dedicados a acrósticos e anagramas. Mais tarde, enveredou por várias das formas mais difíceis de poesia lírica, escreveu uma ode pindárica, poemas ditirâmbicos e composições em tôrno de assuntos desusados, como o lugar de repouso do sol, as fontes dos rios, a vista de Atlas através das nuvens. Gostava de enigmas e de sutis ditos jocosos e divertia-se bastante com alegorias elaboradas minuciosamente, arranjando comparações forçadas. Gostava de compor paradoxos e... preferia a matemática a qualquer outro estudo.
>
> Em filosofia, leu os textos de Aristóteles no original... Em teologia, iniciou imediatamente com a predestinação e concordou com a opinião luterana da ausência de vontade livre... Mais tarde, combateu-a... Inspirado pela sua opinião da misericórdia divina, não acreditou que tôdas as nações estivessem destinadas à condenação... Explorou vários campos da matemática como se fôsse o primeiro homem a fazê-lo (e fez certo número de descobrimentos), e verificou, mais tarde, que os seus descobrimentos já tinham sido descobertos antes. Discutiu com homens de tôdas as profissões em benefício do espírito. Preservou cuidadosamente todos os escritos e guardou todos os livros de que podia valer-se, certo de que lhe seriam úteis no futuro. Foi igual a Crusius (*) na atenção dedicada à minúcia, muito inferior a Crusius na esfôrço, e superior a êle

* Um dos mestres de Kepler.

no juízo. Crusius coligia fatos, êle os analisava; Crusius foi uma enxada, ele uma cunha...»

No horóscopo diz mais que, durante o primeiro ano de Universidade, compôs ensaios sobre «os céus, os espíritos, os Gênios, os elementos, a natureza do fogo, as marés, a forma dos continente, e outras coisas da mesma espécie.»

Diz a última observação sobre os dias de estudante:

> «Em Tuebingen muitas vêzes defendi as opiniões de Copérnico na disputa dos candidatos e compus uma cuidadosa disputa sôbre o primeiro movimento, o qual consiste na rotação da terra; acrescentei a esse o movimento da terra em tôrno do sol por motivos físicos ou, se preferir, por motivos metafísicos.
>
> Se há criaturas vivas na lua (questão que gostei de especular à maneira de Pitágoras e de Plutarco numa disputa escrita em Tuebingen em 1593), é de supor que estejam adaptadas ao característico do seu país particular.»

Nada disso indica ainda uma direção determinada. Na verdade, a principal queixa contra si próprio, que ele repete e torna a repetir, é a «incoerência, descuido, falta de disciplina e atrevimento»; a «falta de persistência nos empreendimentos, causada pela vivacidade de espírito»; a «mania de começar inúmeras coisas novas antes de terminar a anterior; os súbitos entusiasmos que não duram, pois, por mais esforçado que seja, não deixa de ser acérrimo inimigo do trabalho»; o «malôgro em terminar coisas começadas».

Mais uma vez notamos o mágico dínamo da psique em funcionamento. O veio de irresponsabilidade e intranqüilidade no sangue, que transformou o pai, o irmão e os tios em vagabundos incapazes de fixação em qualquer lugar, é mister, conduziu Kepler aos empreendimentos intelectuais não-ortodoxos, por vêzes extravagantes, e o transformou no aventureiro espiritual mais destemido e errante da revolução científica.

Devem ter sido uma experiência as lições do novo professor que se tinha na conta de pedagogo de má categoria porque, como explica na auto-análise, cada vez que se excitava — o que sucedia a maioria das vêzes — «punha-se a falar sem tempo de pensar se o que diria era o que devia dizer». O seu «entusiasmo e ansiedade o prejudicam e lhe constituem obstáculo», pois constantemente o levam a digressões, pois constantemente pensa em «novas palavras e novos assuntos, novas maneiras de exprimir ou provar a sua opinião, ou até de alterar o plano de aula ou de reter o que pretendia dizer.» A culpa, explica, está na peculiar espécie de memória que o faz imediatamente esquecer-se de tudo quanto lhe não interessa, mas que é maravilhosa para relacionar uma idéia a outra. «Eis a causa dos muitos parênteses nas suas aulas quando tudo lhe cruza a mente de uma vez e, em virtude do tumulto de todas essas imagens de pensamento na memória, tem de derramá-las na fala. São, pois, as suas aulas cansativas ou pelo menos desconcertantes e não muito inteligíveis.»

Não é de admirar que no primeiro ano tenha tido apenas um punhado de discípulos, e no segundo nenhum. Mal transcorridos doze meses da chegada a Gratz, escreveu ao velho mestre de astronomia em Tuebingen, Michael Maestlin, que não tinha esperanças de resistir mais um ano, implorando-lhe que lhe arranjasse um trabalho, para voltar. Sentia-se infeliz, exilado da sua afetada **alma mater** entre os provincianos habitantes da Estíria. Logo no primeiro dia fôra atacado pela «febre húngara». Além disso, cre...a a tensão religiosa na cidade tornando ainda mais sombrias as perspectivas.

Os diretores da escola, porém, encaravam a situação com mais otimismo. No relatório sôbre o novo professor [11] explicavam que a ausência de alunos não era culpa dêle «porque o estudo da matemática não é coisa para qualquer um». Fizeram-no dar algumas aulas extras sôbre Virgílio e a retórica «de modo que não fôsse pago por nada, até que o público estivesse preparado para ouvir-lhe também as aulas de matemática». O notável nos relatórios dêles é a aprovação completa não somente da inteligência de Kepler, senão também do seu caráter. Tinha dado, «primeiramente **perorando**, depois **docendo**, e finalmente também **disputando**, tais provas de valor que só nos resta julgar que, apesar da mocidade, é um mestre e professor culto, modesto **in moribus**, e adequado a esta escola de respeitada Província.» Êsse elogio contradiz a afirmação de Kepler de ser o diretor da escola seu «perigoso inimigo», porque «não o respeitava suficientemente como superior e não lhe tomava em consideração as ordens.» [12] Kepler era hipocondríaco nas relações com os outros, como o era com a própria saúde.

5. ASTROLOGIA

Outra onerosa tarefa, que ele apreciou às ocultas, durante os quatro anos passados em Gratz, foi a publicação de um calendário anual de previsões astrológicas. Tratava-se de obrigação tradicional imposta ao **mathematicus** oficial na Estíria e acarretava outra remuneração de vinte florins por calendário, muito útil a Kepler, em virtude do parco salário de cento e cinqüenta florins **per annum**.

Com o primeiro calendário, Kepler teve decididamente sorte. Profetizara entre outras coisas uma onda de frio e uma invasão pelos turcos. Seis meses depois, dizia elegantemente a Michael Maestlin:

> «A propósito, até agora as previsões do calendário estão se revelando corretas. Há, nesta terra, um frio jamais conhecido. Nas herdades alpinas o povo morre de frio. Afirma-se, e a afirmação merece crédito, que quando o povo volta para casa e assoa o nariz, êste cai... Quanto aos turcos, em 1 de janeiro devastaram tôda a região de Viena a Neustadt, ateando fogo a tudo e levando prisioneiros e bens.» [13]

As felizes profecias do primeiro calendário contribuíram para a popularidade do novo **mathematicus**, mais do que as suas entusiásticas e seletas aulas perante uma classe vazia. Como sempre em tempo de crise, a crença na astrologia ia crescendo no século dezesseis, não apenas entre os igorantes, senão também entre eminentes acadêmicos. Desempenhou ela papel importante, e às vêzes dominante, na vida de Kepler. A atitude para com a astrologia era típica das contradições existentes no seu caráter, e de uma época de transição.

Iniciou a carreira com a publicação de calendários astrológicos e terminou-a como astrólogo da Côrte do duque de Wallenstein. Fê-lo para viver, refreando o riso; dizia que a astrologia era a «entrada da astronomia», que as profecias populares constituíam «temerosa superstição» e «diversão simiesca e sacrílega». [14] Num dos seus arroubos, escreveu: «O espírito acostumado à dedução matemática, quando se vê frente a frente com os falsos alicerces (da astrologia) resiste longamente, como um burro obstinado, até que, compelido pelas pancadas e pragas, mergulha o pé na imunda lamaceira». [15]

Mas enquanto desdenhava aquêles grosseiros estudos, e a si próprio desprezava por ter de recorrer a êles, acreditava simultâneamente na possibilidade de uma nova e verdadeira astrologia, como ciência empírica exata. Escreveu certo número de sérios tratados sôbre astrologia como queria compreendê-la, e o assunto lhe penetra constantemente os próprios trabalhos científicos clássicos. Um dos tratados tem por divisa «uma advertência a certos teólogos, físicos e filósofos... que, embora justamente rejeitem as superstições dos observadores de astros, não devem lançar fora a criança com a água do banho.» [16] Pois «nada existe nem sucede no céu visível que não seja sentido, de um modo qualquer oculto, pelas faculdades, da Terra e da Natureza; (de modo que) essas faculdades do espírito aqui na terra são tão atingidas quanto o próprio céu.» [17] E novamente: «É bastante claro que o céu faz alguma coisa ao homem, mas o que faz especìficamente permanece oculto.» [18] Noutras palavras, Kepler considerava os estudos comuns de astrologia uma charlatanice, mas apenas na medida em que o médico moderno desconfia de uma dieta de emagrecimento não provada, sem duvidar um instante da influência da dieta na saúde e no aspecto. «A crença no efeito das constelações se deriva em primeiro lugar da experiência, tão convincente que só pode ser negada por gente que nunca a examinou.» [19]

Vimos que na sua auto-análise, apesar dos trechos introspectivos assombrosamente modernos e das agudas caracterizações de sua família, todos os principais fatos e atributos característicos se derivaram das constelações planetárias. Mas, se refletirmos bem, que outra explicação havia, disponível, naquele tempo? Para o espírito indagador sem noção nenhuma dos processos pelos quais a hereditariedade e o ambiente modelam o caráter do homem, a astrologia, numa forma ou noutra, constituía o meio patente de relacionar o individual ao todo universal, fazendo-o refletir a constelação oni-envolvente do mundo, estabelecendo uma íntima simpatia e correspondência entre o microcosmo e o macrocosmo: «A alma natural do homem é maior do que um ponto, e sôbre êsse ponto a forma e o caráter de todo o céu estão potencialmente gravados, mesmo que ele fosse cem vèzes maior.» [20] A não ser que a predestinação sozinha fosse responsável por tudo, tornando insípida qualquer outra investigação do Livro da Natureza, seria apenas lógico supor que a condição e o destino do homem eram determinados pelos mesmos movimentos celestes que determinam o tempo e as estações, a qualidade da colheita, a fertilidade dos animais e das plantas. Numa palavra, o determinismo astrológico, para um espírito científico como o de Kepler, era o precursor do determinismo biológico e psicológico.

Já em criança, sentia-se fascinado pelo problema do porque se tornara o que se havia tornado. Lembremos o trecho da auto-análise: «Na teologia, iniciei imediatamente com a predestinação e concordei com a opinião luterana da ausência de vontade livre.» Não demorou em repudiá-la. Quando tinha treze anos, «escrevi a Tuebingen pedindo me fosse enviado um determinado tratado teológico, e um dos meus companheiros me censurou: «Bacharel, também tu padeces de dúvidas sobre a predestinação?» [21] O mistério do «por que sou o que sou?» deve ter sido experimentado com particular intensidade por um adolescente precoce e infeliz naquele século de despertar, quando a consciência individual ia emergindo da consciência coletiva da hierarquia de colmeia medieval, quando rainhas e guerreiros, operários e zangões, tinham todos habitado os seus respectivos cubículos na vida. Se, porém, não havia predestinação, como se explicariam as diferenças de caráter e personalidade, inteligência e valor, entre membros da mesma raça, todos descendentes de Adão; ou entre o próprio Johannes, o menino-prodígio, e seu irmão epiléptico? Os modernos possuem uma explicação em têrmos de cromossomos e genes, reações adaptativas e experiências traumáticas; os homens do século dezesseis só podiam procurar uma explicação no estado do universo, como um todo, no momento da sua concepção ou nascimento, expressa pela constelação da terra, dos planetas e das estrêlas.

A dificuldade consistia em descobrir como, extamente, operava tal influência. Era claro que «o céu faz alguma coisa ao homem»; mas, especìficamente, o quê? «Na verdade, com todo o meu conhecimento de astrologia não sei com suficiente certeza se poderia ousar predizer confiantemente qualquer coisa específica».[21a] Mas Kepler nunca se desesperou:

> «Nenhum homem deve supor inacreditável [que da tolice e das blasfêmias dos astrólogos [possa provir um conhecimento útil e sagrado [que da imunda lama [possa vir um caracol [ou mexilhão [ou ostra ou enguia [todos útil nutrição; [que de um montão de ínfimos vermes [possa vir o bicho da seda [e finalmente [que do excremento mal cheiroso [possa uma galinha atarefada tirar um grão limpo [ou melhor, uma pérola ou um grão de ouro [se procurar e arranhar suficientemente.»[22]

Mal se nos depara página nos escritos de Kepler — cerca de vinte sólidos volumes in-fólio — que não seja viva e provocante.

E aos poucos, da balbúrdia, emergiu realmente uma visão. Aos vinte e quatro anos, escreveu a um correspondente:

> «De que modo o aspecto do céu determina o caráter do homem ao nascer? Age na pessoa durante a vida à guisa dos laços que o camponês põe, ao acaso, em volta das abóboras do campo: não fazem com que a abóbora cresça, mas determinam-lhe o formato. O mesmo se diga do céu: não dá ao homem hábitos, história, ventura, filhos, riqueza nem esposa, mas modela-lhe a condição...»[23]

Assim, cosmicamente determinada só está a configuração, e não qualquer fato particular; dentro de tal configuração o homem é livre. Nos seus últimos anos, o conceito gestáltico do destino cósmico tornou-se mais abstrato e ficou livre de qualquer escória. A alma individual, que traz a marca potencial de todo o céu reage à luz oriunda dos planêtas segundo os ângulos que êles formam um com o outro, e as harmonias ou desarmonias geométricas que resultam, tal qual reage o ouvido às harmonias matemáticas da música, e o ôlho às harmonias da cor. Essa capacidade da alma para agir como ressonador cósmico possui um aspecto místico e causal: de um lado afirma a afinidade da alma com a **anima mundi**, de outro a submete a leis estritamente matemáticas. Nessa altura a marca particular de Kepler na astrologia funde-se com a sua visão pitagórica oni-envolvente e unificadora da Harmonia das Esferas.

II. O "MISTÉRIO CÓSMICO"

1. OS SÓLIDOS PERFEITOS

Das frustações do seu primeiro ano em Gratz, fugiu Kepler para as especulações cosmológicas a que se havia dedicado por prazer em Tuebingen. Tais especulações, porém, foram-se tornando mais intensas e de caráter mais matemático. Um ano após a chegada — mais precisamente em 9 de julho de 1595, pois que ele registrou cuidadosamente a data — estava desenhando uma figura na lousa, para a classe, quando uma idéia lhe cruzou a mente com tamanha fôrça que sentiu estar de posse da chave do segrêdo da criação. «O deleite que experimentei com o descobrimento», escreveu mais tarde, «jamais poderei descrever com palavras».[1] Determinou-lhe o curso da vida, e sempre lhe ficou sendo a principal inspiração.

A idéia era que o universo está feito em tôrno de certas figuras simétricas — triângulo, quadrado, pentágono etc. — as quais lhe formam o esqueleto invisível, por assim dizer. Antes de entrarmos em pormenores, convirá explicar imediatamente que a idéia em si era completamente falsa; no entanto, conduziu eventualmente às Leis de Kepler, demolição do antigo universo sôbre rodas e nascimento da moderna cosmologia. O pseudodescobrimento que a tudo deu início está exposto no primeiro livro de Kepler, o **Mysterium Cosmographicum**,* por ele publicado aos vinte e cinco anos de idade.

No prefácio da obra, Kepler explicou como chegou ao «descobrimento». Quando ainda estudante em Tuebingen, ouvira o mestre de astronomia, Maestlin, falar de Copérnico, e concordara em dever ser o sol o centro do universo «por motivos físicos, ou, se preferis, por motivos metafísicos». Começou, então a indagar o porquê da existência de precisamente seis planetas «em vez de vinte ou cem», e do porquê eram o que eram as distâncias e velocidades dos planetas. Iniciou-se, dessarte, a sua indagação das leis do movimento planetário.

(*) Diz o título completo: **Precursor (Prodromus) dos Tratados Cosmográficos, contendo o Mistério Cósmico das admiráveis proporções entre as Órbitas Celestes e as verdadeiras e corretas razões dos seus Números, Grandezas e Movimentos Periódicos**, por Johannes Kepler, Mathematicus dos Ilustres Estados de Estíria, Tuebingen, **anno** 1596.

A princípio experimentou ver se uma órbita poderia ser, acaso, duas vêzes, três ou quatro, maior do que outra. «Perdi muito tempo nesse trabalho, nesse jôgo com números, mas não logrei descobrir ordem nem nas proporções numéricas nem nos afastamentos de tais proporções.» Adverte o leitor de que a narrativa dos seus vários esforços inúteis «te embalará como as ondas do mar». Visto que a nada chegou, tentou «uma solução surpreendentemente ousada»: inseriu um planeta auxiliar entre Mercúrio e Vênus, e outro entre Júpiter e Marte, ambos supostamente pequenos demais para serem vistos, esperando que, por fim, obteria uma seqüência lógica de razões. Nem isso deu resultado; e não o deram tampouco vários outros artifícios por êle experimentados.

«Perdi quase todo o verão com êsse pesado trabalho. Finalmente, cheguei perto dos verdadeiros fatos numa ocasião inteiramente sem importância. Creio que a Divina Providncia dispôs as coisas de tal modo que eu pudesse obter pelo acaso: o que não obtivera mediante esforços; creio ainda mais porque sempre roguei a Deus que o meu plano tivesse êxito, se era exato o que Copérnico dissera.» [2]

A ocasião de tão decisivo evento foi a já mencionada aula à classe na qual êle havia traçado, para objetivos totalmente outros, uma figura geométrica no quadro negro. A figura mostrava (tenho de descrevê-la de maneira simplificada) um triângulo com um círculo inscrito e outro circunscrito; noutras palavras, o círculo exterior envolvia o triângulo, enquanto o círculo interior era envolvido pelo triângulo.

Olhando para os dois círculos, Kepler, repentinamente, percebeu que as suas razões eram as mesmas que as das órbitas de Saturno e Júpiter. O resto da inspiração foi um relâmpago. Saturno e Júpiter são os «primeiros» (isto é, os dois planëtas mais externos), e «o triângulo é a primeira figura da geometria. Tentei imediatamente inscrever no intervalo seguinte, entre Júpiter e Marte, um quadrado, entre Marte e a Terra, um pentágono, entre a Terra e Vênus, um hexágono...»

Não deu certo, mais uma vez, porém Kepler sentiu que estava bem perto do segrêdo. «Avancei mais uma vez. Por que procurar formas bidimensionais para adaptar órbitas no espaço? É preciso procurar formas tridimensionais, e, olha, caro leitor, tens agora em mãos o meu descobrimento!»

O ponto é êste. Podemos construir qualquer número de polígonos regulares num plano bidimensional; mas só podemos construir um limitado número de sólidos regulares no espaço tridimensional. Êsses «sólidos perfeitos», cujas faces são tôdas idênticas, chamam-se [1] o tetraedro (pirâmide), limitado por quatro triângulos equilaterais; [2] o cubo; [3] o octaedro (oito triângulos equilaterais); [4] o dodecaedro (doze pentágonos), e [5] o icossaedro (vinte triângulos equilaterais).

Chamaram-se também sólidos «pitagóricos» ou «platônicos». Sendo perfeitamente simétricos, pode cada um dêles ser **inscrito** numa esfera, de modo que todos os seus .vértices fiquem na superfície da esfera. Semelhantemente, cada um dêles pode ser **circunscrito a uma esfera**, de modo que a esfera toque cada uma das faces no centro. Constitui fato curioso, inerente à natureza do espaço tridimensional, ser (como o provou Euclides) limitado a essas cinco formas o número de sólidos regulares. Seja qual for outra face escolhida, não poderemos construir ne-

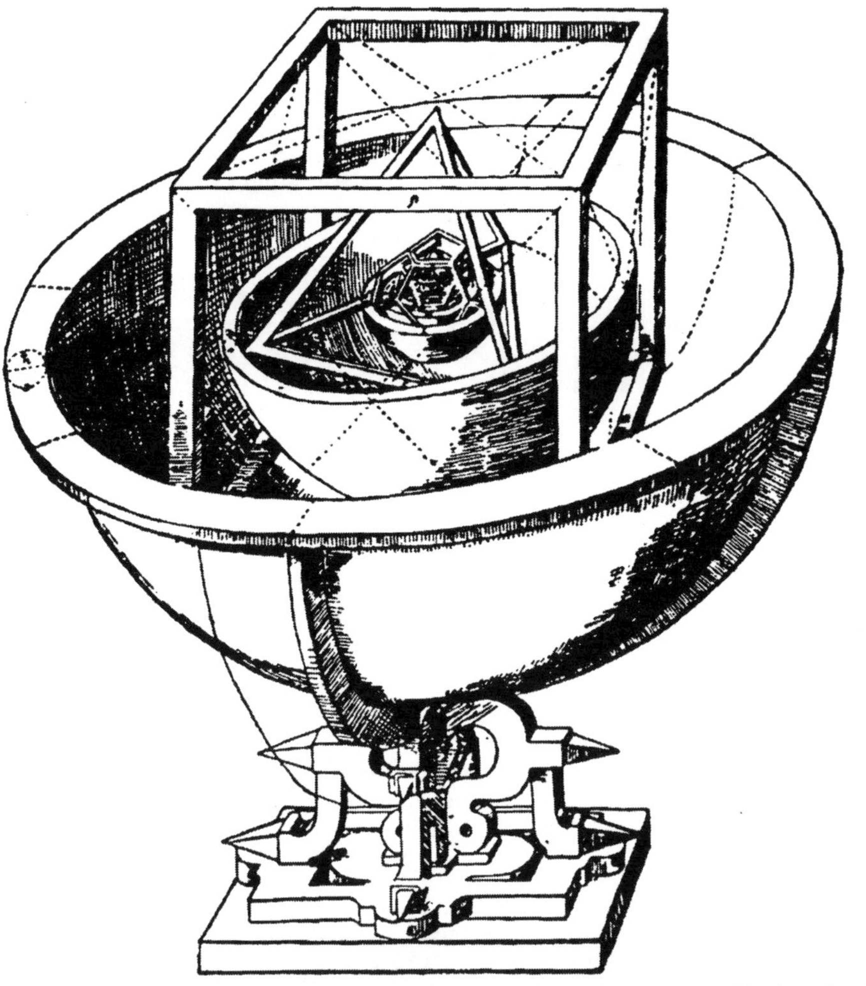

Modelo do universo; a esfera mais externa é a de Saturno. Ilustração do **Mysterium cosmographicum** de Kepler.

nhum outro sólido simétrico, a não ser êsses cinco. Não se harmonizam outras combinações.

Logo, havia apenas cinco sólidos perfeitos, e cinco intervalos entre os planetas! Era impossível acreditar que aquilo não passava de acaso. Dava a resposta completa ao porquê da existência de precisamente seis planétas «e não vinte ou cem». E dava resposta também ao porquê de serem as que eram as distâncias entre as órbitas. Tinham de espaçar-se de tal modo que os cinco sólidos pudessem ser adaptados perfeitamente nos intervalos, como invisível esqueleto ou estrutura. E adaptavam-se! Ou então pareciam adaptar-se, mais ou menos. Na órbita, ou esfera, de Saturno, increveu um cubo; e no cubo outra esfera, que era a de Júpiter. Inscrita nesta estava o tetraedro, e nêle inscrita a esfera de Marte. Entre as esferas de Marte e da Terra vinha o dodecaedro; entre a Terra e Vênus o icossaedro; entre Vênus e Mercúrio o octaedro. Eureca! O mistério do universo fôra resolvido pelo jovem Kepler, professor na escola protestante de Gratz.

Detalhe que mostra as esferas de Marte, Terra, Vênus e Mercúrio com o o Sol no centro

«É assombroso!» diz Kepler aos leitores, «embora eu não tivesse ainda uma idéia clara da ordem em que deviam ser dispostos os sólidos perfeitos, logrei êxito... em dispô-los tão felizmente que, mais tarde, ao verificar tudo, nada tive que alterar. Não lamentei mais o tempo perdido; não me senti mais cansado; não fugi a nenhum cálculo, por mais difícil que fôsse. Dia e noite passei-os em cálculos para verificar se a minha afirmação se condizia com as órbitas copernicanas, ou se o meu jubilo seria levado pelos ventos... Ao cabo de alguns dias tudo caiu no devido lugar. Vi um sólido simétrico depois do outro adaptar-se tão precisamente entre as órbitas adequadas, que se um camponês te perguntar a que espécie de gancho estão presos os céus, para não caírem, ser-te-á fácil responder-lhe Adeus!» [3]

Tivemos o privilégio de testemunhar um dos raros exemplos registrados de falsa inspiração, supremo embuste do **daimon** socrático, aquela voz íntima que fala com certeza tão infalível, intuitiva, ao espírito iludido. Aquele inesquecível instante diante da figura do quadro negro tinha o cunho da mesma convicção íntima do **Eureca** de Arquimedes ou do lampejo de intuição de Newton quanto à maçã caída. Mas há poucos exemplos de haver uma ilusão conduzido a descobrimentos momentosos e verdadeiramente científicos e proporcionado novas Leis da Natureza. É o fascínio básico de Kepler, tanto como indivíduo como caso histórico, pois a sua desencaminhada crença nos cinco corpos perfeitos não foi uma fantasia passageira; pelo contrário, ficou com êle, em versão modificada, até o fim da vida, apresentando todos os sintomas de uma ilusão paranóide; e, no entanto, agiu como **vigor motrix,** acicate dos seus feitos imortais. Escreveu o **Mysterium Cosmographicum** quando tinha vinte e cinco anos de idade, mas publicou uma segunda edição da obra, vinte e cinco anos depois, pelo fim, quando realizara a obra capital, descobrira as três Leis, destruíra o universo ptolemaico e firmara os alicerces da moderna cosmologia. A dedicatória da segunda edição, escrita aos cinqüenta anos de idade, trai a persistência da **idée fixe:**

> «Passaram-se quase vinte e cinco anos desde o dia em que publiquei o presente livrinho... Apesar de ser eu, então, muito moço e constituir a publicação o meu primeiro trabalho de astronomia, o seu êxito nos anos seguintes proclama em voz alta que nunca ninguém publicou antes, um primeiro livro mais significativo, mais feliz, e, à vista do assunto, mais digno. Seria êrro considerá-lo pura invenção do meu espírito (longe do meu intento qualquer presunção, e do leitor qualquer exagerada admiração, quando tocamos a harpa de sete cordas da sabedoria do Criador), porque, como se um oráculo do céu mo tivesse ditado, o livrinho publicado foi, em todas as suas partes imediatamente reconhecido como ótimo e verdadeiro de ponta a ponta (tal qual sucede com os atos evidentes de Deus)».

Ora, o estilo de Kepler é muitas vezes exuberante e outras bombástico, mas quase nunca a esse ponto. A clara presunção é, com efeito, o fulgor da **idée fixe,** emanação da imensa carga emotiva acarretada por essas idéias. Quando o paciente, numa casa de saúde, declara ser porta-voz do Espírito Santo, o que diz não é, para êle, uma gabolice e sim uma simples afirmação de fato.

Temos, pois, um jovem de vinte e quatro anos, aspirante a teólogo, senhor apenas de um conhecimento superficial de astronomia, que se obstina numa idéia errada, convencido de haver resolvido o «mistério cósmico». «Não há grande talento», para citarmos Sêneca, «que não esteja misturado com um pouco de loucura», mas em regra a loucura devora o talento. A história de Kepler nos mostrará como pode haver exceções a tal regra.

2. O CONTEÚDO DO «MYSTERIUM»

Deixando de lado o seu enfermiço **leitmotif,** o primeiro livro de Kepler contém as sementes dos seus principais descobrimentos futuros. Devo, portanto, descrever-lhe brevemente o conteúdo.

O **Mysterium** possui uma **ouverture** e um primeiro e segundo movimentos. A **ouverture** consiste na **Introdução ao Leitor,** que já discuti, e no primeiro capítulo, entusiástica e lúcida profissão de fé em Copérnico.[4] Foi o primeiro cometimento inequívoco, público, de um astrônomo profissional, impresso cinqüenta anos após a morte de Copérnico, e começo da sua glória póstuma.[5] Galileu, seis anos mais velho que Kepler, e astrônomos como Maetlin, ou se calaram no que dizia respeito a Copérnico, ou com êle concordaram sòmente na cautelosa intimidade. Kepler tencionara acrescentar ao seu capítulo uma prova de não haver contradição entre o ensino de Copérnico e a Sagrada Escritura; mas o superior da faculdade teológica de Tuebingen, cujo consentimento oficial à publicação do livro devia ser obtida, ordenou-lhe deixasse de lado qualquer reflexão teológica e — na esteira do famoso prefácio de Osiander — tratasse a hipótese copernicana como hipótese puramente formal, matemática.(*) Kepler, portanto, deixou a sua apologia teológica para uma obra posterior; por outro lado, fêz o oposto exato do que lhe haviam aconselhado, proclamando o sistema copernicano literalmente, fisicamente e indiscutivelmente verdadeiro, «um tesouro inesgotável de intuição verdadeiramente divina da maravilhosa ordem do mundo e de todos os corpos nêle contidos.» Foi como uma fanfarra em louvor do bravo novo mundo heliocêntrico. Os argumentos em seu favor, que Kepler aduziu, podiam, na maior parte, ser encontrados na **Narratio Prima** de Rético, por Kepler reimpressa como apêndice ao **Mysterium,** para poupar aos leitores o trabalho de percorrer o ilegível livro de Copérnico.

Após essa **ouverture** Kepler vai à «principal prova» de estarem as esferas planetárias separadas uma da outra, ou fechadas, por assim dizer, pelos cinco sólidos perfeitos. (Não quer dizer, evidentemente, que os sólidos se encontram realmente presentes no espaço; não acredita, tampouco, na existência das próprias esferas, como veremos). A «prova» consiste em resumo. na dedução de poder Deus criar apenas um mundo perfeito, e visto existirem apenas cinco sólidos simétricos, destinam-se òbviamente a ser colocados entre as seis órbitas planetárias «onde se ajustam perfeitamente». Na realidade, porém, não se ajustam absolutamente, como iria descobrir em breve, para desgraça sua. Outrossim, não há seis planêtas, há nove (sem mencionar a nuvem de asteróides entre Júpiter e Marte), mas pelo menos Kepler, em vida, não soube do descobrimento dos outros três, Urano, Netuno e Plutão.

Nos próximos seis capítulos (III a VIII) vemos a explicação do porquê da existência de três planetas fora e dois dentro da órbita da terra; porque essa órbita se encontra precisamente onde está; porque o cubo jaz entre os dois planêtas mais internos; que afinidades e simpatias existem entre os vários planêtas e os vários sólidos, e assim por diante, tudo isso por deduções apriorísticas derivadas diretamente dos arcanos pensamentos do Criador e apoiadas por motivos tão fantásticos que mal podemos acreditar estar ouvindo um dos fundadores da ciência moderna. Assim, por exemplo, «os sólidos regulares da primeira ordem (isto é, os que se encontram fora da órbita da terra) devem por natureza ficar de pé, enquanto os da segunda ordem devem flutuar. Se os últimos ficarem sobre um dos lados, e os primeiros num dos vértices, em ambos os casos os olhos fugirão à fealdade do espetáculo». Por essa espécie de argumento, logra o jovem Kepler provar tudo aquilo em

(*) Como sabemos, foi o próprio Kepler que alguns anos depois descobriu que o prefácio das **Revoluções** fora escrito por Osiander e não por Copérnico.

que acredita e acreditar em tudo aquilo que prova. O nono capítulo trata de astrologia, o décimo de numerologia, o décimo-primeiro do simbolismo geométrico do Zodíaco; no décimo-segundo, alude à harmonia pitagórica das esferas, procurando correlações entre os seus sólidos perfeitos e os intervalos harmônicos na música, mas não passa de mais um arabesco no sonho. Com essa nota termina a primeira metade do livro.

O segundo é diferente. Falei de um trabalho em dois movimentos, por estarem escritos com modos e chaves diferentes, e serem mantidos juntos apenas pelo **leitmotif** comum. O primeiro é medieval, apriorístico e místico; o segundo moderno e empírico. O **Mysterium** é o símbolo perfeito do divisor de água.

O parágrafo de abertura da segunda metade deve ter sido um choque aos leitores:

> «O que dissemos até agora serviu meramente para apoiar a nossa tese com argumentos de probabilidade. Procederemos, agora, à determinação astronômica das órbitas e a considerações geométricas. Se não confirmarem a tese, terão sido inúteis todos os nossos esforços prévios.» [6]

Assim, tôda a divina inspiração e a certeza **a priori** eram simples «probabilidades», devendo-lhes ser a verdade ou mentira decidida pelos fatos observados. Sem transição, num único surpreendente salto, atravessamos a fronteira entre a especulação metafísica e a ciência empírica.

Kepler chegou, então, ao ponto essencial da questão: o confronto das proporções do seu modelo do universo com os dados observados. Visto que os planetas não giram em tôrno do sol em círculos, mas em órbitas elípticas (foi trabalho de Kepler, posterior, e que constituiu a sua Primeira Lei), a distância de cada planeta, do sol, varia dentro de certos limites. Tal variação (ou excentricidade) era por êle explicada dando a cada planêta uma carapaça esférica de espessura suficiente para acomodar a órbita oval entre as suas paredes (v. modêlo na página 170). A parede interna representa a distância mínima do planêta ao sol, a parede externa a distância máxima. As esferas, como já dissemos, não são consideradas fisicamente reais, mas apenas como limites do espaço permitido a cada órbita. A espessura de cada carapaça e os intervalos entre elas foram colocados nos números de Copérnico. Estavam de tal modo espaçadas que entre elas pudessem ajustar-se perfeitamente os cinco sólidos? No Prefácio, Kepler havia anunciado confiantemente que poderiam. Mas verificou que não. Existia um acordo bastante bom para as órbitas de Marte, da Terra e de Vênus, mas não para Júpiter nem Mercúrio. Kepler eliminou a dúvida no tocante a Júpiter com a desarmadora observação de «ninguém o estranhar, em virtude da grande distância». Quanto a Mercúrio, recorreu francamente à fraude. [7] Foi uma espécie de toque-emboque do país das maravilhas através dos arcos celestes móveis.

Nos capítulos seguintes, experimentou vários métodos para a explicação definitiva das restantes discrepâncias. O êrro devia estar no modêlo dele ou nos dados de Copérnico; e, naturalmente, preferiu censurar a êste. Em primeiro lugar, descobriu que Copérnico não colocara no centro do mundo o sol, e sim precisamente o centro da órbita terrestre «a fim de poupar a si próprio trabalho e não confundir os esforçados leitores, divergindo demasiadamente de Ptolomeu.» [8] Kepler tentou remediar àquilo, esperando obter um **Lebensraum** (*) mais favorável para os seus cinco sólidos. O conhecimento matemático ainda era insuficiente para a tarefa, de modo que, em busca de auxílio, voltou-se para o antigo mestre, Maestlin, que concordou de boa vontade. Os novos algarismos de nada valeram a Kepler; contudo, de um golpe, e quase inadvertidamente, fizera deslizar o centro do sistema solar para o lugar que lhe cabia. Foi o primeiro produto lateral, de grande importância, da caçada ilusória.

A seguinte tentativa para remediar o desacôrdo entre o sonho e os fatos observados dizia respeito à lua. Deveria a sua órbita ser incluída na espessura da esfera da terra, ou não? Explicou francamente aos caros leitores que escolheria a hipótese mais ajustada ao plano; comprimiria a lua no interior da carapaça da terra ou a expulsaria para a treva exterior, ou deixaria que a sua órbita ficasse a meio caminho, por não haver razões **a priori** em favor de qualquer das soluções. (As provas **a priori** de Kepler foram, na maioria, encontradas **a posteriori**). Mas brincar com a lua também não adiantava, de modo que o jovem Kepler iniciou um ataque de frente contra os dados de Copérnico. Com admirável impertinência, declarou-os tão pouco dignos de fé que os próprios números de Kepler seriam fortemente suspeitos, no caso de concordarem com os de Copérnico. Além de serem as tabelas pouco dignas de fé, além de ser Copérnico inexato nas observações, como ficou registrado por Rético (de quem Kepler cita longos trechos condenatórios), o velho cônego também trapaceava:

> «Quão humano era o próprio Copérnico adotando números que, dentro de certos limites, concordavam com os seus desejos e serviam ao objetivo, o leitor aplicado de Copérnico pode verificar pessoalmente... Escolhe observações de Ptolomeu, Walter e outros com o fito de tornar mais fáceis os seus cálculos, e não tem escrúpulos em negligenciar ou alterar eventuais horas do tempo observado e quartos de graus de ângulo.» [9]

Vinte e cinco anos depois, o próprio Kepler divertidamente comentava o primeiro desafio a Copérnico:

> «Afinal, todos aprovam o petiz de três anos de idade que resolve lutar contra um gigante.» [10]

Até agora, nos vinte primeiros capítulos do livro, Kepler se preocupara em descobrir razões para a distribuição espacial e o número dos planetas. Tendo ficado satisfeito (mas não os leitores) com o fato de darem os cinco sólidos tôdas as respostas, e de serem as discrepâncias existentes devidas aos números errados de Copérnico, voltou-se para um problema diferente, e mais promissor, que nenhum astrônomo, antes dêle, havia suscitado. Começou a procurar uma relação matemática entre a distância de um planeta ao sol e o comprimento do seu «ano», isto é, o tempo de que necessitava para uma revolução completa.

Tais períodos eram, naturalmente, conhecidos desde a antiguidade com bastante exatidão. Em números redondos, Mercúrio precisa de três meses para uma revolução completa, Vênus de sete e meio, a terra de doze, Marte de vinte e quatro, Júpiter de cento e vinte, e Saturno de trezentos e sessenta. Assim, quanto maior a distância do planeta ao sol,

---

(*) Espaço vital (N. do T.)

tanto mais tempo para uma revolução completa, o que, todavia, só é verdadeiro aproximadamente. Faltava uma razão matemática exata. Saturno, por exemplo, está duas vezes mais distante do que Júpiter, e deveria portanto empregar duas vêzes mais tempo para completar a volta, ou seja vinte e quatro anos; no entanto, emprega na realidade trinta. Diga-se o mesmo dos demais planetas. Quando vamos do sol para fora, no espaço, o movimento dos planêtas ao longo das órbitas é cada vez menos rápido. (Para deixarmos bem claro o ponto: não só têm de viajar para completar o círculo, como também viajam a uma velocidade menor. Se se movessem à mesma velocidade. Saturno, com um circuito duas vezes mais longo que o de Júpiter, levaria duas vêzes mais tempo para fazê-lo; e, entretanto, emprega duas vêzes e meio o tempo).

Ninguém antes de Kepler indagara do **porquê** disso, assim como ninguém antes dêle perguntara porque há precisamente seis planêtas. Como sabemos, a primeira pergunta resultou cientìficamente estéril, (*) e a segunda imensamente fértil. A resposta de Kepler foi que deve haver uma **fôrça emanando do sol** que conduz os **planêtas** nas suas órbitas. Os planêtas exteriores movem-se mais lentamente pelo fato de essa força diminuir de acordo com a distância, «como a fôrça da luz».

Difícil seria sobrestimar o significado revolucionário de tal proposição. Pela primeira vez, desde a antiguidade, fazia-se um tentativa não somente para a **descrição** dos movimentos celestes em têrmos geométricos, senão também para lhes atribuir uma **causa física.** Chegamos ao ponto em que a astronomia e a física novamente se encontram, após um divórcio que durou dois mil anos. Essa reunião das duas metades do espírito dividido produziu resultados explosivos, levando às três Leis de Kepler, colunas sôbre as quais Newton construiu o universo moderno.

Mais uma vez nos achamos na feliz posição de poder observar, como em fita de movimento lento, de que maneira foi Kepler conduzido a dar o decisivo passo. No trecho-chave, extraído do **Mysterium Cosmographicum,** que se segue, os números indicadores são do próprio Kepler e dizem respeito às suas Notas da segunda edição.

> «Se quisermos aproximar-nos mais da verdade e estabelecer uma correspondência nas proporções (entre as distâncias e velocidades dos planetas) devemos escolher entre estas duas hipóteses: ou as almas (II) que movem os planêtas são menos ativas quanto mais distante está o planêta do sol, ou existe apenas uma alma motor (III)) no centro de tôdas as órbitas, isto é, o sol, que move o planêta tanto mais vigorosamente quanto mais próximo se encontra este mas cuja força quase se esgota quando age nos planetas exteriores, em virtude da grande distância e do enfraquecimento da fôrça daí decorrente.» 11

Kepler, na segunda edição do livro, fêz as seguintes notas a êsse trecho:

> «(II). Provei na minha **Astronomia Nova** que tais almas não existem.

(*) Pelo menos, os nossos instrumentos matemáticos são ainda inadequados para apanhar a gênese e morfologia do sistema solar. Muito depende de se fazer a pergunta certa no tempo certo.

(III). Se substituírmos a palavra «alma» pela palavra «fôrça», chegaremos precisamente ao princípio sobre o qual se apóia a minha física dos céus na **Astronomia Nova**... Noutros tempos, acreditei firmemente ser a fôrça motriz dos planêtas uma alma... Mas, refletindo que tal causa de movimento diminui proporcionalmente à distância, assim como a luz do sol diminui proporcionalmente à distância do sol, cheguei à conclusão de ser tal fôrça alguma coisa substancial — não **substancial** no sentido literal, mas... do mesmo modo como afirmamos ser a luz alguma coisa substancial, significando com isso uma entidade insubstancial emanando de um corpo substancial.» [12]

Estamos assistindo à emergência hesitante dos modernos conceitos de «Fôrças» e «energias radiantes», tanto materiais como não-materiais, e, falando em têrmos gerais, tão ambíguos e desconcertantes como os conceitos místicos por eles substituídos. Ao observarmos a obra do espírito de Kepler (ou Paracelso, Gilbert, Descartes) verificamos a falácia da crença de haver o homem, num tempo qualquer entre a Renascença e o Iluminismo, arremessado para longe as «superstições da religião medieval», como o cãozinho que sai da água, enveredando pela brilhante e nova estrada da Ciência. No interior dêsses espíritos não se nos depara nenhuma interrupção abrupta do passado, mas uma transformação dos símbolos da sua experiência cósmica — da **anima motrix** para **vis motrix**, espírito movente em fôrça movente, fantasias mitológicas em hieróglifos matemáticos — transformação que nunca foi, e, esperamos, nunca será inteiramente esquecida.

Mais uma vez eram totalmente errados os pormenores da teoria de Kepler. A fôrça motora que ele atribuía ao sol em nada se assemelha à gravidade, parecendo mais uma espécie de chicote a fustigar os planetas preguiçosos ao longo dos percursos. Em resultado, a primeira tentativa para formular a lei relacionando as distâncias planetárias aos períodos era tão obviamente errada que ele se viu obrigado a admiti-lo. [13] Acrescentou ansiosamente:

> «Embora pudesse ter previsto isso desde o início, não quis privar o leitor desse estímulo a outros esforços. Oh, se pudéssemos viver para ver o dia em que os dois conjuntos de números concordem... O meu único objetivo é o de que outros se sintam impelidos a pesquisar a solução para a qual abri o caminho.» [14]

Mas foi o próprio Kepler que descobriu a solução correta, pelo fim da vida. É a sua Terceira Lei. Na segunda edição do **Mysterium**, acrescentou à frase: «Oh, se pudéssemos viver para ver o dia...» uma nota que diz:

> «Vivemos para ver tal dia depois de vinte e dois anos e nos rejubilamos; pelo menos foi o que fiz; espero que Maestlin e muitos outros... partilhem do meu contentamento.» [16]

O capítulo final do **Mysterium** é uma volta à praia medieval da torrente kepleriana do pensamento. Está descrito como «sobremesa após tão substanciosa refeição» e diz respeito às constelações do céu no primeiro e último dias do mundo. Recebemos um horóscopo bastante promissor para a Criação, que se iniciou no domingo, 27 de abril de 4977 A. C.; mas acêrca do dia derradeiro, diz Kepler modestamente: «Não me foi possível deduzir um fim dos movimentos de razões inerentes.»

Nessa nota infantil termina o primeiro livro de Kepler, o sonho dos cinco sólidos perfeitos que determinam o esquema do universo. A história do pensamento conhece inúmeras verdades estéreis e férteis erros. O erro de Kepler deu como resultado imensa fertilidade. «A direção de tôda a minha vida, dos meus estudos e trabalhos, foi determinada por êsse pequenino livro», escreveu vinte e cinco anos mais tarde,[16] «pois quase todos os livros de astronomia que publiquei desde então se prenderam a um ou outro dos principais capítulos desse livrinho e constituem exposição ou complementos mais perfeitos.»[17] Não deixou, contudo, de ter um vislumbre da natureza paradoxal de tudo aquilo, visto ter acrescentado:

> «As estradas pelas quais os homens chegam às compreensões dos problemas celestes se me afiguram tão dignas de admiração como os próprios problemas.»[18]

3. DE VOLTA A PITAGORAS

Uma questão crucial ficou sem explicação nos capítulos anteriores. O que foi, exatamente, que atraiu Kepler com tamanha fôrça, quando ainda estudante de teologia, ao universo copernicano? Na sua auto-análise, disse expressamente que não foi o interêsse na astronomia em si, e que o converteram «razões físicas, ou se preferis metafísicas»; e repete a afirmação quase **verbatim** no prefácio ao **Mysterium**. Explica diferentemente em vários trechos essas «razões físicas ou metafísicas» mas a essência delas é que o sol deve estar no centro do mundo, por ser símbolo de Deus Pai, fonte de luz e calor, gerador da fôrça que move os planetas nas órbitas, e por ser o universo heliocêntrico geomètricamente mais simples e satisfatório. Parecem quatro razões diferentes, mas formam um conjunto único, indivisível no espírito de Kepler, uma nova síntese pitagórica de misticismo e ciência.

Lembremo-nos de que, para os pitagóricos e Platão, a força animadora da divindade se irradiava do centro do mundo para fora, até o dia em que Aristóteles baniu o Primeiro Motor para a periferia do universo. No sistema Copernicano, o sol ocupava de novo o lugar de Fogo Central pitagórico, mas Deus ficava fora e o sol não tinha atributos divinos nem tampouco qualquer influência física nos movimentos dos planetas. No universo de Kepler, todos os atributos místicos e forças físicas se centralizam no sol, e o Primeiro Motor volta a ser posto na posição focal que lhe cabe. O universo visível é o símbolo e «assinatura» da Santíssima Trindade; o sol representa o Pai, a esfera das estrelas fixas o Filho, as fôrças invisíveis que, emanando do Pai, agem através do espaço interestelar, representam o Espírito Santo:

«O Sol no meio dos astros móveis, em repouso e, no entanto, fonte de movimento, traz a imagem de Deus Pai e Criador... Distribui a fôrça motriz através de um meio que contém os corpos móveis da mesma maneira pela qual o Pai cria através do Espírito Santo.»[19]

O fato de o espaço ter três dimensões é também um reflexo, uma «assinatura» da Trindade mística:

> «Assim as coisas corpóreas, a **matéria corpórea**, são representadas em **tertia quantatis specie trium dimensionum.**»[20]

A verdade unificadora entre o espírito de Deus e o espírito do homem é representada para Kepler, como o era para a fraternidade pitagórica, pelas eternas e últimas verdades da «Goemetria divina».

> «Por que despender palavras? A geometria existia antes da Criação, é coeterna com o espírito de Deus, é o próprio Deus (que existe em Deus que não seja o próprio Deus?); a geometria deu a Deus um modêlo para a Criação e foi implantada no homem com a própria semelhança de Deus, e não meramente levada ao espírito dêle através dos olhos.» 21

Mas se Deus criou o mundo segundo um modêlo geométrico e dotou o homem de uma compreensão da geometria, deve ser perfeitamente possível, pensou o jovem Kepler, deduzir toda a planta do universo por um puro raciocínio a **priori**, lendo o espírito do Criador, por assim dizer. Os astrônomos são «os sacerdotes de Deus, chamados a interpretar o Livro da Natureza», e certamente têm os sacerdotes o direito de saber quais são as respostas.

Se se tivesse detido nisso a evolução de Kepler, ele teria permanecido um excêntrico. Mas eu já disse qual o contraste entre as deduções **a priori** na primeira parte do livro e o acesso científico moderno do segundo. Essa coexistência do místico e do empírico, de loucos vôos de pensamento e paciente,atormentadora pesquisa, continuou, como veremos, o principal característico de Kepler desde a primeira mocidade até a velhice. Outros homens que viveram no divisor de água exibiram o mesmo dualismo, mas em Kepler era mais acentuado e paradoxal, levado a extremos que tocavam a loucura. Explica a incrível mistura, nos seus trabalhos, de atrevimento e pedante precaução, a irritabilidade e a paciência, a engenhosidade e a profundidade filosófica. Animou-o ela a fazer perguntas que ninguém ousara fazer, sem tremer de medo de tamanha ousadia, ou corar da aparente tolice. Algumas parecem não ter significado ao espírito moderno. As demais levaram à reconciliação entre a física terrestre e a geometria celeste, o constituíram o início da moderna cosmologia. Pouco importa que algumas das respostas dêle tenham sido erradas. Como no caso dos filósofos jônicos da era heróica, os filósofos da Renascença foram, talvez, mais notáveis pela natureza revolucionária das perguntas feitas do que pelas respostas apresentadas. Paracelso e Bruno, Gilbert e Ticho, Kepler e Galileu formularam respostas ainda hoje válidas; mas em primeiro lugar, e acima de tudo, foram gigantescos mestres de perguntas. **Post factum**, porém, é sempre difícil apreciar a originalidade e imaginação necessárias para uma pergunta nunca dantes feita. A esse respeito, também, Kepler tem a supremacia.

Algumas das suas perguntas foram inspiradas por um sinal medieval de misticismo, e, no entanto, resultaram espantosamente férteis. O deslocamento do Primeiro Motor da periferia do universo para o corpo físico do sol, símbolo de Deus, preparou o caminho ao conceito de uma força gravitacional, símbolo do Espírito Santo, que controla os planêtas. Assim, uma inspiração puramente mística foi a raiz da qual se desenvolveu a primeira teoria racional da dinâmica do universo, fundamentada na secular trindade das leis de Kepler.

Igualmente assombrosa foi a fertilidade dos erros de Kepler, começando com um universo feito em tôrno dos cinco sólidos e terminando com um universo governado por harmonias musicais. Êsse processo, do erro que dá origem à verdade, é ilustrado pelos próprios comentários de Kepler sôbre o **Mysterium Cosmographicum**, contidos nas suas Notas à segunda edição, a que me referi repetidas vezes, escritas vinte e cinco anos mais tarde. Em completo contraste com a afirmação de haver sido o livro escrito como que por ditado de um «oráculo celeste», e representar «um evidente ato de Deus», as notas de Kepler castigam-lhe os erros com acre sarcasmo. O livro começa, como nos lembramos, com um «Esbôço da minha Principal Prova» e o comentário de Kepler inicia-se com «Ai de mim, aqui errei!» O nono capítulo trata das «simpatias» entre os cinco sólidos e os planêtas individuais; nas Notas, é pôsto de lado como simples «fantasia astrológica». O capítulo 10, «Sobre a Origem dos Números Privilegiados», é descrito nas Notas como «tagarelice vazia»; o Capítulo 11, «Referente às Posições dos Sólidos Regulares e a Origem do Zodíaco», está qualificado nas Notas como «sem importância, falso e baseado em hipóteses ilegítimas». No Capítulo 17, que diz respeito à órbita de Mercúrio, os comentários de Kepler são: «isso não é de maneira nenhuma verdadeiro», «o arrazoado de todo o capítulo está errado». O importante capítulo 20, «Sôbre a Relação entre os Movimentos e as Órbitas», no qual se vislumbra a Terceira Lei, é pôsto de lado como defeituoso, «porque usei palavras incertas e ambíguas em vez de o método aritmético.» O capítulo 21, que discute as discrepâncias entre teoria e observação, é atacado nas Notas de modo quase inconveniente e petulante; por exemplo: «Esta questão é supérflua... Visto não haver discrepância, por que tive de inventar uma?»

Mas as Notas a êsse capítulo contêm duas observações em tom diferente:

«Se os meus números falsos se aproximaram dos fatos, deve-se apenas ao acaso... Êsses comentários não valem a pena de ser impressos. Contudo, alegra-me lembrar quantas voltas fui obrigado a dar, quantas paredes tive de tatear na treva da ignorância até que encontrasse a porta para a luz da verdade... De tal modo sonhava eu com a verdade.» [22]

Na ocasião em que terminara as Notas à segunda edição (que medem aproximadamente a mesma extensão do trabalho original), o velho Kepler havia pràticamente demolido todos os pontos do livro do jovem Kepler, salvo o valor subjetivo para ele como ponto inicial da longa jornada, visão que, embora defeituosa em todos os pormenores, era «um sonho da verdade»: «inspirado por um Deus complacente». Realmente, o livro continha os sonhos, ou germes, da maioria das suas descobertas posteriores, como produtos laterais da errônea idéia central. Entretanto, mais adiante, como indicam as Notas, essa **idée fixe** foi intelectualmente neutralizada por tantas qualificações e reservas que não podia prejudicar-lhe o trabalho do espírito, enquanto a crença irracional na verdade básica do livro continuava sendo, emocionalmente, a fôrça motriz a lhe impelir os feitos. O aproveitamento, para um fim racional, das imensas energias psíquicas derivadas de uma obsessão irracional parece ser outro segrêdo do gênio, pelo menos do gênio de certo tipo. Pode também explicar a visão torcida dos seus próprios feitos, tão freqüentemente encontrada entre êles. Assim, nas Notas de Kepler ao **Mysterium**, refere-se, orgulhosamente, a outros descobrimentos de menor importância nos seus trabalhos posteriores, mas não há uma única menção da primeira nem da segunda das imortais Leis, que todo estudante liga ao seu nome. As Notas dizem principalmente respeito às órbitas planetárias; mas o fato de serem elipses (Primeira Lei de Kepler) não está mencionado em parte nenhuma; é como se Einstein, na velhice, tivesse estado a discutir o seu trabalho sem mencionar a relatividade. Kepler decidiu provar que o sistema solar era construído como perfeito cristal em torno dos cinco sólidos divinos, e descobriu, malgrado seu, que o sistema era dominado por curvas inclinadas e não distintas; daí o tabu inconsciente no tocante à palavra «elipse», o ponto cego para o maior dos seus feitos, e o apego à sombra da **idée fixe.**[23] Tinha sensatez demais para ignorar a realidade, mas era demasiadamente doido para avaliá-la.

Um estudioso moderno observou, acêrca da revolução científica: «Um dos característicos mais curiosos e exasperadores de todo êsse magnífico movimento é que nenhum dos seus grandes representantes parece ter sabido com clareza satisfatória o que estava precisamente fazendo ou como o estava fazendo.»[24] Também Kepler descobriu a América, acreditando tratar-se da Índia.

Mas o impulso que o levou para a frente não visava a nenhum benefício prático. No labirinto do espírito de Kepler o fio de Ariadne é o seu misticismo pitagórico, a busca religioso-científica de um universo harmonioso governado por formas cristalinas perfeitas, ou perfeitas cordas. Foi esse fio que o levou, através de voltas abruptas e giros vertiginosos, para dentro e para fora de **culs-de-sac,** na direção das primeiras leis exatas da natureza, do saneamento das brechas milenares entre a astronomia e a física, da matematização da ciência. Kepler dizia as orações na linguagem matemática e destilava a fé mística num Cântico dos Cânticos de matemático:

> «Assim o próprio Deus [bondoso demais para ficar inerte [começou a jogar o jôgo das assinaturas [assinando a sua semelhança no mundo: portanto, vim a pensar [que tôda a natureza e o céu gracioso são [simbolizados na arte da Geometria... Agora, quando Deus Autor jogou [ensinou o jôgo à Natureza [por êle criada à sua imagem: [ensinou-lhe o mesmo jogo [que jogou para ela...»[25]

Estava aí, finalmente, a jubilosa refutação da gruta de Platão. O mundo vivo não é mais uma pálida sombra da realidade, mas a dança da Natureza a que Deus dá o tom. A glória do homem está na sua compreensão da harmonia e do ritmo da dança e a compreensão foi possível através do seu dom divino de pensar em números:

> «...esses números me agradaram por serem quantidades, isto é, alguma coisa existente antes dos céus. Porque as quantidades foram criadas no comêço, com a substância; mas o céu só foi criado no segundo dia...[26] As idéias de quantidades estiveram e estão em Deus, de tôda a eternidade, são o próprio Deus; são, por conseguinte, os arquétipos, em todos os espíritos, criados à semelhança de Deus. Nesse ponto, concordam tanto os filósofos pagãos como os mestres da Igreja.»[26a]

Na ocasião em que Kepler escreveu o seu credo, achava-se completa a primeira etapa do caminho do jovem peregrino. As dúvidas religiosas e ansiedades haviam sido transformadas na madura inocência do místico, a Santíssima Trindade num símbolo universal, o anseio pelo dom da profecia na busca das causas últimas. Os sofrimentos de uma infância caótica comida pela sarna havia deixado uma calma sede de lei e harmonia universais; a lembrança de um pai brutal pode ter-lhe influenciado a visão de um Deus abstrato, sem feições humanas, determinado por regras matemáticas que não admitiam atos arbitrários.

O aspecto físico havia também sofrido mudança igualmente radical: o adolescente de rosto tumefacto e membros delgados transformara-se num vulto magro, escuro, nervoso, carregado de energia, de feições esculpidas e perfil um tanto mefistofélico, desmentido pela melancolia dos olhos míopes e suaves. O estudante intranqüilo, que jamais conseguira terminar o que havia começado, fizera-se um estudioso de prodigiosa capacidade de trabalho, paciência física e mental, e persistência fanática jamais igualada nos anais da ciência.

No universo freudiano, a mocidade de Kepler é a história da feliz cura de uma neurose pela sublimação; no de Adler é a história de um complexo de inferioridade felizmente compensado; no de Marx a reação da História à necessidade de melhores tabelas de navegação; no do geneticista a história de uma singular combinação de genes. Se fôsse assim, porém, todo gago viria a ser um Demóstenes e os pais sádicos deveriam estar supervalorizados. Talvez seja uma boa explicação, como qualquer outra, a conjunção de Mercúrio com Marte, unida a uns poucos grãos cósmicos de sal.

III. DORES CRESCENTES

1. A TAÇA CÓSMICA

A inspiração acêrca dos cinco sólidos perfeitos viera a Kepler quando ele contava vinte e quatro anos, em julho de 1595. Durante os seis meses seguintes, trabalhara febrilmente no **Mysterium**. Em todos os passos do caminho, comunicou-se com Maestlin, de Tuebingen, derramando as idéias em longas cartas e pedindo o auxílio do antigo mestre, o que Maestlin deu, resmungando, mas generosamente.

Era Michael Maestlin uma espécie de Rético invertido, com relação a Kepler. Tinha vinte anos mais, e no entanto iria sobreviver-lhe. Uma gravura da época o apresenta como varão de barba, dotado de rosto jovial e um tanto despreocupado. Ocupara a cátedra de matemática e astronomia em Heidelberg, depois na cidade natal de Tuebingen, e era mestre competente, senhor de sólida reputação acadêmica. Havia publicado um livro de astronomia do tipo convencional, baseado no sistema ptolemaico, embora nas aulas falasse com admiração de Copérnico, acendendo a centelha no espírito inflamável de Kepler. À moda dos medíocres de boa índole que conhecem e aceitam os seus limites, tinha uma ingênua admiração pelo gênio do antigo discípulo e deu-se enorme trabalho para ajudá-lo, não obstante resmungasse, de vez em quando, contra os incessantes pedidos de Kepler. Quando o livro ficou pronto e o senado de Tuebingen pediu a opinião de entendido de Maestlin, entusiasticamente recomendou fosse publicado; e quando veio a licença, ele próprio supervisionou a impressão. Naquele tempo, um trabalho desses significava perder o dia inteiro; em resultado, foi Maestlin repreendido pelo Senado universitário por descuidar o próprio trabalho. Queixou-se com Kepler em palavras compreensìvelmente irritadas. Respondeu Kepler, por entre as habituais efusões de gratidão, que Maestlin não devia aborrecer-se com a repreensão, uma vez que, acompanhando a impressão do **Mysterium**, adquirira fama imortal.

Em fevereiro de 1596, ficou pronto o esbôço do livro e Kepler pediu aos superiores de Gratz licença para visitar a cidade natal de Wuerttemberg e fazer os preparativos para a publicação. Pediu uma licença de dois meses, mas ficou fora durante sete, por se ter envolvido numa quimera tìpicamente kepleriana. Persuadira Frederico, duque de Wuerttemberg, a mandar fazer um modelo do universo, incluindo os cinco sólidos perfeitos, em forma de taça de beber. «Um desejo infantil, ou fatal, de obter a boa graça dos príncipes», como confessou mais tarde, o havia levado a Stuttgart, à corte de Frederico, a quem explicou a idéia numa carta:

> «Já que o Todo-Poderoso me concedeu, no verão passado, um **inventum** de importância em astronomia, após dilatados e exaustivos esforços, **inventum** explicado num livrinho especial que, de boa vontade, publicarei em qualquer tempo, podendo todo o trabalho e a sua demonstração, conveniente e graciosamente, ser representado por taça de uma vara de diâmetro, a qual seria verdadeira e genuína semelhança do mundo e modèlo da criação, na medida em que é dado à razão humana imaginá-la e cujo igual nunca ninguém ouviu nem viu, adiei o preparo de tal modèlo, ou a sua exibição aos homens, até o dia da minha chegada da Estíria, pretendendo colocar êsse modèlo verdadeiro e correto do mundo diante dos olhos de Vossa Graça, como natural soberano meu, para que seja o primeiro homem a vê-lo na terra.» [1]

Kepler prosseguia, sugerindo que as várias partes da taça fossem feitas por diferentes obreiros, e depois unidas, a fim de que não transpirasse o segredo cósmico. Os sinais dos planetas poderiam ser feitos em pedras preciosas, Saturno em diamante, Júpiter em jacinto, a lua em pérola, e assim por diante. A taça serviria para sete diversas espécies de bebida, levadas por canos ocultos, de cada esfera planetária, a sete torneirinhas na borda. O sol dará deliciosa **aqua vita**, Mercúrio conhaque, Vênus hidromel, a lua água, Marte um vermute forte, Júpiter «um delicioso vinho branco novo», e Saturno «um mau vinho velho ou cerveja», «com o que os ignorantes de questões astronômicas poderiam ser expostos à vergonha e ao ridículo». Assegurando a Frederico que, mandando fazer a taça, prestaria um favor às artes e um serviço ao Todo-Poderoso, Kepler assinava-se obediente servidor, esperando o melhor.

Escreveu o duque na margem da carta de Kepler: «Êle que faça, antes, um modêlo de cobre, e quando o virmos e reconhecermos que vale a pena ser feito de prata os meios não faltarão.» A carta de Kepler estava datada de 17 de fevereiro e a resposta do duque lhe foi transmitida no dia seguinte; evidentemente, a imaginação de Frederico ficara ferida. Mas Kepler não dispunha de dinheiro para o modèlo de cobre, como fez saber, amargamente, ao duque na carta seguinte; pôs-se então a trabalhar afanosamente para fazer um modêlo de papel de todas as órbitas planetárias com os cinco sólidos perfeitos intercalados. Durante uma semana, trabalhou dia e noite; anos depois, observava saudosamente que fôra um lindo modelo, feito de papéis de cores diferentes, com tôdas as órbitas azuis.

Quando o monstro de papel ficou pronto, mandou-o ao duque, solicitando desculpas pela falta de jeito e pelas gigantescas dimensões. Outra vez, logo no dia seguinte, mandou o Duque que a chancelaria pedisse a opinião do Professor Maestlin. O bom Maestlin escreveu a Frederico que a taça de Kepler representaria um «glorioso trabalho de erudição», e o duque anotou na margem: «Em vista disso, apraz-nos seja o trabalho executado.»

Naturalmente, porém, fôra mais fácil a Deus construir o mundo em volta dos cinco poliedros do que aos obreiros executar a cópia.

Além disso, Frederico não queria o mistério cósmico no formato de uma taça de beber, mas encaixado num globo celeste. Kepler preparou outro modelo, deixou-o com o obreiro, e em setembro regressou a Gratz, tendo passado quase seis meses na corte de Frederico. O duque, porém, não quis abandonar o projeto, que se arrastou por vários anos. Em janeiro de '98, escreveu Kepler ao pobre Maestlin (que servia de intermediário): «Se o duque concordar, será melhor desfazer tudo e devolver-lhe a prata... A coisa não vale a pena... Iniciei-a com demasiada ambição.» [12] Seis meses depois, todavia, por intermédio de Maestlin, apresentou um novo projeto. A taça, que virara globo, giraria num planetário móvel, movido por maquinismo de relojoaria. A descrição ocupava dez páginas impressas in-fólio. Kepler informava o duque de que um matemático de Frankfurt, Jacob Cuno, se oferecera para construir um planetário capaz de reproduzir os movimentos celestes «com um erro de um grau para os seis ou dez mil anos seguintes»; mas explicava Kepler que a máquina seria demasiadamente grande e custosa, e propunha outra, mais modesta, garantida por um século apenas. «Pois não é de esperar (não falando do Juízo Final) que esse trabalho fique inalterado num lugar mais de cem anos. Demasiadas guerras, incêndios e outras mudanças se verificarão provàvelmente.» [3]

A correspondência continuou outros dois anos; finalmente, o assunto foi, graças a Deus, esquecido. Mas essa escapada quixotesca nos lembra inevitavelmente uma das malfadadas vagabundagens de seu pai, tio e irmão. Kepler concretizou a inata intranqüilidade em ousadas idéias e simples maçada; mas de vez em quando um resto de veneno no sangue o levava a explodir atrevida e momentaneamente, transformando-o de sábio em palhaço, fato penosamente claro na tragicomédia do seu primeiro casamento.

2. CASAMENTO

Antes da viagem a Wuerttemberg, os amigos de Kepler em Gratz haviam encontrado uma noiva, para o jovem **mathematicus**, na filha de um rico moleiro, já duas vezes viúva aos vinte e três anos de idade. Bárbara Muehleck casara-se aos dezesseis anos, a contragosto, com um marceneiro de meia idade, que falecera dois anos depois; em seguida, havia desposado um funcionário viúvo, idoso, o qual levara consigo um bando de crianças feias, uma enfermidade crônica e, após a morte, fora descoberto que havia desviado dinheiro. Bárbara, descrita por Kepler como «simples de espírito e gorda de corpo», vivia então com os pais, que não depositavam muita confiança no seu futuro. Quando Kepler apresentou o pedido, por intermédio de dois respeitáveis varões de meia-idade (um inspetor escolar e um diácono), o orgulhoso moleiro recusou, dizendo que não podia confiar Bárbara e o dote a homem de condição tão baixa e salário tão mísero. Foi o começo de longas e sórdidas negociações levadas a efeito pelos amigos de Kepler com a família.

Quando partiu para Stuttgart nada estava estabelecido, mas na primavera os amigos escreveram-lhe que o pedido fora aceito e aconselharam-no a voltar depressa, trazendo em sua companhia, de Ulm, «uma seda verdadeiramente boa, ou pelo menos um tafetá duplo dos melhores, bastante para ti e para a noiva.» Mas Kepler, ocupado demais com a taça cósmica de prata, postergou a volta, e quando chegou a Gratz o pai de Frau Bárbara mudara novamente de opinião. Parece que Kepler não ficou muito perturbado, mas os incansáveis amigos prosseguiram nos esforços; o deão da escola e até as autoridades eclesiásticas intervieram «e competiram uns com os outros para assaltar o espírito, ora da viúva, ora do pai, dominaram-nos e arranjaram para mim uma nova data para as núpcias. Assim, de um golpe, todos os meus planos de início de nova vida ficaram aniquilados.» [4]

O casamento realizou-se em 27 de abril de 1597, «sob um céu calamitoso», como indicava o horóscopo. Kepler sentiu algum conforto com a chegada dos primeiros exemplares impressos do **Mysterium Cosmographicum,** mas nem esse fato foi todo alegria; teve de comprar duzentos exemplares do livro a dinheiro para compensar o impressor; e o nome do autor no catálogo da Feira de Livros de Frankfurt se viu transformado, por êrro de impressão, de Keplerus em Repleus.

A atitude de Kepler para com o casamento em geral, e para com a própria espôsa em particular, está expressa em várias cartas com impressionante franqueza. A primeira, dirigida a Maestlin, data de uma semana antes da cerimônia, ocupa quase seis páginas in-fólio, e delas somente a última faz referência ao grande acontecimento iminente:

> «Peço-vos apenas um favor, estardes perto de mim nas vossas orações, no dia do meu casamento. A minha situação financeira é tal que, se eu morrer no próximo ano, duvido que alguém possa deixar situação pior. Sou obrigado a gastar uma enorme quantia minha, pois aqui o costume é celebrar esplêndidamente os casamentos. Se, contudo, Deus me prolongar a vida, ficarei prêso a este lugar... porque minha noiva tem aqui os imóveis, amigos e um pai rico; parece que, ao cabo de alguns anos, não precisarei mais do salário... Assim, não poderei deixar esta província, a não ser que sobrevenha uma desgraça pública ou particular. Desgraça pública seria se o país cessasse de ser dominado pelos luteranos, ou se os turcos, que já reuniram seiscentos mil homens, o invadissem. Desgraça particular seria a morte de minha espôsa.»[5]

Nem uma palavra sôbre a pessoa da noiva ou sôbre os sentimentos para com ela. Mas em outra carta, escrita dois anos depois, censura-lhe o horóscopo pelo «destino algo triste e desventurado... Em tudo o que faz é confusa e inibida. Com dificuldade é que dá à luz. Tudo o mais é do mesmo tipo.» [6]

Após a morte de Bárbara, descreveu-a em têrmos ainda mais deprimentes. Soubera causar uma impressão favorável nos estranhos, mas em casa fora diferente. Sofria com a baixa posição do marido, como observador de astros, e nada lhe compreendia do trabalho. Não lia, nem sequer histórias, apenas o livro de orações que devorava dia e noite. Tinha «uma compleição estúpida, mau humor, era solitária, melancólica». Sofria constantemente e acabrunhava-se de melancolia. Quando o salário de Kepler foi retirado, recusou-se a permitir-lhe tocar o dote, até a penhorar uma xícara ou a enfiar a mão na bôlsa.

> «E visto que, em virtude da constante enfermidade, não tinha memória, eu a encolerizava com as minhas lembranças e advertências, pois não queria saber de senhores e não sabia dominar-se. Muitas vêzes eu me sentia mais desvalido que ela, mas na minha ignorância persistia na disputa. Em resumo,

era dotada de natureza irritadiça, e proferia todos os desejos com voz zangada, o que me incitava a provocá-la, lamento-o, pois os meus estudos me tornavam, às vezes, irrefletido. Aprendi, contudo, a lição, e passei a ter paciência com ela. Quando via que as minhas palavras a magoavam, teria preferido cortar o dedo a ofendê-la mais...»[7]

A avareza a levava a descuidar o aspecto, mas concedia tudo aos filhos, por ser mulher «inteiramente presa pelo amor materno»; quanto ao marido «não me cabia muito amor». Não somente a ele atormentava, mas também às criadas e «não sabia conservar nenhuma delas». Quando êle trabalhava, costumava interrompê-lo para discutir os problemas caseiros. «Posso ter sido impaciente, quando não me compreendia e continuava a fazer-me perguntas, mas nunca a chamei de tola, embora talvez pensasse que eu a considerava tola, pois era sobejamente sensível.»[8] Não há muito que deva ser acrescentado a esse retrato da perene Xantipa.

Nove meses após o casamento, nasceu o primeiro filho, um menino, com os genitais tão deformados que «a composição dêles parecia uma tartaruga fervida na carapaça»,[9] o que, explicava Kepler, se devia ao prato favorito da esposa, precisamente tartarugas. Após dois meses morreu a criança de meningite cerebral; a seguinte, uma menina, faleceu um mês depois, da mesma doença. Frau Bárbara gerou outros três filhos, dos quais sobreviveram um menino e uma menina.

O casamento durou catorze anos. Bárbara morreu aos trinta e sete anos de idade, com o espírito perturbado. O horóscopo do casamento apresentara um **coelo calamitoso,** e, na predição de desastres, foram quase sempre certos os horóscopos de Kepler.

3. PREPARO

Quando, na primavera de 1597, o **Mysterium** apareceu finalmente impresso, o orgulhoso autor enviou exemplares a todos os maiores estudiosos que conhecia, inclusive Galileu e Ticho de Brahe. Não existiam ainda jornais científicos, nem — felizes tempos! — críticos literários; por outro lado, havia intensa troca de cartas entre os estudiosos e uma riquíssima vida acadêmica internacional. Por esses meios o livro do jovem desconhecido criou alguma agitação, embora não se tratasse do tremor de terra esperado por êle. Não deixou, contudo, de ser notável, se considerarmos que a média dos livros científicos (e pseudocientíficos) publicados na Alemanha, num único ano, ia além de mil.[10]

Não foi surpreendente a reação. A astronomia, de Ptolomeu a Kepler, fora uma simples geografia descritiva do céu, cuja tarefa era dar mapas das estrêlas fixas, tabelas de horário dos movimentos do sol lua e planêtas, e de acontecimentos especiais como eclipses, oposições, conjunções, solstícios, equinócios etc. As causas físicas dos movimentos, as fôrças da natureza por trás deles, não interessavam ao astrônomo. Quando necessário, adicionavam alguns epiciclos ao maquinismo de rodas existente, os quais não importavam muito por serem fictícios de qualquer modo, e não acreditar ninguém na sua realidade física. A hierarquia dos querubins e serafins que, segundo se acreditava, mantinham as rodas em movimento, era tida, desde o fim da **Idade-Média**, por outra ficção educada e poética. Assim, a física do céu tornara-se um vazio completo. Havia fatos mas não causas, movimentos mas não fôrças motrizes. A tarefa dos astrônomos era observar, descrever e predizer, e não pesquisar causas — «não lhes cabia discutir o porquê». A física aristotélica, que tornava inimaginável qualquer acesso racional e causal aos fenômenos celestes, ia em plena decadência, mas só deixara atrás de si um vácuo. Os ouvidos ainda ecoavam o canto desaparecido dos anjos giradores de astros, mas tudo era silêncio. Nesse fértil silêncio a voz não formada, balbuciante, do jovem teólogo feito astrônomo logrou imediata audição.

Dividiam-se as opiniões, segundo a filosofia dos estudiosos. Os de espírito moderno e empírico, como Galileu em Pádua, e Pratório em Altdorf, rejeitavam as especulações místicas **a priori** de Kepler e, com elas, o livro inteiro, sem perceber as explosivas novas idéias ocultas entre o debulho. Galileu, especialmente, parece ter tido preconceitos, desde o início, contra Kepler, e dêles ouviremos falar mais tarde.

Os que, contudo, viviam no outro lado do divisor de água, e acreditavam no sonho sem idade de uma dedução **a priori** da ordem cósmica, entusiasmavam-se e deleitavam-se. O primeiro, naturalmente, foi o amável Maestlin, que escreveu ao senado de Tuebingen:

> «O assunto é novo e nunca ocorreu antes a ninguém. É engenhosíssimo e merece, no mais elevado grau, ser conhecido do mundo culto. Quem jamais ousou, antes, pensar, e muito menos tentar expor e explicar **a priori** e, por assim dizer, do oculto conhecimento do Criador, o número, a ordem, a grandeza e o movimento das esferas? Mas Kepler justamente isso foi que empreendeu e levou felizmente a efeito... Por conseguinte (os astrônomos) ficarão livres da necessidade de explorar as dimensões das esferas **a posteriori**, isto é, pelo método das observações (muitas das quais são inexatas, para não dizermos duvidosas) à moda de Ptolomeu e Copérnico, pois agora as dimensões foram estabelecidas **a priori**... O cálculo dos movimentos será muito mais feliz...» [11]

Semelhantemente falou Lineu em Iena, congratulando-se com Kepler, todos os estudantes de astronomia e o mundo culto por «haver sido, finalmente, revivido o velho e venerável método [platônico] da filosofia.» [12]

Numa palavra, o livro que continha as sementes da nova cosmologia foi bem acolhido pelos «reacionários» que lhe não enxergaram as implicações, e rejeitado pelos «modernos», que tampouco as enxergaram. Sòmente um homem escolheu o caminho do meio e, rejeitando as doidas especulações de Kepler, imediatamente lhe apreendeu o gênio. Tratava-se do mais notável astrônomo da época: Ticho de Brahe.

Mas Kepler ainda iria esperar três anos até encontrar-se com Ticho, tornar-se-lhe assistente, e iniciar a verdadeira obra da vida. Durante êsses três anos (1597-1599) estudou, finalmente, a fundo a matemática, que ignorava surpreendentemente ao escrever o **Mysterium**, e empreendeu uma variedade bem complexa de pesquisas científicas e pseudocientíficas. Era uma espécie de preparo, antes da grande luta.

A primeira tarefa que se impôs foi arranjar uma confirmação direta do movimento da terra em volta do sol provando a existência da paralaxe estelar, isto é, o deslocamento, de posição aparente, das estrelas fixas, de acordo com a posição da terra na jornada anual. Torturou em vão todos os correspondentes para que o ajudassem com observações, e finalmente decidiu pesquisar pessoalmente; mas o seu «observatório» consistia numa vara feita por êle próprio e pendurada por uma corda ao teto: «vem de uma oficina como as choupanas dos nossos antepassados; contende o riso, amigos admitidos a esse espetáculo.» [13] Mesmo assim houvera sido suficientemente preciso para indicar a variação de meio grau, esperada por Kepler, nas posições da estrela polar, vista das extremidades do percurso da terra. Não houve, entretanto, variação; o céu estrelado permaneceu imutável, impassível. Aquilo significava que a terra se mantinha imóvel, ou que o tamanho do universo (isto é, o raio da esfera das estrelas fixas) era muito maior do que se supunha. Para sermos precisos, o seu raio tinha de ser pelo menos quinhentas vezes a distância da terra ao sol, ou seja, 2.400 milhões de milhas, pelo nosso padrão uma bagatela, mas tampouco coisa enorme pelo de Kepler, cerca de apenas cinco vezes mais do que êle esperava. [14] Contudo, supondo que até instrumentos muito melhores malograssem em apresentar uma paralaxe, significando estarem as estrêlas inconcebivelmente distantes, aos olhos de Deus o universo ainda teria um tamanho rozoável, e somente a estatura física do homem se encolheria. Mas aquilo não diminuiria a sua estatura moral «pois, diversamente, o crocodilo ou o elefante lhe significariam mais do que o homem, por serem maiores. Com o auxílio dessa e de outras pílulas intelectuais semelhantes, poderemos talvez digerir tão monstruoso bocado.» [15] Com efeito, desde então não se descobriu pílula capaz de fazer digerir a massa do infinito.

Outros problemas que o ocuparam foram as suas primeiras pesquisas em óptica, das quais sairia uma nova ciência, investigações sôbre a órbita da lua, o magnetismo, a meteorologia: iniciou um diário de tempo que manteve por vinte ou trinta anos; cronologia do Velho Testamento, e coisas semelhantes. Mas acima de tudo esteve a sua pesquisa de uma lei matemática da harmonia das esferas, ulterior desenvolvimento da **idée fixe.**

No **Mysterium,** tentara construir o universo em torno dos cinco sólidos pitagóricos. Como a teoria não se condissesse perfeitamente com os fatos, tentou construí-lo em tôrno das harmonias musicais da escala pitagórica. A combinação das duas idéias levou, vinte anos depois, ao seu grande trabalho **Harmonice Mundi,** que contém a terceira Lei de Kepler, mas o trabalho fundamental foi feito durante os últimos anos em Gratz.

Desde o instante em que a nova idéia lhe ocorreu, as suas cartas passaram a ecoar jubilosos eurecas: «Enchamos de ar os céus, e êles produzirão música verdadeira e real». Mas, ao começar o cálculo dos pormenores da caixa musical cósmica, encontrou enormes dificuldades. Nunca lhe faltaram desculpas para adscrever a qualquer par de planetas o intervalo musical que aproximadamente se lhe adequava; quando as coisas se tornaram desastradas, pediu à sombra de Pitágoras que o ajudasse «a não ser que a alma de Pitágoras tenha imigrado para o meu corpo.» Tentou construir um sistema, (e que sistema!), mas as impropriedades eram evidentes. O principal obstáculo era não mover-se um planeta com velocidade uniforme, e sim mais depressa quando perto do sol, e mais devagar quando distante. Conseqüentemente, não «zumbe» sempre no mesmo tom; pelo contrário, vai de uma nota mais baixa a outra mais alta. O intervalo entre essas duas notas depende da «excentricidade» da órbita do planeta. Ora, as excentricidades eram então só com pouquíssima exatidão conhecidas. Tratava-se da mesma dificuldade por ele enfrentada quando pretendera definir a espessura das carapaças esféricas entre os sólidos perfeitos, que também dependia das excentricidades. Como se podia construir uma série de cristais, ou um instrumento musical, sem o conhecimento das medidas? Havia apenas um homem vivo, no mundo, possuidor dos dados exatos de que Kepler precisava: Ticho de Brahe.

Todas as suas esperanças se focalizaram em Ticho, e no observatório de Uraniburgo, a nova maravilha do mundo:

> «Calemo-nos e ouçamos Ticho, que dedicou trinta e cinco anos às observações... Somente por Ticho é que eu espero; ele me explicará a ordem e a disposição das órbitas... Espero, então, um dia, se Deus me der vida, erguer um admirável edifício.» [16]

Sabia, pois, que a construção do edifício estava no futuro distante, embora nos momentos de euforia afirmasse já tê-la completa. Durante os períodos de mania, as discrepâncias entre a teoria e o fato afiguravam-se-lhe pormenores desprezíveis, capazes de ser eliminados com um pouco de trapaça; mas a outra metade do ser dividido reconhecia humildemente o dever de uma exatidão escrupulosa e paciente observação. Com um dos olhos lia os pensamentos de Deus, enquanto o outro se fitava invejosamente nas brilhantes esferas armilares de Ticho.

Ticho, entretanto, recusou-se a publicar as observações até que tivesse completado a sua própria teoria. Guardava zelosamente o tesouro, volumes de números, resultado de uma vida inteira de trabalho.

> «Um só instrumento dêle, escreveu amargamente o jovem Kepler, custa mais do que a minha fortuna e a de toda a minha família juntas... Tenho esta opinião de Ticho: é superlativamente rico, mas não sabe fazer uso adequado da riqueza, como se dá com a maioria dos ricos. Portanto, devemos tentar arrancar-lhe a riqueza.» [17]

Nesse desafôgo, havia revelado as intenções para com Ticho Brahe um ano antes de se verem pela primeira vez.

4. ESPERANDO POR TICHO

Se Kepler não tivesse logrado apoderar-se do tesouro de Ticho, jamais houvera podido descobrir as leis planetárias. Newton nasceu somente doze anos após a morte de Kepler, e sem as leis planetárias não teria conseguido chegar à síntese. Indubitavelmente, outro o houvera feito, mas é pelo menos possível que a revolução científica teria tido outros meios-tons, se filha, não de um inglês empírico, mas, digamos, de um francês de tendências tomistas ou um místico alemão.

A essência dessa ociosa especulação é apenas introduzir um ponto de interrogação cá e lá, contra a suposta inevitabilidade lógica e o determinismo de ferro do pensamento científico. A forma do nariz de Cleopatra não influi apenas nas guerras mas também nas ideologias. A matemática do universo newtoniano houvera sido a mesma, fôsse quem fôsse o autor, mas o clima metafísico poderia ter sido inteiramente diverso.[18]

No entanto, houve incerteza se as leis de Kepler estariam prontas para Newton.[19] Só podiam ser descobertas com o auxílio de Ticho, e na ocasião em que Kepler o conheceu, restavam a Ticho apenas dezoito meses de vida. Se foi a providência divina que determinou o encontro, escolheu um método algo perverso: Kepler foi expulso de Gratz para os braços de Ticho pela perseguição religiosa. Se bem tivesse sempre tentado ler os pensamentos de Deus, jamais rendeu graças por tal estratagema maquiavélico.

Aquele último ano em Gratz — o último do século — não foi realmente fácil de suportar. O jovem arquiduque Fernando de Habsburgo (depois imperador Fernando II) havia decidido varrer as províncias austríacas da heresia luterana. No verão de 1598 a escola de Kepler foi fechada e em setembro todos os pregadores e mestres luteranos receberam ordem de abandonar a Província num prazo de oito dias, ou perder a vida. Somente um dentre êles recebeu permissão para voltar, e foi precisamente Kepler, cujo exílio, o primeiro, durou menos de um mês.

Os motivos pelos quais se lhe abriu exceção são bem interessantes. Êle próprio diz[20] que o arquiduque «sentiu prazer com os meus descobrimentos» e que aí estava a razão que o favorecia na corte; além do mais, na qualidade de **mathematicus**, ocupava «posição neutra», que o distanciava dos demais mestres. Mas não foi tão simples assim. Kepler contava com um poderoso aliado atrás do palco: a ordem dos jesuítas.

Dois anos antes, o chanceler católico da Baviera, Herwart von Hohenburg, filósofo amador e patrono das artes, pedira a Kepler, entre outros astrônomos, o parecer sôbre determinados problemas cronológicos. Era o começo de uma correspondência que duraria a vida inteira, e de amizade entre os dois homens. Herwart, habilidosamente, fêz propaganda do seu interesse protetor pelo **mathematicus** protestante, enviando as cartas a Kepler por intermédio do legado bavaro à côrte do imperador em Praga, o qual as remetia a um padre capuchinho da corte de Fernando em Gratz; e aconselhou Kepler a valer-se dos mesmos canais. Na primeira carta a Herwart,[21] Kepler escreveu com deleite: «A vossa carta de tal modo impressionou alguns homens neste nosso Govêrno que nada mais favorável à minha reputação se poderia ter verificado.»

Tudo foi feito com grande sutileza; mas, em ocasiões posteriores, a influência católica e sobretudo a jesuítica foram mais francamente ativas em favor do bem-estar de Kepler. Parece ter havido três motivos para tal benevolência. Primeiro, o sábio era ainda, até certo ponto, considerado uma vaca sagrada no meio do burburinho da controvérsia religiosa. Lembremo-nos de como era festejado Rético na católica Ermland, na época dos éditos do bispo Dantisco contra a heresia luterana; segundo, os jesuítas, nas pegadas de dominicanos e franciscanos, iam começando a desempenhar um papel de supremacia na ciência, e sobretudo na astronomia, sem falarmos do fato de que esta permitia aos missionários em países distantes causar enorme impressão predizendo eclipses e outros acontecimentos celestes. E terceiro, o próprio Kepler discordava de alguns pontos da doutrina luterana, o que fazia os amigos católicos esperarem — embora inutilmente — que se convertesse. Tinha aversão aos clérigos de ambas as igrejas combatentes, os quais, do púlpito, bradavam uns aos outros como peixeiras... ou como seus pais e parentes na casa do velho Sebaldus. A sua atitude era a mesma do gentil bispo Giese: «Rejeito a luta»; e também teve as suas hesitações, recusando-se, contudo, a mudar de lado, mesmo quando foi excomungado pela sua própria Igreja, como veremos. E quando desconfiou de que Herwart contava com a conversão, escreveu-lhe:

> «Sou cristão, meus pais me ensinaram o credo luterano, recebi-o com repetidas buscas quanto aos fundamentos, com indagações diárias, e a êle me apego. Jamais soube o que foi hipocrisia. Falo seriamente da fé e não brinco com ela.» 22

Foi o desabafo de homem de integridade essencial, forçado a nadar nas turvas águas do tempo. Era, em questões religiosas, sincero na medida em que lho permitiam as circunstâncias; seja como fôr, os desvios do caminho reto não foram, talvez, maiores do que os das suas órbitas dos cinco sólidos perfeitos de Deus.

Kepler, pois, constituiu exceção e teve licença para regressar do exílio em outubro de 1599. Como a escola estivesse fechada, podia dedicar a maior parte do tempo às especulações sobre a harmonia das esferas; sabia, contudo, que aquela suspensão era apenas temporária e que podia contar os dias em Gratz. Caiu em profunda depressão, aumentada pela morte do segundo filho; numa carta desesperada pediu a Maestlin, em agosto de 1599, que o ajudasse a encontrar um emprego na Wuerttemberg protestante.

> «Não podia ter sido mais propícia a hora, mas Deus ofereceu esse fruto, também, só para levá-lo de novo. A criança faleceu de meningite cerebral (exatamente como o irmão há um ano) depois de trinta e cinco dias... Se o pai tiver de o seguir em breve, a sorte não será inesperada. Por toda parte, na Hungria, têm aparecido cruzes sangrentas no corpo dos homens e semelhantes sinais sangrentos nas portas das casas, em bancos e paredes, o que é prova de pestilência geral. Sou, pelo que sei, a primeira pessoa da cidade a ver uma cruzinha no pé esquerdo, cuja cor passa do vermelho de sangue a amarelo. A mancha está no pé, no dorso do pé, a meio caminho entre os dedos e a extremidade da canela. Creio que foi precisamente no ponto em que pregaram o cravo no pé de Cristo. Alguns, ao que me dizem, levam marcas com o formato de gotas de sangue no oco da mão. Até agora não vi isso em mim...
>
> A disenteria mata aqui gente de tôdas as idades, especialmente crianças. As árvores só têm folhas sêcas, como se um vento chamuscante tivesse passado por elas. E, no entanto, quem assim as desfigurou não foi o calor, mas os vermes...» 23

Kepler tinha os piores medos. Falava-se de tortura para os hereges, e até de fogueira. Multaram-no em dez táleres por queimar o corpo do filho, segundo os ritos luteranos: **«a metade me foi perdoada, por solicitação minha; quanto à outra, tive de pagá-la, para poder levar ao túmulo minha pequenina filha.»** Se Maestlin não puder arranjar-lhe um emprego imediatamente, pelo menos o informe do atual custo de vida em Wuerttemberg: **«Quanto custa o vinho, quanto o trigo, e como estão as coisas no tocante ao fornecimento de guloseimas (porque minha mulher não está habituada a viver de feijão).»**

Sabia Maestlin, porém, que a sua universidade jamais daria um emprego ao irrequieto Kepler, e estava começando a cansar-se daqueles incessantes pedidos, tanto mais que êste fizera seguir ao S.O.S. a tola observação:

> «Naturalmente, ninguém me expulsaria; os mais inteligentes dentre os membros da Dieta são os que mais me estimam, e, às refeições, a minha conversação é procuradíssima.» 24

Não é de estranhar que Maestlin tenha avaliado por baixo a urgência da situação e esperado cinco meses antes de responder com uma carta evasiva e enfadada: **«Quem me dera que tivésseis procurado o conselho de varões mais sábios e experimentados do que eu em política; confesso que nessas questões sou tão inexperiente como qualquer criança.»** 25

Restava apenas uma esperança: Ticho. No ano anterior, este, numa carta, exprimira o desejo de Kepler visitá-lo «um dia». Embora Kepler anelasse o «tesouro de Ticho», o convite havia sido feito em termos demasiadamente gerais e a viagem era longa e cara. Agora, porém, não se tratava mais de uma questão de curiosidade científica para Kepler, mas da urgente necessidade de arranjar um novo lar e dinheiro para viver.

Entretanto, Ticho fôra designado **Mathematicus Imperial** por Rodolfo II e passara a residir perto de Praga. A oportunidade tão esperada por Kepler veio quando um tal barão Hoffmann, conselheiro do imperador, se viu obrigado a voltar de Gratz a Praga, e concordou em levá-lo em sua companhia. A data da partida de Kepler para o encontro com Ticho é fácil de lembrar, por cortesia da história: 1.º de janeiro, **anno domini** 1600.

IV. TICHO DE BRAHE

1. A BUSCA DA PRECISÃO

Era Johannes Kepler um indigente oriundo de família de desajustados. Ticho de Brahe, pelo contrário, um **grand seigneur**, do país de Hamlet, descendente de truculentos e quixotescos nobres de pura estirpe dinamarquesa. O pai fora governador de Helsingborg, castelo que se situa em frente de Elsinor através do Sund; o tio Joergen era um nobre rural e vice-almirante.

Êsse tio Joergen. sem filhos, obtivera do irmão a promessa de que, se tivesse um filho, êle, Joergen, o adotaria e criaria como seu. A natureza pareceu sancionar a medida, pois, em 1546, a espôsa do Governador deu à luz dois gêmeos; infelizmente um deles nasceu morto e o pai recuou diante da promessa. Joergen, verdadeiro Brahe obstinado, esperou até que outro filho nascesse e raptou o primeiro, Tyge, Ticho. O Governador, também à verdadeira maneira dos Brahes, ameaçou-o de morte, mas imediatamente se acalmou e consentiu generosamente no **fait accompli**, sabendo que a criança seria bem cuidada e herdaria parte dos bens de Joergen. Foi o que se verificou e antes do esperado, pois Tyche ainda estudava quando o padrasto morreu prematura e gloriosamente. Nem bem havia regressado de uma batalha naval contra os suecos. e cavalgava no séquito do rei sôbre a ponte que une Copenhagen ao castelo real, quando o bom soberano, Fernando II, caiu à água. Joergen, o vice-almirante, saltou, salvou o rei e morreu de pneumonia.

Não sabemos se Tyge sofreu um choque traumático ao ser raptado do berço, mas o sangue dos Brahes. e a sua educação pelo irascível vice-almirante devem ter bastado para torná-lo um excêntrico em grande estilo, o que era visível, à primeira vista, até no aspecto físico: porque, se Ticho nascera com uma colher de prata na boca, adquiriu mais tarde um nariz de prata e ouro. Estudante, duelou com outro dinamarquês nobre; durante a luta, parte do nariz de Tyge foi arrancada. Segundo uma explicação da época,[1] originou-se a disputa de se saber qual dos dois fidalgos era melhor matemático. O pedaço perdido, que parece ter sido o canal do nariz, foi substituído por uma liga de ouro e prata, e afirma-se que Ticho levava constantemente uma espécie de caixa de rapé «com ungüento ou substância glutinosa que esfregava constantemente no nariz.»[9] Nos retratos, vêmo-lo demasiadamente retilíneo, constituíndo um característico cubista entre as curvas de uma cabeça grande, calva, em formato de ovo, entre olhos altivos e frios e bigode agressivamente torcido.

Fiel à tradição familiar, o jovem Tyge estava destinado a seguir a carreira de estadista; por conseguinte, aos treze anos de idade mandaram-no estudar retórica e filosofia na Universidade de Copenhagen. Mas no fim do primeiro ano presenciou um fato que lhe causou enorme impressão e lhe decidiu todo o futuro curso da vida. Foi um eclipse parcial do sol, naturalmente anunciado de antemão; aquilo impressionou o menino: «coisa divina poderem os homens saber os movimentos dos astros tão exatamente a ponto de serem capazes, muito antes, de lhes predizer o lugar e as posições relativas». [3] Começou imediatamente a adquirir livros de astronomia, inclusive as obras de Ptolomeu pela considerável quantia de dois táleres de Joaquim. Estava determinado o seu futuro e Ticho nunca mais dêle se separou.

Por que produziu aquele eclipse parcial, aliás nada espetacular, um impacto tão decisivo sobre o menino? Diz-nos Gassendi que a grande revelação para ele foi a **prognosticabilidade** dos fatos astronômicos, em contraste total, era o que se podia especular, com a imprognosticabilidade da vida de uma criança entre os Brahes temperamentais. Não é bem uma explicação psicológica, mas vale a pena notar que o interesse de Brahe pelos astros enveredou, desde o início, por direção quase oposta à de Copérnico e Kepler. Não foi um interêsse especulativo, mas o amor da observação exata. Começando com Ptolomeu aos catorze anos de idade, e fazendo a sua primeira observação aos dezessete, Ticho apegou-se à astronomia muito mais cedo do que aqueles. O tímido cônego encontrara refúgio, para uma vida de frustrações, na secreta elaboração do seu sistema; Kepler resolveu as intoleráveis misérias da mocidade na mística harmonia das esferas. Ticho não foi nem frustrado nem infeliz, só aborrecido e irritado pela futilidade da vida de um nobre dinamarquês entre, são palavras dêle, «cães, cavalos e dissipação», e encheu-se de ingênuo espanto diante da solidez e confiança das predições dos astrônomos. Não recorreu à astronomia como fuga ou salva-vida metafísico, mas como passatempo total de aristocrata revoltado com o **milieu**. A vida posterior parece confirmar tal interpretação, pois entreteve reis na sua ilha maravilhosa, sendo, no entanto a dona-de-casa, com quem gerou inúmeros filhos, mulher de casta inferior, nem sequer desposada na igreja.

Após três anos em Copenhagen, achou o vice-almirante que convinha mandar Tyge para uma universidade estrangeira; assim, fazendo-o acompanhar do tutor, enviou-o para Leipzig. Chamava-se o tutor Anders Soerensen Vedel, e mais tarde tornou-se famoso como o primeiro grande historiador dinamarquês tradutor de **Saxo Grammaticus** e colecionador da saga nórdica. Contava Vedel vinte anos, sendo apenas quatro anos mais velho que o pupilo; fora instruído para curar o jovem Tyge da mania de astronomia e levá-lo de novo a estudos mais apropriados a um nobre. Tyge comprara um pequeno globo celeste para aprender o nome das constelações, mas tivera de escondê-lo debaixo da cama; e ao lhe acrescentar uma cruz, só podia usá-lo quando o tutor estava adormecido. Após um ano, compreendeu Vedel que Tyge não tinha remédio, desistiu, contudo, e os dois permaneceram amigos pela vida inteira.

Depois de Leipzig, continuou Ticho os estudos nas universidades de Wittenberg, Rostock, Basiléia e Augsburgo até vinte e seis anos de idade, sempre amontoando e depois projetando instrumentos maiores e melhores para a observação dos planetas. Entre esses havia um enorme quadrante de metal e carvalho, com trinta e oito pés de diâmetro e girado por quatro manivelas, sendo o primeiro de uma série de fabulosos instrumentos que iriam constituir a maravilha do mundo. Ticho jamais fêz nenhum descobrimento notável, salvo um, que o tornou pai da moderna astronomia observacional; mas êsse descobrimento de todo modo se converteu em truísmo para o espírito moderno que é difícil ver-lhe a importância. Enfim, revelava a necessidade, para a astronomia, de dados observacionais **precisos** e **contínuos**.

Lembremo-nos de que o cônego Copérnico só registrou vinte e sete observações suas em todo o **Livro das Revoluções**; para o restante, contou com os dados de Hiparco, Ptolomeu e outros. Fora esse o processo geral até Ticho. Era ponto pacífico deverem ser as tabelas planetárias exatas, o mais possível, para fins de calendários e navegação; mas afora os limitados dados exigidos para tais motivos práticos, não se compreendia absolutamente a necessidade de precisão. A atitude, que é tudo, menos incompreensível ao espírito moderno, devia-se em parte à tradição aristotélica e ao seu realce das qualidades por oposição às medições quantitativas. Dentro dessa estrutura mental somente um louco podia interessar-se pela precisão por amor à precisão. Outrossim, e mais especificamente, uma geometria dos céus que consistia em ciclos e epiciclos não exigia dados muitíssimos, nem muito exatos, de observação, pela simples razão de ser o círculo definido quando se lhe conhecem o centro e um dos pontos da circunferência, ou, se o centro já é conhecido, por três pontos apenas da circunferência. Assim, de modo geral, bastava determinar as posições de um planeta em vários pontos característicos da órbita, e dispor os epiciclos e os deferentes da maneira mais favorável para «salvar os fenômenos». Se lançarmos o espírito para o outro lado do divisor de água, a dedicação de Ticho às medições, às frações de minutos de arco, parece-nos muitíssimo original. Não é de admirar que Kepler o chamasse de Fênix da Astronomia.

Por outro lado, se Ticho estava na frente da época, estava apenas um passo na frente de Kepler. Vimos como Kepler anelava pelas observações de Ticho, querendo dados precisos sôbre distâncias médias e excentricidades. Um século antes, Kepler teria provavelmente repousado sobre os louros da sua solução do mistério cósmico sem dar importância aos pequeninos desacordos com os fatos observados; mas tal atitude de cavaleiro metafísico para com os fatos começara a perder prestígio entre os espíritos evoluídos do tempo. A navegação oceânica, a crescente precisão de bússolas magnéticas e relógios, e o progresso geral na tecnologia tinham criado um novo clima de respeito aos fatos e às medidas exatas. Assim, por exemplo, o debate entre os sistemas copernicano e ptolemaico já se não fazia apenas por argumentos teóricos. Tanto Kepler como Ticho, independentemente, decidiram deixar que a experiência fôsse juiz e tentaram determinar, pela medida, se existia ou não a paralaxe estelar.

Uma das razões da busca de Ticho em matéria de precisão era, realmente, o seu desejo de verificar a validez do sistema copernicano. Talvez haja sido, porém, a racionalização de um anseio mais profundo. Para ele constituía forma de adoração a paciência meticulosa, a precisão por amor à precisão. A sua primeira grande experiência foi a espantosa comprovação de poderem ser os fatos astronômicos exatamente preditos; a segunda foi de espécie oposta. Em 17 de agôsto de 1563, aos dezessete anos de idade, enquanto Vedel dormia, observou que Saturno e Júpiter estavam tão próximos um do outro que quase se não distinguiam. Examinou as tabelas planetárias e descobriu que as tabelas afonsinas continham um erro de um mês inteiro no tocante àquêle fato, e as tabelas copernicanas um erro de vários dias. Coisa intolerável. Se os observadores de astros, cuja ínfima companhia era tão desaprovada pela família, não eram capazes de coisa melhor, um nobre dinamarquês iria mostrar-lhes como se trabalha.

E mostrou-lhes, por métodos e dispositivos que o mundo jamais vira.

2. A NOVA ESTRÊLA

Aos vinte e seis anos, Ticho considerou completa a educação e regressou para a Dinamarca. Durante os cinco anos seguintes até 1575, viveu primeiramente na propriedade familiar de Knudstrup, depois com um tio, Steen Bille, o único da família que aprovava o perverso passatempo de Ticho. Steen criara a primeira fábrica de papel e de vidros na Dinamarca e lidava bastante com a alquimia, no que era auxiliado por Ticho.

Como Kepler, conservou Ticho um dos pés no passado e dedicou-se tanto à alquimia como à astrologia. Como Kepler tornou-se astrólogo da côrte e teve de perder muito tempo com os horóscopos de protetores e amigos; como Kepler, fê-lo a contragôsto, desprezando os demais astrólogos a quem chamava charlatães, e, no entanto, profundamente convencido de que os astros influíam no caráter e no destino do homem, embora ninguém soubesse como. Diversamente de Kepler, porém, a sua crença na astrologia não se originava do misticismo — completamente alheio à sua natureza dominante — mas de uma rígida superstição.

O grande acontecimento daqueles anos, acontecimento que foi discutido em todo o mundo e que estabeleceu, de um golpe, a fama de Ticho como principal astrônomo da época, foi a nova estrela de 1572. Na vida de Ticho, todos os marcos decisivos foram marcos celestes: o eclipse do sol, quando tinha catorze anos de idade que o encaminhou à astronomia, a conjunção de Júpiter e Saturno, quando tinha dezessete, que lhe revelou as insuficiências; a nova estrela, quando tinha vinte e seis, e o cometa de 1577, quando tinha trinta e um anos. De todos eles, o mais importante foi o da nova estrela.

Na noite de 11 de novembro de 1572, caminhava Ticho do laboratório alquimista de Steen para casa, a fim de jantar, quando, olhando para o céu, viu uma estrela mais brilhante do que Vênus, no máximo de intensidade luminosa, em lugar onde jamais houvera estrela. Situava-se o lugar a noroeste da familiar «W», a constelação de Cassiopéia, então perto do zênite. A visão foi tão inacreditável que êle, literalmente, não acreditou nos olhos; chamou antes alguns criados e depois vários camponeses para confirmarem o fato de haver na verdade uma estrela onde não cabia estrela nenhuma. Estava lá, sem dúvida, e tão brilhante que, mais tarde, gente dotada de vista penetrante, podia vê-la até em pleno meio-dia. E lá ficou no mesmo lugar durante dezoito meses.

Outros astrônomos, além de Ticho, tinham visto a nova estrela nos primeiros dias de novembro. Atingira o máximo esplendor; em dezembro começou lentamente a enfraquecer, mas apenas cessou de ser visível pelo fim de março do ano posterior ao seguinte. O mundo jamais ouvira nem vira coisa semelhante desde o ano de 125 A.C., quando Hiparco, de acôrdo com o segundo livro da **História Natural** de Plínio, vira uma nova estrela no céu.

A sensacional importância do fato é que contradizia a doutrina básica — aristotélica, platônica e cristã — de que tôda mudança, tôda geração e toda decadência se limitavam à imediata vizinhança da terra, a esfera sublunar, ao passo que a longínqua oitava esfera, em que se engastavam, fixas, as estrêlas, era imutável por tôda a eternidade. A única exceção conhecida na história fora o aparecimento da nova estrela de Hiparco; mas aquilo fora havia muito tempo, e era possível explicá-lo supondo ter Hiparco visto apenas um cometa (considerado então fenômeno atmosférico na região sublunar).

Ora, o que distingue uma estrêla fixa de um planeta, ou de um cometa, ou de um meteoro, é o fato de ser «fixa». Afora a participação na rotação diária do firmamento, não se move. Mal aquele corpo brilhante apareceu na ponta da «W» celeste, eclipsando as verdadeiras estrelas, os observadores da Europa inteira tentaram febrilmente determinar se se movia ou não. Se sim, não seria uma estrela verdadeira e a ciência acadêmica estaria salva; se não, seria preciso imaginar de novo o universo.

Em Tuebingen, Maestlin que, apesar de ser um dos principais astronomos da época, parece não ter possuído instrumento de nenhuma espécie, estendeu um fio, à distância de um braço dos olhos, de tal modo que passava pela nova estrela e outras duas fixas. Quando, após algumas horas, as três continuaram na mesma linha reta, concluiu que a nova não se movia.[4] Thomas Digles, na Inglaterra, empregou semelhante método e chegou ao mesmo resultado; outros encontravam um deslocamento, mas apenas pequenino, devido naturalmente aos erros dos grosseiros instrumentos. Foi a grande oportunidade de Ticho e êle soube aproveitá-la. Acabara de fazer um novo instrumento, um sextante com braços de cinco pés e meio de comprimento, ligados por gonzo de bronze, com uma escala metálica de arco graduada até minutos e, como novidade, uma tabela de números destinada a corrigir os erros do instrumento. Era como um canhão pesado comparado às fundas e catapultas dos colegas. O resultado das observações de Ticho foi inequívoco: a nova estrêla ficava parada no céu.

Tôda a Europa ficou impaciente tanto pelo significado cosmológico como pelo astrológico do acontecimento. A nova estrela aparecera somente três meses após a chacina de protestantes franceses na noite de São Bartolomeu; não é de admirar que, na maré de panfletos e tratados sôbre a estrêla, a considerassem um presságio sinistro. O pintor alemão Jorge Busch, por exemplo, explicou que se tratava realmente de um cometa condensado com os vapores dos pecados humanos, e inflamado pela cólera divina, gerando uma espécie de pó venenoso (mais ou menos como as conseqüências da bomba de hidrogênio) que caía sobre a cabeça do povo e causava toda espécie de males, por exemplo «mau tempo, peste e franceses». Os astrônomos mais sérios, com poucas exceções, tentaram explicar a estrela fora do oitavo céu chamando-a de cometa sem cauda, atribuindo-lhe um lento movimento, e empregando outros subterfúgios, o que levou Ticho a dizer desdenhosamente: **O caecos coeli spectatores**, ó cegos espectadores do céu!

No ano seguinte, publicou a primeira obra: **De Nova Stella.** Hesitou algum tempo antes, por não haver ainda superado a idéia de que a feitura de livros era ocupação indigna de nobre. O livro é uma mixórdia de tediosas cartas-prefácio, diários de calendário e meteorologia, predições astrológicas e vazões versificadas, inclusive uma «Elegia a Urânia», de oito páginas; mas contém em vinte e sete páginas uma descrição exata das observações da Nova Estrela, e do instrumento com o qual haviam sido realizadas as observações, vinte e sete páginas de «fatos duros, obstinados», suficientes, por si, para lhe dar fama duradoura.

Cinco anos depois, deu à cosmologia aristotélica o **coup de grâce,** provando que o grande cometa de 1577 também não era um fenômeno sublunar como sempre tinham sido considerados os cometas anteriormente, e que devia estar «pelo menos seis vêzes» mais distante que a lua.

Sobre a natureza física da nova estrêla, e como fôra criada, Ticho muito prudentemente confessou a ignorância. A astronomia contemporânea chama as «estrêlas novas» de **novae**, e explica o repentino acréscimo de intensidade por um processo explosivo. Houvera indubitavelmente outras **novae** entre 125 A.C. e 1572, mas a nova consciência humana do céu e a nova atitude quanto à observação precisa imprimiram à estrêla de 1572 um significado especial: a explosão causada pelo seu repentino incêndio aniquilou o universo fechado, estável, dos antigos.

3. A ILHA DO MAGICO

O rei Frederico II da Dinamarca, cuja vida havia sido salva pelo padrasto de Ticho, o vice-almirante, era protetor da filosofia e das artes. Quando Ticho ainda estudava, aos vinte e quatro anos de idade, a atenção do soberano fora atraída pelo brilhante mancebo e ele lhe prometera, como sinecura, a prebenda do primeiro canonicato vago. Em 1575, já com a reputação estabelecida, Ticho, que gostava de viajar, e o fazia, como aliás tudo, em grande estilo, perambulou pela Europa, visitando amigos, na maioria astrônomos, em Frankfurt e Basiléia, Augsburgo, Wittemberg e Veneza, entre os quais o **Landgraf** Guilherme IV em Cassel. O **Landgraf** era mais do que um simples amador aristocrata; mandara construir um observatório numa das tôrres de Cassel e dedicava-se tanto à astronomia que, ao lhe informarem estar a sua casa ardendo, enquanto observava a nova estrêla, terminou calmamente a observação antes de se voltar para as chamas.

Êle e Ticho deram-se tão bem que, após a visita, o **Landgraf** instou com o rei Frederico para dar a Ticho os meios de construir o seu próprio observatório. Quando Ticho regressou à Dinamarca, Frederico ofereceu-lhe vários castelos, para que escolhesse um; mas Ticho declinou a oferta, pois já havia resolvido fixar residência em Basiléia, a encantadora e civilizada cidade que arrebatara o afeto de Erasmo, Parecelso e outros ilustres humanistas. Frederico, ansioso por preservar Ticho para a Dinamarca, enviou, em fevereiro de 1576, um mensageiro — jovem de berço nobre com ordens de viajar dia e noite — ordenando a Ticho fosse ver imediatamente o soberano. Ticho obedeceu e o rei fez-lhe uma oferta digna de conto de fadas: uma ilha no Sund, entre Copenhagen e o Castelo Elsinor, com três milhas de comprimento, a estender-se por mais de dois mil acres de terra plana erguida sôbre abruptos penhascos esbranquiçados. Lá devia Ticho construir a casa e o observatório por conta da Dinamarca, recebendo, ademais, uma pensão anual e várias sinecuras, o que faria das suas rendas uma das mais altas da Dinamarca. Após outra semana de hesitação, Ticho aceitou a ilha de Hveen e a sorte a ela ligada.

Por conseguinte, um instrumento real, assinado em 23 de maio de 1576, decretou:

> «Nós, Frederico Segundo, etc., damos a conhecer a todos que, por especial favor e graça, transferimos e concedemos em prêmio, e agora por esta nossa carta aberta, transferimos e concedemos ao nosso amigo Tyge Brahe, filho de Otto, de Knudstrup, nosso varão e servo, a terra de Hveen, com todos os

> nossos arrendatários e servos, e os da coroa, que aí vivem, com todas as rendas e os encargos daí oriundos, e que são dados a nós e à coroa, para que a possua, use e retenha, quite e livre, sem qualquer renda, por toda a vida, e enquanto quiser continuar e seguir os seus **studia mathematices**...» [5]

Começou, pois, a existir a fabulosa Uraniburgo na ilha de Hveen, onde Ticho viveu por vinte anos e ensinou ao mundo os métodos da observação exata.

O novo domínio de Ticho, a que êle chamou «ilha de Vênus, vulgarmente conhecida por Hveen», possuía uma sua tradição. Davam-lhe freqüentemente o nome de «Ilha Escarlate» por motivos que um viajante inglês do século dezesseis explica:

> «Julgam os dinamarqueses tão importante essa ilha de Wheen por contarem com uma lenda segundo a qual um rei da Inglaterra oferecia pela sua posse tecido escarlate suficiente para cobri-la, com uma Rosa Nobre no canto de cada peça.» [6]

Possuía também algumas ruínas do século treze, às quais o lendário dinamarquês ligava uma saga do Niebelung totalmente sua. Os habitantes distribuídos por quarenta granjas em volta de uma aldeola tornaram-se súditos de Ticho, que os dominava como déspota oriental.

O observatório, Uraniburgo, construído por um arquiteto alemão sob a supervisão de Ticho, era símbolo do seu caráter: meticulosa precisão se aliava a uma fantástica extravagância. Era um monstro, semelhante a uma fortaleza, que, segundo afirmam, «marcou época na história da arquitetura escandinava, mas nas xilogravuras restantes se parece a uma cruz entre o Palazzo Vecchio e o Kremlin, com a fachada renascentista encimada por uma cúpula em formato de cebola, flanqueada por torres cilíndricas, cada uma com teto retirável, protegendo os instrumentos de Ticho, e circundadas por galerias com relógios, quadrantes solares, globos e figuras alegóricas. Na base estava a tipografia particular de Ticho, alimentada pela sua própria fábrica de papel, a fornalha de alquimista e uma cela particular para os súditos insubordinados. Ticho dispunha também da sua própria farmácia, das reservas de caça e de tanques artificiais de peixes; o que lhe faltava apenas era o alce domesticado, o qual lhe havia sido enviado, mas que jamais chegou à ilha. Ao passar uma noite no Castelo de Landskroner, galgara uma escada entrando num aposento vazio onde bebera cerveja tão forte que, ao descer, tropeçara, quebrara a perna e morrera.

Na biblioteca, achava-se o grande globo celestial, com cinco pés de diâmetro, feito de latão, sôbre o qual, durante vinte e cinco anos, foram as estrêlas fixas gravadas uma por uma, após lhes terem sido as posições exatas determinadas por Ticho e os seus assistentes no processo de refazer o mapa do céu; custara cinco mil dólares, o que eqüivalia a oitenta anos do salário de Kepler. No gabinete do sudoeste, o arco de latão do maior quadrante de Ticho — com catorze pés de diâmetro — estava prêso à parede; o espaço dentro do arco era preenchido por um mural representando o próprio Ticho rodeado dos instrumentos. Mais tarde, acrescentou Ticho a Uraniburgo um segundo observatório, o «Astroburgo», inteiramente subterrâneo a fim de proteger os instrumentos de qualquer vibração e dos ventos, erguendo-se acima do solo apenas os telhados em formato de cúpula, de modo que «até das entranhas da terra podia mostrar o caminho para as estrêlas e a glória de Deus».[7] Ambas as construções estavam repletas de dispositivos e máquinas automáticas, inclusive estátuas girando sôbre mecanismos ocultos, e um sistema de comunicações que lhe permitia tocar uma campainha na sala de qualquer dos assistentes. Os hóspedes julgavam que ele os chamava por artes mágicas. Era uma procissão de visitantes, sábios, cortesãos, príncipes, realeza, inclusive o rei Jame VI da Escócia.

A vida em Uraniburgo não era precisamente o que se pode esperar ser a rotina da família de um acadêmico, e sim a de uma côrte da Renascença. Sucediam-se os banquetes aos visitantes ilustres, presididos pelo infatigável, bebedor, gargantuesco anfitrião, discutindo as variações da excentricidade de Marte, esfregando ungüento no nariz de prata, e atirando, de vez em quando, petiscos ao bôbo Jepp, sentado aos seus pés, debaixo da mesa, tagarelando sem cessar no meio da bulha geral. Era Jepp um anão, com fama de possuir uma segunda vista, do que parecia dar prova espetacular em várias oportunidades.

Ticho constitui realmente uma repousante exceção entre os gênios sombrios, torturados, neuróticos da ciência. Não foi, é exato, um gênio criador, mas apenas um gigante da observação metódica. Contudo, exibia tôda a vaidade do gênio nos intermináveis arroubos poéticos. A sua poesia é até mais espantosa do que a do cônego Copérnico, e mais abundante na quantidade. Ticho nunca precisou de editor, visto que dispunha de uma fábrica de papel e de uma tipografia. Mesmo assim, os versos e epigramas invadiram os murais e ornamentos de Uraniburgo e Astroburgo, os quais abundavam em motes, inscrições e figuras alegóricas. A mais impressionante destas, adornando-lhe a parede do gabinete principal, representava os oito maiores astrônomos da história, de Timócares ao próprio Ticho, seguido de **Tychonides**, descendente ainda não nascido, com um título exprimindo a esperança de que viesse a ser digno do grande antepassado.

4. O EXÍLIO

Ticho ficou na Ilha Escarlate durante vinte anos. Aos cinqüenta e um, recomeçou a perambular, mas já estava pronto o total da obra.

Reexaminando-a, dividiu as observações em «infantis e duvidosas» (durante os anos em que estudou em Leipzig), em «juvenis e habitualmente medíocres, (até a chegada a Hveen) em «varonis, precisas e absolutamente certas» (feitas em Uraniburgo).[8] A revolução tichônica no método astronômico consiste na precisão e continuidade, antes jamais igualadas, das suas observações. O segundo ponto talvez seja até mais importante do que o primeiro: poderíamos dizer quase que o trabalho de Ticho se compara ao dos primeiros astrônomos como a película cinematográfica a uma coleção de fotografias.

Além da notável inspeção do sistema solar, a refeitura do mapa do firmamento compreendia mil estrêlas fixas (das quais estavam acuradamente determinadas as posições de 777, sendo que os restantes 223 lugares foram anotados apressadamente pouco antes de ele abandonar Uraniburgo, para completarem o número redondo mil). A prova de que a **nova** de 1572 era uma verdadeira estrela e que o cometa de 1577 se movia em órbita muito além da lua, liquidaram de vez com a crença já abalada da imutabilidade dos céus e da solidez das esferas celestes. Finalmente, o sistema do mundo, por ele oferecido como alternativa ao copernicano, embora não dotado de grande valor científico, desempenhou, como veremos, papel historicamente importante.[8a]

Os motivos que levaram Ticho a deixar o reino insular foram de caráter algo sórdido. Tyge, o cavaleiro escandinavo, era tão arbitrário no trato com os homens como era humilde com o fato científico, tão arrogante com o próximo como delicado e terno no manejo dos instrumentos. Tratava os inquilinos de maneira pavorosa, exigindo dêles trabalho e bens aos quais não tinha direito, e trancafiando-os na prisão quando hesitavam. Era rude para com todos os que lhe desagradassem, inclusive o jovem soberano, Cristiano IV. O bom rei Fernando falecera em 1588 (de excesso de bebida, como Vedel indicou devidamente na oração fúnebre) e o sucessor, embora simpatizasse com Ticho, em cuja ilha mágica passara um delicioso dia, na infância, não tinha o menor desejo de fechar os olhos perante o escandaloso govêrno de Ticho em Hveen. Por aquele tempo, a arrogância de Ticho parecia estar à beira da mania de grandeza. Não respondeu a várias missivas do jovem rei, desafiou as decisões dos tribunais de província, e até do Supremo Tribunal de Justiça, mantendo um arrendatário e a família agrilhoados. Em resultado, o grande varão, já glória da Dinamarca, tornou-se personagem totalmente odiada em todo o país. Não foram tomadas medidas diretas contra ele, mas as suas fantásticas sinecuras se viram reduzidas a proporções razoáveis, o que proporcionou a Tyge, que começava a sentir-se cada vez mais aborrecido e inquieto na Ilha Escarlate, o pretexto procurado para reiniciar as perambulações.

Havia estado preparando a partida por vários anos, e quando deixou Hveen, por volta da Páscoa de 1597, fê-lo com a habitual grandiosidade, viajando com um séquito de vinte pessoas — família, assistentes, criados e o anão Jepp — compreendendo a bagagem a tipografia, a biblioteca, os móveis, e todos os instrumentos (salvo os quatro maiores, que seguiram mais tarde). Desde o dia em que, estudante, mandara fazer o primeiro quadrante em Augsburgo, tivera o cuidado de ordenar o fôsse de maneira desmontável e transportável. «O astrônomo, declarou, deve ser cosmopolita, porque não devemos esperar que os estadistas ignorantes saibam avaliar-lhes os trabalhos».[9]

A primeira parada da caravana tichônica se fêz em Copenhagen, a segunda em Rostock de onde, abandonando o território dinamarquês, Ticho escreveu uma carta algo impertinente ao rei Cristiano, queixando-se do tratamento recebido da pátria ingrata e declarando a intenção «de procurar ajuda e assistência com outros príncipes e potentados», mas ao mesmo tempo exprimindo graciosamente o desejo de regressar «se o pudesse fazer em boas condições e sem prejuízo da dignidade». Cristiano respondeu com uma notável carta que refutava sobriamente as queixas de Ticho, uma por uma, e esclarecia como condição do regresso à Dinamarca «ser respeitado por vós de maneira diferente, se quiserdes encontrar em nós um senhor e rei magnânimo.»[10]

Tyge encontrara o igual. Houve apenas dois homens que, com êle, levaram a melhor, o rei Cristiano da Dinamarca, e Johannes Kepler de Weil-der-Stadt.

Queimadas as pontes, Ticho e o seu circo particular continuaram a perambular por outros dois anos, até o Castelo de Wandsbeck, perto de Hamburgo, Dresden, Wittenberg. Finalmente, em junho de 1599, chegaram a Praga, ou antes entraram na cidade, residência do imperador Rodolfo II, onde, pela graça de Deus, Ticho de Brahe fora designado **Mathematicus Imperial.** Teria outra vez um castelo de sua escolha e um salário de três mil florins por ano (Kepler em Gratz recebia duzentos), além de «uma renda indeterminada que poderia subir a alguns milhares».[11]

Se Ticho tivesse ficado na Dinamarca, é muito improvável que Kepler pudesse ter-se dado ao luxo de visitá-lo durante o breve período de vida que restava a Ticho. As circunstâncias que fizeram de ambos exilados, e os levaram ao encontro, podem ser atribuídas à coincidência ou providência, como se queira, a não ser que suponhamos a existência de uma oculta lei de gravidade na História. Afinal, a gravidade no sentido físico também não passa de simples palavra designativa de uma força desconhecida que age à distância.

5. PRELÚDIO AO ENCONTRO

Antes de se avistarem pessoalmente no Castelo Benatek, perto de Praga, Kepler e Ticho haviam-se correspondido durante dois anos.

Desde o começo, a relação se estabelecera em pé errado, em virtude de um inocente erro cometido pelo jovem Kepler. O episódio envolvia o amargo inimigo de toda a vida de Ticho, Ursus, e faz que os pais da astronomia pareçam atores de uma **opera buffa.**

Reymers Baer, (*) que provinha de Ditmar, começou a vida como guardador de porcos, e terminou-a como **Mathematicus Imperial**, posto no qual iria suceder-lhe Ticho, cabendo a Kepler substituir Ticho. No século dezesseis, essa carreira exigia indubitavelmente dons consideráveis que, em Ursus, se aliavam a um caráter obstinado e duro, pronto sempre a esmagar os ossos das vítimas à maneira de abraço de urso. Na mocidade publicara uma gramática latina e um livro de agrimensura, para entrar depois a serviço de um nobre dinamarquês chamado Erik Lange. Em 1584, Lange visitou Ticho em Uraniburgo, levando Ursus em sua companhia. Deve ter sido um encontro algo excitante, como veremos.

Quatro anos após tal visita, publicou Ursus os **Fundamentos de Astronomia** nos quais explicou o seu sistema do universo. Tratava-se, salvo alguns pormenores, do mesmo sistema realizado secretamente por Ticho, e que este ainda não publicara, pois desejava mais dados. Em ambos os sistemas, a terra voltava ao centro do mundo, mas os cinco planetas giravam em torno do sol e, com o sol, em torno da terra.[13] Era, evidentemente, o renascimento do sistema intermediário entre os de Heraclides e Aristarco de Samos (V. Fig. C, pág. 20).

Por conseguinte, não era absolutamente original o sistema de Ticho, mas tinha a vantagem de um compromisso entre o universo copernicano e o tradicional. Recomendava-se automàticamente a todos os que relutavam em antagonizar a ciência acadêmica, e, no entanto, desejavam «salvar os fenômenos», e iria desempenhar papel importante na controvérsia de Galileu. Na verdade, o sistema tichônico foi «descoberto», independentemente, por outro estudioso, Eliseu Roeslin, como sói acontecer com freqüência com os inventos que «pairam no ar». Mas Ticho, tão orgulhoso do seu sistema como Kepler dos cinco sólidos perfeitos,

---

(*) Em alemão, urso; daí o nome latinizado ursus.

estava convencido de que Ursus o roubara, folheando-lhe os manuscritos durante a visita de 1584. Reuniu provas para afirmar que Ursus havia, com efeito, folheado os documentos; que êle, Ticho, havia tomado precauções para que o seu discípulo Andreas partilhasse do mesmo quarto que Ursus; que enquanto êste dormia, o fiel discípulo «retirara do bolso das calças do astrônomo um punhado de papéis, mas tivera medo de remexer no outro, desconfiando que o adormecido despertasse»; e que Ursus, ao descobrir o que sucedera, «se comportara como maníaco», com o que todos os documentos não pertencentes a Ticho lhe haviam sido devolvidos.

Segundo Ursus, por outro lado, Ticho fora altivo e arrogante; tentara calá-lo observando que «todos esses alemães são meio loucos», e tivera tamanha desconfiança das suas observações «as quais lhe estavam debaixo do nariz, não havendo necessidade de lentes», que mandara alguém esquadrinhar os documentos de Ursus, na véspera da partida.

Em resumo, Ursus folheara provavelmente as observações de Ticho, mas não havia prova de que tivesse roubado o «sistema» de Ticho, nem havia tampouco necessidade disso.

Foi nesse ninho de vespões que o jovem Kepler entrou quando teve a idéia do **Mysterium** e experimentou a urgente necessidade de partilhar o júbilo com todo o mundo do saber. Ursus era, então, **Mathematicus Imperial** em Praga; assim, Kepler enviou-lhe uma carta entusiástica, iniciada no estilo típico: «Existem homens curiosos que, desconhecidos, escrevem cartas a estranhos em países longínquos»; e continuando com a efusão kepleriana que conhecia «a brilhante glória de vossa fama que vos faz o primeiro dos **mathematici** da nossa época, como o sol entre astros menores». [14]

Foi isso escrito em novembro de 1595. Ursus jamais respondeu à carta do jovem e desconhecido entusiasta; dois anos mais tarde, porém, quando Kepler já era bem conhecido, Ursus imprimiu a carta, sem pedir licença a Kepler, num livro [15] no qual reclamava a prioridade do sistema «Tichônico», e ofendia Ticho em têrmos ferozes. O livro trazia o mote «Enfrentá-los-ei (significando Ticho e Companhia) como urso privado dos filhotes — Osias 13». Assim Ticho, naturalmente, teve a impressão de que Kepler estava do lado de Ursus — que era precisamente o que Ursus havia pretendido. A situação foi tanto mais embaraçosa para o pobre Kepler que, entretanto, também escrevera uma carta entusiástica a Ticho, na qual o chamava de «príncipe dos matemáticos não somente da nossa época mas de tôdas as épocas». [16] Ademais, sem saber da luta homérica entre os dois, pedira a Ursus — a Ursus! — que enviasse um exemplar do **Mysterium** a Ticho!

Ticho reagiu com desusada diplomacia e domínio. Acusava o recebimento da carta e do livro de Kepler com grande cortesia, louvava-o pelo brilho do **Mysterium** e exprimia, ao mesmo tempo, certas reservas, e a esperança de que Kepler realizaria um esfôrço para aplicar a teoria dos cinco sólidos ao próprio sistema do universo de Ticho. (Kepler escreveu na margem: «Todos estimam a si próprios, mas podemos ver a sua elevada opinião do meu método»). [17] Sòmente num pós-escrito queixou-se Ticho do louvor de Kepler a Ursus. Um pouco mais tarde Ticho escreveu outra carta a Maestlin, [18] em que criticava o livro de Kepler muito mais severamente e repetia a queixa. A intenção era evidente: Ticho percebera imediatamente os dons excepcionais do jovem Kepler, pretendia conquistá-lo, e esperava que Maestlin se valesse, em tal sentido, da sua autoridade com o antigo discípulo. Maestlin transmitiu devidamente a queixa de Ticho a Kepler, que só então notou em que espantoso emaranhamento se metera, e com Ticho, a sua única esperança. Sentando-se, escreveu a êste longa e torturada epístola no verdadeiro estilo kepleriano, transbordante de sinceridade, trapaceando um pouco com os fatos, ao mesmo tempo patética, brilhante e um pouco embaraçosa:

> «E então? Por que dá (Ursus) tamanho valor aos meus elogios?... Se fôsse homem desprezá-los-ia, se fosse sábio não os exibiria em público. A nulidade que eu era naquele tempo procurava um varão famoso que elogiasse o meu novo descobrimento. Pedi-lhe uma dádiva e foi ele que extorquiu do pedinte uma dádiva... O meu espírito pairava no ar e desfazia-se de júbilo pelo descobrimento. Se, no desejo egoísta de lisonjeá-lo, derramei palavras que superaram a minha opinião a respeito dêle, a explicação está na impulsividade da juventude.» [19]

E assim por diante. Mas há uma vacilante admissão na carta: quando Kepler leu os **Fundamentos de Astronomia** de Ursus, acreditara serem as regras trigonométricas produto original de Ursus e não percebera que a maioria delas se encontrava em Euclides! [20] Sente-se a verdade nessa admissão da profunda ignorância de Kepler em matéria de matemática numa época em que, guiado apenas pela intuição, estabelecera o roteiro dos seus últimos feitos no **Mysterium**.

Ticho replicou brevemente, e com graciosa condescendência que deve ter sido algo irritante para Kepler, não ter exigido tão elaborada desculpa. O incidente encerrou-se, embora tenha vivido em Ticho que, mais tarde, ao se lhe tornar Kepler assistente, o forçou a escrever um panfleto **Em defesa de Ticho contra Ursus**, coisa detestada por Kepler.

Pelo momento, todavia, Ticho quis esquecer o infeliz episódio, ansiando pela colaboração de Kepler. Foi-lhe difícil pôr em andamento o novo observatório do Castelo Benatek, e os seus antigos assistentes não tinham a menor pressa de unir-se de novo ao déspota de Hveen. Ticho escreveu a Kepler em dezembro de 1599:

> «Já vos informaram, sem dúvida, que fui aqui graciosamente chamado por sua Imperial Majestade e acolhido da maneira mais amiga e benévola. Muito desejaria que viésseis aqui, não forçado pela adversidade da sorte, mas por vossa vontade e desejo de estudo comum. Seja qual fôr, porém, o motivo, encontrareis em mim um amigo que vos não negará conselho e auxílio na adversidade, e sempre estará ao vosso dispor. Se vierdes logo, talvez encontremos meios para que vós e vossa família tenhais um futuro melhor. **Vale.**
>
> Dado em Benatek, ou Veneza da Boêmia, em 9 de dezembro de 1599, pelo próprio punho do vosso Ticho Brahe.» [21]

Quando a carta chegou a Gratz, já estava Kepler a caminho para o encontro com Ticho.

V. TICHO E KEPLER

1. A GRAVIDADE DA SORTE

Situavam-se a cidade e o castelo de Benatek a vinte e duas milhas, jornada de seis dias, a nordeste de Praga. Contemplavam o rio Iser, o qual freqüentemente inundava os pomares vizinhos, donde o nome de «Veneza Boêmia». Ticho escolhera Benatek entre os três castelos que o imperador lhe oferecera à escolha, talvez por lhe lembrarem as adjacências a ilha de Hveen. Tomara posse do castelo em agôsto de 1599 — seis meses antes da chegada de Kepler — e começara imediatamente a derrubar paredes e erguer outras, pretendendo construir outra Uraniburgo, e anunciando a intenção em poemas de alto vôo inscritos sôbre a entrada do futuro observatório. Haveria também um portão separado para o imperador, que reservara uma construção vizinha para as suas visitas.

Mas tudo pareceu encaminhar-se erradamente desde o comêço. O salário de três mil florins que o imperador concedera a Ticho superava tudo quanto fora feito antes; «não havia ninguém na corte, nem sequer entre condes e barões de longos préstimos, que desfrutasse de tão grande renda».[1] Tanto o espírito de Rodolfo II como as suas finanças se achavam em desordem, e os cortesãos sabotavam-lhe com eficácia a realização das extravagantes promessas. Ticho teve de lutar pelo salário e contentar-se em espremer a metade do tesouro; quando Kepler lhe sucedeu, receberia apenas uma gôta do que lhe era devido.

Na época em que Kepler chegou a Benatek, já tinha Ticho brigado com o Diretor dos Estados Coroados, senhor da bolsa, havia-se queixado com o imperador e ameaçado abandonar a Boêmia, explicando ao mundo quais os motivos. Também vários dos ajudantes de Ticho, os quais tinham prometido unir-se-lhe na nova Uraniburgo, não se haviam apresentado, e os maiores instrumentos tinham parado na longa jornada de Hveen. Pelo fim do ano a peste eclodiu, obrigando Ticho a refugiar-se com Rodolfo na residência imperial de Girsitz, e a ministrar-lhe um secreto elixir contra a epidemia. Para aumentar os aborrecimentos de Ticho, Ursus, que desaparecera de Praga, à chegada de Ticho, regressara, tentando criar distúrbios; e a segunda filha de Ticho, Elisabeth, mantinha relações ilícitas com um dos assistentes do pai, o Junker Tengnagel. Kepler, na zona provinciana de Gratz, sonhara Benatek como sereno templo de Urânia; o que viu foi uma casa de loucos, apinhada de trabalhadores, inspetores e visitantes, e o terrível séquito de Brahe, inclusive o sinistro anão Jepp, acocorado debaixo da mesa durante as refeições tumultuosas e intermináveis, e encontrando fácil prêsa aos seus sarcasmos no tímido **mathematicus** provinciano.

Chegara Kepler a Praga em meados de janeiro. Imediatamente escrevera a Benatek, e alguns dias depois recebera uma resposta de Ticho, lastimando não poder dar-lhe as boas-vindas em pessoa, em virtude de iminente oposição de Marte e Júpiter, que seria seguida de um eclipse lunar; convidava-o a Benatek «não tanto como hóspede, mas como apreciadíssimo amigo e colega na contemplação dos céus». Os portadores da missiva foram o filho mais velho de Ticho e o Junker Tengnagel, ambos a invejarem Kepler desde o início, e hostis até o fim. Foi na companhia dêles que Kepler deu o último passo da caminhada rumo a Ticho, mas só depois de mais uma demora de nove dias. Tengnagel e Ticho júnior divertiam-se provavelmente em Praga e não tinham nenhuma pressa de voltar.

Finalmente, em 4 de fevereiro de 1600, Ticho de Brahe e Johannes Kepler, cofundadores de um novo universo, viram-se frente a frente, nariz de prata contra face sarnenta. Contava Ticho cinqüenta e três anos de idade, e Kepler vinte e nove. Ticho era aristocrata, Kepler plebeu; Ticho um Creso, Kepler um probretão; Ticho um dinamarquês ilustre, Kepler um cão sarnento. Opunham-se em todos os pontos, salvo um: a disposição irritável, colérica. O resultado eram constantes atritos, que explodiam em calorosas discussões, seguidas de reconciliações meio frias.

Tudo isso porém na superfície. Na aparência, tratava-se do encontro de dois hábeis estudiosos, cada um determinado a empregar o outro para os seus fins. Mas debaixo da superfície, sabiam ambos, com a certeza de sonâmbulos, que tinham nascido para completar-se; que era a gravidade da sorte que os unira. A relação entre êles iria alternar-se sempre entre esses dois níveis: como sonâmbulos, caminhavam de braços dados através de espaços não traçados; nos contactos da vida desperta, cada um despertava no outro o pior do caráter, como que por indução mútua.

A chegada de Kepler levou a uma reorganização do trabalho em Benatek. Anteriormente, o filho mais moço de Ticho, Joergen, estivera incumbido do laboratório, o assistente mais velho, Longomontanus, tinha de estudar a órbita de Marte, e Ticho pretendera encarregar Kepler do planeta seguinte, para a observação sistemática. Mas a pressa, e o fato de Longomontanus ter parado no trabalho com Marte, conduziu a uma redistribuição do reino planetário entre os tichonistas. Kepler recebeu Marte, o planeta notoriamente mais difícil, ao passo que Longomontanus ficou com a lua. A decisão foi de momentosa importância. Kepler, orgulhoso de lhe haver sido Marte confiado, gabou-se de resolver o problema da sua órbita em oito dias, e até fez uma aposta. Os oito dias transformaram-se em quase oito anos, mas da luta daqueles anos com o planeta recalcitrante saiu a **Nova Astronomia ou Física dos Céus** de Kepler.

Não sabia, naturalmente, quase nada do que lhe estava na frente. Fora ter com Ticho para arrancar-lhe os números exatos das excentricidades e distâncias médias, a fim de melhorar o modelo do universo construído em torno dos cinco sólidos e das harmonias musicais. Mas embora jamais se livrasse da **idée fixe**, ficou ela relegada para o segundo plano. O novo problema nascido dos dados de Ticho «de tal modo se apoderaram de mim que quase enlouqueci».[2] Não passando de observador amador, munido dos mais grosseiros instrumentos, astrônomo de poltrona com intuição de gênio, mas ainda cheio de lacunas na disciplina intelectual, ficou sobrepujado pela riqueza e precisão das observações de Ticho, e só então começou a compreender o verdadeiro significado da astronomia. Os fatos incorporados nos dados de Ticho, a escrupulosidade do método de Ticho, agiram como pedra de moinho na inteligência fantasiosa de Kepler. Contudo, apesar da moagem de Ticho, e de parecer o processo mais penoso a Kepler do que a ele, afinal foi a mó que se gastou, enquanto a lâmina emergia afiada e brilhante.

Logo após a chegada a Benatek, escreveu Kepler:

> «Ticho possui as melhores observações, e, por assim dizer, o material para a construção do novo edifício; possui também colaboradores e tudo quanto deseja. Falta-lhe apenas o arquiteto capaz de pôr tudo isso em uso, de conformidade com o seu projeto, porque, apesar de dispor de uma feliz inclinação e verdadeira habilidade arquitetural, está obstaculizado no progresso pela multidão dos fenômenos e pelo fato de se encontrar a verdade profundamente oculta neles. Agora, a velhice o persegue, enfraquecendo-lhe o espírito e as faculdades.»[3]

Não podia haver dúvida no tocante à identidade do arquiteto, no espírito de Kepler. Nem foi difícil a Ticho adivinhar a verdadeira opinião de Kepler sobre ele. Amontoara um tesouro de dados como ninguém antes; mas estava velho e faltava-lhe a ousadia da imaginação para construir com aquela riqueza de matéria-prima o novo modêlo do universo. As leis do universo estavam lá, nas suas colunas de números, mas «por demais profundamente ocultas» para que êle as decifrasse. Deve também ter compreendido que sòmente Kepler lograria êxito naquela tarefa e que nada lhe impediria conseguir a vitória; que seria aquêle grotesco pretensioso, e não o próprio Ticho, não os esperados Tichonidas do mural de Uraniburgo, quem colheria o fruto do trabalho. Meio resignado, meio intimidado pelo seu destino, quis ao menos opor a maior dificuldade possível a Kepler. Sempre relutara em revelar as suas observações; se Kepler pensara em apoderar-se delas com facilidade, estava tristemente enganado, como revelam as queixas indignadas das suas cartas:

> «Ticho não me deu oportunidade de participar das suas experiências. Só durante as refeições e, entre outros assuntos, mencionava, de passagem, hoje o numero do apogeu de um planeta, amanhã os nodos de outro.»[4]

Poderíamos acrescentar: como se estivesse atirando ossos a Jepp debaixo da mesa. Nem tampouco permitia que Kepler copiasse os seus dados. Exasperado, Kepler chegou a pedir a Magini, rival italiano de Ticho, que oferecesse os seus dados em troca de alguns de Ticho. Só gradativamente, passo a passo, foi que Ticho cedeu, e quando confiou Marte a Kepler viu-se obrigado a abrir mão dos dados dêsse planêta.

Mal havia Kepler passado um mês em Benatek, quando Ticho, numa carta, sugeriu dificuldades nascidas entre êles; um mês mais tarde, em 5 de abril, a tensão explodiu de maneira que poderia ter destroçado o futuro da cosmologia.

A causa imediata da disputa foi um documento feito por Kepler, e no qual estavam, em pormenores desagradáveis, as condições da sua futura colaboração com Ticho. Se êle e a família deviam viver permanentemente em Benatek, Ticho teria de lhes proporcionar um apartamento separado, visto que o barulho e a desordem da casa iam produzindo terrível efeito na vesícula de Kepler e lhe causavam violentas explosões de cólera. Em segundo lugar, Ticho teria de obter um salário para Kepler, oriundo do tesouro do imperador, e entretanto pagar-lhe cinqüenta florins por trimestre. Teria outrossim de fornecer aos Keplers determinadas quantidades de lenha, carne, peixe, cerveja, pão e vinho. Quanto a colaboração, teria Ticho de permitir que Kepler escolhesse livremente o tempo e o assunto do trabalho, e só pedir-lhe que empreendesse as pesquisas diretamente ligadas a tal trabalho; e visto que Kepler «não precisava de uma espora e sim de um freio para evitar a ameaça de uma tísica galopante por excesso de trabalho»,[5] deveria poder descansar durante o dia, no caso de haver trabalhado bastante de noite. E assim por diante, por várias páginas.

Êsse documento não devia ser manuseado por Ticho. Kepler entregou-o a um hóspede, um tal Jessenius, professor de medicina em Wittenberg, o qual serviria de intermediário nas negociações entre Ticho e Kepler. Mas quer por obra do acaso, quer pela intriga, Ticho apoderou-se do documento, no qual não podia ver coisa que o lisonjeasse. Não obstante, encarou-o com a magnanimidade bem humorada que no **grand seigneur** dinamarquês vivia lado a lado com a inveja e a tirania. Era um déspota benévolo, enquanto ninguém lhe disputasse o mando; e socialmente Kepler era-lhe tão inferior que as suas exigências mordentes e maldosas não constituíam desafio. Um dos motivos da amargura de Kepler era, diga-se de passagem, o fato de lhe haverem destinado um lugar inferior à mesa de jantar.

Acima de tudo, porém, Ticho precisa de Kepler, o único homem capaz de dar a forma adequada à sua obra. Portanto, negociou com Kepler na presença de Jessenius, esfregando pacientemente ungüento no nariz, modêlo de moderação paternal. Aquela atitude instigou ainda mais o complexo de inferioridade de Kepler, que atacou a Ticho, nas palavras dêste «com veemência de cachorro louco, coisa a que êle, o próprio Kepler, tanto gosta de se comparar em irritabilidade.»[6]

Logo depois da tempestuosa sessão, Ticho, que sempre tinha um dos olhos voltados para a posteridade, redigiu a minuta, e pediu a Jessenius a endossasse. Contudo, quando o mau humor lhe esfriou, suplicou a Kepler que ficasse, pelo menos mais alguns dias, até a chegada de uma resposta do imperador, a quem ele se dirigira no tocante ao emprego de Kepler. Mas Kepler recusou-se a ouvir, e no dia seguinte partiu na companhia de Jessenius para Praga, onde se alojou com o Barão Hoffman. Justamente antes da partida, teve Kepler outra explosão colérica; no momento do adeus, foi vencido pelo remorso e pediu desculpas, enquanto Brahe sussurrava ao ouvido de Jessenius que tentasse devolver a razão ao **enfant terrible.**

Mal se viu em Praga, Kepler escreveu outra carta desabusada a Ticho.

Deve ter estado em poder de espantosa histeria. Sofria de uma das inexplicáveis febres recorrentes; a família encontrava-se na distante Gratz. A perseguição dos protestantes na Estíria e a derrocada em Benatek tinham-lhe destroçado o futuro, e os dados sobre Marte permaneciam inacessíveis nas mãos de Ticho. Ao cabo de uma semana, o pêndulo oscilou para a outra extremidade: Kepler escreveu a Ticho uma carta de desculpas que parece o delírio de um masoquista contra o seu ego culpado:

> «A mão criminosa que, no outro dia, foi mais veloz que o vento em infligir injúria, mal sabe como deve fazer para desculpar-se. Que direi antes? A minha falta de autodomínio, coisa que só posso recordar com a maior dor, ou os vossos benefícios, nobre Ticho, que não podem ser enumerados nem avaliados segundo o mérito? Por dois meses, mais do que generosamente, cuidastes das minhas necessidades... destes-me provas de amizade, permitistes-me partilhar das vossas posses mais queridas... Em resumo, nem a vossos filhos, nem a vossa esposa, nem sequer a vós próprio vos dedicastes mais do que a mim... Portanto, penso, com o mais profundo desalento, que Deus e o Espírito Santo me entregaram a tal ponto aos meus impetuosos ataques e ao meu espírito doentio que, em vez de mostrar moderação, por três semanas, de olhos fechados, só cuidei de viver numa rancorosa obstinação contra vós e vossa família; que, em vez de vos agradecer, revelei uma cólera cega; que, em vez de vos mostrar respeito, revelei a maior insolência contra a vossa pessoa que, pela ascendência nobre, eminente saber e grande fama, merece todo respeito; que, em vez de vos mandar uma saudação amigável, me deixei levar pela suspeita e pela insinuação, quando a amargura me corroía... Jamais considerei quão cruelmente vos devo ter magoado com tão desprezível comportamento... Apresento-me a vós como postulante para, em nome da piedade Divina, vos rogar perdão pelas terríveis ofensas que vos dirigi. O que eu disse ou escrevi contra a vossa pessoa, a vossa fama, honra e posição científica... retrato em todas as partes, e o declaro voluntariamente, e livremente, não válido, falso e malsão... Prometo, outrossim, sinceramente que daqui por diante, esteja onde estiver, não somente reprimirei atos, palavras, feitos e escritos tão tolos, como também não vos ofenderei nunca, nem de maneira nenhuma, injusta e deliberadamente... Visto, porém, serem enganosas as disposições dos homens, peço-vos que, cada vez que notardes em mim qualquer tendência para tão insensata maneira de comportamento, mo lembreis; haveis de ver-me obediente. Prometo mais... prestar-vos serviços de toda espécie e... assim provar, pelos atos, que a minha atitude para com a vossa pessoa é diferente, e sempre foi diferente, do que se pode concluir da estouvada condição do meu espírito e do meu corpo nestas últimas três semanas. Rogo a Deus me ajude a cumprir a promessa.» [7]

Reproduzi em grande parte tal carta, por revelar o trágico núcleo da personalidade de Kepler. Esses torneios de frase não parece provirem de um estudioso de reputação, mas de um adolescente torturado, suplicando perdão a um pai a quem odeia e ama. Ticho havia substituído Maestlin. Na base do caráter complexo e brilhante, Kepler ficou sempre um abandonado, um perdido.

Mas Ticho não dependia menos de Kepler do que Kepler de Ticho. Nos contactos mundanos, Ticho era o ancião da tribo, Kepler o adolescente mal educado e resmungão. Mas no outro nível, as coisas invertiam-se: Kepler era o mágico de quem, esperava Ticho, sairia a solução dos problemas, a resposta às suas frustrações, a fuga da derrota definitiva; e, por mais estouvadamente que os dois se comportassem, como sonâmbulos, ambos sabiam de tudo isso.

Por conseguinte, três semanas depois da briga, Ticho apareceu em Praga e levou Kepler de volta a Benatek, na carruagem. Quase podemos ver o braço gordo de Tyge dentro da manga de perna de carneiro, esmagando os ossos de Kepler num abraço afetuoso.

2. O HERDEIRO

A ligação entre Kepler e Ticho durou no todo dezoito meses, até a morte de Ticho. Felizmente para ambos, e para a posteridade, somente em parte desse tempo estiveram em contacto pessoal, pois Kepler voltou duas vêzes a Gratz lá transcorrendo oito meses para acertar negócios e receber os bens da esposa.

Partiu a primeira vez para Gratz logo após a reconciliação com Ticho, em junho de 1600. Apesar de a paz ter sido restabelecida, nada de definitivo ficara estipulado no tocante à futura colaboração de ambos,[7a] e Kepler hesitou, não sabendo se voltaria para Ticho ou não. Esperava ainda salvar a posição e o salário em Gratz, mediante a concessão de uma longa licença, ou obter uma cátedra em Wuerttemberg, ambição de sua vida. Escreveu a Maestlin e Herwart, seus pais adotivos números Um e Dois, sugerindo que o número Três era uma espécie de decepção; mas disso nada proveio. Enviou ao arquiduque Fernando um tratado sobre um eclipse solar, também sem efeito, mas nesse tratado deu com uma coisa que não havia procurado, ou seja, haver «uma fôrça na terra» que influenciava o movimento da lua, uma fôrça que diminuía proporcionalmente à distância. Como já atribuíra uma fôrça física ao sol explicando os movimentos dos planetas, o fato de a lua depender de semelhante fôrça na terra constituía o passo importante seguinte para o conceito da gravidade universal.

Tais bagatelas, contudo, não podiam desviar o arquiduque do plano de eliminar do país a heresia. Em 31 de julho e nos dias seguintes, todos os cidadãos luteranos de Gratz, pouco mais de mil, tiveram de aparecer, um por um, perante uma comissão eclesiástica, e declarar o desejo de retornar à fé romana, ou submeter-se à expulsão. Daquela vez não houve exceção, nem para Kepler, embora se saísse com o pagamento de apenas a metade da taxa de partida e recebesse outros privilégios financeiros. No dia seguinte ao do aparecimento perante a comissão, corria em Gratz o boato de que mudara de opinião e se declarara pronto para abraçar a fé católica. Não é possível saber se realmente hesitou ou não; seja como for, venceu a tentação e aceitou o exílio com todas as conseqüências.

Mandou um derradeiro apêlo a Maestlin,[8] que se inicia com uma dissertação sôbre o eclipse do sol em 10 de julho, por êle observado mediante uma **camera obscura** de sua construção, erguida no meio da praça do mercado de Gratz, com o duplo resultado de um ladrão lhe roubar a bôlsa com trinta florins, enquanto Kepler descobria uma nova e importante lei óptica. A carta continua com a ameaça de Kepler e a sua família viajarem, Danúbio abaixo, para os braços de Maestlin e uma cátedra (apesar de pequena) que Maestlin, indubitàvelmente, lhe proporcionaria; e termina com o pedido de Maestlin orar por êle. Respondeu

Maestlin que oraria com prazer, mas que nada mais podia fazer por Kepler «o firme e valoroso mártir de Deus;» [9] e depois, não respondeu a nenhuma das cartas de Kepler durante quatro anos. Com certeza pensou ter feito tudo, e que cabia a Ticho cuidar do menino prodígio.

Ticho alegrou-se com as tristes novas. Não sabia se Kepler iria voltar ou não, e foi com júbilo que acolheu a notícia, tanto mais que o seu assistente mais velho, Longomontanus, o havia abandonado. Quando Kepler o informou estar ameaçado de expulsão, respondeu-lhe que regressasse quanto antes; «não hesiteis, apressai-vos, e tende confiança». [10] Acrescentou que durante uma recente audiência com o imperador havia solicitado fôsse Kepler oficialmente ligado ao observatório, e que o imperador concordara. Mas num pós-escrito à longa e afável missiva, não logrou deixar de aludir a um assunto que fôra um dos principais motivos da desventura de Kepler em Benatek. Ao chegar lá, impusera-lhe Ticho a espinhosa tarefa de escrever um panfleto refutando as pretensões de Ursus; e embora Ursus tivesse morrido, continuou Ticho a insistir em persegui-lo além-túmulo. Mais ainda, Kepler teria de escrever a refutação a um panfleto de John Craig, médico de Jaime da Escócia, no qual Craig ousara duvidar das teorias de Ticho sobre os cometas. Não constituiu alegre perspectiva para Kepler perder o tempo em questões tão insignificantes para servir a vaidade de Ticho, mas já lhe não restava outra escolha.

Em outubro, voltou a Praga com a espôsa, mas sem móveis e sem bens, que se vira obrigado a deixar em Linz, por não dispor de dinheiro suficiente para o transporte. Dominava-o outra vez a febre intermitente, e outra vez desconfiou de que estava tuberculoso. O consentimento imperial ao seu emprego não foi seguido de ação concreta, de modo que Kepler e esposa tiveram de viver sob a dependência de Ticho. A pedido do imperador, que exigia ao seu lado o **mathematicus**, Tycho desistira dos esplendores de Benatek e transferira-se para uma casa em Praga, onde os Keplers, não tendo dinheiro para o aluguel, se viram obrigados a valer-se de uma pensão. Durante os seis meses seguintes, Kepler teve pouco tempo para a astronomia, por estar inteiramente ocupado em escrever as malditas polêmicas contra Ursus e Craig, e em nutrir os seus males imaginários. Frau Bárbara, que até nos melhores dias jamais fôra alegre, detestava os costumes estranhos e as ruas estreitas e tortuosas de Praga, cujo mau cheiro era tão forte «que repelia os turcos,» como escreveu um viajante inglês contemporâneo. [11] Sorviam os Keplers o amargo cálice da existência dos refugiados.

Na primavera de 1601, o rico pai de Frau Bárbara morreu na Estíria. Pagara o preço da conversão para morrer no país. Aquilo proporcionou a Kepler um ótimo pretexto para deixar a família confiada a Ticho e voltar a Gratz, a fim de salvar a herança, coisa em que não teve êxito; mas ficou em Gratz por outros quatro meses, e parece ter-se divertido bastante, jantando nas casas dos nobres da Estíria, como espécie de ilustre exilado em licença, escrevendo furiosas cartas a Ticho, a quem censurava por não dar bastante dinheiro a Frau Bárbara, perguntando a ele, preocupadamente, se Elisabeth Brahe, que afinal recebera permissão para desposar o Junker Tengnagel, «mostrava sinais de esperar um filho,» o que se verificou três meses após a cerimônia. Voltou a Praga em agosto, com a missão não cumprida, mas com a saúde restabelecida, e eufórico. Restavam-lhe apenas dois meses para o ponto decisivo da sua vida.

Em 13 de outubro de 1601, Ticho foi convidado a jantar com o barão Rosemberg em Praga. Entre os outros convidados figurava um conselheiro imperial, de modo que a reunião deve ter sido ilustre. Mas como Ticho estivera sempre habituado a entreter a realeza, e habituadíssimo a sorver enormes quantidades de bebida, é difícil compreender porque não lhe foi dado superar a situação em que se achava. Kepler registrou cuidadosamente o sucedido no Diário de Observações, espécie de diário em que eram anotados todos os acontecimentos importantes da casa de Brahe.

> «Em 13 de outubro, Ticho Brahe, na companhia de Mestre Minkowitz, jantou à mesa ilustre de Rosenberg, e reteve a urina além das exigências da cortesia. Ao beber mais, sentiu que aumentava a tensão na bexiga, mas deixou que a polidez antecedesse a saúde. Quando voltou para casa, mal conseguiu urinar.
>
> No começo da enfermidade, a lua achava-se em oposição com Saturno... (segue-se o horóscopo do dia).
>
> Após cinco noites de insônia, só lograva urinar com enorme dificuldade, e mesmo assim a passagem ficava impedida. A insônia continuou, com uma febre interna a levar gradativamente ao delírio; o mal era exacerbado pela comida que êle ingeria. Em 24 de outubro, o delírio cessou por várias horas; a natureza venceu e êle expirou tranqüilamente entre o consolo, as orações e lágrimas da sua gente.
>
> Assim, a partir dessa data, a série de observações celestes ficou interrompida, e concluíram-se as suas, de trinta e oito anos.
>
> Na derradeira noite, repetiu várias vezes estas palavras, como alguém que estivesse a compor um poema:
>
> **Não pareça a ninguém ter sido inútil minha vida.**
>
> Sem dúvida, queria que tais palavras fôssem acrescentadas ao cabeçalho das suas obras, dedicando-as assim à lembrança e ao uso da posteridade.» [12]

Nos últimos dias, cada vez em que as dores diminuíam, o grande dinamarquês se recusava a qualquer dieta e comia vorazmente tudo quanto lhe apetecia. Quando o delírio sobrevinha de novo, continuava a repetir baixinho que esperava não ter sido inútil a sua vida (**ne frusta vixisse videar**). O significado de tais palavras é claro pelo último pedido que dirigiu a Kepler. [13] Era o mesmo desejo que lhe exprimira na primeira carta: que Kepler construísse o novo universo no sistema de Ticho e não no de Copérnico. Deve ter compreendido, no entanto, como revelava a delirante queixa, que Kepler faria precisamente o oposto e disporia à vontade do legado de Ticho.

Ticho foi sepultado com grande pompa em Praga, sendo-lhe o ataúde levado por doze gentis-homens de armas do império, precedido pela sua cota de armas, esporas de ouro e cavalo favorito.

Dois dias mais tarde, em 6 de novembro de 1601, o conselheiro privador do imperador, Barwitz, chamou Kepler para nomeá-lo, na qualidade de sucessor de Ticho, **Mathematicus imperial.**

VI. A APRESENTAÇÃO DAS LEIS

1. ASTRONOMIA NOVA

Kepler ficou em Praga, como **Mathematicus** imperial, de 1601 a 1612, até a morte de Rodolfo II.

Foi o período mais produtivo da sua vida e proporcionou-lhe a distinção sem par de fundar duas ciências novas: a óptica instrumental, que nos não interessa, e a astronomia física. A sua **magnum opus**, publicada em 1609, tem o significativo título:

NOVA ASTRONOMIA baseada nas causas
ou FÍSICA DO CÉU
derivada das investigações dos
MOVIMENTOS DO ASTRO MARTE
fundamentada nas Observações DO NOBRE TICHO BRAHE.[1]

Kepler trabalhou nela, sem interrupções, desde a chegada a Benatek, em 1600, até 1606. Contém as duas primeiras das três leis planetárias de Kepler: [1] os planetas giram em torno do sol, não em círculos mas em órbitas elípticas, sendo um dos focos da elipse ocupado pelo sol; [2] o planeta não se move na sua órbita em velocidade uniforme mas de tal modo que uma linha traçada do planeta ao sol cobre sempre áreas iguais em tempos iguais. A terceira lei, publicada mais tarde, não nos interessa nesta altura.

À primeira vista, as leis de Kepler parecem tão inocentes como a equação $E = Mc^2$, que também não revela as suas potencialidades de explosão atômica. Mas a visão moderna do universo foi formada, mais do que por qualquer outro descobrimento singular, pela lei da gravitação universal de Newton, a qual, por sua vez, se derivou das três leis de Kepler. Embora (em virtude das peculiaridades do nosso sistema educacional), é possível que alguém jamais tenha ouvido falar das leis de Kepler, o seu pensamento, à revelia dele, foi estruturado por elas; constituem o fundamento invisível de um edifício inteiro de pensamento.

Assim, a promulgação das leis de Kepler é um marco na história. Foram as primeiras «leis naturais» no sentido moderno: afirmações precisas, verificáveis, sobre relações universais governando fenômenos particulares, expressas em termos matemáticos. Separaram a astronomia da teologia e casaram a astronomia com a física. Finalmente, puseram cobro ao pesadelo que havia perseguido a cosmologia nos dois últimos milênios: a obsessão das esferas girando sobre esferas. E substituíram-na por uma visão de corpos materiais, semelhantes à terra, flutuando livremente no espaço, movidos por forças físicas que agem sôbre êles.

A maneira pela qual Kepler chegou à nova cosmologia é fascinante: tentarei repercorrer o curso ziguezagueado do seu raciocínio. Felizmente, não cobriu as pegadas, como Copérnico, Galileu e Newton, os quais nos dão os resultados dos seus esforços, e deixam que fiquemos a imaginar como os obtiveram. Kepler era incapaz de expor metòdicamente as idéias, à guisa de livro de texto; tinha de descrevê-las na ordem em que lhe sobrevinham, incluindo todos os erros, desvios e armadilhas em que tombou. A **Nova Astronomia** possui um estilo não-acadêmico, barroco, pessoal, íntimo e, às vezes, exasperante. Mas é uma revelação ímpar dos modos pelos quais trabalhou o espírito criador.

«O que me importa», explicou Kepler no Prefácio, «não é apenas dizer ao leitor o que devo dizer-lhe, mas acima de tudo apresentar-lhe as razões, os subterfúgios e os felizes acasos que me conduziram aos descobrimentos. Quando Cristóvão Colombo, Magalhães e os portuguêses narram como se perderam nas viagens, não somente lhes perdoamos, como também sentiríamos perder-lhes a narrativa, pois sem ela perdido estaria todo o grande entretenimento. Portanto, não me censurarão se, impelido pelo mesmo afeto ao leitor, eu seguir o mesmo método.» [1a]

Antes de embarcarmos na história, será prudente acrescente a minha desculpa à de Kepler. Impelido pelo mesmo «afeto ao leitor», tentei simplificar, na medida do possível, um assunto dificílimo; mesmo assim, o presente capítulo deve ser necesssariamente um pouco mais técnico que o resto do livro. Se alguns trechos lhe esgotarem a paciência, se, de vez em quando, não conseguir compreender um ponto ou perder o fio, espero que, não obstante, faça uma idéia geral da odisséia de pensamento de Kepler, que desvendou o moderno universo.

2. GAMBITOS E ABERTURA

Devemos lembrar-nos de que, na divisão do cosmos feita à chegada do jovem Kepler ao Castelo de Benatek, foi êle incumbido do estudo dos movimentos de Marte, que Longomontanus e o próprio Ticho não haviam conseguido vencer.

«Creio que foi um ato da Divina Providência», comentou mais tarde, «ter eu chegado exatamente na hora em que Longomontanus se entretinha com Marte. Sim, porque somente Marte é que nos permite penetrar os segredos da astronomia, os quais, diversamente, nos ficariam ocultados para sempre.» [2]

O motivo da posição-chave de Marte é que, entre os planetas exteriores, a sua órbita se desvia mais que as outras do círculo; é a órbita mais acentuadamente elíptica. Foi exatamente por essa razão que Marte desanimara Ticho e o assistente. Uma vez que ambos esperavam que os planetas se movessem em círculos, era impossível conciliar teoria e observação:

«Êle (Marte) é o poderoso vencedor da indagação humana; riu-se de todos os estratagemas dos astrônomos, inutilizou-lhes a ferramenta, derrotou-lhes as hostes; assim, manteve seguro o segrêdo através de todos os séculos passados e continuou o curso em liberdade incontida; era por isso que o mais famoso dos latinos, o sacerdote da Natureza, Plínio, dizia: **MARTE É UM ASTRO QUE DESAFIA A OBSERVAÇÃO.»** [3]

Foi o que Kepler escreveu na dedicatória da **Nova Astronomia** ao imperador Rodolfo II. A dedicatória está na forma de alegoria da guerra de Kepler contra Marte, iniciada sob «o comando supremo de Ticho», pacientemente continuada a despeito do exemplo da advertência de Rético que enloqueceu com Marte, a despeito de outros perigos e terríveis desvantagens, como a falta de suprimentos, por não pagar Rodolfo o salário devido a Kepler, e assim por diante até o fim triunfante quando o **Mathematicus Imperial**, numa briga, conduz o inimigo cativo ao trono do imperador.

Marte, portanto, guardava o segredo de todos os movimentos planetários e o jovem Kepler foi incumbido da tarefa de desvendá-lo. Em primeiro lugar, atacou tradicionalmente o problema; quando malogrou, começou a jogar fora o lastro e assim continuou, até que se viu livre de todo o peso das velhas crenças na natureza do universo e o substituiu por uma nova ciência.

Preliminarmente, introduziu três inovações revolucionárias, para ganhar espaço, digamos assim, a fim de lidar com o problema. Lembremo-nos de que o centro do sistema copernicano não era o sol, mas o centro da órbita terrestre; e que já no **Mysterium Cosmographicum** Kepler objetara contra tal hipótese, por fisicamente absurda. Visto que a fôrça que movia os planêtas emanava do sol, o sistema inteiro devia ter por centro o corpo do próprio sol. [4]

Na realidade, não era assim. O sol não ocupa o centro exato da órbita em C; ocupa um dos dois focos da elipse, em S.

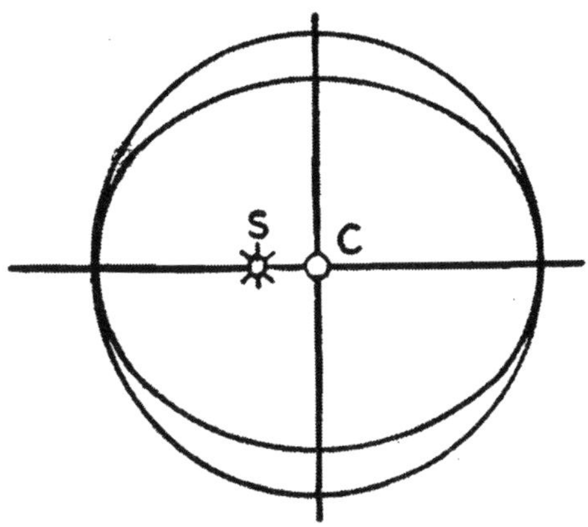

Não sabia Kepler ainda que a órbita era uma elipse; continuava a considerá-la círculo. Mesmo assim, porém, para obter resultados aproximadamente corretos, o centro do círculo devia ser colocado em C, e não no sol. Por conseguinte, uma pergunta lhe cruzou a mente: se a fôrça que move os planêtas vem de S, por que insistem eles em girar em tôrno de C? Kepler respondeu à pergunta, assumindo estar cada planeta sujeito a duas influências em conflito: **a fôrça do sol, e outra fôrça situada no próprio planeta.** Era isso que o impelia, umas vêzes a se aproximar do sol, outras a se afastar dêle.

As duas fôrças, como sabemos, são a gravidade e a inércia. Kepler, vê-lo-emos, jamais chegou a formular tais conceitos, mas preparou o caminho para Newton postulando duas fôrças dinâmicas para a explicação da excentricidade das órbitas. Antes dele, não se sentia a necessidade de uma explicação física; o fenômeno da excentricidade «salvava-se» simplesmente pela introdução de um epiciclo ou excêntrico, que fazia C girar em tôrno de S. Kepler substituiu as rodas fictícias por fôrças reais.

Pelo mesmo motivo, insistiu em tratar o sol como centro do seu sistema, não só no sentido físico senão também no geométrico, fazendo as distâncias e as posições dos planetas relativas ao sol (e não relativas à terra ou ao centro C), base dos seus cálculos. Essa mudança, de importância mais instintiva do que lógica, tornou-se fator de relêvo do seu êxito.

A segunda inovação é de mais simples explicação. As órbitas de todos os planetas estão todas aproximadamente, mas não perfeitamente, no mesmo plano, formando pequeníssimos ângulos uma com a outra, mais ou menos como páginas adjacentes de um livro quase fechado. Os planos de todos os planetas passam, naturalmente, através do sol, fato que nos é evidente, mas que o não era à astronomia pré-Kepleriana. Copérnico, mais uma vez desviado pela servil dedicação a Ptolomeu, postulara **oscilar no espaço** o plano da órbita marciana; e fêz depender tal oscilação da posição da terra, o que, como observa Kepler, «nada tem que ver com Marte». Chamou a essa idéia copernicana de «monstruosa» (embora fôsse devida apenas à completa indiferença de Copérnico pela realidade física) e determinou provar que o plano no qual Marte se move passa através do sol, e não oscila, mas forma um ângulo fixo com o plano da órbita terrestre. Por uma vez, teve êxito imediato. Provou, por vários métodos independentes, todos fundamentados em observações tichônicas, que o ângulo entre os planos de Marte e da Terra ficava sempre o mesmo, e era de 1° 50'. Rejubilou-se, e observou, com uma ponta de vaidade, que «as observações postaram-se ao lado das minhas idéias concebidas de antemão, como fizeram muitas vezes antes».[5]

A terceira inovação foi a mais radical. Para ter mais espaço, viu-se obrigado a libertar-se da camisa de fôrça do «movimento uniforme em círculos perfeitos», axioma fundamental da cosmologia, de Platão a Copérnico e Ticho. Provisòriamente, deixou que ficasse o movimento circular, mas eliminou a velocidade uniforme. Foi novamente guiado por considerações físicas: se o sol governava os movimentos, a sua fôrça devia agir mais poderosamente no planeta quando este se encontra mais perto da fonte, menos poderosamente, quando distante; logo, o planeta se moverá mais depressa ou mais lentamente, de modo algo relacionado à sua distância do sol.

Essa idéia não foi apenas um desafio à velha tradição; também inverteu o objetivo original de Copérnico. Lembremo-nos de que o motivo original de Copérnico para empreender uma reforma do sistema ptolemaico foi o descontentamento com o fato de, segundo Ptolomeu, não se mover um planeta com velocidade uniforme em volta do centro da órbita, mas apenas em volta de um ponto a alguma distância do centro. Esse ponto era chamado **punctum equans,** o ponto do espaço, do qual dava o planêta a ilusão de «movimento igual.» Copérnico considerou esse arranjo uma fuga à ordem do movimento uniforme, aboliu os igualantes de Ptolomeu e substituiu-os por outros epiciclos, o que não fazia do movimento real do planeta nem circular nem uniforme, girando uniformemente cada roda do maquinismo imaginário que se supunha explicá-lo, nem que fosse apenas na cabeça do astrônomo.

Quando renunciou ao dogma do movimento uniforme, conseguiu dispensar os epiciclos que Copérnico introduzira e voltou ao igualante como importante dispositivo de cálculo:

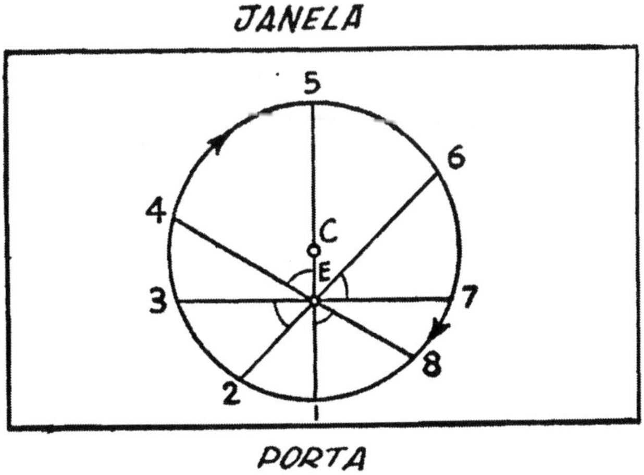

Seja o círculo o caminho de um trenzinho de brinquedo numa sala. Perto da janela, corre um pouco mais depressa; perto da porta, um pouco mais devagar. Contanto que essas mudanças periódicas de velocidade obedeçam a uma regra simples e definida, será possível descobrir um **punctum equans**, «E», do qual **parece** o trem mover-se com velocidade uniforme. Quanto mais perto estivermos do trem em movimento, tanto mais depressa parecerá mover-se; portanto, o **punctum equans** estará em alguma parte, entre o centro C do trilho e a porta, de modo que o excesso de velocidade do trem ao passar pela janela será eliminado pela distância, estando compensada pela proximidade a deficiência de velocidade perto da porta. A vantagem ganha pela introdução dêsse **punctum equans** imaginário é que, **visto de** E, o trem parece mover-se uniformemente, isto é, percorrerá ângulos iguais em tempos iguais, o que possibilita calcular-se as várias posições 1, 2, 3, etc., em qualquer momento dado.

Com êsses três movimentos preliminares (a) o deslocamento do centro do sistema para o sol, (b) a prova de que os planos orbitais não «oscilam» no espaço, e (c) a abolição do movimento uniforme, havia Kepler eliminado uma porção das inutilidades que tinham obstruído o progresso desde Ptolomeu, e feito do sistema copernicano uma coisa desajeitada e não convincente. Nesse sistema, Marte anda em cinco círculos; após a limpeza, deve bastar um único círculo excêntrico, se a órbita for realmente circular. Confiou em que a vitória estava à vista, e antes do ataque final escreveu uma espécie de atestado de óbito da cosmologia clássica.

> «Oh, quem me dera lágrimas para chorar o patético esfôrço de Apiano (autor de um livro de texto popularíssimo) o qual, contando com Ptolomeu, dissipou o valioso tempo e talento na

construção de espirais, arcos, hélices, vértices e um completo labirinto de convoluções, a fim de representar o que apenas existe no espírito, e a Natureza se recusa inteiramente a aceitar como semelhança sua. E no entanto esse homem nos mostrou, com a sua penetrante inteligência, que houvera sido capaz de dominar a natureza.» [6]

3. O PRIMEIRO ASSALTO

O primeiro assalto de Kepler ao problema está descrito com grandes pormenores no capítulo dezesseis da **Nova Astronomia.**

A tarefa que tinha pela frente era definir a órbita de Marte determinando o raio do círculo, a direção (relatividamente às estrelas fixas) do eixo ligando as duas posições em que Marte está mais perto e mais

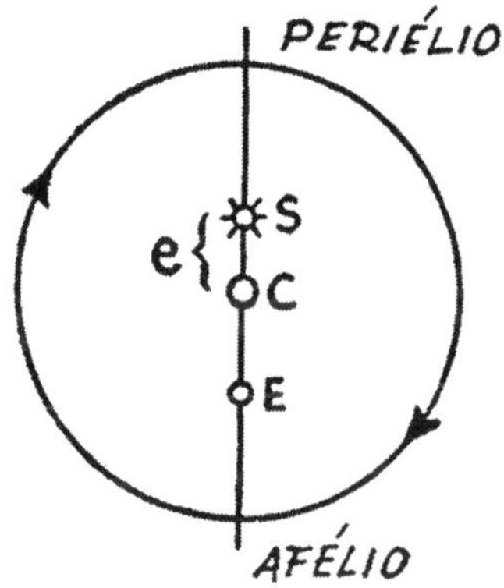

distante do sol (periélio e afélio), e as posições do sol (S), centro orbital (C), e **punctum equans** (E), todos sobre aquele eixo. Havia Ptolomeu assumido ser a distância entre E e C a mesma que entre C e S, mas Kepler não fêz a mesma suposição, que lhe completava ainda mais a tarefa. [7]

Escolheu do tesouro de Ticho quatro posições observadas de Marte, nas datas convenientes em que o planeta estava em oposição com o sol. [8] O problema geométrico que lhe cabia resolver era, como vimos, determinar, dessas quatro posições, o raio da órbita, a direção do eixo e a posição dos três pontos centrais sobre ele, problema que não podia ser resolvido por matemática rigorosa, somente por aproximação, isto é, por uma espécie de processo de experiência e erro, continuando até que todas as peças do quebra-cabeças se ajustassem toleravelmente bem. O incrível trabalho aí implicado pode ser avaliado pelo fato de os cálculos de Kepler (preservados em manuscrito) cobrirem novecentas páginas in-fólio, com letra pequena.

Às vezes, desesperava; sentia, como Rético, que um demônio lhe batia a cabeça contra o teto, bradando: «Êsses são os movimentos de Marte.» Outras, clamava por auxílio a Maestlin (que lhe era surdo), ao astrônomo italiano Magini (que fêz a mesma coisa), e até cuidou de enviar um S.O.S. a François Viète, pai da moderna álgebra: «Vem, o Apolônio gálico, traze os teus cilindros e esferas e todo o material geométrico de que dispuseres...»[8a] Mas afinal teve de resolver o problema sozinho e inventar os instrumentos matemáticos, à medida que prosseguia.

Na metade do caminho do dramático capítulo dezesseis, desabafa:

> «Se tu (caro leitor) estás cansado dêste fatigante método de cálculo, apiada-te de mim que tive de fazer dêle pelo menos setenta repetições, com enorme perda de tempo; não ficarás, tampouco, surpreendido, se souberes que já faz cinco anos quase que enfrentei Marte...»

Ora, bem no comêço dos cálculos de eriçar cabelos, do capítulo dezesseis, Kepler, distraìdamente, colocou três números errados para três longitudes vitais de Marte, e contentíssimo dali partiu, jamais notando o êrro. O historiador francês de astronomia, Delambre, repetiu mais tarde o cálculo todo, mas, surpreendentemente, os resultados corretos diferem muito pouco dos defeituosos de Kepler. A razão é que pelo fim do capítulo Kepler cometeu vários enganos de simples aritmética — erros de divisão que dariam notas más a qualquer escolar — e tais erros, muito aproximadamente, quase, cancelaram os primeiros. Veremos, já, que no ponto mais crucial do processo de descobrimento da Segunda Lei, Kepler mais uma vez cometeu pecados matemáticos que, mutuamente, se cancelaram, e «como por milagre» (são palavras suas), conduziram ao resultado correto.

No fim do extenuante capítulo, Kepler parece ter logrado triunfantemente o objetivo. Em resultado das setenta experiências, chegou, para o raio da órbita e para os três pontos centrais, a valores que proporcionaram, com um êrro permissível de menos de 2', as posições corretas de Marte para as dez oposições registradas por Ticho. O inconquistável Marte parecia ter sido, afinal, conquistado. Ele proclamou a vitória com sobriedade:

> «Vês agora, atento leitor, que a hipótese baseada neste método não satisfaz apenas as quatro posições sôbre as quais se baseava, como também representa corretamente, com um êrro de dois minutos, as demais observações...»[9]

Seguem-se três páginas de tabelas para provar a correcção da afirmação; e aí, sem outra transição, o capítulo seguinte se inicia com estas palavras:

> «Quem o houvera julgado possível? Essa hipótese, que tão ìntimamente concorda com as oposições observadas, não deixa de ser falsa...»

4. O ARCO DE OITO MINUTOS

Nos dois capítulos seguintes, explica Kepler, com grande perfeição e deleite quase masoquista, como descobriu que a hipótese é falsa, e porque deve ser repelida. A fim de prová-la com outra experiência, escolhera duas peças especialmente raras do tesouro de observações de Ticho, e... elas não se ajustavam; e quando tentou ajustar-lhes o modêlo, as coisas tornaram-se até piores, pois as posições de Marte observadas diferiam das que a sua teoria exigia, em valores que chegavam a um arco de oito minutos.

Era uma catástrofe. Ptolomeu e Copérnico podiam permitir uma diferença de oito minutos, pois as suas observações tinham uma margem de êrro de dez minutos. «Mas, conclui o capítulo dezenove, mas quanto a nós, que, pela bondade divina, pudemos dispor de um observador exato como Ticho Brahe, quanto a nós convém reconheçamos essa dádiva divina e a usemos... Logo, irei para o alvo segundo as minhas próprias idéias, porque se tivesse acreditado podermos ignorar os oito minutos teria remendado, de acôrdo, a minha hipótese. Visto, porém, não ser possível ignorá-los, esses oito minutos apontam o caminho para uma completa reforma da astronomia; tornaram-se o material de construção de grande parte desta obra...» [10]

Era a capitulação final de um espírito aventureiro ante os «fatos irredutíveis, obstinados». Anteriormente, quando um pormenor de menos peso não se ajustava a uma hipótese de maior importância, era dissimulado ou pôsto fora. Mas já deixara de ser permissível aquela indulgência consagrada pelo tempo. Iniciara-se uma nova era na história do pensamento, uma era de austeridade e rigor. Como diz Whitehead:

> «Em todo o mundo e em todos os tempos houve homens práticos, absortos em **fatos irredutíveis e obstinados**. Em todo o mundo e em todos os tempos houve homens de temperamento filosófico absortos na tecedura de princípios gerais. É essa união de apaixonado interêsse pelos fatos pormenorizados com igual dedicação à generalização abstrata que forma a novidade da nossa atual sociedade.» [11]

Êsse novo caminho determinou o clima do pensamento europeu nos últimos três séculos, colocou a Europa moderna longe das demais civilizações do passado e do presente e permitiu-lhe transformar o ambiente natural e social tão completamente como se no planêta houvesse surgido uma nova espécie.

O ponto crítico exprime-o dramàticamente a obra de Kepler. No **Mysterium Cosmographicum** os fatos são obrigados a se ajustar à teoria. Na **Astronomia Nova**, uma teoria construída sôbre anos de trabalho e tormento foi imediatamente lançada fora por uma discordância de oito míseros minutos de arco. Em vez de amaldiçoar êsses oito minutos como pedra de tropêço, transformou-os na pedra fundamental de uma nova ciência.

Que foi que lhe causou tal mudança de disposição? Já mencionei algumas das causas gerais que contribuíram para a emergência da nova atitude: a necessidade, para navegadores e engenheiros, de maior precisão em instrumentos e teorias; os efeitos estimuladores da expansão do comércio e da indústria na ciência. Mas o que transformou Kepler no primeiro fazedor de leis da natureza foi algo diferente e mais específico. Foi **a sua introdução da causalidade física na geometria formal dos céus,** o que lhe tornou impossível ignorar o arco de oito minutos. Enquanto a cosmologia se guiou por regras puramente geométricas do jogo, sem levar em consideração as causas físicas, as discrepâncias entre a teoria e o fato puderam ser superadas pela inserção de outro roda no sistema. Num universo movido por fôrças reais, físicas, tal coisa já não era possível. A revolução que libertou o pensamento da sufocação do velho dogma criou imediatamente uma disciplina própria e rigorosa.

O segundo livro da **Nova Astronomia** termina com as palavras:

> «E assim o edifício que erigimos, fundamentado nas observações de Ticho, foi por nós novamente destruído... Eis o castigo por havermos seguido alguns axiomas plausíveis, mas na realidade falsos, dos grandes homens do passado.»

5. A LEI ERRADA

O ato seguinte do drama começa com o Livro Três. Ao se erguer o pano, vemos Kepler preparando-se para lançar fora mais lastro. O axioma do movimento **uniforme** já se foi; Kepler sente e dá a entender que também deve ir-se o outro, mais sagrado, do movimento **circular.** A impossibilidade de construir uma órbita circular que satisfaça a todas as observações existentes sugere-lhe dever ser o círculo substituído por outra curva geométrica.

Antes, contudo, de poder fazer isso, deve dar imensa volta. Porque se a órbita de Marte não é circular, a verdadeira forma só pode ser descoberta definindo-se um número suficiente de pontos da curva desconhecida. O círculo define-se com três pontos na circunferência; qualquer outra curva necessita de mais. A tarefa de Kepler consistia em construir a órbita de Marte sem quaisquer idéias preconcebidas quanto à forma; era preciso partir, por assim dizer, do nada.

Para tanto, fazia-se mister, em primeiro lugar, reexaminar o movimento da própria terra, uma vez que ela, afinal, é o nosso observatório; e se houver um erro qualquer que diga respeito ao seu movimento, tôdas as conclusões sôbre o movimento dos demais corpos ficarão destorcidas. Havia Copérnico admitido mover-se a terra com velocidade uniforme, não, como os demais planetas, só «quase uniformemente», com relação a um igualante ou epiciclo, mas **realmente** assim. E visto que a observação contradizia o dogma, a desigualdade do movimento da terra era explicada pela sugestão de se lhe expandir e contrair periodicamente a órbita, como espécie de medusa pulsante. [13] Coisa típica das improvisações que os astrônomos podiam dar-se ao luxo de ter, enquanto se sentissem livres para manipular o universo, a seu bel-prazer, nas lousas. Típico também o fato de Kepler o rejeitar por «fantástico», [14] mais uma vez fundamentado no fato de não existir causa física nenhuma para tal pulsação.

Portanto, a tarefa seguinte foi determinar, mais precisamente do que fizera Copérnico, o movimento da terra em volta do sol. Para isso, imaginou um método seu, muitíssimo original. Era relativamente simples, mas ninguém tinha pensado nêle antes, e consistia, essencialmente, na artifício de transferir a posição do observador da terra a Marte, e calcular os movimento da terra exatamente como faria um astrônomo de Marte. [15]

O resultado foi o esperado; a terra, como os demais planetas, não se movia com velocidade uniforme, e sim mais depressa ou mais devagar, segundo a distância que a separava do sol. Além disso, nas duas extremidades da órbita, afélio e periélio (V. Fig. da pág. 219), a velocidade da terra revelara estar, simples e belamente, na razão inversa da distância.

Nesse ponto decisivo,[16] Kepler sai pela tangente e é transportado pelo ar, por assim dizer. Até então estivera preparando, com incrível paciência, o segundo assalto à órbita de Marte. De súbito, volta-se para uma questão inteiramente diversa. «Vós físicos, atentai, — adverte-os, — pois vamos invadir o vosso território».[17] Os seis capítulos seguintes formam um relatório sobre a invasão da física celeste que, desde Platão, estivera fora dos limites da astronomia.

Aparentemente deve ter-lhe ressoado aos ouvidos uma frase, como espécie de motivo musical do qual não conseguimos livrar-nos: surge e ressurge nos seus escritos, e diz que há no sol uma fôrça que move o planeta... há no sol uma fôrça... há no sol uma fôrça... E como há no sol uma força, deve existir uma relação formosamente simples entre a distância dos planetas ao sol e a sua velocidade. A luz brilha tanto mais quanto mais perto estamos da sua fonte, e o mesmo se deve aplicar à força do sol: quanto mais perto dêle, tanto mais depressa se move o planeta. É a sua convicção instintiva, já expressa no **Mysterium Cosmographicum**, mas agora, afinal, logra prová-la.

Não a prova de fato. Provou a razão inversa entre velocidade e distância, para os dois **pontos extremos** da órbita; e a sua extensão de tal «Lei» à órbita **inteira** foi generalização patentemente incorreta. Além do mais, sabia-o Kepler, e admitiu-o no fim do capítulo trinte e dois,[18] antes de ser levado pelos ares; imediatamente depois, contudo, esqueceu-o por conveniência. É o primeiro dos erros críticos que «como por milagre» foram cancelados, e levaram Kepler ao descobrimento da Segunda Lei. É como se as faculdades conscientes, críticas, tivessem sido anestesiadas pelo impulso criador, pela impaciência de travar luta com as fôrças físicas do sistema solar.

Como não tivesse nenhuma noção do **momento** que leva o planeta a persistir no movimento, e apenas uma vaga intuição de **gravitação** que curva o movimento em órbita fechada, teve de descobrir, ou inventar, uma fôrça que, como espécie de vassoura, varre o planêta no caminho circular. E como o sol causa todo e qualquer movimento, deixou que o sol manejasse a vassoura. Era exigir que o sol girasse em tôrno do seu eixo, suposição confirmada muito mais tarde; a fôrça emitida girava com êle, como os raios de uma roda, e varriam os planetas. Mas se era essa a única fôrça a agir sôbre êles, todos os planetas teriam a mesma velocidade angular, todos completariam as revoluções no mesmo período, o que não fazem. O motivo, refletiu Kepler, era a preguiça ou «inércia» dos planêtas, que desejam ficar no mesmo lugar, e resistem à varredura. Os «raios» dessa fôrça não são rígidos; permitem que o planêta se atrase; ela age como vórtice ou turbilhão.[19] O poder do turbilhão diminui com a distância, de modo que, quanto mais distante o planeta, tanto menor a fôrça do sol para vencer-lhe a preguiça, e tanto menor a velocidade.

Ficava ainda por explicar por que se moviam os planetas em órbitas excêntricas em vez de sempre manterem a mesma distância do centro do vórtice. Kepler assumiu em primeiro lugar que, além de preguiçosos, executavam um movimento epicíclico na direção oposta, em virtude do seu próprio vapor, digamos assim, e, com toda a aparência, por simples obstinação. Mas aquilo não o satisfazia; mais tarde supôs serem os planetas «enormes ímãs redondos», cujo eixo magnético se voltava sempre para a mesma direção, como o eixo de um pião. Assim, o planêta será periodicamente atraído para mais perto do sol, e repelido por ele, segundo o pólo magnético que se volta para o sol.

Logo, na física do universo de Kepler, o papel desempenhado pela gravitação e o desempenho pela inércia estão invertidos. Mais, admitiu êle que a fôrça do sol diminui na razão direta da distância. Percebeu haver algo de errado, nisso, pois sabia que a intensidade da luz diminui com o **quadrado** da distância, mas teve de se apegar ao ponto, para satisfazer o teorema da razão entre a velocidade e a distância, igualmente falso.

6. A SEGUNDA LEI

Refeito com tal excursão à **Himmelsphysik**, voltou o nosso herói ao problema mais urgente. Como a terra já se não movia com velocidade uniforme, de que maneira predizer-lhe a posição em determinado tempo? (O método baseado no **punctum equans** resultara, afinal, uma decepção). Visto que êle acreditava ter provado que a sua velocidade dependia diretamente da distância ao sol, o tempo necessário para cobrir uma partezinha da órbita era sempre proporcional àquela distância. Logo, dividiu a órbita (que, esquecido da resolução anterior, ainda considerava círculo) em 360 graus, e calculou a distância de cada parte do arco do sol. A soma de tôdas as distâncias entre, digamos 0° e 85°, era uma medida do tempo exigido pelo planêta para lá chegar.

Mas o processo, como Kepler observou com desusada modéstia, era «mecânico e cansativo», de modo que tratou de procurar coisa mais simples:

> «Sabendo que há um número infinito de pontos na órbita e, por conseguinte em número infinito de distâncias [ao sol], ocorreu-me a idéia de estar a soma de tais distâncias contida na área da órbita, pois me lembrei de que, da mesma maneira, também Arquimedes dividira a área do círculo num infinito número de triângulos.» [20]

Logo, concluiu, área varrida pela linha que liga o planeta ao sol AS-BS mede o tempo exigido pelo planêta para ir de A a B; **donde, a linha varrerá áreas iguais em tempos iguais.** É a imortal Segunda Lei de Kepler (descoberta antes da Primeira), lei de espantosa simplicidade ao cabo de um labirinto terrivelmente confuso.

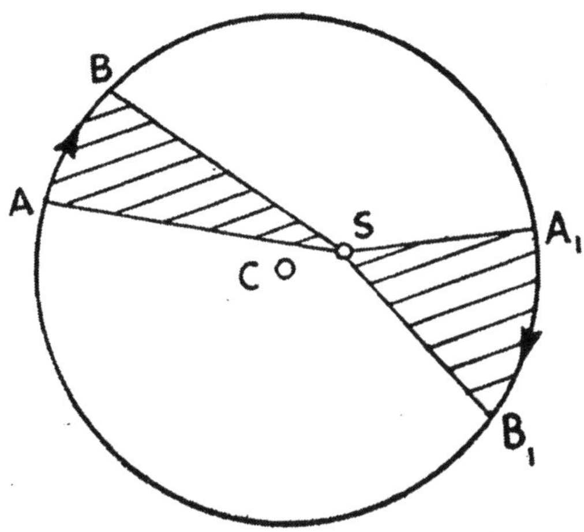

Área $\overline{ABS}$ = Área $\overline{A_1B_1S}$

Entretanto, o último passo que o tirara do labirinto fora, mais uma vez, um passo defeituoso, pois não é permissível igualar uma área à soma de um infinito número de linhas vizinhas, como fez Kepler. Ademais, bem o sabia ele, e explicou pormenorizadamente por que não era permissível.[21] Acrescentou que também cometera um segundo erro, assumindo a circularidade da órbita. E terminou: «Mas esses dois erros — é como um milagre — cancelam-se da maneira mais precisa, como provarei adiante.»[22]

O resultado correto é até mais milagroso do que Kepler supunha, pois a explicação dos motivos pelos quais os erros se cancelam também estava errada; de fato, ficou ele tão desesperadamente confuso que o argumento é praticamente impossível de seguir, como ele próprio admitiu. E apesar de tudo, com três passos incorretos e a defesa ainda mais incorreta, caiu na lei correta.[23] Talvez seja a execução sonambúlica mais estupenda da história da ciência, salvo o modo pelo qual descobriu a Primeira Lei, para o qual nos voltamos agora.

7. A PRIMEIRA LEI

A Segunda Lei determinava as variações da velocidade do planêta ao longo da órbita, mas não determinava a forma da própria órbita.

No fim do Segundo Livro, Kepler havia reconhecido o malogro das tentativas de definir a órbita de Marte, malogro causado por uma discrepância de arco de oito minutos. Embarcara, então, numa longa jornada, partindo da revisão do movimento da terra, seguida de especulações físicas e terminando no descobrimento da Segunda Lei. No Quarto Livro, reiniciou a investigação da órbita, no ponto em que a tinha deixado. Dessa vez, quatro anos após as primeiras tentativas, frustradas, tornara-se até mais cético em questões de dogmas ortodoxos e adquirira uma habilidade sem par na geometria, inventando métodos inteiramente seus.

O assalto final levou quase dois anos e ocupa os capítulos 41 a 60 da **Nova Astronomia.** Nos quatro primeiros (41-44), tentou, pela derradeira vez, com furiosa meticulosidade, atribuir uma órbita circular a Marte e malogrou. A Seção termina com estas palavras:

> «A conclusão é simplesmente a de não ser círculo o caminho do planêta; curva-se para dentro em ambos os lados e para fora mais uma vez nas extremidades opostas. Essa curva chama-se oval. A órbita não é circular, e sim oval.»

De súbito, verificou-se uma coisa espantosa, e os seis capítulos seguintes (45-50) constituem um pesadelo através de outro labirinto. Essa órbita oval é, para ele, um novo desvio assustador, doido. Estar abarrotado de ciclos e epiciclos, zombar dos servis imitadores de Aristóteles é uma coisa; destinar uma caminho implausível, inteiramente novo, oval, para os corpos celestes, é outra.

Por que, precisamente, uma oval? Há alguma coisa na perfeita simetria de esferas e círculos que possui um atrativo profundo, tranqüilizador, sôbre o inconsciente, pois, do contrário, não teria sobrevivido por dois milênios. A oval carece de qualquer dêsses atrativos arquetípicos. Possui uma forma arbitrária. Destorce o eterno sonho da harmonia das esferas, sempre na origem de toda a indagação. Quem és tu, Johann Kepler, para destruir a simetria divina? Tudo quanto pôde dizer em sua defesa é que, havendo arremessado para fora da astronomia ciclos e espirais, deixou empós «somente uma carroça de estrume»: a oval. [24]

A essa altura, faltou-lhe a intuição do sonâmbulo. Parece vencido pela vertigem, e agarra-se à primeira escora que se lhe depara. Tem de encontrar uma causa física, uma **raison d'être** cósmica para a oval celeste, e retomba no velho remédio charlatão recém-abjurado, no recurso ao epiciclo! É um epiciclo mas com uma diferença: tem uma causa física. Já vimos antes que a fôrça do sol varre o planeta em volta de um círculo, e que outra força contrária «posta no próprio planeta» o faz girar num pequeno epiciclo na direção oposta. Tudo se lhe afigura «maravilhosamente plausível», [25] pois é realmente uma oval o resultado daquele movimento combinado. Trata-se, porém, de uma oval especial: tem formato de ovo, com extremidade aguçada no perélio e extremidade ampla no afélio.

Nenhum filósofo botara, antes, tão monstruoso ovo. Ou, nas próprias palavras de ansiosa visão posterior de Kepler:

> «O que me sucedeu confirma o velho provérbio: a cadela apressada gera filhotes cegos... Mas é que eu, simplesmente, não pude imaginar outros meios de impor o caminho ovalado aos planêtas. Quando essas idéias me sobrevieram, já tinha celebrado o meu novo triunfo de Marte sem ser perturbado pela questão... de saber se os números concordavam ou não... Assim, vi-me em novo labirinto... O leitor deve ser tolerante com a minha credulidade.» [26]

A luta com o ovo continua por seis capítulos e ocupou todo um ano da vida de Kepler. Foi um ano difícil; êle não tinha dinheiro e abatia-o «uma febre originada pela vesícula». Uma nova estrela ameaçadora, a **nova de 1604**, apareceu no céu. Também Frau Bárbara, doente, deu à luz um filho, o que fez que Kepler tivesse a oportunidade de um dos seus medonhos gracejos: «Justamente no instante em que me achava entretido em determinar a minha oval um hóspede não-desejado entrou pela casa a dentro, através de uma porta secreta, para perturbar-me.» [27]

Para achar a área do ovo, mais uma vez computou séries de cento e oitenta distâncias entre o Sol e Marte, e adicionou-as, e repetiu tal operação quarenta vêzes. Para fazer funcionar a inútil hipótese, repudiou temporàriamente, em vão, a imortal Segunda Lei. Finalmente, uma espécie de cegueira causada pela neve pareceu dominá-lo: ficou segurando o resultado certo na mão, sem vê-lo. Em 4 de julho de 1603, escreveu a um amigo que era incapaz de resolver os problemas geométricos do ovo; mas «se o formato fosse o de uma elipse perfeita, tôdas as respostas seriam encontradas na obra de Arquimedes e Apolônio.» [28] Dezoito meses depois, escreveu outra vez ao mesmo correspondente que a verdade devia estar em um ponto a meio caminho entre o formato oval e o formato circular «como se a órbita de Marte fôsse uma elipse perfeita. Mas no tocante a isso até agora nada indaguei». [29] O que é ainda mais espantoso, empregou constantemente elipses nos cálculos, mas apenas como dispositivo **auxiliar** a fim de determinar, por aproximação, a área da curva ovalada, o que já se havia tornado verdadeira fixação.

Haveria por trás daquilo uma propensão biológi..a inconsciente? Além da associação entre a determinação da área do ovo e o nascimento do filho, não há nada que dê substância a uma hipótese tão atraente. (*)

E, no entanto, esses anos de peregrinação através do deserto não foram totalmente perdidos. Os capítulos da **Nova Astronomia** dedicados à hipótese da oval, diversamente estéreis, representam um importante passo ulterior para a invenção do cálculo infinitesimal. Ademais, o espírito de Kepler ficara tão saturado de dados numéricos sôbre a órbita de Marte que quando o acaso crucial se apresentou reagiu imediatamente como nuvem carregada a uma centelha.

Esse acaso é, provavelmente, o mais inverossímil nessa inverossímil história, tendo-se apresentado na forma de um número que impressionara o cérebro de Kepler, e que é 0,00429.

Quando, finalmente, percebeu que o ovo «virara fumaça» [30] e que Marte, ao qual julgara um prisioneiro conquistado «firmemente agrilhoado pelas minhas equações, fechado nas minhas tabelas», também se libertara, decidiu partir mais uma vez do nada.

Calculou com bastante perfeição um bom número de distâncias de Marte a Sol, em vários pontos da órbita, mostrando-lhe estes que a órbita era uma espécie de oval, com aspecto de círculo achatado para dentro em dois lados opostos, de modo que havia duas estreitas foices ou **lúnulas,** entre o círculo e a órbita de Marte. A largura da foice, no ponto mais espesso, era 0,00429 do raio:

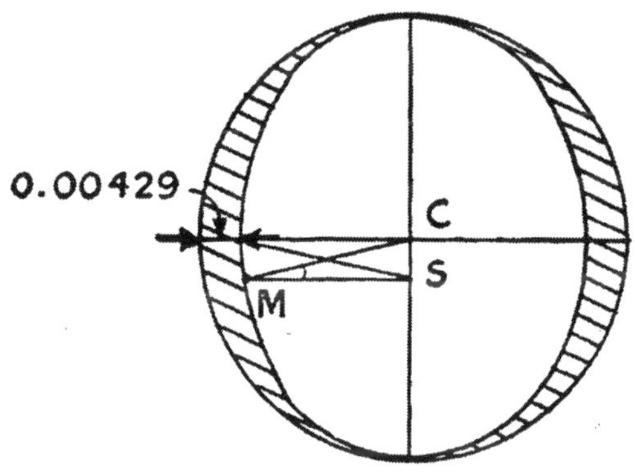

Nesse ponto, Kepler, sem nenhum motivo particular, interessou-se pelo ângulo M, o formado entre o sol e o centro da órbita, visto de Marte. O ângulo era chamado «equação óptica». Varia naturalmente à medida que Marte se move ao longo da órbita e tem por valor máximo 5° 18'. Eis o que aconteceu logo depois, nas próprias palavras de Kepler: [31]

> «...Fiquei a pensar porque e como aparecia uma foice com precisamente essa espessura (0,00429). Enquanto a idéia me dominava, enquanto eu considerava e tornava a considerar

* Lembremo-nos de que também Copérnico tropeçou na elipse e lhe deu um pontapé; mas Copérnico, acreditando firmemente em círculos, tinha .. muito menos razão para dar-lhe atenção do que Kepler, que chegara à oval.

que... o meu aparente triunfo, no caso de Marte, fora inútil, tropecei inteiramente por obra do acaso na secante (*) do ângulo de 5° 18', que mede a maior equação óptica. Quando percebi que essa secante iguala 1,00429, foi como se estivesse despertando de um sono...»

Fora uma verdadeira execução de sonâmbulo. No primeiro momento, o reaparecimento do número 0,00429 naquele inesperado contexto deve ter parecido um milagre a Kepler. Mas êle percebeu, num lampejo, que o milagre se devia, com certeza, a uma relação fixa entre o ângulo em M e a distância a S, relação que deve ser verdadeira para qualquer ponto da órbita; a coisa única devida ao acaso fôra a maneira pela qual tropeçara na relação. «Os caminhos que conduzem o homem ao conhecimento são tão maravilhosos quanto o próprio conhecimento.»

Finalmente, após seis anos de incrível trabalho, tinha o segrêdo da órbita de Marte. Pôde exprimir a maneira pela qual a distância do planêta ao sol variava com a posição dêle, numa fórmula simples, numa Lei matemática da Natureza. **Mas não percebia ainda que tal fórmula definia especificamente a órbita como elipse.** (**). Hoje em dia, qualquer estudante, com algum conhecimento de geometria análitica, compreenderia o problema, de um relance de olhos; mas a geometria analítica só veio depois de Kepler. Tinha descoberto empìricamente a mágica equação, mas, tal qual o leitor médio dêste livro, não podia identificá-la ao símbolo taquigráfico da elipse; para êle quase que não tinha sentido. Atingira o alvo, e não sabia que o atingira.

O resultado foi empreender outra perseguição, a última, de um ganso selvagem. Tentou construir a órbita que corresponderia à sua equação recém-descoberta, mas não sabia de que modo, cometeu um êrro de geometria, e chegou a uma curva demasiadamente protuberante; a órbita era uma **via buccosa,** bochechuda, como observou com aversão.

Que fazer? Estamos no ponto culminante da comédia. No desespêro, Kepler atirou fora a fórmula (que denotava uma órbita elíptica), por querer experimentar uma hipótese inteiramente nova, isto é, uma órbita elíptica. Foi como se o turista tivesse dito ao garçon, após correr os olhos pelo cardápio: «Não quero saber de **côtelette d'agneau**; o que eu quero é uma costeleta de carneiro, e já!»

Estava certo de que a órbita tinha de ser uma elipse, porque inúmeras posições observadas de Marte, que quase sabia de cor, denotavam irresistìvelmente tal curva, mas não percebia ainda que a sua equação, descoberta pelo acaso-mais-intuição, **era** uma elipse. Assim, desfêz-se da equação, e construiu uma elipse por método geométrico diferente. E então, afinal, viu que os dois métodos produziam o mesmo resultado.

Com a habitual franqueza desarmadora confessou o que havia sucedido:

«Por que deveria medir as palavras? A verdade da Natureza, que eu repelira e expulsara, voltou às ocultas pela porta traseira, disfarçando-se para ser aceita. Isto é, pus de lado [a

---

(*) A «secante» do ângulo em M é a razão MC:MS.

(**) Na representação moderna, é esta a fórmula: $R = 1 - e \cos\beta$. em que R é a distância do sol, β a longitude reportada ao centro da órbita, e «e» a excentricidade.

equação original], e voltei às elipses, acreditando ser esta uma hipótese inteiramente diversa, ao passo que as duas, como provarei no capítulo seguinte, são a mesma... Pensei e pesquisei, até que cheguei à beira da loucura, o motivo pelo qual o planeta preferia uma órbita elíptica [à minha]... Ah, que toleirão que fui.» [32]

Mas na lista de conteúdo, em que dá um rápido esboço de tôda a obra, resume a questão numa única frase:

«Mostro [neste capítulo] como inconscientemente reparo o êrro».

8. ALGUMAS CONCLUSÕES

Foi realmente uma enorme vitória. A grande roda gigante da ilusão humana, com os seus passeios para os planêtas errantes, aquela fantasmagoria que impedira se aproximasse o homem da natureza, durante dois mil anos, estava destruída, «expulsa para o sótão». Alguns dos maiores descobrimentos, como vimos, consistem sobretudo na eliminação de blocos psicológicos que obstruem a aproximação da realidade, motivo pelo qual, **post factum,** parecem tão evidentes. Numa carta a Longomontanus [33], Kepler qualificou o seu feito de «limpeza dos estábulos de Augias».

Mas Kepler não destruiu apenas o velho edifício; erigiu também um novo para substituí-lo. As suas Leis não são do tipo que se afiguram evidentes por si próprias, até retrospectivamente (como, digamos, se nos afigura a Lei da Inércia); as órbitas elípticas e as equações que governam as velocidades planetárias nos impressionam como «construções» mais do que **descobrimentos.** De fato, só têm sentido à luz da mecânica de Newton. Do ponto de vista de Kepler, não tinham muito sentido; não via êle razão lógica pela qual deveria ser a órbita uma elipse e não uma oval. Conseqüentemente, orgulhava-se mais dos cinco sólidos perfeitos do que das Leis; e os contemporâneos, inclusive Galileu, também não foram capazes de lhes reconhecer o significado. Os descobrimentos keplerianos não eram da espécie que pairam «no ar» de um período, e que são feitos, em geral, por várias pessoas independentemente; eram excepcionalíssimos feitos de um único homem. Eis porque é particularmente interessante o caminho pelo qual chegou a êles.

Tentei refazer o tortuoso progresso do pensamento de Kepler. Talvez a coisa mais assombrosa nisso seja a mistura de limpeza e falta de limpeza do seu método. Por um lado, rejeita uma teoria afagada, resultado de anos de trabalho, por causa dos malditos oito minutos de arco. Por outro, faz generalizações impermissíveis, sabe que são impermissíveis, e pouco se importa. E tem uma justificação filosófica para as duas atitudes. Ouvimo-lo doutrinar sôbre o dever de nos apegarmos rigorosamente ao fato observado. Mas por outro lado diz que Copérnico «dá exemplo aos outros com o seu desdém dos pequenos defeitos na exposição dos seus maravilhosos descobrimentos. Se não tivesse sido constantemente esse o uso, Ptolomeu jamais houvera sido capaz de publicar o **Almagesto,** Copérnico as **Revoluções,** e Reinhold as **Tabelas Prutênias**... Não é de surpreender que, quando disseca o universo com uma lanceta, vários pontos só emergem de modo grosseiro.» [34]

Ambos os preceitos possuem naturalmente os seus usos. O problema é saber quando se deve seguir um, e quando o outro. Copérnico era senhor de espírito unilinear; jamais saía pela tangente, sendo até os seus embustes pesados. Ticho foi um gigante como observador, nada mais. Os seus pendores pela alquimia e pela astrologia jamais se fundiram, como no caso de Kepler, com a ciência. A medida do gênio de Kepler é a intensidade das suas contradições, e o uso que delas fez. Vimo-lo tatear, com infinita paciência, ao longo de tenebrosas extensões de processo de experiência e erro, e, de súbito, ser levado pelos ares, quando uma feliz adivinhação ou o acaso lhe proporcionavam oportunidade. O que o levou a reconhecer imediatamente a sua oportunidade, quando o número 0,00429 surgiu num inesperado contexto, foi o fato de não sòmente o seu espírito desperto, senão também o inconsciente sonambúlico, estarem saturados de todos os aspectos concebíveis do problema, não somente dos dados e razões numéricos, mas também do «sentir» intuitivo das fôrças físicas e das configurações gestátlicas por êle implicadas. O chaveiro que abre uma complicada fechadura com um simples pedaço de fio vergado não é guiado pela lógica, mas pelo inconsciente resíduo de incontáveis experiências passadas com fechaduras, as quais imprimem ao tato uma luz que a razão não possui. Talvez seja esse bruxuleio intermitente de uma visão total o responsável pela natureza mutuamente compensadora dos erros de Kepler, como se um reflexo equilibrador ou mecanismo de «retrocarga» tivesse estado a lhe agir no espírito inconsciente.

Assim, por exemplo, **sabia** que a sua «lei» da razão inversa (entre a velocidade do planeta e a distância solar) era incorreta. O capítulo trinta e dois termina com uma confissão breve, quase repentina. Mas, argüi ele, a diferença é tão pequena que pode ser desprezada. Ora, isso é verdade para a terra com a sua pequena excentricidade, mas não o é absolutamente para Marte, com a sua grande excentricidade. Contudo, até pelo fim do livro (no capítulo 60), mesmo muito depois de ter descoberto a lei correta, fala do postulado da razão inversa como se fosse verdadeiro não somente para a terra, senão também para Marte. Não podia negar, nem a si próprio, que a hipótese era incorreta; podia apenas esquecê-la, e o fêz imediatamente. Por quê? Porque, apesar de saber que o postulado era péssima geometria, dava-lhe uma boa física, e devia, portanto, ser verdadeiro. O problema das órbitas planetárias atolara-se sem esperança na estrutura puramente geométrica de referência, e quando Kepler percebeu que não lograva desatolá-lo arrancou-o daquela estrutura e colocou-o no campo da física. A operação de retirar um problema do seu tradicional contexto e colocá-lo noutro, novo, examinando-o através de vidros de cores diversas, por assim dizer, sempre me pareceu ser da verdadeira essência do processo criador.[35] Não conduz apenas a uma nova avaliação do próprio problema, senão também muitas vezes a uma síntese de conseqüências muito mais amplas, acarretadas pela fusão das duas estruturas de referência que antes não se relacionavam. No nosso caso, a órbita de Marte tornou-se o elo unificador entre os dois ramos, antes separados, da física e da cosmologia.

Pode objetar-se que as idéias de Kepler em física eram tão primitivas que deveriam ser consideradas meramente um estímulo subjetivo para o trabalho dele (como os cinco sólidos perfeitos), sem nenhum valor objetivo. De fato, porém, a dêle foi a primeira tentativa séria de explicar o mecanismo do sistema solar em termos de forças físicas; e, uma vez dado o exemplo, nunca mais puderam ser divorciadas a física e a cosmologia. E em segundo lugar, embora os cinco sólidos fossem verdadeiramente um simples incentivo psicológico, a sua física celeste desempenhou, como vimos, um papel direto no descobrimento das leis.

Sim, porque apesar de estarem invertidas as funções da gravidade e da inércia no cosmos kepleriano, a sua intuição de haver duas **fôrças antagônicas** agindo nos planètas o conduziu para a direção certa. Uma única fôrça, como se supusera antes (a do Primeiro Motor ou espírito afins) jamais lograria produzir órbitas ovaladas e mudanças periódicas de velocidade, as quais só poderiam ser resultado de uma luta no céu, como na realidade são, não obstante serem pré-newtonianas as idéias de Kepler sobre a natureza da «Fôrça do sol» e da «preguiça» ou «magnetismo» dos planetas.

9. OS ALÇAPÕES DA GRAVIDADE

Tentei mostrar que, sem a invasão do território da física, Kepler jamais houvera tido êxito. Devo agora discutir rapidamente a particular espécie de física de Kepler. Era, como de esperar, uma física sobre o divisor de água, a meio caminho entre Aristóteles e Newton. O conceito essencial do ímpeto ou momento, que obriga o móvel a persistir no movimento sem auxílio de qualquer fôrça externa, está ausente dela; os planetas devem ser ainda arrastados através do éter como um carro de boi grego pela lama. A tal respeito, Kepler não havia progredido mais do que Copérnico, e ambos desconheciam o progresso dos ocamistas em Paris.

Por outro lado, muito se aproximou do descobrimento da gravitação universal, e os motivos pelos quais não a descobriu não são apenas de interesse histórico, senão também de interesse temático. Repetidamente parece estar à beira da idéia e, no entanto, como que puxado para trás por uma resistência inconsciente, não dá o último passo. Na introdução da **Astronomia Nova** se encontra um dos trechos mais notáveis, onde Kepler começa pela demolição da doutrina aristotélica de serem os corpos, por natureza, «pesados», e tenderem para o centro do mundo, ou então «leves», e tenderem para a periferia. Eis as conclusões:

> «Logo, é claro que a doutrina tradicional acêrca da gravidade está errada... A gravidade é a tendência corpórea mútua entre corpos cognatos (isto é, materiais) para a unidade ou contacto de cuja espécie é também a fôrça magnética), de modo que a Terra atrai uma pedra muito mais do que uma pedra atrai a Terra...
>
> Supondo que a Terra estivesse no centro do mundo, os corpos pesados seriam atraídos, não por estar ela no centro, mas por ser um corpo cognato [material]. Segue-se que, independentemente de onde colocarmos a Terra... os corpos pesados hão de procurá-la sempre...
>
> **Se duas pedras fôssem colocadas em qualquer lugar do espaço, uma perto da outra, e fora do alcance da fôrça de um terceiro corpo cognato, unir-se-iam, à maneira dos corpos magnéticos, num ponto intermediário, aproximando-se cada uma da outra em proporção à massa da outra.** (o grifo é meu).
>
> Se a Terra e a Lua não estivessem mantidas nas respectivas órbitas por uma fôrça espiritual ou qualquer outra fôrça eqüi-

valente, a Terra subiria em direção à Lua um cinqüenta e quatro avos da distância, cabendo à Lua descer as restantes cinquenta e três partes do intervalo, e assim se uniriam. Mas o cálculo pressupõe terem os dois corpos a mesma densidade.

Se a Terra cessasse de atrair as águas do mar, os mares se ergueriam e iriam ter à Lua...

Se a fôrça de atração da Lua chega até à Terra, segue-se que a fôrça de atração da Terra, com maior razão, vai até a Lua e ainda mais longe...

Nada do que é feito de substância terrestre é inteiramente leve; mas a matéria menos densa, quer por natureza quer pelo calor, é relativamente mais leve...

Da definição da leveza segue-se o seu movimento, pois não devemos crer que, uma vez erguida, escape para a periferia do mundo, ou que não seja atraída pela Terra. É simplesmente menos atraída do que a matéria pesada, e, portanto, deslocada pela matéria mais pesada, de modo que vem a ficar em repouso e é mantida no lugar pela Terra...» [35a]

No mesmo trecho, dá Kepler a primeira explicação correta das marés como movimento das águas «para as regiões em que a lua está no zênite». Numa obra posterior (o **Somnium**) explicou as marés, não pela atração sòmente da lua, mas da lua e do sol combinados, compreendendo dessarte que a atração do sol chegava até a terra!

E apesar de tudo isso, o sol, na sua cosmologia, não é uma força de atração, agindo apenas como vassoura que varre. No texto da **Nova Astronomia** parece esquecer-se de tudo quanto disse no Prefácio sobre a atração mútua entre dois corpos no espaço vazio, e da definição, surpreendentemente exata, da gravidade proporcional à massa de atração. As definições de gravidade no Prefácio são realmente tão impressionantes, que Delambre exclama: [36] **«Voilà qui était neuf, vraiment beau, et qui n'avait besoin que de quelques developpements et que de quelques explications. Voilà les fondaments de la Physique moderne, céleste et terrestre.»** (*) Quando, porém, tentou elaborar a mecânica do sistema solar, tôdas essas belas e novas visões se perderam novamente na confusão. Poderia ser responsável pela crise da física moderna um paradoxo semelhante, digamos um bloqueio inconsciente que evita vejamos o «evidente» e nos obriga a persistir na nossa própria versão do duplo pensamento sôbre a mecânica ondulatória?

Seja como for, a maioria dos físicos do século vinte simpatizará com o homem que tocou o conceito de gravidade, e foi incapaz de o engolir. O conceito de uma «força gravitacional» de Newton sempre ficou um bolo indigesto no estômago da ciência; e a operação cirúrgica de Einstein, embora aliviando os sintomas, não trouxe um verdadeiro remédio. O primeiro em simpatizar com Kepler teria sido o próprio Newton, o qual, numa famosa carta a Bentley, escreveu:

«É inconcebível que a matéria bruta, inanimada, deva, sem a intervenção de outra coisa qualquer, não material, agir em outra matéria e afetá-la sem um contacto mútuo, como lhe

---

(*) Eis uma coisa nova, verdadeiramente bela, e que só precisava de alguns desenvolvimentos e de algumas explicações. Eis os fundamentos da física moderna, celeste e terrestre.

cabe, se a gravitação, no sentido de Epicuro, lhe é essencial e inerente. Eis um motivo pelo qual desejei que não atribuísseis a gravidade a mim. Que a gravidade seja inata, inerente e essencial à matéria, de modo que um corpo possa agir sôbre outro, à distância, através do vácuo, sem intermédio de nenhuma outra coisa, pela qual e por meio da qual a ação e a fôrça dêles possam ser levadas de um a outro, é para mim um absurdo tão grande, que não creio que homem nenhum, possuidor de uma competente faculdade em questões filosóficas, seja capaz de tropeçar nêle». [37]

De fato, Newton só logrou superar o «absurdo» do seu próprio conceito invocando um éter onipresente (cujos atributos eram igualmente paradoxais) e Deus, ou Deus, em pessoa. Tôda a noção de «fôrça» que age instantaneamente à distância sem agente intermediário, que atravessa as maiores distâncias em zero segundos e atrai imensos objetos estelares com fantásticos dedos onipresentes, toda a idéia é tão mística e «não-científica» que espíritos «modernos» como Kepler, Galileu e Descartes, os quais se empenhavam em livrar-se do animismo aristotélico, tendiam instintivamente a rejeitá-la, como regresso ao passado. [38] Aos olhos dêles, a idéia de «gravidade universal» eqüivaleria bastante à mesma espécie de coisa que a **anima mundi** dos antigos. O que, não obstante, fez do postulado de Newton uma moderna Lei da Natureza foi a formulação matemática da misteriosa entidade a que se referia. E essa formulação, deduziu-a Newton dos descobrimentos de Kepler, o qual, intuitivamente, vislumbrara a gravidade e dela fugira. É dêsse modo tortuoso que cresce a árvore da ciência.

10. MATÉRIA E ESPÍRITO

Numa carta a Herwart, escrita quando o livro se aproximava do fim, [39] definiu Kepler o seu programa:

> «O meu alvo é mostrar que a máquina celeste não é uma espécie de ser divino, vivo, mas uma espécie de relojoaria (e quem acreditar ter o relógio uma alma, atribui a glória do criador ao trabalho), tanto mais que quase todos os múltiplos movimentos são causados por uma fôrça simplicíssima, magnética e material, precisamente como são causados por um simples pêso todos os movimentos do relógio. E mostro também como a tais causas físicas se deve dar expressão numérica e geométrica.»

Tinha definido a essência da revolução científica. Mas ele próprio jamais completou a transição do universo animado por uma inteligência intencional a outro movido por fôrças «cegas», inanimadas. O próprio conceito de «fôrça» física destituído de intenção, que nós tanto consideramos ponto pacífico, mal ia emergindo de um seio de animismo, e a palavra que a designava — **virtus** ou **vis** — lhe trai a origem. Era (e é) realmente muito mais fácil falar de uma «fôrça simples, magnética, material» do que formar uma idéia concreta da sua operação. O seguinte trecho ilustrará a enorme dificuldade apresentada ao espírito de Kepler pela noção da «fôrça movimentadora» emanando do sol.

«Embora a luz do sol não possa ser, ela própria, a fôrça movimentadora... talvez represente uma espécie de veículo, ou ferramenta, usada pela fôrça movimentadora. Mas as seguintes considerações parecem contradizer isso. Em primeiro lugar, a luz se detém nas regiões mergulhadas na sombra. Se a fôrça movimentadora empregasse a luz como veículo, a treva faria que os planetas parassem...

Visto haver a mesma quantidade de tal fôrça presente tanto nas órbitas amplas e distantes como nas mais próximas e menores, segue-se que nada dessa fôrça se perde na jornada desde a fonte, nada se perde entre a fonte e o astro. A emanação é, portanto, tão insubstancial como a luz, e não a acompanha nenhuma perda de substância, como se verifica com as emanações de cheiros, ou do calor que se desprende de um fogão etc., onde o espaço intermédio se enche [de emanação]. Logo, devemos concluir que, assim como a luz que a tudo ilumina na terra é uma variedade não-substancial do fogo do corpo solar, assim também essa fôrça que prende e leva os corpos-planetas é uma variedade não-substancial da fôrça situada no próprio sol, e que possui um vigor imensurável, e dá o primeiro impulso a todo e qualquer movimento no universo...

Essa espécie de fôrça, assim como a espécie de fôrça que é a luz... não pode ser considerada coisa que se expanda no espaço entre a fonte e o corpo móvel, mas coisa que o corpo móvel recebe do espaço por ele ocupado... (*) Propaga-se através do universo... mas só é recebida onde há um corpo móvel, por exemplo um planeta. A resposta é: se bem que a fôrça movimentadora não tenha substância, o seu alvo é a substância, isto é, o corpo-planeta que deve ser movido...

Pergunto eu — quem há de pretender que a luz tenha substância? Não obstante, porém, age e sofre ação no espaço, refrata-se e reflete-se, e tem quantidade, de modo que pode ser densa ou tênue. e considerada um plano onde é recebida por alguma coisa capaz de ser iluminada. Pois, como disse na minha **Óptica**, a mesma coisa se aplica à luz e à nossa fôrça movimentadora: não tem existência presente no espaço entre a fonte e o objeto iluminado, embora tenha, no passado, transposto tal espaço; não «é»; «foi», por assim dizer.» [40]

O físico contemporâneo que tateia com os paradoxos da relatividade e da mecânica dos quanta verá aqui a imagem das suas perplexidades. No fim, conseguiu Kepler entrar num acordo com a «fôrça movimentadora», visualizando-a como vértice «devastadora corrente que arrasta todos os planetas e talvez o próprio éter celestial, de oeste a leste». [41] Viu-se, no entanto, obrigado a atribuir a cada planeta uma espécie de espírito que lhe permite reconhecer a posição no espaço e ajustar as suas reações de conformidade. Para os leitores descuidados da **Astronomia Nova** era como se os espíritos animais tivessem sido readmitidos

(*) Note-se que essa descrição aproxima-se mais da moderna noção do campo gravitacional ou eletromagnético do que o clássico conceito newtoniano de fôrça.

no modelo que êle pretendia ser um puro mecanismo de relojoaria, como fantasmas que se não resignam ao banimento definitivo do mundo dos vivos. Mas os espíritos planetários de Kepler não possuem, na realidade, nenhuma semelhança com os anjos e espíritos medievais movedores de planetas. Não têm «almas», e sim apenas «espíritos», não têm órgãos, não têm vontade própria, são antes como as máquinas calculadoras nos teleguiados:

> «O' Kepler, não queres, por acaso, dotar cada planeta de dois olhos? Não absolutamente, pois não é necessário atribuir-lhes pés nem asas para que possam mover-se... As nossas especulações ainda não esgotaram todos os tesouros da Natureza para que possamos saber quantos sentidos existem...
> As sutis reflexões de algumas pessoas no que tange à natureza, movimentos, lugares e atividades dos benditos anjos e espíritos não nos dizem respeito. Estamos discutindo questões naturais de categoria muito inferior, fôrças que não exercem vontade livre quando mudam as suas atividades, inteligências que de modo nenhum estão separadas dos corpos estelares que devem ser movidos, mas a eles unidas, e são uma coisa só com êles.» [42]

Assim, a função do espírito do planeta se limita a reagir de maneira legal, ordenada e, portanto «inteligente», às várias fôrças que o solicitam. É realmente uma espécie de cérebro eletrônico superior, com influência aristotélica. A ambigüidade de Kepler, em última análise, é apenas um reflexo do dilema espírito-matéria, particularmente agudo em períodos de transição, inclusive o nosso. Como diz o seu mais notável biógrafo alemão:

> «As exposições físicas de Kepler possuem uma mensagem especial para os que sentem a necessidade de indagar os primeiros princípios da explicação mecânica da natureza. Na realidade, ele toca as mais profundas questões da filosofia da natureza quando confronta, no seu modo sutil, os conceitos de **mens e natura**, compara os valores pragmáticos dêles e lhes delimita os campos de aplicação. Superamos essa antítese nos nossos dias? Só acreditarão nisso os que desconhecem a natureza metafísica do nosso conceito de fôrça física... Seja como fôr, as explicações de Kepler podem servir de estímulo a uma sã contemplação dos axiomas e limites da filosofia mecanista do nosso tempo de disseminado e desastroso dogmatismo científico.» [43]

Embora Kepler não lograsse resolver o dilema, esclareceu-o e poliu-lhe as alternativas, por assim dizer. Os anjos, espíritos e motores não movidos foram banidos da cosmologia. Sublimou e destilou o problema a um ponto em que só resta o derradeiro mistério. Apesar de sempre atraído, com um misto de aversão e fascínio, pelas disputas teológicas, rejeitou sem compromisso e até veementemente a incursão dos teólogos na ciência. Nesse ponto, tornou bem clara a sua posição num trecho — ou melhor, num grito de batalha — da introdução à **Nova Astronomia.**

«Isso quanto à autoridade da Sagrada Escritura. Agora, no que tange às opiniões dos santos sôbre êsses problemas da natureza, respondo numa palavra, que na teologia só o peso da Autoridade, e na filosofia só o pêso da Razão, é que são válidos. Logo, um santo era Lactâncio, que negou a esfericidade da terra; um santo era Agostinho, que admitiu a esfericidade, mas negou a existência dos antípodas. Sagrado é o Santo Ofício dos nossos dias, que admite a pequenez da terra mas lhe nega o movimento; para mim, todavia, mais sagrada que tudo é a Verdade, quando eu, com todo o respeito aos doutores da Igreja, demonstro pela filosofia que a terra é redonda, circum-habitada por antípodas, de pequenez bem insignificante e a correr velozmente entre os astros.»

VII. KEPLER DEPRIMIDO

1. DIFICULDADES DE PUBLICAÇAO

O preparo da **Nova Astronomia** fora uma corrida de obstáculos por mais de seis anos.

No início, houvera as disputas com Ticho, as longas estadas em Gratz, a enfermidade, e a maçada dos panfletos contra Ursus e Craig. Quando o grande dinamarquês morreu, e Kepler foi designado seu sucessor, deve ter esperado ser-lhe possível trabalhar em paz; mas, pelo contrário, a vida se lhe tornou ainda mais desorganizada. Os deveres oficiais e não oficiais incluíam a publicação de calendários anuais com predições astrológicas, o preparo de horóscopos para ilustres visitantes na côrte, a publicação de comentários sôbre eclipses, cometas, e um novo astro; a resposta, longa, às perguntas sôbre qualquer assunto, debaixo do sol, a êle apresentadas pelos vários protetores com os quais se correspondia; e, sobretudo, as súplicas, as esperas e as intrigas para obter pelo menos uma parte dos salários e dos custos de impressão que lhe eram devidos. Descobrira a Segunda Lei em 1602, um ano depois da morte de Ticho, mas no ano seguinte esteve quase inteiramente ocupado noutros misteres, entre êles o grande trabalho sôbre óptica, publicado em 1604; no outro ano, parou na órbita ovalada, adoeceu e pensou, mais uma vez, estar à beira da morte. Foi sòmente pela Páscoa de 1605 que a **Nova Astronomia** ficou pronta em esbôço.

Para ser publicada, todavia, demorou outros quatro anos, sendo o motivo a falta do dinheiro necessário à impressão e uma disputa torturante com os herdeiros de Ticho, guiados pelo fanfarrão Junker Tengnagel. Esse tipo, como nos lembramos, desposara a filha Elisabeth, de Ticho, após deixá-la em estado interessante, feito único no qual podia fundamentar a sua reclamação à herança de Ticho. Estava determinado a fazer dinheiro e vendeu as observações e os instrumentos de Ticho ao imperador pèla quantia de vinte mil táleres. Mas o tesouro imperial jamais pagou a Junker, que teve de se contentar com um juro de cinco por cento anual sobre a dívida, ou seja, duas vèzes o salário de Kepler. Em resultado, os instrumentos de Ticho, a maravilha do mundo, foram por Tengnagel guardados a cadeado, e em poucos anos se transformaram em metal velho. Semelhante destino houvera tido, indubitàvelmente, o tesouro das observações de Ticho, se Kepler se não tivesse apressado em pegá-los, em prol da posteridade. Numa carta a um dos seus admiradores ingleses, [1] relata calmamente:

> «Confesso que quando Ticho morreu me vali imediatamente da ausência, ou da falta de circunspeção, dos herdeiros, para apoderar-me das observações, ou talvez para usurpá-las...»

Sempre fôra o seu intuito confessado apoderar-se do tesouro de Ticho, e lograra fazê-lo.

Os Tichônidas, muito compreensìvelmente, enfureceram-se. Kepler, introspectivo ladrão de túmulos, viu o que lhes ia na mente:

> «A causa dessa briga está na natureza desconfiada e nas más maneiras da família Brahe, mas por outro lado também no meu caráter apaixonado e zombeteiro. Deve admitir-se que Tengnagel tinha razões importantes para suspeitar de mim, pois eu estava de posse das observações e me recusava a entregá-las aos herdeiros...» [2]

As negociações duraram vários anos. O Junker, ambicioso, tolo e vão, propôs uma coisa suja: calar-se-ia, se tôdas as obras futuras de Kepler fossem publicadas com os nomes de ambos. Surpreendentemente, Kepler concordou, estranhamente indiferente que fôra sempre ao destino dos seus trabalhos publicados. Mas pediu que o Junker, em troca, cedesse um quarto dos mil táleres anuais que recebia do tesouro. Tangnagel recusou-se, considerando duzentos e cinqüenta táleres por ano um preço elevado demais para a imortalidade. Privou, dessarte, os futuros acadêmicos de um delicioso assunto de controvérsia sobre a questão de saber por qual dos dois sócios Tengnagel-Kepler tinham sido descobertas as Leis.

Entretanto, o Junker havia abraçado a fé católica e passara a ser Conselheiro apelatório na côrte, o que lhe permitiu impor a Kepler condições que lhe impossibilitaram publicar o livro sem o consentimento de Tengnagel. Assim, viu-se Kepler «de mãos e pés amarrados», enquanto o Junker «está sentado como um cachorro no comedor, sem poder valer-se do tesouro, e evitando que outros deles se valham.» [2a] Finalmente, chegou-se a um compromisso: Tangnagel deu a graciosa permissão para que a **Nova Astronomia** fosse impressa, com a condição de levar um prefácio seu, cujo texto se lerá na Nota 3. Se o prefácio de Osiander ao **Livro das Revoluções** exibe a sabedoria de uma gentil serpente, no prefácio de Tengnagel à **Nova Astronomia** o que se nos depara é o zurrar de um asnalhão pomposo a ecoar pelos séculos.

Por fim, em 1608, pode iniciar-se a impressão do livro, o que terminou no verão de 1609, em Heidelberg, sob a supervisão de Kepler. Era um volume in-fólio muito bem impresso, do qual sobrevivem apenas alguns exemplares. O imperador reclamou como propriedade sua tôda a edição e proibiu que Kepler vendesse ou cedesse qualquer exemplar «sem antes nos avisar e receber o nosso consentimento». Visto que o salário estava atrasado, Kepler sentiu-se livre para fazer o que mais lhe agradava, e vendeu a edição tôda aos impressores. Assim, a história da **Nova Astronomia** começa e acaba com atos de apropriação indébita, cometidos **ad majorem Dei gloriam.**

2. ACOLHIDA DA ASTRONOMIA NOVA

Podemos depreender, das reações negativas dos amigos e correspondentes, como Kepler estava na frente da sua época, não somente pelos descobrimentos senão também por tôda a maneira de pensar. Não recebeu auxílio, não recebeu incitamento, teve protetores e simpatizantes, mas não teve nenhum espírito afim.

O velho Maestlin mantivera-se calado nos últimos cinco anos, a despeito de um persistente fluxo de cartas de Kepler, que punha o velho mestre a par de todos os fatos importantes na sua vida e pesquisas. Pouco antes do término da **Nova Astronomia**, Maestlin fez-se vivo com uma comovente carta a qual, porém, não deixou de ser um desapontamento no que dizia respeito às esperanças de Kepler em matéria de guia, ou pelo menos de interesse.

> «Tuebingen, 28 de janeiro de 1605.
>
> Apesar de, por alguns anos, ter descuidado de vos escrever, o vosso constante apêgo, gratidão e sincero afeto não diminuíram, tornando-se, pelo contrário, algo mais fortes, se bem que tenhais atingido tão elevado conceito e distinta posição que poderíeis, se quisésseis, olhar-me do alto... Não quero desculpar-me mais. Só digo isto: não tenho nada do mesmo valor para oferecer, escrito, a tão notável matemático... Devo, mais, confessar que as vossas perguntas foram às vezes sutis demais para o meu conhecimento e talento, que não são da mesma estatura. Daí só poder calar-me... Esperareis em vão pela minha crítica do vosso livro de óptica, que tão urgentemente solicitais; o livro contém assuntos demasiadamente elevados para que eu me permita julgá-lo... Congratulo-me convosco. A freqüente e lisonjeira menção do meu nome [naquele livro] é uma prova especial do vosso apêgo, mas temo que me dais importância demasiada. Ah, se eu fosse o que as vossas lisonjas me fazem parecer! Infelizmente, só entendo da minha modesta arte.» [4]

Foi o fim, embora Kepler persistisse na correspondência unilateral, e também nas solicitações miscelâneas: Maestlin deveria indagar a respeito do pretendente da irmã de Kepler; Maestlin tinha de lhe arranjar um assistente, e assim por diante. Tudo o velho, tenazmente, ignorou.

As cartas mais pormenorizadas sobre o progresso da **Nova Astronomia** escreveu-as Kepler a Davi Fabrício, clérigo e astrônomo amador de Friesland. Algumas dessas cartas cobrem vinte, e até quarenta páginas de papel almaço. Contudo, jamais logrou persuadir Fabrício a aceitar a opinião de Copérnico, e quando o informou do descobrimento da Primeira Lei foi está a reação de Fabrício:

> «Com a vossa elipse abolis a circularidade e uniformidade dos movimentos, o que se me afigura tanto mais absurdo, quanto mais profundamente penso... Se pudésseis preservar a órbita circular perfeita e justificar a vossa órbita elíptica por meio de outro pequeno epiciclo seria muito melhor.» [5]

Quanto aos protetores e simpatizantes, tentaram encorajá-lo, mas não compreendiam o que desejava. O mais iluminado deles, o físico Johannes Brengger, cuja opinião Kepler avaliava particularmente, escreveu:

> «Quando dizeis que o vosso alvo é ensinar ao mesmo tempo uma nova física do céu e uma nova espécie de matemática, não baseada em círculos mas em forças magnéticas e inteligentes, rejubilo-me convosco, embora deva confessar francamente que não consigo imaginar, e muito menos compreender, tal procedimento matemático.» [6]

Foi a reação geral dos contemporâneos de Kepler na Alemanha, resumida por um deles:

> «Tentando provar a hipótese copernicana pelas causas físicas, introduz Kepler estranhas especulações que não pertencem ao domínio da astronomia, mas ao da física.» [7]

No entanto, alguns anos mais tarde, o mesmo homem confessava:

> «Não rejeito mais a forma elíptica das órbitas planetárias e deixei-me persuadir pelas provas do trabalho de Kepler sôbre Marte.» [8]

Os primeiros que perceberam o significado e as implicações dos descobrimentos de Kepler não foram os compatriotas alemães, nem Galileu, da Itália, mas os britânicos: o viajante Edmund Bruce, o matemático Thomas Harriot, preceptor de Sir Walter Raleigh, o reverendo John Donne, o gênio astronômico Jeremiah Horrocks, que morreu aos vinte e um anos de idade, e, finalmente, Newton.

3. ANTICLÍMAX

Livre dos seus monumentais esforços, iniciou-se para Kepler o costumeiro anticlímax, voltando êle para o sonho persistente, a harmonia das esferas, convencido de que tôda a **Nova Astronomia** nada mais era do que um marco em direção ao objetivo último na sua «perseguição suada e ofegante das pegadas do Criador». [9] Publicou dois trabalhos polêmicos sôbre astrologia, um panfleto sobre cometas, outro sobre o formato dos cristais de neve, manteve volumosa correspondência sobre os verdadeiros dados do nascimento de Cristo. Continuou com os calendários e predições de tempo: certa vez, quando violenta tempestade escureceu o céu, ao meio-dia, como predissera quinze dias antes, o povo nas ruas de Praga bradava, apontando para as nuvens: «É Kepler que vem vindo.»

Tornara-se já famoso internacionalmente, membro da **Accademia dei Lincei** italiana (precursora da Sociedade Real). Muito mais contente ficou, porém, com a ilustre sociedade na qual entrou em Praga:

> «O Conselheiro imperial e primeiro secretário, Johann Polz, gosta muito de mim. [Sua esposa e] tôda a família são notáveis aqui em Praga pela elegância austríaca e maneiras distintas

> e nobres, de modo que seria pela influência dêles se, no futuro, eu realizasse progressos a êsse respeito, embora naturalmente esteja bem longe disso... Apesar da humildade de minha casa e da minha baixa posição (pois êles são considerados da nobreza), tenho a liberdade de entrar na casa, e dela sair, a meu bel-prazer.» 10

A sua elevação na posição social se refletiu nas personalidades dos padrinhos dos dois filhos que lhe nasceram em Praga: as esposas de alabardeiros para o primeiro, condes de Palatinado e embaixadores para o segundo. Havia uma terna qualidade **chaplinesca** nos esforços de Kepler para exibir maneiras sociais: «Que trabalho, que tumulto convidar quinze a dezesseis mulheres para visitar minha espôsa no leito de parturiente, servir-lhes de anfitrião, acompanhá-las até a porta!» 10a Apesar de usar finos tecidos e franzidos espanhóis, o seu salário continuava atrasado: «O meu estômago faminto olha como um cãozinho para o dono que costumava nutri-lo.» 11

Os visitantes, em Praga, ficavam invariavelmente impressionados pela sua dinâmica personalidade e vivíssimo espírito. No entanto, ele continuava a padecer de falta de segurança, doença crônica, sobre a qual o êxito agiu como sedativo temporário, mas nunca como cura completa. Os tempos turbulentos lhe aumentavam o sentimento de insegurança; vivia sempre a temer a penúria e a fome, complicadas pela hipocondria obssessiva:

> «Indagais da minha enfermidade? Foi uma febre insidiosa com origem na vesícula e que voltou quatro vezes, por ter eu pecado repetidas vêzes contra a dieta. Em 29 de maio minha espôsa me obrigou, com as suas insistências, a lavar, por uma vez, o corpo inteiro. Imergiu-me numa bacia (pois tem horror aos banhos públicos) de água bem quente; o calor me afligiu e me comprimiu as entranhas. Em 31 de maio tomei um leve laxativo, segundo o hábito. Em 1.º de junho, sangrei-me, também segundo o hábito. Nenhum mal urgente, nem sequer a suspeita, me obrigou a assim proceder, nem tampouco qualquer consideração astrológica... Após perder sangue, senti-me bem durante algumas horas; mas de noite um mau sono me atirou contra o colchão e me apertou os intestinos. Com certeza, a bílis subiu imediatamente à cabeça, deixando de lado as entranhas... Creio que sou uma dessas pessoas cuja vesícula tem abertura direta no estômago, e tais pessoas têm pouca vida, em regra.» 12

Mesmo sem hipocondria, havia suficientes motivos para ansiedade. O seu protetor imperial sentava-se num trono cambaleante, apesar de, na verdade, Rodolfo sentar-se raramente nêle, preferindo esconder-se dos odiosos próximos entre os relógios e brinquedos mecânicos, pedras preciosas e moedas, retortas e alambiques. Havia guerras e rebeliões na Morávia e na Hungria, e o tesouro estava vazio. Enquanto Rodolfo progredia da excentricidade para a apatia e melancolia, o irmão o ia despojando aos poucos dos domínios; numa palavra, a abdicação final de Rodolfo era apenas uma questão de tempo. O pobre Kepler, já expulso de Gratz, viu que um segundo exílio o espreitava, e mais uma vez teve de puxar fios, estender antenas e agarrar palhas. Mas os dignitários luteranos da amada Wuerttemberg não queriam saber do **enfant terrible**, e Maximiliano da Baviera fêz-se delicadamente surdo, como outros príncipes dos quais êle se aproximou. No ano seguinte ao da publicação da **Nova Astronomia**, Kepler viu-se na mais baixa maré, incapaz de qualquer trabalho sério, «com o espírito prostrado num gêlo de dar dó».

Sobreveio, então, um fato, que não sòmente o derreteu, como o fêz borbulhar e ferver.

4. A GRANDE NOVA

Um dia, em março de 1610, um tal Herr Johannes Matthaeus Wackher von Wackenfels, Conselheiro Privado de Sua Imperial Majestade, Cavaleiro da Corrente de Ouro e da ordem de São Pedro, filósofo e poeta amador, foi de carruagem à casa de Kepler, e, muito agitado, chamou-o. Quando Kepler desceu, Herr Wackher transmitiu-lhe a nova recém-chegada à côrte de que um matemático chamado Galileu, em Pádua, apontara para o céu um óculo de alcance holandês e descobrira quatro novos planêtas além dos cinco já conhecidos.

> «Experimentei maravilhosa emoção, ouvindo o interessante relato. Senti-me comovido no mais íntimo do ser... [Wackher] estava radiante, febril; num instante rimos ambos da nossa confusão, no outro continuou êle a narrativa e eu escutei... Não havia como acabá-la...» [13]

Wackher von Wackenfels tinha vinte anos mais do que Kepler. e era-lhe leal. Kepler servia-lhe excelente vinho e havia-lhe dedicado o tratado sôbre os cristais de neve, como presente de Ano Bom. Wackher, apesar de convertido católico, acreditava na pluralidade dos mundos; por conseguinte, achava que os descobrimentos de Galileu eram planêtas de outras estrêlas, fora do nosso sistema solar. Kepler repeliu a idéia, mas recusou-se igualmente a admitir que os novos corpos colestes pudessem girar em torno do sol, fundamentando-se em que, visto existirem apenas cinco sólidos perfeitos, só poder haver seis planêtas, como provara, satisfazendo a si próprio, no **Mistério Cósmico.** Logo, deduziu **a priori** que o que Galileu vira no céu só podiam ser satélites secundários, girando em tôrno de Vênus, Marte, Júpiter e Saturno, como girava a lua em tôrno da terra. Mais uma vez havia acertado por motivos errados: os descobrimentos de Galileu eram realmente luas, mas as quatro giravam em torno de Júpiter.

Alguns dias depois, uma nova autêntica chegou nas vestes do importante livrinho de Galileu **Sidereus Nuncius, O Mensageiro das Estrêlas.** [14] Era o ataque ao universo com uma nova arma, um aríete, um aríete optico, o telescópio.

VIII. KEPLER E GALILEU

1. DIGRESSÃO SÔBRE MITOGRAFIA

Tratava-se realmente de outro desvio. O alcance e o poder do principal órgão sensorial do **homo sapiens** tinham-se multiplicado, subitâneamente, trinta vêzes, cem vêzes, mil vêzes. Semelhantes pulos e saltos no alcance dos outros órgãos iriam em breve transformar a espécie numa raça de gigantes, sem lhe aumentarem uma polegada sequer a estatura moral. Foi mudança monstruosamente unilateral, como se as toupeiras se transformassem em baleias, retendo porém os instintos de toupeiras. Os criadores da revolução científica foram indivíduos que nessa transformação da raça desempenharam o papel dos gens transformadores. Tais gens são **ipso facto** desequilibrados e instáveis. As personalidades dêsses «transformadores» já prenunciavam a discrepância no seguinte desenvolvimento do homem: os gigantes intelectuais da revolução científica foram anões morais.

Não foram naturalmente nem melhores nem piores do que a média dos contemporâneos. Só foram anões morais pròporcionalmente à grandeza intelectual. Talvez se julgue feio aquilatar o caráter de um homem pelo padrão dos seus feitos intelectuais, mas a grande civilização do passado fêz precisamente isso; o divórcio entre os valores morais e os intelectuais é, ele próprio, desenvolvimento característico dos últimos séculos. Está prenunciado na filosofia de Galileu e explicitou-se completamente na neutralidade ética do determinismo moderno. A indulgência com a qual os historiadores da ciência tratam os Pais Fundadores se baseia precisamente na tradição introduzida pelos Pais, na tradição de manter o intelecto e o caráter tão estritamente separados, como nos ensinou Galileu a separar as qualidades «primárias» e «secundárias» dos objetos. A importância moral é tida por essencial no caso de Cromwell ou Danton, mas é irrelevante no caso de Galileu, Descartes ou Newton. Contudo, a revolução científica não produziu apenas descobrimentos, senão também uma nova atitude com relação à vida, uma transformação no clima filosófico. E nesse novo clima as personalidades e crenças dos que o iniciaram tiveram duradoura influência, sendo a mais pronunciada, nos seus diversos campos, a de Galileu e a de Descartes.

A personalidade de Galileu, como surge dos trabalhos de ciência popular, possui até menos relação como fato histórico do que a do cônego Copérnico. No seu caso particular, porém, a causa não está numa benévola indiferença pelo indivíduo, distinta dos seus feitos, mas em motivos mais partidários. Em trabalhos de pendor teológico, surge-nos como um estraga-prazeres; na mitografia racionalista, como donzela de Orleãs da Ciência, o São Jorge que matou o dragão da Inquisição. Logo, não é de surpreender muito que a fama desse notável gênio repouse sobretudo em descobrimentos que nunca fez, e em feitos que nunca realizou. Contrariamente às afirmações que se vêem até em recentes esboços da ciência, Galileu não inventou o telescópio, nem o microscópio, nem o termômetro, nem o relógio de pêndulo. Não descobriu a lei da inércia, nem o paralelogramo das forças ou dos movimentos, nem tampouco as manchas solares. Não contribuiu para a astronomia teórica, não atirou pesos da torre inclinada e não provou a verdade do sistema copernicano. Não foi torturado pela inquisição, não padeceu em masmorras, não disse **«eppur si muove»** e não foi um mártir da ciência.

O que ele **fez** foi fundar a moderna ciência da dinâmica, o que o situa entre os homens que estruturaram o destino humano. Ela forneceu o indispensável complemento às leis de Kepler para o universo de Newton: «Se pude enxergar mais longe, disse Newton, foi porque me apoiei em ombros de gigantes.» E os gigantes foram, principalmente, Kepler, Galileu e Descartes.

2. MOCIDADE DE GALILEU

Nasceu Galileu Galilei em 1564 e morreu em 1642, no ano em que nasceu Newton. Seu pai, Vicento Galilei, era um rebento empobrecido da pequena nobreza, homem de notável cultura, com obras consideráveis, como compositor e escritor de música, dotado de desdém pela autoridade e com pendores radicais. Escreveu, por exemplo (num estudo sobre o contraponto): «Parece-me que os que tentam provar uma asserção contando apenas com o peso da autoridade procedem bastante absurdamente.» [1]

Sente-se imediatamente o contraste de clima entre a infância de Galileu e os nossos anteriores heróis. Copérnico, Ticho, Kepler, jamais cortaram inteiramente o cordão umbilical que lhes transmitira a valiosa e mística seiva da Idade-Média. Galileu é um intelectual de segunda geração, um rebelde de segunda geração contra a autoridade. No século dezenove, houvera sido um socialista filho de pai liberal.

Os primeiros retratos apresentam um jovem cheio de carnes, de pescoço curto, de cabelos ruivos, com feições algo rudes, nariz grosso e olhar presunçoso. Freqüentou a excelente escola jesuítica do Mosteiro de Vallombrosa, perto de Florença, mas o pai queria que se tornasse mercador (o que não era considerado de maneira nenhuma degradante para os aristocratas da Toscana) e levou o menino de volta a Pisa; reconhecendo-lhe os dons evidentes, mudou de pensar e, quando o filho completou dezessete anos, mandou-o à universidade local estudar medicina. Mas Vicento tinha de cuidar de cinco filhos (um filho mais moço, Michelangelo, e três filhas), e as taxas da universidade eram elevadas, de modo que tratou de arranjar uma bôlsa para o filho. Não obstante houvesse quarenta bolsas disponíveis aos estudantes pobres em Pisa, Galileu não logrou obter nenhuma e viu-se obrigado a deixar a Universidade sem grau nenhum, o que é mais surpreendente ainda, pois já dera prova irrefutável de fulgurante inteligência; em 1582, no segundo ano da Universidade, descobriu o fato de que um pêndulo de determinado comprimento oscila com freqüência constante, sem levar em conta a amplidão.[2] O invento do **pulsilogium,** espécie de metrônomo para medir o pulso dos pacientes, foi, com certeza, realizado no mesmo tempo. Em vista dessa e de outras provas do gênio mecânico do jovem estudante, os primeiros biógrafos explicam a recusa da bôlsa pela animosidade suscitada pelas suas opiniões não-ortodoxas, anti-aristotélicas. Com efeito, porém, as primeiras opiniões de Galileu sôbre a física não contêm nada que seja de natureza revolucionária.[3] Mais provável é que a recusa da bolsa não seja devida à impopularidade das idéias de Galileu, e sim da sua pessoa, daquela presunção fria e sarcástica, com a qual conseguiu arruinar o seu caso na vida inteira.

De regresso ao lar continuou os estudos, sobretudo em mecânica aplicada, que cada vez mais o atraíam, aperfeiçoando a destreza no fabrico de instrumentos e dispositivos mecânicos. Inventou uma balança hidrostática, escreveu um tratado sobre o assunto, que fez circular em manuscrito, e começou a atrair a atenção dos estudiosos, entre os quais figurava o Marchese Guidobaldo del Monte que recomendou Galileu a seu cunhado, o cardeal del Monte, o qual, por sua vez, o recomendou a Fernando de Médicis, o duque que governava a Toscana; em resultado disso, Galileu foi nomeado lente de matemática na Universidade de Pisa, quatro anos após haver-lhe a mesma universidade recusado uma bolsa. Assim, aos vinte e cinco anos de idade, iniciou a carreira acadêmica. Três anos depois, 1592, foi nomeado para a Cátedra vaga de Matemática na famosa Universidade de Pádua, outra vez com a proteção de del Monte.

Galileu ficou em Pádua durante dezoito anos, que constituem os mais criadores e férteis de sua vida. Foi lá que lançou os fundamentos da moderna dinâmica, a ciência que estuda os corpos móveis. Mas os resultados de tais pesquisas só os publicou pelo fim da vida. Até os quarenta e seis anos de idade, quando foi entregue ao mundo o **Mensageiro das Estrêlas,** Galileu não tinha publicado nenhum trabalho científico.[4] A crescente reputação naquele período, antes dos seus descobrimentos com o telescópio, baseava-se em parte em tratados e lições circuladas em manuscrito, em parte nos inventos mecânicos (entre êles o termocóspio, precursor do termômetro) e nos instrumentos fabricados em grande número mediante hábeis artesãos, no seu próprio laboratório. Mas os descobrimentos verdadeiramente grandes, como as leis de movimento dos corpos em queda e dos projéteis, e as idéias sôbre cosmologia, guardou-as para si próprio e os correspondentes privados, estando entre êles Johannes Kepler.

3. A IGREJA E O SISTEMA COPERNICANO

O primeiro contacto entre os dois Pais Fundadores se verificou em 1597. Tinha Kepler, então, vinte e seis anos, e era professor de matemática em Gratz; Galileu tinha trinta e três, e era professor de matemática em Pádua. Kepler acabara de completar o **Mistério Cósmico** e, valendo-se da viagem de um amigo à Itália, mandara alguns exemplares, um deles destinado «a um matemático chamado Galileus Galileus, como se assina.» [5]

Galileu acusou o presente na seguinte carta:

> «Não recebi há alguns dias, mas apenas há algumas horas, meu culto doutor, o livro que me enviastes por intermédio de Paulus Amberger, visto que o mesmo Paulus me informou do seu regresso iminente à Alemanha. Seria um ingrato realmente se vos não agradecesse imediatamente. Aceito o vosso livro com tanto mais gratidão pois o tenho por prova de ter sido considerado digno da vossa amizade. Até agora só corri os olhos pelo prefácio, mas adquiri com isso uma idéia do intento (*), e me congratulo por ter, no estudo da Verdade, um associado que é amigo da Verdade. É uma pena existirem tão poucos que persigam a Verdade e não pervertam a razão filosófica. Contudo, não cabe aqui deplorar as misérias deste nosso século e sim congratular-vos pelos brilhantes argumentos que apresentais em favor da Verdade. Só acrescentarei que prometo ler a obra tranqüilamente, certo de nela descobrir as coisas mais admiráveis, e fá-lo-ei alegremente, uma vez que adotei os ensinamentos de Copérnico há muitos anos, e o seu ponto-de-vista me permite explicar inúmeros fenômenos da natureza que, indubitàvelmente, ficam inexplicáveis segundo as hipóteses mais correntes. Escrevi [conscripsi] inúmeros argumentos em apoio a ele e em refutação ao parecer oposto, mas até agora não ousei publicá-los, atemorizado pelo destino do próprio Copérnico, nosso mestre, que, embora adquirisse fama imortal com alguns, constitui ainda, para uma infinita multidão de outros, (que tal é o número de tolos) objeto de ridículo e zombaria. Certamente ousaria publicar as minhas reflexões imediatamente se existisse mais gente como vós; como não existe, saberei conter-me.»

Seguem-se afirmações mais polidas de estima, a assinatura «Galileus Galileus», e a data: 4 de agosto de 1597. [6]

Essa carta é importante por vários motivos. Primeiro, mostra evidentemente que Galileu já se tornara um copernicano convicto logo nos primeiros anos de vida de estudos. Tinha trinta e três quando escreveu a carta; e a expressão «há muitos anos» indica ter-se-lhe realizado a versão logo após os vinte anos de idade. Entretanto, o primeiro pronunciamento público e explícito em favor do sistema copernicano só foi feito em 1613, dezesseis anos depois da carta escrita a Kepler, quando Galileu tinha quarenta e nove anos. Através de todos esses anos não somente ensinou, nas preleções, a velha astronomia segundo Ptolomeu, como também repudiou expressamente Copérnico. Num tratado que escreveu, para fazê-lo circular entre discípulos e amigos, do qual sobrevive uma cópia manuscrita, datada de 1606, [6a] aduziu todos os argumentos tradicionais contra o movimento da terra: a rotação faria que ela se desintegrasse, as nuvens ficariam para trás, etc., etc. Trata-se de argumentos que, a darmos crédito a sua carta, êle próprio refutara muitos anos antes.

(*) O prefácio (e primeiro capítulo) proclamam a crença de Kepler no sistema copernicano e em favor deste esboçam os argumentos daquele.

A carta é também interessante por outros motivos. Num simples fôlego, Galileu evoca por quatro vezes a Verdade: amigo da Verdade, investigando a Verdade, perseguição da Verdade, prova da Verdade. E então, aparentemente sem consciência do paradoxo, anuncia calmamente a intenção de suprimir a Verdade, o que se pode explicar em parte pelos **mores** dos últimos tempos da Itália da Renascença («a época desprovida de superego», como a descreveu um psiquiatra); mas levando isso em consideração, ainda nos admiramos dos motivos do seu sigilo.

Por que, contrariamente a Kepler, tinha tamanho medo de publicar as suas opiniões? Naquela época, já lhe não assistia razão para temer a perseguição religiosa, tal qual Copérnico. Os luteranos, não os católicos, haviam sido os primeiros em atacar o sistema copernicano, o que não impediu Rético nem Kepler de defendê-lo publicamente. Os católicos, por outro lado, eram livres. Nos próprios dias de Copérnico, inclinavam-se favoravelmente para êle. Convém nos lembremos como lhe tinham solicitado o cardeal Schoenberg e o bispo Giese que publicasse o trabalho. Vinte anos depois da publicação, o Concílio de Trento redefiniu a doutrina da Igreja e a sua política em todos os aspectos, mas nada teve que dizer contra o sistema heliocêntrico do universo. O próprio Galileu, como veremos, gozou do apoio de uma galáxia de cardeais, inclusive o futuro Urbano VIII, e dos principais astrônomos dentre os jesuítas. Até o fatídico ano de 1616, a discussão do sistema copernicano não sòmente foi permitida, senão também encorajada por êles, com uma condição, a de se limitar à linguagem da ciência. e não se imiscuir com as questões teológicas. A situação está claramente resumida numa carta do cardeal Divini a Galileu em 1615: «Podemos escrever livremente enquanto nos mantivermos fora da sacristia.»[7] Era precisamente o que não faziam os disputantes, e foi aí que se iniciou o conflito. Mas ninguém poderia ter previsto tais desenvolvimentos vinte anos antes, quando Galileu escreveu a Kepler.

Assim, a lenda e o exame retrospectivo uniram-se para destorcer o quadro, e originaram a errônea crença de que defender o sistema copernicano como hipótese atuante acarretava o risco do desfavor eclesiástico ou da perseguição. Durante os primeiros cinco anos da vida de Galileu, êsse risco não existiu e nem sequer a idéia de tal coisa cruzou o espírito de Galileu. O que êle temia está claramente afirmado na carta: partilhar do destino de Copérnico, ser ironizado, provocar o riso: **«ridendus et explodedum»** (escarnecido e vaiado) até que se retirasse do palco» são as suas palavras. Como Copérnico, tinha mêdo do ridículo, tanto dos asnalhões ignorantes como dos asnalhões instruídos, e sobretudo desses últimos: os colegas em Pisa e Pádua, as camisas estofadas da escola peripatética, que ainda consideravam Aristóteles e Ptolomeu autoridades absolutas. E o mêdo, como veremos, justificava-se plenamente.

4. AS PRIMEIRAS DISPUTAS

O jovem Kepler rejubilou-se com a carta de Galileu. Na primeira oportunidade em que um viajante deixou Gratz, rumo à Itália, respondeu no seu modo impulsivo:

> «Gratz, 13 de outubro de 1597. A vossa carta, meu excelentíssimo humanista, que me escrevestes em 4 de agôsto, recebi-a em 1.º de setembro, e me deu motivos para um duplo jú-

bilo: primeiro, por significar o começo de amizade com um italiano; segundo, porque estamos de acordo quanto à cosmografia copernicana... Suponho que, se tivestes tempo, já travastes melhor conhecimento com o meu livrinho e desejo ardentemente saber a vossa opinião crítica, pois é do meu feitio instar com todos aquêles a quem escrevo que me dêem uma opinião franca, e, crede-me, prefiro a crítica mais acerba de um só homem iluminado ao aplauso insensato da multidão.

Gostaria, entretanto, que, possuidor de tão excelente inteligência, assumísseis uma posição diversa. Com os vossos hábeis modos sigilosos sublinhais, com o exemplo, a advertência de que deveríamos recuar perante a ignorância do mundo e não deveríamos levianamente provocar a fúria dos professôres ignorantes; a êsse respeito seguis Platão e Pitágoras, os nossos verdadeiros mestres. Mas considerando que na nossa época, primeiro Copérnico, em pessoa, e depois dêle uma multidão de cultos matemáticos assentaram êsse imenso empreendimento, de modo que o movimento da terra já não constitui nenhuma novidade, preferível seria que ajudássemos, com os nossos esforços, a empurrar para casa essa carruagem que já se movimenta... Poderíeis auxiliar os companheiros, que trabalham sob tão iníqua crítica, dando-lhes o confôrto do vosso acôrdo e a proteção da vossa autoridade. Não são apenas os italianos que se recusam a acreditar que se movem por nada sentirem; na Alemanha também não nos tornamos populares sustentando essas opiniões. Mas há argumentos que nos protegem em face de tais dificuldades... Tende fé, Galileu, e vinde! Se estou certo, poucos são os matemáticos notáveis da Europa que desejariam separar-se de nós, pois tamanha é a fôrça da Verdade. Se a Itália parece menos vantajosa para publicardes [as vossas obras] e se ali viver constitui para vós um obstáculo, talvez a Alemanha nos permita assim proceder. Basta, todavia. Comunicai-me, pelo menos em particular, se não desejais fazê-lo em público, o que descobristes em apoio a Copérnico...»

Kepler confessou, então, não possuir instrumentos, e perguntou a Galileu se não dispunha de um quadrante suficientemente preciso para se poderem ler arcos de um quarto de minuto. Se sim, não quereria Galileu fazer uma série de observações para provar que as estrêlas fixas apresentam pequenos deslocamentos em intervalos regulares, o que daria uma prova direta do movimento da terra?

«Mesmo que não pudéssemos descobrir nenhum deslocamento, partilharíamos, nada obstante, dos lucros de haver investigado um nobilíssimo problema dantes nunca investigado por ninguém. **Sat Sapienti**... Adeus, e respondei-me com uma longa carta.» [8]

Pobre, ingênuo Kepler! Não lhe ocorreu a idéia de que Galileu poderia ofender-se com aquelas exortações, e considerá-las uma implícita acusação de covardia. Esperou inùtilmente uma resposta ao início exuberante. Galileu retirou os tentáculos. Pelos doze anos seguintes, Kepler nada soube dêle.

De vez em quando, porém, chegavam-lhe notícias desagradáveis da Itália. Havia entre os admiradores de Kepler um tal Edmund Bruce, sentimental viajante inglês na Itália, filósofo amador e pretensioso da ciência, que gostava de ser íntimo de estudiosos e entre eles espalhar boatos. Em agosto de 1602, cinco anos depois de haver Galileu interrompido a correspondência, Bruce escreveu a Kepler, de Florença, que Magini (professor de astronomia em Bolonha) lhe tinha garantido que estimava e admirava Kepler, ao passo que Galileu admitira com ele, Bruce, que recebera o **Mysterium** de Kepler e que negara o fato a Magini.

«Censurei Galileu pelo pouco elogio a vós dedicado, pois sei ao certo que ele faz preleções sobre os seus descobrimentos, e os vossos, aos discípulos e outros. Contudo, ajo e sempre agirei de modo que não sirva à fama dêle, e sim à vossa.» [9]

Kepler não podia dar-se ao trabalho de responder ao mexeriqueiro, mas um ano mais tarde — 21 de agosto de 1603 — Bruce escreveu novamente, dessa vez de Pádua:

«Se soubésseis quantas vezes, e como, discuto a vossa teoria com todos os sábios da Itália, não me consideraríeis apenas um admirador senão também amigo. Falei com eles dos vossos notáveis descobrimentos em música, dos vossos estudos de Marte, e expliquei-lhes o **Mysterium** que todos elogiam. Esperam impacientemente as vossas futuras obras... Galileu possui o vosso livro e ensina os vossos descobrimentos como sendo dêle...» [10]

Kepler respondeu. Após desculpar-se pela demora e declarando-se alegre com a amizade de Bruce, continua:

«Mas há alguma coisa sôbre a qual desejo advertir-vos. Não formeis de mim, e não leveis outros a formá-la, opinião mais elevada do que justificam os meus trabalhos... Haveis de compreender, certamente, que as esperanças traídas conduzem eventualmente ao desdém. Não desejo de modo nenhum impedir que Galileu reclame o que é meu como sendo dele. As minhas testemunhas são a brilhante luz do dia e o tempo.» [11]

A carta termina com «Saudações a Magini e Galileu».

Não devem ser tomadas a sério as acusações de Bruce. Na realidade, no oposto é que está a verdade: o mal com Galileu não está em se ter apropriados dos descobrimentos de Kepler, mas em tê-los ignorado, como veremos. Contudo, não deixa o episódio de lançar mais luz sobre as relações entre os dois homens. Embora a Bruce não possamos dar crédito em questões de fato, a atitude inimiga de Galileu para com Kepler transparece claramente das cartas de Bruce, e se condiz com o fato de haver interrompido a correspondência, e com eventos posteriores.

Por outro lado, Kepler, que tinha boas razões para ofender-se com o silêncio de Galileu, poderia ter sido facilmente provocado, pelos boatos de Bruce, a iniciar uma das substanciosas disputas entre estudiosos, tão comuns naquela época. Era homem desconfiado e bastante excitável, como provaram as relações com Ticho. Mas com Galileu sempre se portou de maneira estranhamente generosa. É verdade que viveram em países diversos e nunca se conheceram pessoalmente, mas o ódio, tal qual a gravitação, é capaz de agir à distância. Talvez esteja o motivo da abstenção de Kepler no fato de não ter tido a oportunidade de desenvolver um complexo de inferioridade perante Galileu.

No ano seguinte ao do episódio de Bruce, em outubro de 1604, surgiu uma brilhante estrêla nova na constelação Serpentarius, que provocou mais excitação do que a famosa **nova** de 1572, de Ticho, por haver o seu aparecimento coincidido com uma chamada grande conjunção de Júpiter, Saturno e Marte no «triângulo ardente», acontecimento de gala, só verificável uma vez em cada oitocentos anos. O livro **De Stella Nova** (1606) de Kepler dizia respeito primacialmente ao seu significado astrológico, mas ele mostrou que a **nova**, como a anterior, devia estar localizada na região «imutável» das estrêlas fixas, metendo assim outro prego no ataúde do universo aristotélico. A estrela de 1604 ainda hoje se chama «**nova** de Kepler». (*)

Também Galileu observou a nova estrela, mas sôbre ela nada publicou. Fêz três preleções sobre a questão e delas só nos restam fragmentos; também ele parece ter negado a pretensão dos aristotélicos de ser a estrêla um meteoro ou outro fenômeno sublunar, mas não deve ter ido muito longe, uma vez que as suas preleções, em defesa de Ptolomeu, ainda circulavam dois anos mais tarde. [12]

Entre 1600 e 1610, publicou Kepler a sua **Óptica** (1604), a **Nova Astronomia** (1609) e algumas obras menores. No mesmo período, Galileu trabalhou nas pesquisas fundamentais sôbre a queda livre, o movimento de projéteis, e as leis do pêndulo, mas nada publicou, salvo uma brochura contendo instruções para o uso da bússola militar ou proporcional, invento feito na Alemanha uns cinqüenta anos antes, [13] melhorado por Galileu, como melhorou outros dispositivos conhecidos havia longo tempo. Dessa publicação de menor importância, [14] originou-se a primeira das contendas fúteis e perniciosas que Galileu travaria durante a vida.

Começou quando um matemático, Baltasar Capra, de Pádua, publicou, um ano depois de Galileu, outra brochura de instruções para o uso da bússola proporcional. [15] As **Instruções** de Galileu eram em italiano, as de Capra em latim; ambas diziam respeito ao mesmo assunto, de interesse apenas para engenheiros militares e técnicos. É provável que Capra tenha tirado muito das **Instruções** de Galileu, sem nomeá-lo; por outro lado, Capra mostrou que algumas das explicações de Galileu eram matematicamente erradas, mas outra vez sem o citar. A fúria de Galileu não conheceu limites. Publicou um panfleto **Contra as Calúnias** e

(*) John Donne referia-se à **nova** de Kepler quando escreveu (**A condessa de Huntingdon**):

> Quem vê cometas transitar errantes,
> o assombro o vence, pois são coisas raras;
> mas é milagre ver estrela nova
> a mover-se segundo o firmamento,
> porque no firmamento nada é novo.

Imposturas de Baltasar Capra etc. (Veneza, 1607), no qual o infeliz varão e seu mestre[16] eram descritos como «o malévolo inimigo da honra e de toda a humanidade», «verme cuspidor de veneno», «educador que nutria o fruto jovem na alma envenenada com mal cheiroso excremento», «abutre ganancioso, atacando filhotes para rasgar-lhes os tenros membros», e assim por diante. Logrou também do Tribunal Veneziano o confisco, por plágio, das **Instruções** de Capra. Nem sequer Ticho e Ursus tinham descido a essa linguagem de peixeiro, e, no entanto, haviam lutado pela autoria de um sistema do universo, e não de um dispositivo para engenheiros militares.

Nos escritos polêmicos posteriores, o estilo de Galileu progrediu da invectiva grosseira para a sátira, às vezes chã, muitas vezes fina, sempre eficaz. Trocou o porrete pelo espadim e dominou-o com mestria. Nos trechos de pura exposição, a lucidez granjeou-lhe lugar eminente no desenvolvimento da prosa didática italiana. Mas, por trás da fachada polida, agiam as mesmas paixões explodidas na questão da bússola proporcional: a vaidade, a inveja e o farisaísmo aliados a uma força satânica, que o levaram à beira da autodestruição. Não possuía a menor inclinação mística, na qual pudessem, de vez em quando, resolver-se as amargas paixões; foi incapaz de transcender-se e buscar refúgio, como Kepler, nas horas mais negras, no mistério cósmico. Não estendeu as pernas sobre o divisor de água. Galileu é total e espantosamente moderno.

5. O IMPACTO DO TELESCÓPIO

Foi a invenção do telescópio que pôs na mais íntima conjunção Kepler e Galileu, cada um deles percorrendo a sua própria órbita. Para continuarmos com a metáfora, a órbita de Kepler nos lembra a parábola dos cometas que surgem do infinito e para ele voltam; a de Galileu, qual elipse excêntrica, fecha-se sôbre si mesma.

Como já dissemos, o telescópio não foi inventado por Galileu. Em setembro de 1608, um indivíduo, na feira anual de Frankfurt ofereceu à venda um telescópio que tinha uma lente convexa e outra côncava, e aumentava sete vezes. Em 2 de outubro de 1608, o fabricante de óculos Joahnn Lippershey, de Middleburg, pediu uma licença de trinta anos aos Estados Gerais dos Países-Baixos para fabrico de telescópios de lentes simples e duplas. No mês seguinte, vendeu vários dêles, por trezentos e seiscentos **gilders** respectivamente, mas não recebeu a licença exclusiva, visto que outros dois indivíduos tinham reclamado o mesmo invento. Dois dos instrumentos de Lippershey foram mandados de presente, pelo govêrno Holandês, ao rei da França, e em abril de 1609 podiam comprar-se telescópios nas lojas de fabricantes de óculos em Paris. No verão de 1609, Thomas Harriot, na Inglaterra, fêz observações telescópicas da lua e levantou mapas da superfície lunar. No mesmo ano, vários dos telescópios holandeses chegaram à Itália, onde foram copiados.

O próprio Galileu explicou no **Mensageiro das Estrêlas** que lera apenas relatórios da invenção holandesa, e que êles o tinham estimulado a construir um instrumento baseado no mesmo princípio, o que logrou «mediante profundo estudo da teoria da refração.» Se viu realmente, e manejou um dos instrumentos holandeses levados à Itália, é questão sem importância, pois, uma vez conhecido o princípio, espíritos inferiores ao de Galileu puderam construir semelhantes aparelhos. Em 8 de agosto de 1609, convidou o senado veneziano a examinar o seu óculo de alcance na tôrre de São Marcos, com espetacular êxito; três dias depois, deu-o de presente ao senado, acompanhado de uma carta na qual explicava que o instrumento, o qual aumentava nove vêzes os objetos, seria da maior importância na guerra. Permitia se vissem «velas e navios, tão distantes que demorava duas horas antes que os distinguisse o ôlho nu, entrando de velas desdobradas na enseada», [17] sendo, pois, incalculável o valor contra qualquer invasão pelo mar. Não era a primeira vez, nem seria a última, que a pura pesquisa, morta de fome, arrancava um osso do banquete do amo.

O Senado de Veneza, grato, dobrou imediatamente o salário de Galileu para mil escudos por ano, e tornou-lhe vitalícia a cátedra de Pádua (pertencente à República de Veneza). Não tardou que os fabricantes locais de óculos produzissem telescópios da mesma fôrça e os vendessem pelas ruas por poucos escudos. E dizer que Galileu vendera um, igual, ao Senado por mil por ano, com grande júbilo de todos os bons venezianos. Galileu deve ter sentido que pairava uma ameaça sobre a sua reputação, como no caso da bússola militar; mas, felizmente, a fúria se lhe enveredou por canais mais criadores. Começou febrilmente a melhorar o telescópio, e a dirigi-lo para a lua e os astros, coisa que antes bem pouco o atraíra. Ao cabo de oito meses logrou, nas suas próprias palavras: «não poupando esforços nem despesas, a construir para mim próprio instrumento tão superior que os objetos vistos através dele são aumentados quase mil vezes, e parece estarem trinta vêzes mais perto do que à vista desarmada.»

A citação é do **Sidereus Nuncius, o Mensageiro das Estrêlas**, publicado em Veneza, em março de 1610. Foi a primeira publicação científica de Galileu, e lançou-lhe os descobrimentos telescópicos como bomba na arena do mundo culto. Não continha sòmente dados sobre corpos celestes «que nenhum mortal vira antes»; estava também escrito num estilo novo, conciso, real, jamais empregado antes por nenhum acadêmico. Era tão nova a linguagem que o sofisticado embaixador imperial em Veneza descreveu o **Mensageiro das Estrêlas** como «exposição seca ou jactânica inflada, despida de qualquer filosofia.» [18] Diversamente do estilo barroco e exuberante de Kepler, alguns trechos do **Sidereus Nuncius** poderiam ter lugar nas austeras páginas de um contemporâneo «Jornal de Física».

Todo o livrinho contém apenas vinte e quatro páginas em oitavo. Após os trechos introdutórios, Galileu descreve as suas observações da lua, que o levam a concluir:

> «que a superfície da lua não é perfeitamente lisa, livre de desigualdades nem exatamente esférica, como considera uma extensa escola de filósofos com respeito à lua e aos demais corpos celestes; pelo contrário, está repleta de irregularidades, é desigual, cheia de cavidades e protuberâncias, tal qual a superfície da própria terra, diversa por toda parte, com montanhas elevadas e vales profundos.»

Voltou-se, então, para as estrelas fixas e descreveu de que maneira o telescópio adicionava, ao moderado número visível a ôlho nu, «outras estrêlas, miríades delas, jamais vistas antes, e que em número superam mais de dez vezes as conhecidas anteriormente». Assim, por exemplo, às nove estrêlas de cinto e de espada de Orion, pôde acrescentar mais oitenta, descobertas na vizinhança; e às sete das Plêiades outras trinta e seis. A Via-Láctea dissolveu-se, perante o telescópio «numa incontável multidão de estrêlas amontoadas»; o mesmo sucedia, quando se observavam as nebulosas.

Deixou, todavia, a principal sensação para o fim:

> «Fica a questão que se me afigura ser tida pela mais importante nesta obra, isto é, a de eu revelar e publicar ao mundo o momento da descoberta e observação de quatro planetas, nunca vistos, desde o começo do mundo até os nossos tempos.»

Os quatro novos planetas eram as quatro luas de Júpiter, e Galileu explicou de maneira um pouco velada o motivo pela qual atribuía ao seu descobrimento importância tão capital.

> «Além disso, temos um argumento excelente e excessivamente claro para tranqüilizar os escrúpulos dos que podem tolerar a revolução dos planetas em volta do sol no sistema copernicano, mas ficam tão perturbados com a revolução da lua em torno da terra, ao mesmo tempo em que ambas descrevem uma órbita anual em volta do sol, que consideram impossível esta teoria do universo.»

Noutras palavras, Galileu achava que o principal argumento dos anticopernicanos era a impossibilidade do movimento composto da lua em torno da terra, e, com a terra, em tôrno do sol; e acreditava, mais, que tal argumento seria invalidado pelo movimento composto das quatro luas de Júpiter. Foi a única referência a Copérnico em todo o livrinho, e não continha nenhum compromisso. Ignorava também o fato de que no sistema de Ticho **todos** os planetas descrevem um movimento composto em tôrno do sol e, com o sol, em torno da terra e que até no sistema «egípcio», mais limitado, pelo menos os dois planetas interiores faziam a mesma coisa.

Logo, as observações de Galileu com o telescópio não produziram nenhum argumento importante em favor de Copérnico, nem qualquer compromisso claro da sua parte. Além do mais, os descobrimentos anunciados no **Mensageiro das Estrêlas** não eram tão originais como pretendiam ser. Galileu não foi o primeiro, nem o único sábio, que dirigiu um telescópio ao céu e nele descobriu novas maravilhas. Thomas Harriot fêz observações telescópicas sistemáticas e mapas da lua no verão de 1609, antes de Galileu, mas não os publicou. Até o imperador Rodolfo observou a lua por meio de um telescópio antes de ouvir falar de Galileu. Eram tão inexatos os mapas estelares de Galileu que o grupo das Plêiades só pode ser neles identificado com dificuldade, e de maneira nenhuma o grupo Orion; e a enorme mancha escura sob o equador da lua, rodeada de montanhas, que Galileu comparou à Boêmia, simplesmente não existe.

Mas, dito isso tudo, e descobertos todos os defeitos no primeiro texto publicado de Galileu, o seu impacto e significado continua impressionante. Outros tinham visto o que Galileu vira, e até a sua prioridade no descobrimento das luas de Júpiter não está firmado indubitávelmente;[18a] entretanto, foi o primeiro em publicar o que viu, e em descrevê-lo em linguagem que chamou a atenção de todos. Foi o efeito cumulativo o causador do impacto; as enormes implicações filosóficas de mais essa abertura de competição do universo foram instintivamente sentidas pelo leitor, apesar de não serem explicitamente enunciadas. As montanhas e os vales da lua confirmavam a semelhança entre a matéria celeste e a terrestre, a natureza homogênea da substância de que é feito o universo. O insuspeito número de estrêlas invisíveis tornou uma absurdidade a noção de haverem sido criadas para o deleite da criatura humana, uma vez que só podia vê-las munida de um aparelho adequado. As luas de Júpiter não provaram que Copérnico tivesse razão, mas sacudiram ainda mais a velha crença de ser a terra o centro do mundo em tôrno da qual girava tudo. Não foi este nem aquêle pormenor especial que criou o efeito dramático, foi o conteúdo total do **Mensageiro das Estrêlas.**

O livrinho suscitou uma controvérsia imediata e apaixonada. É curioso notar que o **Livro das Revoluções,** de Copérnico, pouquíssima celeuma despertara durante meio século, e as Leis de Kepler até menos, na época, enquanto **O Mensageiro das Estrêlas,** que só indiretamente dizia respeito ao ponto, provocou tamanha explosão de emoções. O motivo principal foi indubitavelmente a enorme facilidade de leitura. Para se digerir o **magnum opus** de Kepler, como observou um dos seus colegas, mister se fazia «quase uma vida inteira»; O **Mensageiro das Estrêlas,** pelo contrário, podia ser lido numa hora e o seu efeito era como um direto no plexo solar para os educados na tradicional opinião do universo limitado. E aquela visão, embora algo abalada, mantinha ainda uma coerência enorme, tranqüilizadora. Até Kepler se amedrontou com a doida perspectiva aberta pelo óculo de alcance de Galileu: «O infinito é impensável», repetia angustiadamente.

As ondas do impacto da mensagem de Galileu chegaram imediatamente à Inglaterra. O livro foi publicado em março de 1610; o **Ignatius** de Donne foi publicado uns dez meses depois,[19] mas Galileu (e Kepler) estão nêle repetidamente citados:

> Escrevei (disse Lúcifer) ao Bispo de Roma,
> e êle chamará Galileu o florentino...

Não tardou, porém, a aproximação satírica em ceder à metafísica, ou seja, a uma plena compreensão da nova perspectiva cósmica:

> O homem teceu uma rêde, e essa rêde lançou-a
> sôbre os céus, que agora são dêle...

Milton era ainda uma criança em 1610 e cresceu com as novas maravilhas. A sua consciência da «enorme Profundidade ilimitada» descoberta pelo telescópio reflete o fim do universo fechado medieval:

> Perante [seus] olhos, de súbito, aparecem
> os segredos da velha Profundidade... um oceano
> negro, ilimitável, sem fronteiras,
> sem dimensões...[20]

Foi esse o impacto objetivo, no mundo, dos descobrimentos de Galileu com o seu «tubo óptico». Mas, para compreendermos as reações do pequeno mundo acadêmico do seu país, devemos levar em consideração o efeito subjetivo da personalidade de Galileu. Copérnico fora uma espécie de homem invisível durante toda a vida. Ninguém que conhecesse o desarmado Kepler, pessoalmente ou por correspondência, podia antipatizar seriamente com ele. Mas Galileu possuía um raro dom de provocar inimizades, não o afeto alternado à cólera despertado por Ticho, mas a hostilidade fria, incessante, que o gênio mais a arrogância menos a humildade cria entre os medíocres.

Sem esse lastro pessoal, a controvérsia que se seguiu à publicação do **Sidereus Nuncius** permaneceria incompreensível, pois o assunto da contenda não era o **significado** dos satélites de Júpiter, e sim a **existência dêles,** simplesmente negada por alguns dos mais ilustres estudiosos da Itália. Foi Magini de Bolonha o principal rival acadêmico de Galileu. No mês seguinte ao da publicação do **Mensageiro das Estrêlas,** nas noites de 24 a 25 de abril de 1610, realizou-se memorável reunião numa casa de Bolonha, sendo Galileu convidado a demonstrar a existência das luas de Júpiter com o óculo de alcance. Nenhum dos numerosos e ilustres convidados se declarou convencido da existência delas. O padre Clavius, principal matemático de Roma, também não as viu; Cremonini, professor de filosofia em Pádua, recusou-se até a olhar pelo telescópio, imitado pelo colega Libri. Êste último, digamos de passagem, morreu pouco depois, dando a Galileu a oportunidade de conquistar mais inimigos com o conhecido sarcasmo: «Libri não quis ver as minhas bagatelas celestes quando estava na terra; talvez sim, agora que foi para o céu.»

Êsses homens podem ter estado parcialmente cegados pela paixão e pelo preconceito, mas não eram tão tolos como pareciam. O telescópio de Galileu era o melhor existente, mas tratava-se ainda de rude instrumento sem montagem fixa, e com um campo visual tão pequeno que, como disse alguém «de assombrar não é que tenha descoberto as luas de Júpiter, e sim de ter visto o próprio Júpiter.» Mister se fazia habilidade e experiência no manejo do tubo, coisa que nenhum dos outros possuía. Às vezes, aparecia duplicada uma estrêla fixa. Além disso, o próprio Galileu não conseguia explicar por que e como funcionava aquêle objeto; e o **Sidereus Nuncius** guardava solene silêncio sôbre ponto tão essencial. Logo, não era de todo insensato suspeitar que os pontos borrados surgidos ao ôlho forçado e raso de água encostado à lente do tamanho de uma lente de óculos, fossem ilusões ópticas da atmosfera, ou então produzidas pelo próprio misterioso aparelho. Foi o que realmente afirmou num panfleto sensacional, **Refutação ao Mensageiro das Estrêlas,** [20a] publicado pelo assistente de Magini, um jovem tolo chamado Martin Horky. Tôda a controvérsia sôbre ilusões ópticas, halos, reflexões de nuvens luminosas e sôbre a falibilidade dos testemunhos, nos lembra inevitàvelmente semelhante controvérsia ocorrida trezentos anos depois: os discos voadores. Neste caso também a emoção e o preconceito se uniram às dificuldades técnicas contra conclusões definidas. E aqui, também, não foi insensatez da parte de dignos acadêmicos recusarem-se a ver a «evidência» fotográfica, de mêdo da pecha de tolos. Iguais considerações podem ser aplicadas à recusa de acadêmicos, aliás senhores de espírito aberto, em se envolverem nos ambíguos fenômenos das sessões ocultas. As luas de Júpiter não foram menos ameaçadoras para o aspecto do mundo dos sóbrios acadêmicos de 1610 do que, digamos, a percepção extra-sensorial em 1950.

Assim, enquanto os poetas celebravam os descobrimentos de Galileu que se tornaram assunto do mundo, os estudiosos, na Itália, eram com raras exceções hostis ou céticos. A primeira voz e por algum tempo a única que se ergueu em defesa pública de Galileu foi a de Johannes Kepler.

7. O ESCUDEIRO

Era também a voz mais autorizada, pois ninguém contestava a supremacia de Kepler como primeiro astrônomo da Europa, não em virtude das duas Leis, mas do cargo de **Mathematicus Imperial** e sucessor de Ticho. John Donne, que de má vontade o admirava, resumiu a fama de Kepler «o qual (como ele próprio testemunha de si próprio) desde a morte de Ticho Brahe se incumbiu de que nada se devia fazer no céu sem o seu conhecimento».[21]

As primeiras notícias do descobrimento de Galileu tinham chegado a Kepler, quando Wackher von Wackenfeld o visitou em 15 de março de 1610, ou por volta dessa data. As semanas que se seguiram passou-as em febril expectativa de novas mais definidas. Nos primeiros dias de abril, o imperador recebeu um exemplar do **Mensageiro das Estrelas** publicado havia poucos dias em Veneza e Kepler teve a graciosa permissão de «examiná-lo ràpidamente». Em 8 de abril, finalmente, recebeu de Galileu um exemplar acompanhado de pedido de opinião.

Galileu jamais respondera ao ardente pedido de Kepler de um parecer sôbre o **Mysterium**, e colocara-se igualmente sôbre a **Nova Astronomia**. Não se deu tampouco ao trabalho de fazer, por uma carta pessoal, o pedido do parecer de Kepler sobre o **Mensageiro das Estrelas**, que foi transmitido verbalmente a Kepler pelo embaixador toscano em Praga, Juliano de Médicis. Apesar de Kepler não poder verificar os discutidos descobrimentos de Galileu, pois não dispunha de telescópio, confiou nas afirmações do sábio italiano, fê-lo entusiàsticamente e sem hesitação, oferecendo-lhe pùblicamente para servir na batalha como «squire» ou «escudeiro» de Galileu, ele, o **Mathematicus Imperial** defensor do estudioso italiano ainda desconhecido. Tratou-se de um dos gestos mais generosos nos amargos anais da ciência.

O correio para a Itália deveria partir em 19 de abril; nos onze dias de que dispunha escreveu Kepler o seu panfleto **Conversação com o Mensageiro das Estrelas** em forma de carta aberta a Galileu, impresso no mês seguinte em Praga, surgindo uma tradução italiana pirateada logo depois em Florença.

Era precisamente o apoio de que Galileu necessitava no momento. O peso da autoridade de Kepler desempenhava importante papel para que a sorte da batalha lhe fosse favorável, como se vê na correspondência de Galileu. Ansiava o italiano por deixar Pádua e ser nomeado Matemático da Corte de Cosme de Médicis, Grão-duque de Toscana, em cuja honra dera aos satélites de Júpiter o nome de «astros mediceus.» No pedido a Vinta, Secretário de Estado do duque, o apoio de Kepler tem lugar de relevo:

> «Vossa Excelência, e Suas Altezas, por intermédio de Vossa Excelência, devem saber que recebi uma carta, ou melhor,

um tratado de oito páginas, do **Matemático Imperial**, escrito para aprovar em todos os pormenores o conteúdo do meu livro sem a menor dúvida nem contradição de qualquer coisa. E Vossa Excelência pode acreditar que seria êsse o modo pelo qual houveram falado os principais varões da Itália, desde o começo, se eu tivesse estado na Alemanha, ou noutra parte qualquer remota.» 22

Escreveu mais ou menos nos mesmos têrmos a outros correspondentes, entre êles Matteo Carosio em Paris:

«Estávamos preparados para o fato de quererem vinte e cinco pessoas refutar-me; mas até agora só vi uma afirmação de Kepler, Matemático Imperial, confirmando tudo quanto escrevi, sem rejeitar a menor parcela; e a afirmação está sendo reimpressa em Veneza, e vós a vereis em breve.» 23

Contudo, enquanto Galileu se jactava da carta de Kepler com o grão-duque e os seus correspondentes, não agradecia a Kepler, nem sequer acusava o recebimento.

Afora a importância estratégica na batalha cosmológica, a **Conversação com o Mensageiro das Estrêlas** não possui grande valor científico; é um arabesco barroco, um enfeite de desenhos alegres em tôrno do duro núcleo do tratado de Galileu. Começa com o desejo de Kepler de que Galileu, cuja opinião lhe importava mais que a de qualquer outro, teça comentários sôbre a **Astronomia Nova,** renovando assim uma correspondência «posta de lado há doze anos passados». Narra com prazer como recebera de Wackher as primeiras notícias dos descobrimentos e como se preocupara em saber se as luas de Júpiter se adaptariam no universo construído em torno dos cinco sólidos pitagóricos. Mal, porém, folheara o **Mensageiro das Estrelas,** verificara que «oferecia maravilhosa e importantíssima visão aos astrônomos e filósofos, que convidava todos os amigos da verdadeira filosofia a contemplar questões da mais elevada importância... Quem poderia calar-se diante de tal mensagem? Quem se não sentiria transbordar do amor do Divino aqui tão abundantemente manifestado»? Vem então a oferta de apoio «na batalha contra os reacionários empedernidos, que rejeitam tudo quanto é desconhecido como inacreditável e a tudo o que se separa da trilha batida de Aristóteles consideram sacrilégio... Talvez seja eu tido por ousado por aceitar as vossas afirmações como verdadeiras sem poder acrescentar as minhas observações. Mas como poderia desconfiar de um matemático merecedor de fé, cuja arte da linguagem basta para demonstrar a retidão do seu julgamento?...»

Kepler sentira instintivamente o tom da verdade no **Mensageiro das Estrelas,** e aquilo para êle determinara a questão. Por mais que tenha ficado aborrecido com o procedimento anterior de Galileu, sentiu-se comprometido a «lançar-se na luta» pela Verdade, por Copérnico e pelos cinco sólidos perfeitos. Sim, porque tendo terminado os trabalhos da **Nova Astronomia**, via-se de novo imerso no místico crepúsculo de um universo pitagórico construído em tôrno do cubo, do tetraedro, do dodecaedro, e assim por diante. Constituem o **leitmotif** do diálogo com o **Mensageiro das Estrelas**; não estão mencionadas nem uma vez as órbitas elípticas, nem a Primeira e a Segunda Leis. O descobrimento delas parecia-lhe apenas uma volta tediosa na perseguição da **idéia fixa.**

É um tratado divagador, escrito por uma pena apressada que salta de um assunto a outro: astrologia, óptica, manchas lunares, natureza do éter, Copérnico, habitabilidade de outros mundos, viagens interplanetárias:

> «Quando tivermos dominado a arte do vôo não haverá, com certeza, falta de pioneiros humanos. Quem houvera pensado que a navegação através do enorme oceano é menos perigosa e mais tranqüila que nos golfos estreitos e ameaçadores do Adriático, no Báltico, nos estreitos ingleses? Criemos navios e velas adequados ao éter celeste, e haverá inúmera gente sem medo dos desertos vazios. Entretanto, preparemos, para os bravos viajantes do céu, mapas de corpos celestes. É o que farei para a lua, e vós, Galileu, para Júpiter».

Vivendo numa atmosfera saturada de malícia, os professores Magini, Horky e até Maestlin não podiam dar crédito aos ouvidos, vendo Kepler entoar o elogio de Galileu, e trataram de descobrir ferroadas ocultas no tratado. Rejubilaram-se com um trecho no qual Kepler mostrava que o princípio do telescópio fora esboçado vinte anos antes por um conterrâneo de Galileu, Giovanni Della Porta, e pelo próprio Kepler no trabalho de óptica, em 1604. Mas como Galileu não reclamasse o invento do telescópio, a excursão histórica de Kepler não podia ofendê-lo; mais ainda, ressaltava Kepler serem as antecipações de Della Porta e as suas próprias de natureza puramente teórica, «não podendo diminuir a fama do inventor, seja ele quem for, pois muito bem sei que distância vai de um conceito teórico à realização prática, da menção dos antípodas em Ptolomeu ao descobrimento do Novo Mundo por Colombo, e até mais, dos instrumentos de duas lentes usadas neste país ao instrumento com o qual, Galileu, penetrastes o firmamento.»

A respeito disso, o enviado alemão em Veneza, Georg Fugger, escreveu com prazer que Kepler «arrancara a máscara da face de Galileu» [24] e Francisco Stelluti (membro da Academia Líncea) escreveu ao irmão: «Segundo Kepler, Galileu diz que é o inventor do instrumento, mas há mais de trinta anos Della Porta o descreveu no seu **Mágica Natural**... Assim, o pobre Galileu faz papel de bobo.» [25] Também Horky citou Kepler no lindíssimo panfleto contra Galileu, pelo que Kepler informou imediatamente Horky que «como as exigências da honestidade se tornaram incompatíveis com a minha amizade por vós, termino-a aqui», [26] e ofereceu a Galileu a publicação da reprimenda; mas quando o jovem cedeu, perdoou-lhe.

Essas reações indicam a extensão da antipatia por Galileu na Itália. Porém, fosse qual fosse a ironia oculta imputada pelos estudiosos à **Dissertatio** de Kepler, fato inegável era haver o **Mathematicus Imperial** expressamente endossado as afirmações de Galileu, o que persuadiu alguns dos inimigos de Galileu, que antes não tinham querido tomá-lo a sério a observar pessoalmente com telescópios melhorados já à disposição de todos. O primeiro dos convertidos foi o principal astrônomo de Roma, o padre jesuíta Clavius. Em seguida, os estudiosos jesuítas de Roma não sòmente confirmaram as observações de Galileu, como também as melhoraram consideravelmente.

Como vimos, a reação de Galileu ao serviço prestado por Kepler foi um completo silêncio. O embaixador toscano na corte imperial avisou-o urgentemente de que mandasse a Kepler um telescópio, a fim de lhe permitir verificar, pelo menos **post factum**, os descobrimentos de Galileu, aceitos por êle de boa fé. Galileu nada fez, cedendo os telescópios montados na sua oficina a vários protetores aristocráticos.

Passaram-se quatro meses, o panfleto de Horky fôra publicado, a controvérsia atingira o máximo, e até aquêle momento nenhum astrônomo de fama confirmara publicamente ter visto as luas de Júpiter. Os amigos de Kepler começaram a censurá-lo, por ter concordado com o que não vira. A situação era impossível.[26a] Em 9 de agôsto, Kepler escreveu outra vez a Galileu:

> «...Despertastes em mim um grande desejo de ver o vosso instrumento para que eu também possa, como vós, gozar do espetáculo do céu. Entre os instrumentos à nossa disposição aqui, o melhor aumenta apenas dez vêzes, não chegando os demais a três...»[27].

Falou das observações de Marte e da lua, exprimiu a indignação com a patifaria de Horky e continuou:

> «Exige a lei seja cada um merecedor de confiança, a não ser que se prove o contrário, e êsse é muito mais o caso visto garantirem as circunstâncias a confiança. Com efeito, não estamos lidando com um problema filosófico e sim com um problema legal: Galileu terá deliberadamente iludido o mundo com um embuste?...
>
> Não desejo ocultar-vos que a Praga chegaram cartas de alguns italianos que negam terem sido tais planêtas vistos através do vosso telescópio.
>
> Pergunto a mim próprio como é possível que tantos neguem [a existência deles], inclusive os que possuem um telescópio... Peço-vos, portanto, meu Galileu, que me citeis testemunhas o mais breve possível. De várias cartas por vós escritas a outros soube que não careceis dessas testemunhas. Quanto a mim, não posso citar testemunho nenhum, a não ser o vosso...»[27a]

Dessa vez, apressou-se Galileu em responder, assustado evidentemente com a possibilidade de perder o mais poderoso aliado:

> «Pádua, 19 de agosto de 1610.
>
> Recebi as vossas duas cartas, meu sapientíssimo Kepler. A primeira, que já publicastes, responderei na segunda edição das minhas observações. Entretanto, desejo agradecer-vos por ser o primeiro, e quase o único, que aceitou as minhas asserções. embora não tivesseis prova, graças ao vosso espírito franco e nobre.»[28]

Galileu continuava dizendo a Kepler que não podia emprestar-lhe o telescópio que aumentava mil vezes por havê-lo cedido ao Grã-duque, o qual desejava «exibi-lo na sua galeria como lembrança eterna entre os mais preciosos tesouros». Apresentou várias desculpas sôbre a dificuldade de construir instrumentos de igual excelência e terminava com a vaga promessa de, o mais breve possível, fabricar outros «e enviá-los aos amigos». Kepler nunca recebeu nenhum.

No parágrafo seguinte, Horky e a plebe apareceram para outros insultos; «mas Júpiter desafia tanto os gigantes como os pigmeus; Júpiter está no céu e os sicofantes podem latir como quiserem». Voltou-se, então, para o pedido de testemunhas de Kepler, mas não logrou descobrir um astrônomo sequer: «Em Pisa, Florença, Bolonha, Veneza e Pádua, muitíssimos viram [os astros mediceus] mas ainda se calam e hesitam.» Nomeou o novo protetor, o grão duque, e outro membro da família dos Médicis (dos quais não era de esperar negassem a existência de astros que tinham recebido os seus nomes). Continuou, depois:

> «Como outra testemunha ofereço a mim próprio, que fui distinguido pela nossa Universidade com um salário vitalício de mil florins, coisa de que nunca desfrutou nenhum matemático, e que eu continuaria a receber sempre, mesmo que as luas de Júpiter devessem enganar-nos e sumir.»

Após queixar-se amargamente dos colegas «a maioria dos quais são incapazes de identificar Júpiter ou Marte, e mesmo a lua», concluiu Galileu:

> «Que fazer? Riamos da estupidez da plebe, meu Kepler... Quem me dera dispor de mais tempo para rir-me dêles convosco. Que gargalhadas daríeis, meu caríssimo Kepler, se ouvísseis o que os principais filósofos de Pisa disseram ao grão-duque contra mim... Mas a noite chegou e não posso mais conversar convosco...»

É a segunda, e última, carta escrita por Galileu a Kepler.[29] A primeira, lembremo-nos, fôra escrita treze anos antes, e o seu tema fora a perversidade dos filósofos e a estupidez da multidão, concluindo com a desejosa observação «ah, se existisse mais gente como Kepler!» Depois de treze anos, escrevendo pela primeira vez, novamente classificou Kepler como aliado sem par, para com ele rir-se da tolice do mundo. Mas com referência à dúvida na qual se metera o aliado leal a carta era a mais inútil possível. Não continha uma palavra sequer sôbre o progresso das observações de Galileu, que Kepler anelava conhecer, e não fazia menção de um novo e importante descobrimento realizado por Galileu, e que êle havia comunicado, uns quinze dias antes, ao embaixador toscano em Praga.[30] Era esta a comunicação:

«SMAISMRMILMEPOETALEUMIBUNENUGTTAURIAS.»

Essa seqüência de letras sem nexo era um anagrama feito das palavras que descreviam o novo descobrimento. O fim oculto era salvaguardar a prioridade do achado sem revelar o seu conteúdo para que mais ninguém pudesse reclamá-lo como seu. Desde a questão da bússola proporcional, Galileu sempre ansiara por afirmar a prioridade das suas observações, até, como saberemos, em casos nos quais a prioridade não era sua. Fôssem quais fossem os motivos em geral, mal podem desculpar o fato de ele haver solicitado do embaixador toscano que fizesse dançar ante os olhos torturados de Kepler aquele anagrama. E Kepler não podia ser suspeito de pretender roubar-lhe o descobrimento.

O pobre astrônomo alemão tentou decifrar a charada, e, pacientemente, transformou-a no que êle próprio chamou de «verso latino bárbaro: **«Salve, umbistineum geminatum Martia proles»** — [Salve, ardente gêmeo, rebento de Marte.] [31] Julgou, portanto, ter Galileu descoberto luas em tôrno de Marte. Somente três meses mais tarde, em 13 de novembro, foi que Galileu houve por bem revelar a solução, não, naturalmente, a Kepler, mas a Rodolfo, por ter-lhe Juliano de Médicis dito que o imperador estava curioso.

Era esta a solução: **«Altissimum planetam tergeminum observavi»** (Observei o planeta mais alto [Saturno] em forma trigêmea). O telescópio de Galileu não era tão forte que lhe permitisse descobrir os anéis de Saturno (vistos somente meio seculo depois, por Heuygens); achava que Saturno tinha duas pequenas luas em lados opostos, e bem próximas do planeta.

Um mês depois, enviou outro anagrama a Juliano de Médicis: **«Haec immatura a me jam frustra leguntur oy»** (Agora estou procurando em vão essas coisas imaturas). Mais uma vez Kepler tentou várias soluções, entre elas: **«Macula rufa in Jove est gyratur mathem** etc.»; (*) exasperado, escreveu a Galileu:

> «Suplico-vos não nos esconder por muito tempo a solução. Deveis saber que estais tratando com alemães honrados... lembrai-vos do embaraço que me provoca o vosso silêncio.» [32]

Galileu revelou o segrêdo um mês depois, não diretamente a Kepler, mas a Juliano de Médicis: **«Cynthiae figuras aemulatur mater amorum»** — (A mãe do amor [Vênus] emula as formas de Cintia [a lua]). Galileu tinha descoberto que Vênus, como a lua, apresentava fases, desde a foice até o disco total e vice-versa, prova de que girava em tôrno do sol. Considerava também esse fato uma prova do sistema copernicano, o que não era exato, pois se condizia igualmente com o sistema egípcio ou com o sistema de Ticho.

Entretanto, o desejo mais ardente de Kepler, ver por si próprio as novas maravilhas, ficou satisfeito. Um dos seus protetores, o Eleitor Ernesto de Colônia, duque da Baviera, figurava entre os poucos a quem Galileu hónrara com o presente de um telescópio. No verão de 1610, achando-se Ernesto em Praga, a negócios de Estado, por um breve período de tempo emprestou o telescópio ao Mathematicus Imperial. Assim, de 3 de agôsto a 9 de setembro, pôde Kepler observar as luas de Jupiter. O resultado foi outro breve panfleto, **Relatório de Observação sôbre os quatro satélites errantes de Júpiter,** [33] no qual confirmava, dessa vez por experiência de primeira mão, os descobrimentos de Galileu. O tratado foi imediatamente reimpresso em Florença e constituiu o pri-

---

(*) «Há em Júpiter uma mancha vermelha que gira matematicamente.»

meiro testemunho público, por observação direta e independente, da existência das luas de Júpiter. Foi também o primeiro aparecimento, na história, da palavra «satélite», cunhada por Kepler numa carta anterior, a Galileu.[34]

Termina nesse ponto o contacto pessoal entre Galileu e Kepler. Pela segunda vez, Galileu interrompeu a correspondência. Nos meses seguintes, escreveu Kepler várias cartas, a que Galileu não respondeu, ou respondeu indiretamente, por mensagens ao embaixador toscano. Galileu escreveu a Kepler somente uma vez durante todo êsse período do «encontro das suas órbitas», a carta que citei, de 19 de agosto de 1610. Nos trabalhos, raramente menciona o nome de Kepler, e na maioria das vezes com a intenção de refutá-lo. As três leis de Kepler, os descobrimentos de óptica, e o telescópio kepleriano, ignora-os Galileu, que firmemente defendeu até o fim da vida círculos e epiciclos como única forma concebível de movimento celeste.

IX. CAOS E HARMONIA

1. DIOPTRICE

Por enquanto temos de deixar que Galileu volte para o segundo plano e completar a história da vida e da obra de Kepler.

Galileu transformara o óculo de alcance do holandês de brinquedo em instrumento de ciência, mas nada dizia para explicar como e porque funcionava. Foi Kepler que o explicou. Em agôsto e setembro de 1610, usando o telescópio emprestado pelo duque Ernesto de Colônia, escreveu em poucas semanas um tratado teórico no qual fundou uma nova ciência e lhe cunhou um nome: dióptrica, ciência da refração por lentes. O seu **Dioptrice** [1] é um clássico de surpreendente espécie não-kepleriana, com cento e quarenta e uma «definições», «axiomas», «problemas» e «proposições» austeros, sem nenhum arabesco, ornato nem vôos místicos de pensamento. [2] Embora não tenha descoberto a formulação precisa da lei da refração, logrou desenvolver o seu sistema de óptica geométrica e instrumental e deduzir os princípios do chamado telescópio astronômico, ou kepleriano.

No livro anterior sobre óptica, publicado em 1604, mostrara que a intensidade da luz diminui com o quadrado da distância; explicara o princípio da **camera obscura,** precursora da máquina fotográfica, e o modo pelo qual funcionavam os óculos para míopes e presbitas. Os óculos tinham sido usados desde a antiguidade, mas não existia sobre eles nenhuma teoria precisa. Nem existia uma explicação satisfatória para o processo da visão, refração da luz pelas lentes dos olhos e projeção de uma imagem invertida sobre a retina, até o primeiro livro de Kepler sôbre óptica. Chamara-lhe modestamente «Suplemento a Vitellio» [3]. Vitellio, estudioso do século treze, escrevera um conpêndio de óptica fundamentado principalmente em Ptolomeu e Alhazen, e o seu era o trabalho mais moderno no assunto, até o advento de Kepler. Devemos ter sempre em mente essa falta de continuidade no desenvolvimento da ciência, estendendo-se as imensas e tenebrosas terras baixas entre os picos da antiguidade e o divisor de água, para vermos, em verdadeira perspectiva, os feitos de Kepler e Galileu.

O **Dioptrice** é o trabalho mais sóbrio de Kepler, tão sóbrio quanto a geometria de Euclides. Escreveu-o no mesmo ano do inebriado **Conversação com o Mensageiro das Estrelas.** Foi um dos mais excitantes da vida de Kepler e seguiu-se-lhe o mais negro e deprimente.

O ano de 1611 trouxe a guerra civil e a epidemia a Praga; a abdicação do protetor e cuidador imperial; a morte da esposa e do filho favorito.

Homens menos inclinados para a astrologia teriam atribuído a série de catástrofes à má influência das estrelas e, no entanto, o que é de assombrar, Kepler não fêz nada disso. As suas crenças astrológicas, para isso, tinham-se tornado demasiadamente requintadas; ainda acreditava influírem as constelações na formação do caráter e terem outrossim uma espécie de efeito catalisador nos fatos; mas repelia como superstição a forma mais rude de causa astrológica direta.

A posição na corte tornou-se ainda mais difícil. Rodolfo, deslizando da apatia para a loucura, era virtualmente um prisioneiro na cidadela. Seu primo Leopoldo ocupara, com um exército, parte de Praga. Os Estados Boêmios chamaram em auxílio o irmão Matias, que já expulsara Rodolfo da Áustria, Hungria e Morávia, e se preparava para apoderar-se do que restava. Rodolfo anelava por certeza oriunda das estrelas, mas Kepler, honrado em demasia, não podia proporcioná-la. Numa carta confidencial a um dos conselheiros íntimos de Rodolfo, explicou:

> «A astrologia pode causar enorme mal a qualquer monarca, se lhe explora a credulidade humana um hábil astrólogo. Devo cuidar de que tal não suceda ao nosso imperador... Tenho por mim que a astrologia não deve ser apenas banida do senado, mas também da cabeça de quantos desejam aconselhar o imperador nos seus melhores interesses; deve ser mantida inteiramente fora dos olhos dêle.» [4]

Continuava dizendo que, consultado pelos inimigos do imperador, pretendera serem as estrêlas favoráveis a Rodolfo e desfavoráveis a Matias, mas nunca o diria ao próprio imperador, para que êste não caísse no excesso de confiança e negligenciasse as oportunidades ainda restantes para salvar o trono. Kepler escrevia calendários astrológicos por dinheiro, mas quando a consciência estava envolvida agia com escrupulosidade desusada pelos padrões da época.

Em 23 de maio, foi Rodolfo obrigado a abdicar; em janeiro do ano seguinte estava morto. Entretanto, Frau Bárbara contraíra a febre húngara, seguida de ataques de epilepsia e sintomas de desequilíbrio mental. Quando melhorou, os três filhos caíram de cama com a sífilis importada pela soldadesca. O mais velho e o mais novo recobraram a saúde; quanto ao favorito, Friedrich, de seis anos de idade, morreu. Bárbara, então, sofreu uma recaída:

> «Entorpecida pelos horrores cometidos pelos soldados, e pelas lutas sangrentas na cidade; exausta pelo desespero e por uma torturante saudade do filho perdido... mergulhada na treva da melancolia, o mais triste dos estados de alma, entregou o espírito.» [6]

Era o primeiro de uma série de desastres nos últimos vinte anos da vida de Kepler. Para prosseguir, publicou a correspondência com vários estudiosos em questões de cronologia sôbre a idade de Cristo. A cronologia sempre fora uma das suas distrações favoritas; a sua teoria de que Jesus nasceu realmente no ano 4 ou 5 «A. C.» é hoje, geralmente, aceita. Assim, «marcava o tempo» nos dois significados da palavra, pois tinha garantido um novo e modesto emprego em Linz, mas não podia deixar Praga enquanto Rodolfo continuasse vivo.

O fim sobreveio em 20 de janeiro de 1612 e foi também o fim do período mais fértil e glorioso da vida de Kepler.

3. EXCOMUNHAO

O novo emprego era o de **Mathematicus Provincial** em Linz, capital da Áustria Superior, semelhante ao que tivera, na mocidade, em Gratz. Contava, então, quarenta e um anos de idade, e ficou em Linz catorze anos, até os cinqüenta e cinco de idade.

Parecia uma depressão após as glórias de Praga, mas não foi tão mau como parecia. O sucessor de Rodolfo confirmara Kepler no título de **Matemático Imperial,** conservado por toda a vida. Matias, diferentemente de Rodolfo, dispunha de pouco tempo para o astrônomo da corte, mas não queria que ficasse demasiadamente longe, e Linz, no seu domínio austríaco, não deixava de ser uma solução satisfatória. O próprio Kepler alegrou-se por ver-se longe do tumulto de Praga e receber dos austríacos um salário garantido. Contava também com protetores influentes no seio da aristocracia local, os Starhembergs e Liechtensteins; com efeito, o trabalho fora especialmente criado para ele: implicava apenas em obrigações teóricas e deixava-lhe o lazer de que tanto necessitava para os pensamentos. Quando se iniciou a Guerra dos Trinta Anos com a Defenestração de Praga, deu graças por ter sido afastado do foco dos acontecimentos. E quando lhe ofereceram suceder a Magini na Cátedra de Matemática em Bolonha' sabiamente recusou.

Não obstante, era uma queda. «Linz», para os austríacos, continua a ser hoje em dia sinônimo de provincianismo. Bárbara, cuja nostalgia da Áustria fora um dos motivos da escolha de Linz por Kepler, estava morta. A triste solidão arrancou-lhe um dos desabafos de auto-análise:

> «A minha exagerada confiança, mostra de piedade, o apego à fama por meio de projetos surpreendentes e atos desusados, a incansável busca e interpretação de causas, a angústia espiritual de graça...» [6]

Não tinha com quem falar, não tinha sequer com quem brigar.

Essa necessidade, porém, ficou satisfeita após algum tempo pelo pároco local, um tal Daniel Hitzler, o qual também provinha de Wuerttemberg e sabia tudo sobre os escandalosos desvios criptocalvinistas de Kepler. Na primeira oportunidade em que Kepler foi comungar-se, tiveram uma discussão. Negou Kepler, como sempre fizera, a doutrina luterana da ubiqüidade, a onipresença no mundo, não somente do espírito, senão também do corpo de Cristo; Hitzler, por sua vez, insistiu numa afirmação escrita de conformidade à doutrina (mais tarde abandonada pela teologia luterana). Kepler recusou-se e Hitzler recusou-lhe a comunhão. Kepler queixou-se, num ardente pedido, ao Conselho da Igreja, em Wuerttemberg; o Conselho respondeu, numa carta de repreensão paternal, longa e paciente, que Kepler continuasse com a Matemática, deixando a teologia aos teólogos. Viu-se Kepler obrigado a comungar numa paróquia fora de Linz, cujo pároco possuía aparentemente espírito mais aberto; o Conselho da Igreja, embora apoiasse Hitzler, nada fez para evitar que o colega ministrasse a comunhão à ovelha desgarrada. Kepler continuou a protestar contra a restrição de liberdade de consciência e a queixar-se de que os tagarelas o chamavam de ateu e hipócrita, que tentava obter favores dos católicos e simpatia dos calvinistas. E, no entanto, a repetida indecisão entre três posições parecia condizer com a sua natureza mais íntima:

> «Faz-me sangrar o coração ver que as três facções dilaceraram tristemente a verdade, que devo pegar os pedaços onde quer que os encontre e reuni-los... Esforço-me por reconciliar as partes, onde quer que seja possível fazê-lo com sinceridade, para ser capaz de estar ao lado de todas elas... Veja-se, sou atraído pelas três partes, ou pelo menos por duas delas contra a terceira, depositando esperanças no acordo, mas os meus oponentes são atraídos apenas por uma parte, imaginando que deve haver irreconciliável divisão e luta. A minha atitude, valha-me Deus, é cristã; a dêles, não sei o que é.» [7]

Era a linguagem de Erasmo e Tiedemann Giese, da Idade Dourada da tolerância, mas inteiramente desajustada no tempo e no espaço na Alemanha da véspera da Guerra dos Trinta Anos.

Mergulhado naquele desastre europeu, viu-se Kepler obrigado a suportar outra provação, uma espécie de espantoso epiciclo particular girando sobre o círculo maior. Sua velha mãe fôra acusada de bruxaria e ameaçada de ser queimada viva. O processo durou seis anos, de 1615 a 1621, comparado ao qual a quase ou semi-excomunhão do próprio Kepler foi apenas um aborrecimento de menor importância.

4. O JULGAMENTO DA BRUXA

A mania de caçar bruxas, que irrompeu no século dezesseis, atingiu o ponto culminante na primeira metade do século dezessete, tanto na parte católica como na parte protestante da Alemanha. Em Well der Stadt, idílico berço de Kepler, com uma população de duzentas famílias, foram trinta e oito as bruxas queimadas, entre 1615 e 1629. Na vizinha Leonberg, onde vivia a mãe de Kepler, também lugar pequeno, seis bruxas foram queimadas no inverno de 1615. Foi uma das tormentas de insânia que fere o mundo, de vez em quando, e parece ser parte da condição humana.

A mãe de Kepler era uma velha pequena, medonha, cuja mania de intromissão indevida e língua de prata, unida aos antecedentes suspeitos, a predestinavam como vítima. Lembremo-nos de que era filha de um estalajadeiro, criada por uma tia que, segundo afirmavam morrera na fogueira; e o marido fôra um mercenário desaparecido depois de escapar por um triz à forca. Naquele mesmo ano de 1615, quando Leonberg foi tomada da histeria das bruxas, Katherine brigara com outra velha megera, antes sua melhor amiga, esposa do vidraceiro Jacob Reinhold. Seria a destruição. A esposa do vidraceiro acusou Katherine de lhe ter dado uma poção enfeitiçada que produzira uma doença crônica (na realidade, o mal fora provocado por um aborto). Lembraram-se todos, então, de que vários habitantes de Leonberg tinham adoecido em várias ocasiões, após beberem de uma jarra de estanho que Katherine, hospitaleiramente, preparava para os visitantes. A espôsa de Bastian Meyer morrera e o mestre-escola Beutelspacher ficara permanentemente paralisado. Lembravam-se todos de que certa vez Katherine pedira ao coveiro o crânio de seu pai, que pretendia mandar engastar em prata, a fim de servir de taça ao filho, astrólogo da corte, êle próprio adepto da magia negra. Botara mau olhado nos filhos do alfaiate Daniel Schmidt, e eles não haviam tardado em morrer; sabiam todos que entrara em casas através de portas fechadas e que cavalgara, até matá-lo, um bezerro do qual oferecera uma costeleta ao outro filho, Henrique, o vagabundo.

O principal inimigo de Katherine, a esposa do vidraceiro, tinha um irmão, barbeiro da côrte do duque de Wuerttemberg. Naquele fatídico ano de 1615, o filho do duque, príncipe Aquiles, chegara a Leonberg para caçar, trazendo no séquito o barbeiro. O barbeiro e o Preboste da Cidade embriagaram-se e mandaram que Mamãe Kepler comparecesse à municipalidade, onde o barbeiro encostou a ponta da espada ao peito da velha e lhe pediu curasse a irmã, pela magia das bruxas, do mal que lhe impusera. Katherine teve o bom senso de recusar-se, pois do contrário se teria condenado, e a família abriu processo para protegê-la. O Preboste, porém, sustou o processo, iniciando uma acusação formal de bruxaria contra Katherine. O incidente que lhe deu a oportunidade de assim fazer envolvia uma menina de doze anos de idade, que levava tijolos ao forno, e que ao passar por Mãe Kepler, na estrada, sentiu uma dor repentina no braço, causa de uma paralisia temporária. Aquelas súbitas dores penetrantes no ombro, no braço ou no quadril, desempenharam grande parte no julgamento de Katherine e outras; ainda hoje, o lumbago e o torcicolo chamam-se, na Alemanha, **Hexenschuss,** (tiro de bruxa).

O processo foi longo, horrível, esquálido. Em vários trechos, o irmão mais moço de Kepler, Christoph, mestre de exercícios da milícia de Leonberg e seu cunhado, o vigário, separaram-se da velha, discutiram por causa do custo da defesa e evidentemente teriam ficado contentíssimos de ver a mãe queimada, não fôsse o reflexo que lhes cairia na respeitabilidade burguesa. Kepler sempre estivera destinado a combater sem aliados e por causas impopulares. Iniciou um contra-ataque, acusando os perseguidores de sua mãe de inspirados pelo demônio e aconselhou peremptòriamente o Conselho Municipal de Leonberg a lhes vigiar os passos, a lembrar-se de que êle era Matemático da corte de sua Majestade Imperial Romana e a enviar-lhe cópias de todos os documentos referentes ao caso de Katherine. Aquêle fogo de abertura teve o desejado efeito de fazer que o Preboste, o barbeiro e a sua panelinha andassem mais precavidamente e procurassem maior evidência antes de uma acusação formal. Mãe Kepler, condescendentemente, proporcionou-a, oferecendo ao Preboste uma taça de prata de presente se consentisse em suprimir o relato do incidente com a menina dos tijolos. Depois daquilo, o filho, a filha e o cunhado decidiram que a única solução era a fuga, e despacharam Mãe Kepler a Johannes, em Linz, aonde ela chegou em dezembro de 1616. Feito isso, Christoph e o vigário escreveram à chancelaria ducal que, se fossem verdadeiras as acusações do Presbote, renegariam a velha Katherine e deixariam que a justiça seguisse o curso.

A velha ficou nove meses em Linz. Um dia, com saudades do lar, voltou a viver com Margaret e o vigário, com fogueira ou sem fogueira.

Kepler seguia-a, lendo na jornada **O Diálogo sôbre Música Antiga e Moderna,** do pai de Galileu. Permaneceu em Wuerttemberg dois meses, escreveu petições e tentou lograr uma audição do processo original, mas em vão. Só pôde levar a mãe de volta a Linz. A velha, obstinada, recusou-se a acompanhá-lo; não gostava da Áustria e Kepler teve de regressar sem ela.

Seguiu-se um estranha bonança de dois anos, os anos de abertura da Guerra dos Trinta Anos, durante os quais Kepler escreveu mais petições e o tribunal reuniu mais provas, contidas em vários volumes. Finalmente, na noite de 7 de agosto de 1620, Mãe Kepler foi presa na casa do genro. Para evitar escândalos, levaram-na, oculta num baú de carvalho, para a prisão de Leonberg. Interrogada pelo Preboste, negou ser bruxa e padeceu um segundo e último interrogatório, antes de ser torturada.

Margaret enviou outro **S. O. S.** a Linz, e Kepler, mais uma vez, rumou para Wuerttemberg. O imediato resultado da sua chegada foi conceder o Supremo Tribunal seis semanas a Mãe Kepler para preparar a defesa. Achava-se ela agrilhoada numa sala da Porta da Cidade, com dois guardas, cujo salário devia ser pago pela defesa, além da extravagante quantidade de lenha que consumiam. Kepler, que construíra uma nova astronomia sôbre uma bagatela de oito minutos, não descuidou tais pormenores nas petições, mostrando que bastava a precaução de um guarda para a mãe agrilhoada, de setenta e três anos, e que o custo da lenha devia ser mais eqüitativamente dividido. Foi o que sempre era, irrefreável, incansável, apaixonado e exato. A situação, do ponto de vista das autoridades, ficou resumida numa nota do registro do escrivão do tribunal: **«A acusada apareceu neste tribunal acompanhada, infelizmente, do filho, Johannes Kepler, matemático.»** [8]

O processo durou mais um ano. A acusação abrangia quarenta e nove pontos, mais certo número de imputações suplementares, por exemplo, a de não haver a acusada chorado, quando advertida com textos da Sagrada Escritura (êsse «teste do chôro» constituía evidência importante nos julgamentos de bruxas), ao que Mãe Kepler retrucou iradamente haver chorado tanto na vida que já lhe não sobravam lágrimas.

O ato de acusação, lido em setembro, teve, algumas semanas depois, como resposta, um Ato de contestação por Kepler e conselho, refutado por um ato de aceitação da promotoria em dezembro; em maio do ano seguinte, a defesa apresentou um ato de Exceção e Defesa; em agôsto, a promotoria respondeu com um Ato de Conclusão e Confutação. A última palavra foi o ato de Conclusão pela defesa, de cento e vinte e oito páginas, na maior parte redigido pelo próprio Kepler. Depois disso, o caso, por ordem do duque, foi enviado à Faculdade de Lei de Tuebingen, universidade de Kepler. A Faculdade achou que Katherine devia ser interrogada mediante a tortura, mas recomendou fôsse o processo detido na fase da **territio,** ou seja da interrogação sob ameaça de tortura.

De acordo com o processo em tais casos, foi a velha levada à câmara da tortura e posta na frente do algoz; mostraram-lhe então os instrumentos e descreveram-lhe pormenorizadamente a ação dêles sôbre o corpo; deram-lhe a última oportunidade de confessar a culpa. O terror do lugar era tal que grande número de vítimas cedia e confessava àquela altura. [9] As reações de Mãe Kepler foram descritas no relato do Preboste ao duque:

> «Tendo tentado, na presença de três membros do tribunal e do escrivão da cidade, persuadir amigavelmente a acusada, e

tendo ouvido contradição e negação, conduzi-a ao lugar habitual de tortura e mostrei-lhe o algoz e os instrumentos, lembrando-lhe a necessidade de dizer a verdade, e a dor e pena que a aguardavam. Sem dar atenção, todavia, às sérias admoestações, ela recusou-se a confessar a bruxaria de que era acusada, dizendo que fizessem dela o que desejassem, e que, embora devessem arrancar-lhe do corpo uma artéria depois da outra, nada teria para confessar; ajoelhou-se, então, e rezou um **pater noster**, pedindo a Deus se manifestasse por um sinal, no caso de ser bruxa ou monstro ou ter tido jamais alguma coisa com a bruxaria. Queria morrer, disse; Deus revelaria a verdade após a sua morte, e a injustiça e violência que lhe eram feitas; deixaria tudo a Deus, que lhe não retiraria o Espírito Santo, mas a apoiaria... Tendo persistido na contradição e negação quanto à bruxaria, e permanecido firme na sua posição, levei-a de regresso ao lugar de custódia.» [10]

Uma semana depois, Mãe Kepler foi posta em liberdade, após catorze meses de prisão. Não pode voltar a Leonberg, entretanto, visto que a população ameaçava linchá-la. Seis meses mais tarde, morreu.

Foi nesse ambiente que Kepler escreveu a **Harmonia do Mundo** [11] obra em que deu a terceira lei planetária aos insinuantes contemporâneos.

5. HARMONICE MUNDI

O trabalho ficou pronto em 1618, três meses depois da morte da filha Katherine e três depois depois da defenestração de Praga. Não havia intenção irônica no título. Kepler só se deu ao luxo da ironia numa nota de pé de página (ao sexto capítulo do Quinto Livro), onde se discutem os sons emitidos pelos vários planetas enquanto percorrem as órbitas: «A Terra entoa Mi-Fá-Mi, de modo que daí podemos deduzir reinarem no nosso habitat a **Miséria** e a **Fome**.»

A **Harmonia do Mundo** é o Cântico dos Cânticos de um matemático «ao primeiro harmonista da criação»; é o sonho diurno de Jó que lhe mostra um universo perfeito. Se lermos o livro simultâneamente com as cartas referentes ao julgamento da bruxa, à excomunhão, à guerra e à morte do filho, teremos a impressão de ser levados abruptamente de uma peça do seu contemporâneo de Stratford a outra diferente. As cartas parecem ecoar o monólogo do rei Lear: «Soprai, ventos, rachai as bochechas.! Enfurecei-vos! Soprai! — Vós, cataratas e furações, precipitai-vos — Até ensopardes os nossos campanários, até submergirdes os galos — E tu, oniestremecedor trovão — Bate em cheio a espêssa rotundidade do mundo». Mas o lema do livro poderia ser: «Aqui nos sentaremos e deixaremos que os sons de música nos penetrem os ouvidos — O doce silêncio e a noite tornam-se o toque de suave harmonia. — Não há o menor orbe que contemplas que não cante, ao se mover, como um anjo... — Essa harmonia está nas almas imortais.»

A **Harmonia do Mundo** é a continuação do **Mistério Cósmico** e ponto culminante da sua eterna obsessão. O que Kepler tentou foi simplesmente desnudar o último segrêdo do universo numa síntese onienvolvente de geometria, música, astrologia, astronomia e epistemologia. Foi a primeira tentativa dessa espécie, desde Platão, e é a última até hoje. Depois de Kepler, estabelece-se de novo a fragmentação da experiência, a ciência divorcia-se da religião, a religião da arte, a substância da forma, a matéria do espírito.

O trabalho divide-se em cinco livros. Os dois primeiros tratam do conceito de harmonia na matemática; os três seguintes das aplicações de tal conceito à música, astrologia e astronomia, nessa ordem.

Que quer ele dizer, precisamente, por «harmonia»? Algumas proporções geométricas que vê refletidas por toda parte, os arquétipos da ordem universal, dos quais se derivam as leis planetárias, as harmonias da música, o curso do tempo e a sorte do homem. Essas razões geométricas são as harmonias **puras** que guiaram Deus no trabalho da Criação; a harmonia **sensorial** que percebemos escutando as consonâncias musicais é apenas um eco deles. Mas esse instinto inato no homem, que lhe faz ressoar a alma diante da música, ministra-lhe uma chave para a natureza das harmonias matemáticas que se encontraram na fonte da música. Haviam os pitagóricos descoberto que a oitava se origina da razão 1 : 2 entre o comprimento de duas cordas vibrantes, a quinta da razão 2 : 3, a quarta de 3 : 3, e assim por diante. Mas estavam errados, diz Kepler, ao buscarem a explicação do maravilhoso fato numa oculta tradição numérica. A explicação de porque dá a razão 3 : 5, por exemplo, uma concordância, e 3 : 7 uma discordância, não se deve buscar em considerações aritméticas, mas em considerações **geométricas.** Imaginemos que a corda, cujas vibrações produzem o som, esteja curvada em círculo. Ora, o círculo pode muito bem ser dividido inscrevendo-se nele figuras simétricas de número variável de lados. Assim, o lado de um pentágono inscrito dividirá a circunferência em partes que estão para o círculo inteiro como 1/5 e 4/5 respectivamente, ambas cordas consonantes.

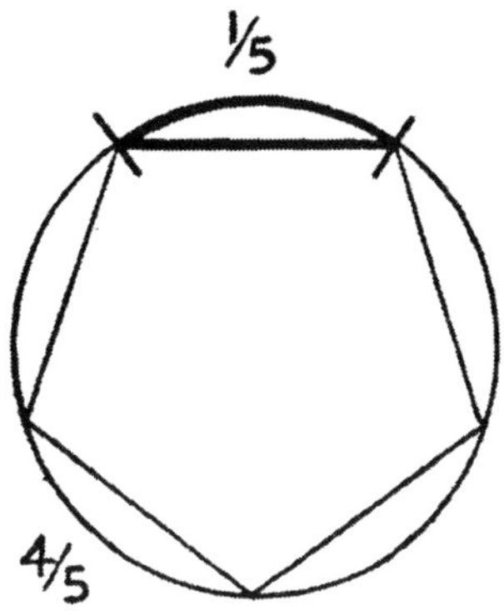

Quanto ao heptágono produzirá razões de 1/7 e 6/7, ambas discordantes. Por quê? A resposta, segundo Kepler, é: **porque o pentágono pode ser construído com o compasso e a régua, e o heptágono não.** Os instrumentos permitidos na geometria clássica são apenas o compasso e a régua. Mas a geometria é a única linguagem que permite ao homem compreender a obra do espírito divino. Logo, as figuras que não podem ser construídas com o compasso e a régua — como o heptágono, o endecágono, o tridecágono e o heptadecágono — são um tanto impuras, por desafiarem a inteligência. São **inscibilis,** incognoscíveis,[12] **inefabilis,** indizíveis, **non-entia,** não existências. «Eis a razão, explica Kepler, porque Deus não empregou o heptágono nem as demais figuras de tal espécie para embelezar o mundo.»

Assim, as puras harmonias arquetípicas e os seus ecos, as consonâncias musicais, são geradas pela divisão do círculo por meio de polígonos regulares, que podem ser construídos, ao passo que os polígonos «indizíveis» produzem sons discordantes e são inúteis no esquema do universo. À obsessão dos cinco sólidos perfeitos acrescentava-se a obsessão gêmea dos polígonos perfeitos. Os primeiros são corpos tridimensionais inscritos na esfera, os outros são formas bidimensionais inscritas no círculo. Há uma relação íntima, mística, entre os dois: a esfera, lembremo-nos, é para Kepler o símbolo da Santíssima Trindade; o plano bidimensional simboliza o mundo material; a intersecção da esfera e do plano, o círculo, pertence a ambos e simboliza a natureza dual do homem, como corpo e espírito.

Novamente, porém, não se harmonizaram os fatos ao esquema, tendo de ser explicados por engenhosos arrazoados. O polígono de 15 lados, por exemplo, pode ser construído, mas não produz nenhuma consonância musical. Mais, o número de polígonos que podem ser construídos é infinito, e Kepler só precisava de sete relações harmônicas para a sua escala (oitava, sexta maior ou menor, quinta, quarta, terça maior e menor). Outrossim, as harmonias tinham de ser dispostas numa hierarquia de graus variáveis de «cognoscibilidade», ou perfeição. Kepler dedicou a êsse fantástico mister o mesmo esforço dedicado à determinação da órbita de Marte. Afinal, conseguiu, com grande satisfação, derivar as suas sete harmonias, por intermédio de certas regras complicadas do jogo, dos polígonos perfeitos. Havia refeito o caminho das leis da música até o espírito do Geômetra Supremo.

Nas seções posteriores, aplica as razões harmônicas a tudo o que está debaixo do sol: metafísica e epistemologia; política, psicologia e fisiognomia; arquitetura e poesia, metereologia e astrologia. Depois, no quinto e último livro, volta à cosmologia, para terminar o vertiginoso edifício. O universo por êle erguido, na mocidade, em torno dos cinco sólidos perfeitos, não se havia harmonizado perfeitamente com os fatos observados. Chamou em auxílio dos sólidos sitiados o exército umbroso bidimensional dos polígonos. As razões harmônicas tinham de ser enfiadas, de um modo qualquer, entre os sólidos para preencher os claros e explicar as irregularidades.

Mas como fazer aquilo? Como podiam ser ajustadas as harmonias no esquema de um universo cheio de órbitas elípticas e movimentos não uniformes, do qual parecia realmente haver-se afastado qualquer simetria e harmonia? Como sempre, Kepler abre-se com o leitor, e para benefício dele recapitula o processo mediante o qual chegou à solução. A princípio, tentou atribuir as razões harmônicas aos **períodos de revolução** dos vários planêtas. Saiu-lhe um bilhete de loteria em branco: «Concluímos que Deus Criador não quis introduzir proporções harmônicas nas durações dos anos planetários.» 13

Em seguida, perguntou a si próprio se os **tamanhos** ou **volumes** dos vários planêtas formam uma série harmônica. Não formam. Em terceiro lugar, tentou ajustar a maior e a menor **distância solar** de cada planêta numa escala harmônica. Malogrou outra vez. Em quarto lugar, tentou as razões entre as **velocidades extremas** de cada planêta. Não teve êxito, mais uma vez. Depois, as variações de tempo necessárias ao planêta para percorrer a **unidade de comprimento** da sua órbita. Nada. Finalmente, teve a idéia de transferir a posição do observador para o centro do mundo e examinar as variações de velocidade angular, sem levar em consideração a distância, **vistas do sol**. Deu resultado!

Foram até mais compensadores do que ele próprio esperava os resultados. Por exemplo, Saturno, quando está no ponto mais distante do sol, no afélio, move-se à velocidade de 106 segundos de arco por dia; quando está mais perto do sol, e a velocidade é máxima, move-se à razão de 135 segundos de arco por dia. A razão entre as duas velocidades extremas é de 106 para 135, o que só difere em dois segundos de 4 : 5, que é terça maior. Com semelhantes pequeníssimos desvios (todos perfeitamente explicados no fim), a razão entre o movimento mais lento e o movimento mais rápido de Júpiter constitui uma terça menor, a de Marte uma quinta, e assim por diante. Isso para cada planeta considerado em si. Mas quando comparou as velocidades angulares extremas de pares de diferentes planetas, os resultados foram até mais assombrosos:

> À primeira vista o Sol da Harmonia lançou tôda a sua claridade através das nuvens.» [14]

Com efeito, os valores extremos dão os intervalos da escala completa. Mas não basta: se partirmos do planeta exterior, Saturno, no afélio, a escala será na chave maior; se partirmos de Saturno, no periélio, será na chave menor. Finalmente, se vários planetas estiverem simultaneamente nos pontos extremos das respetivas órbitas, o resultado será um motete onde Saturno e Júpiter representam o baixo, Marte o tenor, a Terra e Vênus o contralto, Mercúrio o soprano. Há ocasiões em que ouvimos os seis juntos:

> «Os movimentos celestes nada mais são do que um canto contínuo para várias vozes (percebido pela inteligência, não pelo ouvido); uma música que, através de tensões discordantes através de síncopes e cadências, por assim dizer (como os homens as empregam na imitação de tais discordâncias naturais), progride para certas clausuras planejadas de antemão, quase de seis vozes, e com isso estabelece marcos no imensurável curso do tempo. Logo, já não surpreende que o homem, imitando o Criador, tenha finalmente descoberto a arte do canto figurado, desconhecida dos antigos. O homem precisava reproduzir a continuidade do tempo cósmico na duração de uma breve hora por uma artística sinfonia para várias vozes, a fim de obter uma amostra do deleite do Divino Criador nas Suas obras, e participar do júbilo fazendo música à imitação de Deus.» [15]

Estava terminado o edifício. Kepler acabou o livro em 27 de maio de 1618, numa das mais fatídicas semanas da história européia:

> «Em vão rosna e urra o Deus da Guerra e tenta interromper com bombardas, clarins e todo o seu tarantantaran... [16] Desprezemos os bárbaros relinchos que ecoam através dessas nobres terras e abramos a compreensão e o desenho às harmonias.» [17]

Do abismo sombrio voou para alturas de êxtases órficos:

> «A coisa que despontou em mim há vinte e cinco anos, antes mesmo de haver descoberto os cinco corpos regulares entre as órbitas celestes...; que, há dezesseis anos, proclamei ser o alvo

derradeiro de tôda pesquisa; que me levou a dedicar os melhores anos da vida aos estudos astronômicos, a unir-me a Ticho Brahe e escolher Praga como residência, com a ajuda de Deus, que me entusiasmou e me despertou irreprimível desejo, que me conservou alerta a vida e a inteligência, e também me proporcionou as demais necessidades mediante a generosidade de dois imperadores e dos Estados do meu país, a Áustria Superior, agora, após desempenhar-me **ad satietatum** dos deveres astronômicos, finalmente os trouxe à luz... Tendo percebido o primeiro lampejo da aurora há dezoito meses, a luz do dia há três meses, e só há alguns dias o sol de maravilhosíssima visão, nada me deterá. Sim, entrego-me ao santo delírio. Zombeteiramente desafio todos os mortais com esta confissão franca: roubei os vasos de ouro dos egípcios para deles fazer um tabernáculo para o meu Deus, longe das fronteiras do Egito. Se me perdoardes, rejubilar-me-ei. Se vos zangardes, suportá-lo-ei. Olhai, lancei os dados, e estou escrevendo um livro para os meus contemporâneos, ou para a posteridade. É o mesmo para mim. Bem pode esperar cem anos por um leitor, uma vez que Deus também esperou seis mil por uma testemunha...»[18]

6. A TERCEIRA LEI

Essa última citação é do Prefácio ao Quinto Livro do **Harmonice Mundi**, que contém, quase oculta no meio da exuberância de imaginação a Terceira Lei do movimento planetário de Kepler.

Diz, em linguagem moderna, que os quadrados dos períodos de revolução de dois planetas quaisquer estão entre si como os cubos das suas distâncias médias de sol.[19] Eis uma ilustração. Seja a distância da terra ao sol a nossa medida unitária; nesse caso, a distância de Saturno ao sol terá um pouco mais de nove unidades. A raiz quadrada de 9 é 3. O cubo de 1 é 1, o cubo de 9 é 27. (*) Assim, o ano de Saturno será um pouco mais do que vinte e sete vezes o ano terrestre; é, na realidade, de trinta anos. Desculpas pelo exemplo grosseiro, que é do próprio Kepler.[20]

Diversamente da Primeira e da Segunda Leis, por ele descobertas pela peculiar combinação de intuição sonambúlica e ligeireza bem desperta no tocante a chaves de mistérios, — processo mental em dois níveis que tirou misteriosos benefícios dos seus erros evidentes — a Terceira Lei foi o fruto de tentativas pacientes, obstinadas. Quando, após intermináveis experimentos, chegou finalmente à razão quadrado-para--cubo, encontrou imediatamente um motivo para explicar porque devia ser justamente aquilo e nada mais. Já disse antes que as provas **a priori** de Kepler foram muitas vezes inventadas **a posteriori.**

As circunstâncias exatas do descobrimento da Terceira Lei foram de novo fielmente registradas por Kepler:

«Em 8 de março do presente ano de 1618, se quisermos datas exatas, [a solução] me veio à cabeça. Mas não tive sorte e quando a verifiquei mediante cálculos, rejeitei-a por falsa.

(*) Assim, no original (N. do T.)

> Afinal, voltou novamente a mim em 15 de maio, e em novo ataque conquistou a treva do meu espírito; concordava tão perfeitamente com os dados ministrados pelos meus dezessete anos de trabalho nas observações de Ticho, que, a princípio, julguei estar sonhando, ou haver cometido uma **petitio principi**...» 21

Celebrou o novo descobrimento, como celebrado havia a Primeira Lei, com uma citação das **Eglogas** de Virgílio; em ambos os casos a Verdade surge com o aspecto de incômoda sapeca que, inesperadamente, cede ao perseguidor, quando este já perdeu as esperanças. E em ambos os casos também, a verdadeira solução foi repelida por Kepler quando lhe ocorreu pela primeira vez, sendo aceita apenas quando se infiltrou a segunda vez, «por uma porta traseira do espírito».

Desde a mocidade, estivera procurando a Terceira Lei, isto é, uma correlação entre o **período** e a **distância de um planeta**. Sem essa correlação, o universo não teria, para ele, nenhum sentido, e seria uma estrutura arbitrária. Se o sol tinha o poder de governar os movimentos dos planetas, o movimento devia, **de um modo qualquer**, depender da distância dêles ao sol; mas como? Kepler foi o primeiro que viu o problema, afora o fato de haver-lhe encontrado a resposta, após vinte e dois anos de trabalhos. O motivo pelo qual ninguém, antes dêle, fizera tal pergunta, é que ninguém pensara em problemas cosmológicos em têrmos de fôrças físicas reais. Enquanto a cosmologia ficasse divorciada da causação física no espírito, nesse espírito **não podia verificar-se a pergunta certa.** Impõe-se novamente um paralelo à presente situação: suspeita-se haver uma fragmentação no espírito do século vinte que lhe não permite formular as perguntas certas. O rebento de uma nova síntese não é uma solução pronta, e sim um saudável problema clamando por uma resposta. E **vice versa:** uma filosofia unilateral, seja ela escolástica ou mecanismo do século dezenove, cria problemas doentios desta espécie: «Qual o sexo dos anjos?» ou «O homem é uma máquina?»

7. O DERRADEIRO PARADOXO

A importância **objetiva** da Terceira Lei é ter proporcionado a chave final de Newton; oculta nela está a essência da Lei da Gravidade. Mas a sua importância subjetiva para Kepler estava em lhe nutrir a busca quimérica, e nada mais. A Lei faz o seu primeiro aparecimento, como «Proposição N.º 8», num capítulo caracteristicamente chamado «As Principais Proposições de Astronomia necessárias à Investigação das Harmonias Celestes». No mesmo capítulo (o único do livro que trata propriamente de astronomia) a Primeira Lei só é mencionada de passagem, quase envergonhadamente, e a Segunda Lei de maneira nenhuma. No lugar dela, Kepler mais uma vez citou a defeituosa proposição da razão inversa, cuja incorreção conheceu uma vez, para depois esquecê-la. Não foi o menor dos feitos de Newton localizar as Três Leis nos escritos de Kepler, ocultas como estavam, à guisa de miosótis num canteiro tropical.

Para mudarmos, mais uma vez, de metáforas: as três Leis são as colunas sobre as quais repousa o edifício da moderna cosmologia; mas para Kepler significavam apenas tijolos no meio de outros tijolos, para a construção do seu templo barroco, planejada por um arquiteto lunático. Nunca lhes compreendeu a verdadeira importância. No seu primeiro livro havia observado que «Copérnico não sabia como era rico»; a mesma observação se aplica ao próprio Kepler.

Ressaltei várias vêzes êsse paradoxo. É tempo, agora, de tentar resolvê-lo. Em primeiro lugar, a obsessão de Kepler por um cosmos construído em tôrno dos sólidos pitagóricos e das harmonias musicais não era tão extravagante como se nos afigura. Condizia-se com as tradições do neoplatonismo, com o renascimento do pitagorismo, com o ensinamento dos paracelsianos, rosicrucianos, astrólogos, alquimistas, cabalistas e hermetistas, ainda em grande evidência no princípio do século dezessete. Quando falamos da «época de Kepler e Galileu», tendemos a nos esquecer de que eram indivíduos isolados, uma geração à frente dos homens mais iluminados daquele tempo. Se a «harmonia do mundo» era um sonho fantástico, tinham sido os seus símbolos partilhados por toda um cultura sonhadora. Era uma **idée fixe,** derivada de uma obsessão coletiva, porém mais elaborada e precisa, aumentada em escala grandiosa, mais hábil e consistente, levada à última perfeição do pormenor matemático. O cosmos kepleriano é a coroação de um tipo de arquitetura cósmica que se iniciou com os babilônios e termina com o próprio Kepler.

O paradoxo, portanto, não está na natureza mística do edifício de Kepler, mas nos elementos arquiteturais modernos por êle empregados, na sua combinação de materiais de construção incompatíveis. Os arquitetos do sonho não se preocupam com imprecisões de uma fração de décimo; não perdem vinte anos em cálculos medonhos, exaustivos para erguer as tôrres de fantasias. Sòmente algumas formas de insânia mostram esse método pedante na loucura. Ao lermos certos capítulos do **Harmonice,** lembramo-nos realmente das pinturas explosivas e, no entanto, laboriosas, dos esquizofrênicos, que passariam por arte legítima se pintadas por um selvagem ou uma criança, mas que são julgadas pelos padrões clínicos, quando sabemos que são o produto de um contador registrado, de meia-idade. A esquizofrenia kepleriana torna-se evidente sòmente quando a julgamos pelo padrão das suas realizações em óptica, como pioneiro do cálculo diferencial, como descobridor das três Leis. O seu espírito partido revela-se na maneira pela qual via a si próprio nos momentos de não obsessão: como sóbrio cientista «moderno», livre de quaisquer pendores místicos. Assim escreve sobre o rosacruciano escocês, Robert Fludd:

> «É claro que tira o maior prazer de charadas inintelegíveis sôbre o mundo real, ao passo que o meu objetivo é, pelo contrário, levar os obscuros fatos da natureza para a brilhante luz do conhecimento. O seu método é uma questão de alquimistas, hermetistas e paracelsianos, o meu é tarefa do matemático.» [22]

São palavras impressas no **Harmonice Mundi,** onde fervilham idéias astrológicas e paracelsianas.

Há outro ponto de igual importância para o paradoxo kepleriano. O principal motivo pelo qual não sabia como era rico — isto é, não compreendia o significado das suas próprias Leis — é técnico: trata-se da impropriedade do instrumento matemático do seu tempo. Sem o cálculo diferencial e a geometria analítica, ou sem esta, as três Leis não apresentam nenhuma ligação evidente entre si, não passando de pedaços desunidos de informação sem muito sentido. Por que havia de querer Deus que os planetas se movessem em elipses? Por que deveria a velocidade deles ser governada pela área descrita pelo raio vetor, e não por outro fator mais patente? Por que deveria a razão, entre a distância e o período, misturar-se a cubos e quadrados? Uma vez que conheçamos a lei inversa dos quadrados da gravidade e as equações matemáticas de Newton, tudo se torna maravilhosamente claro. Mas sem o teto que as une, as Leis de Kepler parece não terem nenhuma **raison d'être** particular. Da primeira, quase se envergonhava; tratava-se de um afastamento do círculo sagrado para os antigos, sagrados até para Galileu e, por outras razões, para ele próprio. A elipse não tinha nada que a recomendasse aos olhos de Deus e do homem; Kepler traiu a má consciência, ao compará-la a uma carroça de estrume que lhe cabia levar ao sistema como preço por livrá-lo de muito maior quantidade de estrume. A Segunda Lei, considerava-a mero dispositivo de cálculo. e repudiava-a constantemente em favor de uma aproximação defeituosa; a Terceira, tinha-a na conta de elo necessário no sistema de harmonias. e nada mais. Sem a noção da gravidade e o método do cálculo, não podia ser mais.

Johannes Kepler partiu para descobrir a Índia e descobriu a América. É um fato freqüentemente repetido na busca do conhecimento. Mas o resultado é indiferente ao motivo. Qualquer fato, uma vez descoberto, leva uma vida própria e entra em relação com outros fatos que os seus descobridores nem sequer sonharam. Apolônio de Perga descobriu as leis das curvas inúteis que surgem quando um plano intersecta um cone em vários ângulos; tais curvas, séculos depois, puderam representar os caminhos seguidos por planetas, cometas, foguetes e satélites.

> «Não podemos fugir ao sentimento, — escreveu Henrique Herz — de terem essas fórmulas matemáticas uma vida independente e uma inteligência própria, de serem mais sábias do que nós, mais sábias até do que os seus próprios descobridores, de tirarmos delas mais do que nelas foi posto originariamente.»

A confissão do descobridor das ondas de rádio é suspeita, aparentemente, como um eco de Kepler, que ecoa Platão, que ecoa Pitágoras: **«Tenho para mim que toda a natureza e o céu gracioso estão contidos em símbolos** in geometriam.»

X. CÁLCULO DE UMA NOIVA

Somente uma circunstância, mas fundamental, aliviou e melancolia dos últimos anos de Kepler o seu segundo casamento, em 1613, com Susanna Reuttinger. Contava ele quarenta e um anos, e ela, filha de um marceneiro, vinte e quatro. Os pais de Susanna tinha morrido, quando ela era ainda uma criança. Fôra educada na casa da baronesa Starhemberg. Não sabemos que posição tinha naquela casa, mas a julgar pelas escandalizadas reações dos correspondentes de Kepler deve ter sido baixa, algo entre criada e companheira.

O primeiro casamento de Kepler fôra engendrado pelos seus simpatizantes, quando não passava de jovem professor sem experiência e sem dinheiro. Antes do segundo casamento, amigos e intermediários desempenharam de novo um papel importante, mas dessa vez Kepler se viu obrigado a escolher entre onze candidatas. Numa carta a um nobre desconhecido, que enche oito páginas impressas, Kepler descreveu em pormenores meticulosas o processo de eliminação e escolha por êle seguido. É um documento curioso e figura entre os mais reveladores nos seus volumosos escritos. Mostra que resolveu o problema de escolha da esposa certa entre as onze candidatas quase pelo mesmo método com o qual descobriu a órbita de Marte: cometeu uma série de erros, que poderiam ter sido fatais, mas que desapareceram; e até os derradeiros momentos deixou de perceber que tinha nas mãos a solução correta.

A carta, datada de Linz, em 23 de outubro de 1613, diz: [1]

> «Embora todos os cristãos iniciem o convite de casamento declarando solenemente que o seu casamento se deve a uma providência especial divina, eu, como filósofo, gostaria de conversar convosco, ó mais sábio dos homens, pormenorizadamente sôbre isso. Foi a Divina Providência ou a minha própria culpa moral que, por dois anos ou mais, me levou a tantas direções diferentes e me fêz considerar as possibilidades dessas diversas uniões? Se foi a Divina Providência, para que fim usou essas várias personalidades e eventos? Não há nada que eu gostaria de investigar mais completamente, e que mais intensamente deseje conhecer, do que isso. Posso achar a Deus, que quase toco com as mãos quando contemplo o universo, também no meu próprio ser? Se, por outro lado, o êrro foi meu, em que consistiu? Cupidez, falta de sensatez ou

ignorância? E por que, por outro lado, não houve ninguém entre os meus conselheiros que aprovasse a minha decisão final? Por que estou perdendo a estima que me dedicavam antes, ou pareço estar a perdê-la?

Que poderia ter havido mais sensato do que eu, como filósofo, já além do ponto culminante da virilidade, numa idade em que a paixão está extinta, o corpo seco e amaciado pela natureza, desposar uma viúva que cuidaria da casa, conhecida minha e de minha primeira mulher, e por esta a mim inequìvocamente recomendada? Se assim é, por que não deu resultado?...»

•

Os motivos pelos quais êsse primeiro projeto não deu resultado foram, entre outros, ter a noiva provável duas filhas casadouras, estar a sua fortuna nas mãos de um administrador, e, como posterior reflexão,

«também a consideração da saúde, porque, apesar de ser-lhe forte o corpo, dá suspeita de má saúde, em virtude do mau hálito; acrescentou-se a isso a minha duvidosa reputação em matéria de religião. Ademais, quando revi a mulher após estar tudo pronto (não a visitara durante os últimos seis anos), nada me agradou nela. Portanto, é suficientemente claro que o negócio não podia dar resultado. Mas por que permitiu Deus que eu me ocupasse de tal projeto destinado ao malôgro? Talvez para evitar a minha ingerência em outras perplexidades, enquanto os meus pensamentos se concentravam nessa pessoa?... Creio que coisas como essa sucedem também a outros, não uma vez apenas mas muitas; a diferença é que os outros não se aborrecem tanto quanto eu; que se esquecem de tudo mais fàcilmente e superam o assunto mais depressa do que, ou que possuem mais contrôle e são menos crédulos do que eu... Vamos, agora, às outras.

Com a mãe, foram-me oferecidas também as duas filhas, sob um agouro desfavorável, se como tal se pode interpretar uma ofensa à probidade, pois o projeto foi apresentado pelos simpatizantes das senhoras em forma não muito apropriada. A fealdade do plano me perturbou intensamente; contudo, comecei a indagar das condições. Ao transferir o meu interesse de viúvas a virgens, e ao continuar a pensar na ausente [a mãe] que até então eu não vira, fiquei cativado pela aparência e feições agradáveis da que estava presente [a filha], cuja educação fora, como ficou suficientemente claro, mais esplêndida do que me seria útil. Fôra criada num luxo acima da sua posição e não tinha idade suficiente para dirigir uma casa. Decidi submeter os motivos que falavam contra o casamente ao juízo da mãe, mulher sensata que amava a filha. Mas teria sido melhor se o não tivesse feito, pois a mãe não me pareceu contente. Foi a segunda; vamos, agora, à terceira.»

A terceira era uma donzela da Boêmia, que Kepler achava atraente e que gostava dos filhos dele. Kepler confiou-lhos por algum tempo «o que foi uma ousadia, pois mais tarde tive de ir buscá-los à minha custa». Estava disposta a desposá-lo, mas, um ano antes, dera a palavra a outro homem. O outro homem, entretanto, tivera um filho com uma prostituta, de modo que a donzela se considerou livre, julgando, contudo, necessário obter a permissão do empregador do ex-noivo. O empregador, havia tempo, dera a Kepler uma carta de recomendação, e com um misterioso **non-sequitur** diz Kepler que aquilo evitou o casamento. Ficamos sem saber por que.

A quarta, êle a teria desposado com alegria, apesar da «sua elevada estatura e construção atlética», se não tivesse entrado em cena a quinta, Susanna, a futura espôsa:

> «Comparando-a à quarta, a vantagem estava com ela no que tange à reputação da família, seriedade de expressão, propriedade e dote; mas a quinta tinha vantagem pelo amor e pela promessa de ser modesta, econômica, trabalhadeira e amar os enteados... Enquanto travava a minha longa e difícil batalha com êsse problema, esperava a visita de Frau Helmhard, curioso por saber se me aconselharia a desposar a terceira, que então venceria as duas mencionadas em último lugar. Tendo finalmente ouvido o que essa mulher tinha por dizer, comecei a inclinar-me pela quarta, aborrecido de ser obrigado a deixar a quinta. Estava refletindo nisso, prestes a resolver, quando o destino interveio: a quarta cansou-se das minhas hesitações e comprometeu-se com outro pretendente. Assim como antes ficara aborrecido por ter de rejeitar a quinta, senti-me ofendido com a perda da quarta, e de tal modo que a quinta começou a perder os encantos para mim. Nesse caso, não há dúvida, o defeito era do meu sentimento.
>
> Quanto à quinta, há também a questão de saber por que, uma vez que me estava destinada, permitiu Deus que no curso de um ano ela tivesse mais seis rivais? Não havia outro modo de o meu coração intraqüilo contentar-se com o destino senão pela compreensão da impossibilidade de satisfazer tantos outros desejos?»

E assim chega a vez da Número 6, recomendada a Kepler pela enteada:

> «Certa nobreza, e algumas posses a faziam desejável; por outro lado, não tinha idade suficiente, eu temia a despesa de um casamento suntuoso. A sua própria nobresa a tonava suspeita de orgulho. Além disso, tive pena da quinta, que já compreendera o que se estava passando e o que fora decidido. Essa divisão em mim entre querer e não querer tinha, por outro lado, a vantagem de me desculpar aos olhos dos conselheiros, mas também a desvantagem de eu sofrer, como se tivesse sido rejeitado... Nesse caso também, contudo, a Divina Providência tivera boa intenção, pois aquela mulher não se teria absolutamente hormonizado com os meus hábitos e a minha casa.
>
> Ora, reinando no meu coração, com alegria minha, a quinta, fato que lhe expremi em palavras, surgiu de súbito uma rival, que chamarei de N.º 7, porque certa gente, que conheceis, desconfiava da humildade da quinta, e recomendava a nobre posição da sétima. Ela também tinha uma aparência que merecia amor. Já estava preparado para desistir da quinta, e escolher a sétima, contanto que fôsse verdade o que se afirmava dela...»

Mais uma vez prevaricou; «que outro podia ter sido o resultado senão uma recusa, que eu havia quase provocado?»

As línguas batiam em Linz; para evitar mais tagarelice e ridículo, voltou a atenção para uma candidata de origem comum «que. não obstante, aspirava à nobreza. Embora o aspecto em nada a recomendasse, tinha mãe digníssima». Mas era tão volúvel quanto indeciso ele, e após dar-lhe alternadamente a palavra e retirá-la, em sete oportunidades subseqüentes, Kepler agradeceu novamente à Divina Providência e deixou-a ir em paz.

Os seus métodos tornaram-se mais precavidos e sigilosos. Quando conheceu a N.º 9 que, a não ser uma doença dos pulmões, tinha muito que a recomendava, fingiu estar apaixonado por outra, esperando que as reações da candidata lhe traíssem os sentimentos. A reação dela foi contar tudo imediatamente à mãe, já pronta para abençoá-la; mas Kepler pensou que ela o tivesse repelido. e não houve remédio.

A décima era também de família nobre, possuía meios suficientes e era econômica.

> «Mas tinha feições repulsivas, e o corpo feio, até para homem de gostos simples. O contraste entre os nossos corpos era notabilíssimo:
>
> Eu magro, sêco, delgado; ela pequena e gorda, e provinha de família conhecida pela obesidade. Não podia de maneira nenhuma ser comparada à quinta, o que porém não reavivou o amor a esta.»

A décima-primeira e última era também «de grau nobre, opulenta e econômica»; mas depois de esperar quatro meses uma resposta Kepler foi informado de que a donzela não crescera ainda bastante.

> «Tendo assim exaurido os conselhos de todos os amigos, eu, no último momento, antes de partir para Ratisbana, voltei à quinta, dei-lhe a palavra e recebi a dela.
>
> Tendes agora o meu comentário sôbre a observação no começo deste convite. Vêdes agora como me mergulhou a Divina Providência nessas perplexidades, para eu poder aprender a desprezar a nobreza, a fortuna e o parentesco, coisas que ela não tem, e procurar com equanimidade outras virtudes mais simples...»

A carta termina com Kepler suplicando o amigo aristocrata a comparecer ao banquete de casamento e ajudá-lo, com a sua presença, a enfrentar a adversidade da opinião pública.

Susanna pareceu justificar a escolha de Kepler, e correspondeu às suas esperanças. Quase não é mais mencionada nas cartas, e, no que tange à vida doméstica de Kepler, a falta de notícias é boa notícia. Susanna deu-lhe sete filhos, três dos quais morreram pequeninos.

Disse, no comêço dêste capítulo, que o modo de Kepler descobrir a espôsa que lhe servia nos lembra estranhamente o método dos seus descobrimentos científicos. Talvez, no fim dessa odisséia matrimonial, o assunto pareça menos artificial e esquisito. Existe a mesma separação característica de personalidade entre, por um lado, o vulto pateticamente ansioso, **chaplinesco**, que tropeça de uma hipótese errada a outra e de uma candidata à seguinte, órbitas ovais, órbitas ovalóides, órbitas bochechudas; que procede por experiência e erro, cai em grotescas armadilhas, analisa com pedante seriedade todo e qualquer êrro e em cada um descobre um sinal da Divina Providência; mal se pode imaginar uma execução mais dolorosamente despida de humor. Mas por outro lado, descobriu **realmente** as suas Leis e escolheu **realmente** bem entre as onze candidatas, guiado pela intuição sonambúlica que lhe apagou os erros cometidos no estado de vigília e sempre se afirmou no momento crítico. A posição social e as considerações financeiras são as mais importantes na sua consciência desperta e, entretanto, desposou afinal a única que não tinha posição, nem dinheiro, nem família; e embora dê ouvidos ansiosamente aos conselhos de todos, pareça oscilar e desprovido de vontade própria, decide quanto à pessoa unânimemente repelida de todos.

É a mesma dicotomia que observamos em todas as suas atividades e atitudes. Nas brigas com Ticho e nos constantes resmungos, exibiu uma trivialidade embaraçadora. E contudo não sabia o que era inveja e não tinha ressentimentos duradouros. Orgulhava-se dos seus descobrimentos e muitas vêzes gabava-se dêles (particularmente dos que se revelaram sem valor), mas não se tinha na conta de proprietário, pronto sempre a dividir os direitos de autoria das três Leis com o Junker Tengnagel e, contràriamente aos hábitos da época, em todos os livros reconheceu da maneira mais generosa o que devia a Maestlin, Brahe, Gilbert e Galileu. Deu até crédito a quem nada era devido, por exemplo a Fabrício, que quase considerou descobridor das órbitas elípticas. Informava livremente a todos das suas últimas pesquisas e esperava ingênuamente que outros astrônomos se desfizessem das observações zelosamente guardadas; quando se recusavam, como Ticho e os herdeiros, furtava o material, sem nenhum escrúpulo. Não possuía, realmente, o menor senso de propriedade particular no tocante às pesquisas científicas, atitude desusadíssima entre os estudiosos de hoje; no tempo de Kepler era tida por loucura. Foi, porém, a loucura mais terna do seu íntimo discordante, fantástico.

XI. OS ÚLTIMOS ANOS

1. TABULAE RUDOLPHINAE

O **HARMONICE MUNDI** foi terminado em 1618 e publicado no ano seguinte, quando Kepler contava quarenta e oito anos de idade. Estava feito o trabalho de desbravador; mas nos restantes onze anos de vida continuou a derramar livros e panfletos, calendários e efemérides anuais, um livro sobre cometas, outro sobre o novo invento dos logaritmos, e duas obras mais importantes: o **Epitome Astronomiae Copernicanae** e o **Tábuas Rodolfinas.**

O título da primeira ilude. O **Epitome** não é um abstrato do sistema copernicano, mas livro de texto do sistema kepleriano. As leis que originariamente só se referiam a Marte, são ali aplicadas a todos os planetas, inclusive a lua e os satélites de Júpiter. Foram-se os epiciclos e o sistema solar emerge essencialmente no mesmo formato no qual se vê em livros escolares modernos. Foi o trabalho mais volumoso de Kepler e a exposição sistemática mais importante de astronomia, desde o **Almagesto** de Ptolomeu. O fato de os descobridores estarem, mais uma vez, lado a lado com as fantasias, não lhe tira o valor. É exatamente essa sobreposição de dois universos de pensamento que dá ao **Epitome,** como dá a toda a vida e obra de Kepler, o seu raro valor para a história das idéias.

Para compreendermos como estava Kepler na frente dos colegas, apesar do resíduo de medievalismo que lhe corria nas veias, temos de comparar o **Epitome** a outros textos contemporâneos. Nenhum dêles havia adotado a idéia heliocêntrica, nem iria adotá-la por mais uma geração. Maestlin publicou uma reimpressão do seu texto baseado em Ptolomeu em 1624, três anos depois do **Epitome,** e o famoso **Diálogo dos Grandes Sistemas do Mundo,** de Galileu, publicada outros oito anos depois, ainda se apega a ciclos e epiciclos como única forma concebível do movimento celeste.

O segundo trabalho de maior importância dos últimos anos de Kepler foi o seu coroamento em astronomia prática, as tão esperadas Tábuas Rodolfinas, baseadas nos esforços de Ticho. O término havia sido postergado por quase trinta anos pela morte de Ticho, pela disputa com os herdeiros e pelas caóticas condições criadas pela guerra, mas fundamentalmente pela relutância de Kepler contra o que se poderia chamar de maçada hercúlea. Astrônomos e navegantes, fazedores de calendários e horóscopos aguardavam impacientemente as prometidas Tábuas, e da

Índia e dos missionários jesuítas na China chegavam fortes queixas contra a demora. Quando um correspondente veneziano se uniu ao côro, Kepler respondeu com um **cri de coeur:**

> «Não podemos fazer tudo, como diz a máxima. Não me é dado trabalhar ordenadamente, apegar-me a um horário e a determinadas regras. Se elimino alguma coisa importante, é depois de fazê-la dez vezes. Muito freqüentemente perco um tempo considerável por um èrro de cálculo cometido na pressa. Mas poderia derramar uma infinidade de idéias... Suplico-te, meu amigo, que me não condenes inteiramente à monotonia dos cálculos matemáticos e me deixes tempo para especulações filosóficas que constituem todo o meu deleite.» 1

Finalmente, após completar cinqüenta anos de idade, entregou-se à tarefa que só vira de leve desde a morte de Ticho. Em dezembro de 1623 escreveu, triunfante, a um correspondente inglês: **video portum** (vejo o pôrto), e seis meses mais tarde a um amigo: «As Tábuas Rodolfinas, imaginadas por Ticho Brahe, trouxe-as eu comigo durante vinte e dois anos, como se desenvolve gradativamente a semente no seio materno. Agora estou torturado pelas dores do nascimento.» 2

Em virtude, porém, da falta de dinheiro e do caos da Guerra dos Trinta Anos, a impressão não demorou menos que quatro anos, consumindo-lhe a metade das energias e da vida que lhe restavam.

Visto que As Tábuas teriam o nome de Rodolfo, achou Kepler oportuno fôsse a impressão financiada pelo pagamento dos atrasados a èle devidos e que subiam a 6.299 florins. Viajou a Viena, nova sede da Côrte Imperial, onde aguardou quatro meses, antes de receber uma satisfação, aliás de natureza um tanto abstrata. Segundo o complicado método pelo qual se realizavam os negócios financeiros da Coroa, o Tesouro transferiu a dívida às três cidades de Nuremberg, Memmingen e Kempten. Kepler teve de ir de cidade a cidade, em parte a cavalo, em parte a pé, por causa das hemorróidas, e pedir, bajular, ameaçar, até que finalmente obteve um total de 2.000 florins, empregados na compra de papel para o livro. Decidiu financiar a impressão com o seu próprio dinheiro, «sem qualquer temor pelo sustento futuro da espôsa e dos seis filhos», e apesar de ser forçado «a valer-me do dinheiro a mim confiado para os filhos do primeiro casamento». Perdeu um ano inteiro nessas viagens.

E foi, no entanto, apenas o começo das lutas. A história da impressão das Tábuas Rodolfinas lembra-nos as Dez Pragas do Egito. Para início, não possuía Linz oficina tipográfica adequada para empreendimento de tal vulto, de modo que Kepler teve de viajar mais uma vez, a fim de recrutar noutras cidades hábeis impressores. Quando o trabalho, finalmente, começou a ser feito, surgiu a nova praga, uma praga familiar: todos os protestantes de Linz receberam ordem de abraçar a fé católica ou deixar a cidade, ao cabo de seis meses. Kepler foi novamente isentado, o mesmo sucedendo ao chefe tipógrafo luterano e aos seus homens, mas pediram-lhe que entregasse às autoridades todos os livros suspeitos de heresia. Felizmente, a escolha dos livros suspeitos coube a ele próprio (o que o fez sentir-se «como cadela que deve ceder um filhote») e, graças à intervenção do padre jesuíta Guldin, logrou conservá-los todos. Quando a guerra se aproximava de Linz, pediram as autoridades a Kepler que as aconselhasse a proteger os livros da Biblioteca Provincial do perigo de incêndio; recomendou-lhes ele que os empacotassem bem em barris de vinho, para poderem ser fàcilmente levados para longe do lugar perigoso. A propósito, não obstante a excomunhão (final, agora) continuou Kepler a visitar a amada Tuebingen, cidadela dos luteranos, e a passar boas horas com o velho Maestlin, mostrando tudo isso que as vacas sagradas da passada Era do Humanismo eram ainda respeitadas durante a Guerra dos Trinta Anos, tanto na Alemanha como na Itália, segundo nos mostra o caso de Galileu.

A terceira praga foi o guarnecimento de Linz por tropas da Baviera. Os soldados instalaram-se em tôda parte, até na oficina tipográfica de Kepler, o que deu origem ao boato, espalhado pela República das Letras, chegando até Dantzig, de haverem os soldados fundido os tipos de chumbo para o fabrico de balas e transformado em polpa os manuscritos para a feitura de cartuchos. Felizmente, não é verdade.

Em seguida, ergueu-se a classe camponesa em sangrenta revolta, queimou mosteiros e castelos, ocupou a municipalidade de Wels e sitiou Linz, durando o sítio dois meses, junho e agosto de 1626. Houve as epidemias habituais e a populaça se viu reduzida a viver de carne de cavalo, mas Kepler «com o auxílio de Deus e proteção dos meus anjos» escapou a tal destino.

> «Perguntais-me, escreveu ao padre Guldin, que fiz durante o longo sítio. Deveríeis perguntar o que se poderia fazer no meio da soldadesca. As outras casas só tinham alguns soldados aboletados nelas. A nossa situa-se rente aos muros da cidade. Durante todo o tempo ficaram nas fortificações, havendo em nossa construção tôda uma coorte. Os ouvidos viviam irritados pelo estrondo do canhão, o nariz pela fumaça, os olhos pelas chamas. Tôdas as portas deviam ficar abertas para os soldados que, indo e vindo sem cessar, perturbavam o sono de noite e o trabalho de dia. Não obstante, considerei uma bênção haverem-me os Estados cedido aposentos que davam para os fossos e os subúrbios nos quais se feria a batalha.» [3]

Quando não ficava a assistir à luta, Kepler, no gabinete sem tranqüilidade, empenhava-se na velha terapia, a composição de um trabalho cronológico.

Em 30 de junho, porém, os camponeses conseguiram atear fogo a uma parte da cidade, destruindo o incêndio setenta casas, entre elas a oficina tipográfica. Tódas as fôlhas já impressas arderam, mas os anjos intervieram novamente e o manuscrito de Kepler escapou ileso, o que lhe deu a oportunidade de uma das suas queridas exposições: «Estranha sorte essa que causa todas as demoras. Continuam a verificar-se incidentes de cuja culpa estou livre.» [4]

Na realidade, não ficou demasiadamente pesaroso com a destruição da oficina tipográfica; cansara-se de Linz e só esperava um pretexto para de lá sair. Conhecia uma boa oficina em Ulm, nos braços superiores do Danúbio, pertencente à sua terra natal da Suábia e que distava menos de cinqüenta milhas de Tuebingen, o pólo magnético que nunca perdeu a atração. Quando o sítio foi levantado e obtida a licença do imperador, pôde Kepler, depois de catorze longos anos, abandonar Linz, de que jamais gostara, e que jamais gostara dêle.

Mas o imperador de Ulm revelou-se uma decepção. Houve brigas logo no início e mais tarde ameaças de processo. A certa altura, Kepler até deixou Ulm à procura de melhor impressor, naturalmente em Tuebingen. Viajou a pé, por padecer novamente de bôlhas nas nádegas, o que tornava demasiadamente doloroso viajar a cavalo. Estava-se em fevereiro, e Kepler contava cinqüenta e seis anos. Na aldeia de Blaubeuren, após caminhar quinze milhas, voltou para fazer as pazes com o impressor (chamado Jonas Saur, significando Saur, azêdo).

Sete meses depois, em setembro de 1627, ficou o trabalho afinal pronto, em tempo para a feira anual do livro em Frankfurt. Kepler, que comprara o papel, fundira alguns dos tipos, trabalhara como feitor do impressor, e pagara tôdas as despesas, viajou para Frankfurt, com parte da primeira edição de mil exemplares, a fim de vendê-la. Foi verdadeiro trabalho de um só homem.

A última praga do Egito que teve de enfrentar foram os herdeiros de Ticho, que voltaram à cena. O Junker Tengnagel morrera cinco anos antes, mas Jorge de Brahe, o malogrado «Tichônida», continuara a guerrilha contra Kepler durante todos aquêles anos. Não compreendia nada do conteúdo da obra, mas opunha-se ao fato de ocupar o prefácio de Kepler mais espaço do que o dele, e opunha-se também à nota feita por Kepler de haver melhorado as observações de Ticho, o que para êle constituía mancha na honra do pai. Visto que o trabalho não podia ser publicado sem o consentimento dos herdeiros, as duas primeiras fôlhas, contendo as dedicatórias e os prefácios, tiveram de ser reimpressas duas vêzes; em resultado, existem três versões diferentes entre os exemplares que nos restam do livro.

As **Tábuas Rodolfinas** ficaram sendo, por mais de um século, instrumento indispensável para o estudo dos céus, tanto dos planêtas como das estrêlas fixas. O grosso da obra consiste nas tábuas e regras para se predizerem as posições dos planêtas, e no catálogo de 777 estrêlas, de Ticho, aumentado por Kepler para 1.005. Há também tábuas de refração e logaritmos [5] usados pela primeira vez em astronomia e uma lista das cidades do mundo, com as longitudes relacionadas à Greenwich de Ticho, o meridiano de Uraniburgo em Hveen.

O frontispício, desenhado pela mão de Kepler, apresenta um templo grego, sob cujas colunas cinco astrônomos discutem vivamente. São êles um antigo babilônio, Hiparco, Ptolomeu, Copérnico e Tyge de Brahe. Numa parede, na base do templo, sob os pés dos cinco imortais, há um pequeno nicho no qual Kepler está agachado a uma mesa rudemente cortada, olhando tristemente para o contemplador, tal qual um dos sete anões de Branca de Neve. O pano de mesa, na frente, está coberto de números, feitos por uma pena ao alcance da mão, querendo dizer que êle não tem dinheiro para comprar papel. No tôpo do telhado em forma de cúpula paira a Águia Imperial, deixando cair do bico ducados de ouro, como símbolo da magnanimidade imperial. Dois dos ducados caem sôbre a mesa de Kepler e mais dois estão caindo, o que constitui uma sugestão esperançosa.

2. A TENSÃO

Os últimos três anos da vida de Kepler possuem ecos assombrados da lenda do Judeu Errante. **Quis locus eligendus, vastatus an vastandus?** (Que lugar escolherei, um já destruído, ou um que vai ser destruído?) [6] Deixara Linz para sempre e não tinha morada fixa. Ulm era apenas uma parada temporária, enquanto durasse a impressão. Vivia numa casa posta à sua disposição por um amigo, e embora tivesse sido especialmente alterada para acomodar a família de Kepler, espôsa e filhos não se encontravam com ele. Na jornada Danúbio acima, a partir de Linz, o rio começara a gelar, e Kepler tivera de continuar de carruagem, deixando Susanna e os filhos em Ratisbona. Pelo menos, é a explicação por ele dada numa carta a um correspondente, mas ficou em Ulm quase dez meses e não mandou buscá-los.

Êsse episódio caracteriza certa esquisitice de comportamento pelo fim da vida. É como se a herança do pai errante e dos tios se lhe estivesse afirmando na meia-idade. A intraqüilidade achara uma saída na atividade criadora; quando terminou as Tábuas Rodolfinas, a tensão interrompeu-se, a corrente foi interrompida, e êle pareceu girar em círculos sem alvo, levado por ansiedade cada vez maior, avassaladora. Começou a sofrer novamente de erupções e bolhas, e tinha mêdo de morrer antes de pronta a impressão das Tábuas. O futuro era um deserto de fome e desespero.

Entretanto, apesar da guerra, a sua situação era em grande parte imaginária. Haviam-lhe oferecido a Cátedra mais cobiçada na Itália, e o enviado de Lorde Bacon, Sir Henry Wotton, convidara-o a visitar a Inglaterra (*). Kepler recusou:

> «Deverei ir além-mar, para onde me convida Wotton? Eu, um alemão? Eu, que amo o Continente firme e estremeço à idéia de uma ilha de estreitos limites cujos perigos sinto de antemão?» [7]

Após repelir tão tentadoras ofertas, pediu, desesperado, ao amigo Bernegger de Estrasburgo se não poderia arranjar-lhe uma modesta cadeira naquela Universidade. Para atrair uma audiência faria de boa vontade o horóscopo de todos, porque «a ameaçadora atitude do imperador, que transparece em tôdas as suas palavras e gestos», não lhe deixava outra esperança. Bernegger respondeu-lhe que a cidade e a Universidade de Estrasburgo o receberiam de braços abertos, se quisesse honrá-las com a sua presença, e ofereceu-lhe hospitalidade pessoal ilimitada na sua espaçosa casa com «belíssimo jardim». Mas Kepler recusou «por não poder dar-se o luxo da despesa da viagem», e quando Bernegger tentou animá-lo com a notícia de que um retrato dêle fôra pendurado na parede da biblioteca da Universidade, «todos os que visitam a biblioteca o vêem. Ah, se pudessem ver-vos em pessoa!», a reação de Kepler foi a de que o retrato «devia ser retirado daquele lugar público, tanto mais que quase nada se parece comigo». [8]

3. WALLENSTEIN

A hostilidade do imperador só existia na imaginação de Kepler. Em dezembro de 1627, Kepler deixou Ulm rumo a Praga — tendo estado quase sempre em movimento desde a Feira de Frankfurt — e foi recebido, para surpresa sua, como **persona grata**. A côrte regressara a Praga para a coroação do filho do imperador como Rei da Boêmia. Todos estavam eufóricos: Wallenstein, o novo Aníbal, expulsara os invasores dinamarqueses da Prússia, varrera Holstein, Schleswig e Jutlândia, e os inimigos do império fugiam por toda parte. O próprio Wallenstein chegara a Praga algumas semanas antes de Kepler, e recebera, além do ducado de Friedland, já seu, o ducado de Sagan, na Silésia.

(*) Kepler dedicara o **Harmonice Mundi** a Jaime I.

O generalíssimo e o matemático do imperador já se haviam cruzado antes. Wallenstein gostava de astrologia. Vinte anos antes, em Praga, fôra Kepler solicitado, por um intermediário, a fazer o horóscopo de um jovem nobre que desejava permanecer incógnito. Escrevera uma brilhante análise do caráter do futuro cabo de guerra, que então contava vinte e cinco anos, o que prova a sua visão psicológica, uma vez que adivinhara a identidade do cliente anônimo (*). Dezesseis anos depois, mais uma vez por um intermediário, foi solicitado a ampliar o horóscopo — profusamente anotado por Wallenstein na margem — dessa vez sem qualquer pretensão de anonimato. Kepler obsequiara-o outra vez, mas salvara a reputação com as habituais advertências contra os abusos da astrologia. O segundo horóscopo, que data de 1624, pára em 1634 com a profecia de que Marte trará «espantosas descobertas no país». Wallenstein foi assassinado em 25 de fevereiro daquele ano (**).

Estava, pois, preparado o terreno para o encontro dêles entre as celebrações em Praga. O encontro terminou, após demoradas negociações, com a nomeação de Kepler para matemático particular de Wallenstein no recém-adquirido ducado de Sagan. O imperador não fêz objeções e Kepler continuou com o título de matemático imperial pelo que valia, não muito em matéria de dinheiro, pois as dívidas da Coroa com Kepler em atrasos de salário e gratificações subiam já a 11.817 florins. O imperador informou delicadamente a Wallenstein que esperava que êste pagasse a quantia, o que Wallenstein evidentemente nunca fêz.

Concluído o trato com Wallenstein, os dois homens deixaram Praga em maio de 1628, Wallenstein para sitiar sem êxito Strahlsund, o que foi o comêço da queda, Kepler para visitar espôsa e filhos ainda em Ratisbona. Foi até Linz liquidar os negócios e voltou a Praga, onde a família se lhe reuniu, e com ela chegou em julho a Sagan. Mas considerável parte dos bens, inclusive livros e instrumentos necessários aos trabalhos, deixou-os atrás, guardados. Foi movimento sem ânimo de homem já alquebrado, cujo comportamento se tornou cada vez mais irregular e tortuoso.

Comparada a Sagan, Linz fôra o paraíso:

> «Sou aqui hóspede e estranho, quase inteiramente desconhecido, e mal compreendo o dialeto desta gente que, em troca, me considera bárbaro... 9
>
> Sinto-me rodeado pela solidão, longe das grandes cidades do império, num lugar em que as cartas vêm e vão devagar e com muito gasto de dinheiro. Acrescentem-se as agitações da [contra]-reforma as quais, embora eu não seja pessoalmente atingido, não me deixaram ileso. Tristes exemplos estão na minha frente, ou na frente dos olhos do meu espírito, de conhecidos, amigos, gente da minha imediata vizinhança arruinada, e a conversação com os terrorizados fica... eliminada pelo mêdo...
>
> Uma pequena profetisa de Kottbuss, localidade no meio do caminho que vai daqui a Francforte sôbre o Oder, ameaça o fim do mundo. A idade dela, a ignorância e a massa enorme de ouvintes fazem que todos lhe dêem crédito.» 10

(*) O nome Wallenstein está escrito, no código secreto de Kepler, no original do horóscopo, ainda existente.

(**) Mas dez anos constituía um número redondo em que podia deter-se sensatamente até um horóscopo muito bem pago.

Era a mesma história que em Gratz e Linz: a gente via-se obrigada a tornar-se católica, ou a deixar o país. Não tinha sequer o direito de acompanhar um carro funerário ao cemitério. A privilegiada posição de que Kepler desfrutava só lhe intensificava a solidão. Era presa de constantes ansiedades sobre questões pequenas e grandes:

> «Parece-me haver desastre no ar. O meu agente Eckebrecht de Nuremburg, que maneja todos os meus negócios, há dois meses não me escreve... Preocupo-me com tudo, com a minha conta em Linz, com a distribuição das Tábuas, com o mapa náutico pelo qual dei cento e vinte florins ao meu agente, com minha filha, convosco, com os amigos de Ulm.» [11]

Não havia evidentemente oficina tipográfica em Sagan, de modo que êle começou a viajar de novo para arranjar tipos, máquinas e impressores, o que lhe tomou aproximadamente dezoito meses dos últimos dois anos de vida, passados em Sagan:

> «No meio da ruína das cidades, províncias e países, de velhas e novas gerações, com medo das incursões dos bárbaros, da violenta destruição do lar, vejo-me obrigado, discípulo de Marte apesar de não jovem, a contratar impressores sem trair o mêdo. Com o auxílio de Deus pretendo levar a cabo êsse trabalho, de maneira militar, dando as ordens com ousadia e deixando a preocupação do meu funeral para o dia seguinte.» [12]

4. PESADELO LUNAR

Quando a nova tipografia ficou instalada, em dezembro de 1629, nos próprios aposentos de Kepler, embarcou este (com o assistente Bartsch, a quem conseguira fazer desposar a filha Susanna) num empreendimento remunerador: a publicação de efemérides (*) para os anos de 1629-1636. Desde que as **Tábuas Rodolfinas** tinham vindo a lume, os astrônomos de tôda a Europa rivalizaram na publicação de efemérides, e Kepler estava ansioso «por se unir à competição», como dizia, seguindo a trilha por ele construída. Entretanto, êle também começou a impressão de um velho filho espiritual, seu favorito, o **Somnium**, sonho de uma viagem à lua. Escrevera-o uns vinte anos antes. e de vez em quando lhe acrescentara notas, até que estas haviam ultrapassado em muito o texto original.

O **Somnium** permaneceu fragmento; Kepler morreu antes de terminá-lo: e o livro só foi publicado póstumamente, em 1634. É a primeira obra de ficção científica no sentido moderno, oposta ao tipo convencional de utopias fantasiosas de Luciano e Campanella. Foi considerável a sua influência nos criadores subseqüentes de viagens interplanetárias, desde o **Descobrimento de Um Novo Mundo,** de John Wilkins, até Henry More, Samuel Butler, Júlio Verne e H. G. Wells. [13]

(*) As «efemérides» dão informações pormenorizadas sobre os movimentos dos planetas para um determinado ano, ao passo que as «tábuas» dão apenas o esbôço geral sôbre o qual se fundamentam os cálculos.

O **Somnium** inicia-se com um prelúdio cheio de alusões autobiográficas. O menino Duracotus vivia com sua mãe Fiolxhilda na Islândia «chamada pelos antigos Thule». (*) O pai fôra um pescador, morto com a idade de cento e cinqüenta anos, quando o menino contava apenas três. Fiolxhilda vendia ervas em saquinhos de pele aos marinheiros e conversava com demônios. Aos catorze anos, o menino, curiosamente, abriu um dos saquinhos; a mãe, encolerizada, vendeu-o a um capitão de navio. O capitão deixou-o na ilha de Hveen, onde pelos cinco anos seguintes Duracotus estudou a ciência da astronomia com Ticho de Brahe. Ao voltar para casa, a mãe arrependida, para ser-lhe agradável, conjurou um dos demônios amigos de Lavânia (**) em cuja companhia os mortais eleitos podiam viajar para aquele planêta. «Após completar cerimônias, minha mãe, ordenando silêncio com a mão estendida, sentou-se ao meu lado. Mal tínhamos, como fôra combinado, coberto a cabeça com um pano, uma voz áspera, sobrenatural, começou a murmurar, na língua islândica...» ,

Assim termina o prelúdio. A viagem, explica o demônio, só é possível durante um eclipse da lua, e deve, por conseguinte, ser feita em quatro horas. O viajante é impelido pelos espíritos, mas fica sujeito às leis da física: nesse ponto é que a ciência substitui a fantasia:

> «O choque inicial [de aceleração] é o pior, pois o viajante é atirado para cima como numa explosão de pólvora... Deve, portanto, ser entorpecido por narcóticos (***), tendo os membros cuidadosamente protegidos para não serem arrancados e para que o recuo se distribua por todas as partes do corpo. Encontrará, então, novas dificuldades, um frio imenso e uma respiração inibida... Quando a primeira parte da viagem estiver terminada, será mais fácil, porque em jornada tão longa o corpo escapa indubitàvelmente à fôrça magnética da terra e penetra na da lua, de modo que esta vence. A essa altura, deixamos os viajantes livres e entregues aos seus próprios expedientes; como aranhas, esticar-se-ão e contrair-se-ão, e avançarão com as própria fôrças, porque, visto que tanto a fôrça magnética da terra como a da lua atraem o corpo e o mantêm suspenso, o efeito é como se nenhuma delas o atraísse. No fim, a sua massa, por si própria, se voltará para a lua.»

Na **Astronomia Nova** chegara Kepler tão perto do conceito da gravitação universal, que se deve supor a existência de um obstáculo psicológico que o levou a rejeitá-lo. No trecho que acabamos de citar não sòmente considera o fato ponto pacífico, como também, com extraordinária visão, postula a existência de «zonas de gravidade zero», o pesadelo da ficção científica. Mais tarde, no **Somnium,** deu mais um passo na mesma direção, supondo haver marés na lua, pela atração combinada do sol e da terra.

(*) Kepler escolheu o nome Duracotus por parecer escocês «e a Escócia se situa no oceano islândico»; «Fiolx» era o nome da Islândia por ele visto num velho mapa.

(**) de **Lavanah,** nome habraico da lua (**Lavan** quer dizer branco).

(***) Sugeriu-se, recentemente, serem os viajantes espaciais anestesiados durante a aceleração inicial.

Terminada a viagem, Kepler põe-se a descrever as **condições** **sôbre** a lua. O dia lunar, do nascer ao pôr do sol, dura aproximadamente uma quinzena, e tanto dura a noite lunar, pois a lua leva um mês para girar em tôrno do seu eixo, o mesmo tempo que leva para completar uma revolução em torno da terra. Em resultado, mostra sempre a a mesma face à terra, que as criaturas lunares chamam **volva** (de **revolvere**, girar). A essa face da lua chamam de metade **subvolvana**, dando à outra o nome de metade **prevolvana**. O que há de comum nas duas metades é consistir o seu ano em doze dias-e-noites, com os conseqüentes e espantosos contrastes de temperatura, dias ardentes e noites geladas. Comuns a ambas são também os estranhos movimentos do céu estrelado: o sol e os planêtas correm incessantamente para trás e para a frente, em resultado dos giros da lua em torno do **volva**. Essa astronomia «lunática» — no legítimo sentido duplo da palavra — que Kepler desenvolve com a sua habitual precisão, é puro deleite; ninguém antes (nem depois, que eu saiba) tentara coisa assim. Mas no que tange às condições na própria lua, a pintura torna-se horrível.

Os **Prevolvanos** são os piores possíveis. As suas longas noites não se tornam toleráveis com a presença da enorme **volva**, como no outro hemisfério, pois os **prevolvanos** nunca vêem, naturalmente, a terra. As noites são «eriçadas de gelo e de neve sob os ventos cortantes e furiosos». O dia que se segue não é melhor; durante uma quinzena o sol nunca deixa o céu, aquecendo o ar a uma temperatura «quinze vezes maior que a da África».

Os **subvolvanos** estão um pouco melhor porque o enorme **volva** lhes suaviza as noites refletindo um pouco da luz e do calor [14] do sol. A superfície do **volva** é quinze vêzes a da nossa lua e fica sempre no mesmo lugar do céu «como que pregada», mas crescendo e diminuindo de **volva** cheia a **volva** nova, como a nossa lua. Na **volva** cheia, a África parece uma cabeça humana cortada na altura dos ombros; a Europa, moça de longo traje, curva-se para beijá-la, enquanto o longo braço, estendido para trás, atrai um gato. (*)

As montanhas da Lavânia são muito mais altas do que as da terra, o mesmo se dando com as plantas e criaturas que a habitam. «O crescimento é rápido; tudo vive pouco porque tudo se desenvolve em tão enorme massa corpórea... O crescimento e a decadência se fazem num único dia.» As criaturas são, na maioria, gigantescas serpentes. «Os prevolvanos não possuem habitações fixas nem seguras; num só dia atravessam em hordas todo o seu mundo, seguindo as águas vazantes em pernas mais longas que as dos nossos camelos, ou em asas, ou em navios.» Alguns são mergulhadores e respiram muito lentamente, de modo que podem refugiar-se do sol ardente no fundo das profundas águas. «Os que ficam na superfície fervem com o sol do meio-dia e servem de alimento às hordas nômades que se aproximam... Outros, não podendo viver sem respirar, retiram-se para cavernas servidas de água por estreitos canais, de modo que a água pode gradativamente esfriar-se no longo percurso, e êles a bebem; mas quando chega a noite, saem para caçar.» Têm pele esponjosa e porosa; mas quando uma criatura é tomada de surprêsa pelo calor do dia, a pele torna-se dura e queimada, e cai ao anoitecer. E, no entanto, gostam estranhamente de

(*) A parte traseira da cabeça é o Sudão, o queixo é a Argélia; a cabeça da moça é a Espanha, a bóca aberta Málaga, o queixo Múrcia; os braços são a Itália e as Ilhas Britânicas, estas atraindo o gato escandinavo.

expor-se ao sol, ao meio-dia, mas só perto das fendas, para poderem levar a efeito uma rápida e segura retirada...

Num breve apêndice, os subvolvanos dispõem de cidades rodeadas de muros circulares, que são as crateras da lua; mas Kepler só se interessa pelos problemas técnicos da sua construção. O livro termina com Duracotus acordado do sonho por um aguaceiro, ou melhor acordado do pesadelo de gigantescos répteis pré-históricos, dos quais Kepler não tinha evidentemente nenhum conhecimento. Não é de admirar que Henry More tenha sido inspirado pelo **Somnium** para compor um poema chamado **Insomnium Philosophicum.** Mais interessante é, porém, a paráfrase de Samuel Butler sôbre Kepler em «O Elefante na Lua»:

E disse: Os habitantes de Selene,
que, quando o Sol caustica ao meio dia,
vão procurar refúgio sob o solo
em cavidades fundas de oito milhas
e oitenta em volta (em que se fortificam
contra o terrível Sol e o Inimigo)
por serem muito mais civilizados
que os rudes camponeses prevolvanos
os quais morada têm na superfície
e contra quem perpètuamente ferem
terrível luta aberta.

Apesar de a maior parte do **Somnium** ter sido escrita muito antes, compreende-se imediatamente porque foi o último livro no qual trabalhou, e que desejou ver impresso. Todos os dragões que lhe tinham atormentado a vida, desde a bruxa Fioxhilda e o marido desaparecido até as pobres criaturas répteis em fuga perpétua, deixando cair a pele doentia, e, no entanto, ansiosas por aquecer-se a um sol inumano, todos estão ali, projetados num cenário cósmico de precisão científica e beleza rara, original. Tôda a obra de Kepler, e todos os seus descobrimentos, foram atos de catarse; nada mais justo que o derradeiro terminasse com um floreio fantástico.

5. O FIM

Wallenstein não podia cuidar menos daquilo que Kepler fazia. O acordo fora uma mútua decepção, desde o começo. Diferentemente dos amadores aristocráticos que haviam protegido Ticho, Galileu e o próprio Kepler no passado, o general Wallenstein não se interessava verdadeiramente pela ciência. O que fazia era ter certa satisfação esnobista por contar um varão de renome europeu entre os seus servidores, na qualidade de matemático da côrte, e o que realmente pretendia de Kepler eram conselhos astrológicos concernentes às decisões políticas e militares que cabia tomar. As respostas de Kepler a essas perguntas concretas eram sempre indefiníveis, em virtude da honestidade ou de precaução, ou então de ambas. Wallenstein empregava Kepler sobretudo para obter dados exatos sôbre os movimentos planetários, que enviava depois a astrólogos de mais boa vontade — como o notório Seni — para base dos agouros. O próprio Kepler raramente falava dos contactos pessoais com Wallenstein. Embora o chame uma vez de «segundo Hércules»,[15] os sentimentos se lhe refletiram mais honestamente numa das últimas cartas:

«Voltei há pouco de Gitschin (residência de Wallenstein), onde o meu protetor me fêz esperar três semanas, o que significou enorme perda de tempo para nós ambos.» [16]

Três meses depois a pressão dos rivais de Wallenstein induziu o imperador a demitir o generalíssimo. Foi apenas um contratempo de pouca duração na dramática carreira de Wallenstein, mas Kepler acreditou tratar-se do fim. Mais uma vez, e pela última, recomeçou a viajar.

Em outubro, partiu de Sagan, deixando atrás a família, mas levando carros de livros e documentos, despachados para Leipzig. Escreveu mais tarde o genro: «Kepler deixou Sagan inesperadamente, e o seu estado era tal que a viúva, os filhos e os amigos esperavam ver antes o Juízo Final que o regresso dêle.» [17]

Tencionava arranjar outro trabalho, e tentar obter parte do dinheiro que lhe deviam o imperador e os Estados Austríacos. Na sua auto-análise, trinta e cinco anos antes, escrevera que a constante preocupação acêrca do dinheiro «não nascia do desejo de riqueza, mas do mêdo da indigência.» Era essencialmente verdade. Não possuía depósitos de dinheiro em parte nenhuma, e não conseguia sequer reaver os juros que lhe eram devidos. Quando partiu para a última viagem através da Europa, dilacerada pela guerra, levou todo o dinheiro de que dispunha, não deixando nada a Susanna nem aos filhos. Mesmo assim, teve de pedir emprestados cinqüenta florins a um mercador de Leipzig, onde se deteve na primeira etapa.

Parece que teve uma das suas curiosas premonições. Tôda a vida estivera habituado a fazer horóscopos para os seus aniversários. Os horóscopos para os anos que precedem e que se seguem ao sexagésimo apresentam apenas as posições dos planêtas, sem nenhum comentário. O sexagésimo, o último, constitui uma exceção; notou Kepler que as posições dos planêtas eram quase as mesmas do nascimento.

A última carta está datada de Leipzig, em 31 de outubro, e dirigida ao amigo Bernegger de Estrasburgo. Lembrara-se do antigo convite de Bernegger e, sùbitamente, decidira aceitá-lo; mas parece ter-se esquecido do assunto um momento mais tarde, pois no restante da carta fala dos seus planos de viagem sem qualquer referência a êle:

> «Aceito alegremente a vossa hospitalidade. Deus vos preserve, e se apiade da miséria de meu país. Nesta geral insegurança não deveríamos recusar nenhuma oferta de abrigo, por mais distante que fôsse... Adeus a vós, vossa espôsa e filhos. Agarrai-vos firmemente, comigo, à nossa única âncora, a Igreja, e orai a Deus por ela e por mim.» [18]

De Leipzig continuou a viagem, num mísero e velhíssimo cavalo, até Nuremberg, onde visitou um impressor. Depois rumou para Ratisbona, onde, em tôda a pompa, estava reunida a Dieta, presidida pelo imperador que lhe devia doze mil florins.

Chegou a Ratisbona em 2 de novembro. Três dias depois, deitou-se com febre. Uma testemunha ocular diz que «não falava, mas apontava o indicador ora para a cabeça, ora para o céu lá em cima.» [19] Outra testemunha, o pregador luterano Jacob Fischer, escreve numa carta a um amigo: [20]

> «Durante a recente sessão da Dieta, chegou o nosso Kepler a esta cidade num velho cavalo (que vendeu posteriormente por

dois florins). Havia apenas três dias que aqui se encontrava, quando dêle se apoderou uma febre. A princípio, pensou estar padecendo de **sacer ignis**, ou pústulas febris, e não deu atenção ao fato. Quando o estado febril piorou, sangraram-no, sem nenhum resultado. Não tardou o espírito em ficar entorpecido com a febre que crescia sempre. Kepler não falava como quem é senhor das faculdades. Vários pregadores o visitaram e confortaram com as vivas águas da compreensão.[21] Na derradeira agonia, ao entregar a alma a Deus, um clérigo protestante de Ratisbona, Sigismundo Christopher Donavarus, meu parente, o consolou de modo varonil, como convém a um servo de Deus, o que sucedeu em 15 de novembro de 1630. No dia 19, sepultaram-no no cemitério de São Pedro, fora da cidade.»

O cemitério foi destruído durante a Guerra dos Trinta Anos, e os ossos de Kepler espalharam-se, mas resta o epitáfio que compôs para si próprio:

Mensus eram coelos, nunc terrae metior umbras
Mens coelestis erat, corporis umbra iacet.

Os céus medi, e agora meço as sombras,
minh'alma ao céu esteve prêsa sempre,
e agora prêso à terra jaz meu corpo.

Há também um parágrafo de uma das suas últimas cartas que fica na lembrança; está datada de «Sagan, na Silésia, na minha oficina tipográfica, em 6 de novembro de 1629: **«Quando a tormenta se enfurece e o Estado é ameaçado pelo naufrágio, nada mais podemos fazer do que descer a âncora dos nossos pacíficos esforços no solo da eternidade.»**[22]

QUINTA PARTE

A Separação dos Caminhos

I. O PESO DA PROVA

1. O TRIUNFO DE GALILEU

Mais uma vez tem de mudar o clima e o cunho desta narrativa. Personalidades, intrigas, questões de processo legal dominarão a cena, quando nos voltarmos para o trágico conflito entre a nova cosmologia e a Igreja.

Poucos episódios na história deram origem a uma literatura tão voluminosa quanto o julgamento de Galileu. A maior parte dela tem, inevitàvelmente, um caráter partidário, indo da grosseira distorção, através da alusão gentil, a tentativas de imparcialidade obstacularizadas por um preconceito inconsciente. A objetividade é ideal abstrato numa época que se tornou «dividida casa de fé e razão»; e mais especialmente assim, quando o episódio de que se deve tratar constitui uma das causas históricas de tal divisão. Visto que seria tolice dizer que estou isento dessa regra, convirá que explique qual o meu preconceito antes de pedir ao leitor confie na minha objetividade. Entre as minhas primeiras e mais vívidas impressões da História figurava o assamento, por atacado, de hereges pela inquisição espanhola, o que dificilmente poderia inspirar sentimento terno por aquela instituição. Por outro lado, acho igualmente sem atração a personalidade de Galileu, sobretudo com base no seu comportamento para com Kepler. As suas relações com Urbano VIII e o Santo Ofício podem ser julgadas de vários modos, por se fundamentar a evidência de alguns pontos vitais em boatos e conjeturas; mas temos um registro ineqüívoco das suas relações com o colega alemão, limitado a poucas cartas. Em resultado, a maioria dos biógrafos de Kepler mostra a mesma aversão para com Galileu, ao passo que os admiradores de Galileu apresentam, diante de Kepler, uma espécie de ternura culposa, que lhes trai o embaraço.

Parece-me, pois, que na medida em que entra nesta narrativa o preconceito, não está estribado em afeto a qualquer das partes do conflito, mas no ressentimento de haver ocorrido o conflito. Um dos pontos que repisei neste livro foi a fonte unitária dos modos místicos e científicos de experiência e os desastrosos resultados da sua separação. Estou convencido de que o conflito entre a Igreja e Galileu (ou Copérnico) não era inevitável, que não era da natureza de uma colisão fatal entre opostas filosofias de existência, o que devia verificar-se mais cedo ou mais tarde, mas antes de um choque de temperamentos individuais agravado por infelizes coincidências. Noutras palavras, creio que a idéia de ser o julgamento de Galileu uma espécie de tragédia grega, uma luta entre «fé cega» «razão iluminada», é ingenuamente errônea. É essa convicção, ou preconceito, que dá forma à narrativa seguinte.

Tomarei o fio da vida de Galileu no ponto em que o seu nome surgiu repentinamente para a forma mundial mediante o descobrimento dos planetas de Júpiter. O **Mensageiro das Estrêlas** foi publicado em março de 1610; em setembro, tomou posse do cargo de «Primeiro Matemático e Filósofo» dos Médicis em Florença; na primavera seguinte estava em Roma.

A visita foi um triunfo. O cardeal del Monte escreveu numa carta: «Se estivéssemos ainda vivendo sob a velha República de Roma, creio verdadeiramente que no Capitólio se ergueria uma coluna em honra de Galileu.» [1] A seleta **Accademia dei Lincei** (dos que têm olhos de lince), presidida pelo príncipe Frederico Cesi, elegeu-o membro e ofereceu-lhe um banquete; foi nesse banquete que a palavra «telescópio» se aplicou pela primeira vez ao novo invento. [2] O papa Paulo V acolheu-o numa audiência amiga e o Colégio Romano dos Jesuítas o honrou com várias cerimônias que duraram um dia inteiro. O primeiro matemático e astrônomo do Colégio, o venerável Padre Clavius, principal autor da reforma Gregoriana do Calendário, e que, a princípio, se rira do **Mensageiro das Estrêlas**, convertera-se inteiramente; convertidos também estavam os outros astrônomos do Colégio, os Padres Grienberger, van Maelcote e Lembo. Não sòmente aceitaram os descobrimentos de Galileu, como lhe melhoraram as observações, particularmente de Saturno e das fases de Vênus. Quando o diretor do Colégio, o cardeal Bellarmino, lhes pediu a opinião oficial sôbre os novos descobrimentos, êles unanimemente as confirmaram.

Era importantíssimo aquilo. As fases de Vênus, confirmadas pelo decano dos astrônomos jesuítas, eram prova irretorquível de que pelo menos aquele planeta girava em tôrno do sol, que o sistema ptolemaico se tornara insustentável e que a escolha, afinal, estava entre Copérnico e Brahe.

A Ordem dos jesuítas era a ponta de lança intelectual da Igreja Católica. Por toda parte, na Europa, os astrônomos jesuítas, particularmente Scheiner em Inglstadt, Lanz em Munique, Guldin, amigo de Kepler, em Viena, e o Colégio Romano no seu todo, começaram a apoiar o sistema de Ticho como casa intermediária ao sistema copernicano. O sistema copernicano podia ser livremente discutido e advogado como hipótese efetiva, mas tinha-se por não favorável apresentá-la como verdade estabelecida, por se afigurar contrária à corrente interpretação da escritura, salvo e até que se lhe aduzisse em favor uma prova definida. Teremos de voltar várias vêzes a èsse ponto crucial.

Ao cabo de um breve período, também os jesuítas astrônomos confirmaram a natureza «terrestre» da lua, a existência de manchas solares, e o fato de os cometas se moverem no espaço exterior, por trás da lua, o que significava o abandono da doutrina aristotélica da natureza perfeita e imutável das esferas celestes. Assim, a ordem intelectualmente mais importante no seio da Igreja Católica afastava-se, naquele tempo, de Aristóteles e Ptolomeu, tomando uma posição intermediária no tocante a Copérnico. Festejava e elogiava Galileu, que ela sabia ser copernicano, e mantinha Kepler, o mais notável expoente do copernicanismo, sob a sua proteção.

Havia, porém, um poderoso corpo de homens cuja hostilidade a Galileu jamais arrefeceu: os aristotélicos das universidades. A inércia do espírito humano e a sua resistência à inovação ficam mais claramente demonstradas não, como se poderia esperar, pela massa ignorante — facilmente arrebatada quando lhe prendem a imaginação — mas por profissionais de interêsse invertido na tradição e no monopólio do ensino. A inovação constitui dupla ameaça às mediocridades acadêmicas: põe-lhes em perigo a autoridade oracular, e desperta o mêdo mais profundo do colapso possível de todo o seu edifício intelectual laboriosamente construído. Os caipiras acadêmicos têm sido a maldição do gênio desde Aristarco até Darwin e Freud; estendem-se, como sólida e hostil falange de mediocridades pedantes, através dos séculos. Foi tal ameaça — não o bispo Dantiscus nem o papa Paulo III — que obrigou Copérnico ao silêncio por tôda a vida. No caso de Galileu, a falange assemelhou-se mais a uma retaguarda, mas firmemente entrincheirada em cátedras acadêmicas e púlpitos de pregadores.

> «...Continuam a opor-se ao meu trabalho vários severos defensores de todos os menores argumentos dos peripatéticos. Pelo que me é dado ver, consistiu-lhes a educação em se nutrirem, desde a infância, da opinião de que filosofar é, e só pode ser, fazer uma extensa inspeção dos textos de Aristóteles, que de vários trechos podem tirar a reunir grande número de soluções para qualquer problema apresentado. Jamais querem levantar os olhos dessas páginas, como se o grande livro do universo tivesse sido escrito para ser lido exclusivamente por Aristóteles, cujos olhos teriam sido destinados a ver para toda a posteridade.» [3]

Após o regresso, no verão de 1611, do triunfo romano a Florença, envolveu-se Galileu imediatamente em várias disputas. Publicara um tratado sôbre **«Coisas que flutuam na água»**, tìtulozinho aparentemente inofensivo. Porém, nesse trabalho desbravador de hidrostática moderna havia Galileu abraçado a opinião arquimédica de os corpos flutuarem ou afundarem segundo a gravidade específica, contra a opinião aristotélica de depender tal coisa do formato dêles. Os caipirões mais uma vez levantaram enorme grita, brandindo os machados de pedra, tanto mais encolerizados por verem que Galileu, em vez de deixar os fatos falarem por si próprios, empregara o passatempo favorito de antecipar os argumentos peripatéticos, sintetizando-os de modo meio jocoso meio sério, para então abatê-los com júbilo. O chefe dêles era um tal Lodovico delle Colombe, nome que significa das pombas; daí a etiqueta de «liga das pombas» aplicada por Galileu e os amigos aos oponentes. Os aristotélicos publicaram quatro livros em seis meses para refutação do **Discurso sobre coisas que flutuam na água**, e a controvérsia se estendeu por quase três anos, terminando na completa derrota dos atacantes, quer espiritual quer fìsicamente. Os professôres Palmerini e di Grazzia morreram, enquanto Galileu preparava as respostas. Giorgio Coressio perdeu a cátedra em Pisa, por se descobrir que haveria aderido secretamente à igreja grega, e enlouqueceu; o monge Francesco Sizzi, um jovem fanático, que atacara os descobrimentos telescópicos de Galileu mas lhe defendera os Corpos Flutuantes, foi despedaçado na roda, em Paris, por escrever um panfleto contra o rei da França.

Digamos de passagem que a famosa experiência de deixar cair balas de canhão da torre inclinada de Pisa não foi realizada por Galileu mas pelo seu adversário, o citado Coressio, e não para refutar, mas para confirmar a opinião aristotélica de que os corpos maiores caíam mais depressa que os menores.[4]

2. AS MANCHAS SOLARES

No ano seguinte (1612) houve nova controvérsia com conseqüências mais sérias, e que dizia respeito às manchas solares.

A questão inicia-se em Ingoldstadt, na Baviera, onde o Padre Scheiner, astrônomo jesuíta de grande reputação, e o seu jovem assistente Cysat, valendo-se de uma espessa névoa, voltaram o telescópic diretamente para o sol. Foi Cysat quem primeiro, com grande assombro, descobriu «várias gotas negras» na face do sol. e exclamou: «Ou o sol está derramando lágrimas ou está desfigurado por manchas.»[5] Cedeu, então, o instrumento ao mestre.

Após continuadas observações, o Padre Scheiner relatou o sensacional descobrimento em várias cartas a Marcus Welser de Augsburg, um mecenas da ciência, que também protegia Kepler. Welser mandou imediatamente imprimir a carta, sob o pseudônimo de «Apelles», como lhe solicitara Scheiner. Enviou, então, o livrinho a Kepler e Galileu, pedindo-lhes o parecer.

Kepler respondeu imediatamente, lembrando ter êle próprio observado uma mancha solar em 1607 «do tamanho de uma pulga magra», e que supusera, erradamente, ser Mercúrio passando diante do sol.[6] Riu-se do engano. e citou relatos de semelhantes observações desde os dias de Carlos Magno; deu então o parecer de serem as manchas uma espécie de cascão, causado pelo resfriamento do sol em determinadas porções.

Galileu adiou mais de três meses a resposta. e reclamou a prioridade do descobrimento, alegando haver observado manchas solares por cêrca de dezoito meses. e tê-las mostrado «a inúmeros prelados e nobres de Roma», sem, contudo, dar o nome de nenhuma das testemunhas.

Na realidade, tinham sido as manchas solares descobertas independentemente, e quase ao mesmo tempo, por Johannes Fabricius de Wittenberg, Thomas Harriot de Oxford, Scheiner-Cysat, e pelo próprio Galileu. Parece ter sido Harriot quem primeiro as observou, mas foi Fabricius quem primeiro delas falou pùblicamente, e Scheiner o segundo. Nem Harriot, nem Fabricius nem Scheiner sabiam do descobrimento paralelo dos outros e não reclamaram nenhuma prioridade particular. Sendo assim, a pretensão de Galileu era insustentável, primeiramente por terem sido Fabricius e Scheiner os primeiros em dar à luz o descobrimento, e em segundo lugar por não ter mencionado testemunhas, nem correspondentes, que o apoiassem, e, no entanto, lembramo-nos do cuidado com que soubera proteger a prioridade em ocasiões anteriores, expedindo imediatamente mensagens anagramáticas. Galileu chegara, porém, a considerar os descobrimentos telescópicos um monopólio exclusivo, como êle próprio afirmou mais tarde:

> «Não podeis evitar, Sr. Sarsi, que tenha sido concedido a mim só descobrir todos os novos fenômenos do céu e a mais ninguém. É a verdade que nem a maldade nem a inveja são capazes de suprimir.»[7]

Com essa especiosa prioridade sôbre as manchas solares, seguida de ataques disfarçados ao Padre Scheiner, fizera Galileu o primeiro inimigo entre os astrônomos jesuítas, iniciando o processo fatal que, afinal, poria a Ordem contra êle.

A questão foi ainda mais infeliz por ser a resposta de Galileu a Marcus Welser um modêlo de clareza e método científico, a que se seguiram mais duas **Cartas sôbre manchas solares,** as quais, um ano depois, foram publicadas com êsse título. Nelas mostrava convincentemente não serem as manchas pequeninos planetas circulando em volta do sol, como supusera Scheiner a princípio, mas estarem na superfície, ou perto da superfície do próprio sol, girarem com ele, mudando constantemente de formato, e terem a natureza de «vapores, ou exalações, ou nuvens de fumaças.» [8] Assim, ficava provado que não somente a lua, senão também o sol estava sujeito à geração e à decadência.

O livrinho continha, outrossim, a primeira formulação em forma de tentativa do princípio de inércia [8a] de Galileu. e a sua primeira afirmação impressa em favor do sistema copernicano. Até então — estamos em 1613, e êle conta quase cinqüenta anos, — defendera Copérnico em conversações e mesas de jantar, mas nunca pela imprensa. O trecho de que se trata está na última página das **Cartas sôbre Manchas Solares,** inicia-se com uma referência às citadas luas de Saturno e continua:

> «E talvez também esse planeta, tanto quanto Vênus com os seus chifres, se harmonize admiràvelmente com o grande sistema copernicano para cuja revelação universal da doutrina se distinguem agora ventos propícios que sopram em nossa direção, deixando pouco medo de nuvens ou ventos de través.» [9]

Estava ali, finalmente, o primeiro reconhecimento público, embora vago, um quarto de século depois de haver Kepler feito ressoar o clarim copernicano no **Mysterium.**

O livro conquistou imediatamente grande aclamação popular. No que tange à Igreja, não somente nenhuma vez se ergueu em oposição, como também o cardeal Boromeo e o cardeal Barberini — futuro papa Urbano VIII — escreveram a Galileu, exprimindo-lhe admiração.

Não se deu o mesmo com os caipirões. Quando o discípulo favorito de Galileu, o padre beneditino Castelli (fundador da moderna hidrodinâmica) foi convidado para a cátedra da Universidade de Pisa, proibiu-lhe terminantemente o diretor da Universidade que ensinasse o movimento da terra. Era diretor Artur d'Elci, aristotélico fanático e membro da «Liga das Pombas», o qual publicara um dos panfletos contra as **Coisas que flutuam sôbre a água.**

O primeiro ataque sério contra o copernicanismo, com fundamentos **religiosos,** não saiu também do clero mas de um leigo, nada mais nada menos que delle Colombe, o chefe da liga. O seu tratado **Contra o Movimento da Terra** continha várias citações da Sagrada Escritura para provar que a terra estava no centro do mundo. Circulou em manuscrito em 1610 ou 1611, antes do reconhecimento público de Galileu, e não mencionava o nome de Galileu. O próprio Galileu até então andara tão pouco preocupado com um possível conflito teológico. que deixara passar quase um ano antes de solicitar o parecer do amigo cardeal Conti sôbre a questão. Respondeu o cardeal que, no tocante à «imutabilidade» dos céus, a Sagrada Escritura parecia favorecer a opinião de Galileu e não a de Aristóteles. Quanto a Copérnico, admitia-se o movimento «progressivo» (isto é, anual), mas a rotação **diária** não parecia concordar com a Escritura, a não ser que se supusesse não deverem ser certos trechos tomados literalmente, mas tal interpretação era permissível «somente no caso da maior necessidade.» [10]

«Necessidade» significa, nesse contexto, mais uma vez: se e quando fosse apresentada uma prova convincente da realidade do movimento da terra. Isso, porém, não prejudicava a livre discussão das relativas vantagens dos sistemas ptolemaico, tichônico ou copernicano, como hipóteses matemáticas.

Ali podia ter parado a questão, e provàvelmente teria parado, não fôsse a hipersensibilidade de Galileu à crítica, e o seu irreprimível impulso a ver-se envolvido em controvérsias. Pelo fim de 1612, achava-se perto de Florença, na Villa do amigo Filippo Salviati (a quem imortalizou nos dois grandes Diálogos), quando lhe chegaram aos ouvidos alguns boatos de que o padre dominicano Niccolo Lorini atacara as suas opiniões numa conversação particular. Imediatamente escreveu a Lorini, pedindo uma explicação. Lorini, cavalheiro de setenta anos de idade, professor de história eclesiástica em Florença, respondeu:

> «Nunca sonhei com ver-me metido nessas questões... Não sei imaginar que fundamentos pode haver para essa suspeita, pois tal coisa jamais me ocorreu. É realmente verdade que, não com o desejo de argüir, mas simplesmente de evitar a impressão de um cabeçudo, quando a discussão foi iniciada por outros proferi algumas palavras só para mostrar que estava vivo. Disse, como digo ainda, que a opinião de Ipernicus — chamem-lhe como queiram — parecia hostil à divina Escritura. Mas pouco me importa, visto que tenho mais que fazer...» [11]

No ano seguinte, 1613, veio a lume o «Manchas solares» seguido de geral aclamação pública, inclusive, como já dissemos, a do futuro papa. Tudo era luz. Mas outro boato, dessa vez saído de Pisa, chegou a Galileu, e dizia respeito a uma conversação de após jantar, à mesa do duque Cosse. O fútil incidente foi o comêço do que se tornou «o maior escândalo da cristandade».

3. O DESLOCAMENTO DA RESPONSABILIDADE

O fiel padre Castelli, naquele momento professor de matemática em Pisa, cargo no qual Galileu iniciara a carreira, fora convidado a um jantar na côrte. Achava-se presente um ilustre grupo, inclusive a mãe do duque, a duquesa viúva Cristina de Lorena, Madalena da Áustria, espôsa do duque, e vários outros hóspedes, entre os quais o Dr. Boscaglia, professor de filosofia. A conversação era dirigida por Cristina, que aparentemente se conformava à idéia de uma duquesa-mãe autoritária, conversadora e distraída. Durante o jantar, sentiu o repentino desejo de «saber tudo» sôbre os planêtas dos Médicis. Quis antes saber-lhes as posições, depois se eram reais ou ilusórios. Tanto Castelli como Boscaglia confirmaram que eram reais. Logo após, terminado o jantar, saiu o padre Castelli.

> «Mal saíra do palácio, o porteiro da Senhora Cristina alcançou-me e disse-me que ela desejava o meu regresso», relata

Castelli a Galileu. «Agora, antes de vos dizer o que se seguiu, deveis saber que, enquanto estávamos à mesa, o Dr. Boscaglia falara à duquesa por algum tempo; e concedendo como verdadeiras tôdas as novidades por vós descobertas no céu, disse que sòmente o movimento da terra possuía algo de incrível nêle, e não podia realizar-se, especialmente por ser a Sagrada Escritura patentemente contrária.»

Quando Castelli voltou à sala de estar, «A duquesa começou, após algumas perguntas acêrca de mim próprio, a citar a Sagrada Escritura contra mim. Aí, depois das refutações, comecei a desempenhar o papel de teólogo e... me portei como paladino». Todos se puseram do lado de Castelli e Galileu, «sòmente a duquesa se opôs a mim, mas, pelos modos, compreendi que o fazia para ouvir as minhas respostas. O professor Boscaglia não proferiu uma palavra.» [12]

Em cartas subseqüentes, Castelli relatou que Boscaglia fôra mais uma vez derrotado em debate, que até a irascível duquesa-mãe fôra vencida, sendo o assunto pôsto de lado.

Eis o incidente que deu origem ao drama.

Como na anterior ocasião, em que Lorini fizera observações sôbre «Ipernicus, ou chamem-lhe como queiram», Galileu pôs-se de pé, armado. A sua resposta às tagarelices de mesa de jantar do obscuro Dr. Boscaglia (de quem nunca mais ouviremos falar) foi uma espécie de bomba atômica teológica, cuja irradiação radiativa ainda hoje é sentida. Revestiu-se da fórma de **Carta a Castelli,** aumentada um ano mais tarde para a **Carta à Grã-duquesa Cristina.** Destinava-se a circular amplamente, o que se verificou, e o seu fim era silenciar tôdas as objeções teológicas a Copérnico. O resultado foi precisamente o oposto: tornou-se a principal causa da proibição de Copérnico e da queda de Galileu.

Como trabalho de literatura polêmica a **Carta** é uma obra-prima. Começa assim: (*)

> «Há alguns anos, como bem sabe Vossa Serena Alteza, descobri nos céus muitas coisas nunca vistas antes da nossa época. A novidade de tais coisas, bem como algumas conseqüências delas oriundas em contradição às noções físicas comumente aceitas no seio dos filósofos acadêmicos, instigaram contra mim um número não pequeno de professôres, como se eu tivesse colocado tais coisas no céu com as minhas próprias mãos, a fim de perturbar a natureza e abater as ciências...
>
> Revelando maior amor às suas próprias opiniões do que à verdade, tentaram negar e desaprovar as novidades que, se tivessem querido observar, os próprios sentidos lhas houveram demonstrado. Para tanto, lançaram várias acusações e publicaram numerosos escritos repletos de vãos argumentos e cometeram o grave erro de entremeá-los de trechos tirados da Bíblia, por êles não corretamente compreendidos...» [13]

Galileu desenvolveu, então, o argumento que também Kepler havia constantemente usado, ou seja, o de que certas afirmações da Bíblia não

---

(*) Seguirei a versão final do documento, isto é, a **Letter to the Grand Duchess.**

deviam ser tomadas literalmente, por estarem em linguagem «de acôrdo com a capacidade da gente comum que é rude e ignorante»:

«Logo, na exposição da Bíblia, se devêssemos limitar-nos sempre ao despido significado gramatical, poderíamos incidir em êrro. Não sòmente surgiriam na Bíblia contradições e proposições bem distantes da verdade, como também graves heresias e loucuras. Seria necessário dar a Deus pés, mãos e olhos, bem como afetos corpóreos e humanos, por exemplo, cólera, arrependimento, ódio e às vezes até o perdão de coisas passadas e ignorância das coisas que hão de vir... Por essa razão, parece que nada físico que a experiência dos sentidos nos coloca ante os olhos, ou que as demonstrações necessárias nos provem, deveria ser chamado em auxílio (muito menos condenado) mediante o testemunho de trechos bíblicos que podem ter significado diverso sob as palavras.» [14]

Em apoio a essa tese, Galileu citou longamente Santo Agostinho como testemunha, não percebendo que, teològicamente, pisava em gêlo extremamente fino (V. abaixo, pág. 310). Vem, depois, um trecho empolgante, onde quase ouvimos o gêlo crepitar-lhe debaixo dos pés:

«...Pergunto se não há um equívoco em deixar de especificar as virtudes que dão à sagrada teologia o direito ao título de «rainha». Poderia merecer tal nome pelo fato de incluir tudo quanto se aprende das demais ciências e estabelecer tudo por métodos melhores e com erudição mais profunda... Ou a teologia poderia ser rainha pelo fato de se ocupar de um assunto que supera em dignidade todos os assuntos componentes das outras ciências. e pelo fato de serem os seus ensinamentos divulgados de maneira mais sublime.

Que o título e autoridade de rainha pertence à teologia no primeiro sentido. creio que não será afirmado por teólogos possuidores de alguma habilidade nas demais ciências. Nenhum dêles, assim creio, dirá que a geometria, a astronomia, a música e a medicina estão mais excelentemente contidas na Bíblia do que nos livros de Arquimedes, Ptolomeu, Boécio e Galeno. Logo, é provável, aparentemente, que se dê uma preeminência real à teologia no segundo sentido, isto é, em virtude do seu assunto e da milagrosa comunicação, pela divina revelação, de conclusões que não poderiam ser concebidas pelos homens de nenhuma outra maneira, concernentes sobretudo à obtenção da bem-aventurança eterna.

Concedamos, pois, que a teologia se incumbe da mais elevada contemplação divina e ocupa o trono real entre as ciências, em virtude de tal dignidade. Mas adquire a mais elevada autoridade, dessa maneira, se ela não descer às especulações inferiores e mais humildes das ciências subordinadas e não tiver consideração por elas, por se não interessarem pela bem-aventurança, não permite se arroguem os seus mestres a autoridade de decidir de controvérsias em matérias que nem estudaram nem praticaram. Sim, seria como se um déspota absoluto, não sendo médico nem arquiteto, mas sabendo-se livre de ordenar, começasse a ministrar remédios e a erguer construções a seu bel-prazer, com grave perigo da vida dos pobres pacientes e rápida destruição dos edifícios...»[15]

Lendo-se tão soberbo manifesto da liberdade de pensamento, tendemos a perdoar a Galileu as lacunas humanas, que, entretanto, se tornam aparentes demais no trecho de especial súplica que se segue ao trecho citado, e que teria tão desastrosas conseqüências.

Após mais uma vez invocar a autoridade de Agostinho, Galileu estabelece uma distinção entre proposições científicas «inteiramente demonstradas (ou seja, provadas) e outras «simplesmente afirmadas». Se as proposições da primeira espécie contradizem o aparente significado dos trechos da Bíblia, nesse caso, segundo a prática teológica, o significado de tais trechos deve ser reinterpretado, como se fez, por exemplo, com relação ao formato esférico da terra. Até aqui expôs corretamente a atitude da Igreja; mas continua: «E quanto às proposições afirmadas mas não rigorosamente demonstradas, tudo quanto nelas esteja implicado e contrarie a Bíblia deve ser tido indubitàvelmente por falso e assim provado por todos os meios possíveis.»[16]

Não era, demonstràvelmente, a atitude da Igreja. «As Proposições afirmadas mas não rigorosamente demonstradas», **como o próprio sistema copernicano,** não eram condenadas, sem mais e sem menos, no caso de parecerem contradizer a Sagrada Escritura; eram simplesmente relegadas à categoria de «hipóteses atuantes» (a que pertencem de direito), com a implicação de «esperemos e vejamos; se trouxerdes uma prova, então, e sòmente então, teremos de reinterpretar a Escritura, à luz de tal necessidade». Galileu, porém, não queria carregar a responsabilidade da prova, pois o ponto crucial da questão é, como veremos, que não tinha prova. Portanto, em primeiro lugar, conjurou uma alternativa artificial, pretendendo que uma proposição deve ser aceita ou condenada sem mais nem menos. O objetivo dêsse truque torna-se evidente com a frase seguinte:

> «Ora se conclusões físicas verdadeiramente demonstradas não precisam ser subordinadas a trechos bíblicos, devendo-se, pelo contrário, mostrar que êstes não interferem com aquelas, **antes de condenar uma proposição física, cabe mostrar que não está rigorosamente demonstrada,** o que devem fazer, não os que consideram verdadeira a proposição, senão os que a têm por falsa. Coisa muito razoável e natural, pois os que julgam falso um argumento podem muito mais fàcilmente descobrir nele as falácias, que não os que o consideram verdadeiro e conclusivo...»[17]

Fôra deslocada a responsabilidade da prova. As palavras cruciais são grifadas (por mim). Já não é tarefa de Galileu provar o sistema copernicano e sim tarefa dos teólogos desaprová-lo. Se o não fizerem, serão julgados à revelia, e a Escritura terá de ser reinterpretada.

Com efeito, porém, nunca se tratara de condenar o sistema copernicano como hipótese admissível. As objeções bíblicas nasceram apenas contra a afirmação de êle ser **mais** do que uma hipótese, de ser rigoromente provado, de ser na realidade equivalente a uma verdade evangélica. A sutileza da manobra de Galileu consiste em não haver êle explicitado tal afirmação, e nem o podia fazer, pois não deu um único argumento que o apoiasse. Compreendemos, agora, porque precisou daquela sua alternativa, como primeiro movimento: para distrair a atenção do verdadeiro estado do sistema copernicano como hipótese admissível oficialmente tolerada, à espera de prova. Pelo contrário, deslizando para as ambíguas palavras «proposição física» no comêço do trecho grifado, seguidas pela exigência de que «deve mostrar-se não ser rigorosamente demonstrado», implicou (embora não ousasse afirmá-lo explìcitamente) que a verdade do sistema **era** rigorosamente demonstrada. Tudo é tão sutil que o artifício é quase imperceptível ao leitor e, pelo que sei, escapou até hoje à atenção dos estudiosos. No entanto, decidiu a estratégia por ele seguida nos anos posteriores.

Através do documento Galileu fugiu completamente a qualquer discussão astronômica ou física do sistema copernicano; deu apenas a impressão de que estava provado fora de qualquer dúvida. Se tivesse falado francamente, e não com rodeios, ter-se-ia visto obrigado a admitir que os quarenta e tantos epiciclos e excêntricos de Copérnico não sòmente não estavam provados, como constituíam uma impossibilidade física, uma construção geométrica e nada mais; que a ausência de paralaxe anual, isto é, de qualquer deslocamento aparente na posição das estrêlas fixas, apesar da nova precisão telescópica, pesava bastante contra Copérnico; que as fases de Vênus desaprovavam Ptolomeu, mas não Heraclides nem Ticho; e que tudo quanto podia reclamar para a hipótese copernicana era que descrevia certos fenômenos (o retrocesso) mais econômicamente do que Ptolomeu; contra isso, as objeções físicas citadas acima teriam levado a melhor.

Lembremo-nos de que o sistema defendido por Galileu era o sistema copernicano ortodoxo, projetado pelo próprio cônego, quase um século antes de Kepler se desfazer dos epiciclos e transformar tão abstrusa construção em modêlo mecânico funcionável. Incapaz de reconhecer que qualquer dos seus contemporâneos partilhava do progresso da astronomia, Galileu cegamente, à guisa de suicida, ignorou o trabalho de Kepler até o fim, persistindo na fútil tentativa de forçar o mundo a aceitar uma roda gigante com quarenta e oito epiciclos como realidade física «rigorosamente demonstrada.»

Qual era o motivo oculto? Por quase cinqüenta anos, contivera-se no tocante a Copérnico, não de mêdo da fogueira, mas para evitar a impopularidade acadêmica. Quando, arrebatado pela repentina fama, se comprometeu finalmente, aquilo tornou-se-lhe uma questão de prestígio. Disse que Copérnico tinha razão e quem dissesse o contrário lhe diminuía a autoridade de mais notável sábio da época. Tornar-se-á cada vez mais evidente ter sido essa a motivação central da luta de Galileu, e ela não desobriga os opositores; mas importante para o problema é saber se o conflito foi, ou não, històricamente inevitável.

A última parte da **Carta à Grã-Duquesa** está dedicada ao milagre de Josué. Em primeiro lugar, explica o sábio que a rotação do sol em tôrno do próprio eixo é a causa de todo movimento planetário. «E assim como se o movimento do coração cessasse em qualquer animal, os demais movimentos dos seus membros também cessariam, assim também, se a rotação do sol devesse parar, as rotações de todos os planêtas também cessariam.»[18] Logo, não sòmente admitiu, com Kepler, que as **revoluções** anuais dos planêtas eram causadas pelo sol, como também a rotação **diária** dêles em tôrno do eixo, hipótese **ad hoc,** cuja única «prova rigorosa» consiste numa analogia com o coração animal. Conclui, então, que quando Josué bradou: «Sol, detém-te», o sol parou de girar, e, em conseqüência, a terra parou tanto o movimento anual como o diário. Galileu, todavia, que tanto se aproximou do descobrimento da lei da inércia, sabia melhor do que ninguém que se a terra parasse de repente, montanhas e cidades desabariam como caixas de fósforos; e até o mais ignorante dos monges, que nada sabia de ímpeto, sabia o que se dava quando os cavalos paravam, obrigando a diligência a fazer o mesmo, ou quando um navio batia contra um rochedo. Interpretada a Bíblia segundo Ptolomeu, o repentino parar do sol não teria efeito físico apreciável, e o milagre continuava crível como são os milagres; interpretada segundo Galileu, Josué não teria destruído apenas os filisteus, mas a terra inteira. A esperança de Galileu de safar-se com essa espécie de dolorosa tolice mostrava o seu desdém pela inteligência dos opositores.

Na **Carta à Grã-Duquesa Cristina** está resumida toda a sua tragédia. A trechos que são clássicos de prosa didática, soberbas formulações na defesa da liberdade de pensamento alternam-se sofismas, fugas e simples desonestidade.

4. A DENÚNCIA

Por quase um ano após a **Carta a Castelli** não aconteceu nada de dramático. Mas o dano estava feito. Circulavam exemplares da **Carta**, destorcidos no processo, e mais destorcidos ainda pelos boatos. Gente como o velho padre Lorini que, um ano antes, nem sequer ouvira o nome «Ipernicus», tinha a impressão de que se erguera um novo Lutero, negando os milagres da Bíblia e desafiando a autoridade da Igreja por meio de sofismas matemáticos. Típica foi a reação do bispo de Fiesole, que queria fôsse Copérnico imediatamente prêso, ficando surpreendido ao lhe dizerem que o monge falecera havia setenta anos.

Em dezembro (estamos em 1614), explodiu um escândalo de menores proporções. Um monge dominicano, o padre Tommaso Caccini, anteriormente censurado em Bolonha como instigador da plebe, pregou um sermão na igreja de Santa Maria Novella, em Florença e, escolhendo como texto «Vós, homens da Galiléia, por que ficais a contemplar o céu?» atacou os matemáticos em geral e Copérnico em particular. Galileu, prontamente, queixou-se aos superiores de Caccini na hierarquia eclesiástica. Como resultado, o padre Luigi Maraffi, pregador geral da Ordem Dominicana, escreveu-lhe uma sincera apologia. «Infelizmente, disse Maraffi, sou responsável por tôdas as idiotices que trinta ou quarenta mil irmãos podem cometer ou cometem.» [19] A carta ilustra o contraste da atitude entre os dignitários superiores da Igreja e os fanáticos ignorantes dos graus inferiores.

Na época do sermão de Caccini, achava-se o padre Lorini em visita a Pisa. Em 31 de dezembro, Castelli relatou a Galileu: «Pelo que sei, o padre Lorini (que aqui se encontra) se entristeceu bastante com o fato de o vosso excelente sacerdote se haver desviado tanto assim.» [20] Alguns dias mais tarde, porém, Lorini viu um exemplar da **Carta a Castelli**. Bastante impressionado, copiou-a. De regresso ao convento — de São Marcos, em Florença — discutiu o conteúdo com os co-irmãos. A atmosfera se tornara tão tensa, que resolveram fôsse a **Carta** enviada ao Santo Ofício. Em 7 de fevereiro de 1615 Lorini escreveu ao cardeal Sfondrati:

> «Todos os nossos Padres deste dedicado convento de São Marcos acham que a carta contém muitas proposições aparentemente suspeitas ou presunçosas, como quando se afirma que a linguagem da Sagrada Escritura não significa o que pa-

> rece significar; que em discussões sobre fenômenos naturais o último lugar, e o mais baixo, deve ser dado à autoridade do texto sagrado; que os comentadores muito freqüentemente erraram na interpretação; que as Sagradas Escrituras não deveriam imiscuir-se em nada que não seja religião... Lembrados sempre do nosso voto de sermos os «cães negros e brancos» do Santo Ofício... quando vi que eles [os **galileístas**] expunham as Sagradas Escrituras segundo as suas luzes particulares e de modo diverso do da interpretação comum dos Padres da Igreja; que tentavam defender uma opinião visivelmente contrária ao sagrado texto; que falavam em têrmos desdenhosos dos antigos Padres e de São Tomás de Aquino; que pisavam tôda a filosofia de Aristóteles tão valiosa para a teologia escolástica; e, finalmente, que, para darem mostras de habilidade, divulgavam e disseminavam na firme cidade católica mil e uma suposições atrevidas e irreverentes; quando, repito, soube de tudo isso, resolvi dar a conhecer a Vossa Senhoria o estado da questão, para que, no seu santo zelo da Fé, possa Vossa Senhoria, com os seus mais ilustres colegas, proporcionar os remédios aconselháveis... Eu, que sustento serem os que se chamam **galileístas** homens ordenados e bons cristãos, mas um pouco sábios de mais e presunçosos nas opiniões, declaro que o que me instiga é apenas o zelo pela causa sagrada.»[21]

A carta, evidentemente, era resultado de uma decisão coletiva dos dominicanos de São Marcos. Não mencionava Galileu, fazendo referência tão somente aos «galileístas». Parece também que o velho padre Lorini não tinha bem certeza se o autor da **Carta a Castelli** era Galileu ou Copérnico.[21a] Mas o exemplar da **Carta a Castelli** por èle anexado contém dois erros deliberados de transcrição. Galileu escreveu haver na Escritura trechos que «**tomados no significado literal estrito parece divergirem da verdade**». Na cópia de Lorini, lê-se: «...**que são falsos no significado literal.**» Galileu escreveu que a Escritura, por vêzes, «**cobre**» o seu próprio significado; na cópia de Lorini «cobre» passa a ser «**perverte**».

A falsificação é, em geral, atribuída a Lorini. Pelo que se sabe do caráter do ancião e por outras provas internas, parece muito mais provável ter sido cometida por outra mão. Como veremos, não houve diferença no resultado, mas essa primeira falsificação deveria ser notada em virtude da suspeita de outra, mais importante, surgida posteriormente.

Para quem não se lembra da reverência dos altos dignitários da Igreja pela ciência e pelos cientistas, deve parecer algo surpreendente o resultado da denúncia do Padre Lorini. A **Carta a Castelli** foi devidamente enviada ao Consultor do Santo Ofício, para que desse o seu parecer. Sentenciou ele que «as palavras «**falsos** e **perverte** soam muito mal»; contudo, consideradas no contexto geral, não eram de natureza tal que pudessem desviar da doutrina católica; quanto ao conteúdo restante da **Carta,** não tinha objeções. O caso foi encerrado.

Caíra a denúncia de Lorini. Mas um mês depois Caccini surgiu em Roma, sem nenhum temor da desaprovação do superior, e aproximou-se do Santo Ofício «suplicando testemunhar com referência aos erros de Galileu para descargo de consciência».

Caccini concretiza perfeitamente a imagem satírica do monge ignorante, oficioso, mentiroso e intrigante da Renascença. O seu testemunho perante a Inquisição foi um tecido de boatos, insinuações e mentiras deliberadas. Escolheu como testemunhas um sacerdote espanhol, o padre Ximenes, e um jovem chamado Atavante. Visto que Ximenes estava viajando pelo exterior, só pôde ser ouvido em 13 de novembro, sendo Atavante ouvido no dia seguinte. As contradições das provas por êles apresentadas convenceram os inquisidores de que as acusações de heresia e subversão, de Caccini, não passavam de invenção, e mais uma vez foi pôsto de lado o caso de Galileu.

Isso em novembro de 1615. Pelos dezoito anos que se seguiram Galileu viveu honrado e não importunado, protegido pelo papa Urbano VIII e por impressionante número de cardeais.

Mas as **Cartas** a Castelli e à Grã-Duquesa ficaram nos arquivos da Inquisição, e no espírito dos teólogos. O texto fôra tão cuidadosamente construído que não podia ser tachado de heresia, mas a intenção era evidente, constituindo um desafio a que, mais cedo ou mais tarde, era preciso responder. O desafio estava na afirmação implicada de pertencer o sistema copernicano à categoria de verdades físicas «rigorosamente demonstradas», às quais se devia adaptar o significado da Bíblia; e que, não sendo explìcitamente refutada e condenada, as objeções teológicas se tornariam desprezíveis e o caso seria julgado à revelia.

Três meses após ter sido o próprio Galileu isentado de tôdas as acusações, foi o livro de Copérnico pôsto no Índice «dependendo de correções». Temos de descrever com alguns pormenores os fatos que a tal passo conduziram.

5. RECUSA AO ACORDO

O principal opositor de Galileu na histórica controvérsia foi ao mesmo tempo um diabo e um santo. Na Inglaterra, acreditavam ser êle o espírito-mestre por trás da Conjura da Pólvora «um jebuseu furioso e satânico»; por algum tempo, as jarras de vinhos em formato de cabeça barbada foram chamadas Bellarminos. Beatificaram-no em 1923 e santificaram-no em 1930.

Na época da controvérsia, o cardeal Roberto Bellarmino tinha setenta e três anos, era geral da Ordem dos Jesuítas, Consultor do Santo Ofício, e o teólogo mais respeitado da cristandade, cuja opinião possuía mais autoridade espiritual que a do papa Paulo V. Foi autor do catecismo na forma moderna, e co-editor da edição Clementina da Vulgata. Mas a sua fama duradoura é a de um dos grandes controversistas de tôdas as épocas. As polêmicas contra o luteranismo, anglicanismo e tendências particularistas nos países católicos, como a França e a República Veneziana, foram inspiradas por uma visão dominante, a da Igreja Universal como superestado, o que implicava não sòmente a rejeição da heresia protestante, senão também das novas tendências nacionalistas derivadas do princípio da monarquia absoluta. A idéia da Igreja Universal exigia um Santo Padre dotado de autoridade universal por cima da de qualquer dirigente nacional.

Mas Bellarmino, suficientemente realista, moderou as exigências de poder temporal para o papado. Por isso, teve de lutar contra o outro grande controversista, Jaime I, numa longa série de panfletos e contrapanfletos, que constituíram o escândalo e o deleite da cristandade ocidental; mas incorrera também no desagrado de Paulo V por não exigir autoridade absoluta temporal para o papa. Numa controvérsia posterior entre jesuítas e dominicanos sôbre o problema da predestinação, Bellarmino, mais uma vez, tomou o caminho do meio; o que nos interessa é que os argumentos dos dominicanos como, mais tarde, os dos jansenistas) se estribavam sobretudo nos de Agostinho, de modo que as opiniões do santo africano se haviam transformado em questão bastante controvertida. A inocente confiança de Galileu na autoridade de Agostinho mostra quão imprudente era para o leigo aventurar-se na atmosfera rarefeita mas muitíssimo carregada da teologia.

Como indivíduo, era Bellarmino o oposto do que se esperaria de formidável teólogo que desafiava papas e reis. Amava a música e as artes; e lecionara astronomia na mocidade. Tinha modos simples e levava uma vida ascética, em contraste com outros príncipes da Igreja; mas possuía, acima de tudo, uma «qualidade infantil notada por quantos entravam em contacto com êle». Na época da controvérsia de Galileu, estava compondo um livro de devoção, o **Lamento da Pomba,** que o seu mais feroz opositor, Jaime I, nos últimos anos de vida levava sempre em sua companhia, descrevendo-o como auxiliar maravilhoso para o conforto espiritual.

Uma das funções oficiais de Bellarmino era a de «Mestre de Questões Controversas», no Colégio Romano, onde estava em contacto permanente com os principais astrônomos da capital, os padres Clavius e Grienberger, os quais figuravam entre os primeiros convertidos aos descobrimentos telescópicos de Galileu, e o haviam aclamado na sua primeira visita a Roma. Assim, mal se pode dizer que o número oposto a Galileu, no drama, era um fanático ignorante. A independência de espírito de Bellarmino ilustra-a também o fato de, em 1890, o seu **magnum opus,** as **Disputationes,** ter sido pôsto temporariamente no Índice dos livros proibidos.

Dezesseis anos antes de cruzar o caminho de Galileu, fora Bellarmino um dos nove Inquisidores cardeais participantes do julgamento de Goirdano Bruno, e alguns escritores tentaram ver uma sinistra ligação entre os dois fatos. Na realidade, não há nenhuma. Bruno foi queimado vivo em 16 de fevereiro de 1600, nas mais horríveis circunstâncias, na Praça das Flores em Roma, como apóstata impenitente, que durante sete anos de prisão se recusara a abjurar as heresias teológicas, persistindo na recusa até o derradeiro momento. [22] Giordano Bruno e Miguel Servetus (queimado em 1553 pelos calvinistas em Genebra) parece serem os únicos sábios de reputação vítimas da intolerância religiosa nos séculos dezesseis e dezessete, não, naturalmente, por causa das opiniões científicas, mas por causa das opiniões religiosas. A observação de Coleridge «Se houve mais um pobre fanático que se atirou ao fogo foi Miguel Servetus», aplica-se igualmente ao irascível e tempestuoso Bruno. Os seus ensinamentos da infinidade do universo e da pluralidade dos mundos habitados, o seu panteísmo e a ética universal exerceram enorme influência nas gerações subseqüentes, mas foi poeta e metafísico, e não escritor científico, não cabendo portanto nesta narrativa. [22a]

Acompanhamos os fatos de 1615, desde a denúncia feita por Lorini da **Carta** de Galileu e a denúncia feita por Caccini das suas atividades pessoais, até o fim do caso em novembro. O processo foi realizado em segrêdo, e Galileu dêle não participou, mas os amigos de Roma sabiam que alguma coisa pairava no ar, e mantiveram-no informado de todas as notícias e desenvolvimentos. Entre os informantes, figuravam o cardeal Piero Dini, arcebispo de Fermo, e Monsenhor Giovanni Ciampoli. As cartas trocadas, durante 1615, entre os dois em Roma e Galileu em Florença, são importantes para a compreensão dos desenvolvimentos que levaram à proibição de Copérnico.

Em 16 de fevereiro Galileu enviou um exemplar da sua **Carta a Castelli** a Dini, com a solicitação de que fosse mostrada ao padre Grienberger e, se possível, ao cardeal Bellarmino. Na carta que o acompanhava havia as habituais queixas contra a hostilidade de que se via cercado. Observava que a **Carta a Castelli** fôra escrita apressadamente e que iria melhorá-la e ampliá-la. A versão ampliada, como sabemos, tornou-se a **Carta à Grã-Duquesa Cristina.**

Antes de Dini responder, escreveu Ciampoli, pelo fim de fevereiro (o grifo é meu):

> «O cardeal Barberini [futuro papa Urbano VIII] que, como sabeis por experiência, sempre admirou o vosso valor, disse-me ontem que, com respeito a essas opiniões, apreciaria maior cautela no sentido de **não serem ultrapassados os argumentos de que se valeram Ptolomeu e Copérnico,** (*) e, finalmente, no sentido de não excederem os limites impostos pela física e matemática. A explicação das Escrituras, exigem os teólogos, é campo que lhes pertence, e se um espírito, mesmo que seja admirável, introduz novidades, nem todos possuem a desapaixonada faculdade de aceitá-las tais quais são ditas...» [23]

Alguns dias depois, em 3 de março, chegou a resposta de Dini (o grifo é meu):

> «Falei longamente com Bellarmino das coisas que escrevestes... E êle me disse que, quanto a Copérnico, não há por que ser o livro proibido; o pior que poderia acontecer, a seu ver, seria o acréscimo de algum material nas margens do livro explicando que Copérnico introduziu a sua teoria para salvar as aparências, ou coisas dessas, tal qual outros introduziram epiciclos sem, por isso, acreditarem na existência dêles. **E com semelhante precaução podereis, quando quiserdes, tratar dessas questões.** Se as coisas forem fixadas segundo o sistema copernicano [disse êle], não parece, agora, que teriam maior obstáculo na Bíblia do que o trecho «[o sol] **exulta como jovem forte em realizar o seu curso**», etc., que todos os expositores até agora compreenderam atribuindo movimento ao sol. E apesar de eu haver replicado que também isso poderia ser explicado como concessão às nossas habituais formas de expressão, tive por resposta não ser essa coisa de fazer às pressas, assim como a condenação de qualquer de tais opiniões não deveria ser apaixonadamente apressada... Só me rejubilo, por vós...» [24]

No mesmo dia — 7 de março — o príncipe Cesi, presidente da Academia dos Linces, também escreveu a Galileu, contendo a sua carta a sensacional nova de que um monge carmelita de Nápoles, Paolo Antonio Foscarini, Provincial da sua ordem, publicara um livro em defesa de Galileu e Copérnico. [25] Foscarini estava então pregando em Roma e oferecera-se para enfrentar qualquer pessoa em discussão pública. Havia enviado um exemplar do livro a Bellarmino.

(*) Isto é, de não serem consideradas apenas hipóteses matemáticas, no sentido do prefácio de Osiander.

Em 21 de março, Ciampoli transmitiu outras tranqüilizações pelos cardeais Bellarmino e Del Monte: Galileu nada tinha que temer, enquanto se mantivesse na província da física e matemática, e evitasse qualquer interpretação teológica da Escritura. [26] Acrescentava haver perigo de ser o livro de Foscarini proibido, mas somente por se imiscuir na Sagrada Escritura. Ciampoli fôra também informado de que vários astrônomos jesuítas eram copernicanos, mas ainda se continham, que o essencial era continuar a trabalhar até que tudo se acalmasse, e evitar novas oportunidades para os fazedores de escândalos. [27]

Dini também deu o seu aviso outra vez, no mesmo tom: «Podemos escrever livremente enquanto nos mantivermos fora da sacristia.» [28]

Galileu respondeu a tais advertências numa carta a Dini, datada de 23 de março. A resposta foi para recusar qualquer compromisso quanto ao sistema copernicano. Copérnico não tinha a intenção de que o considerássem uma simples hipótese. Devia ser absolutamente aceito ou rejeitado. Concordava em ser a reinterpretação da Sagrada Escritura, à luz de Copérnico, deixada aos teólogos, mas não podia evitar pisar o terreno teológico, e, visto que Bellarmino citara o Salmo 19 a Dini, o trecho de que o sol **«se rejubila como jovem forte em realizar o seu curso»**, Galileu «com toda a humildade» procurava refutar a interpretação de Bellarmino do Salmo. «A realização do curso» refere-se à luz e ao calor emanados do sol, não ao próprio sol, etc. etc. [29] Dini, muito provàvelmente, teve a sensatez de não mostrar a carta ao maior teólogo vivo.

A palavra seguinte veio do próprio Bellarmino. Foi uma afirmação precisa e autorizada da sua atitude e, à vista da posição por êle ocupada de Consultor do Santo Ofício, Mestre das Questões Controversas, etc., eqüivalia a uma definição não oficial da atitude da Igreja perante Copérnico. A afirmação causou-a o livro do padre Foscarini defendendo o sistema copernicano e revestiu-se da forma de carta que acusa um recebimento; mas dirigia-se claramente a Galileu também, cujo nome está expressamente mencionado. A missiva data de 4 de abril de 1615 e o grifo é meu:

> «Meu Reverendíssimo Padre. Foi um prazer para mim ler a carta italiana e o documento latino que me enviastes. Agradeço-vos por ambos, e posso dizer-vos que os achei repletos de habilidade e erudição. Como solicitais o meu parecer, dá-lo-ei da maneira mais breve possível, pois atualmente pouco é o tempo de que disponho para escrever.
>
> Em primeiro lugar, parece-me que vossa Reverência e o Signor Galileu agis prudentemente contentando-vos com falar hipotèticamente e não absolutamente, como sempre soube que Copérnico fêz. **Porque dizer que a hipótese de se mover a Terra e permanecer parado o Sol salva todas as aparências celestes melhor que excêntricos e epiciclos(*) é falar com excelente bom senso e não correr nenhum risco. Essa maneira de falar é o bastante para qualquer matemático.** Mas querer afirmar que o sol, na realidade, se encontra no centro do universo e só gira em torno do próprio eixo sem ir de leste a

(*) Refere-se evidentemente aos epiciclos necessários no sistema ptolemaico para explicarem o aparente retrocesso dos planètas, e dispensados por Copérnico.

oeste, e que a terra está situada na terceira esfera e gira muito velozmente em torno do sol, é perigosíssima atitude e destinada não apenas a levantar todos os filósofos escolásticos e os teólogos, senão também a prejudicar a nossa santa fé contradizendo as Escrituras...

Em segundo lugar, digo, como sabeis, que o Concílio de Trento proíbe a interpretação das Escrituras de modo contrário ao comum acôrdo dos santos Padres. Ora, se vossa Reverência não ler apenas os Padres senão também modernos comentadores do Gênesis, dos Salmos, do Ecclesiastes, e de Josué, descobrirá que todos concordam em interpretá-los literalmente como ensinando que o sol está nos céus e gira em tôrno da terra com imensa velocidade e que a terra dista bastante dos céus, no centro do universo, e está imóvel. Considerai, portanto, na vossa prudência, se pode a Igreja admitir que as Escrituras sejam interpretadas de maneira contrária à dos santos Padres e de todos os modernos comentadores, quer latinos quer gregos...

Em terceiro lugar, digo que, **se houvesse uma prova real** de estar o sol no centro do universo, a terra na terceira esfera, e o sol não girar em tôrno da terra, mas a terra em tôrno do sol, teríamos de proceder com grande circunspecção para explicar trechos da Escritura que parecem ensinar o contrário, e deveríamos antes dizer que não os compreendemos e não declarar que é falsa uma opinião provadamente verdadeira. Mas não creio que haja uma prova dessas, **visto que nenhuma me foi apresentada.** Demonstrar que as aparências ficam salvas com a suposição de estar o sol no centro e a terra nos céus não é o mesmo que demonstrar que **de fato** o sol está no centro e a terra nos céus. Creio que a **primeira demonstração pode existir, mas tenho gravíssimas dúvidas sôbre a segunda;** e em caso de dúvida **nibus orbium coelestium,** e por Diego de Zuniga (no seu livro) não nos é dado abandonar as Sagradas Escrituras como expostas estão pelos santos Padres...»[30]

O trecho grifado sob o primeiro tópico diz claramente ser admissível não sòmente expor o sistema copernicano, senão também dizer que **como hipótese é superior à de Ptolomeu.** É «falar com excelente bom senso», enquanto permanecermos no domínio da hipótese. Sob o segundo tópico parafraseia a decisão legislativa do Concílio de Trento contra a interpretação da Escritura em sentidos contrários à tradição (não se dirigindo naturalmente contra Copérnico mas contra Lutero). Sob o terceiro tópico, expõe-se a condição que justificaria uma exceção à regra, ou seja, que a nova cosmologia deveria ser «realmente provada» (ou «verdadeiramente demonstrada»). Uma vez que lhe não mostraram nenhuma prova, tem «graves dúvidas» quanto à existência de tal prova; e, no caso de dúvida, deve ser repelida a solicitação de se reinterpretar a Bíblia. Havia consultado Grienberger, e êste deve tê-lo fielmente informado de não haver prova física do movimento da terra. Talvez tenha dito mais que a ausência de paralaxe estelar e os novos epiciclos adstritos apenas à terra tinham mais a natureza de contestação.

Bellarmino recolocara a responsabilidade da prova do sistema copernicano no lugar que lhe cabia, ou seja, no seio dos defensores do sistema. A Galileu restavam sòmente duas possibilidades: dar a prova exigida ou concordar em que o sistema copernicano fôsse tratado, pelo momento, como hipótese admissível. Bellarmino, com muito tacto, reabrira a porta a tal compromisso na frase de abertura da sua carta, onde pretendia que Galileu «se contentara com falar hipoteticamente e não absolutamente», louvara-lhe a prudência, e procedera como se não existissem as **Cartas** a Castelli e à Grã-Duquesa, que estavam perante a Inquisição.

Galileu, porém, já não ouvia a razão, pois, aceitando o compromisso, revelaria ao mundo não possuir nenhuma prova e seria «ridicularizado na côrte e expulso». Portanto, tinha de rejeitá-lo. Não bastava ter permissão e ser até encorajado a ensinar a superioridade da hipótese copernicana com relação à ptolemaica. Devia insistir para que a Igreja a endossasse ou repelisse, absolutamente, mesmo com risco da última alternativa que a carta de Bellarmino, as advertências de Dini e de Ciampoli lhe deviam ter patenteado.

Mas de que maneira motivar a sua rejeição do compromisso? Como recusar-se a dar prova e, ao mesmo tempo, exigir que a questão fosse tratada como se estivesse provada? A solução do dilema era fingir ter a prova, mas recusar-se a mostrá-la, com base na incapacidade de os opositores, demasiadamente estúpidos, a compreenderem. A sua resposta a Bellarmino continha-se numa carta escrita num dia de maio ao Cardeal Dini (o grifo é meu):

> «Para mim, a maneira mais certa e rápida de provar que a posição de Copérnico não é contrária à Escritura seria dar uma multidão de provas de que é verdadeira e que não é possível manter o contrário, assim, visto que as verdades não podem contradizer-se, estas e a Bíblia devem ser perfeitamente harmoniosas. **Mas como fazer uma coisa dessas, e não perder simplesmente o tempo, se êsses peripatéticos que devem ser convencidos se mostram incapazes de seguir até o mais simples e fácil dos argumentos?...»** [31]

O que é verdadeiramente entonteceder nesse trecho não é a sua desdenhosa arrogância, mas o fato de, falando de «peripatéticos», dirigir-se na realidade a Bellarmino; porque é dêle e não dos caipirões que depende a decisão, e porque fôra Bellarmino quem o desafiara a apresentar provas.

Antes, na mesma carta ao cardeal Dini, escrevera:

> «Há oito dias escrevi a Vossa Reverência em resposta à sua de dois de maio. A minha resposta foi brevíssima, porque então me encontrava (como agora) no meio de doutores e remédios, e bastante incomodado no corpo e no espírito por muitas coisas, particularmente por não ver fim aos boatos espalhados contra mim, não por minha culpa, e aparentemente aceitos pelos que estão em cima, como se fôsse eu o causador de tais coisas. No entanto, por mim, qualquer discussão da sagrada Escritura poderia ter ficado adormecida para sempre; nenhum astrônomo nem cientista que tenha permanecido dentro dos próprios limites, jamais se meteu com isso. Embora, porém, eu siga os ensinamentos de um livro aceito pela Igreja (sic), surgem contra mim filósofos completamente desconhecedores dêsses ensinamentos e me dizem que êstes contêm proposições contrárias à fé. Na medida do possível, gostaria de mostrar-lhes que estão en-

> ganados, mas fecham-me a boca e ordenam-me que não toque nas Escrituras, o que eqüivale a dizer que o livro de Copérnico aceito pela Igreja, contém heresias e pode ser censurado por quem quer que seja (sic), enquanto todos ficam proibidos de entrar em controvérsia e mostrar que êle não contraria a Escritura...»

Mais uma vez o estilo de Galileu é tão convincente que nos sentimos tentados a esquecer os fatos: que o livro de Copérnico só fôra «aceito pela Igreja» com as qualificações que conhecemos; que Caccini, o qual o censurara, fôra repreendido pelo Pregador Geral da sua Ordem; e que, segundo as regras aceitas do jôgo, as objeções bíblicas não podiam ser refutadas com razões bíblicas, mas sòmente pelas provas científicas que Bellarmino exigia e que Galileu não conseguia dar.

Após o trecho que já citei, sôbre a estupidez dos opositores, Galileu continuou:

295

> «Mas não desesperaria de superar também essa dificuldade, se estivesse em lugar onde pudesse usar a língua em vez da pena; e se um dia sarar e puder ir a Roma, assim farei, na esperança de, pelo menos, evidenciar o meu afeto à santa Igreja. O meu urgente desejo nesse ponto é que se não tome decisão que não seja inteiramente boa. Equivaleria a declarar, sob a instigação de uma legião de homens malignos que nada compreendem da questão, que Copérnico não sustentou ser o movimento da terra um fato da natureza, mas, na qualidade de astrônomo, se limitou a considerá-lo hipótese conveniente para a explicação das aparências...»

«A legião de homens malignos que nada compreendem da questão» incluía mais uma vez, òbviamente, Bellarmino, o qual escrevera que sempre havia acreditado falar Copérnico «hipotèticamente e não absolutamente».

Talvez fôsse o único sentimento verdadeiro da carta o desejo de Galileu de ir a Roma, onde lhe seria dado empregar a «língua em vez da pena». Em princípios de dezembro chegou à Cidade Eterna. Iniciara-se a fase final da batalha.

6. A «ARMA SECRETA»

Dessa vez não houve acolhimento triunfal no Colégio Romano. O padre Grienberger mandou dizer que seria melhor apresentasse Galileu prova científica convincente em apoio de Copérnico antes de tentar ajustar a Escritura a êle.[32] O embaixador toscano em Roma, Guicciardini, advertira o duque Cosme contra a ida de Galileu a Roma, e Bellarmino, prevendo as conseqüências, também advertira contra ele.[33] Mas o duque cedera a Galileu, e, por ordem sua, Galileu instalou-se na Villa Médicis — na ocasião Embaixada Toscana — «com acomodações para êle, um secretário, um valete e uma pequena mula».[34]

Citei alguns exemplos da soberba técnica de Galileu nas polêmicas escritas. Segundo os contemporâneos, era até mais eficaz quando empregava «a língua em vez da pena». O seu método consistia em expor ao ridículo o opositor, coisa em que tinha invariàvelmente êxito, quer estivesse com razão, quer não. Eis uma testemunha romana, monsenhor Querendo, descrevendo Galileu em ação:

> «Temos aqui o senhor Galileu que, nas reuniões de homens de espírito curioso, muitas vêzes tonteia muita gente no tocante à opinião de Copérnico, para êle verdadeira... Fala freqüentemente no meio de quinze ou vinte convidados que o atacam calorosamente, ora numa casa, ora noutra. Mas é tão forte que os vence, expondo-os ao ridículo; e embora a novidade do seu parecer deixe a gente não persuadida, condena como vaidade a maior parte dos argumentos com os quais os opositores tentam sobrepujá-lo. Especialmente na segunda-feira, na casa de Federico Ghisileri, realizou coisas extraordinárias; e o que mais me agradou foi que, antes de responder às razões opostas, as ampliou e fortaleceu êle próprio com novos fundamentos aparentemente invencíveis, de modo que, ao demoli-los posteriormente, fêz com que os opositores caíssem em maior ridículo». [35]

Era excelente método para conquistar um triunfo de minuto, e fazer um inimigo eterno. Não estabelecia o próprio ponto dêle, mas destruía o do opositor. Contudo, por fôrça das circunstâncias, era aquela a única tática que podia adotar: demonstrar a absurdidade dos epiciclos de Ptolomeu e silenciar a absurdidade dos epiciclos de Copérnico. Relatou o embaixador toscano:

> «...Envolve-se apaixonadamente na questão, como se fôsse negócio seu, e não vê e nem percebe o que comporta, de modo que ficará enredado nela, e se exporá a perigo, com quem quer que seja que o secunde... Isso, porque é veemente e está inteiramente fixado e concentrado nessa questão, sendo impossível, se o tiverdes em volta, escapar-lhe às mãos. E não se trata de gracejo, podendo a coisa tornar-se grave; além do mais, o homem está aqui sob a nossa proteção e responsabilidade...» [36]

Galileu, porém, não havia fôrça que o fizesse desistir. Metera-se numa posição da qual não lograva safar-se sem opróbrio. Defendera uma opinião e tinha de provar que era certa. O sistema heliocêntrico tornara-se ponto de prestígio pessoal.

Um fator agravante do drama era a personalidade de Paulo V Borghese «que detesta as artes liberais e a sua [de Galileu] espécie de espírito e não suporta tais novidades e sutilezas», como o descreveu Guicciardini. [37] «Os que compreendem alguma coisa e possuem espírito curioso, se tiverem sensatez, tentarão revelar-se o oposto perfeito para não tombarem na suspeita e verem-se atarantados.»

O próprio Bellarmino incorrera no desagrado de Paulo. Êle e os outros principais dignitários, os cardeais Barberini, Dini e Del Monte, Piccolomini e Maraffi, sabiam como tratá-lo. Ansiavam por evitar que a Igreja tomasse qualquer decisão oficial quanto ao sistema copernicano, até que os astrônomos pudessem fazer mais luz sôbre ele, e tratavam de preservar o **status quo** definido na carta de Bellarmino, ignorando a «incursão à sacristia» de Galileu. Mas sabiam que se o papa ficasse a par do escândalo seria inevitável a prova final. Foi provàvelmente por isso que Bellarmino fizera a advertência contra a visita de Galileu a Roma.

Chegamos ao último episódio antes do golpe. Galileu havia repetidamente sugerido que descobrira uma prova física decisiva da teoria copernicana, mas até então se recusara a revelá-la. Quando começou a ver que já não valia a pena argüir sôbre o milagre de Josué e o ridículo de Ptolomeu, e que a sua posição se ia tornando impossível, apresentou, como derradeira carta, a «prova física conclusiva». Era a teoria das marés.

Sete anos antes, na **Astronomia Nova**, Kepler publicara a explicação correta das marés como efeito da atração da lua. Galileu desfêz-se da teoria de Kepler como superstição astrológica [38] e declarou serem as marés uma conseqüência direta dos movimentos combinados da terra que levam o mar a mover-se com velocidade diferente da terra. A teoria será discutida mais pormenorizadamente no capítulo seguinte, páginas 325-326. Contradizia as próprias pesquisas de Galileu sôbre o movimento, era uma volta à grosseira física aristotélica e postulava dever haver **apenas uma maré alta por dia,** precisamente ao meio-dia, ao passo que todos sabiam que havia duas e que se deslocavam em torno do relógio. [38a] A idéia inteira contradizia tão flagrantemente o fato, e era tão absurda como teoria mecânica — campo dos próprios feitos imortais de Galileu — que a concepção só se pode explicar em têrmos psicológicos. Está totalmente fora de proporção com a estatura intelectual dêle, com o método e o pendor de seu pensamento. Não foi um êrro, foi uma ilusão.

Armado da nova «arma secreta» (como chamou à teoria das marés de Galileu um sábio moderno), [39] decidiu levar a efeito um ataque frontal contra o papa. Parece que todos os amigos de Galileu que tinham acesso ao papa, os cardeais Dini, Barberini, del Monte etc., se recusaram a servir de intermediários, uma vez que a missão foi confiada finalmente ao cardeal Alessandro Orsini, jovem de vinte e dois anos. Galileu escreveu, para êle, a concepção das marés; a história assim está descrita no relato do embaixador Guicciardini ao duque Cosme II da Toscana:

> «Galileu contou mais com a sua opinião do que com a dos amigos. O senhor cardeal del Monte e eu, além de vários cardeais do Santo Ofício, havíamos tentado persuadi-lo a calar-se e não continuar a provocar êste resultado. Se pretendia manter a opinião copernicana, disseram-lhe, que a mantivesse calmamente e não gastasse tamanha energia em querer que outros dela partilhassem. Temem todos que a sua vinda aqui seja prejudicial e que, em vez de justificar-se e ter êxito, termine com uma afronta.
>
> Percebendo a frieza de todos com respeito à sua intenção, após importunar e cansar vários cardeais, confinou-se ao favor do cardeal Orsini e para tanto conseguiu de Vossa Alteza uma calorosa recomendação. O cardeal, na última quarta-feira, no Consistório, não sei com que circunspeção e prudência, falou ao papa em favor do citado Galileu. Disse-lhe o papa que seria bom convencê-lo a desistir daquela opinião. Orsini replicou alguma coisa, estimulando a causa, e o papa fê-lo calar-se e disse-lhe que reportaria a questão ao Santo Ofício.
>
> Mal Orsini saiu, Sua Santidade mandou chamar Bellarmino; e, após uma breve discussão, resolveram ser a opinião errônea e herética; anteontem, pelo que sei, reuniram uma Con-

gregação sobre o assunto para declará-lo tal. Copérnico, e os demais autores que sôbre isso escreveram, serão corrigidos, completados ou proibidos. Creio que Galileu, pessoalmente, nada sofrerá, pois é prudente e sentirá e desejará como deseja e sente a Santa Igreja. (4 de março)». [40]

O embaixador toscano, evidentemente, foi submetido a uma severa prova pelas maneiras do hóspede e protegido e o seu relato não merece inteira confiança, visto que «na última quarta-feira no Consistório» coloca o episódio em 2 de março, ao passo que o decreto papal que convoca os teólogos do Santo Ofício para uma opinião formal sôbre a teoria copernicana está datado de 19 de fevereiro. Mas a confusão de datas talvez tenha uma explicação trivial; não se discute o fato de Orsini, armado da «prova final» de Galileu, interceder com o papa; e não é muito importante se foi êsse incidente particular, ou coisa semelhante, que levou a questão ao ponto culminante. [41] Galileu tudo fizera para provocar uma crise.

7. O DECRETO DO SANTO OFICIO

Foi assim que em 23 de fevereiro de 1616, quatro dias após haverem sido convocados, os Qualificadores (isto é, os peritos teológicos) do Santo Ofício se reuniram para dar a sua opinião nas duas seguintes proposições a eles apresentadas:

> 1. O sol e o centro do mundo e totalmente imóvel de movimento local.
> 2. A terra não é o centro do mundo nem é imóvel, movendo-se, como todo, também com um movimento diuturno.

Os Qualificadores declararam unanimemente que a primeira proposição era «tola e absurda, filosófica e formalmente herética, tanto mais que contradiz expressamente a doutrina da Sagrada Escritura em muitos trechos, tanto no significado literal dêles como segundo a interpretação geral dos Padres e Doutores».

Quanto à segunda proposição «merece igual censura em filosofia, e, no que tange à verdade teológica, declara-se que é pelo menos errônea na fé.» [42]

Não obstante, o veredicto dos Qualificadores foi, pelo momento, dominado pela pressão dos cardeais mais iluminados, sendo publicado sòmente dezessete anos mais tarde. Em sua vez, em 5 de março, a Congregação Geral do Índice publicou um decreto mais moderado, no qual não aparece a palavra fatal «heresia»:

> «...E, considerando que a citada Congregação sabe que a doutrina pitagórica — que é falsa e inteiramente oposta à Sagrada Escritura — do movimento da terra e da imobilidade do sol, também ensinada por Nicolau Copérnico no **De Revolutioonibus orbium coelestium**, e por Diego de Zuniga (no seu livro) sôbre Jó, está sendo disseminada no exterior e aceita por muita gente, como se depreende de certa carta de um padre carmelita,

> intitulada **Carta do Rev. Padre Paolo Antonio Foscarini, carmelita, sôbre a opinião dos pitagóricos e de Copérnico relativa ao movimento da terra e à estabilidade do sol, e ao novo sistema pitagórico do mundo, em Nápoles, impressa por Lazzaro Scoriggio**, 1615, na qual o citado padre tenta mostrar que a doutrina mencionada da imobilidade do sol no centro do mundo, e do movimento da terra, se harmoniza com a verdade e não se opõe à Sagrada Escritura, para que tal opinião se não insinue mais, com prejuízo da verdade católica, a Santa Congregação decretou que o citado Nicolau Copérnico, **De revolutionibus orbium**, e Diego de Zuniga, **Sobre Jó**, sejam suspensos até a correção; mas que o livro do padre carmelita, Paolo Antonio Foscarini, seja de vez proibido e condenado, e que semelhantemente os demais trabalhos nos quais se ensine a mesma coisa sejam proibidos, como por êste presente decreto proíbe, condena e suspende a todos respectivamente. Em fé do que o presente decreto foi assinado e selado com as assinaturas e o selo do eminentíssimo e reverendo senhor cardeal de Santa Cecília, bispo de Albano, no quinto dia de março de 1616.»[43]

Teve o documento conseqüências ainda hoje experimentadas. Representa, por assim dizer, a brecha que levou à separação entre a Ciência e a Fé. Logo, é importante examinar-lhe o exato significado e intenção, distinto do efeito psicológico e das conseqüências históricas.

Em primeiro lugar, devemos repetir que os Qualificadores falavam de heresia, mas o decreto não. A opinião dos Qualificadores tornou-se conhecida do público apenas em 1633, quando Galileu forçou uma segunda crise, e a Opinião foi citada no veredicto do julgamento. Mesmo então, permaneceu opinião judicial, sem nenhum endôsso da autoridade papal, e, portanto, não obrigatória aos membros da Igreja. Conseqüentemente, a imobilidade da terra jamais se tornou artigo de fé, nem heresia a imobilidade do sol.

Semelhantes considerações de natureza judicial se aplicam ao próprio decreto. Foi dado pela Congregação do Índice, mas não confirmado por declaração papal **ex-cathedra** nem por Concílio Ecumênico, e o conteúdo, portanto, jamais se tornou dogma infalível. Tudo isso foi política deliberada; sabe-se até que foi imposta a Paulo V, que teria gostado de fazer de Copérnico um herege e **basta**, pelos cardeais Barberini e Gaetani. Tais pontos foram pisados e repisados pelo apologistas católicos, mas essas sutilezas não penetram o homem da rua; tenha-se tornado dogma, ou não, a condenação do sistema copernicano por «inteiramente oposto à Sagrada Escritura» em 1616, e por «formalmente herético» em 1633, foi suficiente para lograr o desastroso efeito.

Questão inteiramente diversa é a maneira pela qual o decreto atingiu a liberdade de discussão científica. Em primeiro lugar, devemos notar que, não obstante seja Galileu o principal culpado, o seu nome não está mencionado no processo, e os seus trabalhos não figuram no Índice. Igualmente de surpreender é a distinção feita no tratamento das **Revoluções** de Copérnico e do livro de Foscarini. O livro de Copérnico está «suspenso até que seja corrigido»; mas o livro de Foscarini fica «totalmente proibido e condenado». A razão está na frase precedente do decreto: Foscarini tentara mostrar que a doutrina copernicana «se harmoniza com a verdade e não se opõe à Sagrada Escritura», ao passo que Copérnico não é acusado disso. O próprio Galileu comentou alguns dias depois do decreto que a igreja «não foi além de decidir que a opinião [copernicana] não concorre com a Bíblia. Daí terem proibido apenas os livros que profissionalmente tentam sustentar que não discordam da Bíblia... Do próprio livro de Copérnico serão tiradas 10 linhas do prefácio dirigido ao papa Paulo III, onde afirma o autor que a doutrina não lhe parece contrária à Bíblia, e eu entendo que cá e lá se pode remover uma palavra onde a terra recebe o nome de estrêla.»[44]

As **Cartas sôbre as Manchas Solares** foram as únicas impressas por Galileu (*) contendo uma referência favorável ao sistema copernicano; mas visto que tal referência o tratava apenas como hipótese escapou à censura.

Assim o efeito do decreto na discussão científica e na pesquisa foi deixar as coisas quase exatamente como estavam. Os astrônomos podiam discutir Copérnico e calcular o curso dos planëtas, como se êstes girassem em tôrno do sol, contanto que falassem hipotèticamente. Galileu recusara-se a qualquer compromisso, e o compromisso fôra impôsto pelo decreto. Mas o que o decreto dizia aos filhos simples da Igreja era que falar do movimento da terra constituía Coisa Má e contrária à fé; e o que dizia ao cético era haver a Igreja declarado guerra à Ciência.

O livro de Copérnico ficou no Índice exatamente quatro anos. Em 1620 foram publicadas as «correções» que se revelaram da insignificante natureza predita por Galileu (**). Foram planejadas pelo mesmo cardeal Gaetani o qual, com o futuro Urbano VIII, levara de vencida o irritadiço Paulo V. A partir de então, qualquer impressor católico tinha a liberdade de reimprimir o **Livro das Revoluções**, mas nenhum editor católico nem protestante se sentiu animado a isso por mais trezentos anos. As cópias remanescentes da primeira edição de 1543 haviam-se transformado em valiosas peças de colecionadores. O próprio livro tornara-se, além de ilegível, uma simples curiosidade e completamente fora de época, em virtude das observações de Ticho, dos descobrimentos de Kepler e das revelações do telescópio. O copernicanismo era uma divisa, mas não um sistema defensível de astronomia.

Para resumirmos: a temporária suspensão do livro de Copérnico não teve maus efeitos no progresso de ciência, mas injetou veneno no clima da nossa cultura, e êsse veneno ainda aí está.

Naturalmente, seria ingênuo acreditar que a Igreja apresentou objeção ao sistema copernicano sòmente, ou até principalmente, porque parecia discordar do milagre de Josué ou de outros trechos da escritura. O Concílio de Trento decretara que «espíritos petulantes não deviam interpretar a Escritura contra a autoridade da tradição em questões que pertencem à fé e à moral»; mas os «espíritos petulantes» a que tais palavras se destinavam eram os luteranos, e não os matemáticos como Copérnico, cujo livro fora publicado dois anos antes que o Concílio se reunisse e vinte anos antes que terminasse. O verdadeiro perigo de

---

(*) **A Carta a Castelli** e a **Carta à Grã-duquesa** não tinham sido impressas.

(**) «Tiveram de ser omitidas ou alteradas nove frases, pelas quais se representava como certo o sistema heliocêntrico.»[45] Como observa Santillana «parece que em Roma era sentimento geral ser o Índice uma espécie de desventura administrativa na qual, mais cedo ou mais tarde, incorria todo aquêle que escrevesse sôbre assuntos sérios, e questão de esperar até que a atitude oficial mudasse outra vez. Dos três teólogos da Inquisição, peritos no julgamento de Galileu, dois incorreram posteriormente na proibição, e um dêle era cardeal, Oregius».[45a]

remover a terra do centro do universo penetrou muito mais profundamente, minando tôda a estrutura da cosmologia medieval.

Certa vez, dissera Bellarmino num sermão: «Os homens se assemelham muito às rãs. Ficam de boca aberta com o engôdo de coisas que lhes não dizem respeito, e aquele astuto pescador, Satanás, sabe pegar uma infinidade deles».[76] O povo de Roma começava realmente a perguntar se não eram habitados outros planêtas; em caso afirmativo, os seus habitantes descenderiam de Adão? E se a terra é um planêta, precisa, como os demais planetas, de um anjo que o mova; mas onde está êsse anjo? Interpretava o povo as mensagens da Ciência da mesma maneira fundamentalista e apalermada pela qual os teólogos interpretavam a fé. Mas, no passado, o cristianismo vencera crises semelhantes; digerira a esfericidade da terra e a existência dos antípodas em substituição ao universo tabernacular coberto pelas Águas Superiores. A visão cósmica cristã progredira de Lactânio e Agostinho ao cosmos medieval de Tomás de Aquino e Alberto Magno; e depois, até as primeiras intimações do bispo Cusa quanto à infinidade, até a física pós-aristotélica dos franciscanos e a astronomia pós-ptolemaica dos jesuítas.

Fôra, todavia, um progresso gradativo e contínuo. O universo fechado, a hierarquia da Grande Cadeia do Ser não podia ser abandonada levianamente antes que uma visão cósmica igualmente corrente a substituísse. E essa visão não existia por enquanto; só logrou tomar forma quando a síntese newtoniana deu à vista um novo foco. Naquelas circunstâncias, a única política possível era a retirada em ordem; ceder posições quando se tornavam insustentáveis, como a imutabilidade do céu, desaprovada pelas **novae**, cometas e manchas solares, e a terra como centro de todos os movimentos celestes, desaprovada pelas luas de Júpiter. Em todas essas «perigosas inovações» os astrônomos da ordem dos jesuítas, cujo geral era Bellarmino, haviam desempenhado papel preponderante. Tinham calmamente abandonado Ptolomeu e progredido para o sistema de Ticho: os planêtas giram em torno do sol, e com o sol giram em torno da terra (assim como os quatro «astros dos Médicis» giram em tôrno de Júpiter, e com Júpiter giram em tôrno do sol). Era o limite a que lhes permitia chegar tanto a prudência metafísica como a cautela científica, mesmo que alguns jesuítas fôssem copernicanos de coração. As razões da prudência metafísica eram teológicas; as razões da cautela científica, empíricas. Enquanto não houvesse paralaxe estelar observável, nenhum deslocamento aparente da posição das estrêlas fixas causado pelo movimento da terra através do espaço, aquêle movimento ficava sem prova. Nessas circunstâncias, o sistema do universo que parecia concordar mais intimamente com o fato observado era o de Ticho, o qual tinha outrossim a vantagem de compromisso; fazendo do sol centro do movimento planetário, preparava o caminho para um sistema heliocêntrico completo, no caso de se descobrir uma paralaxe estelar, ou no caso de qualquer outro descobrimento fazer oscilar a balança em seu favor. Mas isso, como veremos, foi outro compromisso rejeitado por Galileu.

Os sequazes de Galileu, convertidos pelos seus brilhantes modos de argüir, só possuíam (com um punhado de exceções) as mais vagas noções de astronomia. Quanto a Bellarmino, vivia em contacto constante com os astrônomos do Colégio Romano. Tinha espírito bastante amplo para saber — e dizer assim na carta de Foscarini — que o cristianismo podia ser reconciliado com o movimento da terra, como reconciliado fôra com a sua esfericidade. Mas sabia também que seria um reajuste difícil, uma reorientação metafísica em escala maior, só empreendível no caso de absoluta necessidade. E a necessidade, até então, não existia.

A situação resume-a um trecho do Professor Burtt, que já citei em parte:

> «É seguro dizer que, mesmo no caso de não ter havido escrúpulos religiosos de espécie nenhuma contra a astronomia copernicana, os homens sensatos de tôda a Europa, especialmente os dotados de espírito mais empírico, teriam afirmado ser uma insensatez aceitar os frutos prematuros de uma imaginação não controlada, de preferência às sólidas induções, construídas gradativamente através dos tempos, da experiência sensorial confirmada dos homens. Na forte tensão do empirismo, tão característica da filosofia atual, convém nos lembremos dêsse fato. Os empiristas contemporâneos, se tivessem vivido no século dezesseis, teriam sido os primeiros em zombar da nova filosofia do universo.» [47]

Não é de pasmar, pois, que o decreto de 5 de março, por mais fatais que se tenham revelado as suas conseqüências, e por mais que tenha desalentado os galileanos, foi acolhido com um suspiro de alívio por outros, e não sòmente pelos fanáticos e caipirões. Está refletido numa carta de Monsenhor Querengo, o arguto observador que já citei antes:

> «As disputas do senhor Galileu dissolveram-se em fumaça alquímica, pois o Santo Ofício declarou que manter tal opinião é discordar manifestamente dos infalíveis dogmas da Igreja. Assim, eis-nos finalmente, com segurança, de volta a uma terra sólida, e não temos de voar com ela como formigas a se arrastarem em volta de um balão...» [48]

8. A INJUNÇÃO

O nome de Galileu não fora mencionado em público. Imediatamente após a emissão do decreto, escreveu despreocupadamente ao Secretário de Estado toscano:

> «Como se pode ver da própria natureza desta questão, não tenho nada que ver com isso, nem estaria implicado nela, não fôssem os meus inimigos, como disse antes.» [49]

Seis dias depois do decreto, Galileu foi recebido pelo papa, numa audiência que durou três quartos de hora. Embora tudo tivesse sido feito para lhe poupar uma humilhação pública, fôra solicitado, confidencial mas firmemente, a manter-se dentro dos limites prescritos, o que se verificara entre a sessão dos Qualificadores, de 23 de fevereiro, e a publicação do decreto. Na quinta-feira, 25 de fevereiro, há o seguinte registro no arquivo da Inquisição (o grifo é meu):

> «Quinta-feira, 25 de fevereiro de 1616. O senhor cardeal Mellini comunicou aos Reverendos Padres, ao Assessor, e ao Comissário do Santo Ofício que a censura feita pelos teólogos às proposições de Galileu — ou seja, de que o sol é o centro do

mundo e imóvel, e que a terra se move, e também com um movimento diuturno — fôra relatada; e Sua Santidade ordenou ao senhor cardeal Bellarmino convocasse o citado Galileu e o admoestasse a abandonar tal opinião; e, **no caso de recusa à obediência**, que o Comissário lhe dirija, perante notário e testemunhas, a ordem de se abster totalmente de ensinar ou defender tal opinião e doutrina e até de a discutir; [50] e, se não aquiescer, deverá ser preso.»

Um dos principais pontos de controvérsia sôbre o julgamento de Galileu em 1633 está na questão de saber se o processo previsto «no caso de recusa à obediência» se realizou ou não. Se sim, Galileu ficou obrigado por uma injunção incondicional e absoluta não sòmente a não defender, **senão também a não discutir** a doutrina de Copérnico. Se se não realizou, a obrigação a ele imposta poderia ser elasticamente interpretada.

Há três documentos referentes a esse ponto, e se contradizem um ao outro. Um dêles foi achado entre os **Decreta** da Congregação. Trata-se da minuta de uma reunião de 3 de março, cujo trecho importante diz:

«Tendo o senhor cardeal Bellarmino relatado que Galileu Galilei, matemático, fora advertido nos têrmos da ordem da Santa Congregação a abandonar a opinião até então sustentada de ser o sol o centro das esferas, e imóvel, e de a terra se mover, e que aquiescera...»

Parece indicar isso que a injunção absoluta prevista «no caso de recusa à obediência» **não** se verificou. O segundo documento parece indicar também a mesma conclusão. Para contrariar as notícias de que fôra humilhado e punido, pediu Galileu a Bellarmino um certificado do processo realizado, e Bellarmino escreveu o que se segue:

«Nós, Roberto cardeal Bellarmino, tendo sabido que caluniosamente se afirmou haver o senhor Galileu Galilei, em nossa presença, abjurado, e ter sido também punido com salutar punição, e solicitado a dizer a verdade sôbre isso, declaramos que o citado Galileu não abjurou, nem na nossa presença, nem na presença de nenhuma outra pessoa em Roma, ou em qualquer outro lugar, pelo quê nos é dado saber, qualquer opinião ou doutrina por êle sustentada; nem lhe foi impôsto nenhum castigo salutar; foi-lhe notificada apenas a declaração do Santo Padre, publicada pela Sagrada Congregação do Índice, na qual se diz que a doutrina atribuída a Copérnico, de que a terra se move em tôrno do Sol, e de que o sol está parado no centro do mundo e não se move de leste a oeste, é contrária às Sagradas Escrituras, não podendo, em conseqüência, ser defendida nem sustentada. Em testemunho, escrevemos e subscrevemos o presente de próprio punho, neste dia vinte e seis de maio de 1616».

Não há ali menção de injunção formal, e as palavras eficazes são as de não poder ser a doutrina copernicana **defendida nem sustentada.** [51] Não há proibição de discuti-la.

O terceiro documento é uma minuta nos arquivos do Vaticano e, aparentemente, contradiz os outros dois, alegando ter sido Galileu formalmente proibido de «sustentar, ensinar, ou defender de qualquer maneira, verbalmente ou por escrito»[52] a doutrina copernicana. Essa minuta, merecedora de pouquíssima confiança, deu origem a uma das mais acirradas controvérsias da história da ciência, que dura há quase um século. Talvez se julgue que atribuir tal importância à diferença entre uma injunção absoluta e uma admoestação seja perder-se em minúcias. Mas há, de fato, um mundo de diferença entre a admoestação não «defender nem sustentar» uma doutrina, e a ordem de não a ensinar nem discutir «de maneira nenhuma». No primeiro caso, poderia ser discutida como antes, em termos de hipótese matemática; no segundo caso, não (V. nota 52a).

O certificado de Bellarmino e a minuta de 3 de março parecem indicar que Galileu não sofreu uma proibição absoluta. Contudo, durante os anos seguintes, teve de proceder mais cautelosamente do que antes.

II. JULGAMENTO DE GALILEU

1. AS MARÉS

Após ter sido a questão formalmente decidida pelo decreto de 5 de março, Galileu permaneceu em Roma durante outros três meses. «Tem a mania constante», relatou o embaixador toscano, «de atirar-se contra os frades e de combater personalidades que não podem ser atacadas sem que nos arruinemos. Mais cedo ou mais tarde sabereis em Florença que êle mergulhou loucamente num abismo insuspeito.» [1] Afinal, o duque, alarmado, ordenou a Galileu que voltasse para Florença.

Durante os sete anos seguintes nada publicou. Mas a obsessão o devorava, e era tanto mais autodestruidora pelo fato de êle não lhe poder dar vazão. Murmurava contra «a ignorância, maldade e impiedade dos meus opositores que tinham levado a melhor»; mas deve ter sabido, sem o admitir a si próprio, que a derrota se devia na realidade à incapacidade de apresentar a prova exigida.

Isso, sou eu quem o sugere, explica como lhe dominou o espírito a ilusão das marés. Improvisara essa arma secreta num momento de desespêro, e era de esperar que, uma vez de volta à estrutura normal de espírito, lhe tivesse compreendido a falácia e a tivesse engavetado. Pelo contrário, tornou-se-lhe uma **idée fixe,** como os sólidos perfeitos de Kepler. Mas a de Kepler foi uma obsessão criadora, uma quimera mística cuja perseguição acarretou rica e inesperada colheita; a mania de Galileu foi da espécie estéril. As marés, como tentarei mostrar, constituíam um substituto indireto da paralaxe estelar que êle não lograra achar, um substituto não sòmente no sentido psicológico, pois existe uma ligação matemática entre as duas, que parece ter escapado à atenção até agora.

A teoria das marés de Galileu é, de maneira levemente simplificada, a seguinte. [2] Tomemos um ponto da superfície da terra, digamos, Veneza. Possui êle um movimento duplo; a rotação diária em tôrno do eixo da terra e a revolução anual em tôrno do sol. De noite, quando Veneza está em N, os dois movimentos se somam; de dia, em D, agem um contra o outro.

Logo Veneza, e com ela tôda a terra firme, move-se mais depressa de noite e mais devagar de dia; em resultado, a água «fica para trás» de noite, e precipita-se para a frente da terra, de dia. Aí está a causa de a água se amontoar em maré enchente cada vinte e quatro horas, sempre por volta do meio-dia. O fato de haver duas marés enchentes em Veneza, e não uma, e de elas caminharem pelo relógio, foi por Galileu pôsto de lado como devido a várias causas secundárias, por exemplo o formato do mar, a profundidade, e assim por diante.

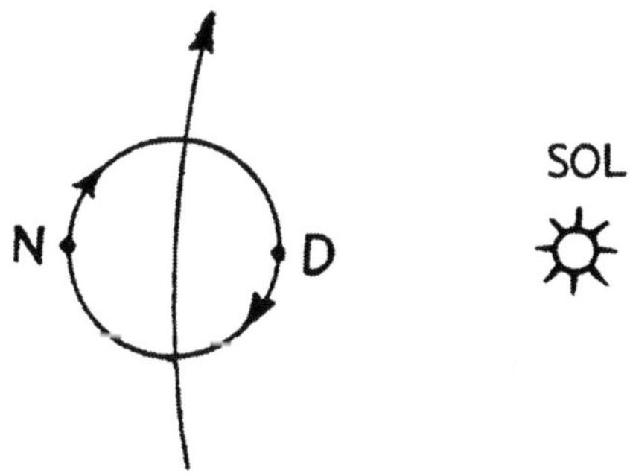

A falácia do argumento está nisto. O movimento só pode ser definido relativamente a um ponto de referência. Se o movimento fôr referido ao eixo da terra, qualquer parte da superfície desta, molhada ou sêca, se move com velocidade uniforme dia e noite, e não há marés. Se o movimento fôr referido às estrêlas fixas, teremos as mudanças periódicas do diagrama, que são as mesmas para a terra e para o mar, e não podem produzir diferença de momento entre a terra e o mar. Só haveria uma diferença de momento, levando o mar a «lançar-se», se a terra recebesse impulso de uma fôrça externa, digamos, de uma colisão com outro corpo. Mas tanto a rotação da terra como a sua revolução anual têm inércia,[8] isto é, são autoperpetuadores e produzem o mesmo momento na água e na terra; e a combinação dos dois movimentos dá ainda como resultado o mesmo momento. O êrro do raciocínio de Galileu é que **refere o movimento da água ao eixo da terra**, e o **movimento da terra às estrêlas fixas.** Noutras palavras, inconscientemente, introduz a paralaxe ausente pela porta traseira. Não se podia achar nenhum efeito do movimento anual da terra relativamente às estrêlas fixas. Galileu acha-o nas marés, introduzindo as estrêlas fixas em lugar que lhes não pertence. As marés transformaram-se em **Ersatz** da paralaxe.

A fôrça da obsessão pode ser julgada pelo fato de, embora pioneiro no campo da relatividade de movimento, **jamais** descobrir o êrro elementar do seu raciocínio; dezessete anos depois de ter dado com a arma secreta, ainda acreditava firmemente que era a prova conclusiva do movimento da terra, e como tal a apresentou no **Diálogo sôbre os Grandes Sistemas do Mundo.** Pretendia até intitular a obra **Diálogo sôbre o Fluxo e o Refluxo das Marés.**

2. OS COMETAS

Passou os dois anos seguintes quase sempre enfêrmo, mas fêz alguns trabalhos de menor importância, como a construção de um telescópio naval, realizando também a tentativa, malograda, de usar os períodos das luas de Júpiter na determinação da longitude geográfica. Foi, aparentemente, a última vez que se interessou positivamente pela pesquisa astronômica.

Depois de dois anos, em 1618, não se conteve mais e enviou o tratado sôbre as marés ao arcebispo Leopoldo da Áustria, descrevendo-o na carta que o acompanhava como «concepção poética ou sonho», escrito no tempo em que acreditava ser verdadeiro o sistema copernicano e antes de receber melhores ensinamentos pela decisão das autoridades, guiadas por um discernimento superior ao que o meu humilde espírito poderia atingir por si próprio». Esperava, sem dúvida, que o tratado fôsse impresso na Áustria, sem formal autorização da sua parte, mas o resultado foi nulo.

No mesmo ano três cometas surgiram no céu, anunciando tanto o comêço da Guerra dos Trinta Anos como o da mais desastrosa das inúmeras controvérsias em que Galileu se envolveu.

Causou-a uma lição, posteriormente publicada, do padre jesuíta Horácio Grassi do **Collegium Romanum.** Exprimia a opinião certa de se moverem os cometas em órbitas regulares como os planêtas, a uma distância muito maior que a da lua. Em apoio a tal opinião citava Grassi, com aprovação, as conclusões de Ticho concernentes ao famoso cometa de 1577. O tratado constituía mais um passo da separação entre os jesuítas e Aristóteles, o qual mantivera serem os cometas exalações terrestres na esfera sublunar, e mais um sinal do endôsso implícito da Ordem no tocante ao sistema de Ticho.

Quando Galileu leu o tratado, enfureceu-se, cobrindo as margens de expressões como «pedaço de asnidade», «elefantino», «bufão», «péssimo poltrão» e «vilão ingrato». Consistia a ingratidão em não mencionar o tratado o nome de Galileu, cuja única contribuição para a teoria dos cometas fora um endôsso fortuito das opiniões de Ticho nas **Cartas sôbre as Manchas Solares.** [4]

A situação, porém, estava mudada. O compromisso tichônico tinha de ser rejeitado, de modo que a escolha ficasse limitada ao desacreditado Ptolomeu e a Copérnico. Galileu inverteu abruptamente os seus argumentos: decidiu que os cometas não são absolutamente objetos reais, mas ilusões ópticas como as auroras boreais ou sóis de imitação, causados pela reflexão dos vapores terrestres, que atingem o céu além da lua. Se fôssem reais, deveriam parecer maiores, à medida que se aproximassem da terra, e menores, à medida que se afastassem, ao passo que, segundo Galileu, os cometas aparecem em todo o seu tamanho para depois desaparecerem de vez.

Além de querer provar que Ticho e Grassi nada entendiam de astronomia, tinha Galileu outro motivo para negar a existência dos cometas: as suas órbitas eram tão notàvelmente elípticas que não era possível conciliá-las com as órbitas circulares em que todos os objetos celestes reais devem mover-se em tôrno do sol.

Galileu não atacou Grassi diretamente, usando o seu próprio nome, mas fazendo o antigo discípulo Mario Guiducci assinar um **Discurso sôbre Cometas,** cujo manuscrito na sua maior parte sobreviveu e tem a caligrafia de Galileu. No fim do tratado, Grassi é censurado por não mencionar os descobrimentos de Galileu, e o padre Scheiner por «empregar mal os descobrimentos alheios».

Visto que Galileu não assinara o nome, Grassi replicou subscrevendo-se com um anagrama transparente «Lothario Sarsi Sigensano» (em lugar de Horatio Grassi Salonensi). Ignorando Guiducci, atacou Galileu com veemência, mostrando que êste reclamava prioridade em descobrimentos que nem dêle eram, e aceitando o desafio quanto ao sistema tichônico: visto que Ptolomeu era refutado e Ticho repelido por Galileu, pretendia Galileu que Grassi tivesse endossado Copérnico, condenado e detestado por todos os bons católicos?

O panfleto de Grassi foi publicado em 1619, sob o título de **A Balança Astronômica e Filosófica.** A resposta de Galileu foi o famoso **Il Saggiatore** (O ensaiador), que mede coisas na balança de precisão destinada aos metais preciosos. Empregou dois anos para escrevê-lo e publicou-o somente em 1623, quatro anos depois do contra-ataque Grassi.

O Ensaiador foi escrito em forma de carta a um amigo, monsenhor Cesarini, camarista do papa. Inicia-se com uma tirada contra todos os que tentaram roubar de Galileu «a glória dos seus descobrimentos», a cujo número acrescenta, agora, Marius von Gunzenhausen, descobridor da nebulosa espiralada de Andrômeda (a primeira nebulosa observada). É nesse texto que está o trecho por mim já citado: **«Não podeis deixar de reconhecer, senhor Sarsi, que a mim somente foi dado descobrir todos os novos fenômenos do céu, e nada a mais ninguém. É a verdade que não pode ser suprimida nem pela maldade nem pela inveja.»**

O Ensaiador começa a demolir a reputação de Ticho, falando das suas «alegadas observações» e chamando os cometas de «planetas-macacos de Ticho». Explica também a razão que o forçou a quebrar a resolução anterior de nada mais publicar: os inimigos de Galileu, tendo inùtilmente tentado roubar-lhe os descobrimentos, querem agora atribuir-lhe «os trabalhos de outros», ou seja, o panfleto de Guiducci. Indignado, nega haver desempenhado qualquer papel no panfleto, a não ser discutir o assunto com Guiducci; agora, porém, é obrigado a romper o silêncio «a fim de desencorajar os que se recusam a deixar deitados os cães que dormem. e suscitam desordens com homens que vivem em paz.»

A maior parte do trabalho consiste em sarcásticas refutações de tudo quanto fôra dito por Grassi, sem levar em conta se o pobre homem errara — e havia errado muito — ou se dera com a verdade. Assim, sustentara Grassi que os projéteis se aquecem pela fricção com o ar; respondeu Galileu que não se aquecem; pelo contrário, ficam mais frios: «tentar pulverizar o ar é perda de tempo tão grande quanto moer água no proverbial pilão.»[5] Como sucede bastas vêzes, Grassi havia tentado provar uma boa causa com um mau argumento, citando Suidas (lexicógrafo grego do século dez) para afirmar que os babilônios coziam ovos fazendo-os girar velozmente no ar, por meio de uma funda, o que deu a Galileu a oportunidade de arrasar o opositor num hilariante trecho bastante citado (mas quase sempre sem menção nenhuma do contexto):

> «Se Sarsi quer que eu acredite com Suidas que os babilônios coziam os ovos fazendo-os girar velozmente em fundas, assim farei; mas devo dizer que a causa de tal efeito era assaz diversa do que ele sugere. Para descobrir a verdadeira causa, raciocino assim: **'Se não executamos um efeito que outros executaram antes, deve ser porque nas nossas operações carecemos de alguma coisa que produziu o êxito dêles. E se há apenas uma coisa única de que carecemos, então essa, por si, pode ser a verdadeira causa. Ora, não carecemos de ovos, nem de fundas, nem de homens robustos para fazê-los girar; contudo, os nossos ovos não ficam cozidos, esfriando apenas, se estiverem quentes. E visto que de nada carecemos, senão de ser babilônios, ser babilônio é a causa do endurecimento dos ovos, e não a fricção do ar**.' »[6]

Mas no meio dessas brilhantes irreverências e desses sofismas, vêem-se de novo trechos esparsos que se tornaram clássicos da literatura didática e que dizem repeito aos princípios do raciocínio científico, ao processo experimental, ao dever do filósofo de ser cético sôbre autoridades e princípios que são tomados como definitivos. Acima de tudo, Galileu esboça um princípio que veio a ser de notável importância na história do pensamento: a distinção entre as qualidades primárias na natureza, como por exemplo a posição, o número, o formato e o movimento dos corpos, e as qualidades secundárias como, por exemplo, as côres, os cheiros e os gostos, que existem apenas na consciência do observador.[7]

> «Para nos excitar gostos, cheiros e sons, creio que nada é exigido em corpos externos salvo os formatos, os números e os movimentos rápidos ou lentos. Creio que se os ouvidos, as línguas e os narizes fôssem retirados, permaneceriam os números e os movimentos, mas não os cheiros, nem os gostos nem os sons. Êstes, a meu ver, nada mais são do que nomes, uma vez separados dos seres vivos...»

Embora antecipado pelos atomistas gregos, é a primeira vez, na era moderna, que se faz essa distinção em têrmos tão concisos, primeira formulação do ponto de vista mecanicista do universo. Mas, para a maioria dos leitores contemporâneos de **O Ensaiador**, ficou perdido o significado do trecho. Viram Galileu apenas no papel de toureiro, e a opinião geral foi a de que o padre Grassi devia ser arrastado para fora da arena, estendido sobre o costado.

Foi Grassi um ilustre sábio jesuíta, e não absolutamente o tolo que dêle fêz Galileu. Executara os planos para a Igreja de Santo Inácio de Roma e projetara um submarino, fundamentado nas sugestões de Leonardo. O tratamento a ele dispensado se somava aos ataques igualmente não provocados contra Scheiner e fêz dos dois influentes membros da Ordem Jesuíta implacáveis inimigos de Galileu. Outro jesuíta a quem êle atacara sem necessidade (numa questão de engenharia militar, imagine-se só!) foi o padre Firenzuola, que construiu as fortificações do Castelo de Santo Ângelo. Vinte e cinco anos depois, Firenzuola foi o Comissário Geral da Inquisição no julgamento de Galileu. O resultado foi que os jesuítas, unidos, se voltaram contra Galileu. O padre Grienberger, sucessor de Clavius como chefe do Colégio Romano, observaria, mais tarde, que «se Galileu não tivesse incorrido no desagrado da Companhia, poderia ter continuado a escrever livremente sôbre o movimento da terra, até o último dos seus dias».[8]

Era inevitável o choque com os aristotélicos. Não o era o choque com os jesuítas. Não queremos com isso desculpar o espírito de vingança com que Grassi e Scheiner reagiram, ao se verem provocados, nem a deplorável maneira pela qual a Ordem demonstrou o seu **esprit de corps**. O ponto por estabelecer é que a atitude do **Collegium Romanum** e dos jesuítas em geral mudou de benevolência para a hostilidade, não por causa das opiniões copernicanas sustentadas por Galileu, mas por causa dos ataques pessoais deste a autoridades da Ordem.

Outros grandes cientistas, inclusive Newton, se envolveram em acres polêmicas, que, no entanto, não passaram de periféricas com relação à sua obra, escaramuças em tôrno de uma posição sòlidamente estabelecida. A tragédia particular de Galileu foi serem os seus dois maiores trabalhos publicados apenas depois que ele completara setenta anos. Até então, a produção dele consistira em panfletos, artigos, manuscritos de circulação privada, e a persuasão oral, tudo (salvo o **Mensageiro das Estrelas**) polêmico, ironicamente agressivo, repleto de argumentos **ad ho-**

minem. A melhor parte da vida transcorreu-a nessas escaramuças. Até o fim não dispôs de nenhuma cidadela sob a forma de um **magnum opus** maciço e sólido, onde pudesse recostar-se. A nova concepção da ciência e filosofia por êle trazida ao mundo está difundida em trechos esparsos cá e lá entre as polêmicas das **Cartas sôbre as manchas solares** ou de **O Ensaiador,** ocultos entre massas de arame farpado, como estavam as leis de Kepler entre os labirintos harmônicos.

3. PERIGOSA ADULAÇÃO

Galileu estava compondo **Il Saggiatore** quando o seu leal protetor, Cosme II, morreu, e a duquesa Cristina passou a ser regente. Bellarmino, que fora uma influência refreadora na direção da Ordem dos Jesuítas, morreu no mesmo ano. Mas para compensar tais perdas lançou o destino do ensaiador o mais inesperado e poderoso aliado: Maffeo Barberini foi eleito papa em 1623, em tempo exato para que Galileu lhe dedicasse o **Il Saggiatore.**

Foi Maffeo Barberini, em parte, um anacronismo, papa da Renascença pôsto na época da Guerra dos Trinta Anos, homem de letras que traduzia trechos da Bíblia em hexâmetros, varão cínico, presunçoso e desmedido amante do poder secular. Conspirou com Gustavo Adolfo, o herege protestante, contra o Sacro Império Romano, e, ao saber da morte de Richelieu, observou: «Se Deus existe, o cardeal Richelieu terá muito por que ser responsabilizado; se Deus não existe, êle terá procedido muito bem». Fortificou o Castelo de Santo Ângelo, e mandou fundir canhões com os tetos de bronze do Panteão, o que deu origem ao epigrama: «O que não fizeram os bárbaros, fez Barberini». Fundou o «Ofício da Propaganda» (para missionários), construiu o Palácio Barberini e foi o primeiro papa em permitir lhe erigissem um monumento em vida. Era verdadeiramente monumental a sua vaidade, e conspícua até uma época que pouco uso tinha para a modéstia. A famosa afirmação de que «sabia melhor que todos os cardeais juntos» só foi igualada pela de Galileu, a de haver descoberto tudo quanto era novo no céu. Ambos se consideravam super-homens e travaram conhecimento com base na adulação mútua, tipo de relação que, em regra, leva a um triste fim.

Em 1616, opusera-se Barberini ao decreto da Congregação e interviera em favor de Galileu, fato de que se jactou bastante, posteriormente. Em 1620, escrevera uma ode em honra de Galileu, com o título de **Adulatio Perniciosa,** o que se pode traduzir por «Adulação Perigosa». Chegou ao ponto de protestar homenagem à memória de Copérnico — numa audiência com o cardeal Hohenzollern, em 1624, depois de ter sido eleito papa — e acrescentou a observação de «a Igreja não haver nem condenado, nem jamais querer condenar aquela doutrina por herética, mas apenas por atrevida».[9]

Subido ao trono Urbano, iniciou-se uma espécie de segunda lua de mel entre o repositório da Fé e o mais ilustre representante da ciência na Itália. Renuncini, irmão do cardeal Dini, escreveu a Galileu:

> «Juro-vos que nada agradou tanto a Sua Santidade como a menção do vosso nome. Depois de falar de vós durante algum tempo, disse-lhe eu que vós, estimado Senhor, tínheis o ardente desejo de visitá-lo e beijar-lhe o pé, no caso de Sua Santidade o permitir, ao que o papa replicou que o seu prazer seria grande,

se não houvesse inconveniência para vós... porque os grandes homens, como vós, devem poupar-se, para viver o mais possível.» 10

Galileu, enfermo, só pôde ir a Roma na primavera do ano seguinte. Teve seis longas audiências com Urbano, no curso de seis semanas. O papa cobriu-o de favores, uma pensão para o filho de Galileu, uma valiosa pintura, uma medalha de ouro e prata. Forneceu-lhe, outrossim, um brilhante testemunho, dirigido ao novo grão-duque, exaltando as virtudes e a piedade «dêste grande varão, cuja fama fulge nos céus, e, na terra, se estende pelos quatro cantos».

O que foi precisamente dito durante as seis audiências tem sido outro assunto de conjetura e controvérsias, só ficando estabelecidos com certeza alguns pontos; primeiro, que, a despeito das tentativas de persuasão de Galileu, Urbano se recusou a revogar o decreto de 1616; segundo, que a impressão de Galileu, após as seis longas audiências, foi a de poder escrever tudo quanto lhe desse na veneta em apoio de Copérnico, enquanto evitasse argumentos teológicos e se apegasse à exposição **ex hypothesi**; terceiro, o próprio Urbano fêz uma sugestão de como contornar a dificuldade de argüir em favor do sistema copernicano sem asseverar que era verdadeiro. Eis a sugestão: supondo que a hipótese explica satisfatoriamente certos fenômenos, são significa isso necessariamente que seja verdadeira, pois Deus é onipotente e pode ter produzido o fenômeno por meios inteiramente diversos não compreendidos pelo espírito humano. A sugestão de Urbano, a que êle dava grande valor, desempenhou um papel crucial posteriormente.

Assim encorajado, e em pleno esplendor do favor papal, Galileu, que já contava mais de sessenta anos, sentiu finalmente o caminho livre para embarcar na grande apologia de Copérnico, à qual, como sabemos, pretendia chamar **Diálogo sobre o Fluxo e Refluxo das Marés**. Não obstante, empregou quatro anos para escrevê-la; 10a por quase três, de 1626 a 1629, parece tê-la deixado de lado, com vários pretextos e contra a pressão dos amigos. Provàvelmente percebeu ser o favor dos príncipes de tão breve duração quanto as marés, e estarem os poderosos inimigos a trabalhar contra ele. Podemos também suspeitar que tenha sido estorvado por uma paralisação psicológica recorrente, uma dúvida reprimida quanto à solidez da «prova conclusiva».

Mais uma vez porém, não podia recuar. Em janeiro de 1630 ficou pronto o **Diálogo.**

4. DIALOGO SÔBRE OS GRANDES SISTEMAS DO MUNDO

O **Diálogo** é feito por três pessoas. Salviati, o brilhante sábio, é o porta-voz de Galileu; Sagredo, um inteligente amador, desempenha o papel de segundo violinista sob o disfarce de neutralidade, e Simplício o simplório bem-humorado, defensor de Aristóteles e Ptolomeu, desempenha o papel do palhaço que leva pontapés. Salviati e Sagredo tinham sido amigos de Galileu e já estavam mortos; Simplício, sustentou Galileu, tirava o nome de Simplicius, o comentador de Aristóteles do sexto século, mas o duplo sentido é evidente. É Simplício que, após ser apresentado como burro a todo instante, dá bem no fim o argumento do papa Urbano e diz que vem «de pessoa eminentíssima e culta, diante da qual só nos resta calar». Os outros dois declaram-se calados por «essa admirável e angélica doutrina», e resolvem «ir gozar de uma hora de lazer na gôndola que nos espera». Assim termina o **Diálogo** como o que só pode ser descrito como grosseira vaia ao papa, com as conseqüências de esperar.

O **Diálogo** divide-se em quatro dias. O primeiro está dedicado à refutação da opinião aristotélica do cosmos em geral. Trechos de espirituoso jornalismo se alternam com outros que, repentinamente, ascendem a uma visão elevada e majestosa, e a linguagem assume uma beleza de estarrecer. Atacando o dualismo platônico da corrupção terrestre e da perfeição celeste, explica Sagredo:

> «Não posso ouvir sem grande assombro, digo melhor, descrença, que se atribuiu aos corpos naturais, como grande honra e perfeição, serem impassíveis, imutáveis, inalteráveis, etc., bem como, inversamente, vejo que é tido como grande imperfeição ser alterável, gerável e mutável. A minha opinião é que a terra é nobilíssima e admirável em virtude das inúmeras e diferentes alterações, mudanças e gerações que nela ocorrem incessantemente. E se, sem ser sujeita a nenhuma alteração, tivesse sido apenas um vasto monte de areia, ou massa de jade, ou se, desde a época do dilúvio, gelando-se as águas que cobriam, tivesse continuado imenso globo de cristal, onde nada tivesse crescido, nada se tivesse alterado, nada tivesse mudado, eu houvera considerado a terra um desgraçado pedaço de nenhum benefício para o Universo, massa de inatividade, e, numa palavra, supérflua, exatamente como se nunca tivesse estado na natureza. A diferença para mim seria a mesma que existe entre uma criatura viva e uma criatura morta. Digo o mesmo no que tange à lua, Júpiter e os demais globos do Universo. Quanto mais pesquiso a consideração da vacuidade de dissertações populares, tanto mais vazias e simples as acho. Que maior loucura do que chamar de nobres as pedras, a prata e o ouro, e de baixos a terra e o lodo? Pois não consideram tais pessoas que, se houvesse a mesma escassez de terra como há de jóias e metais preciosos, não haveria rei que não desse alegremente um monte de diamantes e rubis e inúmeros lingotes de ouro para comprar terra suficiente ao plantio de um jasmim num potezinho ou para nela colocar uma laranjeira cravo e vê-la brotar, crescer e dar bonitas fôlhas, flôres perfumadas e delicados frutos?
>
> É a escassez e a quantidade que fazem as coisas estimadas e desprezadas pelo vulgo, o qual dirá haver aqui um belíssimo diamante, pois se assemelha à límpida água, e, contudo, não se separaria dêle por dez toneladas de água. Os homens que desse modo exalçam a incorruptibilidade, a inalterabilidade, e assim por diante, falam, a meu ver, pelo grande desejo de viverem longamente e de mêdo à morte, não considerando que, se os homens tivessem sido imortais, não se teriam vistos obrigados a vir a êste mundo. Essa gente merece encontrar-se com a cabeça de Medusa que os transformaria em estátuas de diamante e jade, para poderem tornar-se mais perfeitos do que são.» [11]

A luta pró e contra Copérnico fere-se realmente no segundo dia, no qual são refutadas em termos de física terrestre as objeções contra o movimento da terra. A parte central do argumento diz respeito à relatividade do movimento. As objeções clássicas tinham sido todas variações sôbre o mesmo tema: que se a terra girasse, tudo quanto a ela não estivesse firmemente preso ficaria para trás: balas de canhão, pedras cadentes, aves, nuvens etc. Na refutação, Galileu se aproxima bastante de uma correta teoria do ímpeto e da primeira Lei de Newton. Mostra que uma pedra deixada cair da ponta do mastro de um navio em movimento não fica atrás, porque a pedra participa do movimento do navio; e, por analogia, que a pedra deixada cair de uma torre, ou uma bala de canhão em pleno voo, participa do movimento da terra.

Mas não logrou safar-se inteiramente do dogma aristotélico do movimento circular. Postula que se um corpo é deixado a si próprio continua, pelo impulso inicial, a mover-se, não em linha reta, mas em órbita circular, por toda a eternidade. A razão explica-a Galileu na parte introdutória do primeiro dia, e repete-a a todo instante:

> «...sendo o movimento reto infinito por natureza (pois a linha reta é infinita e indeterminada), é impossível que qualquer coisa tenha, por natureza, o princípio de se mover em linha reta, ou, noutras palavras, para um lugar a que é impossível chegar, não havendo extremidade finita. E isso porque a natureza, como diz muito bem o próprio Aristóteles, jamais se mete a fazer o que não pode ser feito, nem tenta mover-se para onde é impossível chegar.» [12]

Essa crença contradiz o íntimo conhecimento de Galileu das fôrças centrífugas, da tendência do objeto que se move em círculo em sair pela tangente, em linha reta. No segundo dia, outra objeção clássica contra a rotação da terra, a de que os corpos não presos à terra voariam para o espaço, é admitida por Galileu como válida na teoria, mas desprezível na prática, por ser a fôrça centrífuga muito menor que a atração da terra. [13] Assevera, portanto, num trecho, que a pedra que jaz num campo possui a tendência natural de persistir no movimento circular, e noutro que possui a tendência natural de sair em linha reta. Semelhantemente, acreditava que os corpos em queda livre descreviam uma órbita circular. [14] Por conseguinte, nem o mais determinado oponente do aristotelismo logrou libertar-se da velha obsessão circular, o que em parte explica a rejeição das Leis de Kepler por Galileu.

O segundo dia termina, segundo o próprio Galileu reconhece, num beco sem saída. Refutou a objeção de que numa terra que girasse os corpos não presos ficariam para trás etc., mas não provou que a terra gira. Com qualquer hipótese, quer se mova a terra, quer fique parada, as pedras cairiam e as aves voariam, como fazem.

O terceiro dia diz respeito aos argumentos astronômicos pró e contra Copérnico, e nesse ponto Galileu é simplesmente desonesto. Mostra, em primeiro lugar, que o sistema copernicano é superior ao ptolemaico mediante os familiares argumentos fornecidos pelas luas de Júpiter e fases de Vênus. Explica, então, que para «salvar» as paradas e retrocessos aparentes dos planetas, vira-se Ptolomeu obrigado a introduzir «enormes epiciclos» que Copérnico pôde descartar com um único movimento da terra». Não diz, porém, uma palavra quanto ao fato de também Copérnico precisar de toda uma oficina repleta de epiciclos; passa em silêncio a excentricidade das órbitas, as várias oscilações e librações, o fato de o sol não estar no centro dos movimentos, nem jazer no plano dêles; numa palavra, foge deliberadamente dos verdadeiros problemas da astronomia, fonte da indagação de Ticho e Kepler. Os planetas se movem em círculos perfeitos com velocidades lineares uniformes em volta do sol (o que, por exemplo, faria o período de Saturno ser de vinte e quatro anos e não de trinta.) [15] Todos os problemas parecem resolvidos «com admirável facilidade», porque na «hipótese ptolemaica estão as enfermidades, e na copernicana a cura». [16]

É certo que Galileu escrevia para uma audiência leiga, e em italiano; o relato, entretanto, não era uma simplificação e sim uma distorção dos fatos, não era ciência popular e sim propaganda enganadora. Até o seu último e admirável biógrafo não deixa de notar: «Provàvelmente uma drástica simplificação de Copérnico lhe pareceu artifício didático mais fácil. É, pelo menos, a hipótese caridosa. Mas resta o problema de como pode Galileu cometer o erro capital, contra o qual advertira outros tantas vezes, de construir teorias em desafio aos melhores resultados da observação.» [17]

Mesmo assim, mais uma vez são inconcludentes os argumentos, porque tudo quanto Salviati logra provar contra Simplício é que o sistema heliocêntrico salva os fenômenos mais elegantemente do que o geocêntrico, mas não que seja verdadeiro. Além disso, nada fala do fato de o sistema tichônico se adaptar igualmente bem aos fenômenos.

Para sair do beco sem saída surge, no quarto dia, a famosa teoria das marés. Antes, porém, no fim do terceiro dia, aparece novo e inesperado argumento, derivado das manchas solares e introduzido com um floreio:

> «Presta atenção, pois, a esta grande e nova maravilha. O primeiro descobridor das manchas solares, como também das demais novidades celestes, foi o nosso Acadêmico Linceu, que as descobriu em 1610...» [18]

O «Acadêmico Linceu» é a expressão pela qual Galileu faz referência a si próprio, no **Diálogo.**

Depois de, assim, reafirmar a ilegítima pretensão, põe-se a reclamar outro descobrimento de Scheiner: o de que o sol, e com êle as manchas, gira sobre um eixo inclinado com relação ao plano da eclíptica. Em resultado disso, as manchas também viajam em torno do sol em círculos «inclinados» (vistas da terra); e a curva delas muda de acôrdo com a posição da terra, tal qual muda a curvatura de um pião inclinado, em movimento, em relação aos nossos olhos, à medida que lhe damos a volta. Logo, conclui Galileu, as curvas variáveis, ao longo das quais viajam as manchas solares, provam de maneira «sólida e racional como nunca» que a terra gira em torno do sol. [19]

A essa altura, o pobre Simplício transforma-se em relativista e observa, corretamente, que as curvas das manchas seriam vistas tais quais, quer o sol girasse em torno da terra, quer a terra em torno do sol. Salviati põe-se a demolir a objeção: se supusermos que sol viaja em torno da terra, as manchas parecerão as mesmas só se também supusermos que o eixo do sol permanece sempre paralelo a si próprio; e isso, para ele, **«é muito duro e quase impossível de acreditar».** [20] Simplício, intimidado, cala-se. Segredo exclama: «dentre tôdas as mais engenhosas sutilezas que já ouvi, nunca se me deparou nenhuma que despertasse tamanha admiração à minha inteligência ou me cativasse mais completamente o julgamento.» [21]

Ficamos boquiabertos. Salviati ganha a questão pretendendo ser virtualmente impossível para um corpo celeste viajar em tôrno de outro, enquanto o eixo permanece paralelo a si próprio. E, no entanto, é naturalmente o que faz a terra no percurso em tôrno do sol: o eixo fica paralelo a si próprio com uma inclinação de 23 1/2 graus. Se era impossível imaginar que o sol pudesse mover-se assim, igualmente impossível era imaginar que assim se movesse a terra. Contudo, numa secção posterior, discute Galileu amplamente as razões pelas quais assim se move a terra, e explica que a preservação da inclinação fixa do seu eixo «está longe de apresentar qualquer repulsa ou dificuldade.» [22]

As faces variáveis dos percursos das manchas solares constituíam uma conseqüência tão óbvia da inclinação do eixo do sol como conseqüência são, da inclinação do eixo terrestre, as estações variáveis. Simples assim. Mas as duas páginas em que Galileu discute o ponto contra Simplício [23] figuram entre as mais obscuras e incompreensíveis do livro. Emprega a tática habitual de refutar a tese do opositor sem provar a sua, nesse caso não mediante o sarcasmo, mas confundindo o resultado.

Não pode haver dúvida de que a teoria das marés de Galileu se baseava num autodecepção inconsciente; mas à luz do que precede, também não pode haver muita dúvida de que o argumento das manchas solares constituía uma tentativa deliberada de confundir e desviar. Apresentar a inclinação constante de um corpo que gira como nova hipótese inconcebível, quando qualquer estudante, desde Pitágoras, sabia estar nisso a razão do porquê ao inverno se sucedia o verão; obscurecer tão simples conseqüência com a novidade de manchas solares a se moverem em curvas, fazendo, ao mesmo tempo, as complexidades de Copérnico parecerem ilusòriamente simples, tudo foi parte de uma estratégia deliberada, com fundamento no desprezo de Galileu pela inteligência dos contemporâneos. Temos visto os sábios sempre propensos a manias e obsessões, e inclinados à fraude, em questão de pormenores; mas imposturas como as de Galileu são raras nos anais da ciência.

O quarto e último dia do **Diálogo** está quase inteiramente tomado pela teoria das marés, mais pormenorizadamente elaborada. As variações anuais das marés são explicadas pela inclinação do eixo terrestre, as variações mensais por mudanças mensais de velocidade orbital. [24] A explicação das marés de Kepler, pela atração da lua, vê-se repelida com a observação de que «não obstante o espírito aberto e penetrante» ele «deu ouvidos e consenso ao domínio da lua sobre as águas, para ocultar propriedades (gravidade) e pequeninas fantasias desse tipo». [24a]

Outra coisa surpreendente acêrca do **Diálogo** é o fato de não sòmente Galileu representar mal o sistema copernicano, como coisa belamente simples, senão também o fato de, aparentemente, ele próprio não ter tido consciência das suas complexidades. Nunca se interessara muito pelos cansativos pormenores da teoria planetária e não havia verdadeira razão que repisasse os capítulos técnicos das **Revoluções**. Se assim tivesse procedido, não teria acreditado moverem-se todos os planetas com a mesma velocidade linear, nem houvera atribuído a Copérnico a idéia de que a lua brilha com luz própria ou é transparente à luz do sol. [25] Somente sabemos das insolúveis dificuldades do sistema copernicano por um aparte:

> «Não nos é dado ainda resolver, sem dúvida, de que modo cada planeta se governa nas revoluções particulares, e de que modo é feita a estrutura do seu círculo, o que vem a ser comumente a Teoria dos Planetas. Marte, que tanto embaraçou os nossos modernos astrônomos, é uma prova.» [26]

Essas palavras foram escritas uns vinte anos depois de haver a determinação da órbita marciana por Kepler colocado um novo fundamento para a teoria planetária (*) A verdade é que após os seus sensacionais descobrimentos em 1610 Galileu descuidou tanto a pesquisa observacional como a teoria astronômica em favor da sua cruzada de propaganda. Na época em que escreveu o **Diálogo** perdera contacto com os novos desenvolvimentos daquele campo, e até se esquecera do que havia sido dito por Copérnico.

5. O «IMPRIMATUR»

O manuscrito ficou pronto em janeiro de 1630.

Galileu pretendia acompanhar a impressão do livro em Roma, mas não pôde ir logo. Os amigos asseguraram-lhe que não haveria dificuldade, que tudo andava bem. O fiel padre Castelli, naquela época em Roma, escreveu que Urbano VIII garantira a Campanella, numa audiência, que «se tivesse dependido dêle, nunca houvera sido aprovada a proibição de 1616».[27] Outro membro da velha guarda, Monsenhor Ciampoli, naquele momento Secretário Papal, escreveu que no Vaticano «todos ansiavam por Galileu mais do que por qualquer jovem amada».[28]

Galileu chegou a Roma no comêço de maio, e foi recebido em longa audiência por Urbano VIII. O papa confirmou, mais uma vez, não haver objeção contra a disputa dos méritos do sistema copernicano, contanto que fôsse estritamente tratado como hipótese. Objetava, contudo, ao título pretendido, **Diálogo sôbre o Fluxo e Refluxo das Marés,** que dava demasiado realce à prova física, e sugeriu o título de **Diálogo sôbre os Grandes Sistemas do Mundo.** É claro que lhe faltava tempo para ler o livro pessoalmente e deixou a tarefa aos censores.

Exercia o cargo de Principal Censor e Licenciador o «Mestre do Palácio», padre Niccolo Riccardi, outro florentino, membro da panelinha **Castelli-Ciampoli,** e, portanto, dedicado a Galileu, embora fôssem os sistemas ptolemaico e copernicano meros passatempos intelectuais, visto que a verdade verdadeira era serem os astros movidos por anjos. Aquilo, todavia, não o impedia de admirar a engenhosidade de homens como Galileu que traçavam os cursos daquela ginástica angelical. Em virtude da enorme cintura, Riccardi fôra chamado pelo rei da Espanha **Il Padre Mostro,** (o Padre Monstro), e todos os amigos, quando a êle se referiam, empregavam êsse apelido. Por uma perversidade da história foi êsse homem, de coração puro e afetuoso, a causa principal da tragédia, em virtude da sua inabilidade.

O Padre Monstro leu inteiramente o manuscrito do **Diálogo**, e chegou à conclusão de que em muito lhe superava a capacidade. Sabia que Sua Santidade aprovara a idéia do livro, cumulara Galileu de favores e o animara a prosseguir. Mas também sentia, embora incapaz de seguir o argumento nos pormenores, que o livro não passava de uma propaganda disfarçada de Copérnico, contradizendo, no espírito e na letra, o decreto de 1616. Para fugir ao dilema, ordenou ao assistente, padre Visconti, percorresse inteiramente o texto e fizesse as alterações adequadas.

Visconti, que também não estava em condições para aquêle trabalho, limitou-se a algumas pequenas correções com o objetivo de fazer os argumentos pró copernicanos parecerem mais «hipotéticos», e devolveu o texto ao superior.

(*) Lembremo-nos de que é **Estudos sobre Marte** o subtítulo da **Nova Astronomia.**

Riccardi viu-se mais embaraçado do que antes, hesitou algum tempo e finalmente decidiu arcar com as responsabilidades e revisar o texto pessoalmente. Teve pela frente, contudo, a pressão combinada de Galileu e seus aliados, ou seja, o Secretário Papal Ciampoli, que indiretamente representava a vontade do papa, e o novo embaixador toscano, Niccolini, casado com a prima favorita do Padre Monstro, Catarina.

O resultado de tal pressão foi concordar Riccardi com um pacto desusado: para poupar tempo, concedeu de antemão o **imprimatur** para o livro, sob a condição de êle próprio o revisar, e em seguida enviar cada fôlha revisada ao impressor. Ajudá-lo-ia, na tarefa, o universalmente respeitado Presidente da Academia dos Linceus, o príncipe Cesi.

Mal ficou concluído o acôrdo, voltou Galileu para Florença, a fim de escapar ao calor de Roma, subentendendo-se que regressaria no outono. Mas logo após a partida o príncipe Cesi morreu. Mais umas semanas, surgiu a peste, e a quarentena, rígida, dificultou as comunicações entre Roma e Florença, o que proporcionou a Galileu a benvinda oportunidade de livrar-se das condições em que fora concedido o **imprimatur**. Exigiu que o livro fôsse impresso em Florença, longe da supervisão de Riccardi. Mais uma vez desempenhou o devotado Castelli um papel fatídico na manobra, nutrindo as suspeitas de Galileu com sombrias sugestões acêrca de «importantíssimas razões que não desejava confiar ao papel», [29] tal qual fizera anos antes pela exagerada importância dada à conversa de jantar com a grã-duquesa Cristina.

A princípio, Riccardi recusou-se simplesmente a conceder permissão para imprimir o livro em Florença sem revê-lo, exigindo que Galileu enviasse o manuscrito a Roma para tal fim. Respondeu Galileu que os regulamentos da quarentena impossibilitavam o envio seguro do manuscrito, e insistiu para que a revisão final fôsse feita por um censor florentino, atraindo o apoio do grão-duque (a quem Riccardi, como florentino, devia homenagem). O embaixador toscano, Niccolini, e secretário papal, Ciampoli, também renovaram a pressão. O Padre Monstro era hóspede constante na casa de Niccolini; no fim quem o fez ceder, diante de uma garrafa de Chianti, à mesa de jantar, foi a formosa prima Catarina. Concordou em que o trabalho fôsse revisto e impresso em Florença, salvo o prefácio e os parágrafos de encerramento que lhe deveriam ser submetidos.

A revisão seria feita pelo Inquisidor florentino, o padre Clemente Egidii. Mas êste não agradava a Galileu, que propôs o Padre Stefani em vez de Egidii. Riccardi mais uma vez concordou. Evidentemente estava o Padre Stefani debaixo do contrôle de Galileu, pois se «comoveu até as lágrimas diante de muitos trechos pela humildade e reverenda obediência» do livro. Stefani fêz poucas correcções, por amor à forma, e a impressão começou no início de 1631. Riccardi, que tinha maus pressentimentos, tentou ainda ganhar tempo retendo o prefácio e os parágrafos de encerramento. Mais uma vez foi atraído o auxílio dos Niccolini, que conseguiram arrancar do reino o prefácio e a conclusão, revistos, embora êle só consentisse «por se ver puxado pelos cabelos», como o próprio Niccolini descreveu. E assim, em fevereiro de 1632, os primeiros exemplares impressos do **Diálogo** saíram da tipografia.

Foram necessárias apenas algumas semanas para que Urbano e o Santo Ofício descobrissem ter sido enganados. Em agôsto, foi o livro confiscado, e em outubro Galileu intimado a comparecer perante a Inquisição em Roma. Galileu logrou adiar a jornada sob o pretexto de má saúde, e outros, por quatro meses; mas em fevereiro de 1633, teve de ir. Instalou-se na embaixada toscana, como antes, mas por outros três meses nada aconteceu. Foi em 12 de abril que se realizou o primeiro interrogatório no Santo Ofício.

Não há quase dúvida de que a decisão do processo cabe a Urbano, dúvida, também, de haverem os jesuítas empregado a sua influência para que o livro fôsse proscrito e o papa voltasse contra o autor. Sem falarmos da solidariedade com os Padres Grassi e Scheiner, moveu-os provàvelmente a idéia de que a rejeição do compromisso tichônico por Galileu estorvaria a gradativa evolução da Igreja para a nova cosmologia, e que o seu jôgo «tudo ou nada», baseado nos espúrios argumentos acêrca das manchas solares e das marés, poderia frutificar nas mãos das fôrças reacionárias dentro da Igreja, perturbando-lhe a cuidadosa estratégia cósmica.

Não foi, todavia, necessária muita astúcia jesuítica para transformar a perigosa adulação de Urbano na fúria de amante traído. Não sòmente havia Galileu, tanto na letra como espírito, contrariado o acordo mediante o qual Copérnico seria estritamente tratado como hipótese, não somente obtivera o **imprimatur** por métodos que se assemelhavam à trapaça, como também o argumento favorito de Urbano era mencionado apenas brevemente, bem no fim do livro, e pôsto na boca de um siplório que nos demais pontos sempre se revelara invariàvelmente errado. Urbano até desconfiou de que Simplício era a sua caricatura, o que não constituía a verdade. Mas a desconfiança de Urbano persistiu muito depois de se lhe ter ido a fúria:

«Informam-me de Roma, escreveu Galileu três anos após o julgamento, que sua Eminência o cardeal Antonio Barberini e o embaixador francês visitaram Sua Santidade e tentaram convencê-lo de que nunca tive a menor idéia de perpetrar tão sacrílego ato a ponto de brincar com Sua Santidade, como o haviam persuadido os meus malignos inimigos, o que foi a causa primeira de tôdas as minhas vicissitudes.» [30]

Se houvesse necessidade de corroboração, encontrá-la-íamos nos relatos de Niccolini, os quais realçam que Urbano «ficou tão furioso que tratou da questão como se fôsse pessoal», [31] e citam «a amarga observação» de Urbano de havê-lo Galileu enganado.

6. O JULGAMENTO

O processo contra Galileu começou com a designação de uma comissão especial incumbida de investigar o assunto inteiro. Os trabalhos da comissão revelaram haver Galileu transgredido ordens, desviando-se do tratamento hipotético de Copérnico, e sustentado absolutamente o movimento da terra; haver errôneamente atribuído os fenômenos das marés a êle; e, em terceiro lugar, haver calado enganosamente a ordem dada pelo Santo Ofício, em 1616, «de abandonar de vez tal opinião... e nunca mais, dali por diante, sustentar, ensinar nem defender tal opinião, fosse qual fosse a maneira, verbalmente ou por escrito». O terceiro ponto referia-se à minuta de controvérsia sôbre a apresentação de uma injunção absoluta (V. pág. 322 e s.) descoberta pela comissão nos arquivos.

A comissão não recomendou nenhuma medida específica contra Galileu. Quanto ao livro, foi o conteúdo acusado em oito pontos, mas a Comissão sugeriu que tôdas as questões poderiam ser corrigidas, no caso de ser o livro considerado de algum valor. O relato foi então remetido, para outras ações, à Inquisição, que publicou a intimação em outubro de 1632. e interrogou Galileu pela primeira vez em 12 de abril do ano seguinte.

Segundo o fundamento básico do processo inquisitorial, as acusações não foram comunicadas ao réu, a quem, pelo contrário, se perguntou se sabia ou adivinhava por que motivos fôra intimado (*). Disse Galileu que acreditava ser por causa do seu último livro. O comissário, Firenzuola, interrogou-o, então, pormenorizadamente sôbre os fatos de 1616. Galileu afirmou haver-lhe dito o cardeal Bellarmino que «a opinião de Copérnico, se adotada absolutamente, contrariava a Sagrada Escritura e não devia ser sustentada nem defendida, podendo, entretanto, ser tomada e usada hipotèticamente». O inquisidor leu-lhe a alegada injunção absoluta de 1616, a de não dever Galileu «nem sustentar, nem defender, nem ensinar tal opinião, **fôsse qual fôsse a maneira.**» Galileu não negou diretamente a injunção absoluta, mas disse que não conseguia lembrar-se das palavras «nem ensinar» e «fôsse qual fôsse a maneira», referindo-se ao certificado de Bellarmino que não continha tais palavras. O inquisidor examinou tôda a história das negociações concernentes ao **imprimatur,** e perguntou se Galileu, ao solicitar a licença para imprimir o **Diálogo,** informara o padre Riccardi da ordem que lhe fora dada. Respondeu Galileu que não julgara necessário assim fazer «pois nem mantive nem defendi no livro a opinião de a terra se mover e o sol permanecer estacionário, demonstrando antes o oposto do parecer copernicano, e mostrando serem fracos e não conclusivos os argumentos de Copérnico.» [32]

Findou com isso o primeiro tópico.

Cinco dias após a sessão, três peritos da Inquisição, nomeados para examinar o conteúdo do livro, apresentaram os seus relatos, os quais, segundo o consenso dos historiadores, eram exatos e dignos. Mediante longa lista de citações provavam, sem nenhuma dúvida, que Galileu não sòmente discutira a opinião copernicana como hipótese, senão também que ensinara, defendera e sustentara tal opinião, e que chamara os que a não aceitavam de «pigmeus mentais», «idiotas», e «pouco merecedores do nome de sêres humanos».

Pretender, diante da evidência das páginas impressas do livro, que este dizia o oposto do que realmente dizia, foi uma loucura suicida. No entanto, dispusera Galileu de um intervalo de vários meses para preparar a defesa. Só podemos procurar a explicação no desdém quase patológico de Galileu pelos contemporâneos. A pretensão de ter sido o **Diálogo** escrito como refutação de Copérnico era tão patentemente desonesta que o caso houvera sido perdido em qualquer tribunal.

O curso posterior e inesperado dos eventos, descrevem-no melhor as palavras de uma das principais personalidades do drama, o Comissário da

---

(*) Tornou-se também o processo padrão em julgamentos pela Polícia de Estado Soviética. O caráter «inquisitorial» dos métodos dessa polícia é mais do que imagem de jargão político. O absoluto segrêdo prescrito ao acusado relativamente ao processo e até ao fato de êle estar sendo investigado; a ausência de advogados de defesa e a suposição de que é culpado, a não ser que fique provado ser inocente; os métodos de pressão psicológica, a alternação entre ameaças e tranqüilização paternal, e, sobretudo, o axioma metafísico da «união de vontades» entre a Igreja e o penitente constituem apenas alguns dos mais notáveis característicos copiados pela Polícia de Estado Soviético após um estudo completo dos métodos e processos da Inquisição.

Inquisição, Firenzuola, o qual, numa carta ao irmão de Urbano, cardeal Francesco Barberini, que era um dos juízes da questão, relatou: [33]

> «Obedecendo às ordens de Sua Santidade, informei ontem aos Eminentíssimos Senhores da Santa Congregação o caso de Galileu, cuja posição relatei brevemente. Suas Eminências aprovaram o que fôra feito até então e levaram em consideração, por outro lado, várias dificuldades referentes à maneira de se prosseguir o caso e conduzi-lo ao fim, sobretudo por haver Galileu, no exame, negado o que é simplesmente claro no livro por êle escrito, uma vez que, em conseqüência de tal negação, resultaria a necessidade de maior rigor de processo e menos consideração pelos outros fatores pertencentes à questão. Finalmente, sugeri um curso, ou seja, o de a Santa Congregação me conceder permissão para discutir extrajudicialmente com Galileu, a fim de dar-lhe a ver o êrro e levá-lo, se o reconhecer, à confissão. A proposta afigurou-se, à primeira vista, demasiadamente ousada, não havendo muita esperança de se realizar o objetivo mediante a simples adoção do método de argumento com êle; mas, havendo eu indicado as bases sobre as quais apresentava a sugestão, foi-me a licença concedida. Para não perder tempo, entrei em discussão com Galileu ontem de tarde e, após trocarmos muitíssimos argumentos e réplicas, consegui, pela graça de Deus, o meu objetivo, pois lhe dei a ver completamente o êrro, de tal modo que o reconheceu, como reconheceu haver ido demasiadamente longe no livro (*) A tudo isso exprimiu em palavras de grande sentimento, como quem experimenta grande consôlo no reconhecimento do seu erro, manifestando também a vontade de confessá-lo judicialmente. Solicitou, contudo, algum tempo a fim de considerar a forma pela qual pudesse fazer mais adequadamente a confissão, que, no que tange à substância, espero que seguirá a maneira indicada.
>
> Julguei meu dever comunicar imediatamente a Vossa Eminência esta questão, e a ninguém mais a comuniquei, pois confio em que Sua Santidade e Vossa Eminência se rejubilarão por ter o assunto chegado a um ponto em que poderá ser resolvido sem qualquer dificuldade. O tribunal manterá a reputação, será possível tratar brandamente o culpado e, qualquer que seja a decisão, êle reconhecerá o favor prestado, com as demais conseqüências de satisfação desejadas. Penso, hoje, em examiná-lo, a fim de obter a citada confissão; e, após recebê-la, como espero, só me restará interrogá-lo quanto à sua intenção e receber-lhe o apêlo de defesa; feito isso, poderia ser-lhe destinada por prisão a casa em que vive, como Vossa Eminência me sugeriu. Ofereço a Vossa Eminência a minha mais humilde saudação. De vossa Eminência humílimo e obedientíssimo servidor, FRA Vinc° Da Firenzuola, Roma, 28 de abril de 1633.»

A carta fala por si. A despeito de tudo, continuava viva a tradição das vacas sagradas.

(*) Achei interessante, e foi-me agradável, verificar que Santillana comenta dêste modo a visita particular e de surprêsa do Comissário ao acusado Galileu: «Era Ivanov indo visitar Rubashov.»

Dois dias após a entrevista, em 30 de abril, foi Galileu examinado pela segunda vez. Perguntaram-lhe se tinha o que dizer, e êle fêz a seguinte declaração:

«No curso de constante e atenta reflexão de alguns dias sôbre as perguntas a mim apresentadas em doze do corrente mês, e em particular sôbre a que indagava se, há dezesseis anos, me fôra apresentada uma injunção por ordem do Santo Ofício, proibindo-me sustentar, defender ou ensinar de 'qualquer maneira' a opinião, havia pouco condenada — do movimento da terra e da estabilidade do sol, — ocorreu-me a idéia de reler o meu **Diálogo** impresso, que eu não vira mais por três anos, a fim de cuidadosamente verificar se, contràriamente à minha mais sincera intenção, me saíra sem querer da pena coisa da qual o leitor, ou as autoridades, pudessem inferir não sòmente a mais leve desobediência da minha parte, senão também outros particulares capazes de despertar a crença de haver eu desobedecido às ordens da Santa Igreja.

Gozando da liberdade, pela bondosa permissão das autoridades, de mandar o meu criado aonde quer que eu desejasse, logrei arranjar um exemplar do meu livro e me dediquei com a maior aplicação a relê-lo e a examiná-lo minuciosamente. E como, pelo fato de o não ter por tão longo tempo, se me apresentava, por assim dizer, sob a forma de coisa nova e de outro autor, confesso livremente que em vários trechos me pareceu escrito de tal modo que o leitor desconhecedor do meu verdadeiro objetivo poderia ter motivos para supor que os argumentos dados no lado falso, e que era intenção minha confutar, estavam expressos de tal maneira que davam a impressão mais de impor a convicção pela sua fôrça do que de serem fáceis de solução.

Hé sobretudo dois argumentos — o tirado das manchas solares e o das marés — que, na verdade chegam aos ouvidos do leitor com muito maior exibição de fôrça e potência que a que lhes deveria ter sido dada por quem os considerava inconcludentes, e pretendia refutá-los, como de fato sinceramente sustentei e sustento serem inconcludentes e passíveis de refutação. E, como desculpa por ter incindido em êrro tão alheio à minha intenção, não me contentando inteiramente com dizer que, quando um homem repete os argumentos do lado oposto com o fito de os refutar, deveria, especialmente ao escrever em forma de diálogo, expô-los na forma mais estrita e não acobertá-los com desvantagem para o adversário, não me contentando, digo, com essa desculpa, recorro à da natural complacência que todos os homens sentem quanto às suas próprias sutilezas e em se mostrarem mais hábeis do que o comum dos homens no descobrimento, até em favor de proposições falsas, argumentos engenhosos e plausíveis. Com tudo isso, se bem que com Cícero **'avidior sim gloriae quam sat est'**, se devesse expor agora os mesmos arrazoados, idubitavelmente os debilitaria de tal modo que não pudessem fazer uma exibição aparente da fôrça de que estão real e essencialmente despidos. O meu erro, então, foi — e confesso-o — erro de vã ambição e de pura ignorância e inadvertência.

É o que me ocorre dizer com referência a esse particular e que me foi sugerido durante o reexame do livro por mim escrito.» [34]

Terminada a declaração, encerrou-se a audiência. Mas Galileu, após ser despedido, voltou e apresentou voluntàriamente a seguinte afirmação suplementar:

«E confirmando a minha asserção de que não sustentei e não sustento como verdadeira a opinião condenada, do movimento da terra e da estabilidade do sol, se me forem concedidos, como desejo, meios e tempo para uma demonstração mais clara, prontifico-me a assim fazer; e há uma oportunidade favorabilíssima para tanto, visto que no trabalho já publicado os interlocutores concordam em encontrar-se de novo, após algum tempo, para discutirem vários distintos problemas da natureza não ligados ao assunto tratado nas suas reuniões. Como isso me oferece a oportunidade de acrescentar um ou dois «dias», prometo retomar os argumentos já apresentados em favor de tal opinião, que é falsa e foi condenada, e confutá-los da maneira mais eficaz que a graça divina houver por bem conceder-me. Rogo, portanto, a êste santo Tribunal que me auxilie em tão boa resolução e me possibilite efetuá-la.» [35]

Critiquei livremente Galileu, mas não me sinto à vontade para criticar-lhe a mudança de procedimento perante a Inquisição. Tinha setenta anos e tinha medo. Está fora de dúvida que eram exagerados os temores, e desnecessário o oferecimento de auto-imolação (pelos inquisidores discretamente calado, como se nunca tivesse sido feito). O terror se deve a causas psicológicas e foi a inevitável reação de quem se julgava capaz de superar em sagacidade a todos e fazer do próprio papa um bôbo, ao descobrir, de súbito, que o «descobriram». Ficou-lhe abalada a crença de que era um super-homem e a estima de si próprio, perfurada, esvaziou-se. Voltou para a embaixada toscana, nas palavras de Niccolini «mais morto do que vivo». A partir de então foi um homem alquebrado.

Chamaram-no novamente dez dias depois, em 10 de maio, para uma audiência puramente formal, na qual apresentou a sua defesa escrita.[36] Na primeira parte, argumentou **«a fim de demonstrar a pureza da minha intenção, sempre alheia à prática da dissimulação ou do embuste em qualquer empreendimento em que me empenho»**, ignorar uma injunção específica e absoluta em 1616, e defendeu-se convincentemente nesse caso. O principal ponto da defesa era que **«os erros disseminados pelo meu livro não foram introduzidos com arte, e com nenhuma intenção oculta ou outra que não fôsse sincera; tombaram-me inadvertidamente da pena, em virtude de uma vã ambição e complacência em desejar parecer mais sutil do que o comum dos escritores populares, como realmente confessei noutra deposição. Estou pronto a reparar tais erros com tôda a possível aplicação, se mo ordenarem ou permitirem as Suas Eminentíssimas Senhorias.»**

Conclui em tom de humilde rôgo pessoal:

«Finalmente, resta-me pedir-vos tomeis em consideração o lastimável estado de indisposição física a que, com setenta anos de idade, fui reduzido por dez meses de constante ansiedade mental e pela fadiga a uma longa e penosa jornada na estação mais inclemente, ao lado da perda da maior parte dos anos com os quais, pelas anteriores condições de saúde, eu contava. Estou persuadido e animado a assim fazer pela fé que deposito na clemência e bondade dos Eminentíssimos Senhores, meus juízes, esperando que hajam por bem, em resposta à minha súplica, perdoar o que porventura se afigure à sua íntegra justiça o legal acréscimo que ainda falta a tais penas para completar o castigo adequado aos meus crimes, em consideração à minha idade que também, humildemente, se lhe recomenda. Recomendar-lhes-ia, outrossim, a minha honra e reputação, contra as calúnias de invejosos, cuja persistência em me conspucar o bom nome se pode inferir da necessidade que me levou a obter do senhor Cardeal Bellarmino o atestado anexo a esta.»

O resto do julgamento, segundo era de esperar, seria uma simples formalidade. Durante todo o processo fôra Galileu tratado com grande consideração e cortesia. Contrariando todos os precedentes, não fora atirado às masmorras da Inquisição, sendo autorizado, ao invés disso, a ficar como hóspede do embaixador toscano na Villa Medici até depois do primeiro interrogatório. Teve, então, de render-se formalmente à Inquisição, mas, em vez de ser pôsto numa cela, destinaram-lhe um apartamento de cinco aposentos no próprio Santo Ofício, dando para a Igreja de São Pedro e os jardins do Vaticano, com o criado particular e o mordomo de Niccolini, incumbido da alimentação e do vinho. Lá ficou de 12 de abril até o terceiro interrogatório, em 10 de maio. Antes do término do julgamento, permitiram-lhe regressar à Embaixada Toscana, coisa nunca registrada, não somente nos anais da Inquisição, senão também de qualquer poder judiciário. Contràriamente à lenda, Galileu jamais passou um dia sequer numa cela.

A sentença só veio seis semanas depois. Em 16 de junho, registrou-se a seguinte decisão nos atos:

«...Sanctissimus decretou dever ser Galileu interrogado quanto à intenção [ao escrever o **Diálogo**], sob ameaça de tortura; e, no caso de se manter firme, será intimado a abjurar perante uma assembléia plenária da Congregação do Santo Ofício, e condenado à prisão à vontade da Santa Congregação, não devendo mais tratar, de maneira nenhuma, nem pela palavra nem pela escrita, da mobilidade da terra e da estabilidade do sol; diversamente, incorrerá nas penas da reincidência. O livro intitulado **Dialogo di Galileo Galilei Linceo** será proibido. Mais, para que tudo isso seja do conhecimento de todos, ordenou se enviem cópias da sentença aos Núncios Apostólicos, a todos os Inquisidores contra a pravidade herética, e especialmente ao Inquisidor em Florença, que lerá a sentença em assembléia plenária e na presença da maioria dos que professam a arte matemática.» [37]

Dois dias após tal decisão, o papa recebeu Niccolini em audiência, fez referência à sentença próxima, e acrescentou: «Contudo, depois da publicação da sentença, ver-vos-emos de novo e nos aconselharemos, a fim de que ele padeça o menor incômodo possível, uma vez que o assunto não pode passar sem uma demonstração contra a sua pessoa.»

Mais três dias e Galileu foi convocado para o terceiro e último interrogatório. Prestado o juramento, interrogaram-no acerca da sua real convicção concernente aos dois sistemas cosmológicos. Respondeu êle que antes do decreto de 1616 havia considerado poderem ser verdadeiros na natureza Ptolomeu ou Copérnico, **«mas que, depois de tal decisão, certo da sabedoria das autoridades, deixei de ter qualquer dúvida; e sustentei, como sustento ainda, ser verdadeira e indiscutível a opinião de Ptolomeu, isto é, a estabilidade da Terra».** [38]

Responderam-lhe que, pela maneira segundo a qual estava tratado o assunto no **Diálogo,** e só pelo fato de ter escrito o citado livro, se presumia haver sustentado a opinião copernicana; pediram-lhe, pela segunda vez, a verdade. Retrucou Galileu que escrevera o livro para proporcionar um benefício comum dando os argumentos de ambos os lados, e novamente repetiu: **«não sustento agora a opinião condenada, e não a sustentei desde a decisão das autoridades».** [39]

Advertiram-no, pela terceira vez, de que, segundo o conteúdo do livro, era presumível que êle sustentava Copérnico, ou que pelo menos assim havia procedido na época em que o escrevera, e que, portanto, **«a não ser que decidisse confessar a verdade, contra êle seriam adotados os remédios da lei.»** Respondeu Galileu: **«Não sustento, e não sustentei, a opinião de Copérnico desde o dia em que me ordenaram abandoná-la; quanto ao resto, estou em vossas mãos. Fazei de mim o que vos aprouver.»** Instado pela última vez a falar a verdade, sob ameaça de tortura, repetiu: **«Estou aqui para obedecer e não sustentei essa opinião desde o pronunciamento da decisão, como afirmei.»** [40]

Se a intenção inquisitorial houvesse sido a de esmagar Galileu, era aquêle, evidentemente, o momento de confrontá-lo com os copiosos extratos do livro — postos na frente do juiz — citar-lhe o que dissera dos retardados e pigmeus sub-humanos adversários de Copérnico e condená-lo por perjúrio. Pelo contrário, logo após a última resposta de Galileu, diz a minuta do julgamento:

> «E não sendo possível nada mais fazer para a execução do decreto, o acusado, após assinar a deposição, foi despedido.» [41]

Tanto os juízes como o acusado sabiam que aquilo era mentira; tanto os juízes como êle sabiam que a ameaça de tortura **(territio verbalis)** (*) era simplesmente uma fórmula ritual, sem execução possível, e que o interrogatório não passava de simples formalidade. Galileu foi conduzido ao apartamento de cinco quartos e no dia seguinte leram-lhe a sentença (**), assinada apenas por sete dos dez juízes. Entre os três que se abstiveram figuravam o cardeal Francesco Barberini, irmão de Urbano. O **Diálogo** foi proibido; Galileu, obrigado a abjurar a opinião copernicana, foi condenado à **«prisão formal durante o tempo que aprouvesse ao Santo Ofício»**; e por três anos devia repetir, uma vez por semana, os sete salmos penitenciais. Apresentaram-lhe a fórmula de abjuração (***), que ele leu. E foi o fim.

A «prisão formal» revestiu-se da forma de uma estada na residência do grão-duque, em Trinità del Monte, seguida de uma estada no palácio

---

(*) Por oposição a **territio realis,** em que os instrumentos de tortura são apresentados ao acusado, como no caso da mãe de Kepler.

(**) V. o texto completo, Nota 42.

(***) V. o texto completo, Nota 43.

do arcebispo Piccolomini em Siena, onde, segundo um visitante francês, Galileu trabalhava «num apartamento coberto de sêda e luxuosamente mobiliado».[44] De lá voltou para Arcetri, e mais tarde para sua casa em Florença, onde transcorreu os anos que lhe restavam de vida. A recitação dos salmos penitenciais foi delegada, mediante consentimento eclesiástico, à filha, a irmã Maria Celeste, freira carmelita.[45]

Do ponto de vista puramente legal a sentença foi indubitavelmente uma falha de justiça. Se atravessarmos o emaranhado de palavras, veremos que Galileu tinha culpa em dois pontos: primeiro, de ter desobedecido tanto à advertência como à alegada injunção formal de 1616, e de ter «artificiosamente, e com astúcia, extorquido a permissão de imprimir, não notificando o censor da ordem que lhe fôra imposta»; e segundo, de se ter tornado «veementemente suspeito de heresia, isto é, de ter aceitado e sustentado a doutrina contrária à Sagrada Escritura e que coloca o sol no centro do mundo». Com relação ao primeiro ponto, nada mais é preciso dizer acêrca do caráter dúbio do documento referente à alegada injunção absoluta; quanto ao segundo, o universo heliocêntrico nunca fora oficialmente declarado herético, visto que nem a opinião dos Qualificados, nem o decreto de 1616 da Congregação, tinham sido confirmados por um pronunciamento infalível **ex-cathedra** nem por concílio ecumênico. Pois não dissera o próprio Urbano que a opinião copernicana «não era herética, e sim apenas ousada»?

Por outro lado, o julgamento não cita o conteúdo incriminador do livro dizendo que Galileu representara o sistema copernicano como apenas «provável», o que é uma monstruosidade de declaração incompleta. Cala também o fato de ter Galileu mentido e perjurado diante dos juízes, pretendendo haver escrito o livro para refutar Copérnico, pretendendo «nunca ter mantido nem defendido a teoria do movimento da terra», e assim por diante. A essência da questão é que Galileu não podia ser legalmente condenado sem a sua completa destruição, o que não era intento do papa nem do Santo Ofício. O recurso foi uma medida legalmente vacilante. A intenção era, claramente, tratar o famoso sábio com consideração e bondade, mas ao mesmo tempo ferir-lhe o orgulho, provar que nem sequer um Galileu podia zombar dos jesuítas, dominicanos, papa e Santo Ofício; e, finalmente, provar que, a despeito da atitude de cruzado sem medo, não era feito do estôfo dos mártires.

A única punição real inflingida a Galileu foi a de abjurar a sua convicção. Até a idade de cinqüenta anos escondera tal convicção e no julgamento por duas vezes propusera acrescentar um capítulo ao **Diálogo**, refutando Copérnico. Retratar-se na Basílica do Convento de Minerva, quando todos sabiam que aquilo não passava de cerimônia imposta, era indubitàvelmente muito menos desonroso para o sábio do que publicar um trabalho científico contrário às suas convicções. Um dos paradoxos dessa perversa história é que a Inquisição salvou, dêsse modo, a honra de Galileu aos olhos da posteridade, não intencionalmente, sem dúvida.

Pouco após a conclusão do julgamento, um exemplar do **Diálogo** proibido chegou, sorrateiramente, ao velho amigo de Kepler, o fiel Bernegger de Estrasburgo, o qual providenciou uma tradução latina, publicada em 1635 e amplamente divulgada na Europa. Um ano mais tarde, Bernegger também providenciou versões italianas e latinas da **Carta à Grã-duquesa Cristina**, publicadas em Estrasburgo.

Galileu passou o ano seguinte ao julgamento escrevendo o livro sôbre o qual repousa a sua verdadeira e imortal fama: Os **Diálogos relativos às Duas Novas Ciências**. Aos setenta e alguns anos, redescobriu a verdadeira vocação: a ciência da dinâmica. Abandonara-a vinte e cinco anos antes, ao embarcar no cruzeiro de propaganda da astronomia heliocêntrica de que só possuía conhecimento superficial, e o cruzeiro terminara num fiasco. Dos destroços nasceu a física moderna.

O livro ficou pronto em 1636, quando Galileu tinha setenta e dois anos. Não podendo esperar o **imprimatur**, na Itália, o manuscrito foi enviado a Leyden e publicado pelos Elzevirs; poderia ter sido, também, impresso em Viena, onde o padre jesuíta Paulus obtivera uma licença, provàvelmente com o consentimento imperial.

Um ano depois, Galileu perdeu a vista direita em virtude de uma inflamação, e, passado outro ano, a esquerda.

> «Ai de mim, escreveu ao amigo Diodati, o vosso amigo e servo Galileu tem estado no último mês desesperadamente cego, de modo que este céu, esta terra, este universo, que eu, por maravilhosos descobrimentos e claras demonstrações, alarguei cem mil vêzes além da crença dos sábios da antiguidade, se reduzem daqui por diante, para mim, a um diminuto espaço preenchido pelas minhas próprias sensações corpóreas.» [46]

Não deixou, contudo, de ditar outros capítulos para as **Duas Novas Ciências** e recebeu grande número de ilustres visitantes, entre eles Milton, em 1638.

Morreu aos setenta e oito anos, em 1642, no ano de nascimento de Newton, rodeado de amigos e discípulos: Castelli, Torricelli, Viviani.

Os seus ossos, diversamente dos de Kepler, não foram dispersados; repousam no Panteão dos florentinos, a Igreja de Santa Croce, perto dos restos de Miguel Ângelo e Maquiavel. Escreveu-lhe o epitáfio a posteridade: **eppur si muove**, as famosas palavras que ele jamais proferiu no julgamento. Quando os amigos manifestaram o desejo de lhe erguer um monumento sôbre o túmulo, Urbano disse ao embaixador toscano que aquilo constituiria mau exemplo para o mundo, uma vez que o morto «dera origem ao maior escândalo de tôda a cristandade». Foi o fim da «perigosa adulação»; e o fim de um dos mais desastrosos episódios da história das idéias, por ter sido precisamente a mal concebida cruzada de Galileu que desacreditou o sistema heliocêntrico e precipitou o divórcio entre a ciência e a fé. (*).

(*) Uma inesperada confirmação do parecer expresso nas secções anteriores chegou-me às mãos com atraso, quando o texto já estava nas provas de paginação, e só pode ser, conseqüentemente, dada com brevidade. É fato sobejamente conhecido que os missionários jesuítas da China, dos séculos dezesseis e dezessete, deviam a sua influência na corte de Pequim, em primeiro lugar, aos serviços como astrônomos. Mas fiquei supreendido ao descobrir que o tipo de astronomia por eles ensinado, do fim do século dezesseis para a frente, era o sistema **copernicano** do mundo, e que a rápida divulgação, através da China e do Japão, da doutrina do movimento da terra se devia principalmente à Companhia de Jesus, que trabalhava sob a supervisão da Sagrada Congregação da Propaganda em Roma. V. B. Szczesniak, **The Penetration of the Copernican Theory into Feudal Japan**, Diário da Real Sociedade Asiática, 1944, Partes I e II, e C. R. Boxer **Jan Compagnie in Japan**, Haia, 1936, págs. 52 e seguintes.

III. SÍNTESE NEWTONIANA

1. TUDO ESTA EM PEDAÇOS

Nas primeiras páginas deste livro, 2300 anos antes nesta história, comparei a situação intelectual da Grécia do século seis antes de Cristo a uma orquestra que afina os instrumentos, estando cada um dos executantes absorto no seu próprio instrumento, à espera da entrada do dirigente. No século dezessete depois de Cristo, segunda idade heróica da ciência, a situação repetiu-se. O dirigente que reuniu a orquestra e compôs uma nova harmonia tirada das estridentes discordâncias foi Isaac Newton, nascido no natal de 1642, onze meses depois da morte de Galileu.

Convém que esta inspeção das idéias do homem sôbre o universo termine com Newton porque, a despeito de haverem transcorrido mais de dois séculos desde o seu falecimento, a nossa visão do mundo ainda é, na sua maior parte, newtoniana. A correcção feita por Einstein da fórmula da gravitação de Newton é tão pequena que, no presente, só interessa ao especialista. Os dois ramos mais importantes da física moderna, a relatividade e a mecânica dos quanta, não foram até agora integrados em nova síntese universal e as conseqüências cosmológicas da teoria de Einstein são ainda vagas e suscitam controvérsias. Até que surja um novo maestro, ou provavelmente até que a viagem espacial proporcione novos dados observacionais sôbre o nosso ambiente cósmico, a planta do universo permanece essencialmente a que Newton nos fez, apesar de todos os boatos perturbadores acêrca da curvatura do espaço, da relatividade do tempo e das nebulosas fugitivas. Aqui, após a longa jornada desde os deuses estelares da Babilônia, as esferas gregas de cristal, o universo medieval fechado, a nossa imaginação repousa temporariamente.

Durante o último quarto de milênio, de mudança humana sem precedentes, Newton tem desfrutado de uma influência e autoridade só comparável à de Aristóteles nos dois milênios anteriores. Se tivéssemos de resumir a história das idéias científicas sôbre o universo numa única frase, só poderíamos dizer que até o século dezessete a nossa visão foi aristotélica, e depois newtoniana. Copérnico e Ticho, Kepler e Galileu, Gilbert e Descartes viveram na terra de ninguém entre os dois, numa espécie de planalto entre duas extensas planícies. Lembram-nos tempestuosas torrentes de montanha, cuja confluência originou finalmente o amplo e majestoso rio do pensamento newtoniano.

Infelizmente, pouquíssimo sabemos do trabalho íntimo do espírito de Newton e do método pelo qual realizou a monumental síntese. Não lhe penetrarei a vida, pois qualquer tentativa de contribuição para a vasta literatura sôbre Newton constituiria empreendimento separado. Pelo contrário, descreverei brevemente o disperso quebra-cabeça cosmológico, tal qual se apresentou ao jovem Newton; como logrou perceber que aquêles estranhos pedaços desconjuntados eram porções de uma única charada, e como pôde reuni-los, não sabemos. O que realizou foi mais uma espécie de explosão invertida. Quando um projétil estoura, o seu corpo simétrico, liso, brilhante se despedaça em fragmentos irregulares e recortados. Newton achou fragmentos e fê-los reunir-se num corpo compacto, sem costuras, simples, tão simples que parece evidente, tão compacto que qualquer menino de escola o pode manejar.

Foram, portanto, as seguintes as partes do quebra-cabeça que Newton teve pela frente por volta de 1660, trinta anos depois da morte de Kepler, e vinte anos depois da morte de Galileu. As peças-chave foram as leis do movimento dos corpos celestes, de Kepler, e as leis dos movimentos dos corpos na terra, de Galileu. Mas os dois fragmentos não se ajustavam (como não se ajustam hoje a relatividade e a mecânica dos quanta). As fôrças que impeliam os planêtas no modêlo kepleriano não resistiam ao escrutínio do físico. E, vice-versa, as leis da queda dos corpos e dos projéteis de Galileu não possuíam relação aparente com os movimentos dos planêtas nem dos cometas. Segundo Kepler, os planêtas moviam-se em eclipses; segundo Galileu, em círculos. Segundo Kepler, eram movidos pelos «raios» de uma fôrça oriunda do sol girante; segundo Galileu, não eram absolutamente movidos, porque o movimento circular perpetuava a si próprio. Segundo Kepler, a preguiça ou inércia dos planêtas fazia com que êles tendessem a ficar para trás; segundo Galileu, o próprio princípio de inércia os fazia persistir em girar em círculos. «Tudo estava em pedaços; não havia coesão.»

A confusão tornava-se até pior com a intervenção do último dos gigantes pre-newtonianos, Descartes. Segundo êle, a inércia não fazia os corpos persistirem em movimento circular, mas em movimento linear, o que constituía a teoria mais assombrosa, pois os corpos celestes podiam mover-se em círculos ou em elipses, mas indubitàvelmente não se moviam em linha reta. Descartes, portanto, admitiu serem os planetas movidos em círculo por vórtices num éter que a tudo penetrava, o que vinha a ser elaboração dos varredores girantes de Kepler. [1]

Havia completo desacôrdo: (a) quanto à natureza da fôrça que faz os planêtas girar e os mantém nas órbitas e (b) quanto à questão de saber o que faria, na vastidão do espaço, um corpo, deixado sòzinho, ou seja, sem nenhum agente externo a influenciá-lo. Aquelas perguntas estavam inextricavelmente misturadas com o problema do verdadeiro significado de «peso», com o misterioso fenômeno do magnetismo, e com as perplexidades dos nascentes conceitos de «fôrças» e «energias» físicas.

2. QUE É «PESO»?

Mostrara o telescópio que a lua possuía uma superfície enrugada muito semelhante à da terra e que o sol estava sujeito a manchas. Êsse fato conduziu à crescente convicção de serem os corpos celestes da natureza terrestre e tenderem a comportar-se da mesma maneira pela qual se comportam as coisas na terra. Ora, a mais importante qualidade de que participavam todos os corpos da terra era o pêso, a tendência a imprimir ou cair (salvo quando impelidas para cima pela pressão de substâncias mais pesadas). Na velha filosofia, o fato tivera uma explicação satisfatória: todos os objetos terrestres tendiam a mover-se em direção ao centro do mundo, ou em direção oposta, enquanto os objetos celestes obedeciam a leis diferentes. No nova filosofia, negava-se tal dualismo, sendo igualmente negada a posição da terra no centro do mundo. Mas, ao mesmo tempo em que ia destruindo as velhas crenças do senso comum, a nova filosofia não dava resposta aos problemas por ela suscitados. Se a lua, os planêtas e os cometas eram da mesma natureza dos corpos da terra, também deviam ter «pêso». Mas que significa precisamente «o pêso» de um planêta, contra o quê se comprime ou para onde tende a cair? Se o motivo pelo qual uma pedra cai à terra não é a posição da terra no centro do universo, porque tomba a pedra?

Podemos notar, de passagem, que alguns dos nossos positivistas lógicos transferidos para o século dezessete teriam eliminado a questão do «pêso» de um planeta por destituída de significado e com um simples gesto da mão. Prevalecida a atitude dêles, não se teria verificado a revolução científica. Na realidade, os chefes do movimento tentaram livrar-se das pontas do dilema, cada um ao seu modo, sem grande consideração pela pureza semântica. Copérnico, numa tentativa, sugeriu que os objetos do sol e da lua tinham pêso como corpos na terra, e que o «pêso» significava a tendência de tôda a matéria a se dispor em formato esférico em tôrno de um centro. Galileu acreditava que o «pêso» era uma qualidade absoluta de toda matéria terrestre, o que não exigia uma causa e não se distinguia de fato da sua inércia, ao passo que nos corpos celestes o «peso» se tornava de certa maneira idêntico à persistência deles em mover-se, ao longo de um caminho circular. Kepler foi o primeiro em explicar o «pêso» como **atração mútua** entre dois corpos, chegando até a postular que dois corpos no espaço, não expostos a outra influência, se aproximariam um do outro, encostando-se num ponto intermediário, de sorte que as distâncias percorridas por cada um estariam na razão inversa das suas massas, e atribuiu corretamente as marés à atração do sol e da lua; contudo, como vimos, no momento decisivo, afastou-se da fantástica noção de uma **anima mundi** gravitacional.

3. A CONFUSÃO MAGNÉTICA

A confusão aumentou ainda mais com a sensacional teoria de William Gilbert de ser a terra um gigantesco ímã, o que induziu Kepler a identificar a ação do sol sôbre os planêtas com a fôrça «magnética». Era muito natural, e lógico, que surgisse a confusão entre magnetismo e gravidade, pois o ímã constituía a única demonstração concreta e tangível da misteriosa tendência da matéria a se unir à matéria sob a influição de uma «fôrça» agindo à distância, sem contacto e sem intermediários. Logo, o ímã tornou-se arquétipo da ação à distância e preparou o caminho para a gravitação universal. Sem o Dr. Gilbert, o homem teria estado muito menos preparado para trocar a teoria simples e tradicional de que o «peso» significava a tendência natural dos corpos a cairem em direção ao centro pela aventurosa noção de que significava a atração dos corpos um pelo outro através do espaço vazio. Provava o magnetismo que esse agarramento por dedos fantásticos era um fato, que a limalha de ferro corria para o ímã como que por ordem secreta, como as pedras para a terra; e por cêrca de meio século os dois fenômenos ou foram identificados ou tidos por irmãos siameses. Mais, a palavra «magnetismo» foi usada em sentido mais amplo, metafórico, possuindo uma ambigüidade profundamente atraente como outro agente de rosto de Jano pertencendo tanto ao mundo do espírito como ao da matéria. Por um lado, o ímã irradiava a sua energia, como exigia a ciência exata, «sem êrro... rápida, definida, constante, diretiva, motriz, imperante, harmoniosa»; por outro, tratava-se de uma coisa animada e viva, «imita a alma», não, era a própria «alma da terra», o seu «instinto de autopreservação». «O eflúvio magnético da terra estende-se como braço que enlaça o corpo e o atrai para si.» Êsse braço «deve ser leve e espiritual para poder penetrar o ferro», e ao mesmo tempo material, ou seja, um éter tênue e raro.[2]

Podemos também notar, de passagem, que tal qualidade de rosto de Jano se acha igualmente presente, embora expressa em linguagem menos poética, nas teorias contemporâneas da matéria, quer como corpúsculo, quer como onda, segundo a fase que apresenta. O magnetismo, a gravidade e a ação à distância nada perderam do embaraçador mistério desde Gilbert.

Não foi apenas Kepler a vítima dessa inevitável confusão. Também Galileu acreditava haver Gilbert proporcionado a explicação do fato de o eixo da terra apontar sempre para a mesma direção no espaço: o eixo era simplesmente uma espécie de agulha magnética. Até Roberto Boyle, pai da química moderna e um dos que mais influiu em Newton, achava ser a gravidade devida, provàvelmente, a «vapôres magnéticos» que se desprendiam da terra.

Sòmente o cérebro mais implacàvelmente cético e lógico, dentre todos, o de Descartes, repudiava o magnetismo, a gravidade e qualquer forma de ação à distância. Descartes deu à questão um impulso decisivo deixando os corpos persistir no movimento, não em círculo galileano, mas em linha reta (*). Ao mesmo tempo, contudo, deu um passo igualmente importante para trás com a explicação do magnetismo e da gravidade por meio de vórtices no éter. Podemos avaliar a ousadia de Newton, observando que até Descartes, que prometeu reconstruir todo o universo partindo da matéria e da extensão, e só delas, que inventou o mais belo instrumento do raciocínio matemático, a geometria analítica, que foi mais atrevido nos métodos de pensamento do que qualquer dos predecessores, repetimos, até Descartes, êsse Robespierre da revolução científica, repeliu a atração à distância e encheu todo o espaço de monstruosos remoinhos e vórtices. Tal qual Kepler, que teve o conceito da gravidade e o arremessou para longe, tal qual Galileu, que repeliu a influência da lua sôbre as marés, o amplíssimo espírito de Descartes recuou, horrorizado, perante a idéia de braços fantásticos estendidos através do vácuo, como tinha de fazer na realidade uma inteligência sem preconceitos, até que a «gravitação universal» ou o «campo eletromagnético» se tornaram feitiços verbais, hipnotizando-a e arrancando-lhe a acquiescência, com disfarçar o fato de serem conceitos metafísicos revestidos da linguagem matemática da física.

(*) Primeira Lei do Movimento, de Newton, formulada na realidade por Descartes.

4. SURGE A GRAVITAÇÃO

Eram êsses, portanto, os pedaços do enigma caòticamente dispersados que Newton viu na sua frente. Teorias contraditórias concernentes ao comportamento de objetos no espaço, ausente qualquer fôrça de interferência; teorias contraditórias acêrca das fôrças que fazem os planetas girar; confundidores fragmentos de dados sôbre inércia e momento, peso e queda livre, gravidade e magnetismo; dúvidas sôbre a situação do centro do universo e sôbre a existência de tal centro; e a tudo ofuscando, a questão de saber se o Deus das Escrituras se ajustava no quadro.

Tinha havido algumas vagas conjeturas na direção exata, mas não apoiadas por argumentos preciosos. O matemático francês Giles Peron de Roberval, por exemplo, sugerira, no ano posterior ao da morte de Galileu, que tôda a matéria do universo estava contraída, e que a lua cairia sobre a terra se o éter não agisse como coxinete de apoio entre elas. Giovanni Borelli, que ocupou a antiga cátedra de Galileu em Pisa, reviveu uma velha sugestão grega: a lua comportava-se «como pedra numa funda», cuja força de vôo lhe impedia cair sôbre a terra. Mas incidiu em contradição acreditando, como Kepler, que a lua tinha de ser impelida num círculo por uma vassoura invisível, isto é, que a lua não tinha ímpeto próprio. Nesse caso, por que deveria tentar fugir?

Contava Newton vinte e quatro anos quando, em 1666, descobriu a chave da solução. Mas a atenção se lhe voltou para outros problemas, e foi somente vinte anos mais tarde que completou a síntese. Infelizmente, é impossível reconstruir-lhe a luta nos degraus da escada de Jacó com o anjo que guarda os segredos do cosmos, como pudemos fazer no caso de Kepler, pois Newton não foi comunicativo quanto à gênese dos seus descobrimentos e a pouca informação que dá se afigura racionalização depois do fato. Além disso, parte do pensamento coube coletivamente ao círculo em tôrno da Sociedade Real, — Hooke, Halley, Christopher Wren — e foi influenciado por espíritos afins como o de Huygens na Holanda. Assim, torna-se impossível saber precisamente quem foi que deu o primeiro passo intermediário.

Igualmente impossível é descobrir quando e em que circunstâncias exatas foi colocada a pedra fundamental da teoria: a Lei da Gravitação, que afirma ser a fôrça de atração proporcional às massas que se atraem, e diminuir com o quadrado da distância. Fôra sugerida, mas sem nenhuma prova concreta, já em 1645 por Boulliau, derivando-se, provàvelmente, por analogia, da difusão da luz que, como Kepler sabia, também diminui em intensidade com o quadrado da distância. Outra sugestão é ter sido ela deduzida da Terceira Lei de Kepler. Quanto a Newton, diz que descobriu a fórmula calculando a fôrça exigida para equilibrar a fôrça centrífuga da lua, mas não parece de todo convincente.

Os pormenores são obscuros, mas o esbôço geral é brilhantemente claro. Com verdadeira segurança de sonâmbulo, evitou Newton as ciladas disseminadas pelo campo: magnetismo, inércia circular, marés de Galileu, vessoura de Kepler, vórtices de Descartes, e, ao mesmo tempo, caminhou conscientemente para o que se afigura a mais mortal das ciladas: a ação à distância, onipresente, invadindo todo o universo como a presença do Espírito Santo. A enormidade de tal passo pode ser vìvidamente ilustrada pelo fato de que um cabo de aço de espessura igual ao diâmetro da terra não bastaria para retê-la na órbita. Contudo, a fôrça gravitacional que retém a terra na sua órbita é trasmitida do sol através de 93 milhões de milhas de espaço sem qualquer meio material que transporte essa fôrça.[2a] O paradoxo, ilustram-no ainda mais as próprias palavras de Newton, que já citei, mas que convém repetir:

> «É inconcebível que a matéria bruta inanimada deva, sem mediação de qualquer outra coisa que não é material, influenciar e afetar outra matéria sem contacto mútuo... E essa é uma razão pela qual desejei que me não atribuísseis a gravidade inata. Que a gravidade deva ser inata, inerente e essencial à matéria, de modo que um corpo possa agir sôbre outro à distância através do vácuo, sem a mediação de qualquer outra coisa, pela qual e através da qual a ação e a fôrça dêles possam ir de um a outro, é para mim absurdidade tão grande, que não acredito possa incidir nela homem nenhum que, em questões filosóficas, possua uma competente faculdade de pensar. A gravidade deve ser causada por um agente em constante atividade de acôrdo com determinadas leis; mas deixei aos meus leitores o cuidado de saber se tal agente é material ou imaterial.»

O «agente» a que ele se refere é o éter interestelar que, segundo se supunha, transmitia de certa maneira a fôrça da gravidade. Mas ficou sem explicação o modo pelo qual se faz tal coisa; e se o éter era coisa material, ou não, continua questão aberta, não sòmente no espírito dos leitores, senão também, evidentemente, no de Newton. Chamou-lhe às vêzes meio, valendo-se, noutras ocasiões, da palavra «espírito». Assim, a ambigüidade que notamos no uso da palvra «fôrça», por Kepler, como conceito semi-animístico, semimecanista, está igualmente (embora menos explìcitamente afirmada) no conceito de gravidade de Newton.

Outra espantosa dificuldade desse conceito era o de dever um universo cheio de gravidade desabar, noutras palavras, o de deverem tôdas as estrêlas fixas precipitar-se para um ponto de encontro, numa espécie de superexplosão cósmica, final. (*) A dificuldade era realmente insuperável e Newton não descobriu outra solução senão a de atribuir a Deus a função de combater a gravidade e manter as estrêlas nos devidos lugares:

> «E mesmo que a matéria estivesse dividida, a princípio, em vários sistemas, e cada sistema fôsse, por um poder divino, constituído como o nosso, os sistemas exteriores desceriam para o ponto médio, de modo que essa estrutura de coisas não poderia subsistir sempre, sem uma fôrça divina para conservá-la...»[3]

É sòmente trazendo a lume as contradições inerentes e as implicações metafísicas da gravidade newtoniana, que podemos avaliar a enorme coragem — ou segurança de sonâmbulo — necessária para empregá-la como conceito básico da cosmologia. Numa das mais ousadas e vastas generalizações da história do pensamento, Newton encheu todo o espaço do universo com fôrças de atração oriundas de tôdas as partículas de matéria e agindo em tôdas as partículas de matéria, através dos ilimitados abismos da treva.

(*) O motivo pelo qual isso não acontece está nas enormes distâncias e velocidades relativas das estrêlas, galáxias e nebulosas, que Newton desconhecia.

Mas em si própria a substituição da **anima mundi** pela **gravitatio mundi** teria permanecido idéia doentia ou sonho cósmico de poeta; o feito crucial era exprimi-la em linguagem matemática precisa e demonstrar que a teoria se ajustava ao comportamento observado do maquinismo cósmico: o movimento da lua em tôrno da terra e os movimentos dos planêtas em tôrno do sol.

5. A SÍNTESE FINAL

O primeiro passo de Newton foi realizar na imaginação o que a história não pudera realizar: unir Kepler e Galileu. Mais exatamente. unir uma metade de Kepler e uma metade de Galileu, e repelir as metades redundantes.

O ponto de encontro foi a lua. O jovem Jeremias Horrocks — prodígio inglês que morreu aos vinte e um anos de idade — explicara as leis de Kepler à órbita da lua, o que proporcionou a Newton a metade da síntese. A segunda metade descobriu-a nas Leis de Galileu, do movimento dos projéteis na imediata vizinhança da terra. **Newton identificou a órbita kepleriana da lua com a órbita galilieana do projétil** que caía constantemente para a terra, mas não lograva atingi-la, em virtude do seu rápido movimento para a frente. No **Sistema do Mundo,** assim está descrito o processo de raciocínio:

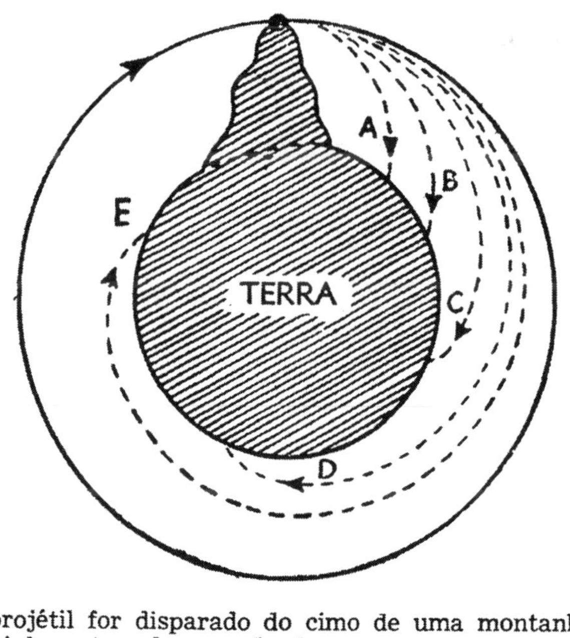

Se um projétil for disparado do cimo de uma montanha, será desviado do caminho reto pela atração da terra. De acordo com a velocidade inicial recebida, seguirá as curvas A, B, C, D ou E; e se a velocidade inicial exceder um determinado valor crítico, o projétil descreverá um círculo ou uma elipse «e voltará à montanha de que foi disparado». Ainda mais, de acordo com a Segunda Lei de Kepler, «a sua velocidade, quando voltar à montanha, não será menor do que era, e, conservando a mesma velocidade descreverá a mesma curva, repetidamente, em virtude da mesma lei... e continuará a girar, através dos céus, precisamente como os planêtas em suas órbitas.» Noutras palavras, Newton, pelo pensamento-experiência, criou um satélite artificial quase trezentos anos antes de saber a tecnologia prepará-lo.

Logo, a idéia fundamental da mecânica celeste de Newton é a interação de duas fôrças: a fôrça da gravidade, que atrai os planêtas ao sol, e a força centrífuga, que se lhe opõe. O modo habitual de demonstrar essa idéia é fazer girar uma pedra na extremidade de uma corda. A fôrça que mantém a corda tensa é a fôrça centrífuga da pedra; a coesão da corda que mantém a pedra cativa na órbita representa a atração gravitacional.

Mas por que segue o planeta uma órbita elíptica, e não circular? Para sermos simples, porque quando faço girar uma pedra, o comprimento da corda é fixo, e ela não se estica, ao passo que a atração do sol varia segundo a distância. Conseqüentemente, a pedra gira em círculo perfeito, enquanto o planeta só seguiria o círculo perfeito se a sua velocidade tangencial e a força centrífuga resultante contrabalançassem exatamente a atração do sol. Se a sua velocidade fôr **menor** do que a exigida, o planeta girará em volta do sol em espirais cada vez mais fechadas e acabará por cair nele, como, espiralando, tomba à terra o aerólito. Se, por acaso, a velocidade do planêta fôr «exata», êle se conformará a Aristóteles e girará em círculo perfeito. Se, porém, a sua velocidade fôr **maior** que a exigida, o planetá não se moverá em círculo mas em elipse. Quanto maior a velocidade tangencial em relação à fôrça atraidora, mais alongada será a elipse, até que uma das suas extremidades se abrirá, estendendo-se para o infinito, por assim dizer, transformando-se a elipse em parábola, o que constitui a trajetória de certos cometas provenientes das profundidades do espaço, desviados do curso pelo sol, não suficientemente, porém, para serem capturados, e que voltam então para o infinito.

É fácil mostrar em linguagem matemática porque se movem em elipses os planêtas; deixando, todavia, a matemática de lado, podemos focalizar o mecanismo como corda puxada num dos extremos pela gravidade, no outro pela fôrça centrífuga. Se a corda a que estiver prêsa a pedra girante fôr feita de material elástico, podemos imaginá-la a se expandir e contrair alternadamente, fazendo uma oval da órbita da pedra (*) Ou focalizamos o processo da seguinte maneira: à medida que o planeta se aproxima do sol, cresce a sua velocidade, e êle se projeta para além do sol, mas assim fazendo, a mão agarradora da gravidade o obriga a girar, tal qual gira em torno do mastro a criança que corre e a ele se agarra, de modo que continua na direção oposta. Se a velocidade, na aproximação, tivesse sido precisamente a exigida para evitar que êle caísse no sol, o planeta continuaria num círculo. Mas sendo um pouco maior, a trajetória de regresso o transportará numa órbita alongada, percorrida numa velocidade reduzida, sob os dentes da atração do sol, por assim dizer, curvando-se aos poucos para dentro, até que, após transpor o afélio, a curva mais uma vez se aproxima do sol e o ciclo inteiro recomeça.

A «excentricidade» da elipse é a quantidade pela qual ela se desvia do círculo. As excentricidades dos planêtas são pequenas, em virtude da

---

(*) A analogia entre a existência elástica e a fôrça gravitacional é, naturalmente, erradíssima, mas serve para fazer «sentir» a órbita elíptica.

comum origem do sistema solar que faz as suas velocidades tangenciais equilibrar quase precisamente a gravidade.

Mas tudo isso era ainda simples conjetura e tinham-se passado os dias de hipóteses puramente especulativas. Era uma conjetura insensata postular que a lua «caía» constantemente para a terra, como um projétil, ou a famosa maçã do jardim de Woolsthorpe; noutras palavras, postular que a atração da terra chegava até a lua, a atração do sol até os planêtas, e que o espaço interestelar estava realmente «cheio» ou «carregado» de gravidade. Para transformar uma suposição arrojada em teoria científica, tinha Newton de proporcionar rigorosa prova matemática.

Tinha de calcular: (a) a fôrça centrífuga da lua; [4] (b) a fôrça gravitacional que a terra, supostamente, exercia sôbre a lua; e (c) tinha de mostrar que a interação das duas fôrças produzia uma órbita teórica que concordava com a órbita observada da lua.

Para levar a efeito tal operação, precisava, em primeiro lugar, saber em que razão diminuía com a distância a gravidade da terra. A maçã caía da árvore com uma aceleração conhecida de aproximadamente dez jardas por segundo; mas qual seria a aceleração da lua com relação à terra? Noutras palavras, tinha de descobrir a Lei da Gravidade, ou seja, a lei que diz que a força diminui com o quadrado da distância. Em segundo lugar, tinha de saber o valor exato da distância da lua. Em terceiro, tinha de decidir se era certo tratar dois enormes globos, como a terra e a lua, de maneira abstrata, como se tôda a massa dêles se concentrasse num único ponto central. Finalmente, a fim de reduzir as dificuldades matemáticas, a órbita da lua tinha de ser tratada como se fosse um círculo e não uma elipse.

Em resultado de tôdas essas dificuldades, os primeiros cálculos de Newton só concordaram «bastante aproximadamente» com os fatos, e aquilo não era bastante bom. Por quase vinte anos, abandonou tudo.

Durante êsses vinte anos, a expedição de Jean Picard a Caiena deu informações muito melhoradas quanto ao diâmetro da terra e à distância da terra à lua; o próprio Newton inventou o seu cálculo infinitesimal, indispensável instrumento matemático para atacar o problema; e o trio Halley-Hooke-Wren continuou a ajustar pedacinhos do quebra-cabeça. A orquestra atingira o ponto em que se podiam distinguir grupos inteiros de instrumentos a deslizar através de certas passagens; mister se faziam apenas as batidas iniciais do dirigente para que tudo entrasse nos eixos.

Em 1686, estimulado por Halley, chegou Newton à derradeira síntese. Calculou a força da atração da terra sôbre a lua e mostrou que, combinada à fôrça centrífuga da lua, satisfazia os movimentos observados da lua. Em seguida, calculou a atração do sol sôbre os planetas e demonstrou que a órbita produzida por uma força de atração que diminuía com o quadrado da distância era uma elipse kepleriana, tendo o sol num dos focos; e, inversamente, que a órbita elíptica exigia uma força gravitacional que obedecesse à razão inversa dos quadrados. A Terceira Lei de Kepler, que relacionava a duração dos períodos dos planetas às suas distâncias médias do sol, tornou-se pedra angular do sistema; e a Segunda Lei — áreas iguais descritas em tempos iguais — era exata, como ficou demonstrado, para qualquer órbita central. Os cometas moviam-se em elipses muito alongadas ou em parábolas, recuando para o infinito do espaço. Provou, mais, Newton que qualquer objeto sôbre a superfície da terra se comportava como se toda a massa da terra estivesse concentrada no seu centro, o que possibilitava tratar todos os corpos celestes como se fossem pontos matemáticos. Finalmente, todo movimento observável no universo se reduzia a quatro leis básicas: a Lei de Inércia, a Lei de Aceleração sob a impressão de uma fôrça, a Lei de Ação e Reação Mútuas e a Lei da Gravitação.

Estava realizado o milagre; todos os fragmentos se haviam unido naquela explosão inversa, fundindo-se num corpo de aspecto inocente, liso e compacto; e se Donne ainda estivesse vivo, poderia ter invertido o lamento num triunfante: «Tudo está num só todo, tudo é coerência agora».

Os movimentos da lua, do sol e dos cinco astros errantes tinham constituído o principal problema da cosmologia desde os dias dos babilônios. Depois de provado que todos seguiam as mesmas leis simples, o sistema solar fôra reconhecido como unidade integrada. O rápido progresso da astronomia e da astrofísica conduziu, em breve, à compreensão de que tal unidade constituía apenas uma subdivisão de outra maior: a nossa galáxia de milhões de astros, dotados aproximadamente da mesma natureza que o nosso sol, alguns dêles, indubitàvelmente, também rodeados de planetas; e que a nossa galáxia, por sua vez, não era mais do que uma entre outras galáxias e nebulosas em vários estágios de evolução, e, no entanto, tôdas governadas pelo mesmo conjunto universal de leis.

Êsses desenvolvimentos, contudo, não mais nos dizem respeito. Com a publicação dos **Principia** de Newton, em 1687, a cosmologia tornou-se uma ciência disciplinada; e nesse ponto deve terminar a nossa narrativa da mutável visão humana do universo. A doida dança de sombras projetadas pelos astros na parede da caverna de Platão ia-se firmando numa decorosa e tranqüilizadora valsa da era vitoriana. Todos os mistérios pareciam ter sido banidos do universo, e a divindade estava, aparentemente, reduzida ao papel de monarca constitucional, mantido em vida por questões de decôro, mas sem nenhuma necessidade real e sem nenhuma influência no curso das atividades.

Resta-nos discutir algumas implicações da história.

QUADRO CRONOLOGICO DA QUARTA E QUINTA PARTES

	Ticho de Brahe	Galileu	Kepler
1546	Nascido em 14 de dez. em Knudstrup		
1559	Estudos em Copenhague, Alemanha e Suiça.		
1564		Nascido em Pisa, em 15 de fevereiro	
1571			Nascido em 16 de maio em Weil-der-Stadt.
1572	Aparecimento da «Nova de Ticho»		
1576	Recebe a ilha de Hveen		
1581	Trabalha em Hveen	Matricula-se na Universidade de Pisa.	Entregue aos cuidados dos avós
1584			«Pôsto a trabalhar pesadamente no campo.» Entra no Seminário teológico.
1589		Nomeado lente de Matemática, Univers. de Pisa.	Matricula-se na Univers. de Tuebingen.
1592		Professor de matemática, Univers. de Pádua	
1593			Mestre de matemática Esc. Provincial de Gratz.
1597	Abandona Hveen	Escreve carta pró-copérnico a Kepler.	Publica **Mysterium Cosmographicum**
1599	Nomeado Mathematicus Imperial de Rodolfo II		Exilado de Gratz; fechamento da escola.
1600-01	Colaboração Ticho-Kepler		Kepler em Benatek e Praga.
1601	Morre em 13 de outubro, Praga		Nomeado sucessor de Ticho.
	GALILEU	KEPLER	
1609		Publica **Astronomia Nova** (primeira e segunda leis)	
1610	Descobrimentos telescópicos. **O Mensageiro das Estrêlas.** Nomeado «Primeiro Matemático e filósofo» na corte de Cosme II de Médicis	**Conversação com o Mensageiro das Estrêlas.**	

1611	Visita triunfal a Roma	**Dioptrice.**
1612	Escreve **Cartas sobre as Manchas Solares.**	Morte de Rodolfo; partida para Linz. Excomunhão
1613	Escreve **Carta a Castelli**	
1614	Caccini prega contra os galileanos.	
1615	Lorini denuncia os galileanos. Galileu em Roma. Teoria das marés.	Inicia-se o processo contra sua mãe
1616	Banimento do livro de Copérnico «até que seja corrigido». Galileu recebe ordens de abandoná-lo.	
1618	Início da disputa sobre cometas	Eclosão da Guerra de Trinta Anos.
1619		**Harmonice Mundi** (Publicação) (Terceira **Lei**)
1620	O livro de Copérnico, com correções de menor importância, pode ser lido outra vez.	Prisão da progenitora
1621		Mãe posta em liberdade. Morre. Completada a publicação do **Epitome.**
1623	Barberini torna-se Urbano VIII Publicação do **Il Saggiatore.**	
		Inicia-se a impressão das tábuas rodolfinas.
1625	Começa a escrever o **Diálogo**	
1626		Sítio de Linz. Destruição da tipografia. Partida para Ulm.
1627		Completa-se a impressão das Tabuas.
1628		Viagens errantes. Obtém um pôsto com Wallenstein em Sagan.
		Obra sôbre o **Somnium.** Última viagem a Ratisbona. **Falece** em 15 de novembro.
1630	Completado o **Diálogo.** Negociações sôbre o **imprimatur.**	
1632	Publicação e banimento do **Diálogo.** Galileu é chamado a Roma	
1633	Julgamento de Galileu.	
1637	Cego de ambos os olhos	
1638	Publicação, em Leyden, de **Duas Novas Ciências.**	
1642	Falece em Arcetri, em 8 de janeiro	

Galileu (1564-1642) → Kepler (1571-1630) ← Descartes (1596-1650)

Kepler (1571-1630) → ISAAC NEWTON (1642-1727) Publicação dos **Principia** em 1687

William Gilbert (1540-1603) → ISAAC NEWTON

Christiaan Huygens (1629-95) → ISAAC NEWTON

Jeremias Horrocks (1619-41) → ISAAC NEWTON

Christopher Wren (1632-1723), Robert Hooke (1635-1703), Edmund Halley (1656-1742) → ISAAC NEWTON

EPÍLOGO

Tenho para mim que não há, na Religião, impossibilidades bastantes para uma fé viva.

SIR THOMAS BROWNE

1. AS CILADAS DA EVOLUÇÃO MENTAL

Estamos habituados a ver a história política e social do homem como doido ziguezague a se alternar entre o progresso e o malogro, e a história da ciência como processo firme, acumulativo, representado por curva de crescimento contínuo, onde cada época traz um novo tópico de conhecimento ao legado dos tempos idos, fazendo o templo da ciência crescer, tijolo por tijolo, a uma altura cada vez maior. Ou, alternadamente, pensamos em têrmos de crescimento «orgânico» da infância da civilização repleta de magia e amante das lendas, passando pelos vários estágios da adolescência, até a maturidade imparcial e racional.

Com efeito, porém, vimos que êsse progresso não foi nem «contínuo» nem «orgânico». A filosofia da natureza evolveu por saltos e pulos casuais, alternados com perseguições ilusórias, **culs-de-sac**, regressos, períodos de cegueira e amnésia. Os grandes descobrimentos que lhe determinaram o curso foram por vezes resultados inesperados de uma caçada a lebres inteiramente diversas. Noutras vêzes, o processo de descobrimento consistiu apenas na limpeza da sujeira que obstaculiza o caminho, ou na redisposição de tópicos já existentes de conhecimento em modêlo diverso. O doido mecanismo de relógio dos epiciclos foi mantido por dois mil anos, e a Europa sabia menos geometria no século quinze do que no tempo de Arquimedes.

Se o progresso tivesse sido constante e orgânico, tudo, por exemplo, quanto sabemos da teoria dos números ou da geometria analítica, houvera sido descoberto ao cabo de poucas gerações posteriores a Euclides, porque êsse desenvolvimento não dependia de avanços tecnológicos nem da domesticação da natureza; todo o corpo da matemática está potencialmente nos dez bilhões de neurônios da máquina de calcular abrigada pelo crânio humano. E contudo o cérebro, supõe-se, permaneceu anatomicamente estável por coisa de cem mil anos. O progresso saltuário e basicamente irracional do conhecimento se prende, provavelmente, ao fato de a evolução ter dotado o **homo sapiens** de um órgão que ele não pôde usar devidamente. Têm calculado os neurologistas que, mesmo no atual estágio, só estamos usando dois ou três por cento das potencialidades dos seus «circuitos» embutidos. A história do descobrimento é, sob tal ponto de vista, uma história de penetrações casuais nas desconhecidas Arábias das circunvoluções do cérebro humano.

Eis um paradoxo realmente curioso. Os sentidos e órgãos de tôdas as espécies evolvem (via mutação e seleção como supomos), de acordo com necessidades de adaptação, e as novidades na estrutura anatômica são, em geral, determinadas por essas necessidades. A natureza satisfaz as exigências dos seus clientes proporcionando pescoços mais compridos para comer as fôlhas do alto das plantas, cascos e dentes mais duros para enfrentar a áspera grama das estepes; encolhendo o cérebro-olfato e aumentando o córtex visual de aves, arborícolas e bípedes, à medida que, lentamente, põem a cabeça acima do chão. Mas é de todo sem precedentes que a natureza dote uma espécie de um órgão de luxo extremamente complexo excedendo em muito as suas necessidades efetivas e imediatas, órgão que a espécie empregará milênios para aprender a usar, e se é que chega a tanto. Acredita-se que a evolução cuide das exigências de adaptação; nesse caso, a mercadoria entregue antecipou a exigência por um período de tempo de grandeza geológica. Os hábitos e as potencialidades de aprendizado de tôdas as espécies estão fixados dentro dos estreitos limites permitidos pelo sistema nervoso e pelos órgãos; os do **Homo sapiens** parecem ilimitados precisamente porque os possíveis usos dessa novidade evolucionária no seu crânio ficaram inteiramente fora de proporção com as exigências do seu ambiente natural.

Visto não poder a genética evolucionária explicar o fato de uma raça biològicamente mais ou menos estável subir mentalmente dos trogloditas aos homens do espaço, só podemos concluir que a expressão «evolução mental» é mais do que uma metáfora e que se refere a um processo no qual operam alguns fatôres de cuja chave não dispomos ainda. Tudo quanto sabemos é que a evolução mental não pode ser compreendida nem como processo linear, cumulativo, nem como, caso de «crescimento orgânico», comparável ao amadurecimento do indivíduo, e que, talvez, fôsse melhor considerá-la à luz da evolução biológica, de que é uma continuação.

Afigura-se mais prático tratar da história do pensamento em têrmos tirados da biologia (mesmo que não logrem ceder mais do que analogias) do que em têrmos de progressão aritmética. O «Progresso Intelectual» tem, por assim dizer, associações lineares, uma curva contínua, um nível de água de crescimento constante, ao passo que «evolução», como sabemos, é um processo desperdiçador, atrapalhado, caracterizado por repentinas mudanças de causa desconhecida, pela lenta moagem da seleção e pelos becos sem saída da superespecialização e rígida inadaptabilidade. Por definição, o «Progresso» nunca pode errar, ao passo que a evolução erra constantemente, como também a evolução das idéias, inclusive as da «ciência exata». Espontâneamente, como as mutações, surgem novas idéias, cuja grande maioria não passa de teorias inúteis, equivalentes às anomalias biológicas sem valor de sobrevivência. Há uma luta constante pela sobrevivência entre teorias rivais, em todos os ramos da história do pensamento. O processo de «seleção natural» possui, também, o seu equivalente na evolução mental: entre a multidão de novos conceitos que emergem apenas sobrevivem os bem adaptados ao **milieu** intelectual do período. Qualquer novo conceito teórico viverá ou morrerá segundo puder entrar em acôrdo com êsse ambiente, dependendo-lhe o valor de sobrevivência de sua capacidade de produzir resultados. Quando dizemos que as idéias são «férteis» ou «estéreis», guiamo-nos inconscientemente pela analogia biológica. A luta entre os sistema ptolemaico, tichônico e copernicano, ou entre as opiniões cartesianas e newtonianas da gravidade, foi decidida por tais critérios. Além disso, deparam-se-nos, na história das idéias, mutações que não parecem corresponder a nenhuma necessidade óbvia, e à primeira vista se afiguram simples fantasias jocosas, como a obra de Apolônio sôbre as secções cônicas, ou as geometrias não-euclidianas, cujo valor prático só mais tarde foi que surgiu. Inversamente, há órgãos que perderam o seu fim e que, no entanto, continuam a existir como legado evolucionário; a ciência moderna está repleta de apêndices e rudimentares rabos de macaco.

Verificam-se na evolução biológica períodos de crise e transição quando ocorre, em tôdas as direções, uma ramificação rápida, quase explosiva, dando muitas vêzes uma mudança radical da tendência dominante de desenvolvimento. A mesma espécie de coisa parece ter sucedido na evolução do pensamento em períodos críticos como o século seis antes de Cristo ou o décimo-sétimo depois de Cristo. Após tais estágios de «radiações adaptativas», quando a espécie é plástica e maleável, vêm em geral períodos de estabilização e especialização ao longo das novas linhas, que, mais uma vez, conduzem a becos sem saída de rígida super-especialização. Quando reexaminamos o grotesco declínio do escolasticismo aristotélico ou a simplicidade tapa-ôlho da astronomia ptolemaica, lembramo-nos do destino dos marsupiais «ortodoxos», como os **koala**, que de trepadores de árvores passaram a agarradores de árvores, transformando-se-lhes as mãos e os pés em garras, não lhes servindo mais os dedos para pegar frutos e explorar objetos mas degenerando em garras recurvas, com o único fito de fixar o animal à casca da árvore à qual êle se apega por tôda a vida.

Para citarmos uma última analogia, descobrimos «elos defeituosos» na evolução, que nos recordam certas **mésalliances** ideológicas. A corrente de nervos central de um invertebrado, como a lagosta, passa por baixo do seu canal alimentar, enquanto a principal parte do cérebro rudimentar está colocada sôbre ela, na testa. Noutras palavras, o esôfago da lagosta, da bôca ao estômago, tem de passar pelo meio dos seus gânglios cerebrais. Se o cérebro devesse expandir-se — e tem de se expandir, se é preciso que a lagosta se torne mais sábia — o esôfago ficaria espremido e ela passaria fome. Nas aranhas e nos escorpiões algo de parecido sucedeu realmente: a massa cerebral lhes comprimiu de tal modo o tubo alimentar que por êle sòmente um alimento fluido é capaz de passar, tanto que tiveram de tornar-se sugadores de sangue. **Mutatis mutandis**, algo de análogo se verificou quando a magia do neoplatonismo não permitiu que o homem tomasse nenhum alimento empírico sólido para o pensamento, forçando-o a nutrir-se, através da Idade-Média, de uma dieta líquida de sobrenaturalidade. E quanto à magia do materialismo mecanicista do século dezenove, não produziu acaso o efeito oposto, ou seja, a fome espiritual? No primeiro caso, a religião entrou num **mésalliance** com uma idiologia rejeitadora da natureza; no segundo, a ciência aliou-se a uma filosofia árida. Ou então, a magia do dogma do movimento uniforme em círculos perfeitos transformou o sistema copernicano numa espécie de ideologia crustácea. As analogias parecerão remotas, e o são realmente, mas o que se destinam a demonstrar é o fato de tais uniões defeituosas de uma natureza que a si própria derrota ocorrerem no reino tanto da evolução bológica como da evolução mental.

2. SEPARAÇÕES E REINTEGRAÇÕES

Podemos descrever o processo de evolução como diferenciação de estrutura e integração de função. Quanto mais diferençadas e especializadas as partes, tanto mais se exige uma coordenação elaborada para criar um todo bem equilibrado. O critério último do valor de um todo funcional é o grau da sua harmonia interna ou integração, quer seja o «todo funcional» uma espécie biológica, quer uma civilização, quer um indivíduo. Define-se o todo pela configuração de relações entre as partes, não pela soma das partes, e uma civilização não se define pela soma da ciência, tecnologia, arte e organização social, senão pela configuração total por elas formada e pelo grau de integração harmoniosa nessa configuração. Disse recentemente um médico que «o organismo na sua totalidade é tão essencial para a explicação dos elementos como são os elementos para a explicação do organismo», o que é verdade quando falamos da glândula supra-renal, bem como quando falamos dos elementos de uma cultura: arte bizantina, cosmologia medieval, ética utilitária.

Inversamente, o estado doentio de um organismo, de uma sociedade ou cultura, se caracteriza pelo enfraquecimento dos contrôles integrativos e pela tendência que as partes têm de se comportarem de modo independente e ativo, ignorando o superior interêsse do todo, ou tentando impor-lhe as próprias leis deles. Êsses estados de desequilíbrio podem ser causados quer pelo enfraquecimento das fôrças coordenadoras do todo mediante o crescimento além de um limite crítico, senescência, e assim por diante, quer por excessiva estimulação de um órgão ou parte, quer pela sua separação de qualquer comunicação com o centro integrativo. A isolação do órgão do contrôle central conduz, segundo as circunstâncias, à sua hiperatividade ou degeneração. No reino do espírito, a «cisão» de pensamentos e emoções, de algum aspecto da personalidade, conduz a resultados semelhantes. A palavra esquizofrenia deriva-se diretamente dêsse processo de cisão; os complexos «reprimidos» e «autônomos» indicam a mesma direção. Nas neuroses obsessionais, nas «idéias fixas» e «configurações fixas de comportamento», vemos partes da personalidade que se dissociam do todo.

Numa sociedade ou cultura, o grau de integração entre as partes, ou campos de esforços, é igualmente decisivo, mas aqui o diagnóstico dos sintomas desintegradores é muitíssimo mais difícil, e sempre desperta controvérsias, por não existir critério de normalidade. Creio, não obstante, que a história esboçada neste livro será reconhecida como história da cisão, e subseqüente desenvolvimento isolado, de vários ramos do saber e do esfôrço — geometria celeste, física terrestre, teologia platônica e escolástica — cada um deles conduzindo a rígidas ortodoxias, especializações unilaterais, obsessões coletivas, cuja mútua incompatibilidade se refletiu nos sintomas de pensamento duplo e «esquizofrenia controlada». Mas é também história de inesperadas reconciliações e novas sínteses a emergirem de uma fragmentação aparentemente desesperada. Poderemos tirar algumas idéias das condições sob as quais ocorrem essas curas aparentemente espontâneas?

3. ALGUMAS CONFIGURAÇÕES DE DESCOBRIMENTO

Em primeiro lugar, uma nova síntese jamais resulta de uma simples soma de dois ramos inteiramente desenvolvidos da evolução biológica ou mental. Cada nova partida, cada reintegração do que ficou separado, implica o despedaçamento das configurações rígidas e ossificadas de comportamento e pensamento. Copérnico malogrou. Tentou unir a tradição heliocêntrica ao aristotelismo ortodoxo e malogrou. Newton teve êxito pelo fato de já haver sido a astronomia ortodoxa desfeita por Kepler e a física ortodoxa por Galileu; percebendo uma nova configuração nos destroços, uniu-os numa nova estrutura conceptual. Semelhantemente, a química e a física só puderam unir-se, após renunciar a física ao dogma da indivisibilidade e impermeabilidade do átomo, destruindo assim o seu próprio conceito clássico de matéria, e a química renunciar à doutrina dos últimos elementos imutáveis. Qualquer nova partida evolucionária só é possível depois de certa desintegração, de certa rachadura e degelo das estruturas congeladas resultantes de um desenvolvimento isolado, superespecializado.

A maioria dos gênios responsáveis pelas mudanças de maior significação na história do pensamento parece possuírem certos característicos em comum: de um lado, o ceticismo, levado muitas vèzes ao ponto de iconoclasmo, na sua atitude perante idéias, axiomas e dogmas tradicionais, perante tudo quanto é considerado ponto pacífico; por outro lado, uma simplicidade que beira a credulidade ingênua perante novos conceitos que se lhes afiguram conter uma promessa ao seu instintivo tatear. Dessa combinação resulta a capacidade crucial de perceber um objeto familiar, uma situação, um problema, ou uma coleção de dados, sob uma subitânea nova luz ou novo contexto, resulta a capacidade crucial de ver no ramo, não uma parte da árvore, mas armas ou ferramenta potencial; de não associar a queda de uma maçã à maturidade, mas ao movimento da lua. O descobridor percebe configurações relacionais ou analogias funcionais onde ninguém as viu antes, como percebe o poeta a imagem de um camelo numa nuvem que passa.

Êsse ato de arrancar um objeto ou conceito do habitual contexto associativo e vê-lo em novo contexto constitui, como tentei provar, parte essencial do processo criador.[1] É um ato tanto de destruição como de criação, pois exige o aniquilamento de um hábito mental, a fusão, com a tocha da dúvida cartesiana, da estrutura congelada de teoria aceita, para que se verifique a nova fusão, o que explica, provavelmente, a estranha combinação de ceticismo e credulidade no gênio criador.[2] Todo ato criador — na ciência, na arte ou na religião — implica em regressão a um nível mais primitivo, a uma inocência de percepção libertada da catarata de crenças aceitas. É processo de **reculer pour mieux sauter,** de desintegração a preceder nova síntese, comparável à noite trevosa da alma pela qual deve passar o místico.

Outra pré-condição, para que se realizem descobrimentos fundamentais, e para que sejam aceitos, é o que poderíamos chamar de «amadurecimento» da época. É uma qualidade enganosa, visto que o «amadurecimento» de uma ciência para uma mudança decisiva não está determinado pela situação apenas nessa ciência particular, mas pelo clima geral da época. Foi o clima filosófico da Grécia, após a conquista macedônica, que enregelou, ao nascer, o conceito heliocêntrico de Aristarco; e a astronomia prosseguiu felizmente com os seus epiciclos impossíveis, por ser aquêle o tipo de ciência favorecido pelo clima medieval.

Além disso, **deu resultado.** Aquela matéria ossificada, cindida da realidade, foi capaz de predizer eclipses e conjunções com bastante certeza e de fornecer tábuas, em geral adequadas à exigência. Por outro lado, o «amadurecimento» do século dezessete para Newton, ou o do século vinte para Einstein e Freud, foi causado por uma disposição geral de transições e consciência de crise, que abrangia todo o espectro humano de atividades, organização social, crenças religiosas, arte, ciência, modas.

O sintoma que indica estar um ramo especial da ciência ou arte amadurecido para uma mudança é um sentimento de frustração e mal-estar não necessàriamente causado por nenhuma crise aguda do ramo específico — que poderia estar muito bem nos seus tradicionais têrmos de referência — e sim por um sentimento de estar tôda a tradição, de certo modo, fora de passo, separada da corrente principal, de se terem tornado os critérios tradicionais despidos de significado, divorciados da realidade viva, isolados do todo integral. Eis o ponto em que a **hybris** do especialista cede à busca da alma do filósofo, à penosa reavaliação dos seus axiomas básicos e do significado de têrmos tomados como definitivos; numa palavra, ao degêlo do dogma. Eis a situação que dá ao gênio a oportunidade do mergulho criador sob a superfície desfeita.

4. MÍSTICO E CIENTISTA

O aspecto mais perturbador dessa história de separações e reintegrações, o aspecto a que constantemente aludi, diz respeito ao místico e ao cientista.

No início desta longa jornada, citei o comentário de Plutarco sôbre os pitagóricos: «A contemplação do eterno é o objetivo da filosofia, como é objetivo da religião contemplar os mistérios.» Para Pitágoras, bem como para Kepler, eram gêmeos os dois gêneros de contemplação; para êles, filosofia e religião tinham raízes ao mesmo anelo, o de apanhar vislumbres da eternidade pela janela do tempo. O místico e o cientista satisfaziam, juntos, a dupla necessidade de acalmar a ansiedade cósmica do «eu» e de lhe transcender as limitações, a dupla necessidade de proteção e libertação. Davam tranqüilização explicando, reduzindo ameaças, fatos incompreensíveis, a princípios familiares à experiência: o raio e o trovão a explosões temperamentais de deuses antropomórficos, os eclipses à voracidade de porcos devoradores da lua; asseveravam haver rima e razão, uma lei oculta, uma ordem por trás do fluxo aparentemente arbitrário e caótico, por trás também da morte de uma criança e da erupção dos vulcões. Juntos, satisfaziam a necessidade fundamental do homem e lhe formulavam a intuição básica, a de ter o universo um significado, ser ordenado, racional e governado por uma forma de justiça, muito embora lhe não transpareçam as leis.

Além de tranqüilizar o espírito consciente dando ao universo um significado e um valor, agia a religião de maneira mais direta sôbre as camadas inconscientes, pré-racionais do «eu», proporcionando-lhe uma técnica intuitiva para transcender as suas limitações no tempo e no espaço mediante um curto-circuito místico, por assim dizermos. A mesma dualidade de acesso — o racional e o intuitivo — caracteriza, como vimos, a indagação científica. Logo, constitui êrro perverso identificar só a necessidade religiosa com a intuição e a emoção, e só a ciência com o lógico e o racional. Profetas e descobridores, pintores e poetas, todos partilham dessa qualidade anfíbia de viver tanto na terra firme contornada como no oceano ilimitado. Na história da raça, como na do indivíduo, os dois ramos da indagação cósmica nascem da mesma fonte. Os sacerdotes foram os primeiros astrônomos; os homens dos remédios foram tanto profetas como médicos; a técnica de caçar, pescar, semear e colher estava repleta de mágicas e rituais religiosos. Havia divisão de trabalho e diversidade de método nos símbolos e na técnica, mas unidade de motivo e fim.

A primeira separação, na medida em que o permite o nosso conhecimento da história, verificou-se entre a religião olímpica e a filosofia jônica. O polido ateísmo dos jônicos refletia degeneração da Religião oficial num ritual elaborado e especializado, a sua perda de consciência cósmica. A síntese pitagórica tornou-se possível pelo afrouxamento da rígida estrutura teológica através do renascimento místico que seguiu na esteira do orfismo. Semelhante situação ocorreu no século dezesseis, quando a crise religiosa abalou a teologia medieval, permitindo a Kepler construir o novo modêlo do universo **ad majorem gloriam Dei,** aquela breve união neopitagórica de inspiração mística e fato empírico.

Em tóda a Idade-Média haviam sido os mosteiros oásis de cultura num deserto de ignorância, sendo os monges guardas dos poços secos. Havia deficiência, mas não disputa entre teologia e filosofia, concordando ambas em que a vulgar Natureza não era digna de ser conhecida. Foi uma época de pensamento duplo, de cultura dividida da realidade, mas a divisão não foi entre teólogo e cientista, visto que éste ainda não existia.

A cosmologia medieval posterior da Grande Cadeia do Ser foi uma cosmologia muito integrada. É verdade que «Vênus a percorrer o terceiro-epiciclo» da **Divina Comédia** não podia ser representada por nenhum modêlo mecânico, mas novamente a parede divisória não se erguia entre a filosofia religiosa e a natural, e sim entre a matemática e a física, entre a física e a astronomia, como exigia a doutrina aristotélica. É também verdade que a Igreja foi em parte responsável por esse estado de coisas, por se ter aliado a Aristóteles, como antes se aliara a Platão; não se tratava, todavia, de uma aliança absoluta, como prova o exemplo das escolas franciscana e ockhamista.

Não é mister recapitular o restabelecimento da Luz da Razão por Tomás de Aquino como parte ativa da Luz da Graça, nem tampouco o papel de guia desempenhado no renascimento da cultura pelos dominicanos e franciscanos, eclesiásticos como os bispos Oresme, Cusa ou Giese; nem tampouco demorar-nos, de novo, no impacto da recuperação dos textos gregos dos Setenta e de Euclides. A reforma da religião e o renascimento da ciência constituíam processos relacionados de quebra das configurações petrificadas de desenvolvimento, e de volta às fontes, para se descobrir em que ponto as coisas tinham sido erradas. Erasmo e Reuchlin, Lutero e Melanchton regressaram aos textos gregos e hebraicos, como Copérnico e os seus sucessores regressaram a Pitágoras e Arquimedes, impelidos pela mesma necessidade de **reculer pour mieux sauter,** de reobter uma visão unificadora perdida por uma superespecialização doutrinária. Através de tôda a idade de ouro do humanismo, e até da explosiva idade da contra-reforma, os cientistas continuaram a ser as vacas sagradas de cardeais e papas, desde Paulo III até Urbano VIII; ao mesmo tempo, o Colégio Romano e a Companhia de Jesus assumiram a chefia em matemática e astronomia.

O primeiro conflito aberto entre Igreja e Ciência foi o escândalo Galileu. Tentei mostrar que, a não ser que acreditemos no dogma da inevitabilidade histórica — essa forma de fatalismo de engrenagem invertida — devemos considerá-lo escândalo que poderia ter sido evitado; e não é difícil imaginar a Igreja Católica a adotar, após uma transição tichônica, a cosmologia copernicana uns duzentos anos antes do que ela afinal fez. A questão Galileu foi um episódio isolado, e na realidade completamente não-típico, da história das relações entre a ciência e a teologia quase não-típico como foi o julgamento-farsa de

Dayton. Mas as suas dramáticas circunstâncias, exageradíssimas; criaram a lenda popular da ciência ao lado da liberdade, e da Igreja ao lado da opressão do pensamento, o que só é verdade em sentido limitado por um limitado período de transição. Alguns historiadores, por exemplo, desejam acreditemos ser devido o declínio da ciência na Itália ao «terror» provocado pelo julgamento de Galileu. Contudo, a geração seguinte viu o nascer de Torricelli, Cavallieri, Borelli, cujas contribuições à ciência foram mais substanciosas que as de qualquer geração anterior a Galileu ou durante a vida de Galileu; o deslocamento do centro de atividade científica para a Inglaterra e a França e o gradativo declínio da ciência italiana, bem como da pintura italiana, se devem a causas históricas diferentes. A Igreja, a partir da Guerra dos Trinta Anos, nunca oprimiu a liberdade de pensamento e expressão na medida em que o fêz o terror fundamentado nas ideologias «científicas» da Alemanha nazista ou da Rússia soviética.

O divórcio contemporâneo entre fé e razão não é o resultado de uma competição pelo monopólio do poder ou pelo monopólio intelectual, e sim de uma progressiva alienação sem hostilidade nem dramas, e, portanto, mais fatal, o que se torna evidente, se desviamos a atenção da Itália para os países protestantes da Europa, e para a França. Kepler, Descartes, Barrow, Leibniz, Gilbert, Boyle e o próprio Newton, geração de pioneiros contemporâneos de Galileu ou sucessores dêle, foram todos pensadores profunda e genuìnamente religiosos. Mas a sua imagem da divindade sofreu sutil e gradual alteração, libertando-se da rígida estrutura escolástica, recuando, além do dualismo de Platão, até a mística inspiração pitagórica de Deus como principal matemático. Os pioneiros da nova cosmologia, de Kepler a Newton e mais além, basearam a pesquisa da natureza na convicção mística de que devia existir uma série de leis por trás dos fenômenos que confundem, de que o mundo era uma criação completamente racional, ordenada e harmônica. Nas palavras de um historiador moderno, a «aspiração a demonstrar que o universo trabalhava como peça de mecanismo de relógio... foi inicialmente uma aspiração religiosa. Sentia-se que haveria algo defeituoso na própria Criação — algo de modo nenhum digno de Deus — a não ser que todo o sistema do universo, por demonstração, estivesse de tal modo entrelaçado que pudesse ter a configuração de racionalidade e ordem. Kepler, iniciando a indagação científica de um universo mecanista no século dezessete, é aqui significativo: o seu misticismo, a sua música das esferas, a sua divindade racional exigem um sistema que tenha a beleza de uma peça de matemática» [3] Em vez de pedir milagres específicos como prova da existência de Deus, Kepler descobriu o milagre supremo na harmonia das esferas.

5. A FATAL ALIENAÇÃO

No entanto, essa nova unidade pitagórica durou apenas algum tempo, seguida de nova alienação que se nos afigura mais irrevogável do que qualquer outra anterior. Os primeiros sinais dessa alienação já surgem nos próprios escritos de Kepler.

> «Que outra coisa pode o espírito humano reter, além de números e grandezas? Só a eles é que apreendemos corretamente, e se a piedade o permite, a nossa compreensão é, nesse caso, da mesma espécie que a de Deus, pelo menos na medida em que nos é dado compreender nesta vida mortal.» [4]

«A geometria é única e eterna, é um reflexo do espírito de Deus. Poderem os homens participar dela é um dos motivos pelos quais o homem é imagem de Deus.» [5]

«Portanto, ouso pensar que toda a natureza e o gracioso céu estão simbolizados na arte da geometria... Ora, à medida que Deus Criador jogava, ia ensinando o jogo à natureza por êle criada à sua imagem; ensinou-lhe o mesmíssimo jogo por ele jogado.» [6]

Tudo isso era inteiramente admirável e irrepreensível do ponto-de-vista do teólogo. Mas nos posteriores escritos de Kepler discerne-se outra nota. Vemos que «a geometria deu ao Criador um modelo para a decoração de todo o mundo», [7] que a geometria, de certo modo, precedeu a criação do mundo, e que «as quantidades são os arquétipos do mundo.» [8]

Existe aí um sutil deslocamente de realce, que dá a impressão de haver Deus copiado o universo de arquétipos geométricos coexistentes com êle desde tôda a eternidade, e de, no ato da Criação, ter sido limitado, de certo modo, por plantas já feitas. Paracelso exprimiu a mesma idéia de maneira menos delicada: «Deus pode fazer um burro com três caudas, mas nunca um triângulo com quatro lados.» [9]

Também para Galileu «o livro da natureza está escrito na linguagem matemática... sem cujo auxílio é impossível compreender-lhe uma palavra sequer.» [10] Mas o «principal matemático» de Galileu chama-se «natureza», não Deus, e as suas referências a êste parecem sair apenas dos lábios. Galileu faz a superestatização da matemática dar mais um passo decisivo reduzindo tôda a natureza a «tamanho, forma, número e movimento lento ou rápido», e relegando ao limbo das qualidades «subjetivas» ou «secundárias» tudo quanto não pode ser reduzido a tais elementos, inclusive, por decorrência, os valores éticos e os fenômenos do espírito.

A divisão do mundo em qualidades «primárias» e «secundárias» foi completada por Descartes, que reduziu ainda mais as qualidades primárias à «extensão» e ao «movimento», que constituem o «reino da extensão» — **res extensa** — e amontoou o resto na **res cognitans,** reino do espírito, abrigado de modo algo mesquinho na pequenina glândula pituitária. Os animais, para Descartes, são máquinas, sendo-o também o corpo humano; e o universo (salvo alguns milhões de glândulas pituitárias do tamanho de uma ervilha) ficou tão completamente mecanizado que êle pode dizer «dai-me matéria e movimento e eu farei o mundo». Entretanto, Descartes também era profundo pensador religioso, que deduziu a lei da imutabilidade da quantidade total de movimento no universo (*) da imutabilidade de Deus. Mas visto que, dados o movimento e a matéria, houvera criado o mesmo universo governado pelas mesmas leis, era realmente necessária a dedução do espírito de Deus? A resposta está contida no aforismo de Bertrand Russell sobre Descartes: «Se não há Deus, não há geometria; mas a geometria é deleitável, logo Deus deve existir.»

Quanto a Newton, que foi melhor cientista e, portanto, metafísico mais desorganizado do que Galileu ou Descartes, atribuiu a Deus uma dupla função como Criador do mecanismo universal e como seu Super-

(*) Precursora da lei de conservação da energia.

visor no tocante à manutenção e reparo. Acreditava que a colocação de tôdas as órbitas planetárias num único plano e de modo tão ordenado, e o fato de haver apenas um sol no sistema, bastante para dar ao resto luz e calor, em vez de vários sóis, ou de nenhum, constituiam prova de ser a Criação obra de um «agente inteligente... não cego nem fortuito, mas capacíssimo em mecânica e geometria.» [11] Acreditava, mais, que sob a pressão da gravitação o universo desmoronaria «sem uma fôrça divina que o apoiasse»; [12] e, além disso, que as pequenas irregularidades dos movimentos planetários se acumulariam e desarranjariam todo o sistema, se Deus, de vez em quando, não restabelecesse a ordem.

Newton foi um débil teólogo como Kepler, e como Kepler dedicava-se à cronologia. Afirmou que a criação se verificara em 4004 A. C., segundo o bispo Usher, e sustentou que o décimo corno da quarta bêsta do Apocalispse representava a Igreja Romana. Tentou desesperadamente descobrir um nicho para Deus num ponto entre as rodas do mecanismo de relógio, como tentaram Joan e outros, posteriormente, descobri-lo no princípio de indeterminação de Heisenberg. Mas, como vimos, essas adições mecânicas de duas matérias especializadas inteiramente crescidas jamais funcionam. A teoria Kant-Laplaciana da origem do sistema solar mostrou que a sua disposição ordenada podia ser explicada em bases puramente físicas, sem nenhum recurso à inteligência divina; e os deveres de Deus como egenheiro de manutenção foram ridicularizados, por absurdos, pelos próprios contemporâneos de Newton, salientando-se entre êles Leibniz:

«Segundo a doutrina déles [Newton e sequazes], Deus Onipotente precisa dar corda ao relógio, de vez em quando, para que não deixe de mover-se. Não teve, ao que parece, bastante discernimento para fazê-lo mover-se perpètuamente. Mais ainda, a máquina feita por Deus é tão imperfeita, segundo êsses senhores, que ele se vê obrigado a limpá-la, uma ou outra vez, mediante um concurso extraordinário, e até a consertá-la como conserta o relojoeiro o seu trabalho... E eu sustento que quando Deus faz milagres não os faz para prover as necessidades da natureza, e sim as da graça. Quem quer que pense diversamente deve ter péssima noção da sabedoria e do poder de Deus.» [13]

Numa palavra, os ateus constituíram exceção entre os pioneiros da revolução científica. Os pioneiros foram todos homens devotos que não queriam banir do universo a divindade. e não conseguiam encontrar-lhe lugar, assim como, literalmente, não podiam destinar lugares ao paraíso nem ao inferno. O principal matemático tornou-se redundante, graciosa ficção gradativamente absorvida pelos tecidos da lei natural. O universo mecânico não podia acomodar nenhum fator transcendental. A teologia e a física separaram-se, não encolerizadas, mas tristes, não por causa de Galileu, mas por se enfadarem uma com a outra e nada mais terem que dizer-se.

O divórcio levou a conseqüências que nos são familares, em virtude de ocasiões semelhantes no passado. Separada do que outrora se chamava filosofia da natureza e hoje recebe o nome de ciência exata, a teologia continuou o seu rumo especializado, doutrinário. A era do comando beneditino, franciscano, tomista e jesuíta, em questões de pesquisa, havia passado. Para a inteligência indagadora, as igrejas estabelecidas tornaram-se veneráveis anacronismos, embora capazes ainda de proporcionar um esporádico soerguimento moral a uma quantidade decrescente de indivíduos à custa de lhes dividir o espírito em metades incompatíveis. O admirável resumo de Whitehead sobre a situação em 1926 é até mais verdadeiro hoje em dia, uma geração após:

«Tem havido reações e renascimentos. Mas no todo, durante muitas gerações, tem havido uma gradativa decadência do prestígio religioso na civilização européia. Cada renascimento atinge um pico menos elevado que o precedente, e cada período de afrouxamento uma profundidade maior. A curva média assinala uma constante queda da religiosidade... A religião tende a degenerar numa fórmula decente com a qual seja possível embelezar uma vida cômoda.

«...por mais de dois séculos a religião tem estado na defensiva, e em débil defensiva. Êsse período de tempo foi de progresso intelectual sem precedente. Em tal modo, produziram-se para o pensamento uma série de situações novas, e cada uma destas encontrou sem preparo os pensadores religiosos. Alguma coisa, que se proclamou ser vital, foi por fim, após lutas, aflições e anátemas, modificada e diversamente interpretada. A geração seguinte de apologistas religiosos congratula-se, então, com o mundo religioso pela visão mais profunda adquirida. O resultado da contínua repetição dessa retirada sem dignidade, durante muitas gerações, acabou por destruir quase inteiramente a autoridade intelectual dos pensadores religiosos. Consideremos êste contraste: quando Darwin ou Einstein proclamam teoria que nos modificam as idéias, é um triunfo para a ciência. Não começamos a dizer que se trata de mais uma derrota da ciência, por terem sido abandonadas velhas idéias, e sabemos que se deu outro passo na visão científica.

A religião só reconquistará o velho poder quando enfrentar as mudanças com o mesmo espírito da ciência. Os seus princípios serão eternos, sim, mas a expressão de tais princípios exige um constante desenvolvimento.

As controvérsias religiosas dos séculos dezesseis e dezessete deixaram os teólogos em deplorabilíssimo estado de espírito. Viviam constantemente atacando e defendendo. Representavam-se como guarnição de um forte rodeado por inimigos, e essas representações correspondiam a meias-verdades. É por isso que são tão populares. Mas são perigosas, nutrindo um combativo espírito de partido que exprime na realidade uma suprema falta de fé. Não ousavam modificar, por se esquivarem à tarefa de desemaranhar a sua mensagem espiritual das associações de uma imaginação especial...

...Temos de saber o que pretendemos por religião. As igrejas, na apresentação das respostas a tal indagação, apresentaram aspectos de religião expressos em têrmos adequados às reações emocionais de tempos idos ou destinados a provocar modernos interesses emocionais de caráter não-religioso...

A Religião é a visão de alguma coisa que está além, atrás, e dentro do fluxo das coisas imediatas; alguma coisa que é real, e, no entanto, espera ainda ser realizada; alguma coisa que constitui remota possibilidade, e que, no entanto, é o maior dos fatos presentes; alguma coisa que dá significado a tudo quanto passa, e, no entanto, engana a apreensão; alguma coisa cuja posse é o bem final, e que, no entanto, está além de todo alcance; alguma coisa que é o ideal supremo, e a indagação sem esperança.» 14

6. O ATO EVANESCENTE

À outra parte divorciada, a ciência, a separação dos caminhos afigurou-se, a princípio, um benefício completo. Livre do lastro místico, pode a ciência zarpar a uma velocidade incrível para a conquista de novas terras, além de qualquer sonho. Ao cabo de dois séculos transformou o aspecto mental do **Homo sapiens** e mudou a face do planeta. Mas o preço pago foi proporcional: levou a espécie à beira da autodestruição física e a um impasse espiritual igualmente sem precedente. Viajando sem lastro, a realidade dissolveu-se, aos poucos, entre as mãos do físico; a própria matéria evaporou-se do universo do materialista.

O estranho ato evanescente iniciou-se, como vimos, com Galileu e Descartes. No famoso trecho de **O Ensaiador** (v. pág. 328) Galileu baniu as qualidades que constituem a própria essência do mundo dos sentidos — a cor e o som. o calor, o cheiro e o gôsto — do reino da física para o da ilusão subjetiva. Descartes fez o processo dar mais um passo desbastando a realidade do mundo exterior até partículas cuja única quantidade era a extensão no espaço e o movimento no espaço e no tempo. A princípio, êsse revolucionário acesso à natureza pareceu tão promissor que Descartes julgou poder completar sòzinho todo o edifício da nova física. Os seus contemporâneos menos sangüíneos acharam que seriam necessárias duas gerações para arrancar da natureza o último segrêdo. «Os fenômenos particulares das artes e das ciências não passam, na realidade, de um punhado», disse Francis Bacon. «A descoberta de tôdas as causas e ciências seria trabalho de apenas alguns anos.» [15]

Mas nos dois séculos seguintes, continuou o ato evanescente. Cada uma das «supremas» e «irredutíveis» qualidades primárias do mundo da física provou, por sua vez, ser uma ilusão. Os duros átomos da matéria explodiram em foguetes; os conceitos de substância, força, de efeitos determinados por causas, e por fim a própria estrutura do espaço e do tempo provaram ser tão ilusórios quanto os «gostos, cheiros e cores» desdenhosamente tratados por Galileu. Cada progresso na teoria física, com a sua rica colheita tecnológica, foi comprado por uma perda de inteligibilidade. Mas tais perdas, na fôlha de balanço intelectual, eram muito menos evidentes que os lucros espetaculares, e encaradas levianamente como nuvens passageiras dissolvíveis pelo próximo avanço. A seriedade do impacto só se tornou aparente no segundo quartel do nosso século, e apenas para os cientistas de espírito mais filosófico, os quais haviam retido certa imunidade contra o que se poderia chamar de nova escolástica da física teórica.

Comparado ao quadro do mundo do moderno físico, o universo ptolemaico de epiciclos e esferas de cristal foi um modêlo de sanidade. A cadeira na qual estou sentado parece um fato concreto, mas eu sei que estou sentado num vácuo quase perfeito. A madeira da cadeira consiste em fibras, que consistem em moléculas, que consistem em átomos, os quais são miniaturas de sistemas solares com um núcleo central e elétrons por planêtas. Tudo parece muito lindo, mas o que importa são as dimensões. O espaço que um elétron ocupa tem apenas um cinqüenta mil avos, em diâmetro, da sua distância ao núcleo; o resto do interior atômico está vazio. Se o núcleo fôsse aumentado até o tamanho de uma ervilha sêca, o elétron mais vizinho giraria em tôrno dêle a uma distância de quase cento e setenta e cinco jardas. Um quarto com alguns grãozinhos de pó flutando no ar está apinhado, em comparação ao vácuo por mim chamado de cadeira e sobre o qual repousam os meus fundamentos.

Mas não sabemos se é permissível dizer que o elétron «ocupa espaço». Os átomos têm a capacidade de absorver energia e expelir energia, na forma de raios de luz, por exemplo. Quando um átomo de hidrogênio, o mais simples de todos, com um único planeta-elétron, absorve energia, o planeta salta da sua órbita para outra maior, digamos da órbita da terra para a órbita de Marte; quando emite energia, volta de novo para uma órbita menor. Êsses saltos, todavia, dá-los o planeta sem passar pelo espaço que separa as duas órbitas. De certo modo, desmaterializa-se na órbita A e rematerializa-se na órbita B. Mais ainda, visto que a quantidade de «ação» realizada pelo elétron de hidrogênio ao percorrer a sua órbita é o **quantum** indivisìvelmente menor de ação (constante básica «h» de Planck), não tem sentido perguntar em que ponto exato da órbita está o elétron num dado momento. Está igualmente em tôda parte.[15a]

A lista desses paradoxos poderia ser continuada indefinidamente; com efeito, a nova mecânica dos **quanta** consiste apenas em paradoxos, pois se tornou truísmo aceito entre os físicos não poder ajustar-se a nenhuma estrutura de espaço e tempo a estrutura subatômica de qualquer objeto, inclusive a cadeira na qual estou sentado. As palavras como «substância» ou «matéria» tornaram-se despidas de significado, ou dotadas de significados simultâneamente contraditórios. Assim, os feixes de elétrons, que são, supostamente, partículas elementares de matéria, comportam-se num tipo de experiência como pequeninos grãos, comportando-se noutro tipo de experiência como ondas; inversamente, os raios de luz comportam-se às vêzes como ondas outras como balas Conseqüentemente, os últimos constituintes da matéria são tanto substância como não-substância, tanto massas como ondas. Mas ondas em quê, sôbre o quê, de quê? Onda quer dizer movimento, ondulação; mas o que é que se move e ondula, produzindo a minha cadeira? Não é nada que o espírito possa conceber, nem sequer espaço vazio, pois cada elétron exige um espaço tridimensional para si próprio, dois elétrons exigem seis dimensões, três elétrons nove dimensões, por coexistirem. Em certo sentido essas ondas são reais: podemos fotografar a famosa configuração de alvo por elas produzida ao passarem por uma grelha de difração, e no entanto são como o sorriso do gato de Cheshire. «Pelo que nos é dada saber», diz Bertrand Russell, «é possível que um átomo consista inteiramente nas radiações que dêle provêm. É inútil argumentar que as radiações não podem vir do nada... A idéia de haver um pequenino grão duro, que é o elétron ou próton, constitui ilegítima intrusão de noções do senso-comum derivadas do tacto... **A Matéria** é uma fórmula conveniente para descrever o que sucede onde não está.»[16]

Portanto, essas ondas, sôbre as quais estou sentado, vindo do nada, viajando através de um não-meio em não-espaço multidimensional, são a derradeira resposta que a física moderna oferece à indagação humana sôbre a natureza da realidade. As ondas que parece constituírem a matéria interpretam-nas alguns físicos como «ondas de probabilidade» completamente imateriais assinalando «zonas disturbadas» em que é provável «se verifique» um elétron. São tão imateriais quanto as ondas de depressão, lealdade, suicídio, e assim por diante, que varrem um país.»[17] Daí, um passo apenas para chamá-las abstratas, mentais, ou ondas cerebrais no Espírito Universal, sem ironia. Cientistas imaginativos de opiniões tão diversas como Bertrand Russell, de um lado,

Eddington e Jeans de outro, estiveram prestes a dar tal passo. Eddington escreveu:

> «A matéria do mundo é matéria espiritual. A matéria espiritual não está espalhada no espaço e no tempo, que são parte do esquema cíclico derivado dela. Mas devemos presumir que de certo modo, ou sob certo aspecto, pode ser diferençada em partes. Sòmente cá e lá é que sobe o nível da consciência, mas é de tais ilhas que procede todo o conhecimento. Além do conhecimento direto contido em cada unidade que a si própria conhece, há um conhecimento ilativo, que inclui o nosso conhecimento do mundo físico.» [18]

Jeans foi mais longe:

> «Os conceitos que se revelam agora fundamentais à nossa compreensão da natureza, ou seja um espaço finito; um espaço vazio, de modo que um ponto (que se nos afigura ocupado por um corpo material) difere de outro apenas pelas propriedades do próprio espaço; espaços de quatro dimensões, de sete, de mais dimensões; um espaço que se expande sempre; uma seqüência de fatos que segue as leis da probabilidade e não as leis da causação — ou, alternativamente, uma seqüência de fatos que só pode ser inteira e consistentemente descrita saindo do espaço e do tempo, todos êsses conceitos me parecem estruturas de puro pensamento, incapazes de realização em qualquer sentido adequadamente descrito como material.» [19]

E novamente:

> «Há hoje uma ampla medida de acordo, que no lado físico da ciência se aproxima quase da unanimidade, a de estar a corrente do conhecimento apontando para uma realidade não-mecânica; o universo começa a parecer mais um grande pensamento do que uma grande máquina. O espírito já não é um invasor acidental no reino da matéria; estamos começando a suspeitar que deveríamos antes ovacioná-lo como criador e diretor do reino da matéria...» [20]

Assim, o universo fechado medieval com a sua hierarquia de matéria, mente e espírito, foi substituído por um universo em expansão de espaço curvo, vazio, multidimensional, onde as estrelas, os planetas e as suas populações são absorvidos pelas dobras espaciais do contínuo abstrato, uma bôlha feita de «espaço vazio unido ao tempo vazio.» [21]

Como surgiu tal situação? Já em 1925, antes do aparecimento da nova mecânica dos **quanta**, escreveu Whitehaed que «a doutrina física do átomo chegou a um estado que sugere poderosamente os epiciclos da astronomia antes de Copérnico.» [22] O característico comum entre a astronomia anterior a Kepler e a física moderna é haverem-se ambas desenvolvido numa isolação relativa como «sistemas fechados», manipulando um grupo de símbolos de acordo com certas regras do jôgo. Ambos os sistemas funcionaram»; a física moderna cedeu a energia nuclear e a astronomia ptolemaica cedeu predições cuja exatidão deixou perplexo Ticho. Os astrônomos medievais manipularam os seus símbolos epicíclos como a física moderna manipula as equações ondulatórias de Schroedinger ou as matrizes de Dirac, e aquilo funcionou, apesar de êles nada saberem de gravitação e órbitas elípticas, de acreditarem no dogma do movimento circular. e de não terem a menor idéia do **porquê** do funcionamento. Lembramo-nos do famoso argumento de Urbano VIII desprezado por Galileu, o de que a hipótese que funciona não deve, necessàriamente, ter algo que ver com a realidade, pois pode haver explicações alternativas da maneira pela qual Deus Onipotente produz os fenômenos em questão. Se há uma lição nesta nossa história é que a manipulação, segundo regras estritamente coerentes, de um grupo de símbolos representando um único aspecto dos fenômenos pode produzir predições corretas, verificáveis, e, no entanto, ignorar completamente os demais aspectos cujo todo constitui a realidade:

> «...A Ciência trata apenas de um aspecto parcial da realidade, e... não há a menor razão para supor que tudo quanto a ciência ignora seja menos real do que o que ela aceita... Por que forma a ciência um sistema fechado? Por que não surgem nunca, para perturbar a realidade, os elementos que ela ignora? A razão é que todos os têrmos de física estão definidos em têrmos um do outro. As abstrações com as quais a física começa constituem tudo aquilo com que sempre tem de lidar...» [23]

A física moderna não se interessa realmente pelas «coisas», mas pelas relações matemáticas entre certas abstrações que são o resíduo das coisas desaparecidas. No universo aristotélico, a quantidade era apenas um atributo das coisas, e dos de menor importância. A expressão de Galileu «o livro da natureza está escrito na linguagem de matemática» foi tida pelos contemporâneos como paradoxo; hoje, tornou-se um dogma indiscutível. Por longo tempo, a redução de qualidade a quantidade — de cor, som, radiação a freqüências vibracionais — teve tamanho êxito que parecia responder a tôdas as perguntas. Quando a física se aproximou dos derradeiros constituíntes da matéria, a qualidade vingou-se: o método de redução à quantidade ainda funcionou, mas já não sabemos precisamente o que é que está sendo assim reduzido. Tudo quanto efetivamente sabemos é que lemos os instrumentos — o número de **cliques** no contador Geiger, ou a posição de um ponteiro no mostrador — e interpretamos os sinais de acôrdo com as regras do jôgo:

> «E assim no seu processo efetivo a física não estuda essas qualidades inescrutáveis [do mundo material], mas leituras de ponteiro, que podemos observar. As leituras, é verdade, refletem as flutuações das qualidades do mundo; mas o nosso conhecimento exato é das leituras e não das qualidades. Aquelas se assemelham a estas como o número do telefone ao assinante.» [24]

Ainda mais sucintamente exprimiu Bertrand Russell esse estado de coisas: «A física é matemática não por sabermos tanto do mundo físico, mas por sabermos tão pouco: somente as suas propriedades matemáticas é que podemos descobrir.» [25]

7. O CONSERVANTISMO DA CIÊNCIA MODERNA

Há dois modos de interpretar tal situação.

A estrutura do universo possui realmente uma natureza tal que não pode ser compreendida em têrmos de espaço e tempo humanos, razão humana e humana imaginação. Nesse caso, a Ciência Exata deixou de ser Filosofia da Natureza e já não tem muita inspiração para oferecer ao espírito humano indagador. Nesse caso, andaria certo o cientista em retirar-se para o seu sistema fechado, em manipular os símbolos puramente formais, e em evitar perguntas quanto ao «significado real» de tais símbolos como «sem sentido», de acôrdo com a moda. Mas se fôr êsse o caso, tem de aceitar o seu papel como simples técnico cuja tarefa é produzir, por um lado, melhores bombas e fibras plásticas, e, por outro, sistemas mais elegantes de epiciclos para a salvação dos fenômenos.

A segunda possibilidade é considerar a atual crise da física como fenômeno temporário, resultado de desenvolvimento unilateral, ultra-especializado, como o pescoço da girafa, um dêsses **culs-de-sac** da evolução mental que tantas vêzes observamos no passado. Mas se fôr êsse o caso, onde, na jornada de três séculos da «filosofia natural» à «ciência exata», começou o alheamento da realidade? Em que ponto se proferiu a nova versão da praga de Platão: «Tu pensarás em círculos»? Se soubéssemos a resposta, saberíamos também, naturalmente, o remédio; e uma vez conhecida a resposta, mais uma vez surgirá como mortalmente clara tal qual a posição central do sol no sistema solar. «Somos verdadeiramente uma raça cega» escreveu um cientista contemporâneo, «e a geração seguinte, cega à sua própria cegueira, pasmará com a nossa.» [26]

Citarei dois exemplos que, a meu ver, ilustram tal cegueira. A filosofia materialista em que foi educado o cientista moderno médio reteve o seu poder dogmático sôbre o espírito dêle, embora a matéria se haja evaporado; e êle reage aos fenômenos que não se ajustam a ela mais ou menos da mesma maneira pela qual reagiram os antepassados escolásticos à sugestão da possibilidade de aparecimento de novas estrêlas na imutável oitava esfera. Assim, nestes últimos trinta anos, amontoou-se impressionante corpo de prova sob estritas condições de laboratório, o que sugere poder o espírito perceber estímulos irradiados de pessoas ou objetos sem intermédio dos órgãos sensoriais; e que em experiências controladas, êsses fenômenos ocorrem com uma freqüência estatística que convida à investigação científica. No entanto, a ciência acadêmica reage aos fenômenos da «percepção extra-sensorial», mais ou menos como a Liga das Pombas reagiu aos astros dos Médicis; e parece-me que sem razão melhor. Se temos de aceitar que o elétron pode saltar de uma órbita a outra, sem atravessar o espaço entre elas, por que iremos repelir a possibilidade de um sinal da natureza, de modo nenhum mais enigmático do que as ondas eletrônicas de Schroedinger, ser emitido e recebido sem qualquer intervenção sensorial? Se a moderna cosmologia traz em si uma única lição compreensiva é que os eventos fundamentais do mundo físico não podem ser representados pelo espaço e tempo tridimensionais. No entanto, a moderna versão do escolaticismo nega ao espírito, ou cérebro, outras dimensões que concede às partículas de um pedaço de chumbo. Não estou empregando a palavra «dimensão» como analogia mecânica, à guisa de «quarta dimensão» de charlatães ocultos. Estou apenas dizendo que, uma vez que a estrutura espaço-tempo, os conceitos de matéria e causalidade, tais quais compreendidos tanto pela física clássica como pela experiência prática, foram abandonados pela física moderna, parece não haver justificação em recusar a investigação dos fenômenos empíricos, por se não adaptarem a essa filosofia já abandonada.

Outro exemplo da **hybris** da ciência contemporânea é a rigorosa expulsão da palavra «objetivo» do seu vocabulário, o que, muito provavelmente, é conseqüência da reação contra o animismo da física aristotélica, em que as pedras aceleravam a queda pela impaciência de chegarem a casa, e contra a opinião teleológica em que o objetivo das estrêlas era servirem de cronômetro em benefício do homem. De Galileu para a frente, as «causas finais» (ou a «finalidade» abreviadamente) foram relegadas ao reino da superstição, reinando, suprema, a causalidade mecânica. No universo mecânico de pequeninos átomos duros e indivisíveis, a causalidade funcionou por impacto, como numa mesa de bilhar; os fatos eram causados pelo impulso mecânico do passado e não pelo «puxão» do futuro. Eis o motivo pelo qual a gravidade e outras formas de ação à distância não se ajustavam no quadro e eram consideradas com desconfiança; pelo qual os éteres e os vórtices tiveram de ser inventados para substituir o puxão oculto por um impulso mecânico. O universo mecanistá foi-se desintegrando aos poucos, mais a noção mecanista da causalidade sobreviveu até que o princípio de indeterminação de Heisenberg provou que era insustentável. Sabemos hoje que no nível subatômico o destino de um elétron ou de todo um átomo não está determinado pelo seu passado. Mas êsse descobrimento não conduziu a nenhum desvio bàsicamente novo na filosofia da natureza, e sim apenas a um estado de embaraço, a outra retirada da física para uma linguagem de simbolismo cada vez mais abstrato. Contudo, se a causalidade desabou e os fatos não são rìgidamente governados pelos impulsos e pressões do passado, não serão, por acaso, influenciados de algum modo pelo «puxão» do futuro, o que é uma maneira de dizer que o «objetivo» pode ser um fator físico concreto na evolução do universo, tanto no nível orgânico como no inorgânico? No cosmos relativista, a gravitação é resultado das curvaturas e dobras do espaço que continuamente tendem a se endireitar, o que, como observou Whittaker [27] «é uma afirmação tão completamente teleológica que houvera indubitàvelmente deliciado o coração dos escolásticos». Se o tempo, na física moderna, é tratado como dimensão, quase em pé de igualdade com as dimensões do espaço, por que deveríamos, **a priori**, excluir a possibilidade de sermos puxados e também impelidos ao longo do seu eixo? O futuro possui, afinal, tanta ou pouca realidade como o passado, e não há nada lògicamente inconcebível em introduzir, como hipótese atuante, um elemento de finalidade, suplementar do elemento de causalidade, nas nossas equações. Trai grande falta de imaginação acreditar que o conceito de «objetivo» deve ser necessàriamente ligado a uma divindade antropomórfica.

São questões de especulação e possìvelmente muito ao lado do ponto, mas o passado nos ensinou que os impasses na evolução só podem ser vencidos por um novo desvio em direção inesperada. Cada vez que um ramo de conhecimento ficou isolado da corrente principal, a sua superfície gelada teve de ser partida e degelada antes de poder ser reunida à realidade viva.

8. DA HIERARQUIA AO CONTÍNUO

Como resultado do divórcio, nem a fé nem a ciência são capazes de satisfazer os anelos intelectuais do homem. Na casa dividida, ambos os moradores levam uma vida obstaculizada.

A ciência pós-galileana reclamou o direito de substituto, ou de legítimo sucessor da religião; assim, o seu malogro em dar as respostas fundamentais não produziu apenas a frustração intelectual senão também a fome espiritual. Uma recapitulação resumida da opinião dos europeus sôbre o mundo antes da revolução científica, e depois dela, contribuirá para dar maior relêvo à situação. Tomando o ano de 1600 como linha divisória ou divisor de água, achamos virtualmente que tôdas as correntes de pensamento e de sentimento rumam em direções opostas. O europeu «pré-científico» vivia num universo fechado com firmes limites no espaço e no tempo, um diâmetro de alguns milhões de milhas e uma duração de poucos milhares de anos. O espaço, como tal, não existia como conceito abstrato, e sim apenas como atributo de corpos materiais, comprimento, largura e profundidade; logo o espaço vazio era impensável, uma contradição em termos, e o espaço infinito mais ainda. O tempo, igualmente, era apenas a duração de um fato. Ninguém, na posse da sensatez, houvera dito que as coisas se movem **através** do espaço ou tempo ou **no** espaço e tempo. Como pode uma coisa mover-se no atributo de si própria, ou através dêsse atributo, como pode o concreto mover-se através do abstrato?

Nesse mundo seguramente limitado de cômodas dimensões, seguia o curso pré-ordenado um drama bem preparado. O palco ficou estático do começo ao fim; não houve mudança na espécie de animais e plantas, não houve mudança na natureza, ordem social e mentalidade do homem. Não houve tampouco progresso nem declínio dentro da hierarquia natural e espiritual. O corpo total de possível conhecimento era tão limitado quanto o próprio universo; tudo quanto podia ser conhecido acerca do Criador e da sua criação fôra revelado na Sagrada Escritura e nos escritos dos velhos sábios. Não havia limites determinados entre o natural e o sobrenatural; a matéria estava embebida de espíritos animais, a lei natural interpenetrada de fim divino; não havia fato sem causa final. A justiça transcendental e os valores morais eram inseparáveis da ordem natural; nenhum evento nem fato era eticamente neutro; nenhuma planta, nenhum metal, nenhum inseto, nenhum anjo estava isento do juízo moral; nenhum fenômeno estava fora da hierarquia de valores. Todo sofrimento tinha a sua recompensa, tôda desdita o seu significado; o enrêdo do drama possuía um esbôço simples, um comêço e um fim claros.

Era essa, brevemente, a opinião dos nossos antepassados acerca do mundo, há menos de quinze gerações. E de repente, dentro das cinco gerações que foram de Copérnico a Isaac Newton, o **Homo sapiens** sofreu a mudança mais decisiva da sua história:

«O universo gloriosamente romântico de Dante e Milton, que não impunha limites à imaginação do homem, à medida que brincava no espaço e no tempo, fôra varrido. O espaço estava identificado ao reino da geometria, o tempo à continuidade de número. ..O mundo em que a gente havia imaginado viver, — um mundo rico de cores e de sons, perfumado, cheio de alegria, de amor, de beleza, falando em tôda parte de harmonia intencional e ideais criadores — achava-se, por fim, apinhado em diminutos cantos dos cérebros de seres orgânicos disseminados. O mundo exterior realmente importante era um mundo frio, duro, sem cores, silencioso, morto, um mundo de quantidade, um mundo de movimentos matemàticamente calculáveis em regularidade mecânica. O mundo de qualidades imediatamente percebido pelo homem tornou-se um efeito curioso e muito menos importante da máquina infinita pòsta além.» [28]

O **uomo universale** da Renascença, que era artista e artesão, filósofo e inventor, humanista e cientista, astrônomo e monge, tudo, desfêz-se nas componentes. A arte perdeu a inspiração mítica, a ciência a inspiração mística; o homem tornou-se de novo surdo à harmonia das esferas. A filosofia da natureza passou a ser eticamente neutra, e **«cega»** tornou-se o adjetivo favorito para a obra da lei natural. A hierarquia espaço-espírito foi substituída pelo contínuo espaço-tempo.

Como resultado, o destino do homem já não mais ficou determinado do «alto» por uma sabedoria e vontade super-humana, e sim do «baixo» pela intervenção sub-humana das glândulas, dos gens, dos átomos ou das ondas de probabilidade. Foi decisivo tal deslocamento do lugar do destino. Enquanto o destino operara de um nível hierárquico superior ao do homem, não somente estruturara o seu destino, como também guiara a consciência dêle e lhe embebera o mundo de significado e valor. Os novos senhores do destino foram colocados, na escala, em posição inferior ao do ser por êles controlado; podiam determinar-lhe o fado, mas não podiam dar-lhe guia moral, nem valores nem significado. O títere dos deuses é uma figura trágica; o títere suspenso nos seus cromossomos é simplesmente grotesco.

«Antes da mudança, as várias religiões tinham proporcionado ao homem explicações de uma espécie que dava a tudo o que acontecia a êle significado no sentido mais amplo de causalidade transcendental e transcendental justiça. Mas as explicações da nova filosofia estavam despidas de significado nesse sentido mais amplo. As respostas do passado tinham sido variadas, contraditórias, primitivas, supersticiosas, ou como quisermos chamar-lhes, mas firmes, definidas, imperativas. Satisfizeram, pelo menos por certo tempo e cultura, a necessidade que o homem tinha de tranqüilização e proteção num mundo imperscrutàvelmente cruel, de guia nas suas perplexidades. As novas respostas, para citarmos William James, **tornaram impossível descobrir nas flutuações dos átomos cósmicos, quer atuem na escala universal, quer na particular, coisa que não fôsse uma espécie de tempo sem objetivo, fazendo e desfazendo, não realizando pròpriamente história, não deixando resultado**. Numa palavra, as velhas explicações, com tôda a sua arbitrariedade e remendos, respondiam às perguntas sôbre o «significado da vida», ao passo que as novas, com tôda a sua precisão, tornavam destituída de qualquer significado a própria pergunta do significado. À medida que a ciência humana se ia tornando mais abstrata, a arte se lhe tornou mais esotérica, e mais químicos os seus prazeres. No fim, ficou sem nada mais do «**que um céu abstrato sôbre uma rocha nua.**»

O homem entrou numa idade de gêlo espiritual. As Igrejas estabelecidas já não podiam mais oferecer senão choupanas de esquimós, onde os rebanhos **trêmulos** se amontoavam, enquanto os archotes de ideologias rivais arrastavam as massas em selvagem debandada através do gêlo.» 29

9. A DECISÃO FINAL

Coincidindo com essa progressiva dissecação espiritual, os séculos que se seguiram à Renascença trouxeram um crescimento sem precedente, tanto no poder construtivo como no destrutivo. Aqui a palavra útil é «sem precedente». Tôdas as comparações com as épocas passadas desmoronam ante o fato de haver a nossa espécie adquirido os meios de aniquilar a si própria, e tornar a terra inabitável, e de, no futuro previsível, poder transformar êste planêta numa **nova**, num sol rival no sistema solar. Tôdas as épocas tiveram as suas Cassandras e nós tendemos a consolar-nos com o fato de a humanidade ter conseguido, afinal, sobreviver, não obstante as profecias pessimistas. Mas essas analogias já não valem, pois nenhuma época passada, por mais convulsa que fôsse, dispôs dos meios eficazes de cometer um suicídio racial e interferir na ordem do sistema solar.

A novidade fundamental da nossa época é a combinação dêsse crescimento repentino e único em fôrça física com uma maré enchente espiritual também sem precedente. Para apreciarmos essa novidade, temos de abandonar a perspectiva limitada da história européia e pensar em têrmos da história da espécie. Sugeri alhures que o processo que acarretou a nossa atual situação poderia ser representado por duas curvas semelhantes a gráficos de temperatura, mostrando um dêles a crescente fôrça física da raça, a outra o seu discernimento espiritual, consciência moral, caridade e valores relacionados. Por aproximadamente várias centenas de milhares de anos, desde o homem de Cro-Magnon até cerca de 5.000 antes de Cristo, a primeira curva pouco se separaria da horizontal. Com a invenção da polia, da alavanca e de outros simples dispositivos mecânicos, a fôrça muscular do homem ficaria ampliada, digamos, seria cinco vêzes maior; depois, a curva continuaria horizontal por cinco ou seis mil anos. Mas no curso dos últimos duzentos anos — extensão menor do que um milésimo do total do gráfico — a curva, pela primeira vez na história da espécie, faria saltos repentinos, e nos últimos cinqüenta anos — cerca de um centésimo-milésimo do total — a curva cresce tão rapidamente que agora sobe na vertical. Um único exemplo servirá para ilustrar o que dizemos: após a primeira guerra mundial, menos de uma geração antes de Hiroshima, calcularam os estatísticos serem necessárias em média dez mil balas de fuzil, ou dez granadas de artilharia, para matar um único soldado inimigo.

Comparada à primeira, a segunda curva mostrará um lentíssimo crescimento durante as milhas pré-históricas quase planas; depois, ondulará, com altos e baixos indecisos, através da história civilizada; finalmente, na derradeira fração dramática do gráfico, em que a curva de fôrça se atira para cima como cobra dando um bote contra o céu, a curva espiritual entra em forte declínio.

O diagrama pode estar bastante simplificado, mas indubitavelmente não está bastante dramatizado. Para fazê-lo em escala verdadeira, deveríamos usar papel de cerca de cem jardas de comprimento; mesmo assim, porém, a parte importante não ocuparia mais do que uma polegada. Seríamos obrigados a usar unidades de tempo a princípio de cem mil, depois de milhares de anos, enquanto, à medida que nos aproximamos do presente, o crescimento vertical da curva de fôrça é maior num só ano do que foi em dez mil anos passados.

Logo, no futuro previsível, o homem ou se destruirá ou partirá para as estrelas. Não sabemos se a argumentação raciocinada desempenhará um papel significativo na decisão final, mas, se o desempenhar, poderá ter algum valor uma visão mais clara da evolução das idéias que conduziram à presente situação. A mixórdia de inspiração e engano, de introspeção visionária e cegueira dogmática, de obsessões milenares e de pensamento duplo disciplinado, que esta narrativa tentou descrever, poderá servir de advertência contra a **hybris** da ciência, ou melhor, do panorama filosófico nela fundamentado. Os mostradores dos nossos painéis de laboratório voltam-se para outra versão das sombras da gruta. A nossa escravização hipnótica aos aspectos numéricos da realidade nos embotou a percepção de valores morais não-quantitativos; a ética resultante de os fins justificam os meios poderá ser um dos fatôres de maior importância da nossa destruição. Inversamente, o exemplo da obsessão de Platão pelas esferas perfeitas, da flecha de Aristóteles impelida pelo ar circundante, os quarenta e oito epiciclos de Copérnico e a sua covardia moral, a mania de grandeza de Ticho, os raios de sol de Kepler, o vigarismo de Galileu, a alma pituitária de Descartes, poderão exercer uma influência acalmante nos adoradores do novo Baal, fazendo-o dominar o vácuo moral com o seu cérebro eletrônico.

Março de 1955 — maio de 1958.

AGRADECIMENTO

Os editores agradecem a permissão recebida, para reproduzirem trechos de várias obras, aos Srs. Sheed & Ward, Londres (**The Confessions of St. Augustine,** tradução de F. J. Sheed); **à** Impressora da Universidade de Chicago (**Dialogue on the Great World Systems,** pelo Professor Georgio de Santillana, **c.** 1953, pela Universidade de Chicago, e **The Crime of Galileo,** também por Santillana, **c.** 1955, pela Universidade de Chicago); aos Srs. Edward Arnold (Editôres) Ltda., Londres (**The Waning of the Middle Ages,** por J. Huizinga); Impressora da Universidade de Columbia, New York (**Three Copernican Treatises,** tradução do Professor E. Rosen); à Impressora de Johns Hopkins, Baltimore (**From the Closed World to the Infinite Universe,** pelo Professor Alexandre Koyre); aos Srs. Doubleday & Comp. Inc., New York (**Discoveries and Opinions of Galileo,** tradução de Stillman Drake, **c.** 1957, por Stillman Drake); à Impressora da Universidade de Cambridge, (**Science and the Modern World,** por A. N. Whitehead); aos Srs. Wm. Collins, Sons & Co. Ltd. e à The Macmillan Company, New York (**The Trail of the Dinosaur,** por Arthur Koestler).

NOTAS

PREFACIO

1 **A Study of History**, Resumo dos Vols. I-VI por D. C. Somervell, Oxford, 1947. Na edição completa, de dez volumes, há três breves referências a Copérnico, duas a Galileu, três a Newton, nenhuma a Kepler. Tôdas as referências são à guisa de apartes.

2 Cf. **Insight and Outlook, An Inquiry into the Common Foundations of Science, Art and Social Ethics**, Londres e New York, 1949.

PRIMEIRA PARTE

A IDADE HERÓICA

Primeira Parte, Capítulo I. AURORA.

1 **Encic. Brit.**, 1955, II-582 C.

2 Ibid., II-582d

3 F. Sherwood Taylor: **Science Past and Present** (Londres, 1949), pág. 13. «Do comêço do reino de Nabonassar, 747 antes de Cristo.» Relatou Ptolomeu, uns 900 anos depois, que «possuímos as antigas observações continuadas praticamente até hoje.» (Th. L. Heath, **Greek Astronomy**, Londres 1932, págs. XIV e seg.)
As observações babilônicas, por Hiparco e Ptolomeu incorporadas na ossatura principal de dados gregos, constituíram indispensável auxílio para Copérnico.

5 Platão, **Thaetetus**, 174 A., citado por Health, obra cit., pág. 1.

5 Condensado dos **Fragments**, citado i. a. por John Burnet, **Early Greek Philosophy** (Londres, 1908), pág. 126 e seg.

6 Ibid. pág. 29.

Primeira Parte, Capítulo II. A HARMONIA DAS ESFERAS.

1 Cf. John Burnet, **Greek Philosophy Part I Thales to Plato** (Londres, 1914), pág. 42, 54.

2 Aristoxeno de Tarento, **Elements of Harmony**, citado por Burnet, obra cit., pág. 41. Aristoxeno, peripatético do quarto século, estudou com os pitagóricos e Aristóteles.
Para a avaliação crítica das fontes sôbre Pitágoras, V. **Early Greek Philosophy** de Burnet, págs. 91 e seg.; e A. Delatte, **Études sur la Littérature Pytagoricienne** (Paris, 1915). Para a astronomia dos pitagóricos, J. L. E. Dreyer, **History of the Planetary Systems from Thales to Kepler** (Cambridge, 1906) e Pierre Duhem, **Le Système du Monde —**

Histoire des Doctrines Cosmologiques de Plato à Copernic, Vol. I (Paris, 1913).

3 O descobrimento da esfericidade da terra atribui-se tanto a Pitágoras e Parmênides, como a cada um, separadamente.

4 **Hist. Nat.**, II, pág. 84, citado por Dreyer, obra cit., pág. 179.

5 **The Merchant of Venice**, V. i.

6 **The Merchant of Venice**, V. I.
1954).

7 Burnet, **Early Greek Philosophy**, pág. 88.

8 Citado por B. Farrington: **Greek Science** (Londres, 1953), pág. 45.

9 F. M. Cornford, **From Religion to Philosophy** (Londres, 1912), pág. 198.

10 Livro III, cap. 13. Citado por Ch. Seltman, **Pythagoras** em **History Today**, Agosto de 1956.

11 Citado por T. Danzig, **Number, the Language of Science** (Londres, 1942), pág. 101.

12 Farrington, obra cit. pág. 43.

Primeira Parte, Capítulo III. A TERRA AO LÉU.

1 **Hist.** IV, 25, 42; citado por Dreyer, obra cit., pág. 39.

2 Duhem (obra cit., pág. 17) inclina-se a crer que a antiterra estava sempre em oposição à terra, no outro lado do fogo central. A ser assim (e a dedução se deve a um trecho ambíguo do pseudo-Plutarco), a antiterra não exerceria nenhuma função prática. Se a terra devesse completar uma revolução em vinte e quatro horas ao redor do fogo central, a sua velocidade angular se tornaria impossível, a não ser que estivesse bem perto o fogo central; nesse caso, parece ser realmente necessária a antiterra para evitar que ela se desfaça em vapôres.

3 A doutrina dos números foi realmente o calcanhar de Aquiles dos pitagóricos; mas, a não ser que nos concentremos demasiadamente nas antigas superstições, que dizer da «Lei de Bode»? Em 1772, Johannes Daniel Titius, de Wittenberg, anunciou ter descoberto uma lei numérica simples (mas inteiramente arbitrária), segundo a qual as distâncias relativas de todos os planêtas ao sol podiam ser expressas pela série 0, 3, 6, 12, 24, etc., acrescentando-se 4 a cada têrmo. O resultado é a série 4, 7, 10, 16, 28, 52, 100, 196, o que corresponde surpreendentemente às distâncias relativas dos sete planêtas conhecidos no ano de 1800 da era cristã; mas o oitavo planêta, com a distância 28, não existia. Por conseguinte, naquele ano, um grupo de seis astrônomos alemães começou a procurar o planêta que faltava, e descobriu o planetóide Ceres; a partir de então, descobriram-se mais de quinhentos planetóides na vizinhança, que se supõe serem fragmento de um anterior planêta de tamanho completo, no lugar predito. Até agora, todavia, não foi dada resposta satisfatória ao porquê de corresponder essa seqüência numérica tão intimamente ao fato.

	Lei de Bode	**Distância observada**
Mercúrio	4	3,9
Vênus	7	7,2
Terra	10	10
Marte	16	15,2
?	28	?
Júpiter	52	52
Saturno	100	95
Urano	196	192

4 A explicação é de Schiaparelli, Cf. Duhem, obra cit., I, 12.
A tabela nos lembra, curiosamente, a tabela periódica de Mendeleyev, antes do descobrimento dos isótopos.

5 Não sabemos a quem se deve a hipótese da rotação da terra sôbre o eixo. Mencionam-se dois pitagóricos: Hiketas (chamam-lhe alguns Niketas) e Ecfanto, ambos originários, provàvelmente, de Siracusa; mas permanecem sombras e não sabemos sequer em que época viveram. Cf. Dreyer, pág. 49 e seg.; e Duhem, I, pág. 21 e seg.

6 A precessão dos equinócios não foi descoberta, ou pelo menos não foi sèriamente considerada, até Hiparco, que floresceu por volta de 125 antes de Cristo.

7 Como a velocidade angular de Vênus excede a da Terra, na oposição, se moverá segundo os ponteiros de um relógio, e na conjunção no sentido contrário, visto da Terra.

8 Contudo, segundo Saidas, quando Platão foi à Sicília, deixou a Academia confiada a Heraclides, Encic. Brit., XI-454d.

9 Schiaparelli, Paul Tannery e Pierre Duhem; Vide Duhem, obra cit., I, pág. 410. Mas não há prova que apoie tal hipótese. O sistema «tichônico» teria sido passo lógico de Heraclides a Aristarco; todavia, se alguém o defendeu, o sistema deveria ter deixado vestígios. Parece mais provável, como argumenta Dreyer (pág. 145 e seg.) haver Aristarco dado uma espécie de salto mental da Fig. B à Fig. D.

10 Tradução de Dreyer, obra cit., pág. 137.

11 **De facie in orbe lunae,** cap. 6. Citado por Heath, **Greek Astronomy** pág. 169.

12 Salvo um único astrônomo babilônio, chamado Seleuco, que viveu um século todo após Aristarco e desenvolveu uma teoria das marés fundamentada na rotação da terra.

13 Heath, **The Copernicus of Antiquity** (Londres, 1920), pág. 38.

Primeira Parte, Capítulo IV. O DECLÍNIO DA ENERGIA

1 Citado por Farrington, obra cit., pág. 81.

2 **The Republic of Plato,** traduzida por Thomas Taylor, Livro VII.

3 Lugar cit.

4 G. B. Grundy: artigo sôbre «Greece», Enclic Brit., X-780 c.

5 Bertrand Russell, **Unpopular Essays** (Londres, 1950), pág. 16.

6 **Politics,** citado por K. R. Popper, **The Open Society and its Enemies** (Londres, 1945), Vol. II, pág. 2.

7 **Metaphysics,** citado por Farington, obra cit., pág. 131.

8 **Timaeus,** 90, 91.

9 Spenser, **The Faerie Queene.**

10 **Phaedo,** citado por Bertrand Russell, **A History of Western Philosophy** (Londres, 1946), pág. 159.

11 Tem havido infindável controvérsia sobre uma única palavra, **eilomenen** ou **illomenen,** numa frase do Timaeus, 40 B, que diz, na tradução de Dreyer: «Mas a terra, ou nutridora, amontoada em torno do eixo que se estende através do universo, formou-a Êle como guarda e artífice da noite e do dia, primeiro e mais antigo dos deuses que foram gerados dentro do universo.» (obra cit., pág. 71 e seg.). Burnet, pelo contrário, diz: «indo para cá e para lá» ou «para trás e para a frente» (**Greek Philosophy,** pág. 248); o Professor A. E. Taylor (citado por Heath, **Greek Astronomy,** pág. xli) sugere dever ser a frase tomada no sentido de a terra «deslizar para cima e para baixo, no eixo do universo», e de estar Platão meramente citando uma teoria pitagórica (por êle eviden-

temente confundida), sem a subscrever. Além dessa nebulosa frase, Platão não alude, em nenhum outro lugar, a nenhum movimento da terra. Plutarco, discutindo o sistema de Filolau com o seu fogo central, diz que «Essas idéias segundo se afirma foram mantidas por Platão também na velhice; êle também achava que a terra se encontrava em posição subordinada e que o centro do universo era ocupado por outro corpo mais nobre.» (**Life of Numa**, de Plutarco, cap. II, citado por Dreyer, pág. 82). Embora seja possível haver Platão, na velhice, brincado com a idéia do «fogo central» de um ponto de vista quase mitológico em parte nenhuma, nos seus escritos, alude a êle.

12 **Timaeu** 33B-34B, citado por Heath, obra cit., pág. 49 seg.

13 Farrington, obra cit., pág. 56.

14 Para um conciso resumo da diferente atitude de Aristóteles e de Platão quanto à mudança, vide Popper, obra cit., Vol. II, págs. 4-6, e particularmente a Nota 11, pág. 271 e seg.

Primeira Parte, Capítulo V. O DIVÓRCIO DA REALIDADE.

1 A de Eudoxo é a primeira séria tentativa de dar à astronomia uma base geométrica exata. O seu modêlo não podia absolutamente ter a pretensão de representar a realidade física, mas quanto à pura elegância geométrica não tem rival na astronomia pré-Kepleriana, e é superior ao de Ptolomeu. Funcionava, em poucas palavras, assim: a mais exterior das quatro esferas, S_4, que forma o «ninho» de um planêta, reproduzia a rotação diurna aparente; o eixo A_3 de S_3 era perpendicular à eclíptica, de modo que o seu equador girava no plano da eclíptica, no período zodiacal dos planetas exteriores, e os planêtas interiores em um ano. As duas esferas mais interiores serviam para explicar o movimento em latitude e para as estações e retrogressões. S_2 tinha os pólos no equador de S_3, ou seja, no círculo zodiacal; S_2 girava no período sinódico do planeta. S_1 girava no mesmo período, mas na direção oposta; e A_1 inclinava-se para A_2, em ângulo diferente para cada planeta. O planêta estava no equador de S_1. As rotações combinadas de S_1 e S_2 faziam o planêta descrever uma lemniscata (isto é, um «oito» alongado), que jazia ao longo do zodíaco. Para minúcias, vide Dreyer, obra cit., capítulo 4, e Duhen, obra cit., I, págs. 111-23.

2 «Não obstante, as teorias de Eudoxo e dos seus discípulos não salvam os fenômenos, e não sòmente os notados pela primeira vez posteriormente, senão também os conhecidos antes, e efetivamente aceitos pelos próprios autores... Refiro-me ao fato de os planêtas estarem umas vêzes perto de nós e outras regredirem. A coisa é realmente clara aos nossos olhos no caso de alguns dêles, pois o astro chamado pelo nome de Afrodita e também o astro chamado pelo nome de Ares parecem, no meio das retrogressões, muito maiores, tanto que Afrodita chega a fazer que os corpos lancem sombra nas noites sem lua. Também a lua, mesmo a ôlho nu, não está sempre a igual distância de nós, pois não parece ser sempre do mesmo tamanho, nas mesmas condições do meio. O fato, além disso, fica confirmado, se observarmos a lua por meio de um instrumento, porque é às vêzes um disco de onze dedos de diâmetro, e outras um disco de doze dedos, os quais, postos à mesma distância do observador ocultam a lua (exatamente) de tal modo que os olhos a não vêem.» Simplício no **De Caelo**, citado por Heath, obra cit., pág. 68 e seg.

3 Talvez seja significativo o fato de só Ptolomeu, entre os famosos astrônomos, ser também cartógrafo. O redescobrimento da sua **Geografia**, traduzida em latim, em 1410, assinalou o início da geografia científica na Europa. Copérnico e Kepler, também incumbidos de cartografia, a consideravam tarefa cansativa, a que era preciso fugir. Até Hiparco e Ticho, os maiores cartógrafos estelares, evitaram a geografia terrestre. Mas foi Hiparco que esboçou os **princípios** da cartografia matemática mediante projeção regular, adotados por Ptolomeu. Tanto o universo epicíclico como a Geografia de Ptolomeu são penosas execuções dos projetos originais de Hiparco.

4 De **Al-majisty,** corruptela árabe do grego **Magisty Syntaxis.**

5 Dreyer, obra cit., pág. 175.

6 Ibid., pág. 184. A distância do sol não pode ser calculada, nem aproximadamente, antes do invento do telescópio. Ptolomeu deu 610 diâmetros terrestres (o verdadeiro valor é de 11.500). O próprio Copérnico não fez coisa melhor: a sua estimativa foi de 571 diâmetros terrestres (Dreyer, págs. 185 e 339). Quanto às estrêlas fixas, sabia Ptolomeu que a distância delas era enorme comparada ao sistema solar; diz que comparada à esfera das estrêlas «a terra parece um ponto».

7 Salvo, naturalmente, a elipticidade das órbitas, mas vide abaixo, nota 15.

8 Citado por Ernst Zinner, **Entstehung und Ausbreitung der Copernicanischen Lehre** (Erlangen, 1943), pág. 49.

9 Lugar cit.

10 Obra citada, pág. 52 e seg.

11 Ibid., pág. 50.

12 Lugar cit.

13 **De facie orbe lunae,** capítulo 6, citado por Health, obra cit., pág. 169.

14 Os filósofos jônicos, suspeitos de ateísmo, tinham dado à astronomia uma reputação algo má; mas aquilo fôra séculos antes, e até êles nada tinham sofrido. Afirma Plutarco, na vida de Nícias, general grego do sexto século, que tinham mêdo de eclipses, que também o povo era igualmente supersticioso, e que «naquele tempo não existia tolerância pelos filósofos naturais ou **tagarelas das coisas do céu,** como eram chamados. Estavam incumbidos de explicar o divino, substituindo-lhe causas irracionais, fôrças cegas, e o poder da necessidade. Protágoras viu-se banido, Anaxágoras prêso e foi tudo quanto Péricles pôde fazer para afastá-lo; Sócrates, embora nada tivesse que ver com a questão, foi morto por ser filósofo. Só muito mais tarde, com a brilhante fama de Platão, foi que os estudos astronômicos ficaram livres de censura, tendo acesso a êles quantos quisessem. Tal se deu em virtude do respeito suscitado pela sua vida e por ter feito as leis naturais subordinadas à autoridade dos princípios divinos.» (Citado por Farrington, obra cit., de Platão, foi que os estudos astronômicos ficaram livres de censura, tendo acesso a êles quantos quisessem. Tal se deu em virtude do respeito autoridade dos princípios divinos». (Citado por Farrington, obra cit., pág. 98 e seg.). Nem Sócrates, nem Protágoras, lidaram com astronomia, e o único exemplo de perseguição, na antiguidade, é a prisão de Anaxágoras, no sexto século antes de Cristo, apesar de, segundo outra fonte, ter sido apenas multado e temporariamente exilado. Morreu aos setenta e dois anos de idade.

À vista disso, é com dificuldade que podemos concordar com o comentário de Duhem:

> "Os obstáculos pelos quais, no século dezessete, a igreja protestante, e depois a católica, dificultaram o progresso da doutrina copernicana, só logram dar-nos uma pálida idéia das acusações de impiedade que pesavam na antiguidade pagã, sobre quem ousasse abalar a perpétua imobilidade do Lar da Divindade (sic), e colocar aquêles sêres incorruptíveis e divinos, as estrêlas, em pé de igualdade com a terra, humilde domínio da geração e da decadência" (obra cit. I, pág. 425).

O único apoio dessa afirmação é, mais uma vez, a observação de Plutarco sôbre Cleantes. É de notar que na versão de Duhem, a metafísica de Aristóteles é tratada como se se tivesse tornado equivalente pagão do dogma cristão; ao mesmo tempo, o próprio Aristóteles torna-se herege, pois ele também pusera as mãos sôbre «o Lar da Divindade». As razões desse êrro e da exagerada importância atribuída à história de Cleantes evidenciam-se quando Duhem começa a citar com aprovação Paul Tannery (cujas convicções religiosas partilha) para dizer que, embora Galileu tivesse sido erradamente condenado pela Inquisição, «houvera provàvelmente incorrido em perigos muito mais graves, se tivesse tido de enfrentar as superstições adoradoras de estrêlas da antiguidade.» Em virtude da autoridade de Duhem, a lenda de Cleantes infiltrou-se na maioria das histórias populares de ciência (como gêmea da lenda igualmente falsa do «eppur si muove»), e citam-na em apoio da opinião (o que não era, evidentemente, intuito de Duhem) da hostilidade inata e irreconciliável que sempre existiu, e sempre existirá, entre a religião, seja ela qual fôr, e a ciência. Notável exceção constitui-a Dreyer (cf. obra cit., pág. 148), que simplesmente comenta «estar muito longe a época [nos dias de Aristarco] em que o filósofo podia ser intimado perante a justiça para responder pelo crime de propor assombrosas teorias astronômicas», e «mal poder acarretar dano à teoria a acusação de **impiedade**, se é que realmente a apresentavam.»

15 Cabe-nos discutir, brevemente, outra tentativa de explicação. Dreyer vê o motivo do abandono do sistema heliocêntrico no nascimento da astronomia de observação em Alexandria. Aristarco podia explicar os movimentos retrógrados dos planêtas e as suas mudanças de brilho, mas não as anomalias surgidas da elipticidade das órbitas; e «a desesperança de tentar explicá-las com a idéia belamente simples de Aristarco deve ter infligido o golpe mortal ao seu sistema» (pág. 148). A explicação de Duhem é a mesma (págs. 425-6). Mas isso parece, antes, tomar por provado o que se deve provar, pois a chamada «segunda anomalia» poderia ser igualmente salva por epiciclos, tanto no sistema heliocêntrico como no geocêntrico, e foi o que Copérnico fêz realmente. Noutras palavras, qualquer dos sistemas podia servir de ponto de partida para a construção de uma «Roda Gigante»; todavia, tomando-se por ponto de partida Aristarco, a tarefa houvera sido incomparavelmente mais simples, por já estar eliminada a «primeira anomalia». Após refletir mais, parece que Dreyer compreendeu isso, pois diz (pág. 201 e seg.) posteriormente:

> "Ao espírito moderno, acostumado à idéia heliocêntrica, é difícil compreender como foi possível não ter Ptolomeu a idéia de despir todos os planêtas exteriores dos seus epiciclos, que não passavam de reproduções da órbita anual da terra transferida para cada um de tais planêtas, e despir também Mercúrio e Vênus das suas deferentes e colocar o centro dos seus epiciclos no sol, como fizera Heraclides.

Com efeito, é possível reproduzir os valores de Ptolomeu para a razão dos raios do epiciclo e da deferente a partir do semi-eixo maior de cada planeta expresso em unidades do da terra... Evidentemente, a idéia heliocêntrica de Aristarco poderia ter surgido tão bem da teoria epicíclica como da teoria dos excêntricos móveis..."

Afirma, outrossim, que o sistema Ptolemaico falhou, ainda mais drasticamente do que o aristarquiano, em explicar os fenômenos no caso da lua, cujo diâmetro aparente deveria variar, segundo Ptolomeu, em medida contradita pela mais simples observação (pág. 201).

16 **Almagesto** III, cap. 2, citado por Duhem, pág. 487.
17 Ibid., II, citado por Zinner, pág. 35.
18 Em obra posterior e menor, **Hypotheses concerning the Planets**, realizou Ptolomeu uma tentativa pouco animada de dar ao seu sistema aparência de realidade física, representando cada epiciclo por uma esfera ou disco, a deslizar entre uma superfície esférica convexa e outra côncava, à guisa de mancal. A tentativa, porém, malogrou. cf. Duhem, II, págs. 86.99.
19 Citado por Dreyer, pág. 168.
20 **Almagesto**, I.
21 Cf. Zinner, obra cit., pág. 48.
22 Joh. Kepler. Carta a D. Fabricius, 4-7-1603 **Gesalmelte Werke** (obras completas), Vol. XIV, pág. 409 e seg.
23 Citado por R. H. Wilenski, **Modern French painters** (Londres 1940), pág. 202.

SEGUNDA PARTE

INTERLÚDIO SOMBRIO

Segunda Parte, Capítulo I. O UNIVERSO RETANGULAR.
1 Edmund Whittaker, Space and Spirit (Londres, 1946), pág. 11.
2 **The Confessions of St. Augustine,** Tradução de F. J. Sheed (Londres, 1944), pág. 111.
3 Ibid., pág. 113.
4 Ibid., pág. v seg.
5 Dr. Th. A. Lacey sôbre «Augustine», **Enclic. Brit**. II-685, c.
6 Ibid., II-684 a.
7 Christopher Dawson, citado no prefácio de **The Confessions,** pág. v.
8 **The City of God,** citado por Russell **A History of Western Philosophy,** pág. 381.
9 Ibid., VIII, 5.
10 Whittaker, obra cit., pág. 12.
The Great Chain of Being (Cambridge, Mass. 1936), pág. 63.
12 Citado por Russell, obra cit., pág. 362.
13 Dreyer, obra cit., pág. 210.
14 Ibid., pág. 211.
15 Ibid., pág. 213.
16 Ibid., pág. 212; Duhem II, pág. 488 seg.
17 Dreyer, pág. 211.

Segunda Parte, Capítulo II. O UNIVERSO FECHADO.
1 **Comment in Somnium Scipionis,** I, 14, 15. Citado por A. O. Lovejoy, **The Great Chain of Being** (Cambridge, Mass., 1936), pág. 63.

2 O **Primum Mobile** já não era mais motor não movido, desde que Hiparco descobrira a precessão dos equinócios. Coube-lhe a tarefa de explicar êsse movimento, cuja lentidão — uma revolução em 26.000 anos — era explicada pelo seu desejo de partilhar do perfeito repouso da décima esfera adjacente, o empíreo.

3 Dante, **Convito,** II 6; citado por Dreyer, pág. 237.

4 **De animalibus historia** VIII, I, 588 b; citado por Lovejoy, obra cit., pág. 56.

5 **Summa contra gentiles,** II, 68.

6 Lovejoy, obra cit., 102.

7 **Ensaios,** II, 2.

8 **A Rainha Fada.**

9 **Ensaio sôbre o homem.**

10 **História do mundo,** citado por E. M. W. Tillyard, **O Retrato do Mundo Isabelino** (Londres, 1943), pág. 9.

11 Olivier de la Marche, **O Estado da Casa do duque Charles de Bourgogne,** citado por J. Huizinga, **Decadência da Idade-Média** (Londres 1955), pág. 42 seg.

12 H. Zinsser, **Ratos, piolhos e história** (1937), citado por Popper, II, pág. 23.

13 **Troilo e Cressida.**

14 Cf. Duhem, obra cit., III, págs. 47-52.

15 Existem, entre outros, dois manuscritos no monte do Venerável Beda, mas que são evidentemente muito posteriores à sua morte, expondo o sistema heraclidiano. O primeiro é conhecido por «Pseudo-Beda» e data do nono século, ou mais tarde; o segundo atribui-se atualmente a Guilherme de Conches, normando, que viveu no século doze. Cf. Dreyer, págs. 227-30; Duhem III, págs. 76 seg.

16 Duhem III, pág. 110.

17 Os primeiros mapas de Portolano conservados datam do século treze, mas apresentam tradição estabelecida há longo tempo, ao passo que o mapa circular de Hereford (cerca de 1280) e os mapas «T e O» do século quinze mostram que devem ter-se alternado por vários séculos os mapas mundiais «teóricos» e «práticos».

18 Huizinga, obra cit., pág. 68.

19 Ibid., págs. 45, 50.

Segunda Parte, Capítulo III. O UNIVERSO DOS ESCOLASTICOS.

1 As **Categorias** e o **De Interpretatione.**

2 Whitehead, **Ciência e o Mundo moderno** (Cambridge, 1953), pág. 15.

3 **De Caelo; De Generatione et Corruptione,** citado por Whittaker, obra cit., pág. 27.

4 Houve, evidentemente, notáveis exceções: Bacon, a escola franciscana e a escola parisiense do século catorze. Mas a física anti-aristotélica de Ockham, Buridã e Oresme não produziu frutos imediatos; por exemplo, Copérnico e Kepler nada sabiam da revolucionária teoria do ímpeto (embora Leonardo soubesse); e só triunfaram de Aristóteles três séculos depois, por intermédio de Galileu que jamais reconheceu o que lhes devia.

5 Porque nada pode estar em ato e em potência ao mesmo tempo e sob o mesmo ponto de vista. «Potência» e «ato», aplicados a um corpo móvel são termos despidos de significado. Para uma exposição simples da controvérsia aristotélica-ockhamista sôbre o movimento, vide Whittaker, obra cit., apêndice.

6 H. Butterfield, **The origins of Modern Science.** (Londres, 1949), pág. 14.

7 Vide acima nota 4. Mesmo na antiguidade, essa cegueira não foi total. Assim, argumenta Plutarco no **On the Face of the Moon** ser a lua de matéria terrestre, sólida, e, a despeito do pêso, não cair sôbre a terra, porque:

> "... A lua possui, no seu próprio movimento e no impulso da revolução, a segurança de não cair, assim como os objetos colocados nas fundas não tombam em virtude do movimento circular, pois tudo **é levado pelo movimento a êle natural, caso o não desvie outra coisa qualquer.** Assim, a lua não é levada para baixo pelo pêso por lhe ser frustrada pela revolução a tendência natural." (Heath, obra cit., pág. 170; o grifo é meu).

A tradução é de Heath, que comenta: «É pràticamente a primeira lei de Movimento de Newton.» (Heath, obra cit., pág. 170). É curioso haver esse trecho suscitado tão poucos comentários. O texto demonstra que Plutarco não teve a idéia de momento, por um simples acaso feliz, mas que o «sentiu», por assim dizermos. Igualmente o sentia o lanceiro (e a vítima).

8 Butterfield, obra cit., pág. 7.

9 **Morias Enkognion,** Basilieae, 1780, pág. 218 seg.

10 Gilbert Murray, **Five Stages of Greek Religion.** (Londres, 1935), pág. 144.

11 **Science and the Modern World,** pág. 7.

TERCEIRA PARTE

O TÍMIDO CÔNEGO COPÉRNICO

A biografia modêlo de Copérnico continua a ser o **Nicolaus Copernicus,** de Leopold Prowe (Berlim, 1883-4).

O trabalho recente mais importante sobre a teoria copernicana, as suas origens e repercussões, é o **Entstehung und Ausbreitung der Coppernicanischen Lehere (Sitzungsberichte der Physikaliseh — Medizinschen Sozietaet zu Erlangen,** de Ernest Zinner, Vol. 74, Erlangen, 1943).

A obra **Copernicus the Founder of Modern Astronomy** de Angus Armitage (Londres, 1938) e a obra cit. de Dreyer apresentam concisos sumários do sistema copernicano.

O trabalho de Prowe foi publicado em dois volumes, consistindo o primeiro em duas partes separadamente numeradas. Por conseguinte, as referências ao Volume I dizem Prowe I, 1 e I, 2. O primeiro volume contém a biografia, o segundo documentos em latim, grego e alemão medieval. Tôdas as referências ao Vol. II de Prowe dizem respeito aos originais latinos.

Terceira parte, Capítulo I. VIDA DE COPÉRNICO.

1 O sobrenome tem forma diversa nos documentos: Coppernic, Koppernieck, Koppernik, Koppernigk, Kopperlingk, Cupernick e Kupernick. A mais usual é Koppernigk (forma também adotada por Pro-

we). Quanto a Copérnico, assinou o nome, em diferentes oportunidades, como Copernic, Coppernig, Coppernik, Copphernic, e nos últimos anos quase sempre Copernicus.

2 **De revolutionibus orbium coelestium, Libri VI** (Nuremberg, 1543). No texto, dir-se-á **Livro das Revoluções**, ou simplesmente **Revoluções.**

3 **De Revolutinonibus**, Liv. V, Cap. 30.

4 Ibid., Liv. IV, cap. 7.

5 O **Staats Lexikon** de Wagner (1862), Vol. II, descreve Frauenburg como «pequena cidade à margem do Vístula».

5a Prowe I, 2, p. 4n.

6 Só existe outro caso conhecido de semelhante deslocação geográfica de Frauenburg por um dos seus cidadãos: Tiedemann Giese, em 1536, datou uma carta a Erasmo de Roterdão «Das margens do Vistula», e o cônego Giese era o amigo mais íntimo do cônego Copérnico. Cf. Prowe I, 2, pág. 4.

7 Rético, **Ephemerides novae** (Leipzig, 1550), pág. 6, citado por Prowe I, 2, pág. 58.

8 Prowe I, 2, pág. 314.

9 Prowe I, 1, pág. 111.

10 Por exemplo, em 1943, a «Comissão de Festejo do quarto centenário de Copérnico, Londres» publicou uma monografia **Nicolas Copernicus (Mikolaj Kopernik)** pelo Dr. Josef Rudnicki, que, descrevendo os estudos de Copérnico na Itália, omite o **fato de êle figurar na natio** germânica em Bolonha, e diz **da** seguinte universidade de Copérnico, Pádua: «... a **nação** polonesa **era** uma **das** maiores **da** universidade. Ali, segundo o historiador de **Pádua**, **N. C.** Papadopoli, **dedicou-se Copérnico ao estudo da filosofia e medicina por quatro anos, como se vê dos lançamentos no registro de estudantes poloneses.»**

Ora, Copérnico teria sido muito capaz de unir-se à **natio** germânica em Bolonha, e à **natio** polonesa em Pádua, mas a verdade é que existe prova documental para o primeiro caso, e nenhuma para o segundo, e que o Papadopoli citado como fonte foi desmascarado pelos compatriotas italianos que não tinham partido na disputa germano-polonesa. (Cf. Prowe I, 1, pág. 297). A luta se trava, igualmente, no campo da grafia: assim Rudnicki faz do tirolês Georg Joachim von Lauchen um eslavo traduzindo-lhe o **nom de plume** latino Rheticus em Retyk (pág. 9). É de notar, também, que o livrinho foi escrito durante a guerra. Vide também notas 28 e 89.

11 Carlo Malagola, **Della Vita e delle Opere di Antonio Urceo detto Codro** (Bolonha, 1878).

12 Rheticus, **Narratio Prima**, tradução de Edward Rosen, **Three copernicam Traetises** (Columbia, 1939), pág. 111.

13 Prowe I, 1, pág. 266.

14 Prowe I, 1, pág. 89.

15 **Monatliche Korrespondenz** de Zach, Vol. II, pág. 285, citado por Prowe lugar cit.

16 Prowe I, 2, pág. 313.

17 Prowe I, 1, pág. 359.

18 Vide nota 33.

19 **Encic. Brit.** XX-696d.

20 Bernhardy, **Grundriss der Grüechischen Litteratur**, I, pág. 583, citado por Prowe I, 1, pág. 393.

21 Prowe II, págs. 124.7, que também apresenta o original grego.

22 Prowe II, pág. 51.

23 **Encicl. Brit.** IX-732b, 13.ª edição, 1926 (As demais referências dizem respeito à edição de 1955).

24 Citado por Prowe, I, 1, pág. 402.

25 H. R. Trevor-Roper, **Desiderius Erasmus** (Encounter, Londres, Maio de 1955).

26 Vide nota 20 ao cap. II.

27 Conhecida por **Letter against Werner.** Vide pág. 200.

28 O tratado foi originàriamente escrito em alemão e apresentado à Dieta Prussiana de 1522, depois reescrito em latim para o **Landtag** de 1528. Tinha por objetivo remediar a queda da cunhagem prussiana (agravada pela guerra), por meio de monopólios estatais na feitura de moedas, controle da quantidade de moedas em circulação e da quantidade de metal baixo na liga. Afirma-se, por vêzes, que Copérnico antecipou a Lei de Gresham segundo a qual «o mau dinheiro expulsa o bom»; de fato, o princípio parece ter sido enunciado pela primeira vez dois séculos antes por Nicolau de Oresme, cuja doutrina econômica constituiu a base da reforma monetária de Carlos V.

As duas versões do tratado de Copérnico estão impressas em Prowe II, págs. 21-29, e analisadas em Prowe I, 1, págs. 139-152 e 193-201.

É surpreendente observar que até êste assunto foi metido na controvérsia germano-polonesa. Rudnicky (obra cit., pág. 24), a despeito da discussão completa do problema por Prowe, afirma simplesmente que «é digno de nota calarem os alemães os tratados econômicos de Copérnico», e considera o tratado outra prova de que «é polonês até o cerne o panorama» de Copérnico (pág. 26) por ter sugerido que as novas moedas da Prússia polonesa tivessem como coroa a real da Polônia; mas se esquece de dizer que o próprio tratado foi escrito em alemão.

Por outro lado, Zinner não menciona que um dos primeiros mestres de Copérnico foi aparentemente homem de nome indiscutìvelmente polonês Milokolaj Vodka — o qual, mais tarde, latinizou o nome em Abstemius ... Cf. L. A. Birkenmajer, **Mikolaj Wodka z Kwidzyna — zwany Abtemius lekarz i astronom polski XV** — go stulecia (Thorn, 1926). Vide também notas 10 e 89.

29 Citado por Prowe I, 2, pág. 177.

30 **Flosculorum Lutheranorum de fide et operibus andelogichon** (Cracóvia), 1525, citado por Prowe, I, 2, pág. 172.

31 Compare-se abaixo a pág. 156 seg., a fórmula de compromisso igualmente complicada para a publicação da **Narratio prima** de Rético.

32 É incerta a data do **Commentariolus**, mas a prova interna indica os anos 1510-14. Vide Zinner obra cit., pág. 185, e A. Koyré, **Nicolas Copernic Des Revolutions des Orbes Célestes** (Paris, 1934), pág. 140.

33 **Nicolai Copernici de hypothesibus motuum coelestium a se constitutis commentariolus.** Traduzi «Commentariolus» por «Breve Esbôço». Pelo fim do século circulavam entre os estudiosos cópias manuscritas desse livro. Em seguida, ele desapareceu da vista até que foram descobertos, independentemente, dois exemplares, em 1878 e 1881, em Viena e Estocolmo. O texto completo foi publicado pela primeira vez por Prowe, com uma tradução alemã da secção de abertura. Edward Rosen (obra cit.) publicou uma tradução inglêsa completa.

34 Isto é, a velocidade angular do planêta não é uniforme relativamente ao centro do seu epiciclo; só é uniforme relativamente a outro ponto, o **punctum equans,** situado no eixo maior da órbita. Vide abaixo pág. 202 e seg.

35 **Epistolae diuersorum philosophorum, oratorum, rhetorum sex et viginti** (Pádua, 1499).

36 **Bessarionis Cardinalis Niceni et Patriarchae Constantinopolitani in calumniatorem Platonis libri quatuor** (Pádua, 1503).

37. Citado por Prowe II, págs. 132-137.

38 **De revolutionibus,** matéria prefacional.

39 Citado por Prowe, I, 2, pág. 274.

40 «Fala-se de um novo astrólogo que pretende provar que a terra se move e gira, em vez do céu, do sol e da lua, tal qual como se alguém, movendo-se numa carruagem ou num navio, pretendesse estar parado e em repouso, enquanto a terra e as árvores se moviam. Mas a êsse ponto chegaram as coisas hoje: quando um homem quer ser esperto, tem de inventar algo especial, e deve ser a melhor a maneira pela qual o faz! Aquele toleirão quer subverter tôda a arte da astronomia. Contudo, como nos dizem as Sagradas Escrituras, foi ao sol que Josué ordenou se detivesse, e não à terra.» (**Tischreden** de Lutero, edição Walch, pág. 2260, citado por Prowe, I 2, pág. 232).

41 Citado por Prowe, I, 2, pág. 233.

42 Georg Joachim Rheticus, **Narratio prima — Encomium Borussiae** Dantzig, 1540), tradução de Rosen, obra cit., pág. 191. Em subseqüentes citações da **Narratio prima,** segui a tradução de E. Rosen, salvo algumas paráfrases de menor importância.

43 Obra cit., tradução de Rosen, págs. 192-5.

44 Cf. acima, pág. 144, e nota 31.

45 Obra cit., tradução de Rosen, pág. 186 e seg.

46 Ibid., pág. 187.

47 Ibid., pág. 126.

48 Ibid., pág. 131.

49 Johannes Kepler, **Gesammelte Werke,** (Obras completas) Vol. III, Munique, 1937.

50 Kepler a Longomontanus, primavera de 1605, **Gesammelte Werke,** (obras completas), Vol. XV, Munique, 1951, 134 seg.

51 Rético, obra cit., pág. 163 e seg.

52 Ibid., p;g. 188.

53 Ibid., tradução de Rosen, pág. 195.

54 Vide abaixo, nota 13 ao cap. 2.

55 O cônego Alexandre Sculteti, mencionado outras vêzes, abaixo. Não deve ser confundido com Bernardo Sculteti, vide acima, págs. 131, 146.

56 **De Lateribus et Angulis Triangulorum,** Wittemberg, 1542.

57 Zinner, obra cit., pág. 243.

58 Ibid., pág. 244.

59 O texto completo do prefácio de Osiander é êste (Tradução de Rosen, obra cit., pág. 24 e seg.):

"AO LEITOR

SOBRE AS HIPÓTESES DESTE TRABALHO.

Visto que a novidade das hipóteses dêste trabalho já foi amplamente divulgada, não me resta dúvida de que alguns sábios se ofenderam bastante por declarar o livro que a terra se move e que o sol está em repouso, no centro do universo; acreditarão êles, com certeza, que as artes liberais, há muito estabelecidas em base correta, não devem ser atiradas à confusão. Mas se houverem por bem examinar cuidadosamente o assunto, verão que o autor dêste trabalho nada fêz que merecesse censura. Cabe ao astrônomo compor a história dos movimentos celestes mediante observação atenta e hábil. Depois, voltando-se para as causas dêsses movimentos ou hipóteses sôbre êles, deve conceber e planejar, uma vez que lhe não é dado de modo nenhum atingir as verdadeiras causas, hipóteses que, aceitas, permitem sejam os movimentos calculados corretamente com os princípios da geometria, tanto para o futuro como para o passado. O autor cumpriu perfeitamente os dois deveres, pois tais hipóteses não têm de ser verdadeiras nem tampouco prováveis; bastará que forneça um cálculo coerente com as observações. Talvez haja alguém, que, ignorando a geometria e a óptica, considere provável o epiciclo de Vênus, ou julgue ser êle o motivo pelo qual Vênus umas vêzes precede e outras segue o sol em quarenta graus e até mais. Há quem não perceba, com tal hipótese, que necessariamente se segue parecer o diâmetro do planêta no perigeu mais de quatro vêzes, e o corpo do planêta mais de dezesseis vêzes, maior do que no apogeu, resultado contrariado pela experiência de todos os tempos? Neste estudo há outras absurdidades não menos importantes, que não apresentaremos no momento, visto ser evidente que as causas dos movimentos desiguais aparentes são total e simplesmente desconhecidas desta arte. E se a mente imagina causas, como realmente muitas o são, não surgem para convencer quem quer que seja de que são verdadeiras, mas apenas para dar uma base correta de cálculo. Ora, quando, uma vez ou outra, se oferecem para o mesmo movimento diferentes hipóteses (como a excentricidade e um epiciclo para o movimento do sol), o astrônomo aceitará, acima das outras, a mais fácil de apreender. O filósofo talvez prefira indagar da aparência da verdade. Mas nenhum dêles compreenderá nem afirmará nada de certo, salvo se lho tiverem revelado. Portanto, permitamos que essas novas hipóteses se tornem conhecidas com as velhas, que já não são prováveis; façamos assim, sobretudo porque as novas hipóteses são admiráveis e também simples, e com elas trazem um enorme tesouro de habilíssimas observações. No que tange a hipóteses, não espere ninguém nada certo da astronomia, que o não pode dar, a não ser que aceite como verdade as idéias concebidas para outro fim, e, depois de tal estudo, fique mais tolo do que antes. Adeus."

60 A Carta de Copérnico, datada de 1 de julho de 1540, está perdida.

61 A resposta de Osiander data de 20 de abril de 1541, e está citada na **Apologia Tychonis contra Ursum,** de Kepler, publicada na **Opera Omnia**, de Kepler, ed. Frisch, I, págs. 236-276.

52 Ibid., pág. 188.

63 Ibid.

63a **De Revolutionibus,** Dedicatória a Paulo III.

64 Johannes Kepler, **Astronomia Nova,** matéria prefacional, **Gesammelte Werke, Vol. III.** Segui a tradução inglêsa do trecho feita por Rosen.

65 Johannes Praetorio a Herwart von Hohenburg. A carta foi publicada pela primeira vez por Zinner, obra cit., pág. 454.

66 Ibid., pág. 453.

67 Ibid., pág. 424.

67a É igualmente de suspeitar que Kepler, tendo visto toda a correspondência Osiander-Copérnico, cite **verbatim** as cartas de Osiander a Copérnico e Rético, mas resuma a resposta, muito mais importante, de Copérnico a Osiander, numa única frase sôbre a «estóica firmeza de espírito» de Copérnico. A **Astronomia Nova** tenta colocar o sistema copernicano sôbre uma base física e Kepler não podia admitir que

Copérnico tivesse a menor dúvida quanto à sua realidade física, ou estivesse disposto a compromissos sôbre a questão.

68 Comunicação privada, 5 de agôsto de 1955.

69 Uma leitura cuidadosa do prefácio de Osiander mostrará que as suas acusações de «improbabilidade» e «absurdidade» se dirigem contra os pormenores geométricos do sistema copernicano, mas não contra o conceito básico do movimento da terra. Quanto a essa idéia central, partilhava das crenças de Copérnico, como se depreende das suas cartas a Copérnico e Rético, e da dedicação ao projeto. O repisamento da natureza formal ou fictícia do sistema se deve em parte à diplomacia, e em parte a uma verdadeira falta de fé no mecanismo epicíclico. A atitude de Copérnico foi, essencialmente, a mesma; a longa e acalorada controvérsia, no tocante a êsse ponto, fundamenta-se, quase tôda, na não distinção entre a idéia heliocêntrica e a minúcia epicíclica do sistema. Quanto à primeira, o texto da dedicatória a Paulo III basta para provar que Copérnico estava convencido da sua verdade física. Quanto à segunda, uma série de trechos, no texto, revela que considerava tanto os epiciclos como os excêntricos apenas dispositivo de cálculo. Logo, Copérnico não foi nem o «realista» (para usar as palavras de Duhem) nem «ficcionista», mas realista relativamente à imobilidade do sol e das estrêlas fixas, e ficcionista relativamente aos movimentos dos planetas. A atitude ficcionista torna-se sobremaneira clara no tratamento dos movimentos oscilatórios retilíneos de todos os planêtas em latitude, de Mercúrio em longitude e do eixo da terra, que não podiam ser representados por nenhum modêlo que tivesse o mínimo de aparência de verdade.

Para uma breve e sensata discussão do resultado, com lista de alguns trechos relevantes nas **Revoluções,** vide Armitage, obra cit., págs. 84-87.

70 O único protesto registrado partiu do leal Giese, que só viu o livro impresso após a morte de Copérnico. Copérnico morreu em maio de 1543, quando Giese se encontrava em Cracóvia, para assistir ao casamento do rei da Polônia. Voltou à Prússia em julho e encontrou dois exemplares das **Revoluções,** que Rético lhe enviara de Nuremberg, com uma dedicatória pessoal. Foi só então que Giese leu o prefácio de Osiander e o considerou uma profanação da memória do amigo morto. Escreveu (em 26 de julho) a Rético, censurando tanto Osiander como o impressor Petreius, e sugerindo fôssem reimpressas as primeiras páginas do livro, eliminado o prefácio de Osiander e substituído pela biografia de Copérnico escrita por Rético, bem como a sua defesa teológica do sistema copernicano. Pediu também a Rético que interviesse com os Pais da Cidade de Nuremberg (aos quais Giese escrevera diretamente) para forçarem Petreius a obedecer. Rético fêz o que tinha sido pedido, mas a Corporação de Nuremberg, após investigar a questão, resolveu em 29 de agôsto: «Enviar ao bispo Tiedeman e Culm a resposta à sua carta escrita por Johan Petreius (após lhe eliminar a aspereza e abrandá-la), com o comentário de que, à vista do conteúdo da carta, nada era possível fazer contra êle.» (Cf. Prowe I, 2, pág. 535 e seg., e Zinner, pág. 255 e seg.).

Perdeu-se a resposta de Petreius, mas é evidente que levou a melhor contra a acusação que lhe moveu Giese de haver agido em oposição aos desejos do autor. É também evidente que se Copérnico tivesse dado consentimento explícito ou calado ao compromisso sugerido por Osiander, houvera ocultado a questão a Giese, o qual, à luz das conversações mantidas por ambos, teria certamente desaprovado.

71 Zinner, obra cit., pág. 246.

72 Prowe II, págs. 419-421.

73 **Orationes de Astronomia Geographica et Physica** (Nuremberg, 1542, reimpresso em Prowe II, págs. 382-386.

74 **Enclicl. Brit.** XVIII-162c.

75 Prowe I, 2, pág. 334.

76 Lugar cit.

77 Os textos latinos completos estão publicados por Prowe II, págs. 157-168.

78 Prowe II, pág. 157.

79 Prowe II, págs. 158-9.

80 Prowe I, 2, pág. 325.

81 Oxford, 1934. **The Oxford Glossary of Later Latin** (1949) traz «Concubina de soldado».

82 Vide nota 55.

83 Prowe I, 2, pág. 364.

84 Ibid., pág. 360.

85 Zinner, obra cit. pág. 222 seg.

86 Prowe I, 2, pág. 366 seg.

87 Pouco depois de tomar posse da sé de Ermland, em janeiro de 1538, Dantisco obteve um canonicato para um favorito seu, o futuro cardeal Estanislau Hosius (1504-79), espírito motor da Contra-reforma na Polônia, homem que introduziu a Ordem dos Jesuítas na Prússia e desempenhou papel decisivo na submissão das partes semi-autônomas da Prússia ao domínio polonês e católico. Foi conhecido como «O martelo dos hereges» e «A morte de Lutero»; a rainha polonesa descreveu-o como pessoa que unia a inocência da pomba à astúcia da serpente. Foi símbolo da nova era de fanatismo e massacre religioso, que se seguiu à era de humanismo e tolerância, de Erasmo e Melanchton. Dantisco, amigo de Melanchton, filho daquela primeira época, jamais se tornou fanático, mas, como diplomata experimentado, conhecia as fôrças que agiam na Europa e sabia que a província limítrofe prussiana por êle governada devia tornar-se protestante e alemã, ou católica e polonesa. Não sòmente a sua lealdade religiosa e nacional, senão também tôda a sua filosofia o levavam a optar pela influência civilizadora da Polônia na época dourada dos «Jagellones». Por conseguinte, quando aceitou o bispado vago de Kulm, os seus esforços já tendiam para Ermland, pois Kulm, que pertencia à Prússia «Real», estava garantida para a Polônia, ao passo que Ermland era a chave estratégica e política de tôda a Prússia Oriental, antigo domínio dos Cavaleiros Teutônicos. O bispo de Ermland gozava **de facto** da posição de príncipe governante, exercia grande influência na Dieta prussiana, a que presidia, e o seu Capítulo preenchia as funções de governo e administração.

Obtendo um canonicato para Hosius, Dantisco introduziu uma espécie de cavalo de Tróia no Capítulo. Poucos meses depois, Hosius foi nomeado candidato de uma chantria vaga. O Capítulo, zeloso da posição quase autônoma em relação à coroa polonesa, impediu a pretensão, elegendo para o lugar outro membro, Alexandre Sculteti. A despeito da grande pressão de Dantisco, Sculteti recusou-se a ceder, o que foi início de longa e amarga luta, aparentemente entre dois indivíduos, Hosius e Sculteti, na realidade entre a coroa polonesa de um lado, e certas fôrças da côrte papal, do outro, as quais apoiavam Sculteti na tentativa de abater as ambições polonesas e manter Ermland sob a influência direta de Roma. Embora Sculteti tivesse tido vários filhos de sua governanta, as acusações que lhe foram movidas de levar uma vida imprópria, e sustentar opiniões heréticas, devem ser vistas sôbre êsse fundo político. Em 1540, expulsaram-no do Capítulo e baniram-no, com um edito real, de todos os territórios sob a soberania polonesa. Durante os seis ou sete anos seguintes, Sculteti viveu em Roma, metido em várias ações legais, que terminaram com a sua defesa pela corte papal. O Capítulo de Ermland, porém, sob a pressão polonesa, recusou-se a reconhecer aquilo, sendo o resultado a excomunhão de todos os seus membros residentes em Frauenburg. A complicada intriga acabou com a vitória de Hosius, que, em 1551, se tornou bispo de Ermland, garantindo-a para a coroa polonesa.

88. Prowe I, 2, pág. 361.

89 Assim, Zinner tão sábio e merecedor de confiança nos demais pontos, explica a exigência de Dantisco para que Copérnico se separasse da governanta, pelo seu «ódio e ânsia de oprimir o superior intelectual e privá-lo do lazer necessário para completar a obra. Dantisco conseguiu o objetivo. O trabalho nunca foi completado.» (pág. 224).

Descrevendo as relações entre Copérnico e Dantisco, Zinner não menciona o fato de Dantisco ter enviado a Copérnico uma contribuição (vide abaixo) para ser incluída nas **Revoluções**. Só se refere à contribuição de Dantisco num aparte, num texto diferente (pág. 239). O preconceito de Zinner contra Dantisco parece, mais uma vez, ter motivação política. Descreve-o como carreirista (pág. 224) que «serviu o rei polonês e apoiou as pretensões polonesas contra o seu próprio país, a Prússia» (pág. 221). Repete, outrossim, a lenda segundo a qual Copérnico se recusou a obedecer à «ordem» de Dantisco de romper relações com Sculteti, declarando «ter consideração muito maior por Sculteti do que pelos outros cônegos». À luz das cartas de Copérnico a Dantisco, é difícil, aparentemente, acreditar em tal coisa. A fonte dessa versão é um autor polonês chamado Szulc, citado por Prowe (I, 2, pág. 361). Prowe, todavia, mostra numa nota que Szulc não dá a fonte para a afirmação alegada por Copérnico «embora, nos demais casos, assim proceda sempre». O próprio Prowe porta-se escrupulosamente bem com relação a Dantisco, exibindo uma atitude imparcial com respeito à controvérsia nacionalista.

90 Prowe II, pág. 168.

91 Prowe II, pág. 418 f.

92 Prowe I, 2, pág. 554.

93 Zinner, obra cit., pág. 244.

94 Ibid., pág. 245.

95 Citado por Zinner, pág. 466.

95a Ibid., pág. 259.

96 Lugar cit.

97 Na carta a Rético, de 26 de julho de 1543 (vide nota 70), diz Giese que a «elegante» biografia de Copérnico escrita por Rético só exige, para ser completa, o acréscimo dos fatos relativos à morte do mestre. Na mesma carta também se refere ao tratado escrito por Rético para provar que a doutrina do movimento da terra não contradiz a Sagrada Escritura.

98 Zinner, obra cit., pág. 259.

99 Ibid., pág. 261.

100 Lugar cit.

101 Ibid., pág. 262.

102 Prowe II, pág. 389, e Encicl. Brit. XIX-246d. Zinner (pág. 262) apresenta o ano de 1574 como data da morte de Rético.

103 Prowe I, 2, pág. 387 seg.

Terceira Parte, Capítulo II. O SISTEMA DE COPÉRNICO.

1 A primeira tradução inglesa completa foi publicada em 1952 na série «Great Books of the Western World (Vol. 16, Chicago, tradução de Charles Glenn Wallis).

2 **Encicl. Brit.** II-584a.

3 Zinner, obra cit., págs. 273-8.

4 H. Dingle, **The Scientific Adventure** (Londres, 1951), pág. 74.

5 Londres, 1932, pág. 26.

6 Londres, 1949, págs. 26-7.

7 Londres, 1939, pág. 38.

8 Oxford, 1941, pág. 182.

9

Terra	**De revolutionibus.**		**Commentariolus.**	
Rotação diurna	1		1	
Movimentos em longitude	3		1	
Movimento cônico do eixo da terra para explicar a sua direção fixa no espaço (*) e a precessão.	1		1	
Duas oscilações retilíneas para explicar flutuações (imaginárias) na razão de precessão e no valor da obliqüidade (**), resolvidas em 2 movimentos circulares cada.	4			
		9		3
Lua				
Movimentos em longitude	3		3	
Movimento em latitude	1		1	
		4		4
Três Planêtas Exteriores.				
Movimentos em longitude	9		9	
3 x 3 = Oscilações em latitude resolvidas em 2 movimentos circulares para cada, 3 x 2 =	6		6	
		15		15

(*) Copérnico imaginava, com os antigos, o eixo da terra prêso quase mecânicamente ao anel orbital (por analogia com a lua que sempre apresenta a mesma face à terra) e teve, portanto, de introduzir um movimento especial para manter o eixo paralelo a si próprio no espaço.

(**) Vide abaixo, pág. 135, seg.

Vênus				
Movimentos em longitude	3		3	
3 movimentos oscilatórios em latitude resolvidos em 6 movimentos circulares	6	9	2	5
Mercúrio				
Movimentos em longitude (inclusive um movimento oscilatório)	5		5	
Movimentos em latitude (como Vênus)	6	11	2	7
		48		34

A contagem refere-se a círculos em geral, isto é, excêntricos, epiciclos, deferentes e ciclóides para a explicação de oscilações retilíneas. Afora a errônea referência a 34 epiciclos, não vi em parte nenhuma contagem do número de círculo no **De revolutionibus.**

A propósito, como Zinner mostrou (obra cit., pág. 187) até a famosa contagem no fim do **Commentariolus** está errada, pois Copérnico se esqueceu de explicar a precessão, os movimentos dos afélios e dos nodos lunares. Levando-os em consideração, o **Commentariolus** emprega 38 círculos e não 34.

10 Mostrado por A. Koyré, **Nicolas Copernic Des Revolutions des Orbes Célestes** (Paris, 1934), pág. 18 n.

11 Peurbach, **Epitomae.** No seu **Theoricae,** exposição popular simplificada do sistema, Peurbach dá somente vinte e sete epiciclos. Citado pelo Professor Koyré (numa comunicação privada ao autor, 20-12-1957).

12 As razões pelas quais teve Copérnico de aumentar o número dos seus círculos são:
(a) compensar a abolição dos igualantes de Ptolomeu;
(b) explicar a flutuação imaginária na razão de precessão e do valor da obliqüidade;
(c) explicar o ângulo constante do eixo da terra;
(d) por ter insistido em resolver as oscilações retilíneas em movimentos circulares, o que Ptolomeu, menos purista, não se deu ao trabalho de fazer.

Isso perfaz um total de 21 epiciclos extras contra uma economia de 13 (5 do movimento anual e 8 do movimento diurno da terra).

13 A **editio princeps** e as três edições subseqüentes (Nuremberg, Basiléia, Amsterdão e Varsóvia) fundamentaram-se, não no manuscrito de Copérnico, mas na cópia feita por Rético, que diferia do manuscrito em inúmeras minúcias. O manuscrito original de Copérnico só foi descoberto pelos anos de 1830 a 1840 na biblioteca do Conde Nostitz, em Praga. Não obstante, a edição de 1854, de Varsóvia, seguiu ainda as anteriores, só levando em consideração o descobrimento do original a edição de 1873, de Torun.

14 Butterfield, obra cit., pág. 30.

15 **De revolutionibus,** Liv. I, cap. 9.

16 Ibid., Liv. I, Cap. 8.

17 H. M. Pachter, **Magic into Science** (New York, 1951), págs. 26, 30.

18 **Letter against Werner,** Prowe II, pág. 176 seg. Rosen publicou uma tradução inglêsa, obra cit.

19 Rético, **Ephemerides Novae** (Leipzig, 1950), citado por Prowe II, pág. 391.

20 A sua última observação pessoal (eclipse de Vênus pela lua), empregada no **Revoluções** foi feita em março de 1529. O livro foi para os impressores em 1542. Durante o intervalo de treze anos, Copérnico continuou a fazer observações, anotando vinte e dois resultados, que não usou no **Revoluções.**

Isso nos permite determinar a data de término do manuscrito, com certeza razoável. Deve ter ficado pronto depois de 1529, visto estar a observação de Vênus, que acabamos de mencionar, registrada no corpo do texto. Não é provável tenha sido terminado depois de 1532, uma vez que as observações feitas nesse ano não estão registradas no texto, e sim em fôlha separada.

Continuou a fazer correções e alterações em anos posteriores que são, no entanto, de menor importância.

A afirmação contida na dedicatória a Paulo III, de haver retido a obra durante «quatro vêzes nove anos» não pode ser tomada ao pé da letra. (Trata-se, na realidade, de uma alusão à **Epístola ad Pisonus,** de Horácio). Levou evidentemente consigo a idéia heliocêntrica da Itália, ao regresso a Ermland, em 1506, o que vem a ser quase precisamente quatro vêzes nove anos antes de publicar o **Revoluções;** os pormenores do sistema devem ter ido tomando gradativamente forma no seu espírito entre aquela primeira data e o ano de 1529. Estava, então, com cinqüenta e alguns anos, e depois não realizou nenhuma tentativa séria para rever a teoria.

21 **De revolutionibus,** Liv. III, Cap. 1-4. Enganado por êsses dados, Copérnico concluiu erroneamente que a razão de precessão dos equinócios não era uniforme, e procurou explicar as suas flutuações imaginárias bem como as flutuações igualmente imaginárias da obliqüidade da eclíptica, mediante os movimentos oscilatórios, independentes, do eixo da terra.

22 **De revolutionibus,** Liv. III, Cap. 4.

23 **Commentariolus,** tradução de Rosen, pág. 57.

24 Ibid. pág. 57 seg. Apresenta a mesma razão no prefácio-dedicatória do **Revoluções.** O sistema de Ptolomeu, explica, concorda bastante bem com os fenômenos, mas viola «o primeiro princípio de uniformidade de movimento». Também Rético, na **Narratio Prima,** alude ao mesmo assunto: «Vêdes que no caso da lua ficamos livre de um igualante com a aceitação desta teoria.... O meu mestre dispensa também os igualantes para os demais planêtas...» (tradução de Rosen, pág. 135.) «...O meu mestre percebeu que sòmente com esta [isto é, a de Copérnico] teoria era possível fazer que todos os círculos do universo girassem uniforme e regularmente em tôrno dos próprios centros, e não em tôrno de outros, o que vem a ser propriedade essencial do movimento circular.» (Ibid., pág. 137). [O movimento circular não uniforme em tôrno de um centro é] «relação detestada pela natureza» (ibid., pág. 166).

25 **De revolutionibus,** Dedicatória ao papa Paulo III.

26 Ibid., Liv. I, Cap. 5.

27 O **De placiti philosophorum,** do pseudo Plutarco, do qual tirou Copérnico o trecho sôbre Filolau, Heraclides, etc., diz, algumas páginas antes (II, 24, citado por Armitage, pág. 88):

"Aristarco coloca o sol entre as estrêlas fixas e sustenta que é a terra que gira em tôrno do sol."

Na versão de Copérnico, no manuscrito das **Revoluções**, isso ficou transformado em:

"Filolau percebeu a mobilidade da terra, e afirmam alguns ter sido da mesma opinião Aristarco de Samos." (Prowe, pág. 129).

Mas até esse tributo adulterado está riscado do manuscrito. O nome de Aristarco está de fato três vêzes no **Revoluções** (no livro III, capítulos 2, 6 e 13), mas esses trechos se referem apenas às súas observações sôbre a obliqüidade da eclíptica e a duração do ano tropical. Em parte nenhuma se menciona o fato de haver sido Aristarco o pai da idéia heliocêntrica sôbre a qual Copérnico construiu o seu sistema.

Além da breve referência no pseudo-Plutarco, soube Copérnico da teoria de Aristarco pelo trecho clássico no **Contador de Areia**, de Arquimedes (vide acima, Primeira Parte, capít. III, 3), também especialmente marcado por Regiomontanus (cf. Zinner, pág. 178).

28 Averróis, **Commentary on Aristotle's Metaphysics**, citado por Rosen, obra cit., pág. 194 seg.
29 **De docta ignorantia** (Basiléia, 1514).
30 Obra cit., II, 11, 12, citado por Armitage, pág. 89 seg.
31 Ibid., pág. 102 seg., citado por Koyré, **From the Closed World to the Infinite Universe** (Baltimore, 1957), pág. 14 seg.
32 Ibid., pág. 105 seg., citado por Koyré, págs. 20, 22.
33 Lugar cit.
34 Zinner, obra cit., pág. 97.
35 Ibid., pág. 100.
36 Ibid., pág. 97.
36a Cf. Prowe, I, 2, pág. 480 seg.
37 Zinner, obra cit., pág. 133.
38 Ibid., pág. 132.
39 Lugar cit.
40 Ibid., pág. 135. A rotação diária deixa inalterados os movimentos aparentes do firmamento; a revolução anual deveria produzir uma pequena paralaxe estelar.
41 Não existe prova direta de Copérnico haver conhecido Calcagnini, mas foram contemporâneos na pequena Universidade de Ferrara, e o Professor Antonius Leutus, que em 31 de maio de 1503 entregou a Copérnico as insígnias do seu título de doutor, era padrinho de Calcagnini.
42 Butterfield, obra cit., pág. 29.
43 Sabia-se que o semidiâmetro da terra era de, aproximadamente, 4.000 milhas, e Copérnico acreditava que a distância da terra ao sol era de, mais ou menos, 1.200 semidiâmetros. (**De revolutionibus**, Liv. IV, pág. 21). Logo, acreditava-se medir a órbita da terra 9,6 milhões de milhas.
44. A paralaxe anual só ficou provada por Bessel, em 1838.
45 **De revolutionibus**, Liv. I, cap. 10.
46 Burtt, obra cit., pág. 25.
47 **De revolutionibus**, liv. I, cap. 8.

QUARTA PARTE

O DIVISOR DE AGUA

Johannis Kepleri Astronomi Opera Omnia, edição de Ch. Frisch, 8 volumes, Frankfurt e Erlangen, 1858-1871.

Foi iniciada em 1938 uma edição moderna da obra e correspondência de Kepler, **Johannes Kepler, Gesammelte Werke**, preparada por W. v. Dyck (✝) e Max Caspar, em colaboração com Franz Hammer. Até hoje (março de 1958) dispomos dos volumes I a VII, IX, XIII a XVII. Os textos são no original latino e no alemão medieval.

O único trabalho moderno e sério de biografia é **Johannes Kepler** de Max Caspar, Stuttgart, 1948.

Abreviações

O. O. — **Opera Omnia.**
G. W. — **Gesammelte Werke.**
Ca. — Biografia de Caspar.

Quarta Parte, Capítulo I. O JOVEM KEPLER.

1 O. O., Vol. VIII, pág. 670 seg., mencionado daqui por diante como «Horóscopo».
2 Em 1945, uma unidade francesa avançou contra a cidade e começou a bombardeá-la, na certeza de que o exército alemão em retirada deixara lá uma retaguarda. No momento crítico, um oficial francês, segundo me disseram o coronel de Chastingy, identificou-a como lugar de nascimento de Kepler, mandou cessar o fogo e salvou Weil da destruição.
3 «Um dos meus antepassados, Heinrich, e seu irmão, Friedrich, foram armados cavaleiros... em 1430, pelo Imperador (Sigismundo) na ponte sôbre o Tibre, em Roma.» (Carta de Kepler a Vincenzo Bianchi, 17 de fevereiro de 1619; G. W., Vol. XVII, pág. 321). A patente de nobreza ainda existe, mas os dois Keplers armados cavaleiros em 1430 chamavam-se Friedrich e Konrad, e não Friedrich e Heinrich.
4 «Horóscopo».
5 Ibid.
6 Ibid.
6a Kretschmer, **The Psychology of Men of Genius** (tradução de R. B. Cattell), Londres, 1931.
7 Isto é, colocado bem perto do sol.
8 O. O., Vol. V, pág. 475 seg.; daqui por diante mencionado como «Memória».
9 «Memória». Cf. também carta a Herwart von Hohenburg. 9/10-4-1599, G. W. Vol. XIII, pág. 305 seg.
10 «Horóscopo.»
11 **Johannes Kepler in seinen Briefen**, ed. Caspar e v. Dyck, Munique e Berlim, 1930, Vol. I, pág. 26.
12 «Memória».
13 G. W. Vol. XIII, pág. 19 seg.
14 **Tertius interveniens**, G. W., Vol. IV, pág. 145 seg.
15 **De Stella nova in pede Serpentarii**, G. W., Vol. I, pág. 147 seg.
16 **Tertius interveniens.**
17 **De stella nova**, cap 28.
18 **Antwort auf Röslini Diskurs**, G. W., Vol. IV, pág. 99 seg.
19 Ca., 108
20 **Tertius interveniens.**
21. «Memória».
21a **Antwort auf Röslini Diskurs**, pág. 127.
22 **Tertius interveniens.**
23 A Herwart, G. W., Vol. XIII, pág. 305 seg.

Quarta Parte, Capítulo II. O «MISTÉRIO CÓSMICO».

1 **Mysterium Cosmographicum** (G. W., Vol. I), **Prefácio ao leitor.**
2 Ibid., lugar cit.
3 Lugar cit.
4 Particularmente notável é a avançada posição relativista de Kepler no primeiro capítulo do **Mysterium**. Por motivos «metafísicos e físicos», diz ele, deve o sol estar no centro do mundo, mas tal não é necessário

para uma descrição formalmente correta dos fatos. No tocante à opinião ptolemaica e copernicana do movimento aparente das estrêlas fixas, diz: «Basta que ambos digam (o que ambos realmente dizem) que êsse fenômeno se deriva de um movimento contrastante entre a terra e o céu.» Relativamente à revolução anual, diz que o universo de Ticho (no qual cinco planetas giram em tôrno do sol e o sol gira em tôrno da terra) é pragmàticamente tão legítimo quanto o copernicano. «Verdadeiramente, a proposição **o sol fica no centro** vai longe demais. Basta postular mais geralmente: **o sol é o centro dos cinco planetas.**

5 Na Inglaterra, o valor de Copérnico foi reconhecido antes do que no Continente, sobretudo graças a dois trabalhos: em primeiro lugar, de Thomas Digges, **Uma perfeita descrição dos mundos celestes segundo a mais antiga doutrina dos pitagóricos, atualmente revivida por Copérnico e aprovada por demonstrações,** que êle acrescentou, em 1576, uma nova edição do **Prognostiction everlasting** de seu pai Leonard Digges; e em segundo lugar, de Giordano Bruno, **La cena de le ceneri,** escrita durante a sua estada na Inglaterra, e publicada pela primeira vez por Charlewood, em Londres, em 1584.

6 Cad. 13.

7 Inscrevendo a esfera de Mercúrio, não nas faces do octaedro, como se deveria fazer, mas no quadrado formado pelas quatro arestas medianas. Cap. 13, nota 4.

8 Cap. 15.

9 Cap. 18.

10 Ibid., nota 8.

11 Cap. 20.

12 Idib., notas 2 e 3.

13 A lei resultante dessa primeira tentativa foi: $R_1 : R_2 = P_1 : \frac{P_1 + P_2}{2}$, em que P_1, P_2 são os períodos, R_1, R_2 as distâncias médias dos dois planetas ao sol. A lei correta («Terceira lei» de Kepler) é, naturalmente: $R_1 : R_2 = P_1^{2/3} : P_2^{2/3}$.

14 Cap. 21.

15 Ibid., Nota 7.

16 Ca., pág. 78.

17 **Mysterium Cosmographicum,** Dedicatória à 2.ª Edição.

18 **Astronomia Nova,** resumo do Cap. 45.

19 Carta a Maestlin, 3-10-1959, G. W., Vol. XIII, pág. 33 seg.

20 **Tertius Interveniens.**

21 **Harmonice Mundi,** Liv. IV, cáp. I, G. W., Vol. VI.

22 **Mysterium Cosmographicum,** Cap. XXI, Notas 8 e 11.

23 É interessante notar que nenhuma autoridade que escreveu sôbre Kepler parece ter notado a obstinada omissão da palavra «elipse», talvez pelo fato de os historiadores de ciência recuarem diante da irracionalidade dos seus heróis, como o próprio Kepler recuava diante da aparente irracionalidade das órbitas elípticas por ele descobertas.

24 Burtt, **The Metaphysical Foudations of Modern Physical Science,** Londres, 1932 (ed. rev.) pág. 203. Burtt constitui notável exceção à atitude mencionada na nota anterior.

25 **Tertius Interveniens.**

26 **Mysterium Cosmographicum,** Prefácio ao Leitor.

26a Ibid., nota 8.

Quarta Parte, Capítulo III. DORES CRESCENTES.

1 Carta a Friedrich, duque de Wuerttemberg, 27-2-1596. G. W., Vol. XIII, pág. 50 seg.

2 G. W., Vol. XIII, pág. 162 seg.

3 Carta a Maestlin, 11-6-1958. G. W., Vol. XIII, pág. 218 seg.

4 «Horóscopo». Cf. também Carta a Maestlin, 10-2-1597, G. W., Vol. XIII, pág. 104 seg.

5 Carta a Maestlin, 9-4-1597, G. W., Vol. XIII, pág. 113 seg.

6 Carta a Herwart, 9-10-1599, G. W., Vol. XIII, pág. 305 seg.

7 Carta a uma mulher anônima, por volta de 1612, G. W., Vol. XVII, pág. 39 seg.

8 Ibid.

9 Carta a Maestlin, 15-3-1598, G. W., Vol. XIII, pág. 185.

10 E. Reicke, **Der Gelehrte, Monographien zur deutschen Kulturgeschichte**, Vol. VII, Leipzig, 1900, pág. 120.

11 G. W., Vol. XIII, pág. 84 seg.

12 G. W., Vol. XIII, pág. 207.

13 Carta a Herwart, 16-12-1598, G. W., Vol. XIII, pág. 264 seg.

14 Do malôgro dos seus esforços, concluiu Kepler dever ser a paralaxe da Estrela Polar menor do que 8', «porque os meus instrumentos me não permitem medir ângulos menores. Logo, o semidiâmetro da órbita terrestre deve ser menor do que 1/500 do semidiâmetro da esfera das estrêlas fixas.» (Carta a Herwart, G. W., Vol. XII, pág. 267 seg.).

Copérnico assumiu que a distância média da terra ao sol era igual a 1142 raios terrestres (**De revolutionibus**, Liv. IV, cap. 21). Em números redondos, o raio da órbita terrestre mede 1200 x 4000 = 4,8 milhões de milhas; e o raio mínimo do universo a 4,8 x 500 = 2400 milhões de milhas. Mais tarde, porém, no **Epitome**, aumentou o raio do universo para sessenta milhões de raios terrestres, ou seja, para 24.10^{10} milhas. Chegou a tal número assumindo ser o raio orbital de Saturno a média geométrica entre o raio do sol e o raio das estrêlas fixas; e o raio do sol quinze vezes o raio da terra. (**Epitome**, IV, 1, O O., VI, pág. 332).

15 Carta a Herwart, 16-12-1598, lugar cit. Kepler jamais aceitou a infinidade. Acreditava estarem tôdas as estrêlas fixas colocadas a uma distância quase exatamente igual do sol, de modo que a «esfera» delas (que, naturalmente, não considerava real) tinha apenas duas «milhas alemãs» de espessura. (Epitome, IV, 1, O. O., VI, pág. 334).

16 Carta a Maestlin, 16/26-2-1599, G. W., Vol. XIII, pág. 289 seg.

17 Ibid.

18 Para uma análise profunda dos elementos subjetivos da cosmologia newtoniana, vide Burtt, obra cit.

19 Os descobrimentos de Kepler não foram da espécie dos que «pairam no ar»; as três leis foram resultado de um **tour de force** de afastamento, e representam «trabalho de um só homem», por assim dizermos. Até Galileu não as compreendeu.

20 Carta a Maestlin, 8-12-1598, G. W., Vol. XIII, pág. 249 seg.

21 12-9-1597, G. W., Vol. XIII, pág. 131 seg.

22 Carta a Herwart, 16-12-1598, G. W., Vol. XIII, pág. 264 seg.

23 Carta a Maestlin, 29-8-1599, G. W., Vol. XIV, pág. 43 seg.

24 Carta a Maestlin, 22-11-1599, G. W., Vol. XIV, pág. 86 seg.

25 Maestlin a Kepler, 25-1-1600, G. W., Vol. XIV, p. 105 seg.

Quarta Parte, Capítulo IV. TICHO DE BRAHE.

1 J. L. E. Dreyer, **Tycho Brahe**, Edimburgo, 1890, pág. 27. A de Dreyer é a biografia padrão moderna de Ticho. Também publicou **Opera Omnia** de Ticho.

2 Lugar. cit.

3 Obra cit., pág. 14.

4 Para sermos precisos, empregou dois fios, passando por entre dois pares de estrelas, e intersectando a Nova.

5 Obra cit., pág. 86 seg.

6 **An Itinerary written by Fynes Morison**, etc., Londres, 1617, seg. pág. 60, citado por Dreyer, pág. 89.

7 Dreyer, obra cit., pág. 105.

8 Idib., pág. 262 n.

8a Os seus outros principais feitos são: aproximações melhoradas das órbitas solar e lunar; descobrimento da «equação da lua» (independentemente de Kepler); demolição da crença copernicana numa desigualdade periódica dos equinócios.

9 Ibid., pág. 261.

10 Ibid., pág. 249 seg.

11 Ibid., pág. 279.

12 **Nicolai Raimari Ursi Dithmarsi Fundamentum astronomicum**, Estrasburgo, 1588.

13 As únicas diferenças entre o sistema de Ursus e o sistema de Ticho eram ser no primeiro a rotação diária atribuída à terra, no segundo, às estrelas fixas, e serem atribuídas a Marte diferentes órbitas.

14 A Ursus, 15-11-1595, G. W., Vol. XIII, pág. 48 seg.

15 **Nicolai Raimari Ursi Dithmarsi de astronomicis Hypothesibus**, etc., Praga, 1597.

16 **To Tycho**, 13-12-1597, G. W. XIII, pág. 154.

17 **Tycho to Kepler**, 1-4-1598, G. W., Vol. XIII, pág. 197 seg.

18 21-4-1598, G. W., Vol. XIII, pág. 204 seg.

19 19-2-1599, G. W., Vol. XIII, pág. 286 seg.

20 Diz o trecho: «um doutor se deteve no regresso da Itália em Gratz e mostrou-me um livro dêle (Ursus) que imediatamente li nos três dias pelos quais tive permissão de conservá-lo. Encontrei... algumas regras de ouro que, eu me lembro, Maestlin usara freqüentemente em Tuebingen, e também a ciência do **seno** e do cálculo de triângulos, assuntos que, embora geralmente conhecidos, me eram novos... pois em seguida descobri em Euclides e Regiomontanus a maioria do que havia atribuído a Ursus.»

21 G. W., Vol. XIV, pág. 89 seg.

Quarta Parte, Capítulo V. TICHO E KEPLER.

1 Dreyer, obra cit., pág. 279.

2 Carta à Herwart, 12-7-1600, G. W., Vol. XIV, pág. 128 seg.

3 Ca., pág. 117.

4 A Herwart, 12-7-1600, G. W., Vol. XIV, pág. 128 seg.

5 Ca., pág. 119.

6 **Tycho to Jessenius**, 8-4-1600, G. W., Vol. XIV, pág. 112 seg.

7 Abril, 1600, G. W., Vol. XIV, pág. 114 seg.

7a Assinara, todavia, uma promessa escrita de conservar toda informação obtida de Ticho «no maior segredo», isto é, nada poderia publicar sem o consentimento de Ticho.

8 9-9-1600, G. W., Vol. XIV, pág. 150 seg.

9 9-10-1600, G. W., Vol. XIV, pág. 155 seg.

10. 28-8-1600, G. W., Vol. XIV, pág. 145 seg.
11 F. Morison, obra cit.
12 Dreyer, obra cit., pág. 386 seg.
13 Citado por Kepler em **Astronomia Nova,** I, Cap. 6.

Quarta parte, Capítulo VI. A APRESENTAÇÃO DAS LEIS.

1 **ASTRONOMIA NOVA AITIOLOGETOS, sev PHYSICA COELESTIS, tradita commentariis DE MOTIBUS STELLAE MARTIS, Ex observationibus, G. V. TYCHONIS BRAHE.**
1a **Astronomia Nova,** G. W., Vol. III, Preâmbulo ao Quadro de Conteúdo.
2 Ibid., II, cap. 7.
3 Ibid., Dedicatória.
4 «É inconcebível que uma força não material esteja presente num não--corpo e se mova através do espaço e do tempo.» Ibid., I, Cap. 2.
5 Ibid., II, Cap. 14.
6 Ibid., II, Cap. 14.
7 Posteriormente, todavia, regressou à posição ptolemaica.
8 No todo, havia Ticho observado dez oposições, e Kepler duas (1602 a 1604). Os dados tichônicos por ele usados foram os de 1587, 1591, 1593 e 1595
8a Carta a Herwart, 12-7-1600, G. W., Vol. XIV, pág. 132 seg.
9 **Astronomia Nova,** II, cap. 18.
10 Ibid., II, cap. 19.
11 **Science and the Modern World**, Cambridge, 1953 (reimpressão), pág. 3
12 **Astronomia Nova,** II, Cap. 20, III, cap. 24.
13 Ibid., III, cap. 22.
14 Lugar cit.
15 O observador em Marte entrava em ação tôdas as vezes em que Marte voltava a uma determinada posição na sua órbita, isto é, tinha a mesma longitude heliocêntrica. Visto que o período sidéreo de Marte era conhecido, podiam ser determinadas as vezes em que tal se verificava, e podiam também ser determinadas as diferentes posições ocupadas pela terra em tais ocasiões. O método proporcionava uma série de triângulos Marte-Sol-Terra: MSE_1, MSE_2, MSE_3, em que os ângulos em S e E eram conhecidos (pelos dados de Ticho e pelo método de aproximação de Kepler previamente estabelecido, ou por cada um separadamente). Daí vinham as razões SE_1/SM, SE_2/SM, SE_3/SM, e era um simples problema de geometria determinar a órbita da terra (admitida ainda como circular), a sua excentricidade, e a posição do **punctum equans.** O mesmo método lhe permitiu, mais tarde, determinar as distâncias relativas de Marte ao Sol para qualquer longitude geocêntrica de Marte observada.
16 No começo de III, cap. 33.
17 Quadro de conteúdo, sumário do cap. 32.
18 «Em outros pontos (não nas proximidades do afélio nem do periélio) há um pequeno desvio...» O trecho implica em ser negligível o desvio, o que é exato da órbita terrestre, em virtude da sua pequena excentricidade, mas não de Marte, que tem notável excentricidade.
19 É provável haver Descartes tirado a sua teoria dos vórtices de Kepler, mas não está provado.
20 Astronomia Nova, III, cap. 40.
21 Lugar cit.
22 Lugar cit.
23 Para resumirmos, são estas as três suposições incorretas: (a) que a velocidade do planeta varia na razão inversa da sua distância ao sol;

(b) a órbita circular; (c) que a soma dos raios vetores excêntricos iguala a área. As errôneas hipóteses **físicas** só desempenharam um papel indireto no processo.

24 Carta a Longomontanus, 1605, G. W., Vol. XV, pág. 134 seg.

25 **Astronomia Nova,** IV, cap. 45.

26 Lugar cit.

27 Carta a D. Fabricius, 18-12-1604, G. W., Vol. XV, pág. 78 seg.

28 Carta a D. Fabricius, 4-7-1603, G. W., Vol. XIV, pág. 409 seg.

29 Carta a D. Fabricius, 18-12-1604

30 **Astronomia Nova,** IV, cap. 55.

31 Ibid., IV, Cap. 56.

32 Ibid., IV, cap. 58.

33 1605; G. W., Vol. XV, pág. 134 seg.

34 **Myterium Cosmographicum,** Cap. 18.

35 Cf. **Insight and Outlook,** Londres e New York, 1949.

35a **Astronomia Nova,** Introdução.

36 Delambre, **Histoire de Astronomie Moderne,** Paris, 1891, Vol. I, pág. 394.

37 Terceira Carta a Bentley, **Opera Omnia,** Londres, 1779-85, IV, 380. Citado por Burtt, obra cit., pág. 265 seg.

38 Assim, por exemplo, no **Dialogue on the Great World Systems,** de Galileu, é Simplício, o ingênuo aristotélico, que diz: «A causa (pela qual os corpos caem) é manifesta, e todos sabem que é a gravidade»; mas retrucam-lhe imediatamente: «Estais errado, Simplício; dizeis que todos sabem que se **chama** gravidade, e eu não vos pergunto o nome mas qual a essência da coisa. Sôbre isso não sabeis mais do que sabeis quanto à essência do motor das estrêlas que giram». Trad. Salusbury, ed. Santillana, Chicago, 1953, pág. 250).

39 10-2-1605, G. W., Vol. XV, pág. 145 seg.

40 **Astronomia Nova,** III, cap. 33.

41 Ibid., III, cap. 38.

42 Ibid., I, Cap. 6.

43 Introdução de Max Caspar à sua tradução alemã da **Astronomia Nova,** Munique e Berlim, 1929, pág. 54.

Quarta Parte, Capítulo VII. KEPLER DEPRIMIDO.

1 Carta a Heydon, outubro de 1605, G. W., Vol. XV, pág. 231 seg.

2 Carta a D. Fabricius, 1-10-1602, G. W., Vol. XIV, pág. 263, seg.

2a Carta a D. Fabricius, fevereiro de 1604, G. W., Vol. XV, pág. 17 seg.

3 «Saudações ao leitor! Pretendera dirigir-me a ti, leitor, com um prefácio mais longo, mas a quantidade de questões políticas que me ocupa mais do que habitualmente nestes dias, e a apressada partida do nosso Kepler, que tenciona ir a Frankfurt já, só me deixaram um instante para escrever. Contudo, achei que devia dizer-te algumas palavras, para não te confundires com as liberdades tomadas por Kepler desviando-se de Brahe em várias das suas exposições, particularmente nas de natureza física. Essas liberdades soem encontrar-se em todos os filósofos desde que o mundo existe, e de modo nenhum atinge o trabalho das tábuas rodolfinas. [Refere-se às tabelas planetárias dedicadas a Rodolfo, que Tengnagel prometera publicar, o que nunca fêz). Verás por êste trabalho que o fundamento está em Brahe... e que todo o material (quero dizer as observações) foi reunido por Brahe. Entretanto, considera o excelente trabalho de Kepler... um prelúdio às Tábuas e às Observações que se seguirão, as quais, pelos motivos explicados, só poderão ser publicadas lentamente. Ora, comigo, ao Todo-Pode-

roso, ao Senhor Onisciente pelo rápido progresso desta obra muito desejada e por dias mais felizes. Franz Gansneb Tengnagel, conselheiro de Sua Imperial Majestade.»

4 G. W., Vol. XV, pág. 131 seg.

5 D. Fabricius a Kepler, 20-1-1607, G. W., Vol. XV, pág. 376 seg.

6 30-10-1607, G. W., Vol. XVI, pág. 71.

7 O escritor é o astrônomo de Dantzig, P. Crueger, citado por W. v. Dyck e M. Caspar **Nova Kepleriana 4, Abhandlungen der Bayrischen Ak. d. Wiss XXXI**, pág. 105 seg.

8 Lugar cit.

9 **Astronomiae Pars Optica,** Dedicatória a Rodolfo II, G. W., Vol. II

10 Carta a Besold, 18-6-1607, G. W., Vol. XV, pág. 492

10a Carta a Herwart, 10-12-1604, G. W., Vol. XV, pág. 68 seg.

11 Carta a Herwart, 24-11-1607, G. W., Vol. XVI, pág. 78 seg.

12 Carta a D. Fabricio, 11-10-1605, G. W., Vol. XV, pág. 240 seg.

13 **Dissertatio cum Nuncio Sid·ro,** G. W., Vol. IV, pág. 281 seg.

14 Tem havido controvérsia sobre se o título significava «Mensageiro» ou «mensagem» — cf. Stillman Drake, **Discoveries and Opinions of Galileo,** New York, 1957, pág. 19. Stillman Drake traduz como **The Starry Messenger; de Santillana** (vide abaixo) como **Sidereal Message (Diálogo)** ou **Starry Message (The Crime of Galileo).** Proponho o uso de **Messenger from the Stars,** ou **Star Messenger.**

Quarta Parte, Capítulo VIII. KEPLER E GALILEU.

1 F. Shewood Taylor, **Galileu and the Freedon of Thought** (Londres, 1938), pág. 1.

2 É estritamente exato apenas para ângulos pequenos, mas suficiente para os fins práticos de medida de tempo. A lei correta do pêndulo foi descoberta por Huygens.

O candelabro ainda existente na catedral de Pisa, cujas oscilações, segundo se alega, deram a idéia a Galileu só foi instalado vários anos após o descobrimento.

3 O seu manuscrito **De Motu,** escrito por volta de 1590, e feito circular privadamente, desvia-se indubitavelmente da física aristotélica, mas subscrevendo a teoria inteiramente respeitável do ímpeto ensinada pela escola de Paris no século quinze e por vários dos predecessores e contemporâneos de Galileu. Cf. A. Koyré, **Estudes Galileennes** (Paris, 1939).

4 Vide abaixo sobre o seu tratado técnico da bússola proporcional.

5 Carta a Maestlin, setembro de 1597, G. W., Vol. XIII, pág. 140 seg.

6 G. W., Vol. XIII, pág. 130 seg.

6a **Trattato della Sfera, Opere, Ristampa della Ediz. Nazionale** (Florença, 1929-39), Vol. II, págs. 203-255. Daqui por diante, «obras» se refere a essa edição, salvo no caso de «Ed. F. Flora», que diz respeito a seleção mais manuseável de obras e cartas num volume, publicada em 1953.

7 Citado por Sherwood Taylor, obra cit., pág. 85.

8 G. W., Vol. XIII, pág. 144 seg.

9 G. W., Vol. XIV, pág. 256.

10 Ibid., pág. 441.

11 Ibid., pág. 444 seg.

12 É surpreendente ler que o Prof. Charles Singer atribui o descobrimento de a nova de 1604 não ter paralaxe a Galileu, e, mais, silenciar quanto ao livro clássico de Ticho sôbre a nova de 1572, para dizer:

> «As estrêlas novas, anteriormente notadas, tinham sido consideradas pertencentes às regiões inferiores e menos perfeitas

perto da terra. Galileu atacara, assim, os céus incorruptíveis e intercambiáveis e aplicara ao esquema aristotélico um golpe quase tão sério quanto a experiência da tôrre de Pisa (sic).» (Ch. Singer. **A Short History of Science to the Nineteenth to the Nineteenth-Century**, Oxford, 1941, pág. 206).

Visto ser lendária também essa experiência, a comparação do prof. Singer contém uma verdade irônica; mas a tríplice afirmação errada caracteriza a força do mito de Galileu sobre alguns eminentes historiadores da ciência. Parece que o Prof. Singer também acredita haver Galileu inventado o telescópio (obra cit., 217), no sistema de Ticho «girar o sol em tôrno da terra em vinte e quatro horas levando em sua companhia todos os planêtas (ibid., pág. 183), e ter sido a Terceira Lei de Kepler «enunciada no **Epitome Astronomiae**» (ibid., pág. 205), etc.

13 Cf. Zinner, obra cit., pág. 514.

14 **Le Operazioni delle Compasso Geométrico e Militare,** Pádua, 1606; **Obras II,** págs. 362-405.

15 **Usus et Fabrica Circiui Cuiusdam Proporziones,** Pádua, 1607; **Obras** II, págs. 425-511.

16 O mestre de Capra foi o ilustre astrônomo Simon Marius (1573-1624), descobridor da Nebulosa de Andrômeda, com quem Galileu teve posteriormente um atrito por outra questão de prioridade. Vide abaixo, pág 328.

17 Carta a B. Landucci, citado por Gebler, **Galileu Galilei and the Romana Curia,** Londres, 1879, pág. 19.

18 George Fugger (membro da família do famoso banqueiro) numa carta Kepler, 16-4-1610, G. W., Vol. XVI, pág. 302.

18a Cf. Zinner, obra cit., pág. 345 seg.

19 Refere-se à primeira edição, latina.

20 **Paradise Lost,** livro II, 1. 890.

20a **Peregrinatio contra Nuncium Sydereum,** Mântua, 1610.

21 **Ignatius his Conclave.**

22 **Obras,** ed. F. Flora, Milão-Nápoles, 1953, pág. 887 seg.

23 Ibid., pág. 894 seg.

24 28-5-1610, G. W., Vol. XVI, pág. 314.

25 Citado por E. Rosen, **The Naming of the Telescope,** New York, 1947.

26 Carta a Horky, 9-8-1610, G. W., Vol. XVI, pág. 323.

26a «O pobre Kepler não consegue livrar-se da mágoa contra Vossa Excelência, pois Magini escreveu três cartas, confirmadas por 24 sábios de Bolonha, para dizer que estiveram presentes quando tentastes provar os vossos descobrimentos... mas não lograram ver o que pretendíeis mostrar-lhes.» M. Hasdale a Galileu, 15-4 e 28-4-1610, G. W. Vol XVI, págs. 300 seg. 308.

27 G. W., Vol. XVI, pág. 319 seg.

27a Provavelmente foi essa carta que levou o Prof. de Santillana à errônea afirmação: «O próprio Kepler, sempre generoso e franco, demorou cinco meses antes de se pôr ao lado da causa do telescópio... A sua primeira **Dissertatio cum Nuncio sidereo,** de abril de 1610, está cheia de reservas.» (**Dialogue on the Great World Systems,** Chicago, 1937, pág. 98 n.) As reservas de Kepler, como vimos, diziam respeito à prioridade do invento do telescópio, e não aos descobrimentos de Galileu feitos com esse instrumento.

28 G. W., Vol. XVI, pág. 327 seg.

29 Salvo uma breve nota de introdução a Kepler, entregue por Galileu a

um viajante dezessete anos mais tarde, em 1627. **Obras** XIII, pág. 374 seg.

30 Gebler, obra cit., pág. 24.

31 Pelo menos parece esse o significado. A palavra «**umbistineum**» não existe e pode derivar tanto de «**ambustus**», queimado, como de «**umbo**», projeção, protuberância.

32 9-1-1611, G. W., Vol. XVI, pág. 356 seg.

33 **Narratio de Observatis a se quatuor Iovis sattelitibus erronibus.**

34 25-10-1610, G. W., Vol. XVI, pág. 341.

Quarta Parte, Capítulo IX. CAOS E HARMONIA.

1 O livro deveria chamar-se realmente «Dióptrica e Catóptrica», pois trata da refração e da reflexão.

2 Salvo o Prefácio.

3 **Ad Vitellionem Paralipomena, quibus Astronomiae Pars Optica.**

4 3-4-1611, G. W., Vol. XVI, pág. 373 seg.

5 Dedicatória da **Eclogae Chronicae,** 13-4-1612, citada em **Johannes Kepler in seinen Briefen,** Vol. I, pág. 391 seg.

6 Ca., pág. 243.

7 Ca., pág. 252 seg.

8 Ca., pág. 300.

9 Galileu, como veremos, foi submetido à forma muito mais branda de **territio verbalis**, sem ser realmente conduzido à sala da tortura.

10 Citado em **Johannes Kepler in Seinen Briefen,** Vol. II, pág. 193 seg.

11 **Harmonices Mundi Libri V,** Linz, 1619. A obra chamam às vezes, erroneamente, «Harmonices», como se o «s» indicasse o plural, ao passo que, naturalmente, indica o genitivo.

12 A tradução da palavra por Kepler é **unwissbar.** (incognoscível).

13 **Harmonice Mundi,** livro V, cap. 4.

14 Lugar cit.

15 Ibid., Cap. 7.

16 Dedicatória das **Ephemerides** para 1620 a Lord Napier.

17 Ibid.

18 **Harmonice Mundi,** Introdução ao livro V.

19 «**Sed res est certissima exactissimaque, quod proportio, quae est inter binorum quorumconque planetarum tempora periodica, sit praecise sesquialtera proportionis mediarum distintiarum, id est orbium ipsorum.**» (Ibid. V, Cap. 3, Proposição N.º 8).

20 Lugar cit.

21 Lugar cit.

22 Ibid., apêndice ao livro V.

Quarta Parte, Capítulo X. CÁLCULO DE UMA NOIVA.

1 G. W., Vol. XVII, pág. 79 seg. A que se segue é uma versão reduzida.

Quarta Parte, Capítulo XI. OS ÚLTIMOS ANOS.

1 A Bianchi, 17-2-1619, G. W., Vol. XVII, pág. 321 seg.

2 A Bernegger, 20-5-1624. **Johannes Kepler in seinen Briefen** II, pág. 205 seg.

3 1-10-1626. Ibid., II, pág. 222 seg.

4 Lugar cit.

5 Kepler conheceu os logaritmos de Napier, em 1617: «Surgiu em cena um barão escocês (não me lembro do nome) que fez coisa excelente

tranformando todas as multiplicações e divisões em adições e subtrações...» (Ibid., II, pág. 101). Como Napier não explicasse, a princípio, o fundamento oculto, aquilo parecia magia negra e foi, portanto, acolhido com ceticismo. Observou o velho Maestlin: «Não fica bem a um professor de matemática manifestar alegria infantil pelo fato de o cálculo se tornar mais fácil» (Ca., pág. 368).

6 A Bernegger, 6-4-1627, **Johannes Kepler in seinen Briefen,** II, pág. 236 seg.

9 A Bernegger, 22-7-1629, ibid., pág. 292.

10 A Bernegger, 2-3-1629, ibid., pág. 284 seg.

11 A Bernegger, 29-4-1629, ibid., pág. 286 seg.

12 A Ph. Mueller, 27-10-1629, ibid., pág. 297.

13 Cf. O Ensaio de Marjorie Nicolson **Kepler, o Somnium, e John Donne,** no seu **Science and Imagination,** Oxford, 1956.

14 Kepler acrescentou a seguinte nota a esse trabalho:

«Podemos sentir o calor do lugar com o auxílio de um aparelho, pois se reunirmos os raios da lua cheia num espelho côncavo, parabólico ou esférico, sentiremos no foco, onde se encontram os raios, um calor, por assim dizer. Verifiquei-o em Linz, quando me empenhei em experiências com espelhos, sem pensar no calor; involuntariamente, voltei-me para ver se alguém estava soprando na minha mão.»

Como indicou Ludwig Gunther, que editou e traduziu o **Somnium** (**Traum vom Mond,** de Kepler (**Traum vom Mond,** Leipzig, 1898), êsse trecho estabelece a prioridade de Kepler em descobrir que a lua reflete, não apenas luz, senão também um pouco do calor do sol, fato que não era de maneira nenhuma evidente e que (segundo Gunther, pág. 131) só foi estabelecido por C. V. Boyse na década de 1890. Acreditavam os antigos que a luz do sol perdia todo o seu calor ao ser refletida pela lua (Cf. **On the Face in the Moon Disc,** de Plutarco).

15 Carta a Bartsch, 6-11-1629, **Johannes Kepler in Seinen Brief,** II, pág. 303.

16 A Ph. Mueller, 22-4-1630, ibid., pág. 316.

17 Bartsch a Ph. Mueller, 3-1-1631, ibid., **II,** pág. 329.

18 Ibid., II, pág. 325.

19 Ca., pág. 431.

20 Citado por S. Lânsio a anôn., 24-1-1631, **Johannes Kepler in seinen Brief,** II, pág. 333.

21 De cuja expressão se poderia inferir haverem recusado a ele os últimos sacramentos.

22 A Bartsch, **Johannes Kepler in seinen Briefen**, II, pág. 308.

QUINTA PARTE

A SEPARAÇÃO DOS CAMINHOS

Quinta parte, Capítulo I. O PESO DA PROVA.

1 A Cosme II, 31-5-1611, citado por Gebler, obra cit., pág. 36.

2 O termo foi imaginado por um dos membros dos Linces, Demisiani, e anunciado no banquete de 14-4-1611. Vide E. Rosen, **The Naming of the Telescope,** New York, 1947.

3 **Letters on Sunsposts**, Terceira carta, 1612, tradução de Stillman Drake, obra cit., pág. 126 seg.
4 Sôbre êsse alegre capítulo de mitologia-ciência, vide Lane Cooper, **Aristotle, Galileo and the Tower of Pisa**, Ithaca, 1935.
5 Zinner, obra cit., pág. 346.
6 Êsse episódio constituiu uma comédia tìpicamente kepleriana de erros. Em 28 de maio de 1607, havia Kepler observado o sol através de uma espécie de **camera obscura** improvisada, que consistia em estreitos intervalos entre as lousas do telhado da sua casa em Praga. As aberturas deixavam entrar a chuva nas águas furtadas, mas cada uma delas substituía a abertura de uma câmara (sem lentes); segurando uma fôlha de papel debaixo da fenda, obtinha Kepler uma imagem projetada do sol. Naquele dia, observou no disco projetado do sol «um ponto pequeno, quase negro, do tamanho de uma pulga magra». Levando o papel para mais perto da abertura, tornando assim o disco do tamanho da palma da mão, a mancha adquiriu o tamanho de «um ratinho». Kepler convenceu-se de que era a sombra de Mercúrio e que êle estava observando uma passagem do planeta sôbre o disco solar. Correu ao palácio do imperador, transmitiu a notícia a Rodolfo, por intermédio de um lacaio, refêz o caminho, induziu várias pessoas a convencer-se da existência do ponto negro e a assinar documentos testemunhando o fenômeno e em 1609 publicou um tratado sôbre o caso, **Mercurius in Sole.**
7 **Il Saggiatore,** citado por Ziner, pág. 362.
8 **Letters on Sunspots,** tradução de Stillman Drake, obra cit., pág. 100.
8a Ibid., pág. 113 seg.
9 Ibid., pág. 144.
10 Conti a Gailileu, 7-7-1612. Citado por G. de Santillana, **The Crime of Galileo,** Chicago, 1955, pág. 27 seg.
11 **Opere**, XI, 427, citado por Stillman Drake, pág. 146 seg. Vários historiadores (inclusive, recentemente, o professor de Santillana) tentaram atribuir a tal incidente maior importância, afirmando que Lorini pregara um sermão público contra Galileu. Mas se assim tivesse procedido «no dia de Todos os Santos», como assegura Santillana», será imposível admitir que pudesse ter negado o fato por escrito; além do mais, o próprio Galileu diz que o incidente se verificou «em discussão privada». (**Obras**, V, 291, citado por Drake, pág. 147 n.)
12 **Obras,** XI, pág. 605 seg.; citado por Drake, pág. 151 seg.
13 Tradução de Drake, obra cit., pág. 175.
14 Ibid., pág. 181-3.
15 Ibid., pág. 192 seg.
16 Ibid., pág. 194.
17 Ibid., pág. 194 seg.
18 Ibid., pág. 213.
19 10-1-1615. Citado por Gebler, obra cit., pág. 52.
20 **Opere,** XII, pág. 123. Citado por Drake, pág. 155.
21 Tradução de Santillana, obra cit., pág. 45 seg.
21a Gebler, obra cit., pág. 53.
22 Sustentava, i. a. «que Cristo não era Deus, e sim apenas um mágico extraordinàriamente habilidoso... e que o Diabo será salvo» (**Catholic Encyclopaedia** on Bruno).
22a É surpreendente notar com que indiferença reagiram os estudiosos ao martírio de Bruno, pelo menos na Alemanha, o que está ilustrado pela volumosa correspondência de Kepler, em que se discute tudo, e onde mal se menciona Bruno. Um dos correspondentes favoritos de Kepler,

durante a sua permanência em Praga, foi o médico Brengger, de Kaltbeuren, homem de grande erudição e extensos interêsses. Numa carta datada de 1.º de setembro de 1607, Brengger mencionou de passagem a teoria de «Giordano Bruno de Nola», sôbre a pluralidade dos mundos, quase oito anos após a execução de Bruno, mas Brengger, evidentemente, não soube do fato. Kepler respondeu (em 30 de novembro de 1607) que «não somente o infeliz Bruno, queimado em Roma, senão também o meu venerado Ticho, acreditavam serem os demais astros habitados.» (Na realidade cometeu um dos seus espantosos trocadilhos: «... **infelix ille Prunus prunis tostus Romae.**» Na carta seguinte (7 de março de 1608) Brengger escreveu: «Dizeis que Giordano Bruno foi queimado», e indagou o motivo daquilo: «Lastimo o infeliz». Respondeu Kepler (em 5 de abril): «Que Bruno fôra queimado em Roma, soube eu de Mestre Wackher; e sofreu com firmeza a pena. Assegurara a vaidade de tôdas as religiões e substituíra a Deus círculos e pontos». Brengger concluiu que Bruno deve ter estado louco e estranhava de onde lhe viera a fortaleza, uma vez que havia negado a Deus (25 de maio de 1608). Eis o comentário de dois estudiosos contemporâneos sobre o martírio de Giordano Bruno (G. W., Vol. XVI, págs. 39, 116, 142, 166).

23 **Opere**, XII, págs. 145-7, citado por Drake, pág. 158.

24 **Opere**, XII, pág. 151, citado por Drake, pág. 159.

25 **Lettera del R. P. Maestro Paolo Antonio Foscarini, Carmelitane, sopra l'opinione dei Pittagorici e del Copérnico della mobilitá della Terra e stalibitá del Sole, e il Nuove Sisteme del Monde,** Nápoles 1615.

26 Gebler, obra cit., pág. 61.

27 Santillana, obra cit., pág. 91.

28 Sherwood Taylor, obra cit., pág. 85.

29 **Opere** (ed. F. Flora), págs. 999-1007.

30 **Opere**, XII, pág. 171 seg. Tradução Drake, págs. 162-4, e Santillana, págs. 98-100.

31 **Opere**, XII, págs. 183-5. Trad. Drake, págs. 165-7.

32 Santillana, obra cit., pág. 118.

33 Drake, pág. 170.

34 Santillana, obra cit. pág. 110.

35 Carta ao cardeal Alessandro d'Este, 20-1-1616, trad. de Santillana, pág. 112 seg.

36 Ibid., pág. 117.

37 Ibid., pág. 116.

38 **Dialogue on the Great World Systems,** tradução de Salusbury, ed. Santillana, Chicago, 1953, pág. 469; daqui por diante, mencionado como **Diálogo.** O título italiano **Dialogo... sopra i due Massimi Sistemi del Mondo** menciona expressamente **dois** grandes sistemas do mundo, o ptolemaico e o copernicano; mas visto que segui a edição de Santillana da tradução feita por Salusbury devo a ela referir-me com o título que o editor lhe deu.

38a Explicou que isso se devia a causas secundárias que agiam nos mares internos, como o Mediterrâneo e o Adriático. Vide abaixo, págs. 325, 336.

39 H. Butterfield, obra cit., pág. 63.

40 Trad. Santillana, obra cit., pág. 119.

41 Alguns dos biógrafos de Galileu anseiam por dar a impressão de não ter sido o decreto de 5 de março causado pelas presistentes provocações de Galileu, mas resultado de uma campanha inquisitorial fria-

mente planejada para abafar a voz da ciência. Para prová-lo, sustentam que a convocação dos Qualificadores não foi decisão **ad hoc**, provocada pela **démarche** de Orsini com o papa nem pelo comportamento geral de Galileu em Roma, mas sim conclusão do continuado processo inquisitorial, iniciado com a denúncia feita por Lorini e Caccini, ou até antes. Êsse «até antes» refere-se a uma reunião da Congregação do Santo Ofício em 1611, na qual Bellarmino introduziu «um pequeno ítem na ordem de trabalhos»: «Verifique-se se, no processo contra o dr. Cesare Cremonini, há menção de Galileu, Professor de Filosofia e Matemática.» Era Cremonini um aristotélico inimigo de Galileu, na Universidade de Pádua; nunca foi submetido a julgamento. O registro data dos dias da triunfal visita de Galileu a Roma e a questão nunca mais está mencionada no arquivo. Não há nada no arquivo por cinco anos, até as acusações de Lorini contra a «Carta a Castelli», postas de lado, o testemunho de Caccini em fevereiro, e os testemunhos de Ximenes e Atavante em novembro, que levaram o processo ao fim.

Mas Caccini mencionara as «Cartas sobre as Manchas Solares», e em 25 de novembro há uma nota no arquivo referente a uma Instrução da Congregação: «Vide as **Cartas sôbre as Manchas Solares** pelo citado Galileu». Depois, mais nada até 23 de fevereiro do ano seguinte, quando os Qualificadores são convocados para se pronunciarem sôbre as duas proposições a êles submetidas, mas sem menção nem das «Manchas Solares» nem do nome de Galileu. Não obstante, o registro de 25 de novembro, acima citado, dá a entender que o processo nunca fora posto de lado, e sim apenas adiado, e que a convocação dos Qualificadores foi o resultado final e inevitável da «fatalidade histórica».

O fato é que os Qualificadores **não** foram intimados a ver nem a censurar as «Cartas sobre as Manchas Solares»; que todo aquele que visse o livro devia imediatamente verificar que continha uma única e irrefutável referência ao sistema copernicano como hipótese; e que a questão fora posta de lado, como de lado tinham sido postas antes as denúncias de Cremonini, Caccini e Lorini.

A ausência de qualquer plano preconcebido também fica provada pela carta de Bellarmino a Foscarini e pelo desajeitado palavreado da segunda pergunta aos Qualificadores, de a terra se mover **«segundo tôda ela, também de movimento diurno»** (**mas si move seconde sé tutta, etiam di mota diurno**). Provou Santillana (obra citada, pág. 139) que essas palavras, as quais não têm realmente sentido, foram colhidas da deturpada versão do copernicanismo feita por Caccini. Se a convocação dos Qualificadores tivesse sido planejada de antemão, e não uma medida **ad hoc** ordenada por um papa encolerizado, o Inquisidor, incumbido de formular as perguntas, poderia indubitavelmente ter preparado algo mais precioso do que uma frase tirada às pressas do arquivo.

Dentre as duas obras sérias mais recentes sobre Galileu, Stillman Drake mantém que a causa da proibição das opiniões de Galileu foi a pressão de Orsini com o papa para favorecê-las (obra cit., pág. 152 n), ao passo que Santillana opina ter sido a história de Orsini deliberadamente «escoada» pela Inquisição ao Embaixador toscano a fim de enganá-lo, «ao passo que numa sessão secreta de muitos dias antes já fôra tomada a decisão. Deste modo, foram os informadores protegidos e as coisas revestidas do aspecto de só a impaciência e a indiscrição de Galileu haverem movido à ação as autoridades, e com a cooperação de Guicciardini descobrira-se a melhor maneira de desacreditar Galileu com o Grão-duque» (obra cit., pág. 120). Mas a referência aos «informantes protetores» não tem sentido no texto e a intenção de desacreditar Galileu com o grão-duque mal se condiz com o fato de, uma semana após emitir o decreto, haver o papa Paulo V recebido Galileu em audiência, dando-lhe Bellarmino um certificado de honra. A cena provocada por Galileu tornara-se inevitável; uma vez passada, prestaram-se ao Matemático do grão-duque honras tranqüilizadoras.

42 Trad. Santillana, pág. 121.

43 Ibid., pág. 123.

44 A Picchena, 6-3-1616, citado por Drake, pág. 218 seg.

45 **Encicl. Catól.** Artigo sôbre «Galileu».

45a Santillana, obra cit., pág. 90 n.

46 Ibid., pág. 88.

47 Burtt, obra cit., pág. 25.

48 Santillana, obra cit., pág. 124.

49 A Picchena, 6-3-1616.

50 **Ut omnino abstineat... docere aut defendere seu de ea tractare** (L'Epinois, **Les Pièces du Procès de Galilée,** Roma, Paris, 1877, pág. 40).

51 **Non si possa difendere, ne tenere** (ibid., pág. 72, 75).

52 **Quovis modo teneat, doceat, aut defendat, verbo aut scriptis.** (Ibid., pág., 40 seg.).

52a A mais recente contribuição à controvérsia é **The Crime of Galileo,** de Santillana, que citei freqüentemente e à qual devo, evidentemente, muito. É de lastimar que nesse ponto crucial tenha deixado de mencionar alguns fatos importantes, o que em grande escala lhe vicia as conclusões, no tocante ao julgamento de Galileu. Na pág. 128, diz sôbre a minuta de 26 de fevereiro que «foi um historiador catolicíssimo, mas notável, o Professor Franz Reusch, que na década de 1870 a 1880 chamou a atenção» a certas suspeitas relativas à forma em que se escreveu a minuta de 26 de fevereiro. Na pág. 131, n., repete: «Dissemos antes, e devemos realçar agora, que o primeiro historiador católico, segundo o que nos é dado saber, que descobriu algo de estranho quanto ao documento, é o Professor Reusch.» Na realidade, a primeira suspeita quanto ao documento não foi de Reusch, mas de Emil Wohlwill, no **Der Inquisitions process der Galileo Galilei,** publicado em 1870. Isso poderia ser considerado um **lapsus** de menor importância (embora toda a controvérsia em torno de Galileu ecoe o nome de Wohlwill, o qual levantou essa lebre particular), mas, visto que Santillana dispensa tal respeito a Reusch, não se compreende porque deixou de dizer que foi efetivamente Reusch o qual, não obstante as suspeitas iniciais no tocante ao documento, aduziu vários argumentos importantes em favor da sua autenticidade. O principal argumento de Wohlwill e dos seus sequazes (Gebler, Cantor, Scartazzini e outros) contra a autenticidade da minuta havia girado sobre três palavras: «**successive ac incontinenti**». Dizia a minuta que, após haver Bellarmino advertido Galileu a abandonar as opiniões copernicanas, **successive ac incontinenti** «ordenou e impôs» o Comissário da Inquisição a Galileu a injunção absoluta. Mas, diz o argumento, o Santo Ofício havia decretado só dever ser empregada a injunção absoluta **no caso de Galileu se recusar a submeter-se,** e as palavras **successive ac in-**

continenti indicam ter sido apresentada a injunção imediatamente após a advertência, sem que se desse a Galileu a oportunidade de recusar; noutras palavras, que o processo descrito pela minuta de 26 de fevereiro contradizia o processo ordenado pelo decreto do dia anterior.

Contra tal argumento provou Reusch que as palavras «**Successive ac incontinenti**» não significavam, no uso do Vaticano da época, «imediatamente depois» ou «sem pausa», mas simplesmente «na seqüência», ou «mais tarde». (*) Não é possível deixar de ver o trecho que está especialmente marcado na lista de conteúdo do livro de Reusch (p. IX) e que uma vez por todas, determinou êsse argumento particular. H. Grisar, jesuíta, pingou os pontos nos ii, provando que tais palavras eram empregadas até por referir-se a fatos com vários dias de separação (**). Contudo, Santillana (pág. 26), ignorando tudo isso (no mesmo capítulo em que por duas vezes cita Reusch), traduz as palavras «**Successive ac incontinenti**», por «imediatamente depois».

Os argumentos auxiliares sobre a forma da minuta, a ausência de assinatura de notário etc., também exaustivamente discutidos por Reusch e outros, são por Santillana dados como se não conhecesse a longa e complicada controvérsia sôbre a questão. Deixa de mencionar que a minuta da reunião de 25 de fevereiro e a minuta do processo de 26 de fevereiro tinham sido escritas pela mão do próprio notário. Não é a menor omissão deixar Santillana de mostrar que os têrmos da injunção apresentada segundo a minuta de 26 de fevereiro foram realmente menos duros que os previstos na reunião de 25 de fevereiro. Em 25 de fevereiro, havia o Santo Ofício ordenado que, no caso de Galileu recusar obediência, fôsse intimado «a se abster inteiramente de ensinar ou defender tal opinião e doutrina e até de discuti-las». Mas a injunção segundo a minuta de 26 de fevereiro só lhe proibiu «sustentar, ensinar ou defender, de qualquer modo, verbalmente ou por escrito» a doutrina copernicana; as palavras «e até de discuti-la» estão omitidas da minuta de 26 de fevereiro. Se essa minuta tivesse sido um ardil para incriminar Galileu, por que deixou o autor de dar uma razão concreta para condená-lo? Foi êste último ponto que convenceu Reusch de ser logicamente insustentável a acusação de ardil (obra cit., págs. 144-5).

Que iremos concluir? (a) A possibilidade de uma falsificação técnica fora eliminada mediante cuidadosa análise do papel e da tinta (cf. Gebler, obra cit., págs. 90, 334 seg.). (b) A possibilidade de uma trama **mala fide** anotada pelo notário nas instruções de um inimigo, ou inimigos de elevada posição de Galileu, no Santo Ofício, é logicamente insustentável, pelos motivos que acabamos de explicar e por várias outras razões. (c) Contudo, restam certas discrepâncias entre as minutas da decisão de 25 de fevereiro, o processo em 26 de fevereiro, e o certificado de Bellarmino. O fato de o notário não registrar a recusa de Galileu e concordar com a advertência de Bellarmino constitui uma delas; mas a brevidade e a natureza resumida da minuta (vinte linhas nas **Pièces du Procès, de** L'Epinois) o poderiam explicar; ademais, talvez não se tenha Galileu recusado formalmente

---

(*) F. H. Reusch, **Der Process Galilei's und die Jesuiten**, Bonn, 1879, pág. 136 seg.

(**) H. Grisar, S. J., **Galileistudien**, Regensburg Nova York e Cincinnati, 1882, págs. 50-51.

a obedecer, mas apenas argumentado, como era do seu feitio. O abrandamento do texto da injunção, e o testemunho salvador de aparências dado por Bellarmino a Galileu, a pedido dêste, poderiam talvez ser explicados, mais uma vez com Reusch, pela diplomacia de Bellarmino, o qual, por um lado, pretendia colocar um ponto final na agitação galileana e, por outro, desejava poupar o amor-próprio dele do duque Cosme. Parece ser essa, pelo menos, a hipótese mais plausível, particularmente se nos lembrarmos da carta de Bellarmino a Foscarini, na qual elogiava Galileu por agir «prudentemente», ao tratar de Copérnico apenas como hipótese atuante, quando Bellarmino sabia que a verdade era o oposto. Mas a certeza só será possível quando todo o arquivo do Vaticano for acessível aos estudiosos.

Quinta Parte, Capítulo II. O JULGAMENTO DE GALILEU.

1 Santillana, obra cit., pág. 136.
2 **Dialogue on the Great World Systems,** pág. 425 seg.
3 Afora a gravidade, naturalmente, que não cabe no quadro de Galileu.
4 Segunda carta a Mark Welser, trad. Drake, pág. 118 seg.
5 Trad. Drake, pág. 226.
6 Ibid., pág. 272.
7 Ibid., pág. 276 seg.
8 Santillana, pág. 233.
9 Ibid., pág. 162 seg.
10 Gebler, obra cit., pág. 115.
10a Algumas partes do **Dialogue** foram de fato escritas em 1610.
11 **Dialogue,** pág. 68 seg.
12 Ibid., pág. 24.
13 Ibid., pág. 200 seg.
14 Ibid., pág. 178 seg.
15 Não está afirmado expressamente, mas claramente subentendido nas págs. 458-60.
16 Ibid., pág. 350.
17 Santillana, numa nota de pé de página ao **Dialogue,** pág. 349.
18 Ibid, pág. 354.
19 Ibid., pág. 357.
20 Ibid., pág. 364.
21 Ibid., pág. 365.
22 Ibid., pág. 407.
23 Ibid., págs. 362-4.
24 Em virtude das revoluções da lua em torno da terra, o centro de gravidade desses dois corpos percorre uma órbita menor ou maior, e, por analogia com o pêndulo isócrono, a sua velocidade deve também variar. **Dialogue,** págs. 458-60. Pela mesma analogia, a velocidade tangencial de todos os planetas deve ser a mesma (vide acima, nota 15)
24a Ibid., pág. 469. A palavra (que Salusbury traduz por «bagatelas») é **fanciullezze.**
25 Ibid., pág. 342 seg.
26 Ibid., pág. 462.
27 Santillana, obra cit., pág. 183.
28 Lugar cit.
29 Ibid., pág. 184.
30 Gebler, obra cit., pág. 161.
31 Ibid., pág. 183 .
32 Santillana, pág. 241.

33 Ibid., pág. 252 segs.
34 Ibid., pág. 255 seg.
35 Ibid., pág. 256.
36 Ibid., págs. 258-60.
37 Ibid., pág. 292 seg.
38 Ibid., pág. 302.
39 Ibid., pág. 303.
40 Lugar cit.
41 Lugar cit.
42 «Considerando que vós, Galileu, filho do falecido Vincenzo Galilei, florentino, de setenta anos de idade, fostes, no ano de 1615, denunciado a este Santo Ofício, por sustentar que era verdadeira a falsa doutrina ensinada por alguns, de estar o Sol no centro do mundo e imóvel, e de a Terra se mover, também com movimento diurno; por ter discípulos a quem ensinastes a mesma doutrina; por manter correspondência com certos matemáticos da Alemanha, no tocante à mesma opinião; por haver imprimido certas cartas, intituladas «Sobre as Manchas Solares», em que desenvolvestes a mesma doutrina, como se fôsse verdadeira; e por replicar às objeções das Sagradas Escrituras, de tempos em tempos a vós apresentadas, interpretando as citadas Escrituras segundo o vosso significado; e considerando ter sido mostrada cópia de um documento, em forma de carta, dando a impressão de haver sido escrita por vós a um antigo discípulo, e na qual se vêem diversas proposições que seguem os ensinamentos de Copérnico, e que contrariam o verdadeiro sentido e autoridade da Sagrada Escritura:

Êste Santo Tribunal pretende agir contra a desordem e o mal daí resultantes, que cresceram em prejuízo da Sagrada Fé; portanto, por ordem de Sua Santidade e dos Eminentíssimos Senhores Cardeais desta suprema e universal Inquisição, as duas proposições da estabilidade do Sol e do movimento da Terra foram assim qualificadas pelos Qualificadores teológicos:

A proposição de ser o Sol o centro do mundo e não se mover do lugar é absurda e falsa, filosòficamente, e formalmente herética, por contrariar, de maneira expressa, a Sagrada Escritura.

A proposição de não estar a Terra no centro do mundo e imóvel, mas, pelo contrário, ser móvel, dotada também de movimento diurno, é igualmente absurda e falsa filosoficamente, e teològicamente considerada pelo menos errônea na fé. Mas, considerando que na ocasião se desejou tratar-vos com brandura, foi decretado na Sagrada Congregação reunida perante Sua Santidade, em vinte e cinco de fevereiro de 1616, que sua Eminência o senhor cardeal Bellarmino devia ordenar-vos abandonásseis inteiramente a citada doutrina falsa e, se recusásseis, ser-vos-ia imposta uma injunção pelo Comissário do Santo Ofício, para que desistísseis da citada doutrina e a não ensinásseis a outros, não a defendesseis, nem sequer a discutísseis; e, se deixásseis de obedecer a essa injunção, serieis preso. E executado êsse decreto, no dia seguinte, no Palácio, e na presença de sua Eminência, o citado senhor cardeal Bellarmino, após ser gentilmente aconselhado pelo citado senhor Cardeal, ordenou-vos o Padre Comissário do Santo Ofício da ocasião, perante notário e testemunhas, que devíeis abandonar inteiramente a citada falsa opinião e no futuro não sustentá-la, nem defendê-la, nem ensiná-la, de modo nenhum, nem verbalmente nem por escrito; e, ao prometerdes obedecer, fostes reenviado.

E, para que doutrina tão perniciosa fôsse totalmente extirpada e se não insinuasse mais em grave prejuízo da verdade católica, foi emitido um decreto pela Santa Congregação do Índice, proibindo os livros que tratam de tal doutrina, e declarando a própria doutrina falsa e inteiramente contrária à sagrada e divina Escritura.

E, considerando que aqui apareceu, recentemente, um livro, impresso no ano passado em Florença, cujo título diz que éreis vós o autor, sendo o título: «Diálogo de Galileu Galilei sôbre os Grandes Sistemas do Mundo»; e, considerando que a Santa Congregação foi informada, posteriormente, de que, com a publicação do citado livro, conquistava terreno diàriamente a falsa opinião do movimento da Terra e da estabilidade do Sol, foi o citado livro cuidadosamente considerando, e nele se descobriu uma patente violação da ante-mencionada injunção a vós imposta, pois no livro defendestes a citada opinião prèviamente condenada, e diante de vós declarada condenada, apesar de, no citado livro, tentardes, por vários meios, dar a impressão de que a deixais sem decisão, e provável em têrmos expressos, o que, todavia, constitui erro dos mais penosos, pois não há opinião que possa ser, de qualquer modo, provável, uma vez que haja sido declarada e definida contrária à divina Escritura.

Fostes, por ordem nossa, intimado à presença deste Santo Ofício, onde, após interrogação mediante prévio juramento de vossa parte, reconhecestes que o livro fora escrito e publicado por vós. Confessastes havê-lo começado a escrever há cerca de dez ou doze anos, depois de vos ter sido imposta a ordem mencionada acima; que solicitastes permissão para imprimi-lo, sem, contudo, revelar aos que vos concederam a permissão que tínheis recebido a ordem de não sustentar, defender, nem ensinar a doutrina em apreço, de modo nenhum.

Confessastes, igualmente, que o citado livro está, em numerosos trechos, redigido de modo tal que o leitor pode imaginar serem os argumentos apresentados no lado falso destinados, pela sua fôrça, a produzir uma convicção, e não a ser facilmente refutados, desculpando-vos por haver incidido em erro, como alegastes, tão estranho ao vosso intuito, pelo fato de haverdes escrito em diálogo, e pela natural complacência que todos sentem em relação às suas próprias sutilezas e em se revelar mais hábeis do que o comum dos homens em imaginar, até em favor de proposições falsas, argumentos engenhosos e plausíveis.

Tendo-vos sido destinado um período adequado, para o preparo da defesa, apresentastes um certificado com a letra de Sua Eminência o Senhor Cardeal Bellarmino, obtido, como afirmastes, para a vossa defesa contra as calúnias dos inimigos, que vos acusaram de haver abjurado e ter sido punido pelo Santo Ofício, em cujo certificado se declara que não havíeis abjurado e que não tínheis sido punido, e que apenas vos fora anunciada a declaração feita por Sua Santidade e publicada pela Santa Congregação do Índice, na qual se declara que a doutrina do movimento da Terra e a estabilidade do Sol contraria as Sagradas Escrituras, não podendo, assim, ser defendida nem sustentada. E, como nesse certificado não há menção dos dois artigos da injunção, ou seja, a ordem de não **ensinar** e **de modo nenhum,** dissestes que deveríamos acreditar haverdes, no curso de catorze ou dezesseis anos, perdido a lembrança dêles, e que a isso se devia nada terdes dito da injunção, quando solicitastes permissão para imprimir o livro. E tudo isso frisastes, não como desculpa do vosso erro, mas para ser atribuído a uma ambição vã e não à maldade. Porém. o certificado por vós apresentado em vossa defesa só vos agravou o crime, uma vez que, embora nele se afirme ser tal opinião contrária à Sagrada Escritura, ousastes discuti-la e defendê-la e argumentar-lhe a probabilidade; nem vos serve de maneira nenhuma a permissão ardilosa e astutamente por vós extorquida, uma vez que não notificastes a ordem que vos tinha sido imposta.

E, considerando que se nos afigurou não haverdes dito a verdade inteira com relação ao vosso intento, julgamos necessário submeter-vos a um rigoroso exame no qual (sem preconceito, todavia, pelos assuntos por vós confessados e apresentados como está acima em relação ao vosso citado intento) respondestes como bom católico. Após vermos e maduramente analisarmos os méritos do vosso caso, ao lado das vossas confissões e desculpas acima citadas, e tudo quanto devia ser justamente visto e considerado, chegamos, contra vós, à sentença final que se segue:

Invocando, portanto, o santíssimo nome de Nosso Senhor Jesus Cristo e de Sua Gloriosíssima Mãe, a sempre Virgem Maria, por esta nossa sentença final, que em julgamento, com o conselho e parecer dos Reverendos Mestres da sagrada teologia e Doutores das duas Leis, nossos assessores, expedimos neste escrito, na causa e causas agora perante nós entre o Magnífico Carlo Sinceri, Doutor em ambas as Leis, Procurador Fiscal deste Santo Ofício, de um lado, e do outro vós Galileu Galilei, acusado, aqui presente, examinado, julgado e confessado como se provou acima.

Dizemos, proferimos, sentenciamos, e declaramos que vós, o citado Galileu, em virtude das questões aduzidas ao julgamento, e por vós confessadas como está acima, vos tornastes no julgamento dêste Santo Ofício veementemente suspeito de heresia, isto é, de haver aceitado e defendido a doutrina — que é falsa e contrária às sagradas e divinas Escrituras — de que o Sol é o centro do mundo e não se move de leste a oeste, e que a Terra se move e não está no centro mundo; e que se pode sustentar e defender uma opinião, como provável, após haver sido declarada e definida contrária à Sagrada Escritura; e que, conseqüentemente, incorrestes em tôdas as censuras e penas impostas e promulgadas nos sagrados cânones e outras constituições, gerais e particulares, contra tais delinqüentes. Com o que nos contentamos com serdes absolvido, uma vez que, em primeiro lugar, com sinceridade e fé verdadeira, abjureis, amaldiçoeis, e detesteis na nossa presença os citados erros e heresias e qualquer outro êrro e heresia contrários à Igreja Católica e Apostólica Romana, na forma que vos prescreveremos.

E, para que êsse vosso grave e pernicioso erro e transgressão não fique inteiramente impune e para que vos acauteleis mais no futuro e sejais exemplo a outros a fim de que se abstenham de semelhantes crimes, ordenamos que o livro do «Diálogo de Galileu Galilei» seja proibido por édito público.

Nós vos condenamos à prisão formal deste Santo Ofício, a nosso talante, e à guisa de pena salutar ordenamos que, por três anos, repitais, uma vez por semana, os sete salmos penitenciais, reservando-nos a liberdade de moderar, comutar, ou suspender, no todo ou em parte, as citadas penas ou pena. E assim dizemos, proferimos, sentenciamos, declaramos, ordenamos e reservamos neste e noutro qualquer modo e forma melhor que podemos e estamos autorizados a empregar de direito.» (Bidi., págs. 306-10.)

43 «Eu, Galileu, filho do falecido Vincenzo Galilei, Florentino, de setenta anos de idade, intimado pessoalmente à presença deste tribunal e

ajoelhado diante vós, Eminentíssimos e Reverendíssimos Senhores Cardeais Inquisidores-Gerais contra a gravidade herética em tôda a comunidade cristã, tendo diante dos olhos e tocando com as mãos os Santos Evangelhos, juro que sempre acreditei, que acredito, e, mercê de Deus, acreditarei no futuro tudo quanto é defendido, pregado e ensinado pela Santa Igreja Católica e Apostólica. Mas, considerando que — após me ser intimada judicialmente uma injunção por este Santo Ofício para que eu deixasse inteiramente a falsa opinião de estar o Sol no centro do mundo e imóvel, e a Terra não estar no centro do mundo e mover-se, e não sustentasse e defendesse, nem ensinasse, de maneira nenhuma, nem verbalmente nem por escrito, a citada falsa doutrina, e após ser notificado de que a citada doutrina contraria a Sagrada Escritura — escrevi e imprimi um livro no qual discuto a nova doutrina já condenada e aduzo argumentos de grande fôrça em seu favor, sem apresentar nenhuma solução para êles, fui, pelo Santo Ofício, acusado de veementemente suspeito de heresia, isto é, de haver sustentado e acreditado que o Sol está no centro do mundo e imóvel, e que a Terra não está no centro e se move, desejando eliminar do espírito de Vossas Eminências e de todos os cristãos fiéis essa veemente suspeita concebida mui justamente contra mim, com sinceridade e fé verdadeira abjuro, amaldiçoo e detesto os citados erros e heresias e em geral qualquer outro erro, heresia e seita contrários à Santa Igreja, e juro que no futuro nunca mais direi nem afirmarei, verbalmente nem por escrito, nada que proporcione motivo para semelhante suspeita a meu respeito; se souber de um herege ou suspeito de heresia, denunciá-lo-ei a êste Santo Ofício ou ao Inquisidor ou Ordinário do lugar em que me encontrar. Mais, juro e prometo cumprir e observar, na íntegra, tôdas as penas que foram, ou que serão, impostas a mim por este Santo Ofício. E, no caso de faltar (não praza a Deus!) a qualquer dessas minhas promessas e juramentos, submeter-me-ei a todas as dores e penas impostas e promulgadas nos cânones sagrados e outras constituições, gerais e particulares, contra tais delinqüentes. Valha-me Deus e êstes Seus Santos Evangelhos, que toco com as mãos.» (Ibid., pág. 312).

44 Ibid., pág. 325.

45 Durante os dias de Pádua, vivera Galileu com uma veneziana, Marina Gamba, que lhe deu duas filhas e um filho. Separou-se dela ao se transferir para a corte dos Médicis, em Florença.

46 **Opere**, XVII, pág. 247.

Quinta Parte, Capítulo III. A SÍNTESE NEWTONIANA.

1 Não há, contudo, prova direta de haver Descartes tirado os seus vórtices de Kepler.

2 William Gilbert, **On the Loadstone and Magnetic Bodies**, trad. Mottelay, New York, 1893, citado por Burtt, obra cit., pág. 157 seg.

2a Essa ilustração é tirada de D. Bohm, **Causaly and Chance in Modern Physics**, Londres, 1957, pág. 43 seg.

3 Terceira carta a Bentley, **Opere**, IV.

4 A fórmula da fôrça centrífuga fora encontrada por Huygens, no seu **Horologium Oscillatorim** (1673).

EPÍLOGO

1 Vide **Insight and Outlook**, Londres e New York, 1949.

2 Cf. i. a. Ernest Jones, **The Nature of Genius**, Jornal Médico Britânico, 4-8-1956.
3 H. Butterfield, obra cit., pág. 105.
4 A Herwart, 9-10-4-1599.
5 Ca., pág. 105 seg.
6 **Tertius Interveniens.**
7 Ca., pág. 314.
8 Ibid., pág. 320.
9 Citado por Pachter, obra cit., pág. 225.
10 **Il Saggiatore, Opere**, VI, pág. 232.
11 Primeira Carta a Bentley, **Obras**, IV.
12 Terceira Carta a Bentley, ibid.
13 Citado por Burtt, pág. 289.
14 Obra cit., págs. 233-8.
15 Citado por Butterfield, pág. 90.
15a A teoria de Bohr, a que isso se refere, foi a última que, a despeito dos paradoxos, proporcionou uma espécie de modelo imaginável do átomo. Foi agora abandonada em favor de uma discussão puramente matemática, a qual elimina da física atômica a própria idéia de «modêlo», com a severidade do Segundo Mandamento («Não farás para ti imagens»).
16 **An Outline of Philosophy**, págs. 163 e 165.
17 J. W. N. Sullivan, **The Limitations of Science**, New York, 1949, pág. 68.
18 Citado por Sullivan, pág. 146.
19 **The Mysterious Universe**, Cambridge, 1937, pág. 122 seg.
20 Ibid., pág. 137.
21 Ibid., pág. 100.
22 Obra cit., pág. 164.
23 Sullivan, obra citada, pág. 147.
24 Eddington, **The Domain of Physical Science**, citado por Sullivan, pág. 141.
25 **An Outline of Philosophy**, pág. 163.
26 L. L. Whyte, **Accent on Form**, Londres, 1955, pág. 33.
27 **Space and Spirit**, Londres, 1946, pág. 103.
28 Burtt, obra cit., pág. 236 seg.
29 **The Trail of the Dinosaur**, Londres e New York, 1955, pág. 245 seg. Dèsse ensaio, tirei outros trechos, sem as aspas de citação.

BIBLIOGRAFIA ESCOLHIDA

Armitage, A. — **Copernicus the Founder of Modern Astronomy** (Copérnico, fundador da moderna astronomia (Londres, 1938).

de Brahe, Tycho — **Opera Omnia** (Obras completas) Copenhague, 1913-1929).

de Brahe, Tycho — Vide Dreyer, J. L. E.

Bruno, Giordano — **On the Infinite Universe and Worlds** (Do Universo infinito e dos mundos) — Vide Singer, D. W.

Burnet, J. — **Early Greek Philosopy** (Primeira filosofia grega) (Lndres, 1908).

Burnet, J. — **Greek Philosophy, part I, Thales to Plato** (Filosofia grega, Parte I, Tales a Platão (Londres, 1914).

Burtt, E. A. — **The Metaphysical Foudations of Modern Physical Science** (Fundamentos metafísicos da Ciência física moderna) (Londres, 1924).

Butterfield, H. — **The Origins of Modern Science** (Origens da Ciência Moderna) (Londres, 1949).

Caspar, M. — **Johannes Kepler** (Stuttgart, 1948).

Caspar, M. e v. Dyck, W. — **Johannes Kepler in seinen Briefen** (João Kepler nas suas cartas) (Munique e Berlim, 1930).

Cooper, L. — **Aristotle, Galileo and the Tower of Pisa** (Aristóteles, Galileu e a Torre de Pisa) (Ithaca, 1935).

Copérnico, Nicolau — **On the Revolutions of the Heavenly Spheres** (Sobre as Revoluções das esferas celestes) (trad. Wallis, C. G., Chicago, 1952).

Copérnico, Nicolau — **Commentariolus** (trad. Rosen, E. — **Three Copernican Treatises** (três tratados copernicanos), Colúmbia, 1939).

Copérnico, Nicolau — **Letter against Werner** (Carta contra Werner) (trad. Rosen, E. — Three Copernican Treatises (Três tratados copernicanos) Colúmbia, 1939).

Copérnico, Nicolau — vide Prowe, L.

Cornford, F. M. — **From Religion to Philosophy** (Da Religião à Filosofia) (Londres, 1912).

Cusano, Nicolau — **On Learned Ignorance** (Da douta ignorância) Trad. Fr. G. Heron, Yale, 1954).

Delambre, J. B. J. — **Histoire de l'Astronomie Moderne** (História da astronomia moderna) (Paris, 1821).

Delatte, A. — **Études sur la Litterature Pythagoricienne** (Estudos sobre a literatura pitagórica) (Paris, 1915).

Dingle, H. — **The Scientific Adventure** (A aventura científica) (Londres, 1952).

Drake, St. — **Discoveries and Opinions of Galileo** (Descobrimentos e opiniões de Galileu (New York, 1957).

Dreyer, J. L. E. — **History of the Planetary Systems from Thales to Kepler** (História dos sistemas planetários de Tales a Kepler) (Cambridge, 1906).

Dreyer, J. E. E. — **Tycho Brahe** (Edimburgo, 1890).

Duhem, P. — **Le Système du Monde — Histoire des Doctrines Cosmologiques de Plato à Copernic** (História das doutrinas cosmológicas de Platão a Copérnico) (Paris, 1913-).
Duhem, P. — **Études sur Leonard de Vinci** (Estudos sobre Leonardo da Vinci (Paris, 1906-13).
Eddington, Sir Arthur — **The Philosophy of Physical Science** (A filosofia da ciência física) (Londres, 1939).
de l'Epinois — **Les Pièces du Procès de Galilée** (As peças do processo de Galileu) (Roma, Paris, 1877).
Farrington, B. — **Greek Science** (Ciência grega) (Londres, 1953).
Galileu Galilei — **Opere** (Obras) Ediç. Nac., Florença, 1929-39).
Galileu Galilei — **Opere** (Obras) Ediç. F. Flora, 1953).
Galileu Galilei — **Dialogue on the Great World Systems** (Diálogo sôbre os grandes sistemas do mundo) — Vide de Santillana.
Galileu Galilei — **Dialogue Concerning Two New Sciences** (Diálogo sôbre duas novas ciências) (Trad. Crew, H., Evanston, Ill., 1950).
Galileu Galilei — **The Star Messenger, The Assayer, etc.** (O Mensageiro das estrêlas, o ensaiador. etc.) — Vide Drake, St.
v. Gleber, K. **Galileo Galilei and the Roman Curia** (Galileu Galilei e a Cúria romana) (Londres, 1879).
Gilbert, W. — **On the Loadstone and Magnetic Bodies** (Sôbre o ímã e corpos magnéticos (Trad. Mottelay, New York, 1893).
Grisar, H. — **Galileistudien** (Estudos de Galileu) (Regensburg, New York e Cincinnati, 1882).
Heath, Th. L. — **Greek Astronomy** (Astronomia grega) (Londres, 1932).
Heath, Th. L. — **The Copernicus of Antiquity** (O Copérnico da Antiguidade) (Londres, 1920).
Huizinga, J. — **The Waning of the Middle Ages** (O declínio da Idade-Média) (Londres, 1955).
Jeans, Sir James — **The Mysterious Universe** (O universo misterioso) (Cambridge, 1937).
Jeans, Sir James — **The Growth of Physical Science** (Crescimento da ciência física) (Cambridge, 1947).
Kepler, Johannes — **Opera Omnia** (Obras completas) ed. Ch. Frisch (Frankfurt e Erlangen, 1858-1871).
Kepler, Johannes — **Gesammelte Werke** (Obras completas), ed. Caspar e v. Dych (Munique, 1938-).
Kepler, Johannes — vide Caspar, M.
Koestler, A. — **Insight and Outlook** (Discernimento e Visão) (Londres e New York, 1949).
Koyré, A. — **Études Galiléennes** (Estudos de Galileu) (Paris, 1939-40).
Koyré, A. — **From the Closed World to the Infinite Universe** (Do Mundo fechado ao universo infinito) (Baltimore, 1957).
Lovejoy, A. O. — **The Great Chain of Being** (A grande corrente do ser) (Cambridge, Mass., 1936).
Newton, Sir Isaac — **Opera Omnia** (Obras completas) (Londres, 1779-85).
Newton, Sir Isaac — **The Mathematical Principles of Natural Philosophy** (Os princípios matemáticos da filosofia natural). (trad. Motte, Londres, 1803).
Nicolson, M. — **Science and Imagination** (Ciência e imaginação) (Oxford, 1956).
Pachter, H. M. — **Magic into Science** (Magia na ciência) (New York, 1951).
Pledge, H. T. — **Science since 1500** (A ciência desde 1500) (Londres, 1939).
Prowe, L. — **Nicolaus Copernicus** (Berlim, 1883-4).

Ptolomeu, Cláudio — **The Almagest** (O almagesto) (trad. Taliaferro, R. C., Chicago, 1952).
Reicke, E. — **Der Gelehrte, Monographien zur deutschen Kulturgeschichte** (O sábio, monografia para a história da cultura alemã) (Leipzig, 1900).
Reusch, F. H. — **Der Process Galilei's und die Jesuiten** (O processo de Galileu e os jesuítas) (Bonn, 1879).
Rheticus, Joachim — **Narratio Prima** (trad. Rosen, E. — **Three Copernican Treatises** (Três tratados copernicanos).
Rosen, E. — **Three Copernican Treatises** (Três tratados copernicanos) (Columbia, 1939).
Rosen, E. — **The Naming of the Telescope** (A denominação do Telescópio) (New York, 1947).
Rudnicki, J. — **Nicolas Copernicus** (Mikolaj Kopernik) (Londres, 1943).
de Santillana, G. — **Galileo Galilei Dialogue on the Great World Systems** (Diálogo sobre os grandes sistemas do mundo, de Galileu Galilei) (ed.) Chicago, 1953.
de Santillana, G. — **The Crime of Galileo** (O crime de Galileu) (Chicago, 1955).
Sarton, G. — **The History of Science and the New Humanism** (A história da Ciência e o novo humanismo) (Cambridge, Mass., 1937).
Seltman, Ch. — **Pythagoras History Today** (História de Pitágoras de hoje) (Londres, agosto, setembro de 1956).
Sherwood Taylor, F. — **Science Past and Present** (Ciência passada e presente) (Londres, 1949).
Sherwood Taylor, F. — **Galileo and the Freedom of Thought** (Galileu e a liberdade de pensamento (Londres, 1938).
Singer, C. — **A Short History of Science to the Nineteenth Century** (Breve história da ciência até o século dezenove) (Oxford, 1941).
Singer, D. W. — **Giordano Bruno, His Life and Thought with Annotated Translation of His Work, On the Infinite Universe and Worlds** (Giordano Bruno, sua vida e seu pensamento com tradução anotada da obra Do universo infinito e dos mundos) (New York, 1950).
Stimson, D. — **The Gradual Acceptance of the Copernican Theory of the Universe** (A aceitação gradativa da teoria copernicana do universo) (New York, 1917).
Sullivan, J. W. N. — **The limitations of Science** (As limitações da ciência) New York, 1949).
Tillyard, E. M. W. — **The Elizabethan World Picture** (Quadro do mundo isabelino) (Londres, 1943).
Whitehead, A. N. — **Science and the Modern World** (Ciência e mundo moderno) (Cambridge, 1953).
Whittaker, Sir Edmund — **Space and Spirit** (Espaço e Espírito) (Londres, 1946).
Wolf, A. — **A History of Science, Technology and Philosophy in the Sixteenth and Seventeenth Centuries** (História da Ciência, tecnologia e filosofia nos séculos dezesseis e dezessete) (Londres, 1935).
Zinner, E. — **Entstehung und Ausbreitung der Copernicanischen Lehre.** (Nascimento e divulgação da doutrina copernicana) (Erlangen, 1943).

SOBRE O AUTOR

Arthur Koestler começou sua carreira como estudioso da Ciência, em Viena. Quando se tornou escritor, era correspondente estrangeiro, havia alguns anos, passando então a redator científico da cadeia Ullstein de jornais, na Alemanha pré-hitlerista. Nessa condição participou, como único jornalista a bordo, da famosa expedição ártica do **Graf Zeppelin**, e já em 1930 escrevia artigos sobre viagem interplanetária e fissão nuclear. Após desvio de vinte anos, durante os quais se tornou o mais lido entre todos os novelistas políticos de nossa época – **Darkness at Noon** foi traduzido em trinta idiomas – desistiu de escrever sobre esses temas em 1954 e voltou à primeira paixão de sua vida intelectual. Durante quatro anos se dedicou a uma obra que havia muito vinha amadurecendo em seu espírito: "uma história da cambiante visão do homem a respeito do Universo". Um dos declarados objetivos do livro é contribuir para "terminar a guerra fria entre as humanidades e as ciências". Para essa tarefa trouxe ele o duplo equipamento da penetração do novelista em assuntos relativos à natureza humana e do espírito analítico do cientista experimentado. O resultado, nas palavras do Professor Butterfield, é uma "chuva em que cada gota aprisiona um arco-íris".

Biblioteca EDUCAÇÃO FÍSICA E DESPORTOS

Volumes Publicados:

1.	*Aulas de Educação Física*	Hudson Teixeira e M. G. Pini
2.	*Metodologia Científica do Treinamento Desportivo*	M. J. Gomes Tubino
3.	*As Qualidades Físicas na Educação Física e Desportos*	M. J. Gomes Tubino
4.	*Teoria Organizacional da Educação Física e Desportos*	J. M. Capinussu
5.	*Em Busca de uma Tecnologia Educacional Para as Escolas de Educação Física*	M. J. Gomes Tubino
6.	*Os Exercícios Físicos na História e na Arte*	Jayr Jordão Ramos
7.	*Ginástica Rítmica Desportiva*	Ester de A. Vieira
8.	*Terminologia Aplicada à Educação Física*	M. J. Gomes Tubino
9.	*Planejamento Macro em Educação Física*	J. M. Capinussu
10.	*Prática da Educação Física no 1º Grau*	Vera Lúcia L. Costa
11.	*Esportes Para Todos — Um Discurso Ideológico*	Kátia Brandão Cavalcanti
12.	*Competições Desportivas — Organizações e Esquema*	J. M. Capinussu
13.	*Teoria Geral do Esporte*	M. J. Gomes Tubino
14.	*Psicomotricidade, Educação Física e Jogos Infantis*	Alexandre Moraes Mello
15.	*Repensando o Esporte Brasileiro*	M. J. Gomes Tubino
16.	*Administração & Marketing nas Academias*	J. M. Capinussu
17.	*Esporte, Educação Física e Constituição*	M. J. Gomes Tubino
18.	*Moderna Organização da Educação Física e Desportos*	J. M. Capinussu
19.	*Esporte e Cultura Física*	M. J. Gomes Tubino
20.	*Ensino e Avaliação em Educação Física*	Sebastião Votre e outros
21.	Pedagogia da Educação Física	Victor Shigunov/Vanildo R. Pereira
22.	*O Pontapé Inicial*	Waldenyr Caldas
23.	*O Esporte no Brasil*	M. J. Gomes Tubino